Gymnasium Bayern

Deutschbuch

Sprach- und Lesebuch 10

Herausgegeben von
Wilhelm Matthiessen,
Bernd Schurf und Wieland Zirbs

Erarbeitet von
Gertraud Fuchsberger-Zirbs (Pfaffenhofen),
Martin Hann (München),
Winfried Kober (Prien am Chiemsee),
Andrea Mahlendorff (Geretsried),
Wilhelm Matthiessen (München),
Christl Ostertag (München),
Ute Reutin-Hoffmann (Vaterstetten),
Johanna Schlagbauer (Ingolstadt),
Annegret Schneider (München),
Katrin Türk (Haar),
Stephan von Weinrich (Simbach am Inn) und
Wieland Zirbs (Passau)

Unter Beratung von
Kurt Finkenzeller (Ingolstadt)
und Rainer Meisch (Würzburg)

Cornelsen

1

Das sehe ich ganz anders – Diskutieren, recherchieren, präsentieren 9

1.1 **Das Handy in der Diskussion – Diskussionstechniken festigen** 9
Christoph Hickmann: Horrorhandys – Brutalität macht Schule 9
Aktives Zuhören 11
Die Aufgaben eines Moderators 12
Diskussionsformen erproben 13

1.2 **Voyeure und Medienopfer – Informationen für eine Podiumsdiskussion recherchieren und auswerten** 16
Roland Kirbach: Zum Abschuss freigegeben 16
Sachkenntnis zeigen – Eine Stoffsammlung anlegen 18
Johannes Reiter: Menschenwürde als Maßstab 19
Eine Podiumsdiskussion führen 21

1.3 **Wenn alle wegsehen – Präsentieren, visualisieren, frei vortragen** 23
Mobbing – Sich über ein Thema informieren 23
Gewalt in der Schule 23
Alexander Choeb: Mobbing in der Schule 24
Eine Präsentation vorbereiten 26
Die Präsentation durchführen 28

2

Verantwortung übernehmen – Erörtern 29

2.1 **Besatzer im Kopf: Cannabis und Co. – Die steigernde Erörterung** 29
Cannabis: Geschichte, Wirkung, Gefahren 29
Das Thema erschließen 32
Die Stoffsammlung und Stoffordnung 33
Die Gliederung erstellen 34
Der Hauptteil der Erörterung: Die Argumentation schreiben 36
Einleitung und Schluss gestalten 38
Freiere Formen des Erörterns 40
Wenke Husmann: Wir bleiben unlocker 40

2.2 **Die Welt fairändern? – Die antithetische Erörterung** 42
Was ist „fairer Handel"? 42
Das Thema erschließen 44
Die Stoffsammlung und Stoffordnung 46
Die Gliederung erstellen 48
Der Hauptteil der Erörterung: Die Argumentation schreiben 49
Ein persönliches Fazit formulieren 52
Einleitung und Schluss gestalten 53
Freiere Formen des Erörterns 55

2.3 **Klimawandel – Erörtern im Anschluss an einen Text** 56
Die Textvorlage analysieren 57
Joseph Reichholf im Interview mit dem SPIEGEL: Wir sind Kinder der Tropen 57
Die Erörterung vorbereiten und verfassen 61
Freiere Formen des Erörterns 64
Johannes Nuß: Rettet die Erde! – Eine Glosse 64

3

Kurzprosa der Gegenwart – Literarische Texte erschließen 65

3.1 **„In Liebe geschmolzen“ – Grundtechniken der Texterschließung** 65
Milena Moser: Der junge Mann von gegenüber 65
Botho Strauß: Der Schmelzling 73

3.2 **Moderne Erzählliteratur kreativ erschließen und umgestalten** 76
Hans Joachim Schädlich: Apfel auf silberner Schale 76
Brigitte Kronauer: Porträt Nr. 5. Ehepaar Dortwang 78

3.3 **Literarisches und filmisches Erzählen** 82
Irene Dische: Mr. Lustgarten verliebt sich 82
Projekt – Eine kurze Geschichte verfilmen 88

4

Utopien – Arbeiten mit Sachtexten 89

4.1 **Wenn Utopien sich nicht verwirklichen lassen – Eine Sachtextanalyse schreiben** 89
Roger Lewin: Biosphäre 2 90
Annette Lessmöllmann: Geplatzte Ökoblase 97
Cornelia Gockel: Utopie unter der Käseglocke 99

4.2 **Die Notwendigkeit von Utopien – Begriffe und Inhalte klären** 101
Thomas Morus: Utopia 101
Stefan Andres: Der Fleck an der Zellendecke 107

4.3 **Gelebte Utopien – Rezensionen schreiben und Sachtexte entwerfen** 110
Michael Holzach: Das vergessene Volk 110
Astrid von Schlachta: Auf der Flucht 114

5

Prosaarbeit und Lyrisches – Sprache als Gestaltungsmittel 119

5.1 **Sprache und Wahrnehmung – Grammatische Gestaltungsmittel untersuchen** 119
Helga M. Novak: Schlittenfahren 119
Thomas Mann: Bekenntnisse des Hochstaplers Felix Krull 120
Thomas Bernhard: Ein Kind 122
Rolf Dieter Brinkmann: Rom, Blicke 123
Karl Valentin: Der Liebesbrief 124
Klaus M. Rarisch: alliterationssonett 126

5.2 **„Worte sind Spiele“ – Gestalterischer Einsatz von Sprache in Gedichten** 127
Bertolt Brecht: 1940 127
Hans Magnus Enzensberger: Ins Lesebuch für die Oberstufe 128
Christine Busta: Holzapfelbaum in der Ebene 130
Ingeborg Bachmann: Lieder auf der Flucht 131

5.3 **Kreatives Gestalten – Eigene Texte verfassen** 132
Robert Gernhardt: Auf den Lateinlehrer Otto Kampe 132
Kurt Schwitters: Frühe rundet Regen blau 132

6

Freiheit von und Freiheit zu – Begriffe definieren 133

6.1 **Freiheit ist nicht gleich Freiheit – Verfahren der Begriffsbestimmung** 133
Wolf Schneider: Ein Wort für alle Gelegenheiten 133
Notker Wolf: Worauf warten wir? 136
Jean-Paul Sartre: Die Freiheit des Menschen 137

6.2 **Freiheit ist mehr als Unabhängigkeit – Diskutieren und Erörtern im Anschluss an einen Text** 139
Bernhard Bueb: Freiheit erwirbt man durch Disziplin 139

6.3 **Unsere Sprache in der Kritik – Sprachmanipulationen aufdecken** 141
Beat Gloor: staat sex amen 141
Friedrich Schorlemmer: Entlassungsreden 141
Aktion „Unwort des Jahres“ 142
Ulrike Buchmann: Steigerung von super 143
Wolf Schneider: Mode und Verfall 144

7

Europa, was ist das? – Wiederholungskurs Rechtschreibung, Grammatik, Stilistik 145

7.1 **Was bedeutet Europa für uns? – Schreibung von Fremdwörtern, Groß- und Kleinschreibung, Getrennt- und Zusammenschreibung** 145
In Vielfalt geeint – Fremdwörter 146
Europa gelingt gemeinsam – Groß- und Kleinschreibung 150
Die Erweiterung Europas – Getrennt- und Zusammenschreibung 152

7.2 **Der Weg ins europäische Haus – Texte überarbeiten, Formen der Redewiedergabe erproben** 153
Von der Geburt zur Erweiterung Europas – Kohärente Texte untersuchen und verfassen 153
Konstrukteure Europas – Porträts schreiben und überarbeiten 156
Heute im europäischen Haus – Formen und Gestaltungsmöglichkeiten der Redewiedergabe 159
Rede von Javier Solana de Madariaga 159

7.3 **Eine Rede untersuchen – Textbelege zitieren** 161
Rede der Bundeskanzlerin Angela Merkel vor dem Europäischen Parlament .. 161

8

Aufklärung – Die Emanzipation des Bürgertums im Zeitalter der Vernunft 163

8.1 **„Habe Mut, dich deines eigenen Verstandes zu bedienen!“ – Grundlagen, Kennzeichen und Ideen der Aufklärung** 163
Horst Stuke: Zur Wortgeschichte „Aufklärung“ 165
Adolph Freiherr Knigge: Über den Umgang mit sich selbst 166
Gesellschaftskritik in der Fabel 167
Gotthold Ephraim Lessing: Der Besitzer des Bogens 168
Gotthold Ephraim Lessing: Der Tanzbär 168

Gottlieb Konrad Pfeffel: Der Tanzbär 169
Christian Fürchtegott Gellert: Der Tanzbär 170
Die politisch-gesellschaftlichen Leitideen der Aufklärung 172
Charles de Secondat, Baron de Montesquieu: Die Teilung der Gewalten 172
Jean-Jacques Rousseau: Menschenrechte 172
John Locke: Zwei Abhandlungen über die Regierung 173
Christian Friedrich Daniel Schubart: Die Freiheit – ein Märchen 174
Immanuel Kant: Beantwortung der Frage: Was ist Aufklärung 175

8.2 Die Forderung nach religiöser Toleranz – Dramatische Texte erschließen 178
Gotthold Ephraim Lessing: Nathan der Weise 178
Lorenz von Westenrieder: Centum Theses 185

8.3 Grenzen des „aufgeklärten" Zeitalters – Stellung nehmen, diskutieren, präsentieren 186
Jean-Jacques Rousseau: Emile oder über die Erziehung 186
Joachim Heinrich Campe: Väterlicher Rath für meine Tochter 188
Christian Friedrich Daniel Schubart: Gelehrte Weiber 190

8

Sturm und Drang – Junge Stimmen gegen Autoritäten 193

9.1 Wie man sich selbst inszenieren kann – Der Geniekult des Sturm und Drang 193
Johann Wolfgang Goethe: Prometheus 193
Christian Friedrich Daniel Schubart: Der Gefangene 196
Johann Caspar Lavater: Physiognomische Fragmente 198
Gotthold Ephraim Lessing: Hamburgische Dramaturgie 199
Gotthold Friedrich Stäudlin: Das Kraftgenie 201

9.2 Schillers „Räuber" – Figuren charakterisieren und literarische Themen erörtern 204
Literarische Figuren charakterisieren 204
Friedrich Schiller: Die Räuber 204
Literarische Themen erörtern 215
Siegrid Damm: Uraufführung der „Räuber" in Mannheim 215
Rüdiger Safranski:
Schiller oder die Erfindung des deutschen Idealismus 216

9.3 Die Sprache des Herzens – „Die Leiden des jungen Werthers" und seine Rezeption 218
Die Leiden des jungen Werthers: ein Bestseller des Sturm und Drang 218
Johann Wolfgang Goethe: Die Leiden des jungen Werthers 218
Die Werther-Rezeption 223
Johann Wolfgang Goethe: Gespräche mit Eckermann 223
Thomas Mann: Goethes „Werther" 223
Karl Philipp Moritz: Anton Reiser. Ein psychologischer Roman 224
Ulrich Plenzdorf: Die neuen Leiden des jungen W. 226

9

10

Lyrik – Liebe im Wandel der Zeit 227

10.1 **Spielarten der Subjektivität – Lyrik des Sturm und Drang und der Moderne** 227
Bertolt Brecht: Als ich nachher von dir ging 227
Johann Wolfgang Goethe: Willkommen und Abschied 228
Johann Wolfgang Goethe: Maifest 230
Johann Wolfgang Goethe: Ganymed 231
Was ist ein Gedicht? – Theoretische Reflexionen 232
Johann Wolfgang Goethe: Dichtung und Wahrheit 232
Gottfried Benn: Probleme der Lyrik 232
Eine Chance für die Liebe? – Lyrik der Moderne und der Gegenwart 233
Bertolt Brecht: Terzinen über die Liebe 233
Gottfried Benn: D-Zug 234
Georg Heym: Eifersucht 235
Karl Krolow: Gedicht für J. S. 236
Ulla Hahn: Mit Haut und Haar 236
Rolf Dieter Brinkmann: Die Orangensaftmaschine 237

10.2 **Vergänglichkeit – Gedichte erschließen und vergleichen** 239
Bertolt Brecht: Entdeckung an einer jungen Frau 239
Mascha Kaléko: Das graue Haar 244

10.3 **Gedichte verfassen und zusammenstellen** 245
Friedrich Gottlieb Klopstock: Der Zürchersee 245
Friedrich Torberg: Klopstock 245

11

Prosa der Gegenwartsliteratur 247

11.1 **Christoph Hein „Von allem Anfang an" – Einen Roman lesen und verstehen** . 247
Annäherung an den Roman – Handlung, Protagonisten und Erzählsituation kennen lernen 248
Daniels Versuche der Selbstfindung – Merkmale des Erzählens untersuchen . 252
Christoph Hein: Von allem Anfang an 252
Was ist ein Roman? – Annäherung an eine Gattung 257
Christoph Hein – Ein großer Erzähler der deutschen Gegenwartsliteratur 258
Christoph Hein im Gespräch mit Krzysztof Jachimczak: „Wir werden es lernen müssen, mit unserer Vergangenheit zu leben." 258
Die Romane Christoph Heins 261

11.2 **Die Erfindung der Welt – Eine Erzählung von Siegfried Lenz untersuchen** 262
Eine Erzählung erschließen 262
Siegfried Lenz: Panik 262
Johann Lachinger: Über Siegfried Lenz 275
Was ist eine Erzählung? – Eine Gattung untersuchen 276
Siegfried Lenz – Ein bedeutender Gegenwartsautor 276
Siegfried Lenz: Der Künstler als Mitwisser 277

11.3 **Projekt „Lesen" – Über Literatur informieren und diskutieren** 278
Johannes Wilms: Das Beste aus dem Literarischen Quartett 278
Auszug aus dem „Literarischen Quartett" vom 6. Februar 1998 278

12

Tom Tykwers „Lola rennt" – Filmsprache untersuchen 281

12.1 **Inhalt und Gestaltungselemente des Films analysieren** 281
Lolas Läufe – Filmisches Erzählen 282
Kurzfassung des Films „Lola rennt" 282
Der Regisseur Tom Tykwer über 282
Figuren und Charaktere 284
Die Exposition – Die Kamera als Erzählerin 285
Drehbuchauszug aus „Lola rennt" 285
Zeit, Zeitgestaltung, Schnitt und Montage 289
Drehbuchauszug aus „Lola rennt" 290
„Lola rennt" in der Kritik 291
Peter Hasenberg: Lola rennt 291

12.2 **„Wir sind doch im Kino!" – Wirklichkeit inszenieren** 293
Tom Tykwer: Schicksal oder Zufall 293
Tom Tykwer im Gespräch mit Michael Töteberg 294

12.3 **Eine Kurzgeschichte verfilmen** 297
Angelika Mechtel: Netter Nachmittag 297

13

Wege in die Philosophie – Ein Thema erkunden ... 299

13.1 **Was ist Philosophie? – Ein Portfolio anlegen** 299
Ein Portfolio erstellen – Dokumentieren und reflektieren 300
Annäherung an das Thema – Informationen auswerten und recherchieren ... 301
Robert Spaemann: Die kontroverse Natur der Philosophie 303

13.2 **Sein und Schein – Gedankengänge visualisieren und diskutieren** 305
Platon: Das Höhlengleichnis 306
Robert Spaemann: Lustprinzip und Realitätsprinzip 309
Ein philosophisches Gespräch führen – Argumente austauschen 310
Robert Spaemann: Dialog als Methode 310

13.3 **Ein fächerübergreifendes Projekt planen und durchführen** 312
Günther Eich: Träume 314
Aristoteles: Das Höhlengleichnis 316

Grundwissen

1 **Sprechen und Schreiben** 319
2 **Nachdenken über Sprache** 326
3 **Rechtschreiben** 342
4 **Umgehen mit Texten und Medien** 348
5 **Arbeitstechniken und Methoden** 363
Autoren- und Quellenverzeichnis 366
Bildquellenverzeichnis 370
Textartenverzeichnis 371
Sachregister 374

Wie Sie mit dem „Deutschbuch“ arbeiten können

Lernbereiche

Damit Sie sich leicht zurechtfinden, ist das Buch übersichtlich in Lernbereiche eingeteilt:

- SPRECHEN UND SCHREIBEN
- NACHDENKEN ÜBER SPRACHE
- UMGEHEN MIT TEXTEN UND MEDIEN
- ARBEITSTECHNIKEN UND METHODEN

Kapitelaufbau im Dreischritt

Beispiel:
4 *Utopien – Arbeiten mit Sachtexten*

Jedes Kapitel besteht aus drei Teilen:

Hauptlernbereich

Im ersten Teil wird das Thema des Kapitels erarbeitet.

4.1 *Wenn Utopien sich nicht verwirklichen lassen – Eine Sachtextanalyse schreiben*

Verknüpfung mit einem weiteren Lernbereich

Im zweiten Teil werden die Kenntnisse und Fertigkeiten, die Sie sich erworben haben, mit einem anderen Lernbereich verbunden.

4.2 *Die Notwendigkeit von Utopien – Begriffe und Inhalte klären*

Üben, Vertiefen und Intensivieren des Gelernten

Der dritte Teil eines jeden Kapitels enthält Übungen zur Wiederholung, Vertiefung und Intensivierung des Gelernten. Mit diesem Teilkapitel können Sie auch allein arbeiten.

4.3 *Gelebte Utopien – Rezensionen schreiben und Sachtexte entwerfen*

Grundwissen

> Wichtige Inhalte und Begriffe sind in den Kapiteln deutlich hervorgehoben.

Am Ende des Buchs ist das Grundwissen der Klassen 5–10 noch einmal zusammengefasst, damit Sie nachschlagen können, wenn Sie etwas schon vor längerer Zeit gelernt haben und sich nicht mehr genau erinnern (▷ S. 319–365).

Piktogramme

Die folgenden Piktogramme treten im Buch immer wieder auf und geben Ihnen Hinweise, wie Sie mit den Materialien und Aufgaben arbeiten können.

- Partnerarbeit
- Gruppenarbeit
- Rollenspiel
- Arbeiten mit dem Computer
- fächerverbindende Aufgabe
- methodisches Arbeiten

1 Das sehe ich ganz anders – Diskutieren, recherchieren, präsentieren

1.1 Das Handy in der Diskussion – Diskussionstechniken festigen

Horrorhandys

Brutalität macht Schule

Auf den Tipp einer Mutter hin beschlagnahmt die Polizei an einer Schule im Allgäu bei Kindern zahlreiche Handys mit Horrorvideos. Kein Einzelfall. *Von Christoph Hickmann*

Die Beamten der Polizeiinspektion Immenstadt waren einigermaßen entsetzt – blickten sie doch auf „extreme Gewaltdarstellungen und Pornografie", wie sie später mitteilten. Gefunden hatten sie das Material auf den Speicherchips von 15 Mobiltelefonen, die sie am vergangenen Donnerstag in den Klassen sieben bis zehn einer Hauptschule in Immenstadt, Allgäu, hatten einsammeln lassen. 208 Handys beschlagnahmten die Beamten, eingeschaltet hatte sie der Schulleiter auf den Tipp einer Mutter hin. Was dazu aus dem bayerischen Kultusministerium zu hören war, klang eher lapidar: Der Vorfall sei zwar erschreckend, teilte dessen Sprecher mit, doch handele es sich um einen „Einzelfall".

Mehr als ein Einzelfall

Bei der Polizei ist man vorsichtiger: „Diese Aussage würde ich so nicht treffen wollen", sagt ein Sprecher. Seit einiger Zeit wird aus dem gesamten Bundesgebiet von ähnlichen Fällen berichtet. Wie verbreitet Gewaltvideos im Handyformat allerdings tatsächlich sind, lässt sich nur schwer abschätzen. Der Erziehungswissenschaftler Jens Wiemken, dessen Büro die Computerspiele-Datenbank der Bundeszentrale für politische Bildung betreut, sagt: „Ein Einzelfall ist das sicherlich nicht, das kann ich nach jahrelanger Beschäftigung mit Jugendlichen dieses Alters sagen." Er gehe davon aus, dass derartige Darstellungen „mittlerweile auf so ziemlich jedem Schulhof" kursieren. Friedemann Schindler von der Jugendschutzeinrichtung der Bundesländer präzisiert: „Es ist vor allem für männliche Jugendliche zu einer Art Mutprobe geworden, solche Videos anzusehen. Und was man da sieht, ist bestialisch."

Schockierende Prügelfilme

Es gehe um Bilder von schweren Unfallverletzungen oder Prügelfilme ebenso wie um so genannte Snuff-Videos, die nach Expertenangaben zwar fast immer gefälscht, aber dennoch schockierend sind: Menschen werden darin scheinbar vor der Kamera getötet.

Schwerer als das fehlende Wissen um das tatsächliche Ausmaß wiegt für Schindler die eigene Machtlosigkeit: „Wir können kaum etwas tun." Die Filme lassen sich von bestimmten Internetseiten, so genannten Tasteless-Sites, herunterladen und per Bluetooth-Schnittstelle von Handy zu Handy weitergeben.

Zwar seien entsprechende Seiten in Deutschland unzulässig, so Schindler, doch würden die meisten ohnehin im Ausland betrieben, die bekanntesten in den USA. Dort sind sie erlaubt.

Mehrere deutsche Internetanbieter haben für ihre Kunden den Zugriff auf einschlägig bekannte Seiten inzwischen gesperrt; außerdem haben sich die Betreiber fast aller deutschen Suchmaschinen bereit erklärt, per Filter das Auffinden solcher Seiten zu erschweren, die von der Bundesprüfstelle für jugendgefährdende Medien indiziert[1] sind.

Machtlose Behörden

„Aber das nützt so gut wie nichts", sagt Schindler. „Die Jugendlichen kennen die Adressen und geben sie untereinander weiter."

Bei der Bundesprüfstelle gibt man sich ebenfalls pessimistisch: „Im Prinzip haben wir keine Möglichkeit, gegen den Tausch von Gewaltvideos vorzugehen", sagt Sprecher Wilfried Schneider.

Man stehe einem „absoluten Dunkelfeld" gegenüber, schließlich lasse sich die Kommunikation über Mobiltelefone nicht überwachen. „Wir wissen nicht einmal, wer hier zuständig ist. Das hört sich natürlich nach rechtsfreiem Raum an", sagt er, „und faktisch ist es das auch fast."

1 **indizieren:** anzeigen

1 *Klären Sie, falls nötig, unverständliche Begriffe und fassen Sie dann mit eigenen Worten zusammen, worum es in dem Artikel aus der „Süddeutschen Zeitung" geht.*

2 *Im Text ist die Rede von Tasteless-Sites, von denen Snuff-Videos heruntergeladen werden können.*
a) Lesen Sie die folgenden Informationen zu den Begriffen „Tasteless-Sites" und „Snuff-Videos".

Snuff-Video (von engl., Slang *to snuff it* = draufgehen, abkratzen) bezeichnet die filmische Aufzeichnung von Gewalttaten, die zum Zweck der Unterhaltung des Zuschauers und mit kommerzieller Absicht begangen oder nachgestellt wurden.

Tasteless-Sites (von engl. *tasteless* = geschmacklos) sind Internetseiten mit Darstellungen, die schockieren oder ekeln sollen, z. B. mit Bildern und Filmen von verletzten, verunstalteten, toten oder getöteten Menschen.

b) Diskutieren Sie darüber, ob Ihnen der der Ausdruck „tasteless" für den Inhalt der Seiten angemessen erscheint. Begründen Sie ihre Meinung.

3 *a) Notieren Sie zu folgender Fragestellung Ihr Statement:*

Ist es die Privatsache des Einzelnen, solche Snuff-Videos anzuschauen und sie an andere weiterzugeben, oder sollte etwas dagegen unternommen werden? Wenn ja, von wem und wie?

b) Stellen Sie Ihre Ergebnisse vor und werten Sie im Klassengespräch aus, ob die jeweiligen Statements überzeugend formuliert sind. Machen Sie gegebenenfalls Verbesserungsvorschläge.

Aktives Zuhören

Wer nicht zuhört, redet am anderen vorbei und kann die Argumente des Gesprächspartners nicht entkräften. Dem Zuhören kommt also in jeder Diskussion, aber auch in jedem anderen Gespräch eine zentrale Rolle zu. Auch hierbei gibt es wichtige Regeln zu beachten:

4 *Üben Sie das aktive Zuhören.*

- *Suchen Sie sich jeweils eine Gesprächspartnerin oder einen Gesprächspartner und tragen Sie ihr oder ihm Ihr Statement zum Thema „Snuff-Videos", das Sie in Aufgabe 3 formuliert haben, vor.*
- *Der andere hört dabei absichtlich nicht richtig zu, das heißt, er schaut auf die Uhr, blickt im Raum umher, gähnt, gammelt auf dem Stuhl usw.*
- *Tauschen Sie sich anschließend in der Klasse darüber aus, wie sich die Gesprächspartner verhalten haben und wie das auf Sie gewirkt hat.*
- *Spielen Sie das Gespräch noch einmal. Hören Sie dieses Mal Ihrer Gesprächspartnerin oder Ihrem Gesprächspartner aktiv zu und zeigen Sie deutlich, dass Sie das Gesagte genau mitverfolgen.*

Die Technik des „Spiegelns"

Eine wichtige Technik des „aktiven Zuhörens" ist das „Spiegeln", d. h. die sinngemäße Wiedergabe des Gesagten mit eigenen Worten. Damit zeigt man dem Gesprächspartner, dass man genau zugehört hat. Mögliche Satzanfänge für die „Spiegeltechnik" sind z. B.:
„Habe ich richtig verstanden, dass …";
„Meinst du, dass …"

5 *Sprechen Sie in der Klasse darüber, worauf es beim aktiven Zuhören ankommt. Welche Idee steht hinter dieser Technik und welchen Nutzen hat sie für eine Diskussion oder ein Gespräch?*

Die Aufgaben eines Moderators/einer Moderatorin

Moderatoren leiten Gespräche. Dies können zum Beispiel geschäftliche Meetings, Diskussionen oder Talksendungen im Fernsehen sein. Moderatoren haben durch ihre Leitungsfunktion eine wichtige Aufgabe, denn sie beeinflussen den Verlauf und das Ergebnis eines Gesprächs.

1 *Zeichnen Sie Fernsehdiskussionen zu Themen auf, die Sie interessieren.*

2 *a) Untersuchen Sie die aufgezeichnete Diskussion genau und bearbeiten Sie folgende Arbeitsaufträge. Sie können die einzelnen Untersuchungsaspekte auch arbeitsteilig bearbeiten.*

- ☐ *Verfolgen Sie aufmerksam, welche Techniken der Moderator anwendet, um seiner Aufgabe nachzukommen. Orientieren Sie sich dabei an dem Tipp auf Seite 13.*
- ☐ *Beobachten und notieren Sie, wie sich die Diskutierenden an der Diskussion beteiligen: Kommen Sie oft zu Wort? Mischen sie sich ein oder äußern sie sich nur, wenn sie aufgefordert werden? Lassen sie die anderen ausreden? Beziehen sie sich in ihren Äußerungen auf die Vorredner?*
- ☐ *Schauen Sie sich die Körpersprache der Diskutierenden an: Wie sitzen sie auf den Stühlen? Wie verändern sie die Körperhaltung, Mimik und Gestik, wenn sie reden oder von anderen angegriffen werden oder Zustimmung erfahren?*
- ☐ *Untersuchen Sie einzelne Diskussionsbeiträge im Hinblick auf Themabezug, gedanklichen Aufbau und sprachliche Gestaltung.*

b) Klären Sie im Gespräch, was für den Verlauf und die Ergebnisse der Diskussion besonders wichtig war, z. B.: Verhalten der Diskussionsteilnehmer, Techniken des Moderators, einzelne Gesprächsbeiträge etc.

3 *Um eine Diskussion zu leiten, brauchen Moderatoren bestimmte Gesprächsstrategien. Machen Sie konkrete Vorschläge, wie Sie als Moderator auf die folgenden Gesprächssituationen reagieren könnten:*

- ☐ *Die Aussage eines Diskussionsteilnehmers ist unverständlich.*
- ☐ *Jemand beharrt auf bereits Gesagtem und wiederholt sich ständig.*
- ☐ *Ein Beitrag ist nicht konkret oder anschaulich genug.*
- ☐ *Ein Diskussionsteilnehmer weicht vom Thema ab.*
- ☐ *Jemand zieht durch Vielreden die Diskussion an sich.*
- ☐ *Es werden persönliche und auch beleidigende Fragen gestellt.*

TIPP

Aufgaben eines Moderators/einer Moderatorin

1. Zu Beginn der Diskussion:
- Thema und Ziel der Diskussion kurz erläutern
- Diskussionsteilnehmer vorstellen

2. Während der Diskussion:
- Reihenfolge der Meldungen beachten
- auf Einhalten der Redezeit drängen
- für die Einhaltung der Diskussionsregeln sorgen
- auf Themabezug achten
- den Verlauf der Diskussion steuern durch Verdeutlichen der Positionen, Zusammenfassen des Diskussionsstandes und Stellen weiterführender Fragen

3. Zum Abschluss der Diskussion:
- Diskussionsergebnis zusammenfassen und einen Ausblick geben
- den Diskussionsteilnehmern danken

Diskussionsformen erproben

Bayerisches Gesetz über das Erziehungs- und Unterrichtswesen
Art. 56
(5) Im Schulgebäude und auf dem Schulgelände sind Mobilfunktelefone und sonstige digitale Speichermedien, die nicht zu Unterrichtszwecken verwendet werden, auszuschalten. Die unterrichtende oder die außerhalb des Unterrichts Aufsicht führende Lehrkraft kann Ausnahmen gestatten. Bei Zuwiderhandlung kann ein Mobilfunktelefon oder ein sonstiges digitales Speichermedium vorübergehend einbehalten werden.

1 *Was halten Sie von dem Handynutzungsverbot an den bayerischen Schulen? Bereiten Sie eine Pro-und-Kontra-Diskussion vor.*
a) Teilen Sie die Klasse in zwei gleich große Parteien. Die eine Partei soll das Handyverbot befürworten (pro), die andere soll die Gegenmeinung vertreten (kontra). Die Parteien sollten unabhängig von der eigenen Meinung ihrer Mitglieder gebildet werden.
TIPP: *Je nach Klassengröße können die Parteien auch noch einmal in Gruppen unterteilt werden.*
b) Notieren Sie Argumente für Ihre Gruppenposition.
- □ *Überlegen Sie, wie Sie Ihre Argumente ausführen und stützen können.*
- □ *Stellen Sie sich auf mögliche Argumente der Gegenseite ein, indem Sie sich mit diesen bereits im Vorfeld auseinandersetzen.*

2 *In Gesprächen und Diskussionen ist es wichtig, eigene Diskussionsbeiträge überzeugend vorzutragen und an der richtigen Stelle im Gespräch einzubringen.*
a) Lesen Sie die Vorschläge im Formulierungsbaukasten auf Seite 14.
b) Probieren Sie die Formulierungen innerhalb ihrer Gruppe an Beispielen aus.

3 *Legen Sie eine Diskussionszeit fest und führen Sie dann die Pro-und-Kontra-Diskussion zur Ausgangsfrage: „Was halten Sie von dem Handynutzungsverbot an den bayerischen Schulen?“, durch.*

4 *Besprechen Sie anschließend, wie die Diskussion in Ihrer Klasse ablief.*
- *Welche Gruppe setzte sich durch und welche Gründe gab es dafür?*
- *Wie haben Sie das Diskussionsklima empfunden?*
- *Wäre ein Moderator/eine Moderatorin hilfreich für die Diskussion gewesen? Begründen Sie Ihre Meinung und führen Sie diese an Beispielen aus.*

TIPP

Formulierungsbaukasten

Folgende Formulierungsvorschläge sind hilfreich, um einen Bezug zum Vorredner/zur Vorrednerin herzustellen und Einwände gegen einen Beitrag vorzubringen:
- „Du hast eben gesagt, ...“
- „Ich möchte hinzufügen, ...“
- „Bist du wirklich der Überzeugung, dass ...? Wie erklärst du dann ...?“
- „Du hast völlig Recht, wenn du behauptest, ... Aber das ist kein Grund, dass ...“
- „Du verallgemeinerst zu sehr, indem du ... Bedenke doch einmal ...“
- „Dein Beispiel hat zwar gezeigt, dass ... Aber andererseits ...“
- „Es ist schon richtig, dass ... Man muss aber auch bedenken, dass ...“
- „Ich finde zwar auch, dass ... Andererseits meine ich ...“
- „In manchen Fällen stimmt es, dass... Bei ... dagegen ...“

5 *Bereiten Sie eine Diskussion vor, die die durch einen Moderator/eine Moderatorin geleitet wird.*

a) Wählen Sie ein Thema aus, über das Sie diskutieren möchten, z. B.:

Jede vierte Schönheitsoperation wird an Jugendlichen durchgeführt.
Sollten Schönheitsoperationen an Jugendlichen verboten werden?

Ist es sinnvoll, dass Jugendliche einen Freizeitjob haben?

Ist es von Vorteil, ein Idol oder ein Vorbild zu haben?

Sollten Containershows wie „Big Brother“ verboten werden?

Fördern Computerspiele mit brutalen Inhalten das Aggressionspotenzial?

b) Formulieren Sie Ihre Auffassung zum Thema und notieren Sie anschließend Ihre Argumente.

c) Überlegen Sie gemeinsam, mit welchen Einstiegsfragen oder Informationen zum Thema ein Moderator/eine Moderatorin diese Diskussion eröffnen könnte. Sammeln Sie Formulierungsvorschläge.

d) Welche Möglichkeiten könnte ein Moderator/eine Moderatorin haben, um den Abschluss dieser Diskussion zu gestalten? Tragen Sie Formulierungshilfen zusammen.

Die Diskussion hat gezeigt, dass es zwei grundsätzlich unterschiedliche Sichtweisen zum Thema ... gibt.
Die eine Seite hat betont, dass ...

6 *Diskutieren Sie Ihr Thema in Form der „Diskuthek".*

Diskutieren à la Diskuthek

Die „Diskuthek" bietet Gelegenheit, in kleiner Runde mit wechselnden Gesprächspartnern zu diskutieren.

1. Die Klasse wird in Diskussionsgruppen zu vier bis sechs Personen aufgeteilt und die Tische werden im Klassenraum gruppiert.
2. Auf jeder Tischgruppe liegen Stifte und Karteiarten (DIN A6).
3. Es wird eine Diskussionszeit festgelegt (z.B. 10 Minuten).
4. Jede Diskussionsgruppe wählt eine Tischmoderatorin/einen Tischmoderator. Diese/r hat die Aufgabe, das Geschehen am Tisch zu moderieren und die wichtigsten Diskussionsergebnisse festzuhalten. Die Diskussionsteilnehmer/-innen können während der Diskussion die Argumente, auf die sie reagieren wollen, Kommentare, Gegenargumente etc. notieren.
5. Die erste Diskussionsrunde beginnt: Nach Ablauf der festgelegten Diskussionszeit (z.B. 10 Minuten) endet sie und alle Schüler/-innen suchen sich einen anderen Tisch, nur der Tischmoderator/die Tischmoderatorin bleibt an seinem/ihrem Tisch sitzen.
6. Haben sich die neuen Gruppen gefunden, gibt der Tischmoderator/die Tischmoderatorin einen kurzen Überblick über das, was an seinem/ihrem Tisch in der letzen Runde diskutiert wurde, und beginnt eine neue Diskussionsrunde.
7. Nach weiteren 10 Minuten findet ein erneuter Tischwechsel statt, nach weiteren 10 Minuten geht die „Diskuthek" mit der dritten Runde zu Ende.

7 *Sprechen Sie in der Klasse über Ihre Erfahrungen während der Diskussion.*
Was hat gut funktioniert, was könnte noch verbessert werden?
Welche Vor- und Nachteile bietet diese Diskussionsform?

1.2 Voyeure und Medienopfer – Informationen für eine Podiumsdiskussion recherchieren und auswerten

Zum Abschuss freigegeben

Entdeckt, zur Schau gestellt, fallen gelassen: Wie nie zuvor setzen Fernsehen und Zeitungen auf Menschen, Schicksale, Emotionen – und hinterlassen jede Menge Opfer

Von Roland Kirbach

Stefan Raab

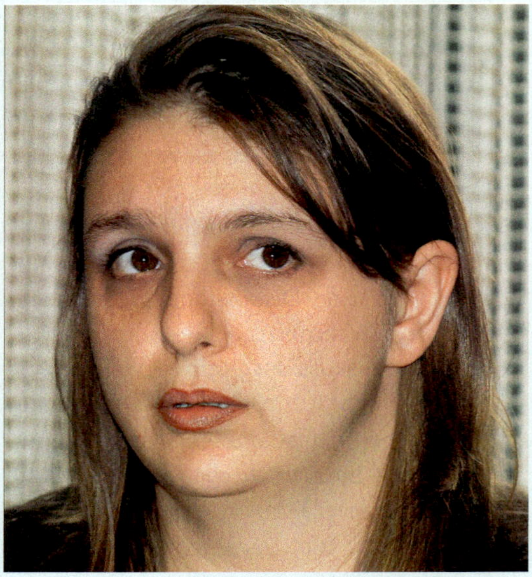

Nil Schaller

Der Tag, an dem ihre Tochter eingeschult wurde, sollte ein ganz besonderer Tag für die Deutsch-Türkin Nil Schaller werden. Es war der 31. August vergangenen Jahres, das Fernseh-Regionalmagazin „Maintower" vom Hessischen Rundfunk war in die Kirchner-Grundschule im Frankfurter Stadtteil Bornheim gekommen, um über den Ehrentag der Erstklässler zu berichten. Doch dann nahm das Verhängnis seinen Lauf. Für einen kurzen Moment nahm Nil Schaller die Schultüte ihrer Tochter in die Hand, weil die Kleine sich die Schuhe zubinden sollte. In diesem Augenblick filmten die Maintower-Leute die stolze Mutter. Sechs Tage später lief die kurze Passage aus dem hessischen Lokalfernsehen erneut über den Bildschirm – diesmal bundesweit, auf ProSieben. Nil Schaller war Stefan Raab und seinem „TV Total" in die Hände gefallen. „Mir ist eine Erstklässlerin aufgefallen, die meines Erachtens nach vielleicht ein bisschen zu alt dafür ist", sagte der Moderator grinsend. Im Bild erschien Nil Schaller, die Schultüte im Arm. „Unfassbar, oder?", kommentierte er. „Die Dealer tarnen sich immer besser."

Ein harmloser Scherz? 1,13 Millionen Menschen sahen diese Sendung. Was das bedeutet, hat Nil Schaller in den folgenden Tagen und Wochen erlebt. Von fremden Menschen sei sie auf der Straße gefragt worden, ob sie ihnen „Stoff" verkaufen könne, berichtet ihr Essener Anwalt Frank Roeser. Zu dem Imbiss, in dem sie als Bedienung arbeitete, seien die Menschen gepilgert, um sich über die „Drogendealerin" lustig zu machen. Bis es dem Inhaber zu dumm geworden sei und er die Frau entlassen habe. Nil Schaller ist eine einfache Frau. Dem Wirbel nach der Sendung stand sie hilflos gegenüber. Als auch noch zwei große türkische Zeitungen, „Hürriyet" und „Türkiye", darüber berichteten und die Ehrverletzung im deutschen Fernsehen geißelten, habe sich seine Mandantin vor lauter Scham nicht mehr auf die Straße getraut, sagt Roeser. Er verklagte den Moderator, der sein Privatleben selbst in der Öffentlichkeit rigoros schützt, wegen Persönlichkeitsrechtsverletzung auf Schmerzensgeld für seine Mandantin, er habe die Frau „lächerlich" und „zum Objekt" gemacht. Die Klage wurde in erster Instanz jedoch abgewiesen.

Ganz oben, unterm Dach eines stattlichen Mietshauses am Fuß des Zürichbergs, liegt die Praxis des Zürcher Psychotherapeuten Mario Gmür. Neben den üblichen Verängstigten, Verzweifelten und Verstörten finden seit einiger Zeit vermehrt solche Hilfesuchenden den Weg hier herauf, die „in die Medienfalle geraten" sind, wie der 60-jährige Therapeut es ausdrückt. Prominent und nicht prominent. Gmür gilt inzwischen als Medienexperte, er hat sogar ein Buch zum Thema geschrieben („Der öffentliche Mensch – Medienstars und Medienopfer"). Er weiß, was Medien bei Menschen anrichten können. Immer aufdringlicher rücke die Branche dem Publikum auf den Leib, um angesichts der enormen Konkurrenz noch gehört zu werden. Immer schriller, immer marktschreierischer gebärde sie sich. So sei eine permanente Aufgeregtheit entstanden, ein Sensationsjournalismus, der auch nüchterne Themen „so spektakulär aufbereitet, dass Gefühle ausgelöst und aufgepeitscht werden", meint Gmür. Auch auf die so genannte Qualitätspresse habe die Boulevardisierung längst übergegriffen. Als Vorreiter dieser Emotionalisierung der Medien hat Gmür die Trash-Talkshows der Privatsender am Mittag und Nachmittag ausgemacht. Sie hätten „Themen in die öffentliche Arena eingeführt, die zuvor als privat galten". Beispiel: „17, schwanger, arbeitslos – was willst du deinem Kind bloß bieten?" Für einen Politiker, der beim Wahlvolk ankommen will, reiche es seither nicht mehr, mit brillanten Stellungnahmen auf seinem Fachgebiet zu glänzen, meint Gmür, „mindestens ebenso wichtig ist es, dass er mitteilt, er wasche seine Socken selber oder spiele mit seinen Enkelkindern Fußball". [...]

Ein Volk von Voyeuren ist so herangezogen worden, das vor allem eines sehen will: Sieger und Verlierer. Und ein Heer von Exhibitionisten stellt sich nur zu gern zur Verfügung. Geltungsbedürfnis, der Wunsch, wenigstens für einige Momente prominent zu sein, drängten den „kleinen Mann" vor die Kamera – und sei es als Loser oder Taugenichts. Scharenweise outeten sich die Alkoholiker oder Fetischisten, die Bettnässer oder Kleptomanen – „in der Hoffnung auf einen Beurteilungsbonus für ihre freiwillige Selbstoffenbarung", sagt der Zürcher Psychologe Gmür. Aber niemand honoriere es ihnen, wenn die Scheinwerfer ausgeschaltet sind.

1 *Untersuchen Sie den Artikel aus der Wochenzeitung „DIE ZEIT".*
- ☐ *Worum geht es in dem Text?*
- ☐ *Was ist die Meinung des Autors zu diesem Thema?*

2 *Im Text heißt es, Nil Schaller sei in der Sendung „zum Objekt" (Z. 49) gemacht worden. Sprechen Sie über den Begriff „Objekt" und was es bedeutet, wenn ein Mensch zu einem Objekt wird.*

3 *Der Autor spricht von einem „Volk von Voyeuren" (▷ Z. 89) und einem „Heer von Exhibitionisten" (▷ Z. 91 f.), die in der Mediengesellschaft entstanden seien.*
a) Klären Sie, was damit gemeint ist, und beurteilen Sie, ob diese Feststellung zutreffend ist.
b) Überlegen Sie, was es für eine Gesellschaft bedeutet, wenn sie tatsächlich aus einem „Volk von Voyeuren" besteht.

4 *Sicher kennen Sie noch weitere Beispiele aus dem Fernsehen oder anderen Medien, in denen Menschen freiwillig oder ungewollt zu Medienopfern werden. Listen Sie diese auf und vergleichen Sie die Art und Weise, wie mit den „Opfern" umgegangen wird.*

5 *Kann man davon sprechen, dass Menschen Medienopfer sind, wenn sie ihr Leben selbst vor der Kamera ausbreiten?*

Sachkenntnis zeigen – Eine Stoffsammlung anlegen

Wer über ein Thema, z. B. „Medien und Menschenwürde", diskutieren will, sollte gut informiert sein, denn nur durch stichhaltige Argumente kann man überzeugen und auf Gegenargumente reagieren. Es ist also sinnvoll, sich vor einer Diskussion eine Stoffsammlung anzulegen und Informationen zusammenzutragen, zu ordnen und zu gewichten.

1 *Lesen Sie den folgenden Informationstext zum Thema „Medien und Menschenwürde".*

Medien und Menschenwürde

Die Mediendebatte heute stellt wieder die Frage nach der Würde des Menschen, nicht weil ein Diktator sich zum Maßstab aller Dinge glaubte aufschwingen zu können, sondern weil die Kommerzialisierung alle Lebensbereiche erfasst und weil die Frage: „Was rechnet sich?", die einzige Frage von gesellschaftlicher Relevanz zu werden droht.
Das Magazin eines Fernsehsenders fordert zum Beispiel Leute auf der Straße auf, für Geld „den Hund zu machen". Die lassen sich dann für 100 Euro auf allen vieren an der Leine führen, heben das Beinchen und machen „platz" und alles wird mitgedreht und alles wird gezeigt. Ist die Menschenwürde in einer juristischen Grauzone verschwunden?
Wer schützt die so genannten Freiwilligen vor der Manipulation durch das Medium Fernsehen? Wer schützt die Menschen vor der Instrumentalisierung durch die Unterhaltung? Wer schützt das Publikum vor Veranstaltern, die ihre Protagonisten auf den „Hund" bringen und die Zuschauer für dumm verkaufen?

2 *Ein Cluster ist ein hilfreiches Mittel, um erste Gedanken zu einem Thema zu sammeln. Ergänzen Sie im Heft oder auf einem Blatt den folgenden Cluster zum Diskussionsthema „Die Medien und ihre Opfer – eine Verletzung der Menschenwürde?" mit eigenen Stichpunkten.*

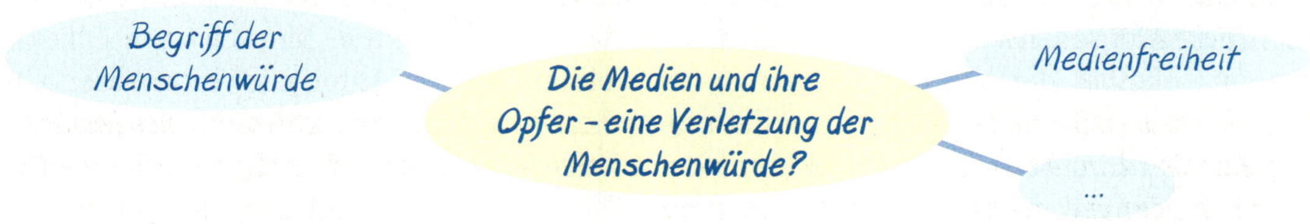

3 *Notieren Sie Möglichkeiten der Informationsbeschaffung zum Thema „Die Medien und ihre Opfer – eine Verletzung der Menschenwürde?"*

Im Folgenden finden Sie Material für eine Stoffsammlung zum Diskussionsthema „Die Medien und ihre Opfer – eine Verletzung der Menschenwürde?", auf Seite 20 Arbeitsaufträge zum Erschließen desselben.

Grundgesetz für die Bundesrepublik Deutschland (Auszug)

Artikel 1 [Menschenwürde; Grundrechtsbindung der staatlichen Gewalt]
(1) Die Würde des Menschen ist unantastbar. Sie zu achten und zu schützen, ist Verpflichtung aller staatlichen Gewalt.
(2) Das Deutsche Volk bekennt sich darum zu unverletzlichen und unveräußerlichen Menschenrechten als Grundlage jeder menschlichen Gemeinschaft, des Friedens und der Gerechtigkeit in der Welt.
(3) Die nachfolgenden Grundrechte binden Gesetzgebung, vollziehende Gewalt und Rechtsprechung als unmittelbar geltendes Recht.

Artikel 2 [Allgemeine Handlungsfreiheit; Freiheit der Person; Recht auf Leben]
(1) Jeder hat das Recht auf die freie Entfaltung seiner Persönlichkeit, soweit er nicht die Rechte anderer verletzt und nicht gegen die verfassungsmäßige Ordnung oder das Sittengesetz verstößt.
(2) Jeder hat das Recht auf Leben und körperliche Unversehrtheit. Die Freiheit der Person ist unverletzlich. In diese Rechte darf nur auf Grund eines Gesetzes eingegriffen werden.

Johannes Reiter

Menschenwürde als Maßstab

Wir müssen zugeben, dass unsere Gesellschaft kein einheitliches Welt- und Menschenbild mehr besitzt. Der Pluralismus der Weltanschauungen ist in der modernen Welt eine Tatsache. Deshalb erscheint auch ein gemeinsames Handeln auf Grund gemeinsamer Wertvorstellungen kaum mehr möglich. Gerade in dieser Situation dürfte der tiefere Grund für die permanenten religiösen, weltanschaulichen, sittlichen und rechtlichen Krisen des heutigen Menschen zu suchen sein. Dieser Pluralismus ist für uns umso bedrängender, als wir heute global in Konfrontation mit anderen Nationen, ja sogar mit völlig anderen Kulturen – alten

und neuen – stehen, die den gleichen Wahrheitsanspruch stellen wie wir.
Als Orientierungspunkt innerhalb dieses breit gefächerten Pluralismus wird gerne und vermehrt die Menschenwürde herangezogen. Sie scheint offenbar der allgemeine Nenner zu sein, der das ethische Grundanliegen der modernen Welt zum Ausdruck bringt und auf den alle Forderungen nach Humanität bezogen werden können. Die Menschenwürde will den für das geordnete Zusammenleben notwendigen Konsens herstellen. Weil sie für den Menschen als solchen gilt – also unabhängig von ethnischer Zugehörigkeit, Religion und Weltanschauung, politischen Überzeugungen, gesellschaftlicher Stellung, Gesundheitszustand, Geschlecht und wodurch sich sonst noch Menschen unterscheiden mögen –, kann sie grundlegend für alle politisch-gesellschaftlichen Ordnungen sein. [...]
Was macht nun den Schutz der Menschenwürde aus? Was ist ihr Inhalt? Wie realisiert sie sich, und wo wird sie konkret? Auf diese Fragen versucht der Verfassungsrechtler Günter Dürig mit der so genannten, an Kant erinnernden „Objektformel“ zu antworten. In dem von ihm verfassten Grundgesetzkommentar heißt es: „Die Menschenwürde ist getroffen, wenn der konkrete Mensch zum Objekt, zu einem bloßen Mittel, zur vertretbaren Größe herabgewürdigt wird.“ Anders ausgedrückt: Es widerspricht der Menschenwürde, wenn der Mensch einer Behandlung ausgesetzt wird, die seine Subjektqualität prinzipiell in Frage stellt beziehungsweise unterwandert.

Johannes Reiter (geb. 1944) ist Professor für Moraltheologie am Fachbereich „Katholische Theologie“ der Johannes Gutenberg-Universität Mainz und Mitglied der Enquete-Kommission[1] „Ethik und Recht der modernen Medizin“ des Deutschen Bundestages.

1 **Enquete-Kommissionen** („enquête“ franz. für Untersuchung) sind Arbeitsgruppen, in denen unterschiedliche ethische Aspekte abgewogen werden.

4 *Überlegen Sie gemeinsam, warum das Grundgesetz der Bundesrepublik (▷ S. 19) mit dem Satz beginnt: „Die Würde des Menschen ist unantastbar.“ Beachten Sie dabei auch, wie der Gesetzestext formuliert wurde.*

5 *In dem Text „Menschenwürde als Maßstab“ (▷ S. 19 f.) wird im Zusammenhang mit dem Begriff der „Menschenwürde“ der Verfassungsrechtler Günter Dürig mit seiner so genannten „Objektformel“ zitiert, die der Subjektqualität des Menschen entgegengesetzt wird (▷ Z. 42–49).*
a) Klären Sie, was mit dieser „Objektformel“ gemeint ist.
b) Konkretisieren Sie den Begriff „Subjektqualität“, indem Sie Beispiele sammeln, in denen sie sich ausdrückt.

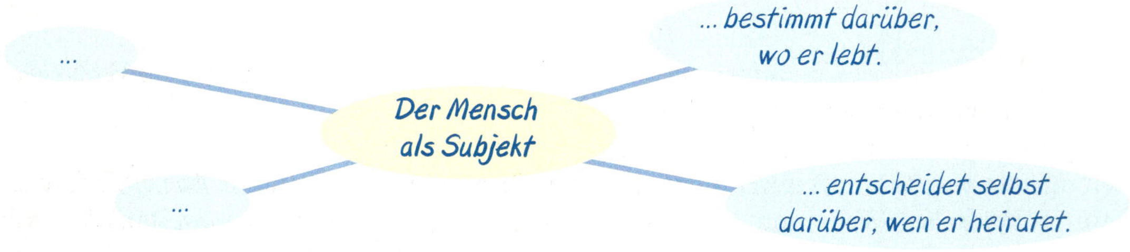

c) Listen Sie Beispiele aus Vergangenheit und Gegenwart auf, in denen Menschen zu Objekten herabgewürdigt wurden oder werden.
d) Zeigen Sie auf, warum das Thema „Menschenwürde“ gerade heute verstärkt an Bedeutung gewinnt.

6 *Legen Sie sich eine Stoffsammlung für eine Diskussion zum Thema „Die Medien und ihre Opfer – eine Verletzung der Menschenwürde?" an. Gehen Sie dabei folgendermaßen vor:*

a) Überprüfen Sie, welche Informationen Sie aus den Texten von Seite 18–20 verwenden können. Notieren Sie Stichpunkte sowie Fragen und schreiben Sie wichtig erscheinende Sätze als Zitate wörtlich ab.

b) Sammeln Sie weiterführende Informationen, Zitate und Beispiele zum Thema. Notieren Sie mit Hilfe Ihres Clusters von Aufgabe 2 (▷ S. 19) vor Ihrer Recherche Fragen zum Thema. Nutzen Sie für Ihre Recherche verschiedene Informationsquellen, z. B.:
Printmedien: Lexika, Sach- und Fachbücher, Zeitungen, Zeitschriften
elektronische Medien: Internet, z. B. mit Hilfe der Suchmaschine www.google.de
(▷ Tipps zur Informationsrecherche finden Sie im Grundwissen auf Seite 365.)

c) Werten Sie Ihr Informationsmaterial aus. Beachten Sie dazu den folgenden Tipp.

TIPP

Informationsmaterial auswerten: Eine Stoffsammlung anlegen

Beim Auswerten Ihres Informationsmaterials wenden Sie die üblichen Textbearbeitungsmethoden an.

- Markieren Sie auf einer Kopie oder auf einem Ausdruck der Texte die wichtigsten Informationen.
- Notieren Sie am Rand Stichworte, sodass Sie den Inhalt der Texte überblicksartig erfassen können.
- Versehen Sie unbekannte Wörter und unverständliche Textstellen mit einem Fragezeichen und klären Sie ihren Sinn. Schlagen Sie z. B. in einem Wörterbuch oder in einem Lexikon nach.
- Notieren Sie wesentliche Informationen und schreiben Sie Sätze, die Sie zitieren wollen, wörtlich heraus. Vermerken Sie auch die Quelle (▷ Informationen zum Zitieren auf Seite 325).
- Wichtige Texte oder Statistiken sollten Sie für Ihre Stoffsammlung kopieren oder ausdrucken.

Eine Podiumsdiskussion führen

7 *Bereiten Sie nun die Podiumsdiskussion zum Thema „Die Medien und ihre Opfer – eine Verletzung der Menschenwürde?" vor.*

a) Verteilen Sie in der Klasse die verschiedenen Rollen:

- *Wählen Sie acht Diskutanten, die die Podiumsdiskussion bestreiten sollen. Achten Sie darauf, dass es bei den Diskutanten verschiedenen Meinungen zum Thema gibt, und legen Sie die Rollen für die Diskutanten fest (z. B. Medienopfer, Fernsehzuschauer, Moderator/-in einer so genannten „Trash-Talkshow" etc.)*
- *Bestimmen Sie eine Moderatorin/einen Moderator.*
- *Die übrigen Schüler/-innen haben die Aufgabe, die Diskussion zu beobachten. Als Publikum werden sie am Ende mit in die Diskussion einbezogen.*

b) Bereiten Sie sich in Gruppenarbeit auf Ihre Rollen vor. Entwerfen Sie für die Teilnehmer Argumentations- und Moderationskarten sowie für das Publikum einen Beobachtungsbogen, mit dessen Hilfe Sie die Diskussion kritisch reflektieren können.

Argumentationskarten

- Notieren Sie Argumente für Ihre Position.
- Überlegen Sie, wie Sie Ihre Argumente ausführen und stützen können.
- Stellen Sie sich auf mögliche Argumente der Gegenseite ein, indem Sie sich mit diesen bereits im Vorfeld auseinandersetzen.
- Formulieren Sie ein Eröffnungsstatement, in dem Sie Ihre Position knapp und prägnant darlegen.

Moderationskarten

- Notieren Sie, mit welchen Einstiegsfragen oder Informationen zum Thema Sie diese Diskussion eröffnen können.
- Tragen Sie Formulierungshilfen zusammen, um den Abschluss dieser Diskussion zu gestalten (▷ mehr zu den Aufgaben eines Moderators/einer Moderatorin auf S. 13).

Beobachtungsbogen

- Entwerfen Sie einen Beobachtungsbogen, in dem Sie Untersuchungsaspekte für die Feedback-Runde zusammenstellen.

  Berücksichtigen Sie dabei die Rolle des Moderators/der Moderatorin und die der Diskutanten, z. B.:
  - Beobachtungskriterien für die Diskutierenden:
    Einhalten der Gesprächsregeln? Bezug zum Vorredner? Ausdrucksvermögen? Aufbau und Gestaltung der Argumentation? etc.
  - Beobachtungskriterien für den Moderator/die Moderatorin:
    Sorgt er/sie für Einhaltung der Gesprächsregeln? Achtet er/sie auf Reihenfolge der Meldungen? etc.
    (▷ mehr zu den Aufgaben eines Moderators/einer Moderatorin auf S. 13).

8 *a) Führen Sie die Podiumsdiskussion durch. Vereinbaren Sie vorher, wie lange sie dauern soll.*
b) Reflektieren Sie anschließend in einer Feedback-Runde, wie überzeugend die einzelnen Teilnehmer/-innen agiert und argumentiert haben und wie der Moderator/die Moderatorin seine/ihre Rolle wahrgenommen hat.

TIPP

Eine Podiumsdiskussion führen

Sie brauchen einen Moderator/eine Moderatorin und Diskutanten (nicht mehr als acht), die verschiedene Positionen zur Thematik einnehmen.

1. Der Moderator oder die Moderatorin eröffnet die Diskussion: Das Thema und die Diskussionsteilnehmer werden vorstellt.
2. Jeder Diskussionsteilnehmer gibt ein kurzes Statement zur eigenen Position ab.
3. Die Podiumsteilnehmer diskutieren miteinander, der Moderator/die Moderatorin achtet darauf, dass die Gesprächsregeln eingehalten werden, hält Zwischenergebnisse fest, beendet schließlich die Diskussion, zieht Bilanz und verabschiedet die Teilnehmer/-innen.

1.3 Wenn alle wegsehen – Präsentieren, visualisieren, frei vortragen

Mobbing – Sich über ein Thema informieren

GEWALT IN DER SCHULE

Zwei Mobbingopfer in jeder Klasse

Schikanen, Hänseleien und Gewalt kommen in jeder Schule vor. Einer neuen Studie zufolge gibt es statistisch zwei Opfer pro Klasse – wer es wird, bestimmt die Gemeinschaft.

Nach einer neuen Studie gibt es in jeder Schulklasse ein bis zwei Mobbingopfer. Im Durchschnitt ist jeder siebte Schüler als Opfer oder Täter in ein Mobbingproblem verwickelt, heißt es in einer Untersuchung der Universität München, die am Montag bei einer Fachtagung der Aktion Jugendschutz (ajs) und des Fachverbandes für Prävention und Rehabilitation in der Erzdiözese Freiburg e. V. in Stuttgart zitiert wurde. Schulverweigerung oder körperliche Beschwerden sind demnach die Folgen für die Opfer.

Die Aktion Jugendschutz definiert den Begriff „Mobbing" als das systematisch wiederholte Schikanieren von Einzelnen über einen längeren Zeitraum hinweg. Bei der Veranstaltung informierten sich 120 Lehrer und Sozialpädagogen aus Schule und Jugendhilfe über Möglichkeiten der Prävention und der angemessenen Intervention.

Vor allem in Zwangsgemeinschaften wie Schule oder Kindergarten werden demnach Kinder gemobbt. Opfer könne jeder werden. Entscheidend sei nicht Person oder Verhalten des Opfers, sondern die Zuschreibung der Opferrolle durch die Täter. Die Gruppe spiele dabei eine zentrale Rolle. Täter fänden Unterstützung durch einen Teil der Mitschüler. Aus Angst, selbst in die Gewaltspirale hineingezogen zu werden, schweige der Rest und billige damit das Geschehen.

Die „Aktion Jugendschutz" betonte, dass Kompetenzlücken bereits in der Ausbildung von Erziehern und Lehrern geschlossen werden müssten. Denn falsche Interventionen lasse die Gewalt weiter eskalieren. Sogar Streitschlichtung durch Schüler oder Lehrer helfe bei Mobbing nicht weiter, weil es sich dabei nicht um einen beidseitig verursachten Konflikt handele, sondern um einseitige Gewalt. Schulsozialarbeit sei eine unverzichtbare Unterstützung für die Lehrer, deshalb solle die Landesregierung schnellstmöglich wieder in die Finanzierung einsteigen.

1 *Geben Sie wieder, wie „Mobbing" im Text definiert wird. Konkretisieren Sie den beschriebenen Sachverhalt durch Beispiele.*

2 *Sprechen Sie darüber, was mit folgendem Zitat aus dem Artikel gemeint ist:*
„Opfer könne jeder werden. Entscheidend sei nicht Person oder Verhalten des Opfers, sondern die Zuschreibung der Opferrolle durch die Täter." (▷ Z. 23–26)

Mobbing in der Schule *von Alexander Choeb*

Definition des Begriffs „Mobbing"

„Mobbing" stammt aus dem Englischen und bedeutet „anpöbeln", „fertigmachen" (mob = Gesindel, Pöbel, Bande; to mob = anpöbeln, angreifen, über jemanden herfallen).

Mobbing ist eine Form offener und/oder subtiler Gewalt gegen Personen über längere Zeit mit dem Ziel der sozialen Ausgrenzung. „Mobbing" hat sich zu einem Modewort entwickelt, das oft verallgemeinernd für zwischenmenschliche Konflikte aller Art benutzt wird. Die Grenze zwischen alltäglichen Aggressionsausformungen und Mobbing ist fließend, dadurch wird eine differenzierende Auseinandersetzung mit Mobbing für Lösungsansätze immer wichtiger. Denn nicht jede Anfeindung zwischen Menschen, die zusammen arbeiten/lernen (müssen), ist gleichbedeutend mit Mobbing. Bei Mobbing handelt es sich vielmehr um häufige und lang anhaltende, systematische und auf eine Person gerichtete Schikanen, bei denen das Opfer unterlegen ist. Das Ziel der Täter ist meistens der Ausstoß des Opfers aus dem schulischen Umfeld, dem Arbeitsverhältnis bzw. die soziale Ausgrenzung.

„Eine Unverschämtheit, einmal gesagt, ist und bleibt eine Unverschämtheit, wiederholt sie sich aber jeden Tag über mehrere Wochen, dann sprechen wir von Mobbing."

Symptome des Mobbings

Mobbing-Handlungen kann man in fünf Gruppen einteilen, die die Auswirkungen für Mobbing-Opfer beschreiben.

1. **Angriffe auf Möglichkeiten, sich mitzuteilen:** Das Opfer wird z. B. ständiger Kritik ausgesetzt oder laufend angeschrien, mündlich und/oder schriftlich bedroht oder andauernd unterbrochen.
2. **Angriffe auf soziale Beziehungen:** Das Opfer wird nicht mehr beachtet, anderen Schülern wird verboten, mit dem/der Betroffenen zu sprechen.
3. **Angriffe auf das soziale Ansehen:** Durch Beleidigungen, Klatsch und Intrigen wird der Leidtragende diskriminiert, obszöne Schimpfworte oder andere entwürdigende Ausdrücke werden nachgerufen.
4. **Angriffe auf die Qualität der Arbeit:** Die Täter teilen dem Opfer kränkende, beleidigende, degradierende oder sinnlose Arbeiten zu.
5. **Angriffe auf die Gesundheit:** Dazu zählen sexuelle Belästigungen, Handgreiflichkeiten/leichte Gewalt, Androhung von Gewalt, Zwang zu gesundheitsschädlicher Tätigkeit und Verursachung von Kosten für den Betroffenen. Je nach Altersstufe verschieben sich die Rechtfertigungen für das Mobbing: In der Unterstufe werden eher ungeschickte und unbeholfene Schüler gemobbt, während in der Mittelstufe Modenormen, Verhaltensweisen im Unterricht („Streber") und gegengeschlechtliche Freundschaften (Eifersucht, Rivalität) das Mobbing bestimmen. In der Oberstufe spielt der Konkurrenzdruck die größte Rolle. Jungen neigen eher zu offener Aggression und greifen ihr Gegenüber körperlich oder verbal an, während Mädchen eher subtilere Formen wie Manipulation, Gerüchte verbreiten oder soziales Ausgrenzen verwenden; dies wird auch als Beziehungsaggression bezeichnet.

Schulmobbing

Ursachen: Natürlich stellt sich die Frage: Warum wird überhaupt gemobbt? Wie kommt es dazu? Generell kann man Mobbing als ein Kommunikationsproblem verstehen. Die Opfer werden isoliert und ziehen sich zurück, die Täter bekommen keine Rückmeldung über die Auswirkungen ihrer Schikanen und die „passiven Zuschauer" sind ratlos, haben Angst, schweigen und verhalten sich in gewissem Maße voyeuristisch.

Folgen: Direkte bzw. kurzfristige Folgen für Mobbingopfer können sein:

- Schulangst
- Leistungsabfall, schlechtere Noten, Unkonzentriertheit
- psychosomatische Erkrankungen
- Schule schwänzen, „Krankheits"-Fehltage
- Isolation, Rückzug aus sozialen Bezügen
- schwindendes Selbstbewusstsein/Selbstwertgefühl

Langzeitfolgen sind meist psychischer und psychosomatischer Natur, z. B. kann das Selbstbewusstsein auf Dauer gestört bleiben (nicht nur im Leistungsbereich), Appetitlosigkeit, Bauchschmerzen, Albträume, Schlafstörungen, Ängste und Depressionen treten auf. Es kann sogar zu Suizidversuchen bzw. vollzogenem Suizid kommen.

Täter sind von Langzeitfolgen mindestens genauso betroffen wie Opfer. Denn Mobber können sich nur auf Kosten anderer Menschen profilieren, sobald sie aber auf sich selbst gestellt sind, versagen sie kläglich. Außerdem kann ein fehlendes Gerechtigkeitsbewusstsein zu einer kriminellen Laufbahn führen.

Lösungswege

Als Allererstes müssen verschiedene Behauptungen, die sich als durchgehend falsch erweisen, aus dem Weg geräumt werden.

- „An unserer Schule gibt es kein Mobbing."
  Fälle von Mobbing, die bekannt werden, sind keine Einzelfälle! Die Überzeugung, Mobbing komme unter Schülern einer bestimmten Schule nicht vor, erwies sich in verschiedenen Studien als falsch. Ein beträchtlicher Anteil der Schüler/-innen erlebt Mobbing direkt oder indirekt.
- „Mag sein, dass Mobbing an unserer Schule vorkommt, aber es ist harmlos."
  Mobbing ist niemals harmlos. Mobbing-Opfer erleben körperliche und/oder seelische Verletzungen und soziale Isolation. Kinder und Jugendliche in Mobbing-Situationen brauchen Unterstützung von außen, denn Betroffene können sich meist nicht mehr selbst wehren.
- „Ich kann nichts gegen Mobbing unternehmen."
  Diese Behauptung bedeutet: Wegschauen. Lösungen lassen sich aber nur durch Hinschauen und Handeln finden. Schulen brauchen präventive Anti-Mobbing-Strategien und wirkungsvolle Lösungen im Umgang mit Mobbing-Vorfällen. Das gemeinsame Handeln in der ganzen Schule ist von größerer Wirkung als Einzelaktionen verschiedener Klassen.

1 *a) Arbeiten Sie in Gruppen- oder Partnerarbeit die Informationen aus dem Text heraus. Stellen Sie Ihre Ergebnisse übersichtlich in einem Schaubild dar, sodass gedankliche Bezüge (z. B. Ursachen, Folgen, Lösungsmöglichkeiten) deutlich werden.*
b) Stellen Sie Ihre Schaubilder in der Klasse vor und sprechen Sie über die Ergebnisse.

2 *Diskutieren Sie über den Informationsgehalt des Textes „Mobbing in der Schule", indem Sie die angeführten Fakten und Beispiele auf Ihre Stichhaltigkeit hin überprüfen. Holen Sie bei strittigen Punkten zusätzliche Informationen ein, z. B. mit Hilfe des Internets (▷ Tipps zur Informationsrecherche finden Sie auf Seite 365).*

Eine Präsentation vorbereiten

Bereiten Sie in Gruppen eine Präsentation zum Thema „Mobbing“ vor. In der Wahl der Präsentationsmöglichkeiten sind Sie vollkommen frei.

1 *a) Schlüsseln Sie in Gruppenarbeit das Thema „Mobbing“ auf und benennen Sie Teilaspekte und Fragestellungen. Halten Sie Ihre Ideen fest, z. B. in einem Cluster.*

b) Formulieren Sie mit Hilfe Ihrer Ideensammlung aus Aufgabe 1a Fragestellungen zum Thema „Mobbing“, die Sie interessieren könnten.

c) Stellen Sie sich Ihre Themen und Fragestellungen gegenseitig vor. So können Sie Überschneidungen vermeiden. Entscheiden Sie, ob Sie bei gleichen oder ähnlichen Themen in einer Gruppe zusammenarbeiten oder nach weiteren Fragestellungen suchen möchten.

2 *a) Finden Sie sich – je nach Themenstellung – in einzelnen Arbeitsgruppen zusammen.*

b) Überlegen Sie, welche Ziele und Absichten Sie mit Ihrer Präsentation verfolgen wollen. Halten Sie Ihre Ideen fest.

c) Tauschen Sie sich darüber aus, wie Sie Ihre Präsentationsziele am besten transportieren bzw. dokumentieren können. Die folgenden Präsentationsmöglichkeiten sind Anregungen, die miteinander kombiniert werden können.

TIPP: *Beachten Sie, dass es nicht nur darum geht, Informationen zum Thema vorzutragen, sondern auch darum, ihre Sicht auf das Thema darzustellen und zu visualisieren.*

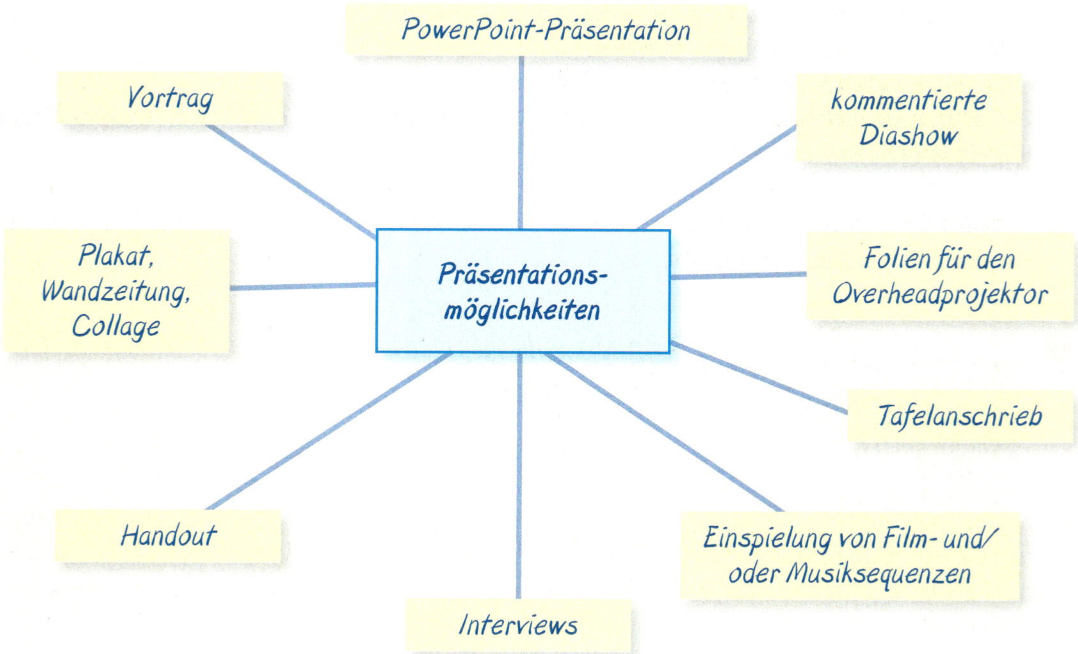

3 *Planen Sie mit Ihrem Team die Präsentation. Erstellen Sie einen Zeitplan und verteilen Sie die Aufgaben.*

Präsentationsthema: ...
Themenschwerpunkte: ...
Zielformulierungen: ...

Terminierung:

Wann	Wer	Was	Medien	Tipps
12.10	Anja	Umfrage	Fragebogen	...
	Ruben	Statistiken	...	...
	Thomas	...	...	...
...	...	...	...	...

4 *Recherchieren Sie für Ihre Präsentation entsprechendes Material, werten Sie es aus und bereiten Sie es für die Präsentation auf, indem Sie Wichtiges visualisieren (▷Informationsrecherche S. 365).*

Materialrecherche
- in Bibliotheken recherchieren
- im Internet suchen
- Texte aus der Presse sammeln
- Fernseh- oder Radiosendungen aufnehmen
- Interviews durchführen
- Umfrage, z. B. mit Fragebögen, durchführen
- ...

Material visualisieren
- Wandzeitung/Plakate gestalten
- Schaubilder anfertigen
- OH-Folien entwerfen
- PowerPoint-Präsentation erstellen
- Ergebnisse auf der Schulhomepage veröffentlichen
- ...

5 *a) Gliedern Sie Ihre Präsentation. Notieren Sie, was Ihrer Meinung nach in der Einleitung, im Hauptteil und am Ende der Präsentation stehen sollte. Fragen Sie sich:*
- ☐ *Was sollen die einzelnen Teile leisten?*
- ☐ *Wie schaffen Sie es jeweils, dass das Publikum aufmerksam zuhört?*

b) Notieren Sie, welches Material und welche Medien Sie zum Einstieg, während und zum Schluss der Präsentation einsetzen wollen.

6 *Erstellen Sie Vortragskarten für Ihre Präsentation, indem Sie die wichtigsten Informationen auf Karteikarten (DIN A6) zusammenstellen.*

TIPP

Vortragskarten erstellen
- ☐ Nehmen Sie Karteikarten im Postkartenformat (DIN A6).
- ☐ Beschriften Sie die Karteikarten nur einseitig. Nutzen Sie die Rückseite der Karteikarte nur, um die Bedeutung wichtiger Fachbegriffe oder Fremdwörter zu notieren.
- ☐ Schreiben Sie deutlich lesbar.
- ☐ Markieren Sie einzelne Kernbegriffe oder wichtige Hinweise mit unterschiedlichen Farben, z. B.: Folie auflegen!

Die Präsentation durchführen

7 *Betrachten Sie die Karikaturen. Worüber wird sich hier lustig gemacht?*

8 *Vielleicht kennen Sie Situationen, in denen in fragwürdiger oder sehr guter Weise Medien eingesetzt wurden. Berichten Sie davon und tragen Sie zusammen, was Ihrer Meinung nach bei dem Einsatz von Medien zu berücksichtigen ist.*

9 *Üben Sie den Vortrag Ihrer Präsentation. Beobachten Sie aufmerksam die Präsentation der anderen und bewerten Sie sie mit Hilfe der unten stehenden Checkliste. Tragen Sie zum Schluss Ihr Lob und Ihre Kritik in einer Feedback-Runde zusammen.*

10 *Überlegen Sie, in welchem Rahmen Sie Ihre Präsentationen einer größeren Öffentlichkeit vorstellen können oder ob Sie Ihre Ergebnisse in einer Ausstellung zusammenfassen wollen.*

Checkliste für die Präsentation

1. Vortrag
+ Freier Vortrag: Ist die Sprache klar und deutlich und das Gesagte verständlich?
+ Sprechqualität: Ist das Sprechtempo gut, wird Wichtiges betont?
+ Körpersprache: Besteht Blickkontakt zum Publikum? Wie verhält sich die Referentin oder der Referent im Raum? Wie wirken Gestik und Mimik?

2. Inhalt
+ Einstieg: Gelingt die Themeneinführung durch Zitat, Bildeinsatz, Musik …?
+ Roter Faden: Ist der Aufbau klar und das Thema deutlich?
+ Wortwahl: Werden schwierige Begriffe erläutert und Beispiele gegeben?
+ Ansprache: Wird ein Kontakt zum Publikum hergestellt, z.B. durch Gelegenheiten für Zwischenfragen?

3. Präsentationstechnik
+ Geräte: Werden sie gekonnt bedient?
+ Medieneinsatz: Lenken die eingesetzten Medien ab oder stützen sie Aussagen? Passen sie zum Inhalt? Werden sie zu viel oder zu wenig genutzt?
+ Qualität: Kann das eingesetzte Material erkannt bzw. gehört werden? Stimmen z.B. Schriftgröße und Textmenge?

4. Sicherung:
+ Werden dem Publikum Angebote gemacht, wie es sich Inhalte merken kann, z.B. in Form von Handouts oder Pausen für Mitschriften?

2 Verantwortung übernehmen – Erörtern

2.1 Besatzer im Kopf: Cannabis und Co. – Die steigernde Erörterung

Cannabis: Geschichte, Wirkung, Gefahren

Kaum ein Suchtmittel ist so verbreitet wie der indische Hanf (Cannabis sativa), aus dem Marihuana (Gras) und Haschisch (Dope, Shit) hergestellt werden. Schon vor 6000 Jahren fand die Pflanze in China Verwendung als Heilmittel gegen Rheuma, Malaria und Verstopfung.
Nach Europa gelangte sie durch Napoleon, der sie Ende des 18. Jahrhunderts von seinem Feldzug aus Ägypten mitbrachte. Hier, wo Hanf lange Zeit als Kulturpflanze eine wichtige Rolle zur Fasergewinnung spielte, wurde die Rauschwirkung bestimmter Sorten erst im 19. Jahrhundert bekannt. Der Konsum breitete sich jedoch vor allem in den 1970er Jahren rasch aus. So wurden in Deutschland Cannabisprodukte nach Alkohol und Nikotin die am weitesten verbreiteten Rauschmittel.
Im Stängel, in den Blättern und in den Blütenständen von Cannabis sativa findet man harzartige Substanzen, auch Cannabinoide genannt, die die berauschende Wirkung der Hanfpflanze verursachen. Die wirksamste und am meisten untersuchte Substanz, die in den weiblichen Blütenständen besonders konzentriert vorkommt, ist der psychoaktive Wirkstoff Delta-9-Tetrahydrocannabinol, allgemein bekannt als THC.
Die Konzentration des THC ist bei den drei Formen von Cannabis – Marihuana, Haschisch und Haschischöl – unterschiedlich. Durch gezielte Züchtung hybrider Varianten von Cannabis sativa, z. B. Sinsemilla, wurde die THC-Konzentration im Verlauf der letzten dreißig Jahre derart gesteigert, dass ein Joint heute

Marihuana: *getrocknete weibliche Blütenstände und Triebspitzen der Hanfpflanze, zusammen mit anhaftendem Harz mit einer THC-Konzentration von 0,5 bis 5 Prozent.*
Sinsemilla: *Marihuana-Variante, die nur aus den Blütenständen gewonnen wird und die eine THC-Konzentration von bis zu 14 Prozent aufweisen kann.*
Haschisch: *Droge aus dem getrockneten Harz und den gepressten Blättern der weiblichen Hanfpflanze mit einer THC-Konzentration zwischen 2 und 20 Prozent.*
Haschischöl: *dunkle, hochwirksame, zähflüssige Substanz, die durch das Auslösen von THC aus Marihuana oder Haschisch mit Hilfe eines organischen Lösungsmittels und anschließender Konzentration des gefilterten Extrakts gewonnen wird und eine THC-Konzentration von 15 bis zu 50 Prozent besitzt.*

5-bis 50-mal stärker sein kann als ein Joint der 1960er Jahre.
Beim Rauchen von Cannabis wird THC über die Lunge aufgenommen und gelangt von dort in Minutenschnelle in den Blutkreislauf.
Da THC fettlöslich ist, kann es sich leicht in den Lipiden anreichern, die Bestandteil jeder Zellmembran im Körper sind. Deshalb kann THC auch dann noch im Nervensystem aktiv sein, wenn es im Blut längst nicht mehr nachweisbar ist. Es dauert Wochen, bis das THC eines einzigen Joints vollständig aus dem Körper verschwunden ist, weswegen der Wirkstoff THC auch noch lange nach dem Konsum im Urin nachgewiesen werden kann.
Von besonderer Bedeutung ist die Ablagerung von THC im Gehirn, wo besonders viele Lipide vorkommen. Aus diesem Grund tritt ein Cannabisrausch meist relativ schnell ein und besteht vor allem aus psychischen Wirkungen, die erheblich von der jeweiligen Grundstimmung der Konsumierenden abhängen. Grundsätzlich werden die bereits vorhandenen Gefühle und Stimmungen – ob positiv oder negativ – durch den Wirkstoff verstärkt. Weitere wichtige Einflussfaktoren auf die Wirkung von Cannabis sind die Situation und Umgebung während des Konsums und die individuelle psychische Stabilität, aber auch die Dosierung, die Qualität (d. h. Wirkstoffkonzentration und streckende Beimengungen) und das Alter der Substanz. Cannabis kann milde Euphorie, Entspannung, Verlust des Zeitgefühls und eine Intensivierung der gewöhnlichen Sinneseindrücke verursachen. Aber auch Augenrötungen, eine trockene Kehle, Heißhungerattacken, Angstzustände, eine Beeinträchtigung des Kurzzeitgedächtnisses, der Konzentrationsspanne und der psychomotorischen Funktionen, Halluzinationen und ein erhöhtes Unfallrisiko im Verkehr sowie am Arbeitsplatz sind typische Nebenwirkungen.
Zu den langfristigen Nebenwirkungen gehören u. a. Erkrankungen der Atemwege, Abhängigkeit, Schädigung des Gedächtnisses, ein gegenüber „normalen" Rauchern deutlich erhöhtes Risiko an Krebs, Schizophrenie oder Leukämie zu erkranken, eine spürbare Abnahme der Leistungsfähigkeit, eine Schwächung des Immunsystems sowie eine reduzierte Produktion der Sexualhormone, wodurch der Eisprung, die Spermienproduktion und die Libido beeinträchtigt werden. Deshalb gehören Cannabisprodukte nach dem deutschen Betäubungsmittelgesetz zu den illegalen Suchtmitteln, deren Besitz und Anbau ebenso wie der Handel damit verboten sind und strafrechtlich verfolgt werden.

1 *a) Klären Sie die folgenden Fremdwörter aus dem Text:*

Schizophrenie (vgl. Z. 81) | Libido (vgl. Z. 87) | psychoaktiv (vgl. Z. 25)

Leukämie (vgl. Z. 82) | hybrid (vgl. Z. 31) | Euphorie (vgl. Z. 66/67) | Lipide (vgl. Z. 41)

b) Fassen Sie die zentralen Informationen des Textes zusammen.

2 *Manche Ärzte vergleichen THC mit einem Sonnenbrand, der eben nicht vorbei ist, wenn die Sonne untergeht. Erläutern Sie mit Hilfe der Informationen aus dem Text diese Aussage.*

3 *a) Diskutieren Sie in der Klasse Gründe für den Cannabiskonsum sowie die Möglichkeit einer Cannabisabhängigkeit.*
b) Vergleichen Sie Ihre Diskussionsergebnisse mit den folgenden Informationen:

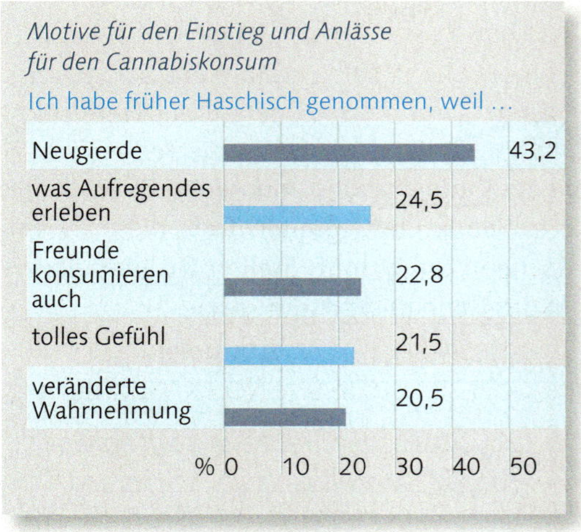

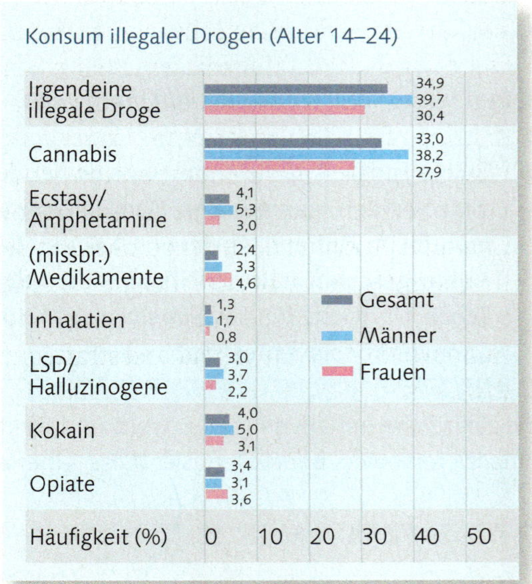

Kriterien für Missbrauch und Abhängigkeit

Missbrauch
mindestens 1 Kriterium in 12 Monaten

- ☐ Konsum trotz Versagen in der Erfüllung wichtiger Verpflichtungen
- ☐ Konsum in physisch gefährlichen Situationen
- ☐ substanzbedingte rechtliche Probleme
- ☐ Konsum trotz sozialer oder Beziehungsprobleme

Abhängigkeit
3 oder mehr Kriterien in 12 Monaten

- ☐ Toleranzentwicklung
- ☐ Entzugssymptome
- ☐ Kontrollverlust
- ☐ Wunsch oder erfolglose Versuche, den Konsum zu kontrollieren
- ☐ Aufgabe/Einschränkung von sozialen, beruflichen oder Freizeitaktivitäten
- ☐ hoher Zeitaufwand für Substanzbeschaffung oder Erholung von Wirkungen
- ☐ Konsum trotz sozialer, psychischer oder körperlicher Probleme

4 *a) Der Titel dieses Teilkapitels lautet: „Besatzer im Kopf: Cannabis und Co.“. Recherchieren Sie über die Wirkungsweise von Cannabis im Gehirn und präsentieren Sie Ihre Ergebnisse.*
b) Tragen Sie zusammen, welche psychischen und physischen Konsequenzen sich aus dem Dauerkonsum von Cannabis ergeben können.
TIPP: *Informationen erhalten Sie unter: www.bzga.de, www.lizzynet.de, www.drogen-und-du.de, www.drugcom.de, www.kmdd.de, aber auch bei der oder dem Beauftragten für Suchtprävention an Ihrer Schule, allen Suchtambulanzen in der Nähe, Ihrer Krankenversicherung, beim Arzt oder dem zuständigen Jugendpolizisten.*

5 *Veranstalten Sie in Zusammenarbeit mit dem oder der Suchtpräventionsbeauftragten Ihrer Schule oder Ihrem/Ihrer Klassenlehrer/-in einen Informationsabend und stellen Sie Ihre Präsentation vor. Sie können dazu auch Fachreferenten einladen.*

Das Thema erschließen

Eine Erörterung behandelt eine vorgegebene Themenstellung. Da sich der Aufbau und der Inhalt der Erörterung nach der Themenformulierung richten, müssen Sie diese genau untersuchen. Beispiel:

Angabe des Themas (Themabegriff) →

In den vergangenen zehn Jahren hat sich die Zahl der Cannabiskonsumenten in Deutschland um 70% erhöht. Alarmierend ist dabei v.a. das sinkende Einstiegsalter. Trotz dieser hohen Verbreitung sind die Risiken des Konsums weitgehend unbekannt. Stellen Sie deshalb die physischen, psychischen und juristischen Folgen des Cannabiskonsums dar!

Schlüsselbegriff ↑

Themafrage: Welche physischen, psychischen und juristischen Risiken birgt der Cannabiskonsum?

Hinweise zur Behandlung des Themas:
- *Sachfrage → steigernde Erörterung*
- *„physische, psychische und juristische Folgen" → dreigliedrige Erörterung*

1 *Untersuchen Sie die folgenden Themen nach dem obigen Muster. Der Tippkasten hilft Ihnen dabei.*

A „Quit the shit" ist ein interaktives Beratungsprogramm, das Jugendliche anregen soll, ihren Cannabiskonsum zu überdenken. Erläutern Sie die Gründe für diese Zielsetzung!

B Eine Langzeitstudie ergab, dass keiner der untersuchten gymnasialen Langzeitkonsumenten im Zeitraum von zehn (!) Jahren das Abitur geschafft hatte. Stellen Sie die möglichen Ursachen für das Schulversagen von Cannabiskonsumenten dar!

C In den letzten Jahren gab es auf Länderebene zahlreiche Initiativen, den Erwerb und Besitz geringer Mengen von Cannabis zu entkriminalisieren. Wie beurteilen Sie diese Überlegungen?

TIPP

Das Thema erschließen

- Der **steigernden Erörterung** liegt eine **Sachfrage** zu Grunde, die beantwortet werden soll, z. B.: „Warum spielt Mode für junge Leute oft eine große Rolle?"; „Warum ist Sport für Menschen sinnvoll?"; „Was spricht für ein Freiwilliges Soziales Jahr?". Steigernde Erörterungen können **eingliedrig** (z. B. Aufzeigen von Gründen) oder **mehrgliedrig** (z. B. Aufzeigen von Ursachen, Verlauf und Folgen) sein.
- Der **antithetischen Erörterung** liegt eine **Entscheidungsfrage** zu Grunde, die beispielsweise an folgenden Schlüsselbegriffen erkannt werden kann: „Vor- und Nachteile"; „Für und Wider"; „Ja oder Nein"; „positive und negative Aspekte"; „Beziehen Sie kritisch Stellung" etc.

(▷ Weitere Informationen zur Themaerschließung finden Sie auf S. 45.)

Die Stoffsammlung und Stoffordnung

Die Stoffsammlung ist der Versuch, das gesamte zur Verfügung stehende eigene Wissen zu aktivieren. Dazu werden zu einem Thema möglichst viele Stichpunkte gesammelt, die später zu einer Erörterung ausgebaut werden. Es gibt mehrere Formen der Stoffsammlung: Brainstorming, Cluster oder Mind-Map (▷ weitere Informationen zur Stoffsammlung auf Seite 366).

Thema: Welche physischen, psychischen und juristischen Risiken birgt der Cannabiskonsum?

- *Leistungsfähigkeit lässt nach*
- *erhöhte Unfallgefahr, z. B. im Straßenverkehr*
- *Realitätsverlust*
- *Sucht*
- *Straffälligkeit*
- *Beeinträchtigung der kognitiven Fähigkeiten*
- *Psychosen*
- *Angstzustände*
- *Verweigerung der Zulassung zum Führerschein*
- *...*

2 *Ergänzen Sie die obige Stoffsammlung. Sie können die Stoffsammlung als Brainstorming weiterführen oder Sie legen ein Cluster oder eine Mind-Map an. Lesen Sie dazu auch den unten stehenden Tipp.*

3 *Ordnen Sie die Stoffsammlung nach inhaltlich zusammengehörigen Gesichtspunkten. Orientieren Sie sich dabei an dem unten stehenden Tipp.*

Oberbegriffe	*Unterpunkte*
physische Risiken des Cannabiskonsums	*- erhöhte Unfallgefahr, z. B. im Straßenverkehr* *- ...*
psychische Risiken des Cannabiskonsums	*- ...*
...	*- Verweigerung der Zulassung zum Führerschein* *- ...*

4 *Erstellen Sie eine Stoffsammlung und eine Stoffordnung zum Thema B von Seite 32.*

TIPP

Stoffsammlung und Stoffordnung

Stoffsammlung: Folgende Tipps helfen Ihnen, eine Stoffsammlung anzulegen:
- ☐ Stellen Sie W-Fragen zum Thema (Wer ...?; Was ...?; Wo ...?; Warum ...?; Welche Ursachen ...?; In welchen Bereichen ...?; Welche Folgen ...?; Welcher Nutzen/Schaden ...? etc.).
- ☐ Fragen Sie den Themabegriff ab (Definition, Wortfeld, Ursachen, Folgen).

Stoffordnung: Um die Stoffsammlung nach inhaltlich zusammengehörenden Gesichtspunkten zu ordnen, können Sie folgendermaßen vorgehen:
- ☐ Streichen Sie Begriffe, die nicht exakt zum Thema passen.
- ☐ Fassen Sie Punkte, die sich inhaltlich überschneiden, zusammen.
- ☐ Kennzeichnen Sie zusammengehörende Stichpunkte.

TIPP: Überprüfen Sie auch, ob es in Ihrer Stoffsammlung Punkte gibt, die Sie als mögliche Gegenargumente verwenden können. (In Ihrer Argumentation können Sie dann diese Gegenargumente vorwegnehmen und entkräften.)
(▷ Weitere Informationen zur Stoffsammlung finden Sie auf S. 47.)

Die Gliederung erstellen

Die Gliederung ist das Inhaltsverzeichnis der Erörterung. Obwohl eine geordnete Stoffsammlung die gesammelten Gedanken bereits vorstrukturiert, sind beim Entwerfen der Gliederung weitere Arbeitsschritte notwendig, um einen genauen Plan für die endgültige Ausarbeitung der Erörterung zu erhalten.

Thema:
Welche physischen, psychischen und juristischen Risiken birgt der Cannabiskonsum?

VORSICHT FEHLER!

A. Die unterschätzte Droge

B. Cannabiskonsum birgt Risiken
- I. Straffälligkeit
- II. Einschränkung der Verkehrstüchtigkeit
  - 1. Verlängerung der Reaktions- und Entscheidungszeit
- III. Beeinträchtigte Lern- und Gedächtnisleistungen
- IV. Psychische Komplikationen
  - 1. Realitätsverlust
  - 2. Sucht
  - 3. „Flashbacks“
  - 4. Depressionen und Psychosen
- V. Akute physische Nebenwirkungen durch Cannabiskonsum
  - 1. Augenrötung
  - 2. Trockener Mund
  - 3. Erhöhter Appetit
- VI. Physische Langzeitschäden
  - 1. Beeinträchtigung der Reproduktionsfähigkeit
    - 1.1 Erhöhtes Risiko von Frühgeburten
    - 1.2 Schädigung der Spermien
  - 2. Atemwegserkrankungen
  - 3. Erhöhtes Krebsrisiko im Atmungs- und Verdauungstrakt
  - 4. Schädigung des Immunsystems
- VII. Cannabiskonsum ist kein Kavaliersdelikt

C. Prävention tut not

5 *Überarbeiten Sie die obige Gliederung mit Hilfe des Tipps auf Seite 35. Achten Sie besonders darauf, dass ein Gleichgewicht bei der Entfaltung der Argumente entsteht.*

6 *Prüfen Sie den logischen Aufbau der überarbeiteten Gliederung, indem Sie z. B. die einzelnen Aspekte des Hauptteils als einfache Hauptsätze formulieren und diese mit Hilfe von passenden Konjunktionen zu sinnvollen Satzgefügen verbinden.*
TIPP: *Voneinander abhängige Gliederungspunkte stehen häufig in einem kausalen Verhältnis.*
Der Cannabiskonsum schränkt die Verkehrstüchtigkeit ein, weil die Reaktions- und Entscheidungszeit verlängert wird.

7 *Erstellen Sie aus Ihrer Stoffordnung zum Thema „Welche Ursachen könnte es für das Schulversagen von Cannabiskonsumenten geben?“ (▷ Aufgabe 4, Seite 33) eine Gliederung.*

TIPP

Steigernde Erörterung: Die Gliederung

Bei der steigernden Erörterung wird im Hauptteil zur Themafrage eine These aufgestellt und die Argumente werden dann steigernd angeordnet, d. h.: das weniger wichtige Argument zuerst, das wichtigste am Schluss.

- Die **Gliederung** muss mit der **Ausführung der Erörterung** übereinstimmen.
- Die Gliederungspunkte müssen einheitlich formuliert werden, entweder im **Nominalstil** (als Stichpunkte) oder im **Verbalstil** (ganze Sätze oder Satzteile).
- Am Beginn eines Gliederungspunktes wird großgeschrieben.
- Die Gliederung muss einheitlich erstellt werden: entweder **nummerisch** oder **traditionell.**

traditionelle Gliederung

A. Einleitung
B. These des Hauptteils
  I. Argument
    1. ...
    2. ...
    3. ...
  II. Argument
    1. ...
    2. ...
    ...
  ...
  IV. Fazit
C. Schluss

nummerische Gliederung

1 Einleitung
2 These des Hauptteils
  2.1 Argument
    2.1.1 ...
    2.1.2 ...
    2.1.3 ...
  2.2 Argument
    2.2.1 ...
    2.2.2 ...
    ...
  ...
  2.4 Fazit
3 Schluss

- Die Gliederung muss **überschaubar** bleiben.
- Einleitung und Schluss werden nicht untergliedert, sondern knapp mit ihren Inhalten gekennzeichnet.
- Eine Untergliederung sollte mindestens zwei Gesichtspunkte enthalten. Beachten Sie: Wer A sagt, muss auch B sagen. **Also nicht:**

VORSICHT FEHLER!

2 Hauptteil: These
  2.1 Argument
    2.1.1 nur ein Gesichtspunkt → nicht ausreichend
  2.2 Argument
    2.2.1 ...
    2.2.2 ...

- Bei der Entfaltung der einzelnen Argumente sollte ein Gleichgewicht entstehen. Es empfiehlt sich also, die weniger erschlossenen Gesichtspunkte anderen zuzuordnen, sie zu ergänzen oder sie ganz wegfallen zu lassen, da ihre ungenügende Ausgestaltung kaum überzeugend sein dürfte.

Der Hauptteil der Erörterung: Die Argumentation schreiben

Nur wer ausführlich argumentiert, wird andere überzeugen können. Deshalb muss eine Behauptung (These) durch eine Kette von Argumenten und Beispielen gestützt werden. Beispiele veranschaulichen die Argumentation, aber nicht alle Beispiele sind überzeugend.

8 *Klassifizieren Sie mit Hilfe des Tipps auf Seite 36/37 die folgenden Beispiele.*

Thema: *Welche physischen, psychischen und juristischen Risiken birgt der Cannabiskonsum?*

A Ich möchte gerne einmal als Fluglotse arbeiten. Meine Chancen auf einen Ausbildungsplatz in dieser Branche sind schlecht, wenn meine Polizeiakte einen Verstoß gegen das Betäubungsmittelgesetzt enthält. Deshalb werde ich mich hüten, Cannabis zu rauchen – auch nicht aus Neugier oder Spaß.

B Den Umgang mit Betäubungsmitteln regelt in Deutschland das Betäubungsmittelgesetz (BtMG). Darin ist Cannabis in Anlage I neben beispielsweise Heroin und MDMA („Ecstasy") als „nicht verkehrsfähig" eingestuft. Somit ist jeglicher Besitz von Cannabis und Cannabisprodukten (Haschisch, Marihuana) strafbar. Auch wenn die Staatsanwaltschaft bei einer geringen Menge von einer Strafverfolgung absehen kann, so erfolgt doch ein Eintrag beim Landratsamt, sodass die Zulassung zum Führerschein gefährdet ist.

C In Schweden wurde über 15 Jahre eine Studie mit 55 000 Wehrdienstpflichtigen durchgeführt. Sie hat gezeigt, dass bei starkem Cannabiskonsumenten die Wahrscheinlichkeit einer Schizophrenie-Erkrankung sechsmal höher ist als bei Nichtkonsumenten.

D Ich kenne einige Leute, die durch den Konsum von Canabis vergesslich geworden sind.

TIPP

Stützung der Argumente durch Beispiele
Der Hauptteil der Erörterung enthält die Argumentation. Sie besteht aus einer Kette von Argumenten und Beispielen, die eine übergeordnete These (Behauptung) stützen. Aber: Nicht die Zahl der Beispiele allein macht die Argumentation überzeugend, sondern ihr exemplarischer Charakter und ihre Argumentationskraft.

Es gibt verschiedene Arten von Beispielen:

- **überprüfbare Fakten oder Tatsachen** (überprüfbare Beobachtungen, wissenschaftliche Untersuchungen, z. B. Datenmaterial, statistische Erhebungen). Beispiel: *Eine Studie des „US National Traffic Safety Board" untersuchte 182 Verkehrsunfälle mit 210 Todesopfern. Es stellte sich heraus, dass ein Drittel der Autofahrer kurz zuvor Rauschmittel konsumiert hatte.*
- **Heranziehen einer Autorität** (Zitate von Fachleuten, Spezialisten, Berufung auf Expertenurteile). Beispiel: *„Das Suchtpotenzial von Cannabis wurde bisher unterschätzt", so Dr. Christian Schütz, Psychiater an der Poliklinik in Bonn.*
- **Beispiele aus eigenen Beobachtungen und Erfahrungen**, die nachvollziehbar und exemplarisch sind. Beispiel: *Wer nicht raucht, wird auch nicht so leicht Cannabis konsumieren.*

- **Berufung auf allgemein anerkannte Werte und Normen**, wie z. B. Menschen- und Grundrechte, Gesetze, kulturelle Traditionen etc. Beispiel: *Laut Straßenverkehrsordnung reicht jeder noch so geringe Nachweis illegaler Drogen für eine Ordnungswidrigkeit aus (§ 24a StVG). Ob es durch den Konsum zu einer Beeinträchtigung der Fahrtauglichkeit kam, ist dabei unerheblich.*
- **Herstellen analoger Schlussfolgerungen**, indem aus leicht verständlichen Tatsachen oder Ereignissen Rückschlüsse gezogen werden. Beispiel: *Wer schon mal Alkohol getrunken hat, weiß, dass dies zu Einbußen in der Wahrnehmung, der Aufmerksamkeit und dem Reaktionsvermögen führt. Dies gilt natürlich auch für den Konsum von Cannabis.*

Allgemeine Redensarten, so genannte Allgemeinplätze, persönliche, private und untypische Einzelfälle sowie Vorurteile und einseitige Urteile sind als Beispiele unbrauchbar.

9 a) *Suchen Sie aus den Beispielen auf Seite 36 diejenigen aus, die Sie für Ihre Erörterung zum Thema „Welche physischen, psychischen und juristischen Risiken birgt der Cannabiskonsum?“ verwenden können. Ziehen Sie dazu auch Ihre überarbeitete Gliederung von Seite 34 heran.*

b) *Verbinden Sie die Argumente und Beispiele mit Hilfe von passenden Überleitungen so, dass eine zusammenhängende Argumentationskette entsteht. Überlegen Sie auch, an welcher Stelle Sie mögliche Gegenargumente vorwegnehmen und widerlegen können. Orientieren Sie sich dabei an dem unten stehenden Tipp.*

c) *Tauschen Sie ihre ausformulierten Argumentationsketten untereinander aus und besprechen sie, ob Sie die Argumentation inhaltlich und sprachlich überzeugt. Formulieren Sie gegebenenfalls Verbesserungsvorschläge und überarbeiten Sie die Argumentation.*

10 *Formulieren Sie nach den notwendigen Vorarbeiten (Stoffsammlung, Stoffordnung, Gliederung) den Hauptteil einer Erörterung zum Thema: „Welche Ursachen könnte es für das Schulversagen von Cannabiskonsumenten geben?“*

TIPP

Die sprachliche Ausgestaltung einer Argumentationskette

Der Hauptteil enthält die Argumentation. Hier geht es vor allem um die angemessene sprachliche Umsetzung eines Gedankenganges, sodass der Zusammenhang der argumentativen Schritte zum Ausdruck kommt. Rückführungen zum Thema oder Folgerungen sowie Überleitungen verdeutlichen die Zusammenhänge der Argumentation.

- **Sprachliche Wendungen:** „daraus folgt“; „ein weiterer Gesichtspunkt ist“; „das gilt auch“; „des Weiteren“; „dazu kommt noch“; „eng damit verknüpft ist“; „darüber hinaus“; „aus diesem Grund“; „außerdem lässt sich noch anführen, dass“; „das zeigt“; „dies belegt“; „wie das Beispiel zeigt“; „das zeigt sich daran, dass“; „Tatsache ist, dass“.
- **Die steigernde Anordnung der Argumente** kann man durch folgende Wendungen verdeutlichen: „zunächst steht außer Frage, dass“; „dazu kommt noch, dass“; „ein weiterer Gesichtspunkt ist“; „noch wichtiger ist, dass“; „besonders schwer wiegend ist“.
- **Einleitungsmöglichkeiten für Gegenargumente:** „sicherlich ist es ein berechtigter Einwand, wenn ..., dennoch“; „dem kann man entgegenhalten, dass“; „obwohl“; „zwar“; „allerdings“; „trotzdem“; „dennoch“; „dagegen“.

(▷ weitere Informationen zur Ausgestaltung einer Argumentationskette auf S. 51)

Einleitung und Schluss gestalten

In argumentativen Texten kommt der **Einleitung** die Aufgabe zu, den Leser für das Thema zu interessieren, indem sie ihn kurz zu der zu behandelnden Problematik hinführt.

***Thema:** Welche physischen, psychischen und juristischen Risiken birgt der Cannabiskonsum?*

VORSICHT FEHLER!

A Die Zahl der Cannabiskonsumenten hat in den letzten Jahrzehnten deutlich zugenommen. Warum das so ist, darüber rätseln selbst Fachleute. Es könnte zum Beispiel an der laxen Reaktion der Eltern liegen. Viele von ihnen sehen Cannabis grundsätzlich als harmlos an und bemerken nicht, wenn ihre kiffenden Kinder ein ernstes Problem haben. Um dieser Verharmlosung entgegenzutreten, sollen im Folgenden die Gefahren des Cannabiskonsums verdeutlicht werden.

B Marco ist 20. Dass er überhaupt so alt wurde, ist vielleicht ein Wunder. Mit 13 Jahren rauchte er seinen ersten Joint. Er kiffte regelmäßig, als er 14 war. Danach probierte er Alkohol, Ecstasy, Heroin. Um seine Sucht zu finanzieren, wurde er zum Dealer. Seine Freunde waren gute Kunden. Sein bester Kunde war er selbst. Wie kein anderer kennt Marco also die Gefahren des Cannabiskonsums, die im Folgenden vorgestellt werden.

C Wer abhängig ist, konsumiert täglich Cannabis und gilt trotzdem als cool. Wie dumm das ist, wird im Folgenden anhand der Gefahren des Cannabiskonsums dargelegt.

11 *a) Untersuchen Sie obige Einleitungsbeispiele nach folgenden Gesichtspunkten:*
- *Welche Art der Einleitung liegt vor?*
- *Ist die Einleitung vollständig: Einleitungsgedanke, Überleitung zur Themafrage?*

b) Diskutieren Sie in der Klasse, welche der obigen Einleitungen Sie am meisten überzeugt. Begründen Sie Ihre Entscheidung.

c) Formulieren Sie für alle drei Einleitungen Gliederungspunkte im Nominal- und Verbalstil.

12 *Formulieren Sie selbst eine vollständige Einleitung zum Thema. „Welche physischen, psychischen und juristischen Risiken birgt der Cannabiskonsum?“. Orientieren Sie sich dabei an dem folgenden Tipp.*

TIPP

Eine Einleitung schreiben

Die Einleitung soll das Interesse des Lesers für das Thema wecken und gezielt zu der zu behandelnden Fragestellung oder Problematik hinführen, jedoch keine Argumente aus dem Hauptteil vorwegnehmen. Eine Einleitung beginnt mit dem **Einleitungsgedanken** und **leitet dann zur Themafrage über,** die die Einleitung abschließt.
Für die Einleitung gibt es verschiedene Möglichkeiten:
- ein aktuelles Ereignis,
- ein persönliches Erlebnis,
- eine allgemeine Feststellung,
- eine Annäherung über ein verwandtes Thema oder über das Gegenteil,
- ein historischer Rückblick,
- ein Zitat eines Experten,
- eine Definition des Themas oder des zentralen Schlüsselbegriffs.

Nach dem Fazit/Ergebnis am Ende des Hauptteils wird der **Schlussgedanke** formuliert. Er soll die Erörterung abrunden. Auch hier gibt es verschiedene Möglichkeiten:

Thema: *Welche physischen, psychischen und juristischen Risiken birgt der Cannabiskonsum?*

Cannabiskonsum kostet Geld – und über Geld verfügen die Jugendlichen heute in viel höherem Maße als jede Generation vor ihnen. Deshalb lautet eine der plausibelsten Antworten auf die Frage, warum Jugendliche Cannabis konsumieren, ganz einfach: Sie tun es nicht, weil ihre Probleme größer werden, sondern weil sie sich diese Ablenkung von den Problemen leisten können! Vielleicht wäre deshalb eine Taschengeldkürzung eine zwar einfache, aber wirksame Form der Prävention bei dieser in ihrer Gefährlichkeit häufig unterschätzten Droge.

13 *a) Diskutieren Sie über den Schlussgedanken. Welche Gestaltungsmöglichkeit wurde für den Schluss gewählt? Finden Sie den vorliegenden Schluss überzeugend?*
b) Formulieren Sie zu dem Schlussgedanken einen Gliederungspunkt.

14 *a) Notieren Sie für die folgenden Aussagen Gliederungspunkte im Nominalstil.*
b) Formulieren Sie mit Hilfe der folgenden Informationen einen eigenen Schlussgedanken zum Thema.

- Als Rauschmittel etablierte sich Cannabis zunächst in Indien, wo die Pflanze aufgrund ihrer psychoaktiven Wirkung in bestimmte kultische Handlungen einbezogen wurde.
- Die Cannabispflanze wird seit Jahrtausenden als Nutz- und Heilpflanze verwendet.
- Hilfe in dringenden Fällen und Angaben zu örtlichen Suchtberatungsstellen bietet die bundesweite Sucht- und Drogen-Hotline: 01805-31 30 31, 24 Stunden täglich.
- Der medizinische Nutzen von Cannabis ist umstritten.
- Die Grundlagen für ein späteres Suchtverhalten werden bereits in frühen Jahren gelegt.
- Eltern sollten auch das eigene Konsumverhalten reflektieren, da sie eine wichtige Vorbildfunktion für ihre Kinder einnehmen.
- Angesichts der zunehmenden Verbreitung des Cannabiskonsums ist es wahrscheinlich, dass ein Jugendlicher mit dieser Droge auch in seinem Umfeld konfrontiert wird.

TIPP

Den Schluss formulieren
Der Schluss soll das Thema abrunden, indem die dargelegten Gedanken in einen größeren zeitlichen oder thematischen Zusammenhang eingeordnet werden. Er darf allerdings keine neuen Argumente beinhalten. Zur Gestaltung des Schlusses gibt es z. B. folgende Möglichkeiten:
- ein persönlicher Wunsch oder eine Forderung,
- Ausblick auf künftige Entwicklungen oder ein weiterführender Gedanke,
- ein Hinweis auf ein verwandtes Thema,
- Aufgreifen des Einleitungsgedankens, sodass Einleitung und Schluss einen Rahmen bilden,
- die eigene Stellungnahme zum Thema.

Weitere Themenvorschläge

1 *Schreiben Sie eine Erörterung (mit Gliederung) zu einem der folgenden Themen:*

A „Eine Frau findet an den Wänden ihres Hauses und in den Mitgliedern ihrer Familie die Grenzen ihres Wirkungskreises." So lässt ein Schriftsteller des 19. Jahrhunderts einen Grafen seine Frau tadeln. Stellen Sie davon ausgehend die veränderte Rolle der Frau von heute dar!

B Die Gesundheit vieler Städter wird zunehmend durch hohe Feinstaubkonzentrationen belastet. Erörtern Sie mögliche Maßnahmen zur Verbesserung der Situation.

C Ein Traum: Eine Welt ohne Todesstrafe? Erörtern Sie Gründe, die gegen die Todesstrafe sprechen.

D „Wir brauchen mehr Lebensretter", stellt der Chefredakteur eines deutschen Magazins fest und fordert die Bundesbürger auf, ihre Bereitschaft zur Organspende in einem Spenderausweis zu erklären. Erörtern Sie, warum dies eine sinnvolle Aufforderung ist.

E Seit einigen Jahren macht sich eine zunehmende „Politikverdrossenheit" breit, die sich u.a. in einer geringen Wahlbeteiligung äußert. Erläutern Sie, warum es für eine Demokratie wichtig ist, dass die Bürgerinnen und Bürger zur Wahl gehen.

Freiere Formen des Erörterns

Wir bleiben unlocker

Von Wenke Husmann

Als Erwachsener mit dem eigenen Cannabisrauchen zu kokettieren, ist unverantwortlich.

(...) [Es] besteht der Mythos des drogenkonsumierenden Künstlers, von Oscar Wilde bis zu den Beatles, eine einzige Hommage an Absinth, Gin, Tabak, Hasch. Die Droge als Katalysator unserer Kultur. Ja, es gab und gibt die genialen Schriftsteller und Musiker, die wegen (oder trotz) ihres Konsums Unvergleichliches hervorbrachten. Aber ein Mythos ist dies schon. Zu kiffen bedeutet nicht, in das eigene, unbekannte Innere zu reisen. Von dem Trip kommen wir nicht bereichert zurück. Alles Quark. Die Reaktionen sind grob die gleichen, bei jedem: ein relativ gleichmäßig anhaltendes, erheiterndes Entspannungsgefühl. (...) Die meisten gewinnen nichts außer einer ungeahnten Wurstigkeit.

Kann das mal jemand sagen? Nein, das passt nämlich nicht ins Bild. In das Bild, das da gern gezeichnet wird von den Bill Clintons und Joschka Fischers, die kokettieren mit ihrer ach wie wilden Jugend, die – noch lauteres „Ach" – schon lange zurückliegt. Aber womöglich sollten die Bekenntnisse jene beeindrucken, die in etwa so alt gewesen sind, dass sie sie wählen konnten: Wir haben es weit gebracht und hey! – wir sind ganz locker dabei geblieben. Es ist fadenscheinig, solches Verhalten als das schlichte Beichten von „Jugendsünden" und Betonen der eigenen Lässigkeit abzutun, denn keiner käme auf die Idee, damit anzugeben, dass er heute noch hin und wieder onaniert – obwohl das völlig unschädlich ist und auch ungemein entspannt. An dieser Stelle also unsagbar altmodisch die Bitte um mehr Verantwortungsbewusstsein gegenüber den Jungen. Die dröhnen sich zu, bis zur Bocklosig-

keit. Aber wir kommen nicht als Drogen konsumierende Wesen auf die Welt. Irgendjemand muss uns erst dazu bringen.
Die Cannabisraucher werden immer und immer jünger. 13 Prozent der 12 bis 25-Jährigen haben während der vergangenen zwölf Monate gekifft, drei Prozent davon regelmäßig. Probleme sind dann irgendwann scheißegal. Eines aber kommt in den Beratungsstellen neu hinzu: Im Gegensatz zu früher sind die Eltern nicht mehr entschieden gegen das Kiffen ihrer Kinder.
Es gibt keine Toten durch Marihuana, aber mancher bleibt auf der Strecke. Wahrscheinlich sind auch schon früher ein paar wenige im süßen Dunst hängen geblieben. Nur, die können heute nicht mal mehr kokettieren.

Wir bleiben unlocker

1 *a) Lesen Sie die These dieses Textes vor.*
b) Arbeiten Sie aus dem Text die Argumente und Beispiele heraus, mit denen die Autorin diese These begründet und veranschaulicht.

2 *Untersuchen Sie die sprachliche Gestaltung des Textes:*
- *Inwiefern unterscheidet sich die Wortwahl des Textes von einem Erörterungsaufsatz? Nennen Sie Beispiele aus dem Text!*
- *An welchen Stellen wird die Subjektivität des Textes deutlich? Führen Sie Textbeispiele an.*

3 *Formulieren Sie den Artikel von Husmann so um, dass er sprachlich und inhaltlich den Ansprüchen eines Erörterungsaufsatzes gerecht wird.*

4 *Formulieren Sie Ihren Übungsaufsatz zum Thema „Welche physischen, psychischen und juristischen Risiken birgt der Cannabiskonsum?" (▷ Erarbeitung auf S. 32–39) als Leserbrief, Kommentar, Aufruf oder Glosse um (▷ Informationen zu Kommentar und Glosse auf Seite 359).*

5 *a) Einige Erwachsene kokettieren nicht nur mit ihrem früheren Drogenkonsum, sondern auch mit Schuleschwänzen, Mutproben oder schlechten Noten. Was halten Sie davon?*
b) Teilen Sie sich in Gruppen auf und diskutieren Sie über dieses Thema.
c) Formulieren Sie Ihren Standpunkt schriftlich, z. B. als Kurzkommentar oder Stellungnahme.
d) Lesen Sie sich die Ergebnisse Ihrer Gruppenarbeit vor und geben Sie sich gegenseitig ein Feedback. Was hat Sie inhaltlich und sprachlich überzeugt? Was könnte noch verbessert werden?

!

Freiere Formen des Erörterns
Die Erörterung als Aufsatzform ist eine Textart, die in ihrer Reinform nur selten im Alltag vorkommt. Die freieren Formen des Erörterns sind der Alltagskommunikation näher. Von dem Meinungsbeitrag für eine Schülerzeitung über den Leserbrief bis hin zu Zeitungskommentaren, Glossen, Aufrufen und anderen meinungsbildenden Schreibformen gibt es viele Formen des freieren Erörterns. Auch diese freieren Formen des Erörterns setzen die Fähigkeit voraus, klar zu gliedern, Thesen zu formulieren und eine überzeugende Argumentation aufzubauen, in der Beispiele angeführt und Gegenargumente berücksichtigt werden. (▷ Weitere Arbeitsaufträge zum Erörtern in freieren Formen finden Sie auf S. 100, S. 105 und S. 138.)

2.2 Die Welt fairändern?– Die antithetische Erörterung

1 *Die Karikatur wurde zum Thema „fairer Handel" erstellt. Erläutern Sie die Aussage der Karikatur.*

Was ist „fairer Handel"?

Jeder Konsument kann beim Einkauf ein Stück Welt fairändern!

Sind Sie heute schon auf Weltreise gewesen? Vermutlich nicht, dafür aber haben der Kaffee oder Tee zum Frühstück, die Banane in der Mittagspause und der Orangensaft samt Schokoriegel am Nachmittag einen langen Weg hinter sich – viele Produkte unseres täglichen Bedarfs kommen aus den so genannten Entwicklungsländern. Sie werden hier sehr billig angeboten und das hat seinen Preis: Viele Menschen in den Anbauländern arbeiten unter unwürdigen Bedingungen oder erhalten für ihre Ernteerträge so niedrige Preise, dass nicht einmal die Produktionskosten gedeckt sind. Die Existenz von unzähligen Kleinbauern- und Arbeiterfamilien ist bedroht. Für sie setzt sich der faire Handel ein.

In den 1960er Jahren gerieten die Wirtschaftsbeziehungen zwischen Nord und Süd in den öffentlichen Blick: Entwicklungsländer forderten gerechtere Handelsbeziehungen. Ein paar Jahre später begannen vor allem Jugendliche, sich mit viel Elan für fairen Handel einzusetzen.

Der Slogan „Wandel durch Handel" zeigt das entwicklungspolitische Verständnis der Bewegung: Ein gerechter Handel mit Waren, der auf Partnerschaft und Fairness beruht, kann mehr Entwicklungschancen bedeuten als „herkömmliche Entwicklungshilfe" allein.

Seit seiner Entstehung wird der faire Handel von zahlreichen entwicklungspolitischen und kirchlichen Gruppen und Organisationen getragen und weiterentwickelt. Insgesamt gibt es neben 800 Weltläden rund 5000 Aktionsgruppen, die Waren verkaufen oder Veranstaltungen durchführen. Fairer Handel hat zum Ziel, die Lebensbedingungen der Menschen in den Entwicklungsländern zu verbessern. Er fördert die Selbstständigkeit und Gleichberechtigung der im Handelsgeschehen benachteiligten Partner in den Entwicklungsländern: Kleinproduzenten sollen unter menschenwürdigen Bedingungen am Welthandel teilnehmen und sich aus eigener Kraft einen angemessenen Lebensunterhalt verdienen können. Alternative Importorganisationen, die den Zwischenhandel ausschalten, zahlen dafür ih-

Weltläden: *Fachgeschäfte des fairen Handels*
TransFair: *Siegel für fairen Handel*
Gepa, El Puente: *Importorganisationen des fairen Handels*
Fair Trade e. V.: *Verein zur Förderung von Gerechtigkeit im Welthandel*

ren Handelspartnern gerechtere Preise, die zwar häufig über dem Preis des Welthandelsmarktes liegen, den Produzenten aber dadurch das Überleben sichern. Außerdem achten die Importorganisationen des fairen Handels auf langfristige Handelsbeziehungen, die das Recht auf Vorfinanzierung und eine sichere Zukunftsplanung ermöglichen. Durch angepasste Technologien, Förderung des arbeitsintensiven ökologischen Anbaus und weitgehende Verarbeitung von Produkten im Erzeugerland werden dort Arbeitsplätze geschaffen, die zur Stärkung des Wirtschaftskreislaufes einer Region beitragen. Dieser Ansatz stärkt die Handelspartner in den Entwicklungsländern auch in der Wahrung ihrer sozialen und politischen Rechte.

Insgesamt ermöglicht der faire Handel den Produzentengruppen, in ihre Zukunft zu investieren, z. B. durch die Anschaffung neuer Maschinen für die Weiterverarbeitung, durch den Anbau neuer Produkte oder durch die Schaffung von besseren Transport- oder Lagermöglichkeiten. Die Produzentenorganisationen erhalten unterstützend Beratung, z. B. bei der Produktentwicklung oder bei der Umstellung auf Bioproduktion.

Der faire Handel setzt sich aber auch für Veränderungen im Norden ein. Anhand von Waren aus den Ländern des Südens macht die Bildungsarbeit des fairen Handels globale Zusammenhänge anschaulich und verständlich. Menschen sollen dazu ermutigt und befähigt werden, sich für verantwortungsbewussten Konsum und für eine Veränderung der politischen und wirtschaftlichen Rahmenbedingungen einzusetzen.

Zusammensetzung des Verkaufspreises bei konventionell gehandeltem Kaffee

44,9 % Steuern, Zölle, Frachtkosten
23,7 % Einzelhandel
17,8 % Händler und Röster
8,5 % Plantagenbesitzer
5,1 % Löhne der Arbeiter

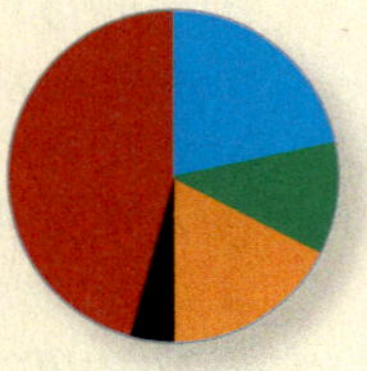

Der faire Handel stößt somit eine zukunftsfähige Entwicklung an: sowohl bei uns als auch bei den Produzentenländern. Außerdem nimmt der faire Handel Einfluss auf Regierungen, internationale Organisationen und multinationale Konzerne, um fairere „Spielregeln" im internationalen Geschäft durchzusetzen.

2 *„Ein gerechter Handel mit Waren, der auf Partnerschaft und Fairness beruht, kann mehr Entwicklungschancen bedeuten als ‚herkömmliche Entwicklungshilfe' allein" (Z. 25–28).*
a) Klären Sie, was unter „herkömmlicher Entwicklungshilfe" zu verstehen ist.
b) Erläutern Sie, was unter „fairem Handel" zu verstehen ist: Welche Ziele hat „fairer Handel" und nach welchen Prinzipien funktioniert er?

3 *Kaffee, Schokolade, Zucker, Spielzeug oder Kleidung – viele unserer Produkte kommen aus den so genannten Entwicklungsländern.*
a) Bilden Sie Gruppen und recherchieren Sie, welchen Weg ein solches Produkt vom Anbau bzw. der Herstellung bis in unser Supermarktregal zurücklegt. Berücksichtigen Sie bei Ihrer Recherche die Rolle des Weltmarktes sowie die Produktionsbedingungen der betroffenen Bauern und Arbeitskräfte.
b) Präsentieren Sie Ihre Ergebnisse in geeigneter Form (PowerPoint, Kurzfilm, Plakate, Kurzreferat, Portfolio, Fotoausstellung etc.).

Informationen erhalten Sie
- beim Eine-Welt-Laden in Ihrer Nähe,
- bei der Bundeszentrale für politische Bildung (www.bpb.de),
- beim Bundesministerium für wirtschaftliche Zusammenarbeit und Entwicklung (www.bmz.de),
- bei der Deutschen Welthungerhilfe e. V. (www.welthungerhilfe.de) und verschiedenen anderen Hilfsorganisationen oder
- unter www.fairtrade.de.

Das Thema erschließen

Bevor man sich zum Inhalt einer Erörterung Gedanken macht, muss man das Thema genau erschließen. Je nachdem, wie das Thema der Erörterung formuliert ist, ist es zunächst wichtig, zentrale Schlüsselbegriffe inhaltlich genau zu klären. Dazu gibt es verschiedene Möglichkeiten:

Angabe des Themas (Themabegriff) — *Schlüsselbegriff*

A Ist der faire Handel eine sinnvolle Alternative zu herkömmlich gehandelten Produkten? Zeigen Sie die Vor- und Nachteile des fairen Handels auf!

Hinweis zur Behandlung des Themas → antithetische Erörterung

Definition des Themabegriffs „fairer Handel"

Fairer Handel: Als fairer Handel wird ein kontrollierter Handel bezeichnet, bei dem die Preise für die gehandelten Produkte üblicherweise höher angesetzt sind als der jeweilige Weltmarktpreis. Damit soll den Produzenten ein höheres und verlässlicheres Einkommen als beim herkömmlichen Handel ermöglicht werden. In der Produktion sollen internationale Umwelt- und Sozialstandards eingehalten werden. Die Fairhandelsbewegung konzentriert sich hauptsächlich auf Waren, die aus Entwicklungsländern in Industrieländer exportiert werden.

Hinweis zur Behandlung des Themas

Sachfrage → steigernde Erörterung

B Zeitungaustragen und Babysitten dürften wohl die häufigsten Schülerjobs in Deutschland sein. Wo kann man die Grenze ziehen zwischen „normaler" und „problematischer" Kinderarbeit?

Angabe des Themas (Themabegriff)

Begriffsbaum zum Themabegriff

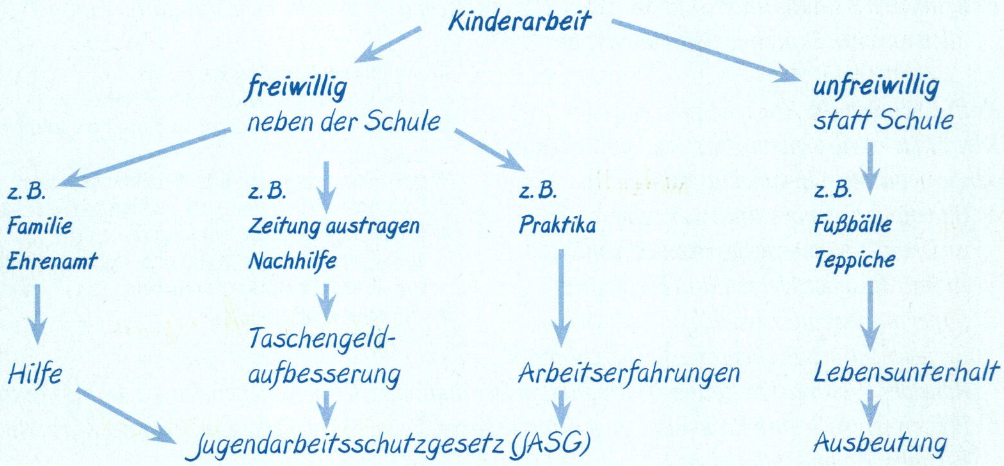

1 *a) Diskutieren Sie, inwiefern die Begriffsklärungen auf Seite 44 für eine Erörterung zum jeweiligen Thema hilfreich sein könnten.*
b) Überlegen Sie, welcher andere Begriff aus den Themenstellungen A und B auf Seite 44 näher bestimmt werden sollte. Klären Sie dann mit Hilfe des unten stehenden Tipps diesen Begriff.

2 *Erschließen Sie in Partnerarbeit die folgenden Themen und formulieren Sie jeweils die Themafrage. Gehen Sie wie im Muster auf Seite 44 vor. Untersuchen Sie, welche Thema- und Schlüsselbegriffe das jeweilige Thema enthält und welche Begriffe Sie inhaltlich genauer klären sollten.*

A Hungernde dürfen nach Ansicht einiger Theologen Nahrungsmittel aus Läden stehlen. Nehmen Sie zu dieser Aussage kritisch Stellung.

B Schadet Hilfe von außen mehr als sie nützt?
Nehmen Sie Stellung zu den Chancen und Risiken der Entwicklungshilfe!

C Armut ist kein unabwendbares Schicksal.
Erläutern Sie die Bedeutung der Bildung für die Zukunft vieler Entwicklungsländer!

D Um die fünf Prozent der Kinderarbeit gehen auf das Konto von Exportartikeln, bei denen beispielsweise der deutsche Kunde indirekt von Kinderarbeit profitiert. Ist der Warenboykott eine geeignete Maßnahme, um Kinderarbeit entgegenzuwirken?

E Frauen tragen in vielen Entwicklungsländern die Hauptlast der Arbeit, erfahren aber gleichzeitig vielfältige Benachteiligungen. Erläutern Sie am Beispiel Indiens die Gründe dafür!

TIPP

Das Thema erschließen

1) Untersuchung der Themenstellung
Bei der genauen Untersuchung der Themenstellung helfen folgende Fragen:
1. Welcher Themabegriff und welche Schlüsselbegriffe stecken in dem Thema?
2. Wonach fragt das Thema genau?
3. Welche Einschränkungen gibt es bei dem Thema?
4. Welche Art der Erörterung (steigernd oder antithetisch) liegt vor?

2) Klärung von Schlüsselbegriffen
Je nachdem, wie das Thema der Erörterung formuliert ist, ist es zunächst wichtig, zentrale Schlüsselbegriffe inhaltlich genau zu klären. Dazu gibt es verschiedene Möglichkeiten:
- Begriffe definieren,
- zu den Begriffen gehörige Ober- oder Unterpunkte suchen (z. B. mit Hilfe einer Begriffspyramide),
- Gegenbegriffe (Antonyme) finden oder
- Begriffsoppositionen (Begriff und jeweiliger Gegenbegriff) erstellen.

Bei der Analyse von Schlüsselbegriffen werden bereits verschiedene Aspekte des Themas angeschnitten, die dann für die Stoffsammlung und -ordnung verwendet werden können.

Die Stoffsammlung und Stoffordnung

Bei einem antithetischen Erörterungsthema bietet es sich an, die Stoffsammlung als zweispaltiges Brainstorming (Vorteile – Nachteile; Chancen – Gefahren etc.) anzulegen, z. B.:

Thema:
„Ist der faire Handel eine sinnvolle Alternative zu herkömmlich gehandelten Produkten? Zeigen Sie die Vor- und Nachteile des fairen Handels auf!"

Vorteile des fairen Handels	*Nachteile des fairen Handels*
– *stößt zukunftsfähige Entwicklung in den so genannten Dritte-Welt-Ländern an*	– *lange Transportwege („Lebensmittelkilometer")*
– *Politik mit dem Einkaufskorb*	– *Schädigung der heimischen Landwirtschaft*
– *langfristige Handelsbeziehungen*	– *höherer CO_2-Ausstoß*
– *ethischer Einkauf*	– …
– *hohe Qualität der Waren*	
– *Bildung*	
– …	

3 *Übertragen Sie die obige Stoffsammlung in Ihr Heft und ergänzen Sie diese.*
Berücksichtigen Sie dabei auch die Begriffsdefinitionen auf Seite 44 und aus Aufgabe 1 b.

4 *Ordnen Sie Ihre Stoffsammlung nach inhaltlich zusammengehörigen Gesichtspunkten. Probieren Sie dabei die Begriffsreihen-Methode aus.*
Der Tipp auf Seite 47 hilft Ihnen bei der Stoffordnung.

2 auf jeder Seite

Vorteile des fairen Handels	*Nachteile des fairen Handels*
für den Produzenten	*für den Konsumenten*
– *wirtschaftlich:* *erhält einen angemessen Preis* – *sozial:* *schafft Zukunftsperspektiven* – *ökologisch:* … – … weniger Ausbeutung	– *wirtschaftlich:* … – … Kosten
für den Konsumenten	
– … besseres Gewissen	

Eine weitere Möglichkeit der Stoffsammlung ist die **Mind-Map**.

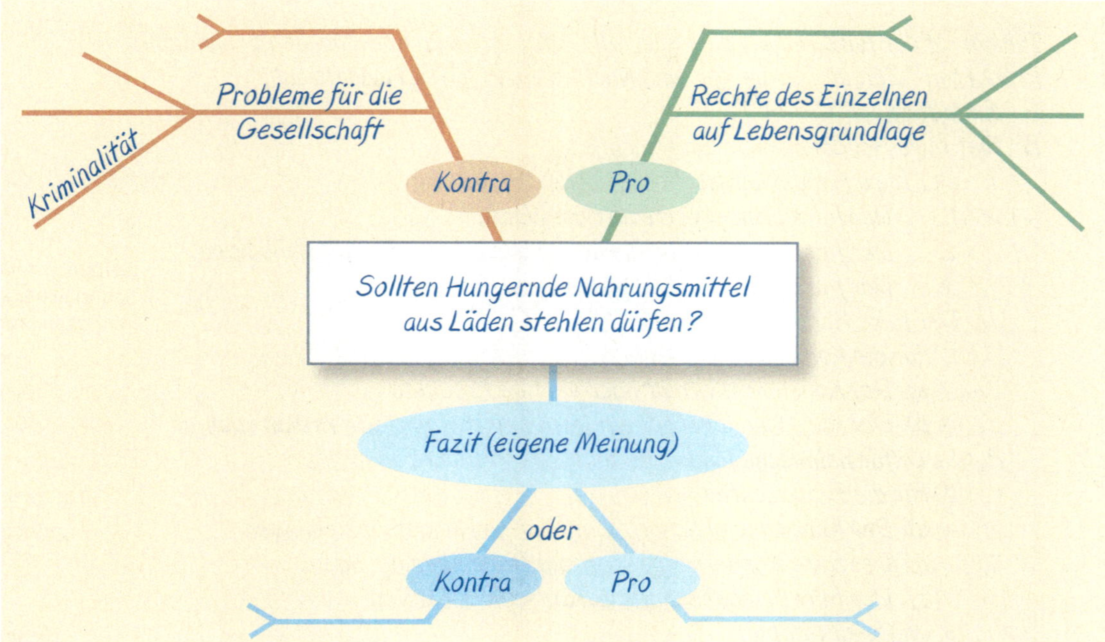

5 *Erstellen Sie selbstständig eine geordnete Stoffsammlung zum Thema: „Hungernde dürfen nach Ansicht einiger Theologen Nahrungsmittel aus Läden stehlen. Nehmen Sie zu dieser Aussage kritisch Stellung." Legen Sie Ihre Stoffsammlung als Brainstorming oder als Mind-Map an.*

TIPP

Stoffsammlung und -ordnung

- **Stoffsammlung**
  Lässt die Themenstellung schon eine Grobgliederung erkennen (dies ist z. B. bei einem antithetischen Erörterungsthema der Fall), ist eine gegliederte Stoffsammlung (z. B. nach Vor- und Nachteilen, negativen und positiven Aspekten etc.) angebracht.
- **Stoffordnung**
  Um den gesammelten Stoff **nach inhaltlich zusammengehörenden Gesichtspunkten** zu ordnen, können Sie folgendermaßen vorgehen:
  - Begriffe streichen, die nicht zum Thema passen
  - zusammengehörige Punkte auf gleiche Weise markieren
  - Oberbegriffe für zusammengehörige Gedanken suchen

  Für die gedankliche Ordnung der Stoffsammlung ist es oft hilfreich, bestimmte Begriffsreihen zu kennen, die auf verschiedene Themen übertragbar sind und – je nach Bedarf – abgewandelt werden können. Mögliche Begriffsreihen sind:
  - Staat, Gesellschaft, Wirtschaft, der Einzelne
  - politisch, wirtschaftlich, kulturell, sozial, persönlich
  - physisch (körperlich), psychisch (seelisch)
  - ideell, materiell

Die Gliederung erstellen

Thema: *Ist der faire Handel eine sinnvolle Alternative zu herkömmlich gehandelten Produkten? Zeigen Sie die Vor- und Nachteile des fairen Handels auf!*

A. Einleitung
B. Der faire Handel hat Vor- und Nachteile
  I. Der faire Handel hat Nachteile
    1. Der faire Handel verteuert die Waren
    2. Der faire Handel kann die heimische Landwirtschaft schädigen
    3. Der faire Handel schädigt die Umwelt
  II. Der faire Handel hat Vorteile
    1. Für die Konsumenten
      a) Der Konsument erhält hochwertige Produkte
      b) Der faire Handel stößt ein Nachdenken über faire Preise auch für heimische landwirtschaftliche Produkte an
    2. Für die Produzenten
      a) Der faire Handel schafft langfristige Handelsbeziehungen
      b) Der faire Handel verbessert die Lebensbedingungen
      c) Der faire Handel schafft Zukunftsperspektiven
    3. Weltweit (global)
      a) Der faire Handel ist ein wichtiger Beitrag zum Umweltschutz
      b) Der faire Handel sorgt für mehr Gerechtigkeit in der Welt
  III. Fazit
C. Schluss

Bauprinzip für den Hauptteil der antithetischen Erörterung:

These (Gegenposition)
Argument 1
Argument 2
Argument 3

These (eigene Position)
Argument 1
Argument 2
Argument 3

Fazit

6 *Beantworten Sie folgende Fragen zu obiger Gliederung:*
- *Welche Meinung vertritt der Verfasser oder die Verfasserin in Bezug auf das Thema?*
- *Welche Gesichtspunkte sind dem Verfasser oder der Verfasserin innerhalb der Argumentationsblöcke (dem Pro- und dem Kontra-Teil) besonders wichtig?*

7 *Vervollständigen Sie obige Gliederung, indem Sie Gliederungspunkte zur Einleitung, zum Fazit und zum Schluss anfügen.*

8 *Erarbeiten Sie auf Grundlage Ihrer Stoffsammlung und -ordnung zum Thema „Hungernde dürfen nach Ansicht einiger Theologen Nahrungsmittel aus Läden stehlen. Nehmen Sie zu dieser Aussage kritisch Stellung" (▷ Aufgabe 5, Seite 47) eine Gliederung im Nominalstil (als Stichpunkte) und verwenden Sie dabei die nummerische Gliederungsform.*

TIPP

Antithetische Erörterung: Die Gliederung erstellen
Auch die antithetische Erörterung besteht aus Einleitung, Hauptteil und Schluss. Anders als bei der steigernden Erörterung gliedert sich die Darlegung der Argumente im **Hauptteil** in **zwei Blöcke,** einen **Pro- und** einen **Kontra-Teil.** Die Argumente für die eigene Position stellt man ans Ende des Hauptteils, weil die zuletzt genannten Begründungen dem Leser besser im Gedächtnis bleiben.

Der Hauptteil der Erörterung: Die Argumentation schreiben

Die genannten Argumente sollten nicht den Anschein einer Aufzählung erwecken, sondern zu einer Argumentationskette ausgestaltet werden.

Thema: *Ist der faire Handel eine sinnvolle Alternative zu herkömmlich gehandelten Produkten? Zeigen Sie die Vor- und Nachteile des fairen Handels auf!*

...

Daher werden im Folgenden die Vor- und Nachteile des fairen Handels erörtert.

Die für den Konsumenten wohl schwerwiegendste negative Folge des fairen Handels ist die Verteuerung des Produkts. Diese entsteht dadurch, dass die Importorganisationen des fairen Handels den Produzenten und Produzentinnen einen höheren als den auf dem Weltmarkt üblichen Preis für ihre Produkte bezahlen. Dadurch kostet ein fair gehandelter Riegel Schokolade ca. 18 Cent mehr als ein Schokoriegel aus herkömmlichen Handel. Das wären dann statt 51 Cent 69 Cent. Vergleicht man also die Preise, dann sind die fair gehandelten Produkte zwar teurer, aber immer noch erschwinglich.
Ein weiterer Nachteil des fairen Handels ist eine mögliche Schädigung der heimischen Landwirtschaft. Denn Produkte wie z. B. Honig werden auch bei uns produziert. Wer statt des heimischen den weit gereisten, fair gehandelten Honig aus den Ländern des Südens kauft, nimmt den heimischen Imkern eine wichtige Einnahmequelle. Wenn dies im großen Stil geschähe, könnte dies einzelne Sparten der heimischen Landwirtschaft bedrohen, was – wie bei der Bienenzucht – auch negative Auswirkungen auf das gesamte Ökosystem haben könnte, da z. B. die Bienen einen wichtigen Beitrag bei der Blütenbestäubung vieler Nutzpflanzen leisten.
Damit ist auch bereits eine negative Konsequenz für die Umwelt angedeutet, zu der eine weitere hinzukommt. Viele der fair gehandelten Produkte sind weit gereist: Kaffee aus Nicaragua, Tee aus Sri Lanka, Schokolade aus Bolivien, Rosen aus Simbabwe, Bananen aus Ecuador, Bälle aus Pakistan usw. Diese Transportkilometer verursachen einen hohen CO_2-Ausstoß und sind somit mitverantwortlich für die Klimaerwärmung, die unsere Umwelt zunehmend bedroht. Mit Blick auf den Klimawandel sollte man deswegen heimischen Produkten den Vorzug vor ausländischen Produkten geben, auch wenn diese fair gehandelt wurden.

Diesen Nachteilen des fairen Handels stehen jedoch eine Reihe von wichtigen Vorteilen gegenüber, die im Folgenden aufgezeigt werden.
Zunächst einmal fördert der faire Handel ...

9 *Erschließen Sie in Partnerarbeit den vorliegenden Ausschnitt aus dem Hauptteil einer Erörterung zum obigen Thema. Arbeiten Sie dazu am besten mit einer Kopie des Textes.*

- ☐ *Nach welcher Reihenfolge sind die Argumente angeordnet? Notieren Sie.*
- ☐ *Untersuchen Sie den Aufbau der Argumentation und notieren Sie am Rand, an welchen Stellen folgende Bausteine zu finden sind: Angabe des Themas – These der Gegenposition – These der eigenen Position – Argument – Ursache, Ziel oder Zweck – Bedingungen, Folgerungen oder Auswirkungen – Gegenargument – Beispiel(e) – Rückführung zum Thema*
- ☐ *Markieren Sie Wendungen, die den Zusammenhang der Argumentationskette herstellen.*

10 *a) Formen Sie die folgenden Textbausteine so um, dass eine überzeugende Argumentationskette zu den Vorteilen des fairen Handels entsteht und die Zusammenhänge zwischen den Gedankengängen deutlich werden. Nehmen Sie dazu auch die Formulierungshilfen aus dem Tippkasten auf Seite 51 zu Hilfe.*

b) Überprüfen Sie anschließend, ob die entstandene Argumentationskette in jedem Punkt der Gliederung auf S. 48 entspricht. Passen Sie ggf. die Gliederung Ihren Ausführungen an.

- ☐ Die Fairhandelsunternehmen bieten feste Abnahmeverträge und tragen damit zu dauerhaften Handelsbeziehungen bei.
- ☐ Der faire Handel bevorzugt als Handelspartner Produzenten und Produzentinnen, die zu unterdrückten und unterprivilegierten Schichten gehören und nur mangelnde anderweitige Vermarktungschancen haben oder die sich in Selbsthilfeorganisationen zusammengeschlossen haben, deren Ziel darin besteht, Einkommensmöglichkeiten zu schaffen und eine gerechte Entlohnung zu erreichen.
- ☐ Sie erhalten eine Vorfinanzierung, um Saatgut oder Material einzukaufen, damit sie arbeitsfähig werden.
- ☐ Die Produzenten können planen und in die Zukunft investieren.
- ☐ Langfristige und verlässliche Handelsbeziehungen fördern die Lebensbedingungen der Produzenten.
- ☐ Sichere Einnahmen und Löhne machen Kinderarbeit unnötig, ermöglichen Schulbildung und verbessern die Zukunftsperspektiven.
- ☐ Durch die Gewinne der Unternehmen vor Ort können Gesundheits- und Altersvorsorge sowie soziale Projekte finanziert werden.

- ☐ Der faire Handel ist ein Beitrag zum Umweltschutz.
- ☐ Er unterstützt die Entwicklung umweltverträglicher Anbau- und Produktionsbedingungen.
- ☐ Für Pflanzengifte haben die meisten Bauern in den Entwicklungsländern kein Geld.
- ☐ Pflanzengifte werden durch Unkrautjäten und bestimmte natürliche Anbaumethoden ersetzt.
- ☐ Statt teurem Kunstdünger werden verschiedene Kompostmethoden zum Einsatz gebracht. Außerdem fördern Mischkulturen das gesunde und natürliche Wachstum der Nutzpflanzen.
- ☐ Fairer Handel schont die Umwelt und dient der Gesunderhaltung der Menschen auf beiden Seiten der Produktionskette.

- Der faire Handel sorgt ökonomisch für mehr Ausgleich und Gerechtigkeit.
- Die Preise auf dem Weltmarkt werden von den reichen Ländern aufgestellt.
- Die Erzeuger erhalten auf dem Weltmarkt oft nur Dumpingpreise, die nicht einmal die Produktionskosten decken. Die Produzenten haben kaum eine Chance, davon zu leben.
- Bei den Billigwaren, die wir tagtäglich konsumieren, bezahlen die Menschen im Süden unsere Rechnung.
- Fairer Handel zahlt den Anbaupartnern angemessene Preise. Sie liegen merklich über denen des Welthandels und sichern das Minimum eines menschenwürdigen Lebens, auf das die Menschen im Süden das gleiche Recht haben wie wir.

TIPP

Die sprachliche Ausgestaltung einer Argumentationskette

Damit die genannten Argumente nicht den Anschein einer Aufzählung erwecken, müssen sie inhaltlich und sprachlich sinnvoll verknüpft und zu einer Argumentationskette ausgestaltet werden.
Folgende Formulierungshilfen können Ihnen dabei helfen:

- **Reihung und Steigerung:** „darüber hinaus“; „im Übrigen sollte man nicht vergessen, dass“; „ein weiterer Gesichtspunkt ist“; „noch wichtiger ist, dass“; „darüber hinaus“; „außerdem“; „besonders schwer wiegend ist“; „zum Schluss möchte ich noch anmerken, dass“.
- **Begründungszusammenhänge:** „das liegt daran, dass“; „verantwortlich dafür ist“; „deshalb“; „aus diesem Grund“; „deswegen“; „da“; „weil“.
- **Folgen und Auswirkungen:** „infolgedessen“; „folglich“; „daraus ergibt sich“; „demzufolge“; „also“.
- **Bedingungen und Voraussetzungen:** „geht man davon aus, dass“; „im Falle von“; „wenn“; „falls“; „sofern“.
- **Einschränkungen, Einwände, Gegenargumente:** „andererseits“; „auf der anderen Seite“; „dagegen“; „dem kann man entgegenhalten, dass“; „sicherlich ist es ein berechtigter Einwand, wenn ..., dennoch“; „zwar“; „obwohl“.
- **Überleitungen zur Gegenposition:** „nachdem nun die negativen (positiven) Aspekte des ... deutlich geworden sind, möchte ich nun genauer auf die positiven (negativen) Aspekte des ... eingehen“; „den dargelegten Nachteilen (Vorteilen) des ..., stehen jedoch eine Reihe von Vorteilen gegenüber“.

Ein persönliches Fazit formulieren

11 *Beurteilen Sie das folgende Fazit und überarbeiten Sie es. Orientieren Sie sich dabei an dem unten stehenden Tippkasten.*

VORSICHT FEHLER!

Auf der einen Seite verteuert der faire Handel zwar die Waren und schädigt die heimische Landwirtschaft und die Umwelt, auf der anderen Seite bringt er jedoch auch viele Vorteile für die Produzenten, z. B. verbesserte Lebensbedingungen, Zukunftsperspektiven, hohe Qualität und gerechtere Handelsbeziehungen.

TIPP

Ein persönliches Fazit formulieren

Anders als bei der steigernden Erörterung setzt man sich bei der antithetischen Erörterung mit der Pro- und der Kontra-Seite eines Problems oder einer Fragestellung auseinander, um dann eine Entscheidung pro oder kontra herbeizuführen. Aus diesem Grund wird am Ende des Hauptteils ein Fazit gezogen, in dem der eigene Standpunkt deutlich formuliert wird.

- Das Fazit sollte **knapp** gehalten werden.
- Der **Standpunkt des Verfassers** wird deutlich formuliert.
- Das Fazit **bezieht sich auf** bereits **genannte Aspekte** und nennt keine neuen.

Beim Fazit hat man zwei Möglichkeiten:

1) **Eindeutige Aussprache für die Pro- oder Kontra-Seite:** Die gewählte Position entspricht der These und den Argumenten im zweiten Teil des Hauptteils, d. h. bei Bevorzugung der Kontra-Seite wurde zuerst die Pro-Seite dargestellt.
2) **Formulierung einer Einschränkung:** Hierbei entscheidet man sich nur unter bestimmten Voraussetzungen für die Pro- oder Kontra-Seite, sodass wichtige Gegenargumente zumindest ansatzweise berücksichtigt werden, z. B.: „Der faire Handel hat mehr Vor- als Nachteile, wenn man die Produkte kauft, zu denen es keine heimischen Alternativen gibt."

Folgende Formulierungen können zum Fazit überleiten:
„Zusammenfassend ist zu sagen, dass ..."; „Damit wird deutlich, dass ..."; „Es ist deutlich geworden, dass die positiven (negativen) Gesichtspunkte die negativen (positiven) überwiegen"; „Wenn ich aus dem Für und Wider einen Schluss ziehen soll, so muss ich feststellen, dass"; „Es muss sicher zugegeben werden, dass ..., aber gerade die Tatsache, dass ... beweist".

12 a) *Erarbeiten Sie den Hauptteil einer Erörterung zum Thema: „Hungernde dürfen nach Ansicht einiger Theologen Nahrungsmittel aus Läden stehlen. Nehmen Sie zu dieser Aussage kritisch Stellung." Nehmen Sie dazu Ihre Gliederung, die Sie in Aufgabe 8 auf Seite 48 erarbeitet haben, zu Hilfe und orientieren Sie sich an den Formulierungshilfen in den Tippkästen auf Seite 51/52.*

b) *Überarbeiten Sie Ihre Texte in einer Schreibkonferenz (▷ Informationen zur Schreibkonferenz auf Seite 364).*

Einleitung und Schluss gestalten

VORSICHT FEHLER!

Thema: *Ist der faire Handel eine sinnvolle Alternative zu herkömmlich gehandelten Produkten? Zeigen Sie die Vor- und Nachteile des fairen Handels auf!*

A In vielen Supermarktketten, Lebensmittelgeschäften, Naturkostläden und im engagierten Versandhandel findet man fair gehandelte Produkte mit dem Fairtrade-Siegel. In Fachgeschäften für fairen Handel gibt es außerdem fair gehandelte Gebrauchsgegenstände und Geschenke. Aber kann der faire Handel den konventionellen Handel wirklich ersetzen?

B Nehmen wir an, einige Konzerne lassen die Zwischenhändler einfach links liegen, gehen stattdessen direkt zu den Bauern und bieten höhere Preise, langfristige Abnahmegarantien, Zuschläge zur Altersversorgung und günstige Kredite für Maschinen oder Saatgut. Genau das ist mit „fairem Handel" gemeint. Allerdings funktioniert das nur, wenn diese fair gehandelten Produkte in reichen Ländern auch gekauft werden! Aus diesem Grunde werden im Folgenden die Vor- und Nachteile des fairen Handels erörtert.

C Die Sportfreunde Stiller, Coldplay, Kerstin Kramer aus „Verbotene Liebe" oder Schwimmerin Franzi van Almsick sind nur einige Prominente unter vielen, die den fairen Handel unterstützen. Was hat es damit eigentlich auf sich und was bedeutet dagegen „unfairer Handel" für einen einfachen Bauern oder Arbeiter und seine Kinder in einem Entwicklungsland?

D Ob Susy Guitérrez und ihre acht Geschwister genug zum Leben hatten, hing lange Zeit vom Welthandelspreis für Kakao ab, der oftmals so niedrig war, dass sie kaum überleben konnten. Ihre Situation hat sich mit dem fairen Handel gebessert. Aber ist er die Antwort auf alle wirtschaftlichen Probleme in den Ländern des Südens?

13 *a) Beurteilen Sie die Einleitungen. Erklären Sie dabei auch, welche Fehler gemacht wurden.*
b) Formulieren Sie eine eigene Einleitung zum Thema. Achten Sie dabei auch auf die Überleitung zwischen dem Einleitungsgedanken und der Themafrage.

TIPP

Eine Einleitung schreiben

Die Einleitung soll den Leser gezielt zum Thema hinführen, ohne bereits Argumente aus dem Hauptteil vorwegzunehmen. Sie besteht aus einem **Einleitungsgedanken** und der **Überleitung zur Themafrage.** Für die Einleitung gibt es – wie bei der steigernden Erörterung – verschiedene Möglichkeiten:

- ein aktuelles Ereignis,
- ein persönliches Erlebnis,
- eine allgemeine Feststellung,
- ein Zitat eines Experten,
- eine Annäherung über ein verwandtes Thema,
- eine Annäherung über das Gegenteil,
- ein historischer Rückblick,
- eine Definition des Themas oder des zentralen Schlüsselbegriffs.

14 *Formulieren Sie eine Einleitung zum Thema: „Hungernde dürfen nach Ansicht einiger Theologen Nahrungsmittel aus Läden stehlen. Nehmen Sie zu dieser Aussage kritisch Stellung."*

Der **Schluss** soll aus der Erörterung wieder hinausführen und die Diskussion zu einem zumindest vorläufigen Abschluss bringen. Dazu stehen verschiedene Möglichkeiten zur Verfügung:

15 *a) Untersuchen Sie die folgenden Schlussgedanken anhand folgender Fragen:*
- *Welche Art von Schluss wurde gewählt?*
- *Worin besteht der Schlussgedanke inhaltlich?*

b) Formulieren Sie zu den Schlussgedanken A und B jeweils mögliche Gliederungspunkte.

A Leider hat der faire Handel zurzeit nur einen relativ geringen Anteil am Weltmarkt. Aber der faire Markt wächst – und wird immer interessanter für Politik und Wirtschaft. Deshalb unterstützt die Bundesregierung verschiedenste Projekte des fairen Handels wie z. B. das „Forum Fairer Handel", ein Netzwerk der Akteure des fairen Handels in Deutschland, oder die Kampagne „fair feels good" der Verbraucherinitiative. Solche Initiativen sind nach den oben genannten Ausführungen notwendig und sinnvoll.

B Kaffee aus Lateinamerika, Baumwolle aus Afrika, Glühbirnen aus Korea, Telefonapparate aus südafrikanischem Platin, Wasserhähne mit Molybdän aus Chile, Reifen aus Thailand, Batterien mit Quecksilber aus Algerien etc. Wenn wir von heute auf morgen auf die Erzeugnisse der Länder der so genannten Dritten Welt verzichten müssten, dann säßen wir nicht nur nackt im Klassenzimmer, sondern hätten auch manch andere „Unannehmlichkeiten" auszuhalten. Angesichts dieser gegenseitigen Abhängigkeiten sollten die berechtigten Anliegen der Menschen in der Dritten Welt auch unsere ureigensten Anliegen werden.

TIPP

Den Schluss formulieren

Der Schluss soll die Erörterung des Themas sinnvoll abrunden, er darf allerdings keine neuen Argumente beinhalten. Zur Gestaltung des Schlusses gibt es – wie bei der steigernden Erörterung – z. B. folgende Möglichkeiten:
- ein persönlicher Wunsch oder eine Forderung,
- ein Hinweis auf ein verwandtes Thema,
- Ausblick auf künftige Entwicklungen oder ein weiterführender Gedanke,
- die eigene Stellungnahme zum Thema,
- Aufgreifen des Einleitungsgedankens, sodass Einleitung und Schluss einen Rahmen bilden.

16 *a) Formulieren Sie einen Schluss zum Thema: „Hungernde dürfen nach Ansicht einiger Theologen Nahrungsmittel aus Läden stehlen. Nehmen Sie zu dieser Aussage kritisch Stellung."*

b) Bewerten Sie anschließend Ihre Schlüsse und überarbeiten Sie gegebenenfalls Ihre Formulierungen.

17 *a) Erstellen Sie mit Hilfe der Tippkästen auf den Seiten 45–54 einen Korrekturbogen für die antithetische Erörterung, der folgende Aspekte berücksichtigen soll: Gliederung, Aufbau der Erörterung (Einleitung – Hauptteil (+ Fazit) – Schluss), gedankliche Ausführung – sprachliche Gestaltung – äußere Form.*

b) Korrigieren Sie mit Hilfe des Korrekturbogens gegenseitig Ihren Aufsatz.

Freiere Formen des Erörterns

Nicht nur im Schulaufsatz, sondern vor allem im Alltag sieht man sich vor die Aufgabe gestellt, seine Meinung zu begründen, um andere zu überzeugen. Ein Forum dazu bietet das Internet. Auf www.fair-feels-good.de sprechen sich z. B. viele Prominente für den fairen Handel aus:

Franziska van Almsick ist Schirmherrin der Kampagne „fair feels good".
Ich bevorzuge Kaffee aus fairem Handel. Denn ich will, dass die Kaffeebauern gute Bedingungen haben und einen Mindestlohn bekommen. Jeder sollte diesen Kaffee einfach mal probieren: Der ist lecker und man tut etwas Sinnvolles. Mit dem Kauf von fair gehandelten Produkten setzt man ein Zeichen gegen Ausbeutung von Menschen in den Entwicklungsländern. Gleichzeitig hat man dank des TRANSFAIR-Siegels auf den Verpackungen die Gewissheit, dass das Geld auch wirklich dort ankommt.

Silke Rottenberg ist Torhüterin der deutschen Fußballnationalmannschaft der Frauen.
Gerade der Sport steht für Fairness. Ich denke, wir sollten im gesamten Leben wieder fairer miteinander umgehen. Der Mensch ist egoistisch geworden – und genau das ist der falsche Weg. Wenn wir alle ein bisschen mehr miteinander arbeiten, haben auch andere Menschen die Chance, so weit zu kommen, wie Deutschland gekommen ist. Denn auch Deutschland ist einmal unterstützt worden und das sollten wir nicht vergessen.

Boris Aljinovic ist Schauspieler.
Wenn man Minderheiten weiterhin mehrheitliche Ressourcen bestimmen lässt, werden wir das in spätestens 100 Jahren bereuen. Der faire Handel fängt jetzt an, etwas dagegen zu tun.

1 a) *Wie begründen die Prominenten ihre Vorliebe für fair gehandelte Produkte? Nennen Sie die angeführten Argumente.*
b) *Befragen Sie Ihre Mitschüler/-innen und Lehrer/-innen zum Thema „fairer Handel" und verfassen Sie ähnliche Statements.*

2 a) *Entwerfen Sie eine Werbekampagne für eine Aktion zum fairen Handel, z. B.:*
- ☐ *Einrichtung eines „Eine-Welt-Ladens" in der Schule durch die SMV*
- ☐ *Anbieten von fair gehandelten Produkten im Pausenverkauf oder bei Schulfesten*
- ☐ *Aufbau einer Projektpartnerschaft*
- ☐ *Praktikum bei einem Weltladen*
- ☐ *Konsumkritische Stadtführung*
- ☐ ...

b) *Oder gestalten Sie eine Ausstellung mit Infotafeln und Schaubildern zum Thema „fairer Handel".*

3 *Schreiben Sie abschließend einen kommentierenden Bericht zu einem der durchgeführten Projekte, z. B. für die Schülerzeitung oder den Jahresbericht.*
(▷ Weitere Arbeitsaufträge zum Erörtern in freieren Formen finden Sie auf S. 100, S. 105 und S. 138.)

2.3 Klimawandel – Erörtern im Anschluss an einen Text

Ice Age: Jetzt taut's wirklich! – Zeit, etwas zu tun oder es zu genießen?

Während das Schmelzen der Gletscher im Animationsfilm „Ice Age 2 – Jetzt taut's" für Spannung und Action sorgt, ist das Abschmelzen von Gletschern, z. B. in den Alpen und der Himalaya-Region, dramatische Realität des Klimawandels. Weltweit sind die Wissenschaftler der Meinung, dass die Klimaerwärmung nicht mehr aufzuhalten sei. Verantwortlich sei neben dem Abholzen der Wälder, der Versiegelung der Böden und Treibhausgasen aus der Landwirtschaft vor allem der Kohlendioxidausstoß aus fossilen Brennstoffen. Um den Klimawandel abzumildern und das Schlimmste abzuwenden, sei also eine Reduzierung des CO_2-Ausstoßes notwendig. Die Erderwärmung werde nicht nur zu größeren Dürren, abschmelzenden Polkappen, steigenden Meeresspiegeln und zu Flutkatastrophen führen, sondern auch zu verheerenden Stürmen und Hungersnöten, Artensterben in Flora und Fauna sowie zur Rückkehr der Malaria auch in unsere Breiten. Damit werde der Klimawandel das Leben von Millionen Menschen bedrohen.

1 *Welche Vorstellungen haben Sie vom Klimawandel allgemein? Wie wird sich das Klima in Deutschland unter Umständen verändern? Diskutieren Sie darüber in der Klasse.*

2 *a) Bilden Sie Kleingruppen und informieren Sie sich genauer über das Thema „Klimawandel" (globale Erwärmung). Berücksichtigen Sie dabei folgende Aspekte:*
- *Welche genauen Ursachen gibt es für den Klimawandel? Erläutern Sie die Zusammenhänge.*
- *Welche möglichen Folgen hat der Klimawandel?*
- *Welche technischen und individuellen Möglichkeiten gibt es, den Klimawandel abzumildern?*

TIPP: *Informationen erhalten Sie z. B. unter www.klima-ideen.de, www.wwf.de (World Wide Fund For Nature) oder www.greenpeace.de (Greenpeace).*

b) Präsentieren Sie ihre Ergebnisse.

3 *Führen Sie eine Podiumsdiskussion zum Thema „Klimawandel – Ursachen, Folgen, Möglichkeiten" durch (▷ Informationen zur Podiumsdiskussion auf Seite 21 f.).*

Die Textvorlage analysieren

Wir sind Kinder der Tropen

Der Biologe Josef Reichholf über die Vorteile eines wärmeren Klimas für Tiere und Pflanzen, Großstädte als Zentren der Artenvielfalt und die Legende von der Rückkehr der Malaria

SPIEGEL: Herr Reichholf, haben Sie Angst vor der globalen Erwärmung?

Reichholf: Nein, ich persönlich freue mich sogar auf mildere Zeiten. Aber auch die Menschheit als Ganzes wird keine großen Probleme damit bekommen.

SPIEGEL: Woher nehmen Sie Ihren Optimismus?

Reichholf: Der allergrößte Teil der Menschen lebt heute schon unter wärmeren und erheblich extremeren Bedingungen als wir verwöhnten Mitteleuropäer. Der Homo sapiens ist die einzige biologische Art, die praktisch mit jeder Art von Klima auf der Erde zurechtkommt – von den Wüsten bis zu den Polgebieten, von den dauerfeuchten Tropen bis zu den Hochlagen der Anden. Nicht einmal unsere engsten Kulturfolger, die Ratten, haben im Laufe der Evolution eine solch erstaunliche Anpassungsfähigkeit entwickelt.

SPIEGEL: In welchem Klima fühlt sich der Mensch denn am wohlsten?

Reichholf: Biologisch gesehen sind wir Kinder der Tropen. Wo immer der Mensch lebt, schafft er sich auf künstlichem Wege tropische Lebensbedingungen. Wir tun dies durch warme Kleidung, durch beheizte Büros und Wohnungen. Unter unseren Hemden herrscht stets Tropenklima von ungefähr 27 Grad Celsius.

Reichholf, 62, leitet die Wirbeltierabteilung an der Zoologischen Staatssammlung in München und lehrt an beiden Münchener Universitäten Ökologie und Naturschutz. In seinem Buch „Eine kurze Naturgeschichte des letzten Jahrtausends" beschreibt er, wie stark das Klima auch früher schwankte.

SPIEGEL: Machen Sie sich als Ökologe wenigstens Sorgen um die Tiere und die Pflanzen?

Reichholf: Gewiss sind viele Arten bedroht – aber nicht durch den Klimawandel. Die wirkliche Gefahr geht von der Vernichtung von Lebensräumen aus, etwa von der ungebremsten Abholzung der höchst artenreichen Tropenwälder. Gerade als Naturschützer halte ich die Fokussierung auf den Treibhauseffekt für sehr gefährlich. Das Klima wird zunehmend zum Sündenbock gemacht, um von anderen ökologischen Untaten abzulenken. Ein typisches Beispiel sind die irreführenden Debatten nach Hochwasserkatastrophen, die ja in Wahrheit auf die Verbauung der Flüsse zurückzuführen sind und nicht auf extremer gewordene Wetterereignisse, an denen wir ohnehin nichts ändern können.

SPIEGEL: Worin sehen Sie die größte Bedrohung für Flora und Fauna?
Reichholf: Bei uns ist die industriell betriebene Landwirtschaft der Artenkiller Nummer eins. Mit ihren Monokulturen und überdüngten Feldern haben die Bauern die Lebensbedingungen für viele Tiere und Pflanzen radikal verschlechtert. Zahlreiche Arten sind bereits vom Land in die Städte geflüchtet, die sich so in Hochburgen der Artenvielfalt verwandelt haben. [...]

SPIEGEL: Und was ist von den Prognosen zu halten, nach denen durch die globale Erwärmung bis zu 30 Prozent aller Tierarten aussterben werden?
Reichholf: Gar nichts. Das ist Panikmache, für die es keine konkreten Belege gibt. Im Gegenteil spricht sogar vieles dafür, dass die Erwärmung förderlich ist für die Artenvielfalt. Es gibt einen klaren Zusammenhang zwischen Biodiversität[1] und Temperatur. Von den Polrandgebieten über die gemäßigten Breiten bis zum Äquator steigt die Artenzahl exponentiell[2] an. Man kann es auf die Formel bringen: Je wärmer ein Lebensraum ist, desto artenreicher ist er auch.

SPIEGEL: Wollen Sie damit sagen, dass der Treibhauseffekt auf lange Sicht sogar helfen könnte, die Artenvielfalt zu erhöhen?
Reichholf: Ganz genau. Und das geht auch eindeutig aus den Erkenntnissen der Evolutionsbiologie hervor. Am Ende des Tertiärs vor wenigen Millionen Jahren, als es sehr viel wärmer war als heute, erreichte die Artenvielfalt ihren Höchststand. Ganz anders verlief die Entwicklung, als es mit den Eiszeiten dann kälter wurde: Vor allem im Norden kam es zu einem massenhaften Artensterben. [...]

SPIEGEL: Globale Erwärmung heißt für Sie also: mehr blühende Landschaften auf dem Planeten?

1 **Biodiversität:** biologische Vielfalt
2 **exponentiell:** *hier* stetig

Reichholf: In der Tat. Wenn es wärmer wird, erhalten viele Arten neue Lebensräume. Die Gesamtbilanz ist eindeutig positiv – vorausgesetzt, wir vernichten die neu entstehenden Lebensräume nicht gleich wieder durch andere Eingriffe in die Natur. Es ist ja kein Zufall, dass auf der Roten Liste der in Deutschland gefährdeten Arten vor allem Wärme liebende stehen. Viele von denen könnten neue Chancen bekommen, bei uns zu überleben.

SPIEGEL: Unterschätzen Sie dabei nicht die hohe Geschwindigkeit der gegenwärtigen Erwärmung? Viele Tiere und Pflanzen können sich doch gar nicht so schnell an ein verändertes Klima anpassen?
Reichholf: Gegen diese Behauptung spricht schon die Tatsache, dass es in der Vergangenheit sehr viel schnellere Klimaschwankungen gab als heute – ohne dass dies automatisch zu einem globalen Artensterben geführt hätte. Als Biologe sage ich Ihnen: Die wenigsten Tiere und Pflanzen sind an starre Klimabedingungen angepasst. Nehmen Sie nur unseren kleinen Zaunkönig. Viele denken, das sei so ein empfindliches Piepmätzchen. In Wahrheit geht es dem in Stockholm ebenso gut wie in München oder Rom; der lebt sogar in den Alpen oben an der Baumgrenze. Nur dort, wo gar keine Büsche oder Bäume wachsen, kommen auch keine Zaunkönige vor.

SPIEGEL: Aber es gibt doch durchaus Tiere, die in sehr engen Nischen existieren. Wie soll etwa der Eisbär die Erwärmung überleben?
Reichholf: Dann frage ich zurück: Wie hat der Eisbär die letzte Warmzeit überstanden? [...] In [der] Wildnis lebt der Eisbär nicht davon, Eis zu lutschen. Seine wichtigste Nahrung sind die Robben – und davon schlachten die Kanadier in jedem Frühjahr Zehntausende ab. Darum geht es den Eisbären immer schlechter – und nicht, weil es wärmer wird. Schauen Sie sich doch nur mal seinen nahen Verwandten an, den Braunbären. Der kommt in einem riesigen

Verbreitungsgebiet vor, das von Europa über Vorder- und Nordasien bis nach Kanada und den USA reicht. Ob die Bären überleben, hängt vom Menschen ab, nicht vom Klima.

SPIEGEL: Gibt es wirklich keine Tier- oder Pflanzenart, die durch eine weitere Temperaturerhöhung vom Aussterben bedroht ist?

Reichholf: Mir fällt beim besten Willen keine ein. Es gibt zwar ein paar Strudelwürmer, die nur in eiskalt sprudelnden Quellen existieren. Dort, wo sich die Quellen erwärmen, scheinen diese Lebewesen tatsächlich zu verschwinden. Doch das kann auch Zufall sein. Denn die engsten Verwandten dieser Würmer halten ein sehr viel breiteres Temperaturspektrum aus.

SPIEGEL: Müssen wir umgekehrt fürchten, dass die Malaria auf Grund der Erwärmung wieder bei uns ausbrechen wird?

Reichholf: Das ist auch so eine Legende. Viele Leute glauben ja wirklich, die Malaria werde sich mit zunehmender Erwärmung weiter ausdehnen. Dabei ist sie gar keine reine Tropenkrankheit. Im 19. Jahrhundert starben Tausende Menschen in Europa, den Niederlanden und sogar in Skandinavien an Malaria, obwohl sie ihre Heimat nie verlassen hatten; in früheren Jahrhunderten war diese Krankheit in Nord- und Mitteleuropa nämlich noch weit verbreitet. Erst durch Isolierung der Kranken, bessere Hygiene und Trockenlegung von Sumpfgebieten gelang es, bei uns die Malaria auszurotten. Von daher halte ich es für nahezu ausgeschlossen, dass die Malaria allein wegen des Klimawandels zu uns zurückkehrt. Wenn sie auftaucht, ist sie irgendwo eingeschleppt worden.

SPIEGEL: Wieso ist es eigentlich zum Dogma geworden, dass wir uns vor wärmeren Zeiten fürchten müssen?

Reichholf: Das ist mir auch ein Rätsel. Noch in den 1960er Jahren fürchteten sich die Menschen eher vor einer neuen Eiszeit – und das wäre auch eine große Gefahr für uns. Denn Zeiten mit Wetterverschlechterung waren die Katastrophenzeiten, nicht Phasen wärmeren Klimas. Gerade um eine wachsende Bevölkerung auf diesem Planeten zu ernähren, müssten wir uns ein wärmeres Klima wünschen. Denn in den warmen Regionen ist der Aufwand viel geringer, das Überleben zu sichern.

INTERVIEW: Olaf Stampf; Gerhard Traufette

Die **Erörterung im Anschluss an einen Text** (textgebundene Erörterung) entsteht in Anlehnung an eine Textvorlage (z. B. einen Zeitungstext), in der eine strittige Frage behandelt oder ein Problem angesprochen und evtl. bewertet wird. In der Regel erfolgt die Erörterung im Anschluss an einen Text in zwei Schritten: A. Textanalyse, B. kritische Stellungnahme
Ein möglicher Erörterungsauftrag zum vorliegenden Interview könnte sein:

Beziehen Sie zu der Frage kritisch Stellung, ob Reichholf den Klimawandel in gefährlicher Weise verharmlost oder nicht.

1 *Lesen Sie das Interview mit Josef Reichholf gründlich durch und notieren Sie zentrale Kernaussagen.*
TIPP: *Arbeiten Sie dazu am besten mit einer Kopie des Textes, die sie während des Lesens aktiv bearbeiten, z. B.: Markierung wichtiger Textstellen und Schlüsselwörter, Notieren von Randbemerkungen etc.*

2 *Analysieren Sie den Text „Wir sind Kinder der Tropen".*

a) Untersuchen Sie die Argumentationsstruktur des Textes. Halten Sie Ihre Ergebnisse übersichtlich fest.

- *Notieren Sie die zentrale Thesen (Kernaussagen).*
- *Schreiben Sie in Stichworten die Argumente und Beispiele heraus, mit denen Reichholf seine Kernaussagen stützt.*

1. **These:** Die Menschheit wird keine Probleme mit der globalen Erwärmung haben.

1. **Argument:** Mensch hat eine erstaunliche Anpassungsfähigkeit entwickelt
Beispiel: menschliche Siedlungen in extremsten klimatischen Bedingungen (Wüsten, Polgebiete, Tropen, Anden)

2. **Argument:** „Biologisch gesehen sind wir Kinder der Tropen" (Z. 23/24)
Beispiel: Mensch schafft sich durch Bekleidung „tropische Lebensbedingungen" (Z. 24/25), ca. 27° C

...

b) Untersuchen Sie, ob es sprachlich-stilistische Auffälligkeiten in dem Interview gibt.

c) Fassen Sie kurz zusammen: Zu welcher Schlussfolgerung wird die Argumentation geführt? Welche Absicht hat der Text und welche Wirkung hat er auf den Leser?

TIPP

Die Textvorlage analysieren

Eine Erörterung im Anschluss an einen Text (textgebundene Erörterung) verlangt zunächst eine gründliche Auseinandersetzung mit der Textgrundlage (Textanalyse). Erst dann ist eine fundierte Stellungnahme zum Text möglich.
Folgende Fragen sollten beantwortet werden:

- Um welches Thema geht es in dem Text?
- Welche Thesen werden aufgestellt, welche Standpunkte vertreten?
- Wie ist die Argumentation aufgebaut? Mit welchen Beispielen werden die Argumente veranschaulicht?
- Ist die Argumentation überzeugend oder spiegelt sie nur eine persönliche Meinung wider?
- Werden Gegenargumente genannt oder angedeutet?
- Zu welcher Schlussfolgerung/Empfehlung wird die Argumentation geführt?
- Werden auffällige sprachliche Mittel verwendet? Was bewirken sie? (▷ Weitere Informationen zur sprachlich-stilistischen Gestaltungsmitteln finden Sie auf S. 361.)
- Welche Absicht verfolgt der Text? Welche Wirkung hat er auf die Leser?

Die Erörterung vorbereiten und verfassen

Erst nach der Textanalyse wird die Erörterung im engeren Sinne vorbereitet und geschrieben. Je nach Themenstellung kann die Erörterung im Anschluss an einen Text (textgebundene Erörterung) steigernd oder antithetisch aufgebaut sein.

Themenstellungen zum Text „Wir sind Kinder der Tropen" *(▷ S. 57–59): Beziehen Sie zu der Frage kritisch Stellung, ob Reichholf den Klimawandel in gefährlicher Weise verharmlost.*

3 *Erschließen Sie gemeinsam die Themenstellung zum Text „Wir sind Kinder der Tropen" (▷ weitere Informationen zur Themaerschließung auf S. 32 und S. 45). Berücksichtigen Sie dabei folgende Fragen:*
- *Auf welchen Aspekt des Textes bezieht sich das Thema?*
- *Welche Einschränkungen gibt es beim jeweiligen Thema?*
- *Welche Art der Erörterung (steigend oder antithetisch) liegt vor?*

4 *Die Erörterung im Anschluss an einen Text verlangt, dass Sie sich mit den Argumenten des Textes auseinandersetzen:*

Der Biologe Josef Reichholf vertritt die These, dass die globale Erwärmung für die Menschheit kein Problem darstelle (vgl. Z. 3–6), da der Homo sapiens über eine extrem hohe Anpassungsfähigkeit verfüge, die es ihm möglich mache, in jeder Art von Klima zu überleben. Als Beleg führt er gegenwärtig existierende Siedlungsgebiete in extremen klimatischen Bedingungen an, wie z. B. Wüsten, Polgebiete, Tropen und Anden. Obwohl diese Argumentation in Bezug auf eine langfristige Entwicklung der Menschheit als Ganzes überzeugend erscheint, bleibt jedoch in dieser Ausführung das Schicksal einzelner Menschen oder Menschengruppen unberücksichtigt. Schon heute verdursten in Afrika Menschen, weil der Wasserspiegel des Tschadsees dramatisch gesunken ist. Und auch der Flüchtlingsstrom von Zehntausenden nach dem Hurrikan „Katrina" in New Orleans zeigt, dass durch Naturkatastrophen – wie sie auch der Klimawandel hervorrufen kann – Menschen hungern, erkranken, in Armut fallen oder sterben. Reichholfs Argumentation verharmlost den Klimawandel, indem er die Folgen für die einzelnen Menschen außer Acht lässt. Damit verhindert er Überlegungen und Maßnahmen zum Klimaschutz, die sich mit der Frage beschäftigen, wie die Folgen des Klimawandels zumindest gemildert werden können.

a) Analysieren Sie diesen Ausschnitt aus dem Hauptteil einer Erörterung.
- *Auf welche These und auf welches Argument aus dem Text wird hier eingegangen?*
- *Wie wird der im Text vertretene Standpunkt wiedergegeben? Wie wird er belegt?*
- *Wie wird die eigene Stellungnahme in diesem Schülerbeispiel entfaltet?*

b) Fassen Sie in eigenen Worten zusammen, wie der Ausschnitt aufgebaut ist.

5 *Überprüfen Sie die Überzeugungskraft der Argumente aus dem Text „Wir sind Kinder der Tropen". Nehmen Sie dazu Ihre schriftlichen Textanalyse (▷ S. 60, Aufgabe 2) zu Hilfe und entscheiden Sie, welchem Argument Sie zustimmen, welchem Sie widersprechen und welches Sie für unvollständig halten. Erläutern Sie Ihre Positionen und halten Sie Ihre Ergebnisse in Stichpunkten fest. Der Tipp auf Seite 62 hilft Ihnen dabei.*

TIPP

Sich mit den Argumenten der Textvorlage auseinandersetzen

Die Erörterung im Anschluss an einen Text verlangt, dass Sie sich mit den Argumenten des Textes auseinandersetzen. Grundsätzlich gibt es verschiedene Möglichkeiten, auf die Argumente eines Textes einzugehen:

1) Man kann einem Argument völlig zustimmen.

In diesem Fall ist die kritische Auseinandersetzung mit einem Text am schwersten.

- Sie können mit eigenen Erkenntnissen und Erfahrungen die Argumente des Autors/der Autorin abstützen.
- Sie können mögliche Gegenpositionen zu Argumenten des Autors/der Autorin entkräften, auch wenn Sie im Text gar nicht thematisiert sind.

2) Man kann einem Argument teilweise zustimmen.

- Wenn Sie das Argument für unvollständig halten, können Sie zusätzliche Aspekte zur Sprache bringen.
- Sie können das Argument auch problematisieren, indem Sie z. B. den Geltungsbereich eingrenzen („Das-kommt-darauf-an-Methode") oder auf Konsequenzen hinweisen, die der Autor/die Autorin nicht berücksichtigt hat.

3) Man kann einem Argument vollkommen widersprechen.

- Sie können die Stichhaltigkeit der Argumente durch Gegenargumente und -beispiele in Zweifel ziehen.
- Man kann die Schlüssigkeit der Argumentation auf ihre Logik hin prüfen und in Zweifel ziehen, z. B.: eine Verallgemeinerung problematisieren.

6 *Im Hauptteil der textgebundenen Erörterung setzt man sich kritisch mit den Thesen und Argumenten der Textvorlage auseinander. Entscheiden Sie sich für eines der folgenden Gliederungsmuster und entwerfen Sie dann auf Grundlage Ihrer Ergebnisse aus Aufgabe 4 eine Gliederung für den Hauptteil Ihrer Erörterung.*

Schema 1: **Textanalyse und eigene Stellungnahme im Block**	Schema 2: **Textanalyse und eigene Stellungnahme im Wechsel**
A. Einleitung B. Hauptteil I. **Textanalyse** – These 1 mit Argument/Beispiel – These 2 mit Argument/Beispiel – … II. **Eigene Stellungnahme** – zu These 1 der Textvorlage mit eigenem Argument/Beispiel (Zustimmung oder Gegenargumentation) – zu These 2 der Textvorlage mit eigenem Argument/Beispiel (Zustimmung oder Gegenargumentation) – … III. **Fazit/Ergebnis** C. Schluss	A. Einleitung B. Hauptteil I. **Analyse und eigene Stellungnahme im Wechsel** – Analyse und Erläuterung der These 1 (mit Argument/Beispiel) der **Textvorlage** – **Eigene Stellungnahme** zu These 1 (Zustimmung oder Gegenargumentation) – Analyse und Erläuterung der These 2 (mit Argument/Beispiel) der **Textvorlage** – **Eigene Stellungnahme** zu These 1 (Zustimmung oder Gegenargumentation) – … II. **Fazit/Ergebnis** C. Schluss
Dieses Verfahren kann die entgegengesetzten Positionen systematisch aufarbeiten und im Zusammenhang darstellen.	Dieses Verfahren kommt der Alltagskommunikation mit ihrer Abfolge von Rede und Gegenrede nahe und ist daher lebendiger. Allerdings ist es oft schwierig, jeweils einen passenden Anschluss zu finden.

7 *Formulieren Sie nun Ihre Erörterung aus. Orientieren Sie sich dabei an dem folgenden Merkkasten:*

!

Erörtern im Anschluss an einen Text (textgebundenes Erörtern)
Die Erörterung im Anschluss an einen Text (textgebundene Erörterung) entsteht in Anlehnung an eine Textvorlage (z. B. einen Zeitungstext), in der eine strittige Frage oder ein Problem behandelt wird. In der Regel erfolgt die Erörterung im Anschluss an einen Text in zwei Schritten: A Textanalyse; B kritische Stellungnahme

Der Aufbau einer textgebundenen Erörterung:

1. Einleitung:

- Hinweis auf die Textvorlage (Titel des Textes, Autor/-in, ggf. Textsorte und -quelle)
- Einleitungsgedanke, der zum Thema hinführt. Man kann z. B. einen aktuellen Bezug zum Thema herstellen. Grundsätzlich gibt es hier die gleichen Möglichkeiten wie bei den anderen Erörterungsarten (▷ S. 38, 53).

2. Hauptteil:

- A) Analyse der Textvorlage:
  - Klare Darstellung und Analyse der zentralen Thesen und der Argumentation des Autors/der Autorin
  - Analyse der sprachlich-stilistischen Mittel des Textes und seiner Intention.

  Bei der Textwiedergabe wird das Präsens verwendet. Bei der Darstellung der im Text vertretenen Meinung wird der Konjunktiv der indirekten Rede verwendet; wichtige Aussagen des Textes sollte man zitieren (▷ Informationen zum Zitieren auf S. 325).
- B) Kritische Stellungnahme:
  - Zu den Hauptargumenten des Textes kritisch Stellung nehmen und (teilweise) Zustimmung oder Widerspruch begründet darlegen, d. h. eigene Argumente und Beispiele für oder wider die Argumente im Text formulieren (▷ kritische Auseinandersetzung mit den Argumenten der Textvorlage auf S. 62).
  - Fazit: Ergebnis der kritischen Auseinandersetzung mit dem Text zusammenfassen.

  Die kritische Auseinandersetzung mit der Textvorlage im Hauptteil der Erörterung kann nach folgenden Gliederungsmustern verlaufen: Textanalyse und eigene Stellungnahme nacheinander im Block oder Textanalyse und eigene Stellungnahme im Wechsel (▷ S. 62).
  Feststellungen und Behauptungen müssen Sie durch Zitate belegen (▷ Hinweise zum Zitieren auf S. 325).

3. Schluss:

- Eigene Schlussfolgerung, Empfehlung, weiterführende Fragen zum Thema etc. Grundsätzlich gibt es hier die gleichen Möglichkeiten wie bei den anderen Erörterungsarten (▷ S. 39, 54).

Sprachliche Gestaltungsmittel für die Argumentation:
Beim textgebundenen Erörtern muss sich die eigene Stellungnahme immer auf den zu Grunde liegenden Text beziehen. Dabei können folgende Formulierungen helfen:

– „Wie die Autorin/der Autor im Text ausführt ..."
– „Mit der These ... behauptet die Autorin/der Autor ..., wohingegen für mich feststeht ..."
– „Meine Meinung lässt sich belegen anhand der folgenden Aussagen ... (Zitat)"
– „Der Autor/die Autorin vertritt in seinem/ihrem Text die folgende These ..."
– „Die Autorin/der Autor behauptet, dass ..."

Freiere Formen des Erörterns

Johannes Nuß

Rettet die Erde! – Eine Glosse

Der Weltklimabericht legt den alten Streit um Nutzen und Nachteile der globalen Erwärmung endgültig ad acta. Jetzt heißt es: „Bei der Verdauung stoßen Rinder Methan aus!“ Damit seien sie mitverantwortlich. Ja, sollen wir jetzt auch aufhören, Bohnen zu essen!

Denn: Jedes Böhnchen gibt ein Tönchen. Jeder Furz enthält Methan, das ist nicht nur bei Mensch und Rind so, sondern war schon zu Zeiten der Dinosaurier Fakt. So argumentierte nun im US-Kongress die republikanische Abgeordnete Dana Rohrbacher. Es habe schließlich schon Perioden gegeben, in denen die Kohlendioxidkonzentration in der Atmosphäre ähnlich hoch gewesen sei wie heute. Schließlich könnten das auch Dinosaurier-Flatulenzen gewesen sein. Das ist aber nicht die einzige Sache, mit der sich die Republikaner in Amerikas Öffentlichkeit gerade wieder einmal selber durch den Kakao ziehen.

Es gibt noch mehr zu lachen: Medien berichten genüsslich, auch mit Verweis auf eine Umfrage des „National Magazine“, dass nur 13 Prozent der Republikaner glauben, dass der Mensch für den Klimawandel verantwortlich sei. Keine Verantwortung bei unserer Spezies sehen 84 Prozent. „Ja, ne, is klar!“ Nicht der Mensch ist schuld am Klimawandel. Nein, es sind die Kühe, denn die stoßen Methan aus.

Und nicht nur das. Die eigentliche Ursache liegt schon Millionen von Jahren hinter uns: die Dinosaurier. Oder was meinen Sie, warum es die Kontinente gibt? Kein riesiger Asteroid, nein, ein Megafurz aller Dinosaurier gleichzeitig ist dafür verantwortlich. Jetzt müssen wir nur aufpassen, dass sich die Kühe nicht zusammenrotten. Rettet die Erde, stoppt den Rinderwahn!

1 *Formulieren Sie in Partnerarbeit das zentrale Thema dieses Zeitungsartikels in ein bis zwei Sätzen und diskutieren Sie anschließend darüber in der Klasse.*

2 *Formulieren Sie den obigen Text in einen sachlichen Bericht um und vergleichen Sie die unterschiedliche Wirkung der beiden Texte.*

3 *a) Besprechen Sie, welche Absicht der Autor mit seinem Artikel verfolgt. Belegen Sie Ihre Ansicht anhand des Textes.*
b) Zeigen Sie auf, inwiefern der Zeitungsartikel die Kennzeichen einer Glosse aufweist (▷ Informationen zur Glosse finden Sie auf S. 359).

4 *Wählen Sie einen der folgenden Arbeitsaufträge aus und bearbeiten Sie ihn:*
- *Informieren Sie sich zu dem im obigen Artikel angedeuteten Zusammenhang von Methanausstoß und Klimaerwärmung. Nehmen Sie anschließend zu dem Artikel kritisch Stellung.*
- *Ist der Mensch verantwortlich für die Klimaerwärmung oder nicht? Schreiben Sie unter diesem Aspekt einen Leserbrief zum obigen Artikel.*
- *Reagieren Sie auf den obigen Artikel mit einem Aufruf, etwas gegen den Klimawandel zu unternehmen.*
- *Antworten Sie mit einer Glosse, z. B. indem Sie überbetont die Vorteile des Klimawandels (Wärme, heißere Sommermonate etc.) in den Blick nehmen.*

3 Kurzprosa der Gegenwart – Literarische Texte erschließen

3.1 „In Liebe geschmolzen“ – Grundtechniken der Texterschließung

Milena Moser

Der junge Mann von gegenüber

Milena Moser, geboren 1963, lebt und arbeitet in der Schweiz. Sie schreibt für verschiedene Zeitschriften und Zeitungen sowie den Rundfunk. Die Erzählung „Der junge Mann von gegenüber“ entstand im Jahr 1993.

... und dann hat die Eiserne Jungfrau zu mir gesagt ...

Den Rest konnte sie nicht hören. Christa hielt einen Moment ganz still, dann richtete sie sich auf, zog die Strumpfhose hoch, strich Unterrock und Rock glatt und drückte die Spülung. Die Stimmen im Vorraum verstummten. Als sie die Toilettentür öffnete, sah sie gerade noch, wie zwei junge Frauen dicht aneinandergedrängt aus dem Raum huschten.

Christa wusch sich die Hände und trocknete sie methodisch ab, jeden Finger einzeln. Von diesen Heißluft-Handtrocknern, die vor Kurzem installiert worden waren, hielt sie gar nichts.

Sie kontrollierte ihr Bild im Spiegel. Sie trug ein metallfarbenes Kostüm und eine klein gemusterte Seidenbluse mit passendem Schal. Die Sachen waren neu – und teuer. Christa hatte durchaus Sinn für modische Kleidung, sie hatte auch lange genug darauf verzichten müssen, aber irgendwie wirkte an ihr alles gleich sehr viel strenger und freudloser als auf dem Bügel. Genauso war es mit ihrem Haar, das sie einmal im Monat von einem bekannten Friseur nachschneiden ließ. Der Friseur war so berühmt, dass er noch öfter als seine Kundinnen in den Klatschspalten auftauchte. Alle schönen und reichen Frauen der Stadt gingen zu ihm. Sie nannten ihn einen Zauberer, einen Künstler und luden ihn sogar zu ihren Partys ein. Doch Christa schien es einfach nicht zu gelingen, mit ihm ins Gespräch zu kommen, und so saß sie einmal im Monat ganz still inmitten des

aufgeregten Summens, während der Meister missmutig ihr graues Haar zu einem Eisenhelm zurechtstutzte. Christa fuhr sich versuchshalber mit der Hand durch die Haare, aber die Strähnen fielen genau dorthin zurück, wo sie hingehörten.
Eiserne Jungfrau ... wie originell.
Und „eisern“ stimmte nicht einmal.
Christa war schüchtern. Natürlich ließ sie sich das nicht anmerken, schon gar nicht in der Firma. Aber nur deshalb war sie auf der mittleren Führungsebene stecken geblieben, wo es höchstens interne Sitzungen und ab und zu ein Mittagessen gab. Keine Reden auf Kongressen, keine Reisen in fremde Städte, keine Diners, bei denen viel Geld verschoben und trotzdem viel getrunken wurde.
Christa war eine der ersten Frauen gewesen, die die Firma eingestellt hatte. Als Schreibhilfe in einem riesigen Büro mit anderen jungen Frauen. Es war eine langweilige und ermüdende Arbeit, die Frauen wechselten oft. Die meisten heirateten, aber das kam für Christa nicht in Frage. Sie war aufgestiegen, langsam, mühsam, aber unaufhaltsam. Damals war es von Vorteil, nicht allzu hübsch oder kokett zu sein. Christa war keins von beiden. Da sie für den Empfang nicht in Frage kam (von dem aus kein Weg weiterführte, jedenfalls nicht für die Angestellten), war sie erst einmal Sekretärin geworden. An ihrem ersten Arbeitstag in ihrem ersten eigenen winzigen Büro, eigentlich mehr ein Vorzimmer, hatte sie sich einen Plan gemacht. Stufe für Stufe hatte sie eingezeichnet und wie sie sie erreichen wollte und wann, in verschiedenen Farben. Der Plan lag in einem Klarsichtmäppchen immer noch in ihrem Schreibtisch, Schritt für Schritt abgehakt und durchgestrichen. Seit ein paar Jahren hatte sie die Position, die sie für sich vorgesehen hatte. Sie hatte es geschafft. Doch sie erlaubte sich deswegen noch lange nicht, sich zurückzulehnen. Das wäre gefährlich gewesen. Sie arbeitete weiter hart und gab sich keine Blöße, niemals.
Nur ganz selten fragte sie sich, warum sie das alles machte. Vor allem, seit ihre Mutter gestorben war. Aber der Gedanke war unheimlich, sie schob ihn schnell beiseite. Immerhin hatte sie Kurt. Das durfte sie nicht vergessen. Ohne ihn hätte sie die letzten Jahre wohl nicht durchgestanden.
Keine andere Frau hatte es so weit gebracht – nicht in dieser Firma. Aber die Zeiten änderten sich. Heute sah sie junge Frauen scheinbar mühelos Karriere machen, und zwar durchaus die Hübschen, die Koketten, gerade die. Sie schienen überhaupt nicht zu wissen, was Verzicht bedeutete oder dass das Leben ein Kampf war, vielleicht war es das für sie auch nicht. Christas Leben war ein einziger Kampf. Sie hasste diese jungen Frauen, denen alles so leichtfiel. Manche hatten sogar Männer zu Hause, die abends für sie kochten!
Christa merkte am Schmerz des leichten Muskelkrampfes, wie fest sie ihre Kiefer aufeinandergepresst hatte. Langsam öffnete sie den Mund und streckte gewissenhaft die Zunge heraus. Der Krampf löste sich.
Christa verließ die Firma als Letzte. Bevor sie ging, brachte sie noch ein paar Dossiers auf den Pulten dieser jungen Aufsteigerinnen durcheinander, ließ hier eine Akte verschwinden und da ein Computerprogramm abstürzen.
Allzu leicht sollten sie es nicht haben.
Als sie die Wohnungstür aufschloss, schlug ihr ein abgestandener, fauliger Geruch entgegen. Als ob hier eine Tote lebte. Sie öffnete das Fenster.
Die Wohnung gehörte ihr. Sie lag im elften Stockwerk eines luxuriösen Hochhauses, war hell und großzügig und modern und gehörte ihr. Sie hatte sie nach dem Tod ihrer Mutter vor fünf Jahren gekauft. Irgendetwas musste sie mit dem Geld ja machen, das sich auf der Bank angehäuft hatte. Die ganzen Jahre hatte sie gut verdient und kaum etwas ausgegeben. Wie sollte sie auch. Sie hatte mit ihrer Mutter in einem kleinen Häuschen am Stadtrand gelebt. Ihre Mutter hatte an multipler Sklerose gelitten. Die Tagesschwester, die Gehhilfen, den Bügel am Bett und die Griffe in der Dusche, sogar die Gummiunterlagen hatte die Krankenkasse bezahlt. Christa war abends niemals ausgegan-

gen, sie konnte ihre Mutter nicht allein lassen, aber das hatte sie nicht gestört. Sie hatte immer gewusst, dass ihr wirkliches Leben erst später beginnen würde. Deshalb hätte es auch gar keinen Sinn gehabt, sich vorher schon etwas zu leisten, neue Kleider etwa, teures Essen oder einen Plattenspieler. Sie ertrug die Abende geduldig und gut gelaunt und dachte dabei an später. Nach dem Tod ihrer Mutter hatte sie das Haus und die Möbel und alles verkauft. Sie wollte nichts davon behalten, sogar die Fotos hatte sie weggeworfen. Sie wollte sich gar nicht mehr an diese Zeit erinnern. Sie hatte die moderne Wohnung in der Innenstadt gekauft und ganz neu eingerichtet.

Und trotzdem war alles ganz anders gekommen. Ihr Leben hatte sich kaum verändert. Sie saß abends zu Hause und hörte Platten oder las Bücher. Ihre Mutter hatte wenigstens ab und zu eine Bemerkung zum Essen gemacht, es war ihr aufgefallen, ob Christa schlecht gelaunt war oder eine andere Bluse trug, und sie hatte ihr zugehört, wenn sie vom Büro erzählte. Nach ihrem Tod war Christa ganz allein mit ihren modernen Möbeln, den teuren Kleidern und den funkelnagelneuen Schallplatten und wartete darauf, dass irgendetwas passierte. Bevor sie Kurt kennen gelernt hatte, war sie einigermaßen verzweifelt gewesen.

Sie sah sich um. Die Wohnung war peinlich sauber und aufgeräumt. Bis auf den Blumenstrauß auf dem Tisch könnte sie gut als Demonstrationsapartment durchgehen. Christa hatte immer frische Blumen in der Wohnung. Der Garten fehlte ihr, das war wahr.

Christa trug die Blumenvase in die Küche, um das Wasser zu wechseln und die Stiele nachzuschneiden. Als sie das grünliche Wasser ausleerte, wurde der faulige Geruch beinahe unerträglich. Daher kam es also. Christa schenkte sich ein Glas Weißwein ein. Sie musste vergessen haben, das Wasser zu wechseln, und zwar mehrere Tage lang. Sie konnte sich nicht vorstellen, wie das passieren konnte. Andererseits war sie erleichtert, dass der unangenehme Geruch eine genau bestimmbare Ursache hatte, die außerdem ganz einfach zu beseitigen war.

Sie füllte die Vase neu und rieb mit einem sauber gefalteten Lappen die Wasserspritzer von der Chromstahlfläche.

Zweites Glas.

Sie packte ihre Einkaufstasche aus. Eine Handvoll Jakobsmuscheln, Wildreis, ein bisschen Spinat. Dazu ein kleiner Salat, mit diesem teuren neuen Essig angemacht, und zum Nachtisch vielleicht ein Zitronenschäumchen. Christa war sehr streng mit sich selber, wenn es ums Essen ging. Sie wusste, wie groß die Versuchung war, abends etwas Vorgekochtes aus einem Plastikgeschirr zu löffeln und dabei fernzusehen. Es wäre so einfach, dem nachzugeben, und so praktisch, doch das wäre nur der Anfang. Sie würde sich komplett gehen lassen. Das durfte nicht geschehen. Christa kochte jeden Abend drei Gänge für sich ganz allein, deckte den Tisch im Zimmer mit Leinenserviette und Kerze und Salz- und Pfefferstreuer aus Sterlingsilber.

Drittes Glas.

Trinken war an sich erlaubt, solange der Wein wirklich gut war. Dann machte es auch nichts, wenn es einmal ein bisschen viel war. Eine Flasche Weißwein war doch nicht viel, oder?
Meistens blieb es allerdings nicht bei einer. Kurt trank Bier, daran lag es. Er trank es direkt aus der Dose, das ging natürlich schneller und da sie ihn nicht allein trinken lassen wollte, musste sie meist schon bald die zweite Flasche öffnen. Gut, sie hatte früher schon getrunken, aber sie war besser damit fertig geworden. In letzter Zeit hatte sie morgens manchmal das Gefühl, ihr Kopf sei zu schwer und schwanke gefährlich auf ihrem dünnen Hals.
Sie stand immer schon um halb sechs auf. Sie bügelte die Kleider auf, die sie am Vorabend zurechtgelegt hatte, wusch sich die Haare, fönte ihren Helm zurecht und spülte das Frühstücksgeschirr. Dann setzte sie sich hin und schrieb eine Liste von Dingen, die sie nicht vergessen durfte. Sie brauchte diese Zeit am Morgen, um den Tag in Angriff nehmen zu können. Ehrlich gesagt war sie früher auch nicht so spät ins Bett gegangen. Unwillkürlich warf sie einen Blick aus dem Fenster. Kurt wohnte in dem anderen Hochhaus, gleich gegenüber. Seine Fenster waren noch dunkel.
Er kam meistens erst nach dem Essen, um neun, halb zehn. Und dann konnte sie doch nicht gleich ins Bett gehen, oder? Das wäre nicht höflich gewesen.
Sie dämpfte das Licht. Auf dem Fensterbrett standen ein paar Kerzen mit zitternden Flammen. Sie hatte den schweren Ledersessel ans Fenster gerückt und eine Wolldecke auf den Ledersessel gelegt, damit sie nicht fror. Sie trug jetzt nur noch ihren Unterrock. In einer Hand hielt sie ihr Glas, die andere lag wie zufällig auf ihrer linken Brust. Die Wohnung gegenüber war hell erleuchtet. Kurt war nicht zu sehen. Er stand wohl noch in der Küche, wo er sich etwas zu essen zurechtmachte. Gleich würde er ins Zimmer treten, mit seinem Brot und seiner Bierdose, er würde sich aufs Sofa setzen und eventuell den Fernseher einschalten, aber nicht unbedingt. Er saß ihr direkt gegenüber, wenn sie das Opernglas richtig einstellte, war es, als sei er in ihrer Wohnung. Sie konnte mit ihm sprechen. Ihn berühren, beinahe. Meistens trug er ein weißes, geripptes Unterhemd. Von der Sorte, die Marlon Brando berühmt gemacht hatte. Er saß breitbeinig, die Füße weit von sich gestreckt oder auf den kleinen Tisch gelegt. Manchmal las er die Zeitung, dann konnte sie sein Gesicht nicht sehen. Einmal hatte er telefoniert und, während er sprach, gedankenlos eine Hand in sein Unterhemd geschoben und sich die Brust massiert, dabei hatte er direkt in ihre Augen geschaut und sie war atemlos zurückgewichen. Obwohl er sie ja wohl kaum sehen konnte. Oder?
Christa wartete nun schon eine ganze Weile. Langsam fröstelte sie in ihrem dünnen Unterrock. Er würde doch nicht etwa in der Küche bleiben? Was er wohl so lange machte, an diesem ganz normalen Montagabend? Sie wusste, dass er nicht kochen konnte, sie erkannte es an seinem ungeduldigen Ausdruck, wenn er sein belegtes Brot anschaute, kurz bevor er hineinbiss. Er musste diese Brote gründlich satthaben. Eines Abends würde sie ihn zum Essen einladen, hier an diesem Tisch würde er sitzen und jeden Bissen genießen und dann würde er ihre Hand küssen und sagen: Du hast mir neue Welten eröffnet.
Sie musste nur den richtigen Zeitpunkt abwarten.
Christas Hand krallte sich schmerzhaft in ihre eigene Brust. Kurt hatte das Zimmer betreten. Er trug ein bunt bedrucktes Hemd und frisch gebügelte Hosen. Sie drehte am Opernglas, tatsächlich, das Preisschild baumelte noch über den Kragen des Hemdes, es musste ganz neu sein. Er deckte den runden Tisch in der Ecke. Er zündete Kerzen an. Christa sah an seinen Bewegungen, dass er nervös war.
Sie warf das Opernglas weg, es kollerte geräuschvoll über das glatte Parkett. Sie stand auf und zog einen Pullover über den Unterrock. So war das also. Nach all diesen Abenden, Wochen, Monaten des Wartens. Sie hatte sich nicht aufdrängen wollen, sie hatte gewartet. Und das hatte sie nun davon. Kurt war nicht besser als alle anderen Männer. Sie wusste

schon, warum sie sich nie mit einem von ihnen eingelassen hatte. Christa trank ihr Glas im Stehen aus, dann ging sie ins Badezimmer. Zähne putzen, Zahnseide und Munddusche nahmen eine gute Viertelstunde in Anspruch und langsam beruhigte sie sich. Sie würde früher ins Bett gehen und besser schlafen. Weniger trinken, das war alles. Mit methodischen, kreisenden Bewegungen trug sie ihre Nachtcreme auf und bürstete ihr Haar. Hundertmal gegen den Strich. Sie löschte das Licht.

In der Wohnung gegenüber war nun der Tisch gedeckt. Kerzen brannten. Kurt kam gerade aus der Küche. Mit einem erwartungsvollen Lächeln balancierte er eine Platte, auf der ein Braten lag, ein riesiger Braten, vollkommen ungeeignet für zwei Personen.

Mit dem Rücken zu ihr saß der Gast. Eine junge Frau mit burschikosem Haarschnitt und leuchtend roter Bluse. Seltsam, dass sie ihn allein kochen ließ ... Christa hätte das nicht zugelassen. Sie setzte sich auf die Armlehne des Sessels und tastete nach ihrem Glas. Es war leer. Sie schenkte sich noch einmal Wein ein und trank einen Schluck, obwohl er so kurz nach dem Zähneputzen nach nichts schmeckte. Kurt stellte die Platte auf den Tisch, beugte sich über die junge Frau und küsste sie. Christa bückte sich nach dem Opernglas. Die junge Frau stand auf und legte ihre Arme um Kurt. Ihre Unterarme waren behaart. Christa stellte das Glas schärfer ein.

Na also. Es war ein junger Mann. Dunkelhaarig, feingliedrig, wunderschön.

Christa kuschelte sich in den Sessel zurück. Sie hob ihr Glas und prostete den beiden zu.

Sie hatte sich ganz grundlos aufgeregt. Vincent, so würde er heißen, hätte sicher auch bald genug von Kurts belegten Broten. Sie würden sich bestimmt freuen, wenn sie sie zum Essen einlud. Genau das würde sie tun. Sie musste nur den richtigen Moment abwarten.

1 a) *Fassen Sie den Inhalt der Geschichte von Milena Moser in wenigen Sätzen zusammen und formulieren Sie eine Deutungshypothese. Was ist Ihrer Meinung nach das zentrale Thema des Textes?*

b) *Tauschen Sie sich über Ihre Deutungshypothesen aus. Erläutern und begründen Sie diese mit Hilfe des Textes.*

2 a) *Zeichnen Sie in Partnerarbeit den Handlungsverlauf der Erzählung nach. Gliedern Sie dazu den Text in Handlungsabschnitte und fassen Sie diese knapp zusammen. Notieren Sie auch, welche Funktion die einzelnen Abschnitte innerhalb der Erzählung erfüllen.*

Handlungsabschnitt und Kurzzusammenfassung	Funktion im Text/Wirkung
Z. 1–2: In der Toilette der Firma, Christa hört unabsichtlich, wie Kolleginnen über sie „lästern"	- keine Einführung, unvermittelter Beginn → Leser wird direkt mit einer negativen Äußerung über Christa konfrontiert
Z. x–y: ...	...

b) *Markieren Sie in Ihrer Übersicht die Teile, die sich auf das aktuelle Geschehen beziehen, und diejenigen, die auf die Vorgeschichte eingehen, in unterschiedlichen Farben. Vergleichen Sie dann diese beiden Erzählstränge und erläutern Sie deren Funktion und Wirkung auf den Leser.*

c) *Zeigen Sie, an welchen Stellen und mit welchen erzähltechnischen Mitteln die Spannung in der Geschichte erhöht wird.*

3 *Kennzeichnend für epische (erzählende) Texte ist, dass eine Geschichte von einem Erzähler präsentiert wird.*
Beschreiben Sie die Merkmale des Erzählens in der Geschichte. Orientieren Sie sich dabei an der folgenden Übersicht und schlagen Sie gegebenenfalls im Grundwissen auf S. 351–353 nach.

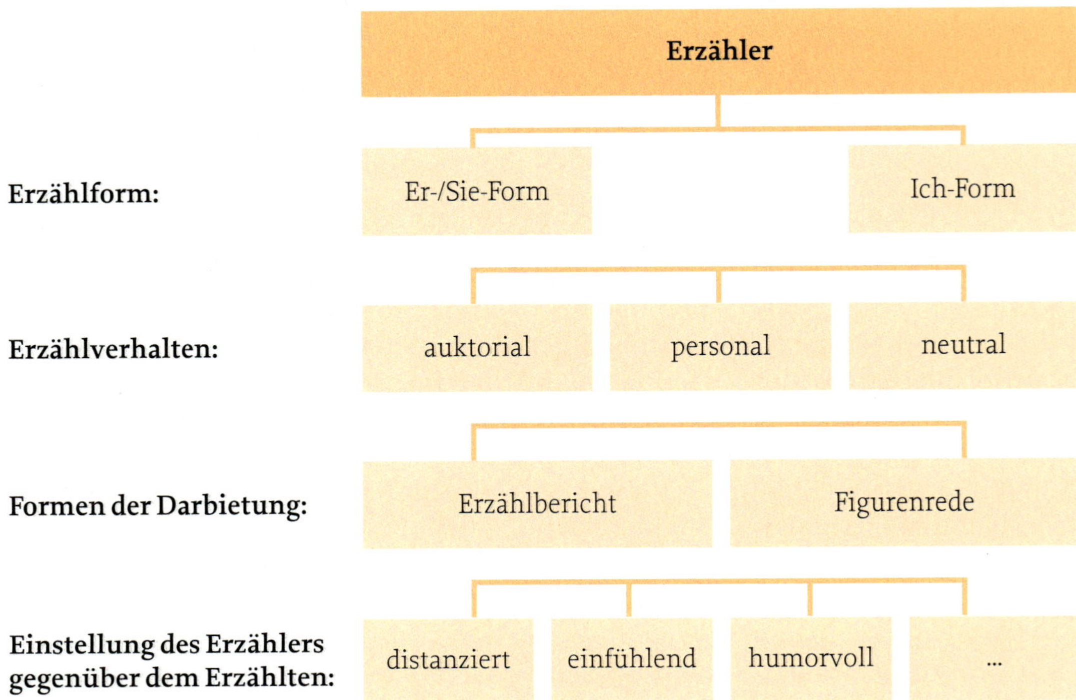

4 *Beschreiben Sie das berufliche und private Umfeld der Hauptfigur Christa. Was lässt sich über die Kontakte Christas in ihrem Umfeld aussagen, wie ist ihre Beziehung zu Kurt zu charakterisieren?*

5 *Charakterisieren Sie die Hauptfigur Christa.*
a) Erstellen Sie zuerst eine Stoffsammlung: Notieren Sie dazu mit Textbelegen, was Sie in der Erzählung über die Hauptfigur erfahren. Berücksichtigen Sie hierbei folgende Aspekte:
- ☐ *äußeres Erscheinungsbild*
- ☐ *Lebensumstände*
- ☐ *Verhältnis zu den Mitmenschen*
- ☐ *Verhaltens- und Handlungsweisen*
- ☐ *Ansichten, Überzeugungen*
- ☐ *Gedanken, Gefühle*

b) Gliedern Sie die Ergebnisse Ihrer Stoffsammlung und erstellen Sie eine Charakteristik der Hauptfigur (▷ weiterführende Informationen zur Charakteristik auf S. 214).

6 *Beschreiben Sie den Sprachstil des Textes und erläutern Sie, wie dieser auf den Leser wirkt.*

7 *Bestimmen Sie die Textsorte der Geschichte. Begründen Sie Ihre Entscheidung.*

8 *Das unten stehende Schaubild bietet Ihnen einen Überblick über die Bereiche, die bei einem Prosatext erschlossen werden können.*

a) Klären Sie die Erschließungsaspekte des Schaubilds und ordnen Sie dann die folgenden Ausschnitte aus einem Aufsatz den möglichen Erschließungspunkten zu.

> ... Christa wird in ihrem Leben immer einsamer. Während sie mit ihrer kranken Mutter zusammen gelebt hat, hat sie „ihr wirkliches Leben" (Z. 131) auf später verschoben. Doch auch nach dem Tod der Mutter und dem Umzug in eine moderne Stadtwohnung, die sie als äußeres Zeichen eines Neubeginns vollkommen neu einrichtet, ändert sich nichts. Sie „war ganz allein mit ihren modernen Möbeln" (Z. 86). ...

> In der ersten Hälfte des Textes überwiegen die Passagen, in denen der Erzähler die Vorgeschichte Christas ... Zum Schluss dagegen sind die Rückblenden ...

b) Wenden Sie die Untersuchungsaspekte – auch als Wiederholung – auf Milena Mosers Erzählung „Der junge Mann von gegenüber" an. Greifen Sie dabei auch auf Ihre Ergebnisse aus den Aufgaben 1–7 (▷ S. 69 f.) zurück.

Texterschließung

- Thema bzw. zentraler Konflikt
- Handlungsort und -zeit, Atmosphäre
- Figuren und Figurenkonstellation
- Aufbau der Handlung:
  - linear, Rückblenden, Vorausdeutungen
  - mehrer Handlungsstränge gleichzeitig etc.
- Merkmale des Erzählens
- Textsorte
- sprachliche Besonderheiten

9 *Verfassen Sie einen Aufsatz zu folgender Themenstellung (der Merkkasten auf der folgenden Seite hilft Ihnen dabei):*

> *Erschließen Sie den Text „Der junge Mann von gegenüber" von Milena Moser. Gehen Sie dabei insbesondere auf den Aufbau der Geschichte, die Hauptfigur und die Erzähltechnik ein.*

a) Untersuchen Sie die Aufgabenstellung genau:
- *Welche Erschließungsaspekte müssen bearbeitet werden?*
- *Gibt es die Möglichkeit, einen individuellen Schwerpunkt zu setzen? Wenn ja, welchen?*

b) Entwerfen Sie eine inhaltlich aussagekräftige Gliederung für Ihren Aufsatz.
TIPP: *Die Gliederungspunkte im Hauptteil richten sich nach der konkreten Aufgabenstellung.*

c) Schreiben Sie Ihren Aufsatz. Belegen Sie interpretierende Aussagen durch Zitate oder Verweise auf den Text (▷ Informationen zum Zitieren auf S. 325).

10 *Überarbeiten Sie Ihren Aufsatz. Achten Sie hierbei auf folgende Aspekte:*
- *Bei Einfügungen von Wörtern/Sätzen vergessen Sie die chronologische Nummerierung innerhalb des Aufsatzes nicht. Schreiben Sie die nummerierten Ergänzungen auf ein gesondertes Blatt, das Sie als Anhang dem Aufsatz beifügen.*
- *Überprüfen Sie, ob die Formulierungen treffend und abwechslungsreich sind.*
- *Haben Sie Ergebnisse im Hauptteil mit Textbeispielen belegt? Ist die Zitierweise korrekt?*
- *Prüfen Sie die Rechtschreibung und die Zeichensetzung.*
- *Vergleichen Sie Ihre Gliederung mit Ihrem Aufsatz. Nehmen Sie gegebenenfalls Ergänzungen oder Korrekturen in der Gliederung vor.*

!

Einen literarischen Text erschließen

Die Erschließung eines literarischen Textes ist eine Aufsatzform, die Inhalt, Aufbau, Sprache des Textes und seine Zugehörigkeit zu einer bestimmten Textsorte untersucht sowie die Aussageabsicht des Textes erläutert. Bei erzählenden Texten ist auch die Erzähltechnik (Merkmale des Erzählens) zu erschließen. Dieser schriftlichen Form der Texterschließung liegt immer eine literarische Textvorlage zu Grunde, z. B. eine Erzählung, eine Kurzgeschichte, ein Roman- oder Dramenauszug, ein Gedicht.
(▷ Leitfragen zur Erschließung eines erzählenden Textes S. 354)

Aufbau:

Beim Aufbau des Aufsatzes orientiert man sich grundsätzlich an der Dreiteilung „Einleitung, Hauptteil und Schluss“. Die genaue Gliederung des Hauptteils variiert je nach der zu Grunde liegenden Aufgabenstellung.
- Die **Einleitung** macht Angaben über den Autor/die Autorin, den Titel, die Textsorte und benennt die Kernaussage des Textes bzw. führt zum Thema bzw. zur Problemstellung des Textes hin (ggf. enthält sie eine knappe Inhaltszusammenfassung).
- Im **Hauptteil** werden die Ergebnisse der Texterschließung dargelegt und mit Textbeispielen (Zitaten) belegt (▷ Informationen zum Zitieren auf S. 325).
  Je nach Aufgabenstellung werden hier folgende Aspekte entfaltet:
  - **Inhalt,** z. B.: Thematik, Situation, Motive
  - **Aufbau,** z. B. Verlauf der Handlung (Rahmenhandlung, Rückblenden, Vorausdeutungen, Spannungsaufbau, Pointe)
  - **Textsorte,** z. B.: Kurzgeschichte, Erzählung, Novelle, Parabel (▷ Textsorten S. 348 f.)
  - **Sprache,** z. B.: Satzbau, rhetorische Figuren, Bildlichkeit (▷ sprachliche Gestaltungsmittel S. 353)
  - **Erzähltechnik** (nur bei epischen Texten; ▷ Merkmale des Erzählens S. 351–353)
  - **Figuren und Figurenkonstellation,** z. B.: Charakteristik, Konflikte (▷ Figurencharakteristik S. 207)
  - **Thema und Aussageabsicht**
- Der **Schluss** kann unterschiedlich gestaltet sein, z. B.: abschließende persönliche Bewertung des Textes oder Einordnung der Ergebnisse in einen textübergreifenden Zusammenhang etc.

Der Aufsatz wird als zusammenhängender Text verfasst. Die einzelnen Untersuchungsergebnisse und interpretierenden Aussagen werden gedanklich so miteinander verknüpft, dass der Leser sie Schritt für Schritt nachvollziehen kann.

Botho Strauß

Der Schmelzling

Botho Strauß, 1944 in Naumburg geboren, ist einer der meistgespielten Bühnenautoren im deutschsprachigen Raum. Er gilt aber auch als Erzähler traumhafter und grotesker Prosa. „Der Schmelzling" ist eine von 41 Kalendergeschichten aus dem 2006 erschienenen Band „Mikado".

Einer verheirateten Frau, die sich seit Langem nicht mehr geniert hatte, gab die peinliche Situation, in die sie verwickelt wurde, etwas von der Schüchternheit zurück, die sie als junges Mädchen einmal besessen hatte. Sie verjüngte sich geradezu in ihrer Verlegenheit, indem sie sich zierte vom Fußknöchel bis zum Halswirbel. Früher kam noch ein Griff an die Halskette dazu, doch nun trug sie keine mehr, also bedeckte sie die fliegende Röte unter ihrem Schlüsselbein mit der gefächerten Hand.

Der Schmelzling, ein Pantomime in der Maske von Franz Liszt, der auf der Suche nach geeigneten Opfern, an denen er seine Kunststücke ausführen konnte, den mittäglichen Park durchstreifte, hatte sie auf einer Bank entdeckt, sich ihr schmachtend genähert und sofort ein Publikum aus Vorbeispazierenden zusammengezogen. Vor aller Augen hatte er ihr mit gestelztem Finger auf das Knie getippt, ihr einen Wangenkuss geraubt und sie im Walzer gewiegt, allerdings ohne sie im Mindesten zu berühren.

Immer mehr Neugierige kamen ab von ihrem Weg und versammelten sich als Zuschauer vor der Parkbank. Ihre Aufmerksamkeit galt der Umspielten ebenso wie dem Spieler. Sie verfolgten, wie lästig es ihr war, derart vorgeführt zu werden, wie gezwungen sie lächelte und wie sie dennoch alles mit sich geschehen ließ, da es kein Entrinnen gab. Die Leute hätten sie laut verspottet, wenn sie geflohen wäre. Sie hätten gemurrt und aufgestöhnt: Herrje, verstehen Sie denn überhaupt keinen Spaß?

Dabei war sie geübt und im Stande, zu den unterschiedlichsten Gelegenheiten in gröbere wie feinere Heiterkeit einzustimmen, selbst wenn ihr gar nicht danach zu Mute war. Aber nicht bei solchem Humor! Der allein auf ihre Kosten ging. Nun lachten alle über sie, es war ihr Publikum, ein dankbares, aber sie war das Opfer, sie spielte nicht mit und das war die ganze Komik.

Der Schmelzling verging vor Sehnsucht nach ihr. Dabei wurden die Gebärden, mit denen er sie eroberte, freimütiger und anzüglicher. Natürlich konnte er nicht damit rechnen, dass sich die Angebetete jedes Mal so spröde und verklemmt verhielt wie diese hier, doch schien er mit Erfahrung und Instinkt seine Wahl zu treffen und Frauen, die allein auf Parkbänken sitzen, für seine Späße am besten geeignet zu finden. Aus der kleinen Menschenansammlung, die sich um die beiden gebildet hatte, erging nun der ein oder andere Zuruf an den Künstler und mehr noch an seine unfreiwillige Partnerin. Auf ihrem Gesicht war ein schiefes Lächeln zur Maske erstarrt, die Augen suchten nach dem Fluchtweg, die gefalteten Hände umschlangen ihr Knie. Was sollte sie denn tun? Einmal, ein einziges Mal – es war ein kläglicher Versuch, den Pantomimen nachahmend ein wenig zu parieren – erhob sie den gestreckten Zeigefinger gegen ihn und schwenkte ihn mahnend hin und her. Nichts konnte dem Faxenmacher willkommener sein, der Zeigefinger wurde ausgiebig begrüßt und zur Vorgabe für eine Serie von obszönen Gebärden. Sie sah sich also doppelt der Lächerlichkeit preisgegeben. Schließlich war er ein Liszt, Genie und Frauenverzehrer. Dazu setzte der Schmelzling sein ganzes pantomimisches Können ein, nämlich immer neue Verwicklungen seiner Arme und Beine, um eine Umschlingung mit seiner Partnerin ganz alleine darzustellen. Tatsächlich bildete sein Körper auf verblüffende Weise schließlich die Figur eines vereinigten Paars, ohne dass er dabei seine Angebetete auch nur um einen Stipps berührt hätte. Und dann, um es auf die Spitze zu treiben, sprang er von der Bank, schlug seine doppelt gefaltete Hose auf, bis sie wie eine Röhre auf dem Boden stand, und schmolz buchstäblich in diese hinein, rutschte mit Hemd und Frackschößen bis über die weiße Mähne in den Schacht seiner ausgesteiften Hose. So war er in Liebe geschmolzen und verschwunden.

Das Publikum juchzte, heppte und pfiff vor Vergnügen. Und erst recht die Verjüngte, die neu Eingeschüchterte klatschte nun begeistert, obwohl sie nicht ein einziges Mal hingeschaut, nicht einen Seitenblick riskiert hatte, als er sie, neben ihr, so kunstvoll umschlungen hielt.

1 a) *Erzählen Sie das Geschehen aus der Perspektive*
- ☐ *der Frau,*
- ☐ *des Pantomimen,*
- ☐ *eines Zuschauers/einer Zuschauerin.*

b) *Tauschen Sie sich anschließend über die Unterschiede dieser Erzählvarianten aus. Berücksichtigen Sie dabei Handlungsverlauf, Figurendarstellung, Erzählverhalten und die Wirkung auf den Leser.*

c) *Bestimmen Sie den Erzähler in der Geschichte und beschreiben Sie die Art und Weise, wie das Erzählte präsentiert wird (▷ Merkmale des Erzählens auf S. 351–353).*

2 a) *Beschreiben Sie, wie die „Beziehung" zwischen den Hauptfiguren – der Frau und dem Pantomimen – in dieser Geschichte dargestellt wird. Gehen Sie dabei insbesondere auf die Lebenssituation der Frau ein.*

b) *Überlegen Sie, warum der Autor die Figur des Pantomimen „Schmelzling" nennt.*

3 a) *Skizzieren Sie den Aufbau des Textes und erläutern Sie, welche Funktion der Anfang und der Schluss der Geschichte haben.*

b) *Vergleichen Sie das Verhältnis von Erzählzeit und erzählter Zeit und bestimmen Sie die Zeitgestaltung in dieser Geschichte (▷ Informationen zur Zeitgestaltung auf S. 350).*

4 *Notieren Sie, welche sprachlichen Besonderheiten der Text von Botho Strauß aufweist (▷ sprachliche Gestaltungsmittel S. 353). Zeigen Sie auch, welche Wirkung diese auf den Leser haben, z. B.:*

Wortwahl: viele anschauliche Adjektive/Partizipien und Verben, mit denen Vorgänge in bildhafter Weise beschrieben werden
→ Der Schauspieler „durchstreifte" den „mittäglichen Park" auf „der Suche nach geeigneten Opfern" (Z. 13–16), entdeckt dabei eine Frau, der er sich „schmachtend" (Z. 17) nähert.
→ wirkt hier fast bedrohlich

5 a) *Verfassen Sie mit Hilfe Ihrer Ergebnisse aus den Aufgaben 1–4 einen Aufsatz zu folgender Themenstellung. Nehmen Sie dazu auch die Checkliste auf Seite 75 zu Hilfe.*

> *Erschließen Sie die Geschichte „Der Schmelzling" von Botho Strauß. Berücksichtigen Sie dabei die Techniken des Erzählens, sprachliche Auffälligkeiten und die Gestaltung der Figuren im Text.*

b) *Überarbeiten Sie Ihren Aufsatz. Orientieren Sie sich dabei an der Checkliste auf Seite 75 (6. Schritt: Den Aufsatz überarbeiten).*

Checkliste zur Erschließung eines literarischen Textes

1. Schritt: Die Aufgabenstellung genau erfassen

+ Untersuchen Sie die Aufgabenstellung genau. Welche Erschließungsaspekte müssen erarbeitet werden? Gibt es die Möglichkeit, einen individuellen Schwerpunkt zu setzen?

2. Schritt: Den Text „erlesen"

+ Lesen Sie den Text mehrmals durch und legen Sie dabei Ihr Augenmerk auf die in der Aufgabenstellung geforderten Erschließungsaspekte (z. B. Aufbau, Figuren, Sprache etc.).
+ Gliedern Sie den Text in Handlungsabschnitte, versehen Sie ihn mit Randbemerkungen und markieren Sie wichtige Textstellen.
+ Halten Sie nach dem Lesen wichtige Informationen und Ideen für die weitere Arbeit fest, z. B. Notizen zur Textsorte, Kernaussage, Intention, zu sprachlich-stilistischen Auffälligkeiten etc.

3. Schritt: Eine Stoffsammlung anlegen

+ Untersuchen Sie den Text nun nach entsprechenden inhaltlichen und formalen Aspekten, z. B.:
  + Wer ist der **Erzähler/**die **Erzählerin** (Ich-Erzähler/-in, Er-/Sie-Erzähler/-in)?
  + Was ist das **Thema des Textes,** welches sind seine zentralen Motive?
  + Welche **Figuren** kommen vor und in welcher Beziehung stehen sie zueinander?
  + Wie sind **Ort, Zeit, Milieu** und **Atmosphäre** der Geschichte gestaltet?
  + Wie ist die **Zeitstruktur der Erzählung** beschaffen? Gibt es Rückblenden oder Vorausdeutungen? Gibt es eine Rahmenhandlung?
  + Wie werden die **Aussagen und Gedanken der Figuren** wiedergegeben, z. B. durch direkte oder indirekte Rede, durch inneren Monolog oder erlebte Rede?
  + Gibt es **Besonderheiten in der Sprache,** z. B. eine bestimmte Stilebene, Auffälligkeiten im Satzbau, Metaphern, Vergleiche, Wiederholungen etc.?
+ Beschreiben Sie nicht nur, sondern erklären Sie auch die Wirkung und Funktion der erfassten Merkmale.
+ Markieren oder notieren Sie Textstellen, die Sie als Zitate verwenden möchten.

4. Schritt: Die Gliederung erstellen

+ Erstellen Sie – je nach konkreter Aufgabenstellung – eine inhaltlich aussagekräftige Gliederung für Ihren Aufsatz.

5. Schritt: Den Aufsatz schreiben

+ Beachten Sie die Dreigliedrigkeit des Aufsatzes (Einleitung, Hauptteil, Schluss).
  1. Einleitung: Autor/-in, Titel, Textsorte, Kernaussage/Thema/Problemstellung, ggf. knappe Inhaltszusammenfassung
  2. Hauptteil: Ergebnisse der Texterschließung und Deutung
  3. Schluss: Stellungnahme, Wertung oder weiterführender Gedanke
+ Belegen Sie Ihre Ergebnisse mit Textbeispielen (Zitaten).
+ Vermeiden Sie Wiederholungen und verwenden Sie abwechslungsreiche Überleitungen.

6. Schritt: Den Aufsatz überarbeiten

+ Überprüfen Sie Ihren Aufsatz auf angemessenen Ausdruck, abwechslungsreiche Formulierungen, grammatikalische Richtigkeit, korrekte Rechtschreibung und Zeichensetzung.
+ Vergleichen Sie Ihre Gliederung mit Ihrem Aufsatz und nehmen Sie gegebenenfalls Ergänzungen oder Korrekturen in der Gliederung vor.

3.2 Moderne Erzählliteratur kreativ erschließen und umgestalten

Hans Joachim Schädlich

Apfel auf silberner Schale (1974)

Hans Joachim Schädlich, geb. 1935 in Reichenbach im Vogtland, arbeitete nach dem Studium der Germanistik bis 1976 an der Ostberliner Akademie der Wissenschaften. Vor seiner Ausreise aus der DDR veröffentlichte er 1977 in einem westdeutschen Verlag unter dem Titel „Versuchte Nähe" eine Sammlung von Prosaskizzen, in denen der Alltag im sozialistischen System allgegenwärtig ist. Der folgende Text stammt aus diesem Band.

Bine wollte raus am Sonntag. Ich? Hatte selber Frischluft nötig. Also wir los. Ich kenn 'ne Obstplantage, um die Zeit is da keiner. So halb auf'm Berg, mit Fernblick auf die LPG[1], da kannste stundenlang in der Sonne liegen. Haste Kohldampf, schüttelste 'n Baum. Brauchst die Vitamine bloß aufsammeln. Gras gibt's auch, schön weich. Wir also 'n ganzen Tag Adam und Eva. So zwischen fünfe sind wir abgehauen. Bine wollte noch tanzen gehen. Bloß, es fuhr kein Bus. Wir stehen und stehen.

Lieber zelt ich hier als jetzt tippeln, sagt Bine.

Die braucht nich lange warten. Hält so'n Typ mit'm blauen Fiat, Marke Polski. Bine sitzt schon halb, da komm ich.

Na schön, sagt der.

Bine vorn, ich hinten. Stellt sich raus, der Clown fährt gar nich in die Stadt. Is bestimmt 'ne Finte, denk ich und siehste, der muss auf seine, sagt der doch tatsächlich Datsche. Schönschön, Bine in der Laube von dem Onkel da, aber ich bin auch noch hier, was hat sich denn die Halbglatze ausgedacht?

Die Zweitwohnung von dem hättste sehen sollen, Mensch. Ich dacht immer, so was gibt's bloß hinter der Grenze, wo das andere Land wuchert. 'Ne komplette Villa am See. Ich erst mal rein und das ganze Ding abgeleuchtet. Ich musst immer an Kutte denken, wie der wohnt mit seinen Wurzeln.

Dieser aufgeschwemmte Komiker grinst bloß, schenkt uns was ein, Whisky, für achtzig Mark die Flasche oder von drüben, und Bine, das Stück, tut glatt, als kotzt sie der ganze Mist nich an. Aalt sich im Ledersessel, der Onkel schmeißt seine Anlage an, 'ne original Rhythmusmaschine, Platten hat er auch, viel zu schade für den, und Bine hilft sich hoch, Zigarette zwischen den Zähnen, und tanzt, solo.

Öde. Ich geh auf die Terrasse, die Tür lass ich offen, bisschen atmen. Mal sehen, was der Bootsschuppen macht, ich steig runter, vielleicht rudern, is aber alles dicht. Ich steh so am Ufer, eine rauchen.

Wieder zurück, Musik is immer noch, ich komm rein, sitzt doch Bine auf dem Clown sei'm Schoß. Wenn ich dadran denk, kommt mir wieder der Kaffee hoch.

Ich sag, Bine, lass den Sabbel, wir ziehen jetzt Leine.

Aber denkste. Die rotzfrech, sagt, Käs nich rum, gib mir lieber 'ne Zigarette.

Und jetzt auch der Komiker, Nimm dir was zu trinken, Junge, schieß doch nich quer, ihr könnt hier übernachten und so weiter.

Nach jedem zweiten Wort kullert der die ganz irre an.

Ich sag noch mal, Der geht mir auf'n Senkel,

1 **LPG:** Abkürzung für landwirtschaftliche Produktionsgenossenschaft. Landwirtschaftliche Genossenschaften waren in der zweiten Hälfte des 20. Jahrhunderts in den sozialistisch bzw. kommunistisch regierten Staaten Europas weit verbreitet.

was willst du denn mit so'm verschimmelten Affengesicht.
Aber Bine sagt bloß, Mensch, mir schießt gleich's Wasser in de Augen. Lass mich doch. Mir gefällt's hier. Noch drei Jahre und ich seh aus wie'n alter Apfel. Dann kann ich immer noch unterm Baum liegen.
Ich steh so da und krieg'ne unheimliche Wut. Bine links und rechts'n paar kleben, dem Onkel mit'm Kaminhaken eins über die Rübe, die ganze Bude in Klump hauen, die Gläser , die Fensterscheiben, rumbrüllen, dass die Scherben klirren, das wär jetzt fällig. Plötzlich denk ich, Mann, den ganzen Scheiß muss ich schon mal irgendwo im Kino gesehen haben. Lieber lauf ich die ganze Nacht als noch drei Sekunden bleiben.
Ich reiß die Tür auf und raus, raus hier.
Bine hab ich sofort vergessen. Und ihr neuer Typ, so was is für mich gestorben, aber das lebt.

1 *Erläutern Sie die im Text dargestellte Situation und fassen Sie die Handlung kurz zusammen.*

2 *a) Beschreiben Sie die sprachliche Gestaltung des Textes (Satzbau, Stilebene, Sprache, z. B. Bildlichkeit) und erläutern Sie, wie diese auf den Leser wirkt. Mit welcher Intention hat der Autor diese Form der Gestaltung gewählt?*
b) Belegen Sie anhand des Textes, wo das Geschehen spielt und wie alt etwa die Figuren sind.

3 *a) Überlegen Sie, welchen Zusammenhang es zwischen dem Titel „Apfel auf silberner Schale" und dem Inhalt der Geschichte gibt.*
b) Diskutieren Sie über die Bedeutung der letzten beiden Sätze des Textes (▷ Z. 77–78). Worauf bezieht sich „aber das lebt." (Z. 78)?

4 *a) Beschreiben Sie möglichst genau die Person des Erzählers (▷ Merkmale des Erzählens auf S. 351–353). Berücksichtigen Sie dazu folgende Fragen und belegen Sie Ihre Ergebnisse anhand des Textes:*
- *Wer ist der Erzähler? Was erfahren wir über ihn?*
- *Welche Nähe oder Distanz hat der Erzähler zum Geschehen?*
- *Wessen Gedanken und Gefühle beschreibt er?*
- *Wie lässt der Erzähler seine Figuren zu Wort kommen?*
- *Wie intensiv ist der Einblick des Erzählers in andere Figuren?*

b) Zeigen Sie, wie der Erzähler den Leser in seiner Beurteilung des Geschehens und der Figuren lenkt.

5 *Erstellen Sie für die einzelnen Figuren aus dem Text einen „biografischen Kompass" (▷ S. 78), indem Sie das Leben der Figuren möglichst detailliert beschreiben.*
a) Bilden Sie Gruppen und erstellen Sie zuerst eine Stoffsammlung, indem Sie Ideen zu folgenden Aspekten zusammentragen:
- *Welche Menschen, Ereignisse und Erfahrungen haben die Figur bisher beeinflusst?*
- *Welche Interessen, Einstellungen und Absichten hat die Figur?*
- *Welche Ängste, Sorgen und Sehnsüchte hat sie?*
- *Wie ist ihr Leben bisher verlaufen, z. B. Wohnort, familiäre Situation, Umgebung, Schule und Ausbildung, Beruf etc.?*
- *Wie könnte das Leben der Figur weiter verlaufen?*

b) Erarbeiten Sie aus Ihrer Stoffsammlung eine Lebensbeschreibung der Figur.
c) Lesen Sie sich Ihre Ergebnisse gegenseitig vor und vergleichen Sie diese miteinander. Diskutieren Sie über auffallende Übereinstimmungen, vor allem aber über die Unterschiede in den Lebensbeschreibungen. Beziehen Sie sich dabei auch auf den Text.

TIPP

Einen „biografischen Kompass" erstellen
Mit einem biografischen Kompass wird nachgezeichnet, was dem Leben literarischer Figuren seine Richtung gegeben haben könnte. Dieses Verfahren dient dazu, sich in literarische Figuren hineinzuversetzen, die im Text nur sehr sparsam ausgestaltet werden. Dabei müssen manche Lücken, die der Text lässt, kreativ aufgefüllt werden.

6 *Gestalten Sie den Text um, indem Sie eine der folgenden Aufgaben bearbeiten:*
- ☐ *Schreiben Sie den Text in einen neutralen Erzählerbericht um, indem Sie sachlich über die Fakten und Vorgänge informieren.*
- ☐ *Schreiben Sie den Text um, indem Sie den Ich-Erzähler durch einen auktorialen Er-Erzähler ersetzen, der die Gespräche zum Teil indirekt wiedergibt, Kommentare und Reflexionen einstreut.*
- ☐ *Erzählen Sie das Geschehen aus der Perspektive des Mädchens oder des „neuen Typen", die nach einigen Jahren auf die Situation zurückblicken.*
- ☐ *Versetzen Sie sich in die Lage einer der Figuren und schreiben Sie im Anschluss an den Text einen inneren Monolog.*
- ☐ *Schreiben Sie die Erzählung im gleichen Stil weiter. Sie können dazu das Ende der Erzählung fortführen oder den Text anders als vom Autor angelegt fortsetzen.*

(▷ weiterführende Informationen zu den Merkmalen des Erzählens auf S. 351–353)

Brigitte Kronauer

Porträt Nr. 5. Ehepaar Dortwang (1993)

Brigitte Kronauer, geboren 1940 in Essen, lebt seit 1974 als freie Schriftstellerin in Hamburg. Ihr Werk, das Romane, Erzählungen und Essays umfasst, wurde mit zahlreichen Preisen ausgezeichnet.

Bei einem Schrebergartenfest mit Tanz, Bier und Grillwürstchen gab es zwischen Herrn Dortwang und seiner Frau die wohl leidenschaftlichste Verständigung ihres ganzen zwanzig Jahre alten Ehelebens. Das Fest fand Ende September statt. Herr Dortwang, ein hagerer, grauköpfiger Mann, gehörte keineswegs dem Verein an. Er verbrachte seine freie Zeit hauptsächlich im eigenen, hinter dem Häuschen des Paars gelegenen Garten. Auch seine Frau hatte, wie ihn, der Zufall zu den Kleingärtnern verschlagen oder eben die Fügung. Sie wurde in einem bestimmten Augenblick während des Festes, kurz nach ihrem Eintreffen, weiß und rot, abwechselnd in schneller, gefährlicher Folge, wohl weil sie sich nicht entscheiden konnte, und erst als ihr das Wort „Schicksal" einfiel, nahm ihr großes, rundes Gesicht wieder natürliche Farbe an, nämlich das Inkarnat[1] einer ironischerweise permanenten leichten Entflammung wegen ihres Bluthochdrucks.

Herr Dortwang war ein umständlicher Erzähler. Das störte vielleicht nur deshalb, weil seine Frau, wenn er nach Wörtern zu suchen begann, was allerdings häufig vorkam, ihm schleunigst beisprang. Ob aus Hilfsbereitschaft oder reiner Ungeduld, ließ sich meist, wohl auch für sie selbst, nicht klar entscheiden. „Wir sind damals an diesem, diesem ..." „spazierengegangen" ergänzte Frau Dortwang, und genauso „Fluß spa-

1 **Inkarnat:** Farbton der Haut

zierengegangen" vervollständigte dann Herr Dortwang. Auf jeden Fall mußte er es selbst noch einmal sagen, was den Vortrag nicht fesselnder machte. Fuhr er dann einmal anders fort „... Bach entlanggelaufen", signalisierte das den Zuhörern schon ungewöhnliche Eigensinnigkeit. Allerdings passierte das hin und wieder.

Frau Dortwang war eine außerordentlich imponierende, energische Ehefrau, eine auch wegen ihrer Körperkräfte angesehene Altenpflegerin, die hinzuverdiente zum Gehalt ihres Mannes, der seine eigene kleine Firma aufgegeben hatte und als Elektriker in einem größeren Betrieb arbeitete. Das kam vor allem dem achtzehnjährigen Sohn zugute.

Mit ihrem Gatten hatte Frau Dortwang keine Schwierigkeiten, mit diesem insgesamt, nicht nur im Sprechen, ein wenig schwerfälligen, nur langsam zum Wesentlichen kommenden Mann. Sie war es vor allem, die bestimmte, welche Beziehungen zur Umwelt unterhalten wurden, legte die Urteile über gemeinsame Bekannte fest und ordnete an, wann sie geändert werden durften und in welcher Weise. Sie verstand darüber hinaus, auch das annähernd mühelos, ihren Mann im noch privateren Zusammenleben zu dirigieren, sich seinen stets zeitraubenden Betrachtungen zu entziehen durch ein „Ah, ich muß schnell noch ..." und ihn aus seinem Hang zur gelegentlichen, fast ins Schneckenhafte spielenden Melancholie aufzuschrecken durch laute Radiomusik oder hervorragend zubereiteten Heringssalat. Und so in allem anderen auch!

Herr Dortwang schien mit seiner tatkräftigstrammen Frau zufrieden. Meist sah man ihn ja nicht schwermütig, sondern herzlich lachend hinter blitzenden Brillengläsern, ja möglicherweise sogar spöttisch funkelten dann seine Augen, als begriffe er alles und amüsierte sich gelassen dabei. Sehr selten nur – und hatte man es einmal gesehen, war man mißtrauisch für immer geworden – stand dieses Lachen plötzlich still, setzte aus und wurde grimassenhaft wieder aufgenommen, abrupt funkelnd, herzlich usw.

Für Frau Dortwang existierte außer diesem Lachen noch ein Lächeln, und das brachte sie, nur dieses eine, diese eine Verfehlung, in ihrem Innersten und verschwiegen, zur Weißglut. Eine junge Bekannte, längst von ihr abgeurteilt, erzeugte, nach ihrer Verbannung, sobald der Name fiel, auf Herrn Dortwangs Gesicht ein Träumen. Es überflutete seine Wangen, seine Augen, sogar seine Stirn glättete sich dann, und das Schlimmste: Er ahnte es selbst anscheinend gar nicht, es widerfuhr ihm in aller Unschuld. Frau Dortwang sagte den Namen ab und zu zur Kontrolle. Sie konnte ihn mit noch so viel Verdammnis belegen: Herr Dortwang lächelte verzückt in zärtlicher Erinnerung, obschon doch nie etwas Anstößiges zwischen den beiden vorgefallen sein konnte und man die Person niemals wiedergesehen hatte. Aber auch das ging mit den Jahren vorüber. Freunde der Familie, Kollegen des Mannes, Verwandte, die, wenn sie der Hafer stach, lebhaft und lüstern von üblichen Ehebrüchen erzählten, wußte sie in gewohnter Manier abzuschmettern durch Berichte über das Alten- und Pflegeheim, wo sich das Leben zeigte, wie es war, jenseits solcher Mätzchen.

An einem Abend Ende August, nachdem er den Rasen geschnitten und sich geduscht hatte, ging ihr Mann, als hätte er es irgendwo gelesen, zum Briefkasten und kam nicht mehr zurück. Die üblichen Nachforschungen ergaben nichts. Bei der Polizei wies man sie auf das Klassische des Falles hin. „Bangen", „Hoffen", „Zorn" waren die Wörter, die nun, ließen Mutter und Sohn verlautbaren, den Zustand der restlichen Familie kennzeichneten. Für Frau Dortwang stand bald fest, als man weder einen Verletzten, Toten oder Verirrten mit Gedächtnisverlust für sie aufgefunden hatte, daß ihr Mann auf und davon war, jeder Pflicht davongelaufen. O ja, wenn sie, arg bedrängt von Kreislaufbeschwerden, trotz aller Disziplin, ächzend auf ihrem Stuhl gesessen hatte, keuchend nachts im Bett (manchmal auch, um Entscheidungen zu beschleunigen): Wie konnte sie einstmals dann mit seiner Verzweiflung rechnen! In letzter Zeit hatte er nur still neben ihr ausgehalten, vielleicht aus vollem Herzen, geistesabwesend hinter seinem ruhigen Gesicht. Und doch war dieser Streich zu unglaublich, als daß sie hätte kampflos resignieren können. Sie telefonierte, schrieb, wartete.

Ihr Sohn half dabei getreu. Fünf Wochen nach Herrn Dortwangs Verschwinden überredete er seine Mutter, ihn mit zu einem geselligen Abend im Schrebergartenverein seiner neuen Freundin zu begleiten, der Zerstreuung wegen und um endlich ein im Sommerschlußverkauf aufgrund der Kleidergröße günstig ergattertes Leinenkostüm auszuführen. Dort entdeckten sie beim zweiten Walzer auf der Tanzfläche Herrn Dortwang, heiter eine junge, ihnen unbekannte Frau umbalzend. Frau Dortwang rüstete sich, errötend und erblassend, zu Gefecht und Befehl. Da begegnete sie dem Blick ihres Mannes.

Es war ein Blick, der durchaus konventionell Bestürzung, Scham ausdrückte, auch Erleichterung darüber, daß sich nun das Versteckspiel dem Ende zuneige, aber ebenso, alles ungerührt glasierend, die sanft unflätige Freude, sich einen Traum bis zum Rand erfüllt zu haben, und Frau Dortwang erkannte wankend und entmachtet die nie wiedergutzumachende Auflehnung, den an die Grundfesten gehenden Verrat, und sie brach spektakulär zusammen wegen dieser ersten Einsicht, nicht wegen der vergleichsweise läppischen Konsequenz, die lautete: Korrektur ausgeschlossen, brach in fast letaler[2] Implosion zusammen, nicht einmal wegen dieser ersten Einsicht, vielmehr unter dem erstmals zündenden und sofort und für immer letztmaligen Wort- und Regimewechsel per Blick, dann aber, noch bevor sich die Ambulanz um sie bemühen mußte, fiel der unverzüglich Getrösteten das Wort „Schicksal“ ein und leistete Beistand. „Schicksal“, sagte sie zu ihrem Sohn und in den folgenden Wochen bei jeder Gelegenheit zu ihren Pfleglingen, der Gesichtsfarbe nach konstant entflammt. R

2 **letal:** (med.) tödlich

1 *a) Fassen Sie in Partnerarbeit den Inhalt der Geschichte knapp zusammen und formulieren Sie eine Deutungshypothese. Was ist Ihrer Meinung nach das zentrale Thema des Textes?*
b) Tauschen Sie sich über Ihre Deutungshypothesen aus und begründen Sie diese mit Hilfe des Textes.

2 *Kennzeichnen Sie möglichst genau den Aufbau und die Schreibweise des Textes „Porträt Nr. 5. Ehepaar Dortwang“. Versuchen Sie auch, einen Zusammenhang zum Inhalt und zur Überschrift herzustellen.*

3 *Nehmen Sie einen Perspektivwechsel vor und erzählen Sie das Geschehen aus der Sicht von Herrn Dortwang.*

4 *a) Beschäftigen Sie sich in einem „Identifikationskreis“ mit den Figuren der Erzählung. Gehen Sie folgendermaßen vor:*
- *Legen Sie fest, wer welche Figur aus der Erzählung als Stellvertreter/-in übernehmen will: Frau Dortwang, Herr Dortwang, seine junge Lebensgefährtin, der Sohn, dessen Freundin, ein Beamter/eine Beamtin der Polizei, Verwandte/Freunde/Bekannte/Nachbarn der Dortwangs.*
- *Bilden Sie Gruppen, in denen möglichst viele unterschiedliche Figuren vertreten sind, und erarbeiten Sie ein Rollenprofil zu „Ihrer“ Figur, indem Sie die Gefühle, die Befürchtungen, Hoffnungen und Wünsche der Figur wiedergeben und ihr Handeln erläutern. Schreiben Sie in der Ich-Form.*
- *Setzen Sie sich in einer Gesprächsrunde zusammen und tragen Sie Ihre Rollenprofile vor.*
- *Tauschen Sie sich nun mit den anderen Rollenvertreter/-innen aus: Richten Sie als Rollenvertreter/-innen Fragen aneinander und beantworten Sie diese oder kommentieren Sie das Geschehen aus der Logik der Rolle heraus.*

b) Beurteilen Sie anschließend, wie sich die Figuren zueinander verhalten und wie Sie ihr Handeln einordnen würden.

TIPP

Identifikationskreis
In einem Identifikationskreis übernimmt man die Rolle einer Figur aus einem literarischen Text und tauscht sich mit den anderen literarischen Figuren bzw. mit deren Rollenvertretern aus. Dieses Gespräch kann Aufschluss über den Charakter der einzelnen Figuren und über die Figurenkonstellation im Text geben.

Abschließende Arbeitsaufträge

Die folgenden Arbeitsaufträge beziehen sich auf die Texte „Apfel auf silberner Schale“ von Hans Joachim Schädlich (▷ S. 76–77) und „Porträt Nr. 5. Ehepaar Dortwang“ von Brigitte Kronauer (▷ S. 78–80). Sie können die Aufgaben 1–3 an einem der beiden Texte oder an beiden Texten im Vergleich erarbeiten.

1 *Zeigen Sie, woran die Liebesbeziehung (jeweils) scheitert. Welche äußeren Faktoren, aber auch Entwicklungen und Vorgänge in den Figuren sind dafür verantwortlich?*

2 *Untersuchen Sie den Aufbau der (jeweiligen) Erzählung:*
- *Wie sind Anfang und Schluss gestaltet?*
- *Wie schreitet die Handlung voran?*
- *Welchen Zusammenhang gibt es zwischen Aufbau und Inhalt der Geschichte?*

Anfang	Verlauf	Schluss
□ Einführung in die Erzählung □ unmittelbarer Beginn □ Vorausdeutung, Rückblende □ Rahmenhandlung	□ linear □ Rückblenden, Vorausdeutungen □ gleichzeitige Darbietung verschiedener Handlungsstränge □ Figurenrede □ Spannungssteigerung	□ offener Schluss □ überraschendes Ende □ Rückbezug zum Anfang

3 *Erläutern Sie, welche Atmosphäre (jeweils) in der Geschichte entfaltet und dem Leser/der Leserin vermittelt wird.*
Berücksichtigen Sie hierbei:
- *die Rolle des Erzählers (Erzählerstandort, seine Sichtweise, seine Einstellung zum Erzählten etc.),*
- *die Sprache des Textes (Stilebene, Satzbau etc.),*
- *den Textaufbau (z. B. Funktion/Gestaltung von Anfang und Ende der Geschichte).*

3.3 Literarisches und filmisches Erzählen

Irene Dische

Mr. Lustgarten verliebt sich (1989)

Irene Dische, geboren 1952 in New York, zog 1977 nach Berlin, wo sie bis heute vorwiegend lebt. 1989 wurde die Schriftstellerin mit ihrem Erzählband „Fromme Lügen", aus dem auch die folgende Geschichte stammt, erstmals einem größeren Publikum bekannt.

Als das Dienstmädchen bei Mr. Lustgarten einzog, dachte er: „Hat nicht auch Goethe sich in eine junge Frau verliebt?" Es wurde ihm immer klarer, dass er sehr verliebt war. Seine Familie hatte Anna Kaminska unbesehen engagiert. Statt den weiten Weg von Boston und New Haven nach New York zu fahren (im Schnee), hatten seine Söhne bei der katholischen Pfarrgemeinde angerufen und den Pfarrer gefragt, ob er jemanden zur Pflege ihres alten Vaters wisse. Sie schilderten und entschuldigten ihn stolz als einen alten Intellektuellen, der vor dem Krieg in Österreich mehrere dicke Bücher veröffentlicht und in New York an einer guten Adresse einen Party-Service aufgebaut habe. Nein, nein, er sei nicht katholisch, habe aber eine katholische Frau gehabt und ihr erlaubt, die Kinder in einem anderen Glauben zu erziehen als dem seinen. Nun sei er Witwer und ein bisschen tatterig, ohne mit seinem Gram (dem Trauma der unersetzlichen Mutter) zu hadern. Er brauche eine tüchtige und verlässliche Person, die bei ihm wohne und für das Nötigste sorge. Nein, keine Lebensgefährtin. Eine Haushälterin. Lustgartens Söhne riefen ihn abwechselnd an. Die Kosten spielten keine Rolle. Er habe Geld, werde aber nicht zahlen; zahlen würden sie. (An eventuelle Nebenkosten oder Komplikationen dachten sie nicht.)

„Ich wüsste da schon jemand. Eine Seele von einer Frau", erklärte der Pfarrer. „Ehrlich, pünktlich und so weiter. Einziges Problem: Sie ist Polin. Manche mögen das nicht. Es gibt plötzlich so viele Polen hier."

„Hervorragend", sagten Mr. Lustgartens Kinder, ohne sich zu besinnen. „Er spricht nämlich manchmal Polnisch."

Mr. Lustgarten war kurz vor der Jahrhundertwende irgendwo in Österreich-Ungarn geboren, wo die besseren Kleinstadtbürger gern so taten, als lebten sie in Preußen. Die Eltern des Jungen sprachen ein gepflegtes Deutsch, seine Kindermädchen ein ordinäres Polnisch und er behandelte beide als ebenbürtig. Lustgarten ging von zu Hause weg, um zu studieren, und während seiner Abwesenheit löste sich Österreich-Ungarn in Luft auf.

In den folgenden zwanzig Jahren wechselte Lustgarten seine Wohnorte und Staatsbürgerschaften mit derselben Nonchalance[1], mit der er älter wurde. 1941 kam er mit einem halb leeren Koffer – eine Familie hatte er nicht mehr – im New Yorker Hafen an, aber er war in mehreren Berufen zu Hause und das war sein Kapital; nie hatte er, wie andere Flüchtlinge aus Europa, Angst vor Amerika.

Das Alter traf ihn so unverhofft, als hätten die Dienstboten sich plötzlich aus dem Staub gemacht und seine Lebensgeister mitgehen lassen. Er verlor den Überblick über Zeit und Ereignisse. Dann entglitten die Sprachen seinem Gedächtnis in umgekehrter Reihenfolge, wie er sie erworben hatte: Englisch verflüchtigte sich zuerst, dann Portugiesisch, dann Französisch, dann Ukrainisch; klassisches Griechisch und Latein verließen ihn gleichzeitig; Deutsch hielt lange die Stellung und als es fiel, blieb nur noch das von seinen Eltern so verachtete Polnisch.

„Das ist ja das Problem, wenigstens zum Teil", räumten seine Söhne ein. „Denken Sie mal. Er redet wahllos mit jedem Polnisch, im Laden, auf der Straße, sogar mit uns!" Sie waren alle in den USA geboren, ihre Mutter war in Brooklyn aufgewachsen. Sie teilten die amerikanische Aufgeschlossenheit für fremde Arbeitskräfte und die Angst vor fremden Sprachen.

Und so klingelte eines Wintermorgens Anna Kaminska an der Tür zu seiner zunehmend verwahrlosten Wohnung am oberen Broadway und stellte sich ohne Umschweife vor. Sie hatte dreimal klingeln müssen, bevor die Tür zur Nachbarwohnung aufging und die Stimme einer alten Dame durch den Spalt piepste: „Wenn er aufmachen soll, müssen Sie vorher anrufen. Ans Telefon geht er – die Zelle ist unten an der Ecke."

Mr. Lustgarten meldete sich am Telefon sehr energisch: „Hällouuu!" Aber an die Tür ging er nur zögernd. Was ihn so zaghaft machte, war nicht seine Gebrechlichkeit – er war schon immer sehr zart gewesen –, sondern sein schlechtes Gedächtnis. Der Anblick einer echten Dame entzückte ihn und er legte den Kopf schief, um besser zu ihr aufsehen zu können. Zugleich erinnerte er sich, dass Tränensäcke, Falten und Krähenfüße seine eigenen hervorstechenden Gesichtszüge waren. Er erinnerte sich aber auch an den wachen Blick, den man ihm immer nachgesagt hatte, die weise Melancholie seines Lächelns. Sein flauschiges weißes Haar war stets wohl gepflegt und er trug immer ein sauberes Hemd mit Schlips zur ausgeblichenen Hose und zu den altersschwachen Pantoffeln. Er sah sich noch immer als Gentleman. „Verzeihung, kenne ich Sie?", fragte er Anna Kaminska. Demnach ist er noch nicht ganz gaga, dachte seine Nachbarin, die durch den Türspalt spionierte; wie schön für ihn, dass er mal Besuch bekommt.

Er hatte sie zu Recht nicht erkannt. Mr. Lustgarten hieß sie willkommen, indem er sich umdrehte und über den Flur davonschlurfte. An dessen hinterem Ende flatterten Zeitungsblätter auf und ab wie Tauben im Schlag. Schneeflocken wirbelten in der Zugluft. „Darf ich das Fenster zumachen?", fragte Anna Kaminska, die ihm nachgekommen war.

„Ich wollte gerade den Müll rauswerfen", erklärte Mr. Lustgarten.

Anna Kamniska blieb und zog in das kleine Dienstmädchenzimmer mit eigenem Bad am hinteren Ende von Mr. Lustgartens großer, chaotischer Wohnung. Der alte Herr nahm es wohl zur Kenntnis, erhob aber keine Einwände, als sie alle die alten Zeitungen in die Mülleimer warf. Später merkte er, dass sie die Plastikbestecke, die er seit Jahren gewissenhaft bei McDonald's mitgehen ließ, ebenso beseitigt hatte wie die Papiertüten, die er für bittere Notzeiten im Kleiderschrank hortete; doch er akzeptierte ihre Entscheidung als Äußerungsform weiblicher Metaphysik[2], obwohl er ökonomisch keinen Sinn darin sah. Es erfüllte ihn mit Respekt, dass sie ihn nie in ihrem Zimmer

1 **Nonchalance:** Lässigkeit, formlose Ungezwungenheit

2 **Metaphysik:** Lehre von den nicht erfahr- und erkennbaren Gründen des Seins, *hier:* Übersinnlichkeit

oder in der Küche duldete. Er liebte es geradezu, wie sie ihn wegscheuchte, wenn sie beim Kochen war – wie sie sich vor dem Herd oder am Spülbecken umdrehte, dass ihre bunten Nylonröcke flogen, und die roten Wangen aufblies und den roten Mund spitzte, um die lieblichen Worte zu sprechen: „Pan Lustgarten!“ Dann machte er ein Gesicht wie ein unartiger kleiner Junge und zog sich verschmitzt zurück. Dass er sie aus der Ruhe gebracht hatte, hielt er für einen Vitalitätsbeweis. Außerdem zwang Anna Kaminska ihm keine einschneidenden Neuerungen auf. Anders als seine Kinder verlangte sie nicht, er solle sein Bett wieder aus dem Esszimmer räumen. Stattdessen räumte sie den Esstisch ins Schlafzimmer. Wie ehedem Mrs. Lustgarten, so hielt das polnische Mädchen die Wohnung in Ordnung, kochte ihm schlichte Mahlzeiten und brachte seine Wäsche in den Waschsalon. Als sie seine abgetragenen Pantoffeln fortwarf und ihm ein Paar neue von der gleichen Art kaufte, fand Mr. Lustgarten, Goethe würde seine Gefühle sehr gut verstehen.

Kurz, Mr. Lustgarten erkannte in Anna Kaminska – ihren Gesten und Taten – die Quintessenz der Weiblichkeit, nach der er sich stets gesehnt hatte. Es störte ihn nicht, dass sie viel größer und stärker war als er; wenn sie sich zum Essen an den Tisch setzten, waren sie gleich groß. Dann musste er dem Drang widerstehen, ihr über das rote Haar zu streichen, das sie zu einem altmodischen Bouffant[3] hochfrisiert hatte, für ihn jetzt die schönste Haarmode, die Frauen je getragen hatten. Er hätte ihr gern den sommersprossigen weißen Hals oder die sanften weißen Hände gestreichelt, aber schließlich war er ein Gentleman. In meinem Alter?, dachte er stolz bei sich.

Zwar wusste Mr. Lustgarten über Anna Kaminska nur, was er sah und fühlte, aber er war weder neugierig noch misstrauisch. Sie lebten zusammen und was er wahrnahm, war ihr Dasein und sein Nicht-mehr-Alleinsein. Mr. Lustgarten rief nun nicht mehr seine Söhne an, um sich darüber zu beklagen, dass sie ihn so schamlos im Stich ließen. Und wenn Mr. Lustgartens Kinder jetzt anriefen, schien er immer ganz angenehm überrascht, ihre Stimmen zu hören. Früher hatte er alle ihre Fragen mit bitteren Bemerkungen beantwortet. Jetzt antwortete er: „Mir? Gut geht's mir, gut. Aber wie geht's euch?“ Das beunruhigte seine Kinder. „Und was macht Mrs. Kaminska?“, fragten sie scheinheilig.

„Ich weiß nicht, ob sie eine ‚Mrs.‘ ist. Du meinst doch meine Freundin Anna?“, erwiderte er, als wäre es eine abwegige Frage. „Nun, ich denke, ihr geht's auch gut. Sie scheint recht glücklich mit mir zu sein.“

Der Söhne Neugier verwandelte sich bald in tiefe Sorge. „Wie alt ist sie?“, fragten sie beiläufig. „Wie sieht sie aus?“

„Sehr jung“, prahlte er, „sehr hübsch. Ein Rotschopf, wie man hier sagt. Leider zu jung für mich, neunzehn oder zwanzig, hat sie mir mal gesagt, ich weiß es nicht mehr. Ich bin ja doch ein sehr alter Mann. Ansonsten ...!“ Und er kicherte voller Zufriedenheit. „Aber macht euch nur keine Sorgen. Denkt bloß nicht, ich hätte eine Liaison[4] mit ihr.“ Der Klang dieses Wortes gefiel ihm: Liaison.

Als sie eines Tages wieder anriefen, meinte er: „Ihr braucht keine Angst zu haben, dass ich sie heirate. Das Erbe ist euch sicher.“

Kaum war ihm das eher unbedacht herausgerutscht, da fragte er sich auch schon: Warum eigentlich nicht? Du bist ein alter Mann, gib's zu!, schalt er sich heftig. Goethe auch, versetzte er.

„Anna, Darling“, fühlte er später vor, als er ihr in die Küche nachwatschelte. „Sind Sie eigentlich verheiratet? Ich frage nur aus Neugier.“

„Raus aus der Küche“, erwiderte sie. „Ja“, antwortete sie später, als er wieder fragte. Er hörte aus ihrem Ton keine Gefühle heraus. „Mein Mann ist in Polen.“ Obwohl Mr. Lustgarten soeben erst ans Heiraten gedacht hatte, schockierte ihn dieses Hindernis zum Glück doch zutiefst. Er wurde jetzt zum ersten Mal richtig

3 **Bouffant:** Frisur der 1960er-Jahre

4 **Liaison:** (frz.) Liebesbeziehung

neugierig auf sie, auf ihre Vergangenheit, ihre Gegenwart, ihre Pläne. Doch er war zu diskret, um ihr die eigentlich wichtigen Fragen direkt zu stellen. „Ihr Mann liebt Sie wahrscheinlich sehr“, sagte er. „Und Sie ihn auch!“ Er wandte sich ab, bevor sie antworten konnte, denn er hatte Angst, sie „Ja“ sagen zu hören. Er begann, ihr andere Fragen zu stellen, auf die er eher eine Antwort erhoffen konnte. „Wo waren Sie neulich nachmittags?“, fragte er. „Eine Bluse kaufen“, antwortete sie.

„Wo gehen Sie hin, wenn Sie abends gehen?“, erkundigte er sich.

„In die Kirche“, sagte sie, „zur Messe. Letzte Woche hatten wir einen Basar.“ Sie beantwortete seine Fragen prompt und mit einer Kürze, die er zuerst als Bescheidenheit auslegte – sie hielt sich eben nicht für interessant. Bald argwöhnte er andere Motive. Sie ließ ihn wissen, dass sie vor zwei Jahren und aus Gründen, die sie ihn nicht wissen ließ, aus Polen gekommen sei und dann im Flüchtlingsheim der Kirchengemeinde gewohnt und für den Pfarrer genäht und gewaschen habe. Sprach sie mit einem Hauch zu viel Ehrerbietung von diesem Pfarrer?, grübelte Mr. Lustgarten. Der Pfarrer war in eine andere Gemeinde im Norden des Landes versetzt worden, sodass Anna Kaminska frei war und sich eine neue Arbeit suchen musste. Mr. Lustgarten wagte nicht zu fragen, ob sie sonst noch Freunde in der Gemeinde habe.

„Wer ist Ihr Mann, Anna?“

„Tadeusz Kaminsky, Pan Lustgarten. Ein Chemiker.“

„Haben Sie Kinder?“

„Nein.“

„Nun, Sie sind noch jung, Sie könnten noch ... Gehen Sie heute Abend wieder aus?“

„Nein. Aber wenn ich gehe, bin ich immer um zehn zurück."

Nach und nach merkte Mr. Lustgarten, wann ihr Ton gereizt klang.

Mr. Lustgartens Kinder hatten sich gedacht, sie könnten dem polnischen Mädchen bei dem Preis, den sie zahlten, nötigenfalls auch befehlen, emotional auf Abstand von ihrem Vater zu bleiben, weshalb sie sich über seine Begeisterung für sie nicht allzu sehr den Kopf zerbrachen. Allerdings erwähnten sie ihm gegenüber einmal die finanzielle Seite. Sehr viel Geld. Ein Dienstmädchen in ihrem Sold. Mr. Lustgarten überhörte das. „Sie ist nett zu mir, weil sie mit mir glücklich ist. Sie ist meine Freundin. Eine einsame junge Frau. Sie hatte wohl ein bisschen Ärger mit ihrem Mann.“ Er sah es nicht so, dass sie bei ihm arbeitete. Was gab es da schon zu tun? Er war doch kein inkontinenter Alter!

Aber er begann, ihr mehr und mehr zu misstrauen. Ihre Abwesenheiten beschäftigten ihn. Es musste da draußen jemanden geben, der sich für sie interessierte. Oder interessierte womöglich sie sich für jemanden, einen anderen Mann? Nicht auszudenken! Bald stellte Mr. Lustgarten sich mutig der Frage: Wenn seine Anna sich nun in einen anderen verliebte? Ihre weiße Haut, ihr rotes Haar, ihr weibliches Wesen mussten unweigerlich auch anderen Männern auffallen. Und sicher wusste sie das, denn unabänderlich zupfte sie, bevor sie allein fortging, ihre Frisur in vollendete Form, tupfte sich einen Tropfen Parfüm hinter die entzückenden Ohren und strich ihre bunten Röcke glatt. Immer wenn er sie vor dem Spiegel stehen sah, tat ihm das Herz weh. Ihre Eitelkeit machte ihm Angst. Würde sie ihm denn freundlicherweise ihre Telefonnummer dalassen? Sie kam seinem Wunsch nach. Wenn er die Nummer nicht verlegte, rief er, kaum dass sie fort war, dort an. Es meldete sich die Pfarrgemeinde. „Das ist nur für Notfälle!", schalt Anna Kaminska ihn später. Er fand sie darin kalt und gefühllos. „Und rufen Sie bitte nicht sonntags an, die holen mich nämlich nicht aus einer vollen Messe heraus!"

An Sonntagen waren seine Leiden fast nicht zu ertragen.

Seine Kinder riefen ihn meist am Sonntagmorgen an (Billigtarif) und mit der Zeit meldete er sich am Telefon immer missgelaunter.

„Hälouuu!" – „Was willst du?"

„Was ist denn los?", fragten sie ängstlich.

„Nichts!", schnauzte er. „Gar nichts ist los. Ich habe ein bisschen Ärger mit Leuten, die ihr nicht kennt." Aber eines Sonntags ließ er vor lauter Qualen alte Vorsicht fahren und er gestand: „Sie ist grausam."

Nachdem ihre schlimmsten Befürchtungen sich so bestätigt hatten, riefen Mr. Lustgartens Kinder ihn der Reihe nach an und drangen in ihn: „Was macht sie mit dir?" Er wollte sich auf Einzelheiten jedoch nicht einlassen. So blieben ihnen nur bange Spekulationen. Nie hatten sie sich um ihren „armen alten Vater" so viel gesorgt. Man hatte natürlich schon gehört, zu welchen Scheußlichkeiten Dienstboten fähig waren, wenn ihre hochbetagten Herrschaften hilflos wurden. „Ich kann euch nicht sagen, was sie macht. Es tut mir zu weh, darüber zu reden", sagte Mr. Lustgarten mit brechender Stimme. „Ja, ja, sie quält mich fürchterlich."

Nach diesem Eingeständnis waren Mr. Lustgartens Kinder sich einig, dass es an der Zeit sei einzugreifen. Sie versuchten, den Pfarrer zu erreichen, der diese Mrs. Kaminska empfohlen hatte, aber vergebens, denn er hatte eine neue Telefonnummer irgendwo im Norden. Im Pfarramt wusste niemand Näheres über sie zu sagen, außer, dass sie wohl eine dieser Polinnen sein müsse; davon gebe es recht viele. Mr. Lustgartens Kinder hielten Rat und kamen überein, den alten Herrn jeweils für eine Woche nach Boston und New Haven einzuladen, statt dass einer von ihnen den weiten Weg nach New York auf sich nahm (bei der Hitze).

Er brachte einen Koffer angeschleppt, der so überlegt gepackt war, dass es nur das Werk einer Frau sein konnte. „Sie war froh, dass ich wegfuhr!", weinte er. Nachdem er zwei Tage in Boston und drei Tage in New Haven ums Telefon geschlichen war und bei sich zu Hause angerufen hatte, um zu sehen, ob sie da war (meist war sie es; das Gespräch wurde auf Polnisch geführt), eilte er nach New York zurück, von wo er seinen Söhnen im ersten Telefongespräch mit leiderstickter Stimme klagte, wie sie ihn „behandelte" – es war Sonntagmorgen.

Mr. Lustgartens Kinder sahen, dass sie sich nun auf dem gefährlichen Boden der Fahrlässigkeit bewegten und dass ihr Vater, während er ihnen jetzt nur lästig war, sie später im Traum verfolgen könnte. Sie hatten ihn ahnungslos einer skrupellosen jungen Opportunistin in die Hände gegeben, die schön und ohne Mitgefühl für das Alter war. Und obwohl es wirklich große Umstände machte, organisierten sie eine gemeinsame Reise nach New York (im freundlichen Altweibersommer). Sie kamen mit einem Aufgebot von drei voll klimatisierten viertürigen Limousinen, denen die

Sorge, was sie vorfinden mochten, immer mehr Tempo vorgab, hielten mit quietschenden Reifen in dem ärmlichen Viertel und brachten nicht die Geduld auf, legale Parkplätze zu suchen. Sie trafen sich in der Halle des Hauses, in dem ihr Vater wohnte, rafften all ihren Familiensinn zusammen und stürmten (Fahrstuhl außer Betrieb) die Treppe, ein Fähnlein der Gerechten: drei Söhne mit prallen Brieftaschen an den Hüften, die Klingel schrillte. Die Nachbarin erschien mit ihrem „Sie müssen erst anrufen, auch wenn er nicht allein ist", doch dann ging die Tür auf, und kein Zweifel, das war SIE:
Anna Kaminska, eine Frau von vielleicht fünfzig Jahren, zart gebaut trotz ihrer Korpulenz, mit sehr viel Weiß im Rot ihrer altmodischen Hochfrisur, einfältigem dicken Gesicht, stumpfen kleinen blauen Augen und einem Rosenkranz, der sich ihr wie ein Wurm durch die Finger wand. „Oh!", sagte sie erschrocken. Mr. Lustgarten kam mit geistesabwesender, durch und durch zufriedener Miene hinter ihr angeschlurft. „Oh, hällouuu!", sagte er und hieß sie willkommen, wie ein Fürst in seinem Palast. Anna Kaminska verschwand in die Küche, um Kaffee zu kochen und selbst gebackene kleine Kuchen zurechtzulegen, deckte den Esstisch im Schlafzimmer und zog sich dann taktvoll in ihr eigenes kleines Zimmer zurück, wo sie ihr nacheinander ihre Aufwartung machten: Unter Kruzifixen und Weihwasser, frommen Büchern, getrockneten Blumen und Fotos von Neffen und Nichten und jungen Hunden erschien sie ihnen scheu, fromm und weltabgewandt; aufopfernd und darum über die Maßen verdienstvoll. Mr. Lustgartens Kinder waren zutiefst beschämt.
„Vater, du weißt ja nicht, was für ein Glück du hast!", schalten sie ihn ärgerlich. Von nun an duldeten sie kein ungutes Wort mehr über sie. Stattdessen erhöhten sie ihr Gehalt und segneten sie hinter ihrem Rücken.
Und als Mr. Lustgarten im Jahr darauf neunzig wurde, gaben sie in New Haven ein Diner für ihn, zu dem auch sie eingeladen wurde. Sie hießen sie zu seiner Rechten Platz nehmen wie eine Braut und da sie wussten, dass sie sich als gute Katholikin nie von ihrem fern in Polen lebenden Gatten scheiden lassen würde, fragten sie: „Dürfen wir Mama zu dir sagen?"

1 *a) Zeichnen Sie die Ausgangssituation der Geschichte, den Verlauf der Ereignisse und den Schluss in chronologischer Reihenfolge nach.*
b) Vergleichen Sie den chronologischen Ablauf der Handlung mit der Anordnung der Ereignisse in der Erzählung. Erläutern Sie die unterschiedliche Wirkung.

2 *Beschreiben Sie, wie sich das Verhalten und die Einstellung der Figuren sowie ihr Verhältnis untereinander im Laufe der Geschichte verändern.*

3 *Wer erzählt diese Geschichte? Bestimmen Sie die Merkmale des Erzählens (▷ Merkmale des Erzählens S. 351–353) und erläutern Sie deren Wirkung auf den Leser.*

4 *In der Geschichte „Mr. Lustgarten verliebt sich" wird die Innensicht Anna Kaminskas weitgehend ausgespart. Schreiben Sie für die Figur Anna Kaminskas Briefe, die sie an Ihren Mann hätte schicken können. Gehen Sie hierbei von unterschiedlichen Textstellen aus.*

5 *Mr. Lustgarten führt ein Tagebuch. Schreiben Sie mehrere Tagebucheinträge, die er nach ausgewählten Vorkommnissen verfasst haben könnte.*

Projekt – Eine kurze Geschichte verfilmen

Verfilmen Sie die Geschichte „Mr. Lustgarten verliebt sich“ (▷ S. 82–87). Gehen Sie wie folgt vor:

1. Schritt: Die Rollenprofile entwerfen

Überlegen Sie, welche Figuren in Ihrem Film auftreten sollen, und entwerfen Sie für jede Figur ein Rollenprofil.

- Stellen Sie alle Information, die Sie im Text über die Figur erhalten, zusammen, z. B.: Alter, äußeres Erscheinungsbild, Lebenslauf, Ansichten etc.
- Überlegen Sie, in welchem Verhältnis die Figuren zueinander stehen.
- Entwickeln Sie aus Ihren Ergebnissen ein Rollenprofil für jede Figur, indem Sie ihr Äußeres beschreiben und notieren, wie sich die Figur bewegen und sprechen und welchen Eindruck sie insgesamt auf den Betrachter machen soll.

2. Schritt: Ein Drehbuch entwickeln

Entwerfen Sie ein Drehbuch zu der Erzählung von Irene Dische.

- Untersuchen Sie den Text zunächst auf Passagen, die Sie für verfilmbar halten, und gliedern Sie diese Passsagen in einzelne Szenen. Halten Sie fest, was in jeder Szene passiert.
- Überlegen Sie, was mit den nicht oder schwer verfilmbaren Passagen, z. B. den Passagen, in denen das bisherige Leben von Mr. Lustgarten erzählt wird, geschehen soll. Können sie entfallen, müssen sie durch neu entwickelte Filmhandlung ersetzt werden oder können sie als Off-Kommentar (Ton, dessen Quelle im Film nicht sichtbar ist) umgesetzt werden?
- Erarbeiten Sie ein Drehbuch, in dem Sie festhalten: was die Figuren sagen und tun (einschließlich Gestik und Mimik), wann und wo die Szene spielt und wie die Umgebung und die Kameraeinstellung aussehen soll (▷ Informationen dazu auf S. 362) und welche Geräusche/Musik eingeblendet werden sollen.

1. Szene
Ort und Zeit: *New York, Haus von Mr. Lustgarten, an einem Morgen im Winter*
Personen: *Mr. Lustgarten (89 Jahre), Anna Kaminska (Alter darf nicht zu erkennen sein → Pointe der Story)*

Umgebung: *Vor einem relativ verfallenen Haus …*

Anna Kaminska: „Hallo, mein Name ist Anna Kaminska und …“
Mr. Lustgarten: …

Kameraeinstellung: …
Geräusche/Musik: …

3. Schritt: Die Verfilmung

- Verteilen Sie die Rollen, suchen Sie sich geeignete Drehorte und spielen Sie die Szenen. Filmen Sie am besten mit mehreren Kameras aus unterschiedlichen Perspektiven.

4. Schritt: Den Film erstellen

- Erstellen Sie den Film, indem Sie die Szenen am Computer „schneiden“ und die einzelnen Szenenabschnitte aneinandersetzen.

4 Utopien – Arbeiten mit Sachtexten

4.1 Wenn Utopien sich nicht verwirklichen lassen – Eine Sachtextanalyse schreiben

Oscar Wilde
(irischer Schriftsteller, 1854–1900)

Eine Weltkarte, auf der Utopia nicht verzeichnet ist, ist noch nicht einmal eines flüchtigen Blickes wert, denn auf ihr fehlt das einzige Land, wo die Menschheit immer landet.
Und wenn die Menschheit dort landet, hält sie Ausschau und wenn sie ein besseres Land sieht, setzt sie die Segel.
Der Fortschritt ist die Verwirklichung von Utopien.

Darstellung der Insel „Utopia" aus dem Roman „Utopia" von Thomas Morus, erschienen 1516

1 *Auf der Karte ist die fiktive Insel „Utopia" aus dem gleichnamigen Roman von Thomas Morus abgebildet. Beschreiben Sie die dargestellte Insel und überlegen Sie, warum Thomas Morus seinen Roman auf einer Insel spielen lässt.*
TIPP: *Schließen Sie in Ihre Überlegungen auch die unten stehenden Informationen zum Begriff „Utopie" mit ein.*

2 *a) Erläutern Sie das Zitat von Oscar Wilde. Welche Aussagen macht Wilde über die Bedeutung und die Funktion von Utopien?*
b) Diskutieren Sie darüber, ob Utopien wirklich so wichtig für die Menschheit sind, wie Oscar Wilde behauptet.

Utopie
Das Wort „Utopie" stammt aus dem Griechischen (ou = nicht; topos = Ort) und bedeutet so viel wie „Nirgendwo", „Nirgendsort". Die Utopie ist also kein wirklicher Ort, sondern eine Vision, ein erdachter Ort, an dem eine bessere Gesellschaft herrscht.
Der Begriff „Utopie" leitet sich vom Roman „Utopia" (veröffentlicht 1516) ab, in dem Thomas Morus einen Idealstaat beschreibt.

Biosphäre 2

von Roger Lewin

„Natürlich bin ich ein Abenteurer. Ich war immer einer", erzählt Roy Walford, Professor für Pathologie an der University of California in Los Angeles. Wir haben uns zum Abendessen im „Oracle Junction Inn" getroffen, einer mäßigen, kleinen Kneipe in der Wüste Arizonas, dort wo die Route 77 und Route 89 sich treffen, 30 Meilen nördlich von Tucson. Amerikanischer Südwesten. Hier liegen in den Tälern der Santa Catalina Mountains und unter trockenem Wüstenboden die archäologischen Reste alter Indianersiedlungen ebenso wie die Relikte der Cowboyzeit. Kein Zweifel, dies ist der rechte Ort für Abenteurer. „Ich bin ungeduldig, dass es endlich losgeht", klagt Walford, „das größte wissenschaftliche Abenteuer unserer Zeit."

Es ist gar nicht so einfach, einem Mann wie Roy Walford derartige Superlative zu entlocken. Im Alter von 25 Jahren hat er an den Roulettetischen von Reno und Las Vegas ein kleines Vermögen erspielt; 1968 trieb er sich mitten in der Studentenrevolte in Paris herum; die vergangenen zwei Jahrzehnte hat er damit verbracht, eine neue – wenngleich umstrittene – Theorie aufzustellen, wie der Mensch älter als 120 Jahre werden kann; zwischenzeitlich lebte er neun Monate in Indien, um das Geheimnis jener Yogis zu lüften, die ihre Körpertemperatur absenken können; und kürzlich erst schlug er sich zu Fuß, per Anhalter und auf Schiffen quer durch Afrika.

Wenn der kahlköpfige Roy heute, inzwischen 64 Jahre alt, überhaupt noch ins Schwärmen gerät, dann wegen „Biosphäre 2". „Ich suche die einzigartige Erfahrung", sagt er, „ich will etwas über mich und über die Welt, in der wir leben, erfahren. Ich will etwas Neues lernen."

Walford braucht nicht mehr lange zu warten, bis er bekommt, was er sucht: In wenigen Wochen schon wird der Forscher mit sieben weiteren Abenteurern in Biosphäre 2 einsteigen,

in eine Art irdische Raumstation, und hören, wie sich die luftdichte Schleuse hinter ihm schließt.

Nach sechs Jahren Planung und einigen Verzögerungen im letzten Moment werden Walford und die anderen „Biosphärianer" in ihren knallroten Overalls sich in einem futuristischen 100-Millionen-Dollar-Gebäude einschließen und erst 1993 wieder herauskommen. Zwei Jahre, in denen alle Luft zum Atmen, das gesamte Trinkwasser, sämtliche Lebensmittel selbstständig produziert, wiederverwendet, gereinigt, neu genutzt werden und so weiter und so fort. Jeder Abfall kommt in den Kreislauf zurück, wird neu verwertet. Zwei Jahre Zeit, um den Miniatur-Ozean, die Miniatur-Wüste, das Miniatur-Marschland, den Miniatur-Regenwald, die Miniatur-Savanne und die Miniatur-Farm zu hegen und zu pflegen. Eine Miniatur-Welt mit 3800 Tier- und Pflanzenspezies – Homo sapiens inklusive. Lediglich Sonnenlicht kommt von draußen rein – sowie Strom und elektronisch aufbereitete Daten.

Geplant und gebaut als Mikrokosmos, als Abbild des Ökosystems Erde, nebst irdischen Vernetzungen und Zusammenhängen, dient

Biosphäre 2 der Untersuchung unserer heutigen Umwelt und soll gleichzeitig in die Zukunft weisen. „Wie uns die Teilchenbeschleuniger die Welt der Partikelphysik eröffnet haben", sagt John Allen, der Forschungs- und Entwicklungschef des Projektes, „dient Biosphäre 2 dazu, die Grundlagen der Ökologie zu erforschen."

„Wir wollen den Pfad in das Weltall ausleuchten", beschreibt Margret Augustine, die Managerin von Biosphäre 2, die Idee des ökologischen Großversuches, der nicht etwa von der amerikanischen Weltraumbehörde NASA, sondern von einer privaten Gesellschaft, von „Space Biosphere Ventures", finanziert wird.

„Gestern erst habe ich mit den bloßen Füßen Getreide gedroschen", grinst Walford. Während der letzten Versuche vor dem Einschluss haben die Biosphärianer – mit angelehnter Tür – die Probe aufs Exempel gemacht. „Wir dachten, es sei nicht schlecht, alle Probleme zu simulieren, mit exakten Zeitplänen und Tagesabläufen", erzählt Allen. Prompt gab es Schwierigkeiten mit der Dreschmaschine. Sie war einfach zu klein, um die Menge an Weizen zu dreschen, die acht Biosphärianer brauchen. „Also haben wir das Zeug einfach mit den Füßen gedroschen", lacht Jane Poynter, die im Glashaus für die Landwirtschaft zuständig ist. „So macht das ein Biosphärianer", ergänzt Walford, „wir tun, was zu tun ist. Koste es, was es wolle."

Der Besucher lernt rasch, dass ein Dasein als Versuchsperson, „koste es, was es wolle", mehr ist als ein Leben zwischen grünen Pflanzen und klugen Computern. „Willst du wissen, was es heißt, ein Biosphärianer zu sein?", fragt Jane: „Ein sonniger Dezembervormittag beginnt mit dem Ausbuddeln von Süßkartoffeln und er endet mit einem schmerzenden Rücken. Harte Arbeit, aber spannend." Jane neigt wie die ganze Crew zu Visionen: „Für mich ist das der erste Schritt zum Mars. Irgendwer wird irgendwann dort hinfliegen. Und ich will dann dabei sein."

Wie Walford, so haben alle Kandidaten ein gehöriges Abenteuerpensum hinter sich. Die vier Frauen und vier Männer hatten sich auf Expeditionen bewähren müssen, bevor sie aus einer Gruppe von 14 ausgewählt wurden. Ihre Lebensläufe lesen sich wie Reiseromane und die Geschichten, die sie erzählen, bescheren nächtliche Albträume. „Du musst dich auf die anderen verlassen können, wenn das Team in eine Krise kommt", sagt Jane, „nichts anderes bedeutet Teamarbeit."

Als einer unter acht in das Abenteuer zu starten, und nicht als unbestrittener Chef, das wird eine der schwierigsten Aufgaben für Walford werden. „An der Uni in Los Angeles habe ich mein Labor und mein Team", grübelt der Professor, „ich bin seit Jahren der Boss. Aber hier, als Teil der Mannschaft, muss ich die wissenschaftliche Arbeit für andere machen, das ist schon ein Unterschied." Neben den reinen Servicearbeiten an ihrem Bio-Raumschiff werden die Biosphärianer die Hälfte ihrer Arbeitszeit mit wissenschaftlichen Aufzeichnungen verbringen und Daten für andere Forschungsteams von „Space Biosphere Ventures" sammeln. Walford sieht der neuen Erfahrung mit Fassung entgegen: „Wenn ich meine eigene Forschung hätte weiter betreiben wollen, wäre ich besser in Los Angeles geblieben."

Für die meisten Menschen ist schon die Vorstellung ein Graus, zwei Jahre lang mit sieben immer gleichen Gesichtern eingeschlossen zu sein. Doch das Gefängnis in Arizona ist wundersam und futuristisch. Die Biosphärianer können durch die Wüste schlendern, im Schatten eines Baumes in der Savanne dösen oder zu einem Bad im Ozean herabsteigen. Die Architekten haben den Freiwilligen eine elegante Hightech-Ministadt, eine Mikropolis, gebaut. Freilich ohne Tür nach draußen.

Ob man auf die nahen Santa Catalina Mountains blickt oder in den sternenklaren Nachthimmel, ständig werfen die wabenförmigen Rahmen der Glaskonstruktion ihren Schatten auf die Netzhaut des Betrachters – und auf dessen Gemüt. Wie wird das erst, wenn, wie zu erwarten, eine halbe Million Besucher im Jahr den Großversuch beobachten wollen? Eine halbe Million Augenpaare sich an jede Bewegung der Biosphärianer heften? Wie kann man sich auf einen solchen Stress psychologisch einstellen?

„No problem", lautet die stets gleiche Antwort, „überhaupt kein Problem."

„Ich habe nicht das Gefühl, wir müssten uns in irgendeiner Weise auf so etwas besonders vorbereiten", sagt Walford. „Für mich ist allein die Vorstellung, dabei zu sein, die beste Vorbereitung." Trotzdem denkt er schon mal darüber nach, wie sich das Verhältnis der „Gefangenen" untereinander entwickeln wird, wenn die Tür erst einmal ins Schloss gefallen ist. „Davon, was letztlich auf mich zukommt, habe ich keine Ahnung."

Jane Poynter reagiert pragmatischer: „Wir sind eine Gruppe mit einer Aufgabe", antwortet sie mit fester Stimme, „das Team geht rein und zieht eine zweijährige Expedition durch. Natürlich wird es persönliche Konflikte geben. Na und? Die habe ich draußen auch. Jeder hat die. Ich muss nur damit klarkommen. Jeder im Team muss damit klarkommen."

Und wie ist das mit möglichen persönlichen Bindungen? „Kein Kommentar." Die Privatsphäre der Biosphärianer soll bleiben, was sie ist – privat. […]

Die größte Herausforderung ist allerdings, die Crew über zwei Jahre satt zu kriegen: die Hauptaufgabe von Jane Poynter. Bernd Zabel kümmert sich lediglich um die Haustiere, Ziegen, Schweine und Hühner. „Etwas ungewöhnlich für einen Elektroingenieur", sagt er, „aber in Biosphäre 2 muss jeder alles können." Besonders stolz ist Zabel auf seine selbst entwickelten Miniatur-Reisfelder, in denen er zugleich die nahrhaften Tilapia-Fische zieht. „Ich bin wohl der erste deutsche Reisbauer auf der Welt", lacht er.

Neben Reis und Fisch stehen täglich zwei Eier,

360 Gramm Getreideprodukte und Gemüse, Obst, hin und wieder ein Stück Schweinefleisch sowie Ziegenmilch auf dem Speiseplan. Insgesamt, auch hier imponieren die Biosphäre-2-Forscher mit exakten Zahlenangaben, 2364 Kilokalorien pro Tag.

Das Leben im Glashaus ist dermaßen vernetzt, dass mancher Reis direkt neben den Wasseraufbereitungstanks wächst, einer für die Reinigung menschlicher Exkremente, ein anderer für tierische Abfälle, ein dritter für die Abwässer aus den Analyselaboratorien. Eigens von den Wissenschaftlern konstruiert, mit einer mikrobiologischen und einer pflanzlichen Reinigungsstufe, wird in den Tanks aus Abwasser Trinkwasser – oder aber Nahrung für die Wassertiere. Nichts wird zu „Müll", alles bleibt im Umlauf. Das erzwingt gewisse Entbehrungen für die Bewohner. Jedem stehen knapp 300 Liter Wasser pro Tag zur Verfügung – zum Trinken, Waschen, Kochen etc. Toilettenpapier bleibt in der Außenwelt, denn es würde sich im Komposter nicht rasch genug zersetzen. Die vier Frauen müssen sich mit Naturschwämmen statt der gewohnten Tampons begnügen. „No problem", sagt Linda Leigh, die versuchshalber schon einmal drei Wochen in einem kleineren Glaskasten gelebt hat. „Die Leute kamen früher schließlich auch ohne

Tampons zurecht, warum sollen wir das nicht können?"

Was könnte den Auftrag von Biosphäre 2 gefährden? „Am schlimmsten wäre es", meint Walford, „wenn die Umwelt nicht funktioniert, wenn wir sie nicht am Laufen halten können. Wenn irgendetwas aus dem Ruder gerät, etwa der Kohlendioxidgehalt in der Luft steigt und steigt. Das wäre dann das Ende."

Wenn aber das Team seine zwei Jahre problemlos absolviert, alle Veränderungen in Atmosphäre und Ökosphäre notiert, das Zusammenspiel der einzelnen Biotope dokumentiert und beobachtet, welche der eingeschlossenen Arten aussterben und welche sich durchsetzen – wäre das dann die Mühe wert gewesen? Wissenschaftler überall in den Vereinigten Staaten sind da skeptisch. „Das Ding ist viel zu komplex, als dass man brauchbare Informationen erhalten könnte", sagen die einen. „Ein Experiment ohne Kontrollmöglichkeiten", kritisieren die anderen. „Zu viel Technik, zu wenig echte Forschung", bemängeln die Dritten.

„Klar, dass es Kritik hagelt", erwidert Walford, „alles andere würde mich eher beunruhigen. Aber sie kommt von beiden Seiten. Das heißt, wir haben zumindest etwas sehr Interessantes angezettelt."

„Wir brauchen", fügt er hinzu, „Experimente wie Biosphäre 2, wenn wir irgendwann eine Kolonie im Weltall bauen wollen. Also packen wir es an."

GEO, 28.01.1991

1 *Lesen Sie den Text „Biosphäre 2" aufmerksam durch. Arbeiten Sie dazu am besten mit einer Kopie des Textes und gehen Sie wie im Tippkasten beschrieben vor.*

2 *Klären Sie Textstellen und Begriffe, die Ihnen unklar sind. Versuchen Sie dabei, die Bedeutung dieser Textstellen und Begriffe aus dem Kontext heraus zu erschließen. Schlagen Sie gegebenenfalls im Wörterbuch nach.*

3 *Beschreiben Sie den Aufbau des Textes. Gliedern Sie dazu den Text in Sinnabschnitte, z. B. nach erkennbaren Teilthemen, und formulieren Sie zu jedem Abschnitt Stichpunkte.*

1. Einstieg: Schilderung des Ortes, Kurzporträt eines Teilnehmers am Projekt „Biosphäre 2" (Z. 1–32)
2. Überleitung zum Projekt „Biosphäre 2" (Z. 33–39)
3. Informationen zu ...

...

TIPP

Texte „erlesen"

Ausgangspunkt jeder Textuntersuchung ist die gründliche Lektüre der Textvorlage. Dazu gehört auch, dass man den Text während des Lesens aktiv bearbeitet: Man

- markiert wichtige Textstellen und Schlüsselwörter,
- macht Sinnabschnitte durch Klammern kenntlich,
- versieht den Text mit Randbemerkungen oder Pfeilen und Symbolen (z. B. ein Fragezeichen für unbekannte Wörter oder unverstandene Textstellen).

4 *a) Im Zentrum des Textes steht das Projekt „Biosphäre 2“. Tragen Sie in Partnerarbeit die zentralen Informationen des Textes übersichtlich zusammen, z. B. in einer Tabelle oder in einem Schaubild. Berücksichtigen Sie dabei die folgenden Aspekte:*
- ☐ *Wie ist das* ***System „Biosphäre 2“*** *beschaffen (Material, Ausstattung etc.)?*
- ☐ *Welche* ***Zielsetzungen*** *werden mit diesem Projekt verfolgt?*
- ☐ *Welche* ***Schwierigkeiten*** *und Probleme, technischer und menschlicher Art, werden im Text erwähnt?*
- ☐ *Was erfahren Sie im Text über die* ***Teilnehmer/-innen,*** *die so genannten „Biosphärianer“?*

b) Stellen Sie Ihre Ergebnisse in der Klasse vor und vergleichen Sie diese. Falls Sie zu unterschiedlichen Resultaten gekommen sind, nehmen Sie zur Klärung den Text zu Hilfe.

5 *Die Bestimmung der Textsorte erfolgt immer über typische Textmerkmale. Charakterisieren Sie den Text als Reportage. Belegen Sie Ihre Einordnung mit Stellen (Zitaten) aus dem Text. Übertragen Sie dazu die folgende Tabelle in Ihr Heft.*

Merkmale einer Reportage	**Belege für die Textsortenbestimmung**
anschauliche Darstellung eines Ereignisses	...
Hintergrundinformationen zum Thema	...
subjektiver Kommentar des Autors oder persönliche Meinung und Wahrnehmungen	...
Interviewbeiträge (wörtliche Zitate)	„Wir wollen den Pfad in das Weltall ausleuchten“, beschreibt Margret Augustine [...]“ (Z. 79 f.). → Der Autor lässt Menschen, die mit dem Projekt befasst sind, zu Wort kommen.
oft szenischer Einstieg	...
persönlich schildernde Textteile, packende emotionale Schreibweise	...
oft Fotos oder Illustrationen	...

TIPP

Erschließung der Textsorte

Die Erschließung der Textsorte erfolgt immer über typische Textmerkmale. Im Falle eines Zeitungstextes können Sie sich über diese Merkmale im Grundwissen „Journalistische Textsorten“ (▷ S. 359 f.) informieren.

6 *Untersuchen Sie die sprachlichen Besonderheiten des Textes und beschreiben Sie deren Wirkung, z. B.: Erzeugen von Anschaulichkeit, Authentizität etc. Unterscheiden Sie zwischen:*
- ☐ ***Wortwahl/Wortschatz:*** *Welche auffälligen Verben, Adjektive, Nomen enthält der Text? Tauchen Fremdwörter oder Fachbegriffe auf?*
- ☐ ***Satzbau:*** *Enthält der Text bestimmte Satzarten besonders häufig? Fallen komplizierte Satzgefüge auf? Sind die Sätze eher kurz oder lang?*
- ☐ ***rhetorische Stilmittel:*** *Lassen sich im Text rhetorische Figuren (▷ S. 328 f.) nachweisen?*
- ☐ ***Sprachebene:*** *Auf welcher Sprachebene (Standardsprache, Umgangssprache, Jugendsprache, Fachsprache) bewegt sich der Text?*

TIPP: *Häufig ist es sinnvoll, bei der Untersuchung der Sprache eines Textes eine Beziehung zur Textsorte herzustellen.*

7 *Überlegen Sie, welche Absicht der Autor mit seinem Text verfolgt und an welche Zielgruppe er sich wendet. Folgende Fragen können hierbei hilfreich sein:*
- ☐ *Will der Autor informieren, unterhalten, kommentieren, auffordern?*
- ☐ *Gibt es bestimmte sprachliche Auffälligkeiten (Fachsprache, Jugendsprache), die auf eine bestimmte Zielgruppe schließen lassen?*
- ☐ *Gibt es Auffälligkeiten im Layout des Textes (Fotos/Illustrationen, Schlagzeile, Untertitel, Vorspann etc.)?*

8 *a) Diskutieren Sie, ob das Vorhaben „Biosphäre 2" als Utopie bezeichnet werden kann. Greifen Sie dabei auch auf den Infokasten auf Seite 89 zurück.*
b) Könnten Sie sich vorstellen, an einem Projekt wie „Biosphäre 2" teilzunehmen? Begründen Sie Ihre Meinung.

9 *Verfassen Sie auf der Basis Ihrer Ergebnisse aus den Aufgaben 3 bis 8 (▷ S. 93–95) eine Sachtextanalyse zur folgenden Aufgabenstellung:*

> *Analysieren Sie den Text „Biosphäre 2" von Roger Lewin (▷ S. 90–93). Gehen Sie dabei auf Aspekte ein, die Sie für besonders wichtig halten, und zeigen Sie auf, durch welche Gestaltungsmittel die Absicht des Verfassers zum Ausdruck kommt. Nehmen Sie Stellung zu dem im Text vorgestellten Projekt.*

a) Erstellen Sie eine Gliederung für die Sachtextanalyse. Ergänzen Sie dazu die nebenstehende Gliederung mit textbezogenen Aussagen.
b) Verfassen Sie auf Grundlage Ihrer Gliederung den Aufsatz. Belegen Sie Ihre Aussagen anhand des Textes durch Zitate (▷ Informationen zum Zitieren auf Seite 325).

A. **Einleitung:** Basisinformationen zum Text (Angaben über Autor, Titel, Textsorte, ggf. Herkunft und Erscheinungsdatum sowie Benennung des Themas des Textes)
B. **Hauptteil:** Analyse des Sachtextes
  I Inhalt und Textaufbau
    1. Einstieg über ...
    2. Überleitung ...
    3. ...
  II Merkmale der Textsorte und sprachliche Besonderheiten (auch Funktionen)
    1. Anschauliche Darstellung eines Ereignisses
    2. Szenischer Einstieg
    3. ...
  III Absicht und Zielgruppe
    1. Informationen zum ...
    2. ...
  IV Weiterführende Aufgabe (z. B. persönliche Stellungnahme)
C. **Schluss** (z. B. abschließende Bewertung)

TIPP

Die Gliederung erstellen
Die Gliederungspunkte des Hauptteils variieren je nach der zu Grunde liegenden Aufgabenstellung. Beachten Sie, dass eine Gliederung auch inhaltlich aussagekräftig sein muss. Es nützt wenig, wenn Sie lediglich ein Gliederungsraster ohne inhaltliche Konkretisierung verwenden.

10 *Überarbeiten Sie Ihren Aufsatz. Überprüfen Sie, ob*
- ☐ *der Aufsatz mit den Punkten der Gliederung übereinstimmt (Überarbeiten Sie gegebenenfalls Ihre Gliederung.),*
- ☐ *die Aussagen ausreichend belegt sind,*
- ☐ *die sprachliche Gestaltung abwechslungsreich ist und*
- ☐ *der Text keine sprachlichen Fehler oder Rechtschreibfehler enthält.*

!

Eine Sachtextanalyse verfassen
Die Sachtextanalyse ist eine **schriftliche Form der Textanalyse,** die Inhalt und Aufbau eines Textes, seine Sprache, seine Zugehörigkeit zu einer bestimmten Textsorte sowie die in ihm zum Ausdruck kommende Autorenabsicht untersucht.
Dieser Aufsatzform liegt immer ein Sachtext zu Grunde (z. B. eine Reportage, ein Bericht, ein Kommentar oder ein Text aus einem Sachbuch oder einer Fachzeitschrift).

Aufbau:
Beim Aufbau des Aufsatzes orientiert man sich grundsätzlich an der Dreiteilung „Einleitung, Hauptteil und Schluss". Die genaue Gliederung des Hauptteils variiert je nach der zu Grunde liegenden Aufgabenstellung.
- ☐ Die **Einleitung** macht Angaben über den Autor, den Titel, die Textsorte, ggf. Herkunft und Erscheinungsdatum des Textes und benennt das Themas des Textes.
- ☐ Im **Hauptteil** werden die Ergebnisse der Textanalyse dargelegt und mit Textbeispielen (Zitaten) belegt. Je nach Aufgabenstellung werden hier folgende Aspekte entfaltet:
  - Inhalt und Textaufbau
  - Textsorte
  - sprachliche Besonderheiten
  - Absicht und Zielgruppe
  - weiterführende Aufgabe, z. B.: Stellungnahme, Erörterungsauftrag
- ☐ Der **Schluss** kann unterschiedlich gestaltet sein, z. B.: ein weiterführender Gedanke, eine abschließende, subjektive Bewertung des Gesamttextes oder der Position, die der Autor/die Autorin einnimmt, etc.

Der Aufsatz der Textanalyse wird als zusammenhängender Text verfasst. Die einzelnen Untersuchungsaspekte und -ergebnisse werden gedanklich so miteinander verknüpft, dass der Leser die Analyse Schritt für Schritt nachvollziehen kann.
Die Ergebnisse der Textanalyse im Hauptteil werden mit Textbeispielen (Zitaten) belegt (▷ Hinweise zum Zitieren auf S. 325).

Geplatzte Ökoblase

Die Columbia-Universität gibt das Riesentreibhaus „Biosphäre 2" auf. Damit ist der Traum von einer hochkarätigen ökologischen Forschungsstation vorbei

Von Annette Lessmöllmann

Alle hatten sie lieb, die Biosphäre 2 in der Sonora-Wüste von Arizona. Obwohl es ein „fürchterlich schwer zu handhabendes Gewächshaus" war, wie Uwe Rascher sagt. Er hat dort in den vergangenen zwei Jahren mit zahlreichen Pflanzenökologen geforscht und für das Earth Department der Columbia-Universität die Auswirkungen von CO_2 und anderen Gasen auf das Klima untersucht. Biosphäre 2 war beliebt wie eine schöne, alte Harley-Davidson – obwohl die „bubble", wie sie hier zärtlich hieß, unpraktisch war, teuer und eigentlich gar nicht für Klimaforschung gemacht. Sie bot jedoch ein traumhaftes Ambiente, das Studenten, Forscher und Touristen begeisterte.

Nun ist der Traum geplatzt. Columbia hat am 22. Dezember die Lichter gelöscht, über 200 Leute entlassen und sogar die Website abgeschaltet. Ein herber Schlag für den charismatischen Direktor Barry Osmond. Der angesehene australische Pflanzenphysiologe war erst 2001 eingestiegen mit dem Auftrag, das dümpelnde Projekt wiederzubeleben (*ZEIT* Nr. 6/02). Sechs neue Lehrstühle und ein neuer Campus sollten zahlende Studenten zum „earth semester" locken und Touristen zusätzliche Dollars bringen.

Osmonds Vision war es, Klimaforschung als Menschheitsproblem Nummer eins unter möglichst echten Bedingungen voranzutreiben, mit all der natürlichen Komplexität. „Nicht nur auf Blattebene, sondern hoch skaliert auf eine größere Einheit", sagt Uwe Rascher. Immerhin bot die Blase 1,3 Hektar ökologischer Vielfalt: Savanne, Ozean, Regenwald, Mangrovensumpf. Die Simulation war viel realistischer als in üblichen Gewächshäusern und besser zu kontrollieren als im Freiland, weil Techniker hier Wettergott spielen und es nach Bedarf regnen lassen konnten. Osmond wollte den skeptischen Ökologen zeigen, dass man in dieser Glas gewordenen verrückten Idee eines Ölmilliardärs Klimaforschung von Weltrang betreiben kann.

Ursprünglich hatte der reiche Texaner Edward Bass das Gewächshaus für ein einzigartiges Experiment gebaut, das auch die NASA interessierte. Biosphäre 2 sollte ein alternatives Habitat sein für unsere Erde, die Biosphäre 1, falls sie durch Radioaktivität oder Umweltkatastrophen ungemütlich würde. Eine Handvoll Biosphärianer versuchte, in der „bubble" autark zu leben, Früchte anzubauen, Tiere zu hegen. Doch das funktionierte nicht. Immer wieder musste Sauerstoff zugepumpt werden, die Tiere starben, die Pflanzen welkten. Nach knapp zwei Jahren verließen die Eremiten, halb verhungert, ihre Blase und liefen dabei direkt der hämischen Presse in die Arme. Händeringend suchte der Milliardär nach einer neuen Nutzung für sein weltenrettendes Wüstenjuwel.

Schließlich stieg 1996 die Columbia-Universität ein, um die „bubble" als komplexes Gewächshaus, hochkarätige ökologische Forschungseinrichtung und für studentische Anschauung zu nutzen. Doch jahrelang dümpelte das Projekt vor sich hin und kostete nur Geld. Barry Osmond brachte dann einen frischen Schub. „Er hat Erfolg gehabt, trotz aller Skepsis am Anfang", findet Uwe Rascher. „Wir haben immerhin zwei ‚Nature'-Artikel veröffentlicht zur Wirkung von Klimagasen." Und diese Messungen seien nur in der Biosphäre möglich gewesen.

Aber Columbia begann Anfang 2002, das Projekt Biosphäre 2 zu überprüfen. Eine neue

Leitung des Earth Department spitzte den Bleistift: Jeffrey D. Sachs, Berater des UN-Chefs Kofi Annan in Wirtschaftsfragen und in nachhaltiger Entwicklung, senkte den Daumen. Die Hoffnung, das US-Energieministerium könnte die Finanzierung übernehmen und so die Kosten senken, hatte sich nicht erfüllt. Und der Traum war besonders teuer, weil er in einer der heißesten Wüsten der Erde ständiger Kühlung bedurfte. Doch der Besitzer Edward Bass witterte Vertragsbruch und verklagte die Universität. Dann begann eine hässliche Phase mit frustrierten Mitarbeitern und Anwälten, die mit wehenden Rockschößen in das Paradies eilten, in dem die Saguaro-Kakteen das unverwechselbare Südwestgefühl Amerikas verbreiteten. Nun waren die Besitzverhältnisse von Tausenden Geräten zu klären. „Columbia ist sehr schlecht ausgestiegen", meint Rascher, das Meiste bleibe dem Milliardär.

Der hat nun 50 Leute wiedereingestellt, um die Biosphäre erst mal im Minimalbetrieb laufen zu lassen. Seitdem kocht die Gerüchteküche: Macht er einen Freizeitpark daraus? Oder überlässt er den Glaskasten dem Wüstenwind? Mit der Forschung ist es jedenfalls vorbei. Denn auch Visionäre müssen manchmal rechnen. *DIE ZEIT 08.01.2004 Nr. 3*

1 *Lesen Sie den Text unter Berücksichtigung der folgenden Aufgabenstellung kritisch durch. Arbeiten Sie am besten mit einer Kopie des Textes und gehen Sie wie im Tippkasten auf Seite 93 beschrieben vor.*

> *Analysieren Sie den Text „Geplatzte Ökoblase". Stellen Sie die Intention der Verfasserin dar und untersuchen Sie, mit welchen sprachlich-stilistischen Mitteln sie diese umsetzt.*

2 *Notieren Sie in Stichpunkten Ihre ersten Untersuchungsergebnisse und vergleichen Sie dann diese.*

3 *a) Untersuchen Sie nun die sprachlich-stilistische Gestaltung des Textes genau und beschreiben Sie deren Funktion im Hinblick auf die Intention des Textes. Beachten Sie dazu folgende Bereiche:*
b) Verfassen Sie nun in Partnerarbeit Ihren Aufsatz. Belegen Sie Ihre Aussagen anhand des Textes (▷ Informationen zum Zitieren auf S. 325) und nehmen auch die Checkliste auf Seite 99 zu Hilfe.

Sprach- und Stilebene	Beispiele
Wortwahl/Wortschatz	□ Fremdwörter, Fachbegriffe, Umgangssprache, Anglizismen, Jugendsprache, schildernde Elemente
rhetorische Stilmittel	□ Metaphern, rhetorische Fragen, Hyperbeln (starke Übertreibungen) etc.
Satzbau	□ auffallende Häufung bestimmter Satzarten □ komplizierte Satzgefüge (Hypotaxe) oder Reihung einfacher Hauptsätze (Parataxe)
Stilebene/Schreibweise	□ sachliche, emotionale, ironische, polemische, erzählende, schildernde, argumentierende, wertende Textpassagen
Formen der Redewiedergabe	□ Zitate □ indirekte Redewiedergabe im Konjunktiv

Checkliste zur Sachtextanalyse

1. Schritt: Die Aufgabenstellung genau erfassen

+ Untersuchen Sie die Aufgabenstellung. Welche Analyseaspekte müssen erarbeitet werden? Welche Hinweise für die Gliederung des Aufsatzes beinhaltet die Aufgabenstellung?

2. Schritt: Den Text erlesen

+ Lesen Sie den Text mehrmals durch und legen Sie hierbei Ihr Augenmerk auf die in der Aufgabenstellung geforderten Analyseaspekte (z. B. Textsorte, sprachlich-stilistische Gestaltung des Textes, Argumentation und Intention der Verfasserin/des Verfassers etc.).
+ Markieren Sie wichtige Textstellen und halten Sie Ihre Ideen und Beobachtungen fest.

3. Schritt: Eine Stoffsammlung anlegen

+ Untersuchen Sie den Text nun nach entsprechenden inhaltlichen und formalen Aspekten (Aufgabenstellung beachten), z. B.:
  + **Textsorte/Textsortenmerkmale**
  + **Thema und Argumentation des Textes:**
    - Um welches Thema geht es in dem Text?
    - Welche Thesen werden aufgestellt, welche Standpunkte vertreten?
    - Wie ist die Argumentation aufgebaut? Mit welchen Beispielen wird sie veranschaulicht?
    - Ist die Argumentation überzeugend?
    - Werden Gegenargumente genannt oder angedeutet?
    - Zu welcher Schlussfolgerung/Empfehlung wird die Argumentation geführt?
  + **Sprachlich-stilistische Gestaltung:** Die sprachlich-stilistische Gestaltung eines Textes lässt Rückschlüsse auf die Textsorte, aber auch auf Intention des Verfassers/der Verfasserin zu. Die Analyse darf hierbei nicht bei der bloßen Benennung der jeweiligen Gestaltungsmittel stehen bleiben, sondern sie muss auch deren Wirkung bzw. Funktion benennen. Folgende Bereiche können Sie hierbei untersuchen (▷ weitere Informationen zu sprachlich-stilistischen Gestaltungsmitteln auf Seite 98, Seite 328 f. und Seite 353):
    - Wortwahl und Wortschatz, z. B. Fremdwörter, Jugendsprache, schildernde Elemente etc.
    - rhetorische Stilmittel, z. B. Metaphern, rhetorische Fragen, Hyperbeln etc.
    - Satzbau, z. B. parataktischer oder hypotaktischer Satzbau
    - Stilebene/Schreibweise, z. B.: sachliche, emotionale, ironische, wertende Textpassagen
    - Formen der Redewiedergabe, z. B. als Zitat oder als indirekte Rede im Konjunktiv
  + **Aussageabsicht und Zielgruppe**
    - Welche Absicht verfolgt der Text? Welche Wirkung hat er auf die Leser? Welche Zielgruppe spricht der Verfasser/die Verfasserin an?

4. Schritt: Die Gliederung erstellen

+ Erstellen Sie eine inhaltlich aussagekräftige Gliederung für den Aufsatz.

5. Schritt: Den Aufsatz schreiben und überarbeiten

+ Beachten Sie die Dreigliedrigkeit des Aufsatzes (Einleitung, Hauptteil, Schluss).
  1. Einleitung: Angaben über Autor/in, Titel, Textsorte, ggf. Herkunft und Erscheinungsdatum des Textes und Benennung des Themas des Textes
  2. Hauptteil: Ergebnisse der Textanalyse (Beleg mit Zitaten) und Deutung
  3. Schluss: Stellungnahme, Wertung oder weiterführender Gedanke
+ Überarbeiten Sie Ihren Aufsatz (abwechslungsreiche Formulierungen, grammatikalische Richtigkeit, korrekte Rechtschreibung und Zeichensetzung) und passen Sie ggf. Ihre Gliederung Ihren Ausführungen an.

Utopie unter der Käseglocke:

Im Kunstraum wird die Idee artifizieller Lebenswelten diskutiert CORNELIA GOCKEL

Ende der 1960er Jahre war der Glaube an den Fortschritt noch ungebrochen. Die Menschen eroberten sich den Weltraum, flogen zum Mond und machten dort ihre ersten unsicheren Schritte. Ihre Neugierde schien grenzenlos. Was wäre, wenn wir das Leben auf der Erde einmal hinter uns lassen könnten, um einen Neuanfang auf dem Mars zu wagen? Was sich heute wie die Idee für einen Science-Fiction-Film anhört, hatten Forscher Anfang der 1980er Jahre ernsthaft überlegt und Biosphäre 2 entwickelt, eine kühne Architektur aus Stahl und Glas, unter der Menschen wie Pflanzen auch in fremder Atmosphäre optimal gedeihen sollten. Eine Handvoll Freiwilliger hatte sich damals aufgemacht, um unter Laborbedingungen den Ernstfall in der Wüste von Arizona zu erproben. Doch die Träume von der schönen neuen Welt zerplatzten schon nach kurzer Zeit. Biosphäre 2 endete menschlich und ökologisch in einer Katastrophe. Heute ist die ehemalige Weltraumstation eine Touristenattraktion geworden. Tausende pilgern jährlich in die Wüste, um hier die futuristisch anmutende Architektur zu bewundern – Zukunftsfantasien unter einer Käseglocke. Das Künstlerduo Bik van der Pol hat den mythologischen Ort untersucht und seine Recherche in einer Reihe von Farbfotografien dokumentiert. Die Arbeit ist Teil einer Gruppenausstellung, die sich mit dem erweiterten Naturbegriff und unserem Verhältnis zur Umwelt beschäftigt. Ausgangspunkt für das Projekt war der Artikel „The Domain of the Great Bear" von Robert Smithson und Mel Bochner, der 1966 in der Zeitschrift „Art Voces" erschienen ist. Darin beschreiben die beiden Künstler ihre Besuche im Hayden Planetarium des New Yorker Museums of Natural History – eine perfekte Simulation von Natur. Der Titel ist auch gleichzeitig der Name des dreiteiligen Ausstellungsprojekts im Kunstraum, das mit einem Workshop und einer Vortragsreihe begonnen hat und im März mit dem dritten Teil „Kosmische Sehnsucht" enden wird. (Adresse: Zieblandstraße 8, 4. bis 7. Januar)

Süddeutsche Zeitung vom 29.10.2006

1 *Vergleichen Sie die Texte „Biosphäre 2" (▷ S. 90–93), „Geplatzte Ökoblase" (▷ S. 97–98) und „Utopie unter der Käseglocke" (▷ S. 100). Berücksichtigen Sie dabei Informationsgehalt, Textsorte, sprachliche Gestaltung und Intention der Texte.*

2 *Schreiben Sie selbst in Partnerarbeit einen Sachtext über das Projekt „Biosphäre 2". In der Wahl der Textsorte sind sie frei, z. B.: Bericht, Reportage, Kommentar, Glosse etc. (▷ Informationen zu journalistischen Textsorten auf S. 359 f.).*
TIPP: *Vergegenwärtigen Sie sich den Adressaten und die Intention Ihres Textes und planen Sie einen sinnvollen Aufbau sowie die Layoutmerkmale (▷ Layoutgestaltung eines Sachtextes S. 117).*

3 *Die Befürworter und Teilnehmer/-innen von Biosphäre 2 erwarteten Positives von diesem Projekt, gemessen an seiner ursprünglichen Zielsetzung ist das Scheitern dieses Experiments aber heute unabweisbar.*
a) Diskutieren Sie, welche Erwartungen als überzogen bezeichnet werden müssen. Welche Erklärungen lassen sich dafür finden?
b) Bewerten Sie in einem knappen Statement das Projekt „Biosphäre 2" (▷ Informationen zum Erörtern in freieren Formen auf S. 40 f. und S. 64).

4.2. Die Notwendigkeit von Utopien – Begriffe und Inhalte klären

Thomas Morus

Thomas Morus (engl. Thomas More; 1478–1535) war ein englischer Staatsmann, Jurist und humanistischer Autor.
Er wurde in London als Sohn eines Richters geboren, studierte in Oxford, war Mitglied des Parlaments und durchlief unter König Heinrich VIII. eine steile Karriere vom Richter zum Diplomaten und Staatsmann. Als Humanist unterhielt er Verbindungen zu anderen Philosophen und Staatsmännern, so zu Erasmus von Rotterdam, und kümmerte sich – ungewöhnlich für die damalige Zeit – um eine fundierte Bildung seiner Töchter.
Unter König Heinrich VIII. war Thomas Morus ein angesehener Politiker. Dass er sich aber als streng gläubiger Katholik und Anhänger des Papsttums weigerte, den Suprematseid auf den König als Oberhaupt der anglikanischen Kirche zu leisten, hatte weit reichende Folgen: Er verlor seine Ämter und wurde 1535 zum Tod durch Enthauptung verurteilt. Der Kopf des Thomas Morus wurde für einen Monat auf der Londoner Towerbridge gezeigt.

Erst seiner Tochter Margaret Roper gelang es durch Bestechung, den Kopf abnehmen zu lassen. 1935, also 400 Jahre nach seiner Hinrichtung, wurde Thomas Morus von der katholischen Kirche heiliggesprochen. Im Jahr 2000 ernannte ihn Papst Johannes Paul II. zum Patron der Regierenden und Politiker.

Thomas Morus

Utopia

Thomas Morus berühmteste Schrift „Utopia“ erschien 1516 und ist als Reisebericht konzipiert. Morus schildert darin das Leben in dem Idealstaat „Utopia“ auf einer fernen Insel. Der Text, der zugleich als Sozialkritik an dem England seiner Zeit gedacht war, prägte den Begriff „Utopie“. Der folgende Text ist ein Auszug aus dieser Schrift.

Und erst die Kleider – wie wenig Arbeit geben die! In der Werkstatt tragen die Utopier schlecht und recht etwas aus Leder oder ein Fell: Derlei hält sieben Jahre vor. Gehen sie aus, so werfen sie sich einen Mantel über, der jene primitive Bekleidung deckt; seine Farbe ist auf der ganzen Insel gleich, und zwar naturhaft. Daher genügt nicht nur weniger Wollstoff als irgendwo sonst; er kostet auch viel weniger Arbeit. Freilich noch einfacher herzustellen ist die Leinwand; sie trägt man daher auch häufiger. Man sieht beim Linnenzeug nur auf die Weiße, beim Wollstoff nur auf die Sauberkeit; der Feinheit des Gewebes fragt man nichts nach. Während anderswo keinem Menschen vier oder fünf wollene Kleider in verschiedenen Farben und ebenso viele seidene Unterkleider genügen – die eleganteren Leute tun es nicht unter zehn –, ist hier jeder mit einem einzigen zufrieden, meist auf zwei Jahre hinaus. Warum sollte er auch mehr haben wollen? Er wäre gegen die Kälte ja doch nicht besser geschützt und vornehmer sähe er wegen seiner Kleider um kein Haar aus.

Weil also alle ein nützliches Handwerk treiben und dieses selbst mit weniger Arbeit auskommt, können sie bei dem Überfluss an allen Erzeugnissen ohne Weiteres etwa zur Ausbesserung der Straßen, wenn diese abgenützt sind, eine gewaltige Menge Arbeiter auf die Beine bringen; gibt es nicht einmal etwas Derartiges zu tun, so setzen sie oft auch offiziell die Arbeitszeit herab; denn die Behörden schinden die Bürger nicht mit überflüssiger Arbeit, da dieser Staat vor allem das eine Ziel verfolgt, jeden Bürger, soweit es die Bedürfnisse der Allgemeinheit erlauben, möglichst ausgiebig vom körperlichen Frondienst zu entlasten zu Gunsten der freien Entfaltung und Pflege des Geistes: Darauf nämlich beruht, wie sie glauben, das Glück des Daseins.

Doch nun ist von der Art zu reden, wie die Bürger unter sich leben, wie sich ihre Beziehungen gestalten und wie die Verteilung der Güter vor sich geht. Die Bürgerschaft besteht aus Familien, die Familien aber setzen sich meistens aus Blutsverwandten zusammen. Denn wenn eine weibliche Person herangereift ist und einen Gatten bekommen hat, geht sie in dessen Haushalt über; die Söhne aber und nachher die Enkel verbleiben in der Familie und unterstehen dem ältesten der Väter, außer wenn sein Verstand unter dem Alter zu stark gelitten hat; dann nämlich rückt der Nächstälteste an seine Stelle.

Damit jedoch die Stadt nicht zu schwach oder aber zu stark bevölkert wird, ist bestimmt, dass keine Familie – jede Stadt enthält ihrer sechstausend, abgesehen von denjenigen auf dem Lande – weniger als zehn oder mehr als sechzehn Erwachsene aufweisen dürfe – bei den Unerwachsenen lässt sich nämlich keine Zahl zum Voraus festsetzen. Diese Norm erhält man mühelos aufrecht, indem man in die allzu kleinen Familien die Sprösslinge übergroßer versetzt. Sollte aber einmal insgesamt ein untragbarer Überschuss entstehen, so füllen sie andere eigene Städte auf, die mangelhaft bevölkert sind; schwillt die Menge auf der ganzen Insel über alles Maß an, so heben sie aus jeder Stadt Bürger aus und heißen sie auf dem Festland in nächster Nähe, wenn dort die einheimische Bevölkerung noch viel unbebautes Ackerland hat, eine Kolonie nach dem Muster ihrer eigenen Verfassung anlegen; in diese nehmen sie auch die Einheimischen auf, die mit ihnen zusammenleben wollen. Aus dieser Verbindung mit den willigen Elementen entsteht ohne Schwierigkeit eine neue Einheit von gleicher Lebensform und Gesittung, und zwar zum Besten beider Völker: Ihre Einrichtungen sorgen dafür, dass derselbe Boden beiden Nahrung im Überfluss spendet, der den andern vorher mager und unergiebig vorkam. Wer nicht nach ihren Gesetzen leben will, den jagen sie aus dem Gebiete weg, das sie für sich in Anspruch nehmen; gibt es Widerstand, so wenden sie Waffengewalt an. Denn das ist nach ihrer Meinung der gerechteste Grund zum Kriege, wenn ein Volk auf dem Boden, den es selbst nicht verwertet, sondern leer und unbesiedelt lässt, anderen Menschen, die nach dem Gebote der Natur daraus ihre Nahrung ziehen sollten, die Nutzung und Besitznahme verwehrt. Hat einmal ein Ereignis eine ihrer Städte dermaßen dezimiert, dass ihr aus den übrigen Teilen der Insel ohne Schaden für die eigene Bevölkerungsnorm nicht aufzuhelfen ist – dies soll nur zweimal seit Beginn ihrer Geschichte infolge einer schlimmen Pest eingetreten sein –, so wird sie durch Rückwanderer aus den Kolonien aufgefüllt; sie lassen nämlich lieber eine Kolonie eingehen als eine einzige ihrer Inselstädte veröden.

Doch ich kehre zum sozialen Leben der Bürger zurück. Der Älteste, wie gesagt, herrscht über die Familie; als Untergebene stehen den Männern die Gattinnen, den Eltern die Kinder und überhaupt die Jüngeren den Älteren zur Verfügung. Die ganze Stadt zerfällt in vier Teile: In der Mitte jedes Viertels liegt der Markt für alles. Dorthin bringt jede Familie die Erzeugnisse ihrer Arbeit in bestimmte Gebäude; die einzelnen Warengattungen sind gesondert auf Magazine[1] verteilt. In diesen lässt sich jeder Haushaltungsvorstand geben, was er für die Seinen braucht, und ohne Zahlung, ohne die geringste Entschädigung bekommt er alles mit, was er verlangt. Warum sollte man ihm auch irgendetwas versagen, da alle Bedarfsgüter in Hülle und Fülle vorhanden sind und keine Gefahr besteht, dass jemand mehr fordert, als er braucht? Denn warum sollte man annehmen, es verlange einer Überflüssiges, wenn er doch sicher ist, niemals Mangel zu leiden? Habsucht und Raubgier stammt bei allen Lebewesen aus der Angst vor der Entbehrung, beim Menschen allein auch noch aus der Großmannssucht, die sich darauf etwas einbildet, durch Schaustellung überflüssigen Besitzes andere auszustechen. Diese Untugend aber kommt bei den Einrichtungen der Utopier überhaupt nicht auf.

An die erwähnten Marktplätze schließen sich solche für Lebensmittel an. Dorthin bringt man neben Gemüse, Obst und Brot auch Fische und was von Vierfüßlern und Vögeln essbar ist, aus den unweit vor der Stadt gelegenen Schlachthäusern, wo im fließenden Wasser Blut und Kot weggespült werden kann. Erst wenn die Tiere dort von den Sklaven geschlachtet und sauber ausgenommen sind, gelangen sie in die Stadt; sie wollen nämlich nicht, dass ihre Bürger das Schlachten gewohnheitsmäßig betreiben, weil sie glauben, sie verlernten dabei allmählich das Erbarmen, das menschlichste Gefühl unserer Natur; außerdem wollen sie nichts Unsauberes und Unreines in die Stadt einführen lassen, weil faulende Stoffe die Luft verpesten und dadurch Krankheiten verursachen könnten. Ferner hat jeder Häuserblock in gleichmäßigem Abstand von den andern gewisse geräumige Hallen, die alle ihre besonderen Namen tragen; die Aufsicht darüber führen die Syphogranten[2]. Jeder sind dreißig Familien zugewiesen, von jeder Seite fünfzehn; die speisen dort. Die Verpflegungschefs jeder Halle sammeln sich zur bestimmten Zeit auf dem Markt, melden die Zahl ihrer Tischgänger und lassen sich die Lebensmittel einhändigen. [...]

In diesen Hallen kommt zu den festgesetzten Stunden des Mittags- und Abendessens auf den mahnenden Ruf einer ehernen Trompete die ganze Syphograntie zusammen, mit Ausnahme der Kranken in den Spitälern oder zu Hause. Immerhin, sobald die Hallen genügend versorgt sind, darf jedermann vom Markt auch nach Hause Lebensmittel mitnehmen: Sie wissen ja, dass dies niemand ohne Grund tut. Denn wiewohl es nicht verboten ist, daheim zu essen, tut dies keiner gern: Für fein gilt dies nicht und dumm wäre es, sich mit der Zubereitung eines schlechteren Essens abzuplagen, während doch ein ausgesuchtes und reichliches Mahl in der nahen Halle wartet. Sämtliche etwas schmutzigen oder mühseligen Arbeiten in dieser Halle besorgen Sklaven; das Kochen und Fertigmachen der Mahlzeit sowie die Herrichtung der Tafel ist Sache der Frauen allein; die Familien wechseln dabei ab. [...]

Jedes Mittagessen, jede Abendmahlzeit eröffnen sie mit dem Vorlesen einer moralischen Betrachtung, aber einer kurzen, damit es den Leuten nicht verleide. Dann beginnen die älteren Männer eine gesittete Unterhaltung, der es aber deswegen nicht an Fröhlichkeit und Witz fehlt; ebenso wenig nehmen sie die ganze Essenszeit mit langen Sprüchen in Beschlag: Sie hören auch die Jungen gern und veranlassen sie sogar absichtlich zum Reden, um eines jeden Charakter und Intelligenz kennen zu lernen, wenn er beim gemütlichen Mahle aus sich herausgeht.

1 **Magazin:** Lagerraum

2 **Syphogranten:** die von jeweils 30 Haushalten gewählten Vorsteher

1 *Lesen Sie den Text aufmerksam und tauschen Sie sich nach der Lektüre darüber aus, welchen ersten Eindruck Sie von dem Idealstaat „Utopia" haben. Charakterisieren Sie diesen in wenigen Worten.*

2 *a) Schreiben Sie alle unbekannten Begriffe aus dem Text heraus.*
b) Ergänzen Sie Ihre Sammlung mit den die folgenden Begriffen.

schlecht und recht (Z. 3) | primitiv (Z. 6) | Leinwand (Z. 11) | schinden (Z. 33)

Frondienst (Z. 38) | ausheben (Z. 70 f.) | Kolonie (Z. 74) | Gesittung (Z. 80)

veröden (Z. 104) | dezimieren (Z. 96) | ehern (Z. 163) | Großmannssucht (Z. 128 f.)

c) Paraphrasieren (umschreiben) Sie die Wendung „schlecht und recht" mit Hilfe des folgenden Artikels aus einem Wörterbuch. Achten Sie darauf, in welchem Kontext diese Wendung im vorliegenden Text verwendet wird.

recht und schlecht: (vielfach auch in der umgekehrten Reihenfolge „schlecht und recht") ist eine Redensart und bedeutet so viel wie „so gut es eben geht".
Etymologie: Das Wort „schlecht" bedeutete ursprünglich „einfach, schlicht, glatt". So war es also eine reimgerechte Verstärkungsform, wenn man von „recht und schlecht" im Sinne von richtig und recht sprach. Erst im 17. Jahrhundert wurde dem Wort die heutige Bedeutung zugeordnet, doch änderte sich die Redensart nicht. Die Redensart erfuhr somit nahezu eine Bedeutungsumkehr, da nach heutigem Gebrauch die Dominanz des negativen „schlecht" vorherrscht.
Oft wird deswegen auch bei Gebrauch dieser Wendung die Formulierung „mehr schlecht als recht" verwendet.

d) Bestimmen Sie nun die übrigen Begriffe und halten Sie Ihre Begriffsbestimmung fest. Achten Sie hierbei auf den Kontext, in dem die Begriffe im vorliegenden Text verwendet werden. Nutzen sie Wörterbücher (z. B. Fremdwörterbuch, Herkunftswörterbuch) oder das Internet.

3 *Stellen Sie Ihre Ergebnisse vor. Greifen Sie bei Abweichungen auf den Text zurück und untersuchen Sie den Kontextbezug des Begriffs.*

TIPP

Begriffsbestimmung

Bei einer Textanalyse ist es wichtig, auf die verwendeten Begriffe zu achten, da diese etwas über die Einstellung des Autors zu einem bestimmten Sachverhalt verraten oder auch zeigen, in welcher Zeit und für welches Publikum der Text konzipiert wurde. Sprachlich werden Begriffe in einem Wort oder in einer Wortgruppe ausgedrückt. Viele Begriffe haben im Laufe der Geschichte ihre Bedeutung verändert (▷ Bedeutungswandel S. 326) und/oder haben ein weites Bedeutungsfeld gewonnen, sodass bei der Begriffsbestimmung immer auch der Kontextbezug berücksichtigt werden muss.

Um einen Begriff zu erklären, können wir ihn mit anderen Worten wiedergeben (paraphrasieren), z. B.

- **Synonyme suchen:** Ersetzen des Begriffs durch einen gleichbedeutenden, z. B.: „unlängst = vor Kurzem"
- **Umschreibung eines Begriffs,** z. B.: „Stuhl = Möbelstück zum Sitzen für eine Person"

4 *In dem Text „Utopia" werden verschiedene Aspekte dieses Idealstaates beschrieben.*
a) Gliedern Sie den Text „Utopia" in Themenbereiche. Finden Sie für jeden Bereich einen treffenden Begriff.
b) Stellen Sie Ihre Ergebnisse in der Klasse vor und erarbeiten Sie gemeinsam eine Grobgliederung des Textes nach Begriffen.
c) Bilden Sie Gruppen. Jede Gruppe beschäftigt sich mit einem Begriff (Themenbereich), indem sie alle Textinformationen zu diesem Begriff zusammenträgt und übersichtlich darstellt.
***TIPP:** Beachten Sie hierbei konkrete Regelungen für „Utopia", aber auch das dahinterstehende Menschen- und Gesellschaftsbild.*
d) Präsentieren Sie die Ergebnisse Ihrer Gruppenarbeit in der Klasse.

5 *Würden Sie gerne in „Utopia" leben? Diskutieren Sie, ob „Utopia" Ihrer Meinung nach ein Idealstaat ist.*

6 *Fassen Sie den Text „Utopia" zusammen und bewerten Sie in einer Stellungnahme diesen Gesellschaftsentwurf (▷ Informationen zum Erörtern in freieren Formen auf S. 40f. und S. 64).*

Zum Begriff „Utopie"

Der Begriff „Utopie" stammt aus dem Griechischen (ou = nicht; topos = Ort) und bedeutet so viel wie „Nirgendwo", „Nirgendsort".

Urbild aller Utopien ist die Schrift „Der Staat" (griech. Politeia) des griechischen Philosophen → Platon. Ausgehend von der Kritik an den herkömmlichen Regierungsformen zeichnet Platon als Gegenentwurf das Bild eines Idealstaates, in dem Gerechtigkeit und Glück die konstitutiven Elemente sind. Der beschriebene Staat sollte ein Ständestaat sein: beherrscht von den Philosophen, beschützt von den Kriegern (Wächtern), getragen von den Bauern und Handwerkern. Die Herrscher und Wächter sollten weder durch Familie noch durch Eigentum gebunden sein. Der Staat Platos steht damit im deutlichen Gegensatz zum System der Demokratie Athens.

Der Begriff „Utopie" geht auf den in lateinischer Sprache verfassten Roman „Utopia" des englischen Humanisten → Thomas Morus (1478–1535) zurück.

Häufige Strukturelemente → utopischer Literatur bilden die Reise des Erzählers (1) in eine ferne, abgeschiedene Welt (2), häufig eine Insel, wo ihm eine kundige Person (3) die politischen und gesellschaftlichen Zustände (4) im Detail erläutert. Mit erzieherischer Absicht gibt der Erzähler sein Wissen über diese utopische Welt, die ein alternatives Modell zu bestehenden Staats- und Gesellschaftsformen darstellt, an den Leser weiter.

In der modernen Literatur sind → Dystopien (negative Utopien) vorherrschend. Sie zeichnen eine Gesellschaft, die sich zum Negativen entwickelt hat, und führen damit vor Augen, was passieren könnte, wenn negative gesellschaftliche Entwicklungen fortgeführt werden, z. B. Gefahren durch Genmanipulation oder die vollständige Überwachung durch den Staat, wie sie Aldous Huxley in seinem Roman „Schöne neue Welt" (1932) und wie sie George Owell in seinem Werk „1984" (1948) beschreiben.

Utopien haben gesellschaftskritischen Charakter: Entweder sie behaupten, eine bessere Gesellschaft sei möglich, oder umgekehrt, sie entwickeln Dystopien, indem sie bestehende, negative Gesellschaftstendenzen gedanklich weiterentwickeln.

Utopien – Gegenwelten oder Gegenentwürfe zur existenten Welt – bedeuten als Zukunfts-

visionen immer auch eine Reflexion der Gegenwart: Sie zeigen neue Perspektiven auf oder warnen vor gewissen Entwicklungen. Sie sind also immer auch Auseinandersetzung mit der Gegenwart.
Der Begriff „Utopie" wird heute in einem umfassenden Sinn gebraucht und kann „Wunschziel, Träumerei" bedeuten; „utopisch" meint aber auch – negativ konnotiert – „unerfüllbar" oder „irreal". Die Abgrenzung des Begriffs „Utopie" von verwandten Genres wie → Science-Fiction und → Groteske sind fließend.

7 *a) Werten Sie in Partnerarbeit den Lexikonartikel zum Begriff „Utopie" (▷ S. 105 f.) aus. Erstellen Sie eine Übersicht (Schaubild, Tabelle etc.), in der Sie die Informationen überschaubar anordnen.*
b) Stellen Sie Ihre Ergebnisse in einem Kurzreferat vor.

Utopie
↓
Ursprung und Bedeutung des Begriffs:
...

8 *Sprechen Sie in der Klasse darüber, wo Sie heute „utopisches" Denken oder Handeln vorfinden.*

Wirtschaft und Gesellschaft Englands zur Zeit des Thomas Morus
Nach den großen → *Pestepidemien* im 14. Jahrhundert ließ ein starker Bevölkerungsanstieg die englischen Städte, allen voran London, wachsen. Der Geldbedarf der Krone (u. a. für militärische Zwecke) führte zu Steuererhöhungen, aber auch zu einer wachsenden → *Inflation.* Auch im Zuge der beginnenden → *Entdeckungsreisen* bildete sich eine einflussreiche und wohlhabende Schicht von bürgerlichen Fernhändlern und Unternehmern heraus. Auf dem Land verarmte eine wachsende Zahl von Landarbeitern und Kleinbauern, weil Großgrundbesitzer zunehmend anfingen, die bisher von allen Bewohnern eines Dorfes gemeinschaftlich genutzten Flächen zu privatisieren (→ *enclosure movement*), um ihre – in den wachsenden Städten lukrativ absetzbare – Lebensmittelproduktion zu steigern; Vertreibungen von den Bauernhöfen sowie Verwahrlosung und Landstreicherei nahmen sprunghaft zu. So ist die Zeit vom Ende des 15. bis zum Beginn des 17. Jahrhunderts eine Zeit des Umbruchs, der sozialen und politischen Spannungen und zuletzt sogar des Bürgerkrieges, was z. B. auch in den Schriften von Thomas Morus (Utopia) und → *Thomas Hobbes* (Leviathan) deutlich wird.

9 *a) Verschaffen Sie sich mit Hilfe des oben stehenden Lexikonartikels einen Überblick über die Wandlungen im England der frühen Neuzeit. Schlagen Sie auch die mit Querverweisen (→) gekennzeichneten Begriffe in Lexika oder im Internet nach.*
b) Beschreiben Sie die Merkmale lexikalischer Texte und besprechen Sie, wie man mit derartigen Texten arbeiten kann.

10 *Wenden Sie Ihre Ergebnisse aus den Aufgaben 7–9 dazu an, den Auszug aus „Utopia" von Thomas Morus (▷ S. 101–103) vor seinem historischen Hintergrund sowie im Kontext des Begriffes „Utopie" zu deuten. Belegen Sie Ihre Deutungsansätze anhand des Textes.*

Stefan Andres

Stefan Andres wurde am 26. Juni 1906 als neuntes Kind eines Müllers geboren. Anfangs wollte er Priester werden, studierte dann aber Germanistik, Philosophie und Kunstgeschichte in Köln, Jena und Berlin. Er unternahm weite Reisen nach Italien, Ägypten und Griechenland. 1937 emigrierte er nach Italien, wo er bis 1948 in Positano am Golf von Neapel wohnte und arbeitete. Nach seiner Rückkehr nach Deutschland bezog er auch öffentlich Stellung zu zeitgeschichtlichen und politischen Fragen. 1961 übersiedelte er nach Rom, wo er am 29. Juni 1970 starb.

Stefan Andres

Der Fleck an der Zellendecke

In der Erzählung „Wir sind Utopia" (erschienen 1942) gerät der ehemalige Pater Paco (auch Padre Consalves genannt) während des spanischen Bürgerkrieges (1936–1939) in kommunistische Gefangenschaft. Dort erinnert er sich an seine Mönchszelle, vor allem an den inselförmigen Rostfleck an seiner Zellendecke, der ihn zum gedanklichen Entwurf einer humanen Utopie inspirierte, sowie an sein Streitgespräch über diese humane Utopie mit seinem Dogmatikprofessor[1] Padre Damiano. Hier setzt der folgende Textausschnitt aus der Novelle ein.

Er beichtete also seinem alten Dogmatikprofessor, dem Padre Damiano, seine Fahrten nach Utopia. Der zog die Brauen zusammen – er war ein unsagbar nüchterner Mystiker! – und ihm mit der Hand das Gesicht zu sich heraufhebend (Padre Consalves kniete vor ihm in der Zelle) knurrte er nur: „Wechseln Sie die Zelle oder lassen Sie ihre Insel zustreichen oder noch besser: Fahren Sie nicht mehr hinüber. Vergessen Sie nicht: Noch keiner hat die Welt zu einem Utopia reformieren können, keiner, selbst Er nicht! Wenn Sie bedenken, Padre Consalves, dass die ganze Welt eine Börse ist (Padre Damiano war früher ein bekannter Bankier gewesen), und wenn Sie sehen, wie schlecht die Aktien Gottes stehen und Sie trotzdem kaufen, dann denken Sie also etwa heimlich: Wollen sehen, man kann nie wissen? – Ich kann Ihnen sagen, Sie spekulieren daneben! Kaum haben Sie gekauft, schon sinkt der Kurs von Neuem, sinkt, sinkt und sinkt, Sie gelten allgemein als ein Trottel, man lacht Sie aus. Sie behalten aber das Papier, Sie behalten es, nun ja, weil Sie es ohnehin nicht mehr anständig loswerden. Wegwerfen, ja, das wohl, aber verkaufen? – Sie wissen ja, die Kinder dieser Welt sind klüger als die Kinder des Lichtes. Und nun beginnen Sie heimlich und leise, um Ihre wertlos gewordene Aktie doch vielleicht wieder auf den Markt zu bringen, ein Utopia zu gründen, irgendwo, keiner hat es gesehen, aber Sie erzählen davon, ach ja: Was das Christentum alles doch bewirken könne; und das Ergebnis: ein richtiger Bankkrach! Die Leute erfahren: Das gibt es ja gar nicht, dieses Utopia, diese erlösten, fried-

1 **Dogmatik:** Lehrfach an theologischen Hochschulen über die Auslegung der christlichen Glaubenslehre

lichen Christen, diese losgelösten, nur nach dem Ewigen trachtenden Priester, überhaupt dies besondere Leben, das die Erde liebt, wie nur die Heiden es können, und zugleich für nichts erachtet, wie es den Christen aufgegeben ist, nein, dies besondere Leben, das gibt es ja nicht. Die Christen sind nicht anders als die übrigen Menschen. Wenn das dann wieder neuerdings feststeht, muss Ihr Utopia als ein Schwindelunternehmen angesehen werden und was sind Sie in diesem Fall? Und wo gehören Sie hin? Ich sage Ihnen, ins Gefängnis, genau wie dieses und jenes Finanzgenie, das am Mississippi oder in Alaska eine Gesellschaft gründet, die nur auf dem Papier existiert."

Paco hatte damals flehentlich die Hände erhoben: „Ja, aber unser Glaube!? Christus hat doch gesagt, dass wir noch größere Zeichen und Wunder als er verrichten würden."

Padre Damiano lachte grob: „O gewiss! Das größte Wunder ist nämlich, an diese scheinbar faule Aktie zu glauben, und nicht einmal, weil das in der Offenbarung steht – das könnte ja ebenfalls ein leeres Versprechen sein –, sondern weil unser Herz erkannt hat: Die Aktie ist echt. Hier ist der Weg, die Wahrheit und das Leben – und nicht da und nicht dort, wenigstens nicht für mich. Und nun sei treu und kühn, glaube, hoffe und vor allem liebe! Und deine Aktie gibt dir mehr als ein Utopia: Sie gibt dir den Mut, ein Mensch zu sein, dem nichts mehr schadet und den nichts mehr enttäuscht! Denn alles ist euer, sagt Paulus, ihr aber seid Gottes."

Paco hatte noch einmal die Hände gehoben: „Ja, aber, Padre, wenn das Leben der Christen sich in nichts unterscheidet von dem der anderen; wenn es nicht mehr und nicht schönere Früchte trägt, ist dann noch eine Ursache vorhanden, die Wahrheit dieses Glaubens als verbürgt anzunehmen?"

Padre Damianos breites, dickes Gesicht verdüsterte sich, er stülpte die Lippen vor und seine blutunterlaufenen, immer tränenden Augen verkniffen sich. „Wenn Sie den Christen damit insgesamt einen Vorwurf machen, richtet sich dieser Vorwurf gegen die Majestät Gottes! Denn wir sind nach seinem Willen so, wie wir sind, wir Menschen insgesamt. Und merken Sie sich, Padre Consalves, es gibt kein Innerhalb und Außerhalb der Kirche. Vor Gott gibt es nicht einmal die Hürden der Religionen, die wir Menschen aus mancherlei Gründen offensichtlich notwendig haben. Nur das Eine ist unumstößlich: Gott ist die Liebe und wer in der Liebe bleibt, der bleibt in Gott und Gott in ihm. Die Liebe aber ist die diskreteste Tugend und sie kann in Verwandlungen auftauchen, wo wir sie gar nicht mehr erkennen. Sie wollen die strahlenden Früchte der Christen sehen, die alles überstrahlenden! Ach, du lieber Himmel, wenn das so exakt statistisch festzustellen wäre, hätte die ungetaufte Menschheit alle Eile, innerhalb vierundzwanzig Stunden sich taufen zu lassen, aus lauter Tugendkonkurrenz. Gottes Denken ist nicht so praktisch, so rechnerisch, so gewaltsam! Der Mensch ist nicht Buddhist, Mohammedaner oder Christ, weil in jeweils seiner Religion die hellsten Tugendfrüchte gezeitigt werden, sondern weil ihm dieses himmlische Gewand von den Eltern überliefert wurde und vor allen Dingen, weil es ihm passt: Er kann sich darin bewegen, es hält ihn warm, und er hat es gern; er hält es sauber und wirft es nicht weg, denn auch die Tradition verbindet mit Gott. Alle diese Gewänder aber sind aus ein und demselben Stoff gemacht: aus der Liebe Gottes und der Liebe zu Gott!" Und nun neigte sich der Alte zu Padre Consalves' Ohr: „Gott geht nicht nach Utopia! Aber auf diese tränenfeuchte Erde kommt er – immer wieder! Denn hier ist unendliche Armut, unendlicher Hunger, unendliches Leid! Gott liebt das ihm ganz andere, liebt den Abgrund und er braucht – verstehen Sie mich um seines heiligen Namens willen recht –, braucht die Sünde! Sie verstehen mich. Er ergießt sich. Er erneuert, Gott schafft Götter. Der Kosmos ist sein geliebter Sohn, der von ihm, dem Vater, alles empfängt im Geist, in der Liebe. Und dieser Sohn wird so, wie der Vater es will! Gott liebt die Welt, weil sie unvollkommen ist. – Wir sind Gottes Utopia, aber eines im Werden!"

Utopia – wie Recht hatte der alte Dogmatiker! – trug die Schuld an seinem Austritt. Padre Damiano hatte ihm am Abend vor seinem Fortgehen aus dem Kloster noch mancherlei gesagt. Padre Consalves hatte schon den Zivilanzug auf der Zelle und darauf hinweisend sagte er: „Padre Damiano! Sie hätten es nicht geglaubt, nicht wahr, aber ich weiß nicht mehr, warum ich hier in dieser Zelle sitze, es muss etwas geschehen!"

Der Alte hatte – aber er war eigentlich noch nicht so alt – seine zwei Zentner Leibesgewicht auf die Pritsche fallen lassen und dann die Backen aufgeblasen und vor sich hingenickt: „Es muss etwas geschehen, sagte der Floh und sprang." Padre Damiano sagte das ebenso vergnügt wie nachdenklich. „Und dieser Sprung gehört zum Ganzen, zum großen Geschehen – wiewohl weiter nichts Weltstürzendes dabei herauskam, aber er sprang, wie gesagt."

Schließlich hatte er nach der Decke aufgeschaut, sich weit zurückbeugend, und den Rostflecken lange studiert. „Ja, wer möchte nicht so eine schöne Insel haben, um sich da ein bisschen aufzufrischen! Auch gute Lust dort, wie? Natürlich doch, muss ja sein. Malaria ist ausgerottet oder war nie da. Schlangen keine, Tiger auch nicht! Sterblichkeit sehr heruntergesetzt, sterben alle im Patriarchenalter, sanft, in weißen Laken. Gute Verwaltung, blühende Gemeinden! Und vor allen Dingen kein Geld! Haha, Sie Schlauberger! Aber was ist das eigentlich: Haben diese Leute dort oben an der Decke eigentlich freien Willen oder sind sie sanft, ergeben und lenkbar wie Schafe?"

„Doch, sie haben freien Willen, mehr als wir hier hinter diesen Gittern allüberall und mehr als die stumpfen Untertanen unter ihren Ausbeutern!"

„Aber Ihre Insulaner kommen doch wohl selten in die Lage, ihn zu brauchen, wie? Wenn die einmal sagen: Es muss etwas geschehen, nicht wahr, dann tun sie auch so einen Sprung und noch einen und ihre Welt ist genau wie zuvor: wohl temperiert und in Ordnung, aber der Sprung war trotzdem eine Genugtuung, wie?"

Der Alte lachte vor sich hin, doch Padre Consalves hob ärgerlich das Kinn: „Sie scherzen so ins Allgemeine, das ist immer leicht. Was mich anbetrifft: Ich nehme meinen freien Willen, den ich auf dem Altare geopfert habe, zurück."

1 *Skizzieren Sie die Kritik des Dogmatikprofessors Padre Damiano an Pacos Utopie. Welche Gottes- und Glaubensvorstellungen entwirft der Dogmatikprofessor?*

2 *a) Worin sieht Padre Damiano die Möglichkeiten einer Utopie? Diskutieren Sie über die aufgezeigten Vorstellungen. Gehen Sie dabei von seinem Satz „Wir sind Gottes Utopia, aber eines im Werden" (▷ Z. 126 f.) aus.*
b) Diskutieren Sie, warum Padre Damiano die Frage nach der Freiheit des Willens in Bezug auf Pacos Utopie aufwirft.

3 *Vergleichen Sie die Utopie Pacos, so wie sie der Dogmatiker Padre Damiano beschreibt, mit den Verhältnissen in Thomas Morus' „Utopia" (▷ S. 101–103).*

Weiterführender Arbeitsauftrag zu den Texten in diesem Teilkapitel (▷ S. 101–109)

4 *a) Entwerfen Sie eine Gesellschaftsutopie nach Ihren Vorstellungen. Formulieren Sie Ihre Gesellschaftsutopie in maximal zehn Geboten.*
b) Vergleichen Sie in der Klasse Ihre Gesellschaftsutopien:
Welche Gemeinsamkeiten, welche Unterschiede lassen sich feststellen?
Welche Erklärungen könnte es dafür geben?

4.3 Gelebte Utopien – Rezensionen schreiben und Sachtexte entwerfen

Michael Holzach

Das vergessene Volk. Ein Jahr bei den deutschen Hutterern in Kanada

Michael Holzach (1947–1983) studierte in Heidelberg Sozialwissenschaften, unternahm Stipendienreisen nach Israel und Indien und arbeitete als freier Journalist in Deutschland.
Er schrieb über soziale Probleme und Minderheiten. Bekannt wurde er durch seinen Aussteigerbericht „Deutschland umsonst – Zu Fuß und ohne Geld durch ein Wohlstandsland", in welchem er die Erlebnisse einer sechsmonatigen Wanderung durch Deutschland im Jahr 1980 wiedergibt. Ein Jahr lang lebte Michael Holzach bei den Hutterern, einer christlichen Glaubensgemeinschaft, die heute noch in vorindustriellen Verhältnissen lebt. Seine Eindrücke und Erfahrungen hielt er in dem Buch „Das vergessene Volk. Ein Jahr bei den deutschen Hutterern in Kanada" fest, aus dem der folgende Textauszug stammt.

Träume ich? Sitze ich hier wirklich in der Sonntagsschule und rolle mit scheinheiliger Miene spuckeverkleisterte Löschpapierkugeln? Sind dies etwa meine Mitschüler, die Jungen auf der linken Seite des schmucklosen Schulraums, in mönchsschwarzen Jankern, die Mittelscheitel wie mit dem Lineal gezogen, die Schnürschuhe blitzblank? Und auf der rechten die Mädchen, ein Schneegestöber aus weiß gepunkteten Kopftüchern, kaum zu sehen die blassen Gesichter über den hochgeschlossenen Kragen, kaum zu sehen irgendetwas außer weiter, wallender Tracht – träume ich?

Ja, ich träume, aber dieser Traum ist wahr! Ich sitze hier wirklich im Einheitsjanker, mit Linealscheitel und blanken Schuhen, von meinen Nachbarn kaum zu unterscheiden, mir selber schon seit Wochen ein Fremder – ein Hutterer.

Denn schon seit Wochen, die mir wie Jahre erscheinen, lebe ich in der „Brudergemeinde Wilson" und entdecke mitten im nordamerikanischen Westen, nicht weit von den kanadischen Rocky Mountains, ein Stück lebendiger deutscher Vergangenheit: das in Deutschland längst vergessene Volk der Hutterer. Anhänger des 1536 in Innsbruck auf dem Scheiterhaufen verbrannten Wiedertäufers Jakob Hutter, seit 450 Jahren auf leidvoller Pilgerschaft durch die ganze Welt, „getrieben aufs Feld wie eine Herde Schafe", wie es in der Hutterer-Chronik heißt.

Bis heute sind die Hutterer ihren Mitmenschen vor allem deshalb ein Dorn im Auge, weil sie die Bibel strikt beim Wort nehmen. Die Zehn Gebote sind ihnen wirklich Gebot, Kriegsdienst und Ehebruch ein Gräuel, Fluch und Neid vom Teufel. Damit sie ihren Nächsten lieben können wie sich selbst, haben die Hutterer 300 Jahre vor Karl Marx das Privateigentum abgeschafft und leben seither nach dem Grundsatz: „Jedr gibt, wos 'r konn, und kriegt, wos ihm not ist." Das war im Reich Kaiser Karls V. eine ebenso provokante Lebensmaxime wie heute in der Welt von „General Motors" und „McDonald's". Die mehr als 25 000 Hutterer wohnen in 200 kleinen Kolonien, so genannten Brudergemeinden oder „göttlichen Archen im Meer der irdischen Sünde", weit abseits der Highways und weit verstreut über die Prärie. Zwei Drittel sind Kanadier, die anderen haben US-amerikanische Staatsbürgerschaft.

Doch zunächst und vor allem empfinden sie sich als Hutterer, als „Gottes heiliges Volk, das Er sich auf dem ganzen Erdenkreis auserwählet und berufen hat aus allen Völkern", wie es in

Kinder der Huttererkolonie „Forest River Colony" beten vor dem Frühstück (1996)

einem hutterischen Kindergebet heißt, „darum wir auch von allen Menschen verschmähet, verfolget und verhasset sein".

Kniend beten wir diese Worte wie immer zu Beginn der Sonntagsschule. Der Schullehrer Samuel Wurz, vorn am Katheder, ein ernster, fast finster wirkender Mann mit pechschwarzem Vollbart, schlägt Punkt und Komma, wenn er meint, dass sie fällig seien, mit der flachen Hand auf die Tischplatte, vergeblich bemüht, ein wenig Betonung in unser nuschelndes Gebetsgemurmel zu bekommen: „Wir kleinen und unmündigen Kindelein bitten dich auch alle gar von ganzem unserem Herzen, lass uns von Jugend auf in deiner Furcht, in deinem Gehorsam und deiner Wahrheit auferzogen werden."

Hätte ich den Gebetstext nicht vor Augen, ich könnte mich selber nicht verstehen. Ganz gleich, wie verzögert der Lehrer auch den Takt schlägt, in der Windeseile von sieben Minuten geht es durch die vierzehn Gebetsstrophen; denn der Holzfußboden ist hart und die Knie schmerzen. Nach dem lang gezogenen „Oohmen", das wie ein erleichtertes „Endlich" klingt, dürfen wir uns wieder setzen. Der Lehrer Samuel blättert mit großer Geste in seiner abgegriffenen Bibel. Er sucht den Text, den wir heute Morgen in der „Lehr", dem Gottesdienst der Gemeinde, gehört haben. Als er ihn gefunden hat, blickt er unter seinen dichten Augenbrauen genau in meine Richtung. „No, Miechel!", ruft er gestreng und meint wirklich mich, „den Miechel, der von Deutschland kumme ist, uns Huttrische zu lerne kehne".

Aber ganz gleich, ob ich nun aus Deutschland komme oder vom Mond, für den Lehrer bin ich wie jeder Nicht-Hutterer ein „Englischa", ein „Weltmensch von da daußt", von draußen, kindsgetauft und also noch unmündig. Weil die hutterischen Wiedertäufer die Taufe nur anerkennen, wenn sie bewusstes Glaubensbekenntnis des erwachsenen Christen ist, muss ich trotz meiner 31 Jahre wie alle Ungetauften auch wieder die Sonntags-Schulbank drücken. Lehrer Samuel ist nur knapp zwei Jahre älter als ich, aber die Autorität seines Amtes und die apostolische Würde seines Vollbarts lassen ihn für mich fast wie einen Vater erscheinen. „Willst hier lebn, musst zu uns eini possn“, sagt er mir mehr als einmal am Tag. Daher behandelt er mich wie einen seiner 34 Zöglinge und fragt: „No, Miechel, wos host ghert heit bei dr Lehr?“ Ich rappele mich aus meiner viel zu engen Schulbank hoch, ganz hinten in der letzten Reihe, die Löschpapierkugeln noch immer zwischen Daumen und Zeigefinger. 18 Mittelscheitel und 16 Kopftücher drehen sich nach mir um. Ich bin nervös wie ein kleiner Konfirmand. Heute Morgen hat der Prediger Johannes Wurz, der silberbärtige Großvater vom Lehrer Samuel und geistiges Oberhaupt der Brudergemeinde, zwei Stunden über den ersten Brief des Johannes gepredigt. Es war wie in jeder Predigt wieder viel die Rede von Licht und Finsternis, von himmlischem Frieden und ewiger Verdammnis. Den 16. Vers habe ich mir gemerkt: „Denn alles, was in der Welt ist“, zitiere ich die Bibel mit niedergeschlagenen Lidern, „des Fleisches Lust und der Augen Lust und hoffärtiges Leben, ist nicht vom Vater, sondern von der Welt.“ Der Lehrer nickt. „Setz di niedr“, sagt er knapp und lässt seinen Blick zwischen der Jungen- und der Mädchenseite hin- und herspringen, ohne dass sich sein Kopf bewegt. „Dr Miechel, dr waß, wos ’r do sogt, dr kummt von dr Welt. Fressn, Saufn, Hurn – dos geht in Deitschlond grod so um wie in Kanada.“

Ich fühle mich wie an den Pranger gestellt, aber der Lehrer meint es gar nicht so. Im Gegenteil, ihm imponiert es fast, wie so ein „Weltmensch“, der ja nichts dafür kann, dass er in der Welt geboren wurde, es überhaupt bei den Hutterern wochenlang aushält, in der Enge der heiligen Gemeinschaft, auf dem schmalen, steinigen Weg, der allein zum ewigen Leben führt (Matthäus 7, 8), ganz ohne Fleischeslust, Augenlust und hoffärtiges Leben.

In Strenge und Einfachheit leben hier, in der Brudergemeinde Wilson, 120 Menschen in zwölf Familien so dicht beieinander, als gäbe es in dieser Unendlichkeit der Prärie, die nur im Westen vom Fels der Rocky Mountains begrenzt wird, nicht Raum genug. Aus der Distanz sieht Wilson aus wie eine Mischung aus israelischem Kibbuz und dem Flüchtlingslager Friedland: sechs graue, lang gestreckte Wohnbaracken, in Zweierreihen Seite an Seite von Norden nach Süden ausgerichtet, davor die Gemeinschaftsküche, dahinter die Schule und etwas abseits die Stallungen, die Werkstätten und die Scheunen.

Arbeiten, Beten, Essen, Schlafen – hutterisches Leben.

Einfach und klar wie das äußere Bild der Kolonie ist auch ihre Struktur. Gott ist der „Herr über Himmel und Erde“ und damit auch über die Hutterer als sein heiliges Volk. Gottes Stellvertreter in Wilson ist der gewählte Prediger Johannes Wurz, der so viele Enkel und Urenkel hat, wie sein Leben Jahre zählt: 77. Er ist über die Gemeinde gestellt wie ein Hirte über seine Herde, „der euch weiden soll mit Lehre und Weisheit“ (Jeremias 3, 15). Ihm zur Seite stehen sein 58-jähriger Sohn Georg Wurz als stellvertretender Prediger und die vier Gerichtsbrüder: der „Säckelmann“ oder „Hauswirt“ Jakob Wurz, ein nur um zwei Jahre jüngerer Bruder des Predigers, sein zweitältester Sohn Johannes, der als „Weinsedel“ für die Organisation der Arbeit zuständig ist, der Schullehrer Samuel und nicht zuletzt Johannes Hofer, seines Zeichens Brotschneider, der während der gemeinsamen Mahlzeiten dafür Sorge zu tragen hat, dass auch alle satt werden. Die Gerichtsbrüder werden vom „Stiebel“, der Versammlung aller getauften Männer, gewählt und sind ihm Rechenschaft schuldig.

Frauen haben kaum etwas zu sagen, weder in der Kolonie, „eure Weiber lasset schweigen in der Gemeinde“ (1. Korinther 14, 34), noch in der Familie, „der Mann ist des Weibes Haupt“ (Epheser 5, 23). Nicht zufällig nennt sich Wilson eine „Brudergemeinde“ und lässt die Schwestern unerwähnt. Sie haben vor allem Kinder zu bekommen, ein knappes Dutzend im Schnitt. In den vergangenen hundert Jahren hat Gottes heiliges Volk sich alle 15 bis 25 Jahre verdoppelt, „seid fruchtbar und mehret euch“ (1. Moses 1, 22). So bilden die Kinder und Jugendlichen in Wilson auch fast eine Zweidrittelmehrheit, die der Schullehrer mit alttestamentarischer Strenge unter seiner strengen Kontrolle hält.

Am Ende der Sonntagsschule, nachdem wir alle unser „Sprichel“ aufgesagt, ein frommes „Liedel“ gesungen und noch einmal auf Knien gebetet haben, zieht Schullehrer Samuel einen armlangen Lederriemen aus der Schublade, auf dem geschrieben steht: „Die liabe Ruthen“, ein unverwüstliches Erbstück vom Großvater Johannes. Dann winkt er mit dem Zeigefinger den neunjährigen Paul und den ein Jahr jüngeren Christian zu sich vors Pult. Worte werden nicht gemacht.

Alle wissen wir, was die Stunde geschlagen hat. Paul und Christian sind gestern beim Schlittschuhlaufen ertappt worden, auch dies in den Augen der Hutterer eine Form von Fleischeslust. Darauf stehen zwölf „Deitsche“. Schweigend legt sich Paul als der Ältere zuerst über den Fußschemel des Lehrers. Ein Dutzend weit ausgeholter Hiebe gehen auf seinem stramm gezogenen Hosenboden nieder. Der Junge windet sich wie ein Wurm am Angelhaken. Mit den bloßen Händen versucht er, die Wucht der „Deitschen“ aufzufangen, aber das tut wohl fast noch mehr weh. Seinem Freund Christian treten schon vom Zusehen Tränen in die Augen. Über ihm gerät der Schulmeister dann so ins Schwitzen, dass er's mit zehn Schlägen gut sein lässt.

Nach der Peitsche gibt's „Schutenhonkelich“, das huttrische Zuckerbrot. Die beiden Schlittschuhsünder an den Händen, als sei nichts gewesen, zieht Samuel mit uns von der Schule über den Hof in die Gemeinschaftsküche, huttrisch die „Kuchel“, zum „Lunschen“.

1 *Klären Sie aus dem Kontext oder mit Hilfe von Nachschlagewerken unbekannte bzw. unklare Begriffe. Erstellen Sie einen Anmerkungsapparat mit erklärenden Fußnoten.*

2 *a) Schreiben Sie, z. B. für eine Zeitung oder ein Internetforum, eine Rezension über den Text „Das vergessene Volk. Ein Jahr bei den deutschen Hutterern in Kanada“ von Michael Holzach. Lesen Sie den unten stehenden Tipp und gehen Sie folgendermaßen vor:*

- *Fassen Sie die Informationen des Textes knapp und sachlich zusammen. Gliedern Sie dabei nach Sachaspekten.*
- *Untersuchen Sie die sprachliche Gestaltung des Textes.*
- *Klären Sie Textsorte, Informationsgehalt und Intention des Textes von Michael Holzach.*
- *Überlegen Sie, welche Textpassagen bzw. Zitate aus dem Text Sie aus Gründen der Anschaulichkeit und Originalität in Ihre Rezension einbauen wollen, und notieren Sie diese.*

b) Überarbeiten Sie Ihre Rezension. Haben Sie den Text präzise beschrieben und begründet bewertet? (▷ Hinweise zur Textüberarbeitung finden Sie auf S. 363 f.)

TIPP

Eine Rezension schreiben

Eine Rezension (lateinisch: recensere = sorgfältig prüfen) ist eine kritische Besprechung eines Buches/Textes, Films, Konzerts etc. Ziel einer Rezension ist es, den Leser über den Inhalt des Gegenstandes zu informieren und zur Meinungsbildung beizutragen, indem sie diesen subjektiv beurteilt und kommentiert. Gewöhnlich findet man die Rezension in Tageszeitungen, dort vor allem im Feuilleton, oder in wissenschaftlichen Fachzeitschriften.

Eine Rezension ist ein informierender und zugleich bewertender Text. Sie sollte so geschrieben werden, dass sowohl der Inhalt des rezensierten Werkes/Textes als auch dessen Beurteilung verständlich sind.

Auf der Flucht

von: Astrid von Schlachta

Die Hutterer verweigerten Eide und lehnten Kriegsdienste und Steuern ab. Für die Obrigkeiten Grund genug, sie zu verfolgen – im Alpenraum ebenso wie später in Siebenbürgen und in Russland.

„Da vermeinten die Pfaffen aus ihrem bösen, rachgierigen Eifer, sie wollten den Teufel aus ihm bannen, ließen ihn in ein eiskaltes Wasser setzen und nach dem in eine warme Stuben führen, mit Ruten schlagen. Auch habens ihm seinen Leib verwundt, Branntwein in die Wunden gossen, an ihm angezündt und brennen lassen." So drastisch schildert die Chronik der Hutterer die Folterqualen, die Jakob Huter im Februar 1536 in Innsbruck erleiden musste. Wenig später endete sein Leben dort, am Goldenen Dachl, einem Prunkerker: Tod durch Verbrennung.

Gut anderthalb Jahrzehnte zuvor hatte sich der Hutmacher aus Moos bei St. Lorenzen im Südtiroler Pustertal der neuen religiösen Bewegung der Täufer angeschlossen, die Gemeinschaft der Hutterer gegründet und ihr in Tirol und Mähren eine Form gegeben. Die Hutterer unterschieden sich trotz vieler Ähnlichkeiten von den Protestanten: in der Erwachsenentaufe, der Verweigerung von Eiden, Kriegsdiensten und -steuern, der Gütergemeinschaft und der Ablehnung persönlicher Notwehr. „So man sy fangen wöl, sollen sy sich nit weren", heißt es in einer Überlieferung. Zudem forderte die Gemeinschaft die Trennung von Staat und Kirche. In einigen Gegenden Tirols lösten die Ideen eine wahre Massenbewegung aus.

Jakob Hutter erkannte sehr schnell, dass es für die Anhänger des täuferischen Glaubens unmöglich sein würde, in Tirol zu überleben. In der Tat setzte die Verfolgung bald mit brutaler Härte ein. 1527 verkündete Ferdinand I., Herrscher über das Erzherzogtum Österreich, Stei-

Der Hutmacher Jakob Huter aus dem Pustertal legte im 16. Jahrhundert das Fundament für die Glaubensgemeinschaft der Hutterer. Er wurde 1536 in Innsbruck hingerichtet. Hier ein Stich aus späterer Zeit.

Täufer ist die Bezeichnung einer vielschichtigen christlichen reformatorischen Bewegung des 16. Jahrhunderts, die in der Schweiz, in Tirol, Süddeutschland und in Ostfriesland ihre geografischen Ausgangspunkte hatte, sich aber schnell über ganz Zentraleuropa ausbreitete.

In den Augen der Täufer und ihrer Nachfolger gilt lediglich die Glaubenstaufe Mündiger auf Grund ihres persönlichen Glaubensbekenntnisses; die Taufe unmündiger Kinder gilt als unbiblisch und deshalb als ungültig.

ermark, Kärnten, Krain und Tirol, dass solche „verführerische Lehren und ketzerische Sekten“ keineswegs geduldet würden. Der Tod Huters war ein Baustein in der obrigkeitlichen Strategie – ein Zeichen der Abschreckung, vollzogen an einer Symbolfigur. Die „Hutterische Chronik“ überliefert, dass allein in Tirol mehr als 360 Täufer hingerichtet wurden. Die täuferischen „Vorsteher“ versuchten noch, ihre Gemeinde durch heimliche Versammlungen auf Almen und in Wäldern zusammenzuhalten, aber die Späher der Landesfürsten lauerten überall.

Es war vor allem die Angst vor einem Aufruhr, die die Herrschenden zu diesen harten Schritten veranlasste. Den Täufern blieb nur die heimliche Auswanderung nach Mähren – so wie Hutter es noch geplant hatte. Nachts zogen sie über abgelegene Straßen Richtung Inn. Von dort ging es mit dem Schiff nach Norden, dann die Donau hinunter, weiter auf dem Landweg. Haus und Hof blieben zurück und wurden beschlagnahmt.

Mähren war nicht nur für die Tiroler Täufer das „Neue Jerusalem“. Aus allen Teilen des „Heiligen Römischen Reiches Deutscher Nation“ strömten Verfolgte dorthin, um sich auf dem Grundbesitz toleranter Adeliger anzusiedeln. Bis zum Jahr 1600 wuchs die Zahl der Hutterer auf rund 25 000. Sie lebten auf großen Bruderhöfen, wo sie „alle Dinge gemein“ hatten, und

Kein Privateigentum

Privateigentum gibt es keines, die Gemeinschaft steht über dem Einzelnen. Kirchliche und weltliche Machtstrukturen lehnen die Hutterer ab, ebenso den Kriegsdienst. Sie haben ihre eigenen Ordnungen, ihre eigenen Hierarchien, die das Leben auf den Bruderhöfen strukturieren. Die Ehe ist bei den Hutterern noch immer ein Bund fürs Leben. Scheidungen gibt es praktisch keine.

Frauen in den Hutterer-Kolonien müssen ihre Köpfe bedecken; sie sind für den Haushalt zuständig (1966)

stiegen schnell zu angesehenen Handwerkern und Gesprächspartnern auf.

Die Produktion von Luxusgütern und die allgemeine Prosperität ließen jedoch innerhalb der Gruppe den Lebensstandard steigen und den Wunsch nach luxuriöserem Leben wach werden. Die Gütergemeinschaft und die Abkehr von der Welt wurden immer mehr unterwandert. Einige Mitglieder stellten den kargen Lebensstil offen in Frage, allgemein gewann ein individuelleres Leben an Attraktivität.

Die Vertreibung aus Mähren im Jahr 1622 – alle Nichtkatholiken mussten das Land verlassen – brachte zusätzliche Unruhe, zumal viele Hutterer dem Druck nicht standhielten, sondern blieben und sich der katholischen Kirche anschlossen. Die Übrigen flohen nach Oberungarn (heute Slowakei) und nach Siebenbürgen, wo bereits Hutterer lebten, die die Flüchtlinge aufnahmen.

Im 18. Jahrhundert schlossen sich zudem verfolgte Kärntner Protestanten den Hutterern an.

Eine Gruppe unter Andreas Wurtzy und Georg Waldner kam völlig verarmt nach Alwinz, um bei den Hutterern als Tagelöhner anzufangen. Nach kurzer Zeit erkannten sie, „dass Luther die Reformation nicht gänzlich ausgeführt" hatte, und ließen sich im hutterischen Sinn taufen. Noch heute prägt ein stark kärntnerisches Element die Hutterer, was sich in ihren Namen zeigt. Die Vorväter der vielen Hofer, Waldner, Glanzer und Wurz kommen aus wenigen Orten bei Spittal. Insgesamt gibt es bei den rund 46000 Hutterern in Nordamerika nicht mehr als 20 Familiennamen.

Die Flucht war in Siebenbürgen nicht zu Ende. 1763 setzte auch dort die Verfolgung ein. Die Hutterer zogen weiter nach Südrussland (heute Ukraine). Hier konnten sie mit Hilfe der Mennoniten, die eine vorbildliche Landwirtschaft aufgebaut hatten, wirtschaftlich rasch wieder auf die Beine kommen. Sozial und theologisch blieb ihre Gruppe aber zerrissen.

In dieser Krise wurde bei einigen Hutterern die Erinnerung an die „guten alten Zeiten" wach, als die Gütergemeinschaft noch praktiziert wurde und die Hierarchien klare Orientierung boten. Erneut griff man auf die alten Gemeindeordnungen und Schriften des 16. Jahrhunderts zurück. Die meisten Hutterer schlossen sich neu gegründeten Höfen an, auf denen man die Gütergemeinschaft wieder einführte. Doch bereits wenige Jahrzehnte später, 1874, endete die europäische Epoche dieser Glaubensgemeinschaft, als in Russland auch Mitglieder pazifistischer Gruppen zum Wehrdienst einberufen wurden.

Der Ausweg lag in Übersee. Gemeinsam mit einer Gruppe von Mennoniten zogen die Hutterer nach Nordamerika. In den Dakota Territories gründeten sie drei Bruderhöfe, die zum Ausgangspunkt für die heute mehr als 400 Kolonien in den USA und Kanada wurden.

Die folgenden Arbeitsaufträge (Aufgabe 1 und 2) sollten Sie (ggf. in Gruppenarbeit) mit Hilfe eines Computers ausführen, da die Anfertigung, Überarbeitung und Gestaltung von Texten im Mittelpunkt steht.

1 *Ermitteln Sie aus den beiden Texten „Auf der Flucht" und „Das vergessene Volk. Ein Jahr bei den deutschen Hutterern in Kanada" zentrale Informationen über die Hutterer und verfassen Sie dann einen knappen, informativen Lexikonartikel über diese Glaubensgemeinschaft.*

- *Gliedern Sie die Informationen für Ihren Lexikonartikel nach Sachaspekten und finden Sie dazu treffende Überschriften.*
- *Nutzen Sie die im folgenden Tipp genannten Möglichkeiten der sprachlichen Verdichtung bzw. Verknappung. Achten Sie dabei aber immer auf Verständlichkeit.*

TIPP

Möglichkeiten der sprachlichen Verdichtung bzw. Verknappung:

- **Infinitivkonstruktion,** z. B.: „*Um der Verfolgung durch die katholische Kirche und der landesfürstliche Regierung zu entgehen,* flohen die Hutterer nach …"
- **Nominalisierung,** z. B.: „*Die Verweigerung* von Eiden, Kriegseiden, …"
- **Apposition,** z. B.: „Die Hutterer, *eine auf Jakob Huter zurückgehende Glaubensgemeinschaft,* die im …"
- **adverbiale Bestimmungen,** z. B.: „*Durch die Verfolgung* bildeten sich Glaubensinseln von Gleichgesinnten, vor allem in …"

2 *a) Überarbeiten Sie Ihren Lexikonartikel (▷ Hinweise zur Textüberarbeitung S. 363 f.).*
b) Entwerfen Sie das Layout für den Artikel. Gestalten Sie Ihre Texte so,
- *dass der Leser die wichtigsten Informationen „im Blick" hat und*
- *dass der gedankliche Aufbau der Texte klar wird.*

TIPP

Layoutgestaltung eines Sachtextes

- **Schriftgrößen festlegen:** Verschiedene Schriftgrößen dienen der Orientierung des Lesers (z. B. Überschriften, Unterüberschriften, Bildunterschriften usw.).
- **Schriftart:** Bei der Schriftart sollte man möglichst nicht variieren, da sonst der Text sehr unruhig wirkt.
- **Hervorhebungen:** Heben Sie Wichtiges hervor, z. B. durch **Fettdruck,** *Kursivdruck,* GROSSBUCHSTABEN. Aber auch hier gilt: Weniger ist mehr!
- **Absätze:** Denken Sie an gliedernde Absätze. Absätze sind eine wichtige Orientierungshilfe für den Leser.
- **Abbildungen:** Falls Sie Fotos, Schaubilder, Grafiken, Karten etc. integrieren wollen, achten Sie darauf, dass diese in unmittelbarer Nähe zu der Textstelle stehen, auf die sie sich beziehen. Bildunterschriften erklären, was jeweils veranschaulicht wird.

Michael Holzach

Das vergessene Volk. Ein Jahr bei den deutschen Hutterern in Kanada

Ich brauchte kein Geld, bekam zu essen, hatte ein Dach über dem Kopf. Die Frauen nähten mir die Kleidung und der Säckelmann Elias gab mir jeden Monat meinen Liter Wein. Mehr braucht ein Hutterer nicht zum Leben und ich „Weltmensch" fühlte mich bei diesem „auserwählten Volk" oft so sorglos und geborgen wie selten zuvor, manchmal aber auch schrecklich allein.

3 *Themenstellung: Erörtern Sie, ob das Leben der Hutterer für uns Menschen heute vorbildhaft sein kann (▷ Informationen zum Erörtern auf S. 321–323).*
a) Untersuchen Sie gemeinsam die Themenstellung. Erschließen Sie die Schlüsselbegriffe, entscheiden Sie dann, welche Art der Erörterung vorliegt.
b) Erstellen Sie eine Stoffsammlung zum Thema. Ziehen Sie dazu auch die Informationen aus diesem Teilkapitel (▷ S. 110–117) heran.
c) Ordnen Sie Ihre Stoffsammlung nach Sachaspekten und verfassen Sie eine Gliederung.
- *Präsentieren Sie Ihre Gliederungen in der Klasse und diskutieren Sie darüber.*
- *Sprechen Sie in der Klasse über mögliche Varianten für einen Einleitungs- und Schlussteil.*

d) Schreiben Sie Ihre Erörterung. Gestalten Sie dabei Ihre Argumentationsketten aus und achten Sie auf Absätze zwischen den einzelnen Argumentationsschritten.

Weiterführende Arbeitsaufträge zum gesamten Kapitel (▷ S. 89–117)

1 *Erstellen Sie in Gruppenarbeit eine Übersicht über die unterschiedlichen Texte, die Ihnen in diesem Kapitel begegnet sind. Formulieren Sie dazu Untersuchungskriterien, z. B. nach folgendem Muster.*

Autor/-in und Titel	Roger Lewin: Biosphäre 2	Annette Lessmöllmann	…
Textsorte	Reportage	…	…
Merkmale	szenischer Einstieg …	…	…
möglicher Erscheinungsort	Zeitschrift, Zeitung	…	…
Intention des Verfassers	…	…	…
…	…	…	…

2 *a) Entwerfen Sie selbst eine Utopie. Versuchen Sie, diese Utopie möglichst anschaulich und präzise auszugestalten. Nutzen Sie dazu unterschiedliche Medien (Texte, Grafiken, Modelle, Zeichnungen, Videoaufzeichnungen etc.).*
b) Präsentieren Sie Ihre Utopieentwürfe einem größeren Publikum.

3 *a) Interviewen Sie Personen aus Ihrem Umfeld (z. B. Schule, Wohnort, Vereine, politische Parteien etc.) zum Thema „Utopie". Bereiten Sie das Interview vor, indem Sie einen sinnvollen Fragenkatalog entwerfen, z. B.:*
- ☐ *Was verstehen Sie unter einer Utopie?*
- ☐ *Was verbinden Sie mit diesem Begriff?*
- ☐ *Welche utopische Vorstellungen/Entwürfe haben Sie selbst?*

b) Veröffentlichen Sie Ihre Interviews, z. B. in der Schülerzeitung.

4 *Beobachten Sie in den Medien, wo Aspekte des Utopischen auftauchen. In welcher Art und mit welchen Zielsetzungen werden sie verwendet? Lassen sich generalisierende Aussagen treffen?*

TIPP

Interviewleitfaden

- ☐ Stellen Sie offene Fragen (W-Fragen), keine Entscheidungsfragen, die mit Ja oder Nein beantwortet werden können.
- ☐ Stellen Sie zu Beginn des Interviews eine unproblematische Einleitungsfrage, die es dem Gegenüber ermöglicht, ins Reden zu kommen.
- ☐ Hören Sie Ihrem Interviewpartner gut zu und zeigen Sie Interesse, z. B. durch Blickkontakt, Nicken usw.
- ☐ Stellen Sie keine Fragenketten.
- ☐ Fragen Sie nach, wenn Ihnen etwas unklar ist oder etwas besonders interessant erscheint.

5 Prosaarbeit und Lyrisches – Sprache als Gestaltungsmittel

5.1 Sprache und Wahrnehmung – Grammatische Gestaltungsmittel untersuchen

Helga M. Novak

Schlittenfahren

Das Eigenheim steht in einem Garten. Der Garten ist groß. Durch den Garten fließt ein Bach. Im Garten stehen zwei Kinder. Das eine der Kinder kann noch nicht sprechen. Das andere Kind ist größer. Sie sitzen auf einem Schlitten. Das kleinere Kind weint. Das größere sagt, gib den Schlitten her. Das kleinere weint. Es schreit.

Aus dem Haus tritt ein Mann. Er sagt, wer brüllt, kommt rein. Er geht in das Haus zurück. Die Tür fällt hinter ihm zu.

Das kleinere Kind schreit.

Der Mann erscheint wieder in der Haustür. Er sagt, komm rein. Na wird's bald. Du kommst rein. Nix. Wer brüllt, kommt rein.

Komm rein.

Der Mann geht hinein. Die Tür klappt.

Das kleinere Kind hält die Schnur des Schlittens fest. Es schluchzt.

Der Mann öffnet die Haustür. Er sagt, du darfst Schlitten fahren, aber nicht brüllen. Wer brüllt, kommt rein. Ja. Ja. Jaaa.

Schluss jetzt.

Das größere Kind sagt, Andreas will immer allein fahren.

Der Mann sagt, wer brüllt, kommt rein. Ob er nun Andreas heißt oder sonstwie.

Er macht die Tür zu.

Das größere Kind nimmt dem kleineren den Schlitten weg. Das kleinere Kind schluchzt, quietscht, jault, quengelt.

Der Mann tritt aus dem Haus. Das größere Kind gibt dem kleineren den Schlitten zurück. Das kleinere Kind setzt sich auf den Schlitten. Es rodelt.

Der Mann sieht in den Himmel. Der Himmel ist blau. Die Sonne ist groß und rot. Es ist kalt.

Der Mann pfeift laut. Er geht wieder ins Haus zurück. Er macht die Tür hinter sich zu.

Das größere Kind ruft, Vati, Vati, Vati, Andreas gibt den Schlitten nicht mehr her.

Die Haustür geht auf. Der Mann steckt den Kopf heraus. Er sagt, wer brüllt, kommt rein. Die Tür geht zu.

Das größere Kind ruft, Vati, Vativativati, Vaaatiii, jetzt ist Andreas in den Bach gefallen.

Die Haustür öffnet sich einen Spalt breit. Eine Männerstimme ruft, wie oft soll ich das noch sagen, wer brüllt, kommt rein.

1 *Diskutieren Sie, welches Problem Ihrer Meinung nach in diesem Text thematisiert wird.*

2 *Der Text beschränkt sich auf die Darstellung der äußeren Handlung. Zeigen Sie, wie durch die sprachliche Gestaltung des Textes dennoch Rückschlüsse auf die innere Handlung und auf das Verhältnis der Personen zueinander möglich sind.*

3 *Die stereotype Antwort des Vaters wiederholt sich leitmotivisch. Schreiben Sie selbst einen Text nach diesem Muster zu einer bestimmten Situation, z. B. im Elternhaus, in der Schule, an einem bestimmten Platz in der Öffentlichkeit (auf der Straße, im Kaufhaus etc.).*

Thomas Mann

Bekenntnisse des Hochstaplers Felix Krull

Die „Bekenntnisse des Hochstaplers Felix Krull" ist ein unvollendet gebliebener Roman von Thomas Mann (1875–1955). Der Held dieser fiktiven Autobiografie, Felix Krull, blickt auf sein Leben zurück und schreibt seine Bekenntnisse, eine Geschichte seiner gesellschaftlichen Erfolge, auf.

Indem ich die Feder ergreife, um in völliger Muße und Zurückgezogenheit – gesund übrigens, wenn auch müde, sehr müde (sodass ich wohl nur in kleinen Etappen und unter häufigem Ausruhen werde vorwärtsschreiten können), indem ich mich also anschicke, meine Geständnisse in der sauberen und gefälligen Handschrift, die mir eigen ist, dem geduldigen Papier anzuvertrauen, beschleicht mich das flüchtige Bedenken, ob ich diesem geistigen Unternehmen nach Vorbildung und Schule denn auch gewachsen bin. Allein, da alles, was ich mitzuteilen habe, sich aus meinen eigensten und unmittelbarsten Erfahrungen, Irrtümern und Leidenschaften zusammensetzt und ich also meinen Stoff vollkommen beherrsche, so könnte jener Zweifel höchstens den mir zu Gebote stehenden Takt und Anstand des Ausdrucks betreffen und in diesen Dingen geben regelmäßige und wohl beendete Studien nach meiner Meinung weit weniger den Ausschlag als natürliche Begabung und eine gute Kinderstube. An dieser hat es mir nicht gefehlt, denn ich stamme aus feinbürgerlichem, wenn auch liederlichem Hause; mehrere Monate lang standen meine Schwester Olympia und ich unter der Obhut eines Fräuleins aus Vevey, das dann freilich, da sich ein Verhältnis weiblicher Rivalität zwischen ihr und meiner Mutter – und zwar in Beziehung auf meinen Vater – gebildet hatte, das Feld räumen musste; mein Pate Schimmelpreester, mit dem ich auf sehr innigem Fuße stand, war ein vielfach geschätzter Künstler, den jedermann im Städtchen „Herr Professor" nannte, obgleich ihm dieser schöne, begehrenswerte Titel von Amts wegen vielleicht nicht zukam; und mein Vater, wiewohl dick und fett, besaß viel persönliche Grazie und legte stets Gewicht auf eine gewählte und durchsichtige Ausdrucksweise.

1 *a) Charakterisieren Sie den Erzähler in diesem Textauszug. Suchen Sie zunächst im Text nach einschlägigen Textstellen. Ergänzen Sie dann eigene Vermutungen, z. B. über Herkunft, Stand, Bildung, Charaktereigenschaften.*
b) Tauschen Sie sich über Ihre Ergebnisse aus. Erläutern Sie dabei auch, aus welchen Gründen Sie bestimmte Charaktereigenschaften vermutet haben.

2 *Überlegen Sie, worum es in den folgenden „Bekenntnissen" gehen könnte. Überprüfen Sie dann Ihre Überlegungen anhand einer Inhaltsangabe des Romans, z. B. aus einem Literaturlexikon.*

3 *Schon beim ersten Lesen eines Textes zeigt sich oft die besondere Handschrift eines Autors, sein persönlicher Stil. Ein wesentliches Element hierbei sind die verwendeten Satzbaumuster.*
a) Vergleichen Sie die Texte von Helga M. Novak (▷ S. 119) und Thomas Mann (▷ S. 120), noch ohne sie im Detail zu analysieren: Beschreiben Sie den grundlegenden Unterschied.
b) Erläutern Sie, welche Wirkungsabsicht hier hinter dem jeweils verwendeten Stil stehen könnte.

4 *Untersuchen Sie in Partnerarbeit die sprachliche Gestaltung der Texte von Helga M. Novak (▷ S. 119) und Thomas Mann (▷ S. 120). Bestimmen Sie dabei auch, welche Wirkung diese auf den Leser hat. Konzentrieren Sie sich dabei auf die Satzebene und orientieren Sie sich an der folgenden Übersicht:*

		Definition	Beispiel
Satzbau	Parataxe	aneinandergereihte Hauptsätze	Bis die Band kam. Die Band kannte ich schon. (Thomas Brussig: In der Diskothek)
	Hypotaxe	(verschachtelte) Satzgefüge aus Haupt- und Nebensätzen	So süchtig war ich danach, dass ich schon auf dem Heimweg, an der langen Krankenhausmauer vorbei, zu lesen begann, mich im Akazienwäldchen auf eine Parkbank setzte und erst in der Dämmerung wieder zu Hause war, wo meine Mutter, der Lesen als Luxus galt, mich mit Aufträgen wie […]. (Günter de Bruyn: Zwischenbilanz)
	Parenthese	grammatisch selbstständiger Einschub in einen Satz, oft durch Gedankenstriche abgetrennt	So bitt ich – ein Versehen war's, weiter nichts – für diese rasche Tat dich um Verzeihung. (Heinrich von Kleist: Penthesilea)
rhetorische Figuren auf der Satzebene	Parallelismus	Wiederholung gleicher syntaktischer Fügungen	Meine Ruh ist hin, Mein Herz ist schwer (Goethe: Faust I)
	Inversion	Umstellung der üblichen Wortreihenfolge im Satz	[…] auf dem Bett saß sie […] (Gabriele Wohmann: Die Klavierstunde)

5 *a) Schreiben Sie die beiden Texte um, indem Sie Inhalt und Wortwahl weitgehend beibehalten, die Satzbaumuster jedoch verändern: Helga M. Novaks Text im Stil von Thomas Mann und umgekehrt.*
b) Tauschen Sie Ihre Texte aus und überprüfen Sie gegenseitig die Zeichensetzung. Schlagen Sie ggf. im Grundwissen auf S. 340 f. nach.

6 *Analysieren Sie den Satzbau und die Zeichensetzung im ersten Abschnitt des Textes „Bekenntnisse des Hochstaplers Felix Krull (▷ S. 120, Z. 1–12). Bestimmen Sie dazu alle Nebensätze genau und begründen Sie die jeweilige Kommasetzung. Schlagen Sie gegebenenfalls die Kommaregeln im Grundwissen nach (▷ S. 340 f.).*

Fehlerquelle Kommasetzung

Hauptfehlerquelle bilden die fehlenden Kommas zwischen Haupt- und Nebensätzen. Dies betrifft vor allem Relativsätze (45 %) und Gliedsätze (insbesondere Objektsätze, 28 %). Auch Zusätze oder Nachträge, z. B. Appositionen und nachgestellte Erläuterungen, bereiten Probleme in Bezug auf die zu setzenden Kommas. Mögliche Ursachen können sein:

- Haupt- und Nebensätze werden nicht erkannt.
- Relativpronomen („der“, „die“, „das“) und Konjunktionen (z. B. „weil“, „das“, „wenn“, „obwohl“) haben eine geringe Komma-Signalwirkung, d. h. besonders bei den Relativpronomen ist die Signalwirkung oft zu gering.
- Die verwendeten Kommastrategien, z.B. Kommas nach „Gefühl“ zu setzen, sind zu unzuverlässig.
- Kommas werden einfach vergessen, weil man sich vielleicht auf den Inhalt konzentriert.

7 *Definieren Sie folgende Begriffe aus dem Text „Fehlerquelle Kommasetzung“: Hauptsatz (Z. 1), Nebensatz (Z. 1), Relativsatz (Z. 2), Gliedsatz (Z. 2), Objektsatz (Z. 2), Apposition (Z. 3), nachgestellte Erläuterung (Z. 3). Schlagen Sie ggf. im Grundwissen nach (S. 338–341).*

8 *Stimmen die im Text genannten Untersuchungsergebnisse mit Ihren Erfahrungen überein? Welche der aufgezeigten Ursachen ist Ihrer Meinung nach die häufigste bei Problemen mit der Kommasetzung?*

9 *a) Wiederholen Sie die wichtigsten Kommaregeln. Bereiten Sie in Gruppenarbeit ein Handout vor, indem Sie die wichtigsten Kommaregeln (mit Beispielsätzen) übersichtlich zusammenstellen (Schlagen Sie ggf. die Kommaregeln im Grundwissen auf S. 340 f. nach).*
b) Stellen Sie die Ergebnisse Ihrer Gruppenarbeit vor und erläutern Sie die Regeln in der Klasse.

Thomas Bernhard

Ein Kind

Thomas Bernhard (1931–1989) war ein österreichischer Schriftsteller. Er zählt zu den bedeutendsten deutschsprachigen Autoren der zweiten Hälfte des 20. Jahrhunderts.
In der Erzählung „Ein Kind“ erinnert sich der Erzähler an seine ersten dreizehn Lebensjahre.
Im folgenden Textauszug macht der Erzähler, ein achtjähriger Junge, ohne die Erlaubnis seiner Mutter oder Großeltern einen Ausflug auf dem Fahrrad

seines Onkels. Während eines heftigen Gewitters wird das Fahrrad schwer beschädigt.

Alle bisherigen Vergehen und Verbrechen waren gegen dieses nichts. Meine Schulschwänzereien, meine Lügen, meine immer wieder überall gestellten Fallen kamen mir gegenüber meinem neuen Vergehen oder Verbrechen, wie immer, harmlos vor. Ich hatte einen gefährlichen Grad meiner Verbrecherlaufbahn erreicht. Das kostbare Waffenrad ruiniert, die Kleider beschmutzt und zerrissen, das ganze Vertrauen in mich auf die niederträchtigste Weise gebrochen. Das Wort „Reue" empfand ich augenblicklich als geschmacklos. Ich rechnete, während ich mein Fahrrad durch das Inferno schob, immer wieder alles von oben bis unten durch, addierte, dividierte, subtrahierte, der Urteilsspruch musste entsetzlich sein. Das Wort „unverzeihlich" markierte fortwährend meine Gedanken. Was nützte es, dass ich heulte und mich verfluchte? Ich liebte meine Mutter, aber ich war ihr kein lieber Sohn, nichts war einfach mit mir, alles Komplizierte meinerseits überstieg ihre Kräfte. Ich war grausam, ich war niederträchtig, ich war hinterhältig, ich war, das war das Schlimmste, gefinkelt[1]. Der Gedanke an mich erfüllte mich mit Abscheu. Wenn ich, zu Hause an ihre Schulter gelehnt, ihr Atmen zu meinem Glück machen könnte, wenn sie ihren Tolstoj liest oder einen anderen von ihr geliebten russischen Roman, dachte ich. Wie verkommen ich bin. Ekelhaft. Wie ich meine Seele beschmutzt habe! Du bist, was sie dich nennen, das scheußlichste aller Kinder! Ich dachte, ich könnte jetzt, wo die Welt doch nichts ist als eine zutiefst verabscheuungswürdige, finstere Hässlichkeit, wäre ich zu Hause, ohne Scham und ohne schlechtes Gewissen ins Bett gehen. Ich hörte das „Gute Nacht" meiner Mutter und heulte noch heftiger.

1 **gefinkelt:** österreichisch für raffiniert, trickreich, durchtrieben

Rolf Dieter Brinkmann

Rom, Blicke

Rolf-Dieter Brinkmann (1940–1975) war ein deutscher Lyriker und Erzähler.
Der folgende Text stammt aus seinem Band „Rom, Blicke", in dem Brinkmann seine Eindrücke während eines längeren Aufenthalts in Rom festgehalten hat.

Jetzt bellt draußen ein Köter. Der Mond ist ein ziemliches Stück weitergerutscht. Die Lichter hinter den schwarzen Schatten in der Dunkelheit sind fast alle erloschen. Jetzt ist es stiller geworden. Ich stehe noch einmal auf, gehe ans offene Fenster, über dem abgehauenen Baumbündel das weiße Stück Licht oben, aus dem kleinen, schmalen, ungepflegten Streifen Garten bis zur Mauer des Parks kommen angenehme kühle Gerüche. Ein leichter Geruch nach einem Feuer ist auch darin zu spüren, ir-

gendwo hat jemand nachmittags Laub verbrannt und dieser brandige Geruch ist mit den Ausdünstungen der Pflanzen vermischt. Er erinnert mich, mitten in Rom, mitten in Italien, mit dem neuerlichen Bellen des Hundes an norddeutsche Kartoffelfeuer im Herbst. Und diese Erinnerung an weit zurückliegende Kartoffelfeuer in norddeutschen Gärten vermischt sich mit dem schwarzen Bellen des Hundes hinter der Mauer, das in der Straße widerhallt, dunkle, hohle Bell-Geräusche.
(Morgen muss man wieder aufpassen, dass man nicht in die Scheiße dieses Hundes tritt.)

1 *Beschreiben Sie die Atmosphäre, die in den beiden Texten „Ein Kind" (▷ S. 123) und „Rom, Blicke" (▷ S. 123 f.) jeweils entfaltet wird. In welcher Stimmung befindet sich der Erzähler jeweils?*

2 *Überprüfen Sie, welche Wortarten jeweils in den Texten vorherrschend sind, und beschreiben Sie deren Wirkung innerhalb des jeweiligen Textes.*

3 *Teilen Sie sich in Gruppen auf, die jeweils einen der Texte – „Ein Kind" von Thomas Bernhard (▷ S. 123) oder „Rom, Blicke" von Rolf Dieter Brinkmann (▷ S. 123 f.) – näher untersuchen.*
a) Reduzieren Sie jeden Satz „Ihres Textes" auf ein Schlüsselwort, das Ihnen für die Bedeutung des Satzes besonders wichtig erscheint, und erstellen Sie eine Kette von Schlüsselbegriffen, z. B.:

Rolf Dieter Brinkmann: Rom, Blicke
Köter – Mond – Dunkelheit – ...

b) Stellen Sie dar, welches Bedeutungsfeld durch die Kette von Schlüsselbegriffen hergestellt wird.
c) Schreiben Sie den Ihnen vorliegenden Text um und versuchen Sie dabei, die Stimmung des Textes zu verändern, indem Sie den Satzbau und die Wortwahl ändern.

Karl Valentin

Ein komischer Liebesbrief

Lieber Geliebter!

Mit weinenden Händen nehme ich den Federhalter in meine Hände und schreibe Dir. – Warum hast Du so lange nicht geschrieben? – wo Du doch neulich geschrieben hast, dass Du mir schreibst, wenn ich Dir nicht schreibe!! – – Mein Vater hat mir gestern auch geschrieben; er schreibt, dass er Dir geschrieben hätte. Du hast mir aber kein Wort davon geschrieben, dass Dir mein Vater geschrieben hat. – Hättest Du mir geschrieben, dass Dir mein Vater geschrieben hat, so hätte ich meinem Vater geschrieben, dass Du ihm schon schreiben hättest wollen, hättest aber leider keine Zeit gehabt zum Schreiben, sonst hättest Du ihm schon geschrieben.

Mit unserer Schreiberei ist es sehr traurig, weil Du mir auf kein einziges Schreiben, welches ich Dir geschrieben habe, geschrieben hast. – Wenn Du nicht schreiben könntest, wäre es was anderes, dann tät ich Dir überhaupt nicht schreiben, weil dann die Schreiberei keinen Wert hätte – so kannst Du aber schreiben und schreibst doch nicht, wenn ich Dir schreibe!

Ich schließe mein Schreiben und hoffe, dass Du mir nur endlich einmal schreibst, sonst ist das mein letztes Schreiben, welches ich Dir geschrieben habe. – – Solltest Du aber wieder nicht schreiben, so schreibe mir wenigstens, dass Du mir überhaupt nicht schreiben willst, dann weiß ich wenigstens, warum Du mir nie geschrieben hast.

Verzeihe mir meine schlechte Schrift, ich bekomme immer den Schreibkrampf unterm Schreiben. Du bekommst natürlich nie den Schreibkrampf, weil Du nie schreibst.

Gruß und Kuss
Deine N. N.

1 *Erläutern Sie, wodurch die komische Wirkung dieses Textes entsteht.*

2 *Bestimmen Sie die Personal- und Zeitformen, in denen das Verb „schreiben" in diesem Text vorkommt.*

3 *Untersuchen und beschreiben Sie in Partnerarbeit die grammatische und semantische Gestaltung des Textes. Orientieren Sie sich dabei an der folgenden Übersicht.*

Wortfamilie	Gruppe von Wörtern, die denselben Wortstamm haben. Die Wörter einer Wortfamilie können gebildet werden durch Derivation oder Komposition.	
Wortbildung	**Derivation** (Ableitung)	Mittel der Wortbildung, bei dem mit Hilfe von Präfixen und Suffixen Wörter von einem Wortstamm abgeleitet werden, z. B.: brauchen: **ver**brauchen, brauch**bar** etc.
	Komposition (Zusammensetzung)	Mittel der Wortbildung, bei dem zwei oder mehr Wortstämme zu einem neuen Wort zusammengesetzt werden, z. B.: Arm + Band = Armband Manchmal braucht man ein Fugenelement, um die Wörter zu verbinden, z. B.: Geburt + s + Tag = Geburtstag
rhetorische Figuren	**Polyptoton**	Wiederholung eines Wortes oder Wortstammes in verschiedenen Flexionsformen, z. B.: In den **tiefsten Tiefen** des Ozeans
	Figura etymologica	Sonderfall des Polyptoton, bei dem Verb und Objekt denselben Stamm haben, z. B.: eine **Grube graben**

4 *Schreiben Sie einen eigenen Text nach dem Vorbild von Karl Valentin, indem Sie ein anderes Wort als Ausgangsmaterial nehmen, z. B. das Wort „hören" im Kontext eines Telefongesprächs o. Ä.*

Klaus M. Rarisch

hvt – alliterationssonett (1936)

humanitätsverbrüderungstremolo
hormonpillenverteilungstaktik
hühneraugenvertilgungstinktur
hundebissindenhinternverdrängungstrauma

herzjesuverehrungstempel
hanswurstiadenveranstaltungstheater
heileweltverlassenheitstheologie
herrschaftsverewigungstoleranz

hausundgrundbesitzerverbandstyrannei
hintertupfingerverschönerungsvereinstraditionstreffen
hastewasdannbistewasverkleinbürgerlichungstendenzen

hirnverbrannteverliebtheitstraumtänzerei
horchwaskommtvondraußenreinverwertungstechnik
heimatschnulzenvertriebstalent

1 *Analysieren Sie in Partnerarbeit mit Hilfe von Baumdiagrammen die einzelnen Schritte der Wortbildung in diesem Gedicht.*
Beispiel:

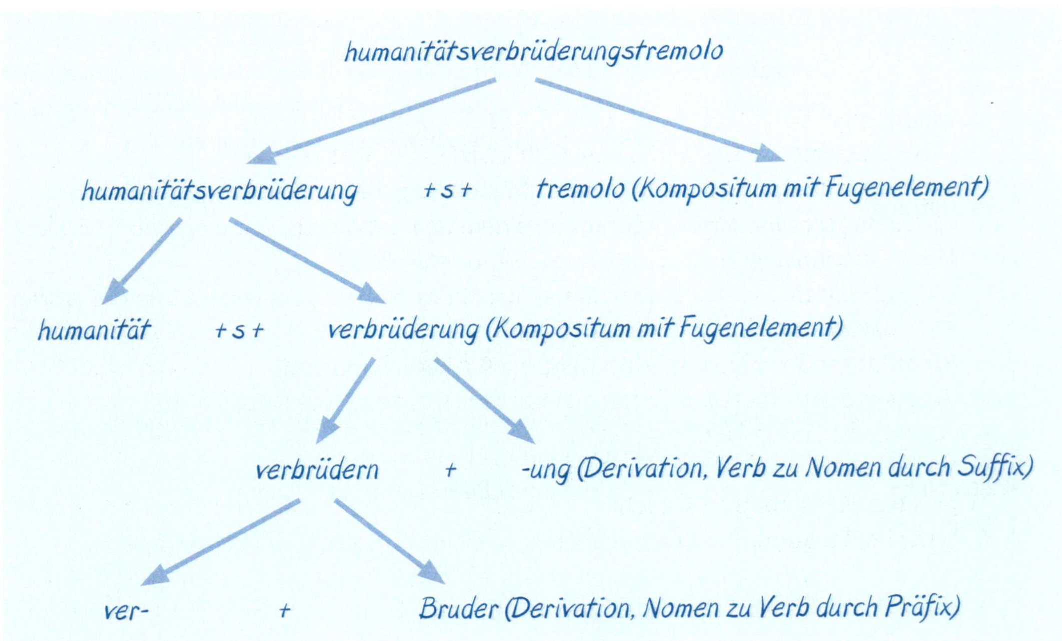

2 *Schreiben Sie selbst ein Gedicht nach dem obigen Muster.*

5.2 „Worte sind Spiele" – Gestalterischer Einsatz von Sprache in Gedichten

worte sind spiele
spiele werden worte ... *(Eugen Gomringer)*

Der deutschsprachige Dichter Eugen Gomringer (geb. 1925), Dichter der Konkreten Poesie, spricht damit einen bedeutenden Wesenszug von Gedichten an: Um die Aussage eines Gedichts für sich zu erschließen, muss der Leser nicht nur die Worte verstehen, sondern erkennen, auf welche Art und Weise, nach welchem Prinzip der Autor seine Worte einsetzt. Für Karl Kraus (1874–1936), einen der bedeutendsten österreichischen Schriftsteller des angehenden 20. Jahrhunderts, ist Lyrik „die unmittelbarste Übertragung eines geistigen Inhalts, eines Gefühlten oder Gedachten, Angeschauten oder Reflektierten, in das Leben der Sprache".

1 *Was macht Lyrik aus? Notieren Sie stichpunktartig, welche Merkmale ein Gedicht Ihrer Meinung nach haben muss oder kann.*

Bertolt Brecht

1940 (Gedichtzyklus, 1940)

VI

Mein junger Sohn fragt mich: Soll ich Mathematik lernen?
Wozu, möchte ich sagen. Dass zwei Stück Brot mehr ist als eines
das wirst du auch so merken.
Mein junger Sohn fragt mich: Soll ich Französisch lernen?
Wozu, möchte ich sagen. Dieses Reich geht unter. Und
reibe du nur mit der Hand den Bauch und stöhne
und man wird dich schon verstehn.
Mein junger Sohn fragt mich: Soll ich Geschichte lernen?
Wozu, möchte ich sagen. Lerne du deinen Kopf in die Erde stecken
da wirst du vielleicht übrig bleiben.

Ja, lerne Mathematik, sage ich
lerne Französisch, lerne Geschichte!

2 *Klären Sie den Inhalt des Gedichts. Wie würden Sie den „Sinneswandel" am Ende des Gedichts verstehen? Beziehen Sie den historischen Hintergrund ein.*

Hans Magnus Enzensberger

Ins Lesebuch für die Oberstufe (1957)

Lies keine Oden, mein Sohn, lies die Fahrpläne:
sie sind genauer. Roll die Seekarten auf,
eh es zu spät ist. Sei wachsam, sing nicht.
Der Tag kommt, wo sie wieder Listen ans Tor
schlagen und malen den Neinsagern auf die Brust
Zinken[1]. Lern unerkannt gehen, lern mehr als ich:
das Viertel wechseln, den Pass, das Gesicht.
Versteh dich auf den kleinen Verrat,
die tägliche schmutzige Rettung. Nützlich
sind die Enzykliken[2] zum Feueranzünden,
die Manifeste[3]: Butter einzuwickeln und Salz
für die Wehrlosen. Wut und Geduld sind nötig,
in die Lungen der Macht zu blasen
den feinen tödlichen Staub, gemahlen
von denen, die viel gelernt haben,
die genau sind, von dir.

1 **Zinken:** Zeichen, Markierung
2 **Enzyklika:** päpstliches Rundschreiben
3 **Manifest:** Grundsatzerklärung einer Partei

3 a) *Welche Ratschläge gibt das lyrische Ich dem Adressaten? Formulieren Sie die Ratschläge in eigenen Worten, und zwar so, wie Sie sie auffassen.*
b) *Tauschen Sie sich über Ihre Ergebnisse aus. Worauf könnten diese Ratschläge anspielen? Wie ist der Titel des Gedichts zu verstehen?*

4 *Stellen Sie sich vor, dass lyrische Ich aus dem Gedicht „1940“ von Brecht (▷ S. 127) träfe auf das lyrische Ich des Gedichts „Ins Lesebuch für die Oberstufe“ von Enzensberger.*
Überlegen Sie, wie sie Ihre Vorstellungen und Erziehungsziele darstellen und rechtfertigen würden.
Entwerfen Sie einen Dialog und/oder setzen Sie die Szene als Rollenspiel um.

5 *Die Besonderheit lyrischen Sprechens zeigt sich in der bewussten Gestaltung von Sprache und Form.*
a) *Untersuchen Sie die Gedichte „1940“ von Brecht (▷ S. 127) und „Ins Lesebuch für die Oberstufe“ von Enzensberger genauer. In welcher Beziehung stehen Form und sprachliche Gestaltung zum Inhalt des jeweiligen Gedichts? Welche Wirkung haben die festgestellten Besonderheiten? Achten Sie besonders auf folgende Aspekte:*
- ☐ *Satzarten*
- ☐ *Modus der Verben*
- ☐ *Inversion*
- ☐ *Parallelismus*
- ☐ *Wiederholungen*
- ☐ *Enjabement (Zeilensprung)*
- ☐ *Sprachbilder*

b) *Vergleichen Sie Ihre Ergebnisse. Diskutieren Sie dann, welche Gesamtwirkung die Gedichte jeweils haben.*

6 *Bereiten Sie einen Gedichtvergleich vor:*

a) Sammeln Sie gemeinsam Aspekte, die für einen Gedichtvergleich relevant sein können, z. B.:

- Thema
- Inhalt
- lyrisches Ich - Adressat/-in
- ...

b) Notieren Sie dann zu jedem Punkt in Stichworten, welche Gemeinsamkeiten und welche Unterschiede Sie zwischen den beiden Gedichten feststellen können.

7 *Klären Sie die Aussage der folgenden Lexikonausschnitte und diskutieren Sie, inwiefern sie auf die Gedichte von Brecht (▷ S. 127) und Enzensberger (▷ S. 128) anzuwenden sind. Belegen Sie Ihre Aussagen anhand der Texte.*

Metrum (Versmaß): Das Versmaß ist ein metrisches Muster von betonten und unbetonten Silben. Betonte Silben werden Hebungen, unbetonte Senkungen genannt. Die metrische Analyse eines Verses besteht darin, die Abfolge von Hebungen und Senkungen zu identifizieren und das dieser zugrunde liegende Strukturmuster zu rekonstruieren.
In Anlehnung an die antike Metrik unterscheidet man verschiedene Metren, z. B.: Jambus, Trochäus, Anapäst und Daktylus.

Rhythmus (von gr. rhythmos = gleichmäßig fließende Bewegung): Obwohl der Rhythmus eine wichtige literaturwissenschaftliche Kategorie ist und vielfach sogar als der Inbegriff des Dichterischen angesehen wird, gehört er zu den am meisten diskutierten Begriffen in der Literaturwissenschaft. Aus dem Schwung der lebendigen Rede entsteht der R. besonders durch die Wiederkehr und Gliederung der Haupttonstellen, durch das Tempo, die Pausen und die Tonabstufungen in betonte und unbetonte bzw. lange und kurze Teile durch Nachdruck oder Dauer. Dem irrationalen und individuellen Wesen des R. widerstrebt eine Typisierung bis ins einzelne, doch lassen sich als Grundformen der Bewegung unterscheiden: steigend – fallend, plätschernd – wellig – wogend, hüpfend – tänzelnd – gemessen schreitend – gehämmert, spannend – lösend, drängend – verweilend u. a. m.

freie Verse: an kein bestimmtes Metrum, keine Reim- oder Strophenform gebundene Dichtung; wirkt mehr oder weniger prosanah. Dabei erfüllt der Einschnitt am Zeilenende semantisch eine wichtige Funktion. In der modernen Lyrik nach 1945 ist der freie Vers die vorherrschende Art der Versifikation.

8 *a) „Ein Gedicht ohne Metrum ist kein Gedicht." Diskutieren Sie über diese These. Greifen Sie dabei auch auf Ihre Ergebnisse aus Aufgabe 1 (▷ S. 127) zurück.*

b) Versuchen Sie, in Gruppenarbeit eine Definition zu formulieren, was Ihrer Meinung nach einen lyrischen Text ausmacht. Berücksichtigen Sie dabei vor allem die formalen und die sprachlichen Aspekte.

c) Diskutieren Sie über Ihre Definitionen von Lyrik. Versuchen Sie in dieser Diskussion, die anderen durch passende Argumente und Beispiele von Ihrer Lyrikdefinition zu überzeugen.

Christine Busta

Holzapfelbaum in der Ebene

Nachbarlos von allen
Himmeln bedrängt,
kein Nistbaum.

Rastbaum und Krähenauslug,
die Rinde voll Messerzeichen
von Frost und Wind.

Sein Krüppelgeäst
eine Sternenleiter.
Die Anhänglichkeit eines letzten
winzigen Apfels wird Blüte
im ersten Schnee.

1 a) *Beschreiben Sie den Holzapfelbaum, indem Sie die verkürzten Aussagen des Gedichts wieder „in die Länge ziehen" und die sprachlichen Bilder „zurückübersetzen". Wie könnte die Beschreibung des Baumes als Prosatext dann lauten?*

b) *Welche Unterschiede stellen Sie fest, wenn Sie Ihre Beschreibungen und im Vergleich dazu das Gedicht lesen?*

2 *Untersuchen Sie die sprachliche Gestaltung des Gedichts. Welche Wörter und sprachlichen Bilder fallen Ihnen auf? Gehen Sie Strophe für Strophe vor, deuten Sie die Sprachbilder und bestimmen Sie die jeweilige Wirkung.*

Ingeborg Bachmann

Lieder auf der Flucht (Gedichtzyklus, 1956)

I

Der Palmzweig bricht im Schnee,
die Stiegen stürzen ein,
die Stadt liegt steif und glänzt
im fremden Winterschein.

Die Kinder schreien und ziehn
den Hungerberg hinan,
sie essen vom weißen Mehl
und beten den Himmel an.

Der reiche Winterflitter,
das Mandarinengold,
treibt in den wilden Böen.
Die Blutorange rollt.

1 *a) Lesen Sie das Gedicht und notieren Sie dann Ihren ersten Leseeindruck.*
b) Tauschen Sie sich über Ihre Vorstellungen aus. Versuchen Sie auch zu beschreiben, warum das Gedicht diesen Eindruck bei Ihnen hinterlassen hat.

2 *a) Untersuchen Sie die Wortwahl und Sprachbilder des Gedichts und beschreiben Sie deren Wirkung. Welche Szenerie und Atmosphäre wird entworfen?*
b) Formulieren Sie das Thema und die Intention des Gedichts.

5.3 Kreatives Gestalten – Eigene Texte verfassen

Robert Gernhardt

Auf den Lateinlehrer Otto Kampe

Er ist wie Crassus sehr gerissen
und so beredt wie Cicero.
Wie Maecen ist er kunstbeflissen,
ein Wüstenfuchs wie Scipio.

Lukullus gleicht er als Genießer
am immer wohlgefüllten Tisch
und gleich Ovid, dem Feind der Spießer,
so ist auch er kein kleiner Fisch.

Wie Tacitus ist er Erzähler.
Wie Seneca sucht er das Wahre.
Er hat wie Cato keine Fehler
und so wie Caesar keine Haare.

1 *Robert Gernhardt verwendet hier den Vergleich als zentrales Element seines Gedichts. Außerdem kommen aber auch grundlegende Satzbaufiguren vor: Chiasmus, Parallelismus, Anapher, Apposition.*
a) Geben Sie eine Definition dieser Begriffe und suchen Sie jeweils ein Beispiel im Text.
b) Schreiben Sie selbst ein Gedicht nach dem Muster von Robert Gernhardt, in dem Sie die Eigenschaften einer Person durch Vergleiche deutlich machen.

Kurt Schwitters

Frühe rundet Regen blau (1919)

Runde das Grün
Schlafe maies Land
Grüne Tropfen tropfen leise
Runde schlaf Land
Schlafe grüne Tropfenwiese
Grüne Tropfen sanftes Lied
Grünen Grüne grün.

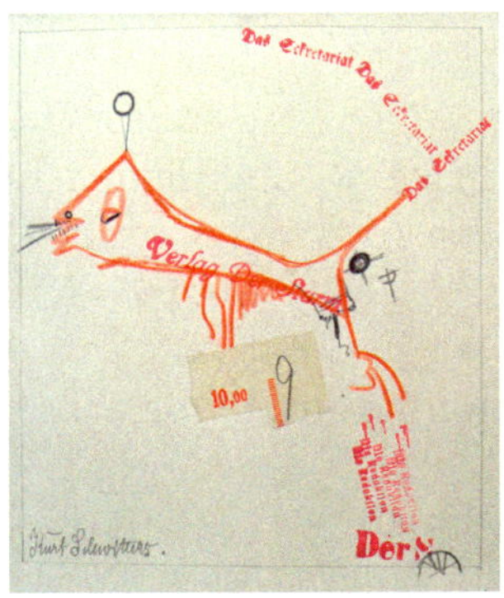

Kurt Schwitters: Stempelzeichnung auf Papier (1919)

2 *Beschreiben Sie, mit welchen sprachlichen Mitteln dieses Gedicht spielt. Achten Sie auf vorherrschende Wortarten, Mittel der Wortbildung, Umgang mit der Syntax und klangliche Auffälligkeiten (▷ Informationen zu Wortfamilie und Wortbildung auf S. 125).*

3 *Schreiben Sie ein Gedicht nach dem Muster von Schwitters, in dem Sie ebenfalls mit Worten spielen.*

6 Freiheit von und Freiheit zu – Begriffe definieren

6.1 Freiheit ist nicht gleich Freiheit – Verfahren der Begriffsbestimmung

Wolf Schneider

Ein Wort für alle Gelegenheiten

Was ist „Freiheit"? Den einen ein kostbares Gut; den zweiten eine Last, ja jene Qual, mit der die Wahl sprichwörtlich verbunden ist; wieder anderen ein Ärgernis, weil sie einen konkurrierenden Wert, die Gleichheit, bedroht; und vor den Philosophen reckt sich die Freiheit als ein ungeheures Fragezeichen.

Für Aristoteles hieß „Freiheit" das Vorrecht der griechischen Bürger, sich auf dem Rücken der Sklaven der Muße hinzugeben. Im 16. Jahrhundert war „ein frei Weib" eine Dirne. Rousseau dekretierte: „Der Mensch ist frei geboren und liegt doch überall in Ketten"; Goethe ließ seinen Tasso sagen: „Der Mensch ist nicht geboren, frei zu sein, und für den Edlen ist kein schöner Glück, als einem Fürsten, den er ehrt, zu dienen." Für Luther („Von der Freiheit eines Christenmenschen") hieß frei sein, „sich willig zu einem Diener machen". Und Heine reimte: „Der Knecht singt gern ein Freiheitslied des Abends in der Schenke: Das fördert die Verdauungskraft und würzet die Getränke."

So leicht kann einem das große Wort zwischen den Fingern zerrinnen. Da sollten wir festhalten: Die Freiheit, die wir meinen, ist die von Zwang und Not und in den demokratischen Verfassungen benennt sie das königliche Recht auf freie Rede, freie Reise, freie Wahl von Wohnort und Beruf. Dies alles gibt es ja bis heute nicht in China und nichts dergleichen gab es im Ostblock, bis er unter Gorbatschow[1] zerbrach.

Wo die Freiheit wächst, schrumpft eben nicht nur die Gleichheit, sondern auch die Geborgenheit. Der Säugling wünscht sich nichts als diese. Die Großfamilie, wie sie in südlichen Ländern noch heute dominiert, produziert

1 **Gorbatschow** (geb. 1931): russischer Politiker und von März 1991 bis Dezember 1991 Präsident der Sowjetunion. Durch seine Politik der Glasnost (wörtlich: Offenheit) und der Perestroika (wörtlich: Umbau) leitete er das Ende des kalten Krieges ein.

Nestwärme, nicht Selbstbestimmung. Und wie hieß 1968 die verzweifelte Frage in den antiautoritären „Kinderläden“[2]: „Müssen wir heute schon wieder spielen, was wir wollen?“

So aber ist es nicht, dass auch nur der Großstadt-Single sich in allen Lebenslagen die totale Freiheit wünschte. Mit dem ständigen Zwang zu wählen, fühlten sich viele Zeitgenossen überfordert, schreibt der polnische Schriftsteller Andrzej Szczypiorski; mancher hätte gewiss lieber zwei Fernsehprogramme als hundert. Und der spanische Philosoph Ortega y Gasset fragte: Wer will schon jeden Morgen frisch entscheiden müssen, woraus man sich ein Frühstück machen kann?

Man muss kein Philosoph sein, um da ins Grübeln zu kommen. Die Theologen plagt schon seit dem Kirchenvater Augustinus die Frage: Wie viel Entscheidungsfreiheit kann der Mensch besitzen, wenn er doch der Erbsünde und der Allmacht Gottes unterworfen ist? Muss man ihm aber andererseits nicht Freiheit zubilligen, weil sonst die ethische Grundlage für die Höllenstrafe brüchig würde – und die für die Zuchthausstrafe erst recht? Die Strafrechtstheoretiker *fordern* daher „Willensfreiheit“ und halten sich ungern bei der Frage auf, ob es sie geben kann. Der berühmte Niklas Luhmann[3] schrieb 1994 dazu den eisigen Satz: „Wenn die Welt so ist, wie sie ist – wie kommt man dann dazu, Freiheit zu sehen?“

Das Gefühl der Freiheit, ja, das gibt es – am stärksten bei Menschen, die einer Diktatur oder einem Gefängnis entronnen sind; am schwächsten also leider bei den Bürgern jener glücklichen Länder, in denen die Freiheitsrechte nie bedroht waren. Da ruft dann einer, wie Daniel Cohn-Bendit[4] es 1968 tat: „Freiheit ist für uns, ins Auto zu springen und morgen in Italien zu sein.“ Diese Freiheit heißt Beliebigkeit und würde sich rasch mit dem Chaos verbrüdern.

Was also ist das, Freiheit? Juristisch definiert sein schönes Anrecht – sonst ein Wortfetisch[5] im Mund von Sonntagsrednern. Für die gilt, was Georg Christoph Lichtenberg[6] „bloß der Unstudierten wegen“ anmerkte: Begriffe würden oft verpackt wie Waren und „wenn alles in der Kiste ist, was eigentlich hineingehört, und es schlottert noch, so steckt man etwas anderes dazu.“ Das Schlottern soll nun der Lebensqualität zugutekommen.

2 **Kinderladen:** ein selbst verwalteter („alternativer“) Kindergarten. Oft werden ehemalige Ladenräume genutzt, deshalb die Bezeichnung „Kinderladen“.

3 **Niklas Luhmann** (1927–1998): deutscher Soziologe und Philosoph

4 **Daniel Cohn-Bendit** (geb. 1945): deutsch-französischer Politiker

5 **Fetisch:** magischer Gegenstand

6 **Lichtenberg** (1742–1799): Mathematiker, Physiker, Schriftsteller; einer der führenden deutschen Aufklärer

1 *Lesen Sie den Text aufmerksam durch und klären Sie alle unbekannten Wörter.*

2 *a) Benennen Sie das Thema des Textes und erläutern Sie, wie der Autor das Thema entfaltet.*
b) Manchmal werden Thesen in Texten nicht eindeutig ausgewiesen, sondern man muss sie als Leserin oder Leser erschließen. Fassen Sie die Thesen des Autors zusammen und formulieren Sie seine Kritik in einem Satz. Berücksichtigen Sie dabei auch die Überschrift des Textes.

3 *a) Notieren Sie, welche unterschiedlichen Definitionen, Auffassungen und Überlegungen zum Begriff „Freiheit“ im Text erwähnt werden. Formulieren Sie möglichst präzise und in eigenen Worten.*
b) Erstellen Sie in Partnerarbeit eine Tabelle nach dem Muster auf Seite 135 oben.
Tragen Sie Ihre Ergebnisse aus Aufgabe 3 a in die rechte Spalte der Tabelle ein.
Notieren Sie in der linken Spalte, in welchem Verhältnis die jeweiligen Aussagen zum Kernbegriff „Freiheit“ stehen. Sind es Synonyme, Paraphrasen (Umschreibungen), Antonyme (Gegenbegriffe)?

Aussagen zum Begriff „Freiheit"	Beziehung zu dem Kernbegriff „Freiheit"
Privileg der Muße (vgl. Z. 8–10)	Paraphrase
...	...

c) Ergänzen Sie die Tabelle mit weiteren Aussagen bzw. Definitionen zum Begriff „Freiheit". Sie können den folgenden Eintrag aus einem Bedeutungswörterbuch zu Hilfe nehmen.

Freiheit ['fraihait], die; -, -en: **1. a)** (ohne Plural) *Zustand, in dem jmd. frei von bestimmten persönlichen oder gesellschaftlichen, als Zwang oder Last empfundenen Bindungen oder Verpflichtungen, unabhängig ist und sich in seinen Entscheidungen o. Ä. nicht eingeschränkt fühlt:* die persönliche, politische Freiheit; die Freiheit des Geistes; die Freiheit von Forschung und Lehre. Syn.: Freiraum, Spielraum. Zus.: Gedankenfreiheit, Meinungsfreiheit, Pressefreiheit, Redefreiheit. **b)** *Recht, etwas zu tun; bestimmtes [Vor]recht, das jdmd. zusteht oder das er sich nimmt:* dichterische Freiheit; zu Hause hatten sie verhältnismäßig viele Freiheiten. Syn.: Möglichkeit, Vorrecht. **2.** (ohne Plural) *Möglichkeit, sich frei und ungehindert zu bewegen:* einem Gefangenen die Freiheit schenken; die Verdächtige ist wieder in Freiheit; ein Tier in Freiheit beobachten.

4 *Begriffe lassen sich durch Begriffsoppositionen näher bestimmen. Bilden Sie Begriffsoppositionen (Begriff und Gegenbegriff), indem Sie zu den unterschiedlichen Bedeutungen von „frei" Gegenbegriffe (Antonyme) finden. Nutzen Sie dazu den folgenden Auszug aus einem Synonymwörterbuch. Verwenden Sie in Ihren Begriffsoppositionen den Begriff „frei" als Attribut, z. B.:*
ein autonomer Staat – ein fremdbestimmter Staat

frei

1. a) autonom, eigenständig, sein eigener Herr, unabhängig, ungebunden; *(bildungsspr.):* autark; *(bes. feminist. Sprachgebrauch):* ihre eigene Frau/Herrin.
b) autonom, eigenständig, ohne Hilfsmittel, unabhängig, ungebunden, *(bildungsspr.):* autark.
c) aufgelockert, gelöst, leger, locker, offen, ohne Hemmung[en], schrankenlos, unbefangen, ungehemmt, ungeniert, ungezwungen, unverkrampft, zwanglos; *(bildungsspr.):* informell; *(ugs.):* locker vom Hocker.

2. a) grenzenlos, offen, unbegrenzt, unbeschränkt, uneingeschränkt, ungehindert, unverwehrt; *(geh.):* ungeschmälert.
b) ohne, unbeeinträchtigt, ungetrübt.
c) auf freiem Fuß, in Freiheit, ungehindert.

3. blank, bloß, entblößt, nackt, unbedeckt, unbekleidet; *(geh.):* enthüllt, entkleidet; [...].

4. a) offen, unbesetzt, verwaist; *(bildungsspr.):* vakant.
b) verfügbar, zur Verfügung stehend; *(bildungsspr.):* disponibel.

5. gebührenfrei, geschenkt, gratis, kostenlos, um/für [einen] Gotteslohn, umsonst, unentgeltlich, vergütungsfrei, zum Nulltarif; *(ugs.):* gratis und franko; *(landsch.):* für lau; *(landsch. ugs.):* für nass; *(Rechtsspr.):* kostenfrei.

Notker Wolf

Worauf warten wir?

Notker Wolf (1940 in Grönenbach, Allgäu) ist Abtprimas des Benediktinerordens und damit oberster Repräsentant dieses christlichen Ordens. Als Abtprimas tritt er auch in der Öffentlichkeit auf, indem er Stellung zu politisch-gesellschaftlichen Fragen nimmt.*

Wenn wir Christen also Schuld weiterhin als Schuld bezeichnen, dann deshalb, weil wir bei aller menschlichen Schwäche an die Freiheit glauben.

Es gibt keine Freiheit ohne Verantwortung und ohne die Gefahr, Schuld auf sich zu laden.

Freiheit ist immer ein Wagnis. Machen wir es uns also nicht zu leicht. Die Willensfreiheit allein befähigt noch nicht zur Selbstbestimmung. Die Selbstbestimmung ist an die Bereitschaft zu Verantwortung und Selbstbeherrschung geknüpft und die wird keinem in die Wiege gelegt, die ist von ganz bestimmten kulturellen Voraussetzungen abhängig. In Europa zählen zu diesen Voraussetzungen die Traditionen des Christentums und der Aufklärung – beide haben unsere Vorstellung von Freiheit geprägt und beide haben dazu geführt, dass der Selbstbestimmung in unserer Kultur eine größere Bedeutung zukommt als in jeder anderen. Den Anstoß dazu hat das christliche Denken gegeben, das von Anfang an von einem persönlichen Gewissen und der Einzigartigkeit des Menschen ausgegangen ist – unter dem Einfluss dieses christlichen Grundgedankens hat sich die Vorstellung vom Wert des einzelnen Menschen und seiner Menschenwürde allmählich herausgebildet. Es war der christliche Philosoph Boethius, ein Zeitgenosse des heiligen Benedikt, der die menschliche Individualität als Person definiert hat, ausgestattet mit der Freiheit und Verantwortung vor Gott und dem Guten. Die Aufklärung hat die Freiheit dann auf der Skala unserer Werte an die erste Stelle gesetzt. Seither lagern sich alle anderen Werte, an denen wir uns im öffentlichen wie im privaten Leben orientieren – Gleichheit, Gerechtigkeit oder Frieden etwa –, gewissermaßen um die Freiheit herum, zielen auf sie ab und beziehen ihre Bedeutung durch sie. Wenn die Rechtsprechung eines Staates nicht die Freiheit zum Ziel hätte, wäre sie bloß Willkür. Auch die Gleichheit würde sich da, wo sie mehr schaffen soll als die Voraussetzung für Freiheit, umgehend in ein Mittel der Unterdrückung verwandeln. Und der Frieden schlägt in Friedhofsruhe um, sobald er auf Kosten der Freiheit geht. Schließlich meine ich auch, dass für das Lebensglück und das Selbstbewusstsein des Einzelnen kein Wert entscheidender ist als die Freiheit.

Wie zerbrechlich diese Freiheit ist, das hat sich vor allem in unserer eigenen Geschichte gezeigt.

1 a) *Lesen Sie den Textauszug und schlüsseln Sie den Begriff der Freiheit auf, indem Sie ein Bedeutungsfeld um den Kernbegriff „Freiheit" erstellen. Verdeutlichen Sie die Nähe und Ferne zum Kernbegriff durch die Positionen auf den Kreisen.*

b) *Vergleichen Sie Ihre Ergebnisse. Formulieren Sie dann eine Definition des Begriffs „Freiheit", wie er in dem Text von Notker Wolf verstanden wird.*

Jean-Paul Sartre

Die Freiheit des Menschen

Jean-Paul Sartre (1905–1980) war ein französischer Schriftsteller und Philosoph und zählt zu den populärsten Vertretern der modernen Literatur. Durch seine Schriften, Essays, Dramen und Romane wurde er zur Schlüsselfigur des französischen Existentialismus und zur Symbolfigur der Intellektuellen Frankreichs.

Der atheistische[1] Existentialismus, den ich vertrete, ist kohärent[2]. Er erklärt: Wenn Gott nicht existiert, so gibt es zumindest ein Wesen, bei dem die Existenz der Essenz[3] vorausgeht, ein Wesen, das existiert, bevor es durch irgendeinen Begriff definiert werden kann, und dieses Wesen ist der Mensch. [...] Was bedeutet hier, dass die Existenz der Essenz (dem Wesen) vorausgeht? Es bedeutet, dass der Mensch erst existiert, auf sich trifft, in die Welt eintritt und sich erst dann definiert. Der Mensch, wie ihn der Existentialist versteht, ist nicht definierbar, weil er zunächst nichts ist. Er wird erst dann, und er wird so sein, wie er sich selbst geschaffen haben wird. [...] Der Mensch ist nichts anderes als das, wozu er sich macht. [...] Wenn jedoch die Existenz wirklich dem Wesen vorausgeht, ist der Mensch für das, was er ist, verantwortlich. So besteht die erste Absicht des Existentialismus darin, jeden Menschen in den Besitz seiner selbst zu bringen und ihm die totale Verantwortung für seine Existenz aufzubürden. [...]

Der Existentialist denkt: Es ist sehr unangenehm, dass Gott nicht existiert, denn mit ihm verschwindet jede Möglichkeit, Werte in einem intelligiblen[4] Himmel zu finden; es kann kein a priori[5] Gutes mehr geben, da es kein unendliches und vollkommenes Bewusstsein gibt, es zu denken; nirgends steht geschrieben, dass das Gute existiert, dass man ehrlich sein soll, nicht lügen darf, denn wir befinden uns ja auf einer Ebene, wo es nichts gibt außer den Menschen. Dostojewski schrieb: „Wenn Gott nicht existiert, ist alles erlaubt." Das ist der Ausgangspunkt des Existentialismus. In der Tat ist alles erlaubt, wenn Gott nicht existiert, und demzufolge ist der Mensch verlassen, denn er findet weder in sich noch außerhalb sich einen Halt. Zunächst einmal findet er keine Entschuldigungen. Wenn tatsächlich die Existenz dem Wesen vorausgeht, ist nichts durch Verweis auf eine gegebene und unwandelbare menschliche Natur erklärbar; anders gesagt, es gibt keinen Determinismus[6], der Mensch ist frei, der Mensch ist die Freiheit.

Wenn zum anderen Gott nicht existiert, haben wir keine Werte oder Anweisungen vor uns, die unser Verhalten rechtfertigen könnten. So finden wir weder hinter noch vor uns im Lichtreich der Werte, Rechtfertigungen oder Ent-

1 **Atheismus:** Verneinung der Existenz Gottes
2 **kohärent,** hier: logisch, widerspruchsfrei
3 **Essenz,** hier: Wesen
4 **intelligibel:** nur durch den Intellekt – im Gegensatz zur sinnlichen Erfahrung/Wahrnehmung – erkennbar
5 **a priori:** grundsätzlich, von vornherein

6 **Determinismus:** Vorbestimmtheit alles Geschehens

schuldigungen. Wir sind allein, ohne Entschuldigungen. Das möchte ich mit den Worte ausdrücken: Der Mensch ist dazu verurteilt, frei zu sein. Verurteilt, weil er sich nicht selbst erschaffen hat, und dennoch frei, weil er, einmal in die Welt geworfen, für all das verantwortlich ist, was er tut. [...] Wirklichkeit ist nur im Handeln. [...] Der Mensch ist nichts anderes als sein Entwurf, er existiert nur in dem Maße, in dem er sich verwirklicht, er ist also nichts anderes als die Gesamtheit seiner Handlungen, nichts anderes als sein Leben.

1 *„[D]er Mensch ist frei" (▷ Z. 45), schlussfolgert Jean-Paul Sartre in diesem Textauszug. Erklären Sie, wie Sartre die Freiheit des Menschen begründet.*

2 *a) Erläutern Sie die These „Der Mensch ist dazu verurteilt, frei zu sein" (▷ Z. 54 f.).*
b) Nehmen Sie zu dieser These kritisch Stellung (▷ Erörtern in freieren Formen S. 40 f., S. 64).

3 *a) Vergleichen Sie die Aussagen von Jean-Paul Sartre und Notker Wolf zum Begriff der Freiheit. Verfassen Sie eine Definition des Begriffs „Freiheit", wie er in den Texten von Jean-Paul Sartre (▷ S. 137–138) und Notker Wolf (▷ S. 136) verstanden wird, und erläutern Sie dann, welche Konsequenzen sich jeweils für das Handeln des Einzelnen ergeben.*
b) Beurteilen Sie die Positionen von Jean-Paul Sartre und Notker Wolf kritisch und überprüfen Sie deren Gültigkeit für Ihr eigenes Leben. Begründen Sie Ihre Meinung.

!

Umgang mit Begriffen

Begriffe definieren: Zum Gelingen der Kommunikation ist es notwendig, Einverständnis über Begriffe und deren Bedeutung herzustellen. Um die Bedeutung eines Begriffs zu erklären, kann man den Begriff mit anderen Worten umschreiben (paraphrasieren). **Paraphrasen** erlauben es, sich über die Bedeutung von Begriffen in konkreten Verwendungssituationen zu verständigen. Eine Paraphrase ist eine **Begriffsdefinition,** die die Grenzen der Bedeutung eines Begriffs festlegt.

Begriffe existieren nicht isoliert, sondern sie sind eingebettet in den Zusammenhang eines Textes und sie stehen in Beziehung zu anderen Begriffen, von denen sie sich durch ihre Merkmale unterscheiden. Zur genauen Begriffsdefinition oder Begriffsordnung stehen uns folgende Prinzipien zur Verfügung:

- **Synonyme (inhaltsähnliche Begriffe) haben gemeinsame Bedeutungsmerkmale.** Ganz selten handelt es sich um Wörter mit völlig gleicher Bedeutung. Viel häufiger sind Synonyme, die kleine Bedeutungsunterschiede aufweisen, z. B.: Die Begriffe „Freiraum", „Möglichkeit", „Spielraum" haben das gemeinsame Merkmal „Freiheit".
- **Antonyme (Gegenbegriffe)** sind entsprechend Gegenbegriffe zu einem Begriff. Die Bedeutungsmerkmale sind ins Gegenteil verkehrt, z. B.: Freiheit – Gefangenschaft (vom Kontext abhängig). Begriffe lassen sich durch **Begriffsoppositionen** (Begriff und jeweiliger Gegenbegriff) genauer bestimmen.
- **Unterordnung von Begriffen:** Oberbegriffe (z. B. Freiheit) dienen als Sammel- und Ordnungsbegriffe; Unterbegriffe verhalten sich zu ihnen wie konkrete Beispiele (z. B. Pressefreiheit, Gedankenfreiheit etc.).

6.2 Freiheit ist mehr als Unabhängigkeit – Diskutieren und Erörtern im Anschluss an einen Text

Bernhard Bueb: Freiheit erwirbt man durch Disziplin

*Bernhard Bueb (*1938) ist ein deutscher Theologe und Pädagoge. Bekannt wurde er als Leiter der „Schule Schloss Salem", einem Internat, das er von 1974 bis 2005 leitete.*
Der folgende Textauszug stammt aus seinem Buch „Lob der Disziplin – Eine Streitschrift", das 2006 veröffentlicht wurde.

Kleine Kinder entwickeln einen Drang zur Selbstständigkeit, der auf den Beobachter einen eigenen Zauber ausübt. „Selbst" oder „allein" heißen die Wörter, die den Willen zur Eigentätigkeit signalisieren. Es tritt in diesem Drang eine genuin menschliche Eigenart in Erscheinung, nämlich der Wille zur Freiheit. Allerdings äußert sich in diesem rudimentären Streben nach Selbstständigkeit nur eine Komponente der Freiheit, nämlich der Drang nach Unabhängigkeit und Selbsttätigkeit. Freiheit ist aber mehr als Unabhängigkeit, sie bezeichnet den Willen und die Fähigkeit, sich selbst ein Ziel zu setzen, dieses Ziel an moralischen Werten auszurichten, mit dem eigenen Leben in Übereinstimmung bringen und konsequent verfolgen zu können. Selbstbestimmung ist der Begriff dafür. Friedrich Nietzsche hat die Idee der Freiheit als Frage artikuliert: „Frei nennst du dich? Deinen herrschenden Gedanken will ich hören und nicht, dass du einem Joche entronnen bist. [...] Frei wovon? Was schiert das Zarathustra. Hell aber soll mir dein Auge künden: frei wozu?"

Jugendliche – übrigens auch viele Erwachsene – neigen zu dem fundamentalen Irrtum, Freiheit mit Unabhängigkeit gleichzusetzen. Sie meinen, frei zu sein, wenn sie einer Autorität den Gehorsam verweigern, sich also „frei von" Bevormundung dünken. Die Gleichsetzung von Freiheit und Unabhängigkeit entspricht jugendlichem Denken. Sie wurde durch den pädagogischen Irrtum vieler Eltern, Lehrer und Erzieher, vor allem auch Erziehungstheoretiker, unterstützt, dass junge Menschen Freiheit erwerben, indem man ihnen frühzeitig Freiheit gewährt, Freiheit als Unabhängigkeit von Führung und Autorität. Frei darf sich aber ein Mensch erst nennen, wenn er auf das Wozu eine Antwort geben kann. Die Antwort auf diese Frage entspricht der Antwort auf die Frage: Wer bin ich? Welchen Weg soll ich einschlagen? Was ist Sinn und Zweck meines Lebens? Freiheit ist kein Zustand, sie ist die späte Frucht einer langen Entwicklung, man erwirbt sie durch unendliche Stadien der Selbstüberwindung, des Wandels von Disziplin zur Selbstdisziplin. „Es gibt manchen, der seinen letzten Wert wegwarf, als er seine Dienstbarkeit wegwarf." Nietzsche klärt mit diesem Satz, dass man eher weiterdienen sollte, als Unabhängigkeit ohne Idee der Selbstbestimmung anzustreben.

Kinder und Jugendliche träumen von der Freiheit, tun und lassen zu dürfen, was sie wollen. Sie sehnen sich nach einem Leben ohne Regeln, Verbote und Anweisungen: Pippi Langstrumpf, das wunderbare literarische Geschöpf Astrid Lindgrens, verkörpert diese Freiheit. Sie lebt in einer fantasievollen Anarchie, sie befriedigt damit das kindliche Bedürfnis nach Ungebundenheit. Ihren Mut zum Abenteuer bewundern die Kinder und würden auch gern so mutig sein. Pippi Langstrumpf erfüllt den märchenhaften Traum eines Paradieses der Unabhängigkeit, verbunden mit der Macht, die Störenfriede dieser Unabhängigkeit zu vertreiben. [...]

Auch ich bin diesen Irrweg gegangen und wollte durch scheinbare Gewährung von Selbstbestimmung Jugendliche zu verantwortlichem Handeln erziehen. Als ich als Lehrer und Erzieher im Internat begann, hatte ich mir vorgenommen, mehr Verantwortung auf die von mir betreute Gruppe von Schülern zu übertragen. Ich wollte erreichen, dass sie aus Einsicht ihre Zimmer in Ordnung halten, pünktlich sind, rücksichtsvoll ihre Musik leise drehen, die gemeinsame Küche und Dusche sauber machen und nachts Ruhe halten. Was tut ein Erzieher, wenn er Verantwortung delegieren will? Er zieht sich zurück und gewährt den jungen Menschen die Freiheit, das Vernünftige ohne Gängelung von oben durchzusetzen. Ich zählte darauf, dass Schüler die wachsende Unordnung schwer ertragen und die Bewohner der Zimmer daraufhin Ordnung schaffen würden, dass der Lärm der Musik lästig werde und zu gegenseitiger Korrektur führe und dass die Aufregung über die dreckige Küche die Bewohner zu einer Vereinbarung veranlasse, einen Plan zur Ordnung in der Küche zu erstellen. Über das Experiment schrieb ich den Satz von Rosa Luxemburg, Freiheit ist immer die Freiheit der Andersdenkenden. In den 1970er Jahren fanden Jugendliche diesen Satz wunderbar. Sie erhoben ihn zur Maxime ihres Zusammenlebens. Das Experiment ist vollständig gescheitert.

1 *a) Lesen Sie den Text aufmerksam durch und achten Sie dabei auf alle Schlüsselbegriffe, die für die Argumentation des Textes besonders wichtig sind.*
b) Formulieren Sie das Thema des Textes mit eigenen Worten und erläutern Sie, welchen Standpunkt der Autor vertritt.

2 *a) Untersuchen Sie die Argumentationsstruktur des Textes genauer und halten Sie Ihre Ergebnisse schriftlich fest:*
- *Welche These stellt der Verfasser auf?*
- *Mit welchen Argumenten und Beispielen wird diese These gestützt?*
- *Welche sprachlich-stilistischen Mittel lassen sich erkennen (▷ sprachliche Gestaltungsmittel auf S. 353)? Welche Absicht verfolgt der Autor mit seinem Text?*

b) Setzen Sie sich kritisch mit den angeführten Beispielen auseinander und überprüfen Sie die Stichhaltigkeit der Argumentation. Sammeln Sie weitere Argumente und Beispiele, die die These des Textes stützen, oder finden Sie geeignete Gegenargumente und -beispiele.
c) Diskutieren Sie, ob Sie die Argumentation überzeugend finden. Begründen Sie Ihren Standpunkt.

3 *Setzen Sie sich kritisch mit dem Text auseinander und nehmen Sie Stellung zu der von Bernhard Bueb vertretenen Auffassung. Verfassen Sie im Anschluss an den Text eine Erörterung (▷ Erörtern im Anschluss an einen Text S. 323).*
a) Legen Sie eine Stoffsammlung an:
- *Notieren Sie die wichtigsten Argumente und Beispiele aus dem Text und nehmen Sie zu diesen Argumenten Stellung (entwickeln Sie eigene Argumente und Beispiele für und wider die im Text genannten Argumente).*

b) Erstellen Sie eine Gliederung für Ihre Erörterung. Sie können den folgenden Gliederungsvorschlag als Muster verwenden:

A. Einleitung:	Autor, Titel, ggf. Fundort der Textgrundlage, Thema des Texts und ggf. Einleitungsgedanke, der zum Thema hinführt
B. Hauptteil:	**I. Analyse des Textes**
	knappe Textzusammenfassung mit Wiedergabe der zentralen Problemstellung; Argumentationsstruktur und sprachliche Mittel des Textes analysieren.
	II. Erörterung der Argumente
	zu den Argumenten des Textes Stellung nehmen, dabei teilweise oder völlige Zustimmung oder Widerspruch begründet darlegen.
	III. Fazit/Ergebnis
C. Schluss:	Schluss (z. B. Wunsch, Forderung, Ausblick etc.)

6.3 Unsere Sprache in der Kritik – Sprachmanipulationen aufdecken

Beat Gloor

staat sex amen

Die Grundlage jeder Kommunikation – ob Kriegsbericht, Liebesbrief oder Gebrauchsanweisung – ist die Übereinstimmung der Wörter mit der dargestellten Wirklichkeit. Nur: Wessen Wirklichkeit? Und: Wie wirklich ist diese Wirklichkeit im Vergleich mit der Wirklichkeit der Sprache? [...]
Kann man mit Wörtern etwas sagen? Etwas über die Dinge? Ist es nicht eher so, dass uns die Wörter über sich selbst und über diejenigen Auskunft geben, die sie erfunden haben und sie verwenden?

1 *Formulieren Sie die These des Textes in eigenen Worten und erläutern Sie, auf welches Problem der Autor aufmerksam machen will.*

Friedrich Schorlemmer

Entlassungsreden

Man spricht beim brutalen „Rausschmiss" euphemistisch von „Trennungsprozess" und benutzt dafür das englische Wort „Outplacement". Da es schon schlimm genug ist, einen Menschen entlassen zu müssen, muss man sich doch wenigstens einige Mühe geben, dafür die richtigen Worte zu finden! [...] Wie man über die Kündigung und Entlassung von Mitarbeitern reden kann:
Herausekeln: Offenherziger und bösartiger Ausdruck für das Herausmobben von unliebsam gemachten Mitarbeitern.
Feuern: „Hire and Fire" als vermeintliches Kennzeichen des amerikanischen Arbeitsmarktwunders nach dem bekannten Motto „Von Amerika lernen heißt siegen lernen".
Rausschmeißen: Befreiend offenes Wort zur Sache, aber natürlich bei Outplacement-Beratern verdächtig.
Freistellen: Besonders ekliger Ausdruck für die Entlassung abhängig Beschäftigter, die noch nicht einmal umgesetzt oder andersweitig verplant werden können. Und vielleicht nicht mal freigesetzt.
Freisetzen: Dem Mitarbeiter steht es frei, seinen Hut zu nehmen. Anderenfalls wird er vor die Tür gesetzt. [...]
Outplacement: Das „Out" ist nicht so gut. Besser

ist das deutsche „frei" oder auch die amerikanische Neubildung. [...]
Sich trennen: Optimale Weise der sprachlichen Lösung des anstehenden Problems. Klingt gut, weil kooperativ. Erweckt den Eindruck gegenseitigen Einverständnisses. Edle Art des Rausschmisses.

2 *Erläutern Sie, was genau der Autor Friedrich Schorlemmer kritisiert. Beziehen Sie dabei auch Ihre Ergebnisse aus Aufgabe 1 mit ein.*

3 *a) Vergleichen Sie die Bedeutung des Wortes „entlassen" (laut Wörterbuch: jmd. nicht weiter beschäftigen, kündigen) mit den Varianten „freisetzen", „sich trennen", „freistellen", „feuern". Nutzen Sie dazu ein Wörterbuch.*
b) Welche der aufgeführten Varianten könnten Ihrer Meinung nach Euphemismen sein? Begründen Sie.
c) Beurteilen Sie Absicht und Wirkung eines solchen euphemistischen Sprachgebrauchs.

Aktion „Unwort des Jahres"

Bei der 1991 begründeten und seither jährlich stattfindenden Aktion „Unwort des Jahres" sind alle Bürgerinnen und Bürger aufgefordert, sprachliche Missgriffe zu nennen, die im jeweiligen Jahr besonders negativ aufgefallen sind. Gesucht werden Wörter und Formulierungen aus der öffentlichen Sprache, die sachlich grob unangemessen sind und möglicherweise sogar die Menschenwürde verletzen. Die Vorschläge können aus allen Bereichen der öffentlichen Kommunikation stammen, aus Politik, Verwaltung, Wirtschaft, Technik, Wissenschaft, Kulturinstitutionen oder Medien. Die Entscheidung über das „Unwort des Jahres" trifft eine unabhängige Jury. Das „Unwort des Jahres" wird über die Medien bekannt gegeben.
Auf der Grundlage der mehrjährigen Sammlung von Unwort-Vorschlägen und wortgeschichtlicher Untersuchungen wählte die Jury auch das „Unwort des 20. Jahrhunderts": „Menschenmaterial". Dieser zeiten- und ideologienübergreifende Begriff steht exemplarisch für die weit gediehene Tendenz, Menschen nur noch nach ihrem „Materialwert" einzuschätzen. Er ist gleichsam der Vater für ebenfalls zynische Begriffe wie „Schüler-", „Lehrer-" oder „Spielermaterial", aber auch für Unwörter wie „Patienten-", „Geburten-" oder „Häftlingsgut". Dass Medizinern immer noch geläufige Wort vom „Patientengut" wurde 1999 durch einen süddeutschen Klinikchef noch unterboten, der Todkranke gar als „morbides Patientenmaterial" umschrieb. Dem Ungeist, der solchen Wortschöpfungen zu Grunde liegt, entsprechen denn auch zahlreiche andere Materialisierungen des Menschen wie „Biorohstoffe", „Organgewinnung", „weiche Ziele" (im Artilleristenjargon), „Humankapital" und „Bodyleasing" sowie die Abfallmetaphern „Belegschaftsaltlasten", „Personalentsorgung" und „Wohlstandsmüll".

Weitere Unwörter aus den Jahren 1995–2005 sind:
1995: Diätenanpassung (für die Diätenerhöhung im Bundestag)
1996: Rentnerschwemme (für die hohe Zahl der zu versorgenden Rentner)
1997: Wohlstandsmüll (Umschreibung arbeitsunwilliger wie arbeitsunfähiger Menschen; Zitat von Helmut Maucher, damaliger Verwaltungsratspräsident der Firma Nestlé)
2001: Gotteskrieger (Selbst- und Fremdbezeichnung der Taliban- und El Quaeda-Terroristen)
2002: Ich-AG (Abkürzung von Ich-Aktiengesellschaft; bezeichnet ein Einzelunternehmen, das von einem Arbeitslosen gegründet worden ist)

2004: Humankapital („Fähigkeiten und Fertigkeiten sowie das Wissen, das in Personen verkörpert ist", offizielle Definition der EU)
2005: Entlassungsproduktivität (Gewinne aus Produktionsleitungen eines Unternehmens, nachdem zuvor zahlreiche Mitarbeiter entlassen wurden)
2006: Freiwillige Ausreise (Gesetzes- und Behördenterminus, wenn abgelehnte Asylbewerber aus deutschen Abschiebehaftanstalten, sog. Ausreisezentren, nach intensiver „Beratung" in ihre Herkunftsländer zurückkehren)
2007: Herdprämie (Betreuungsgeld das Eltern bekommen, wenn sie ihre Kinder zu Hause erziehen, anstatt einen Krippenplatz in Anspruch zu nehmen)

1 *Fassen Sie zusammen, welche sprachlichen Phänomene mit der Aktion „Unwort des Jahres" kritisiert werden. Wo, wann, vom wem und warum wurden sie verwendet?*

2 *Untersuchen Sie in Partnerarbeit die Unwörter aus den Jahren 1995–2007 genauer. Wählen Sie drei Beispiele aus und schreiben Sie zu diesen Unwörtern einen sprachkritischen Text, der auch in Form einer Satire formuliert sein kann.*
a) Legen Sie für Ihren Text zuerst eine Stoffsammlung an, indem Sie die Ergebnisse Ihrer sprachlichen Untersuchung festhalten. Folgende Tipps können Ihnen helfen:
- *Zerlegen Sie das „Unwort" in seine sprachlichen Bestandteile. Überlegen Sie, aus welchen Bereichen diese Teile stammen, ob sie zusammenpassen, welche Bedeutung sie eigentlich haben.*
- *Überlegen Sie, welche Gesamtbedeutung das Unwort hat. Welche Konnotationen (insbesondere die versteckten Wertungen) hat das Wort oder haben die einzelnen Wortbestandteile (▷ Informationen zur Konnotation auf S. 353)?*

b) Schreiben Sie Ihren Text. Überlegen Sie vorher, wie Sie Ihre Kritik spöttisch, ironisch und zugespitzt formulieren können.

3 *Führen Sie selbst eine Aktion „Unwort des Jahres" durch. Sammeln Sie Begriffe und Formulierungen, die Ihnen unangemessen oder diskriminierend erscheinen, z. B. aus Zeitungen, Fernsehsendungen etc. Wählen Sie die Unwörter oder das Unwort des Jahres. Begründen Sie Ihre Entscheidung.*

Ulrike Buchmann

Steigerung von super

Na großartig! Oder super? Was sagen Sie denn lieber? Längst scheint vielen das englische Wörtchen (oder die lateinische Vorsilbe) viel schneller über die Lippen zu gehen, wenn sie etwas richtig gut finden. Kein Wunder im Zeitalter der Superlative, die übrigens etwas Überragendes oder Übertriebenes meinen. Mitunter weiß man schon gar nicht mehr, wie man noch höher hinaus mit den Worten soll. Was ist

nicht alles super! Das Benzin, der Markt, der Star, das Bike, der Cup und im Umgangssprachlichen doch fast alles, was wir ganz passabel finden.
Aber jetzt gibt es doch noch eine Steigerungsform von super. Oder ist es eher die Verniedlichung? Viele Zeitgenossen sagen jetzt nämlich „supi". Und da stellen sich einem doch die Nackenhaare auf. Denn was ist denn da nun gemeint? Ist es ganz „obergroßartig" oder nur ein klitzekleines bisschen überragend? Haben wir bald auch ein Supi-Märktchen oder Supi-Biki? Und wie lange dauert es noch, bis wir aus der sowieso schon gebeutelten deutschen Sprache ein Baby-Kauderwelsch gemacht haben, für das sich dann auch jede Rechtschreibreform erübrigt?

1 *Erläutern Sie, womit sich die Autorin auseinandersetzt und welche Meinung sie vertritt. Auf welche Weise formuliert sie ihre Meinung? Bestimmen Sie die Textsorte und belegen Sie Ihre Einordnung anhand des Textes.*

Wolf Schneider

Mode und Verfall. Von Sprachschablonen und den Folgen der Freiheit.

Ehrfurcht gebietend war dabei das treffende Wort: Ob die Ehrfurcht empfunden wurde oder nicht, sie war geboten, wie es umgekehrt verboten war, die Vulgärsprache ins bürgerliche Wohnzimmer zu ziehen oder die diversen Funktionen des Unterleibs überhaupt zu benennen. Man kann wohl sagen, dass ein großer Teil der Sprachgemeinschaft – und zwar der sprachlich aktivere – sich im Allgemeinen an diese Gebote und Verbote hielt, mit all den Folgen, die das Sprechen für das Denken hat. Binnen einer Generation, im engeren Sinn erst seit den 1960er Jahren ist hier ein Wandel zu radikaler Freiheit eingetreten. Nie zuvor haben Hymnen, Gebete und Verbote so wenig gegolten. Kaum einer muss sich noch rechtfertigen, wenn er über eine Predigt lacht, über die Fortpflanzung mit dem Wortschatz eines Vollmatrosen herfällt und nicht vulgäre Wörter nur noch maulend zulässt.
Für so viel Freiheit war ein Preis zu zahlen. [...] Mikrofone, scheint es, inhalieren Modewörter und Sprachklischees am liebsten und dann jagen sie sie zwanzig Millionen Mal durch alle Kanäle. Diese Sprache, die entheiligte und der Verspottung freigegebene, die vorgestanzte und allgegenwärtige, die Wegwerf-Vokabeln aus der Fließbandproduktion, die quäkende Billigware aus Kofferradios und Kaufhauslautsprechern: Diese Sprache fesselt uns nicht mehr. Wir packen einen viel kleineren Wortschatz als unsere Großeltern in viel dürftigere Sätze; unser Umgang mit den Wörtern ist lax, geringschätzig und lümmelhaft. Nur zwei Minderheiten wissen noch, was sie an der Sprache haben: die einflussarme Minorität der Liebhaber und die einflussreiche Minorität der Manipulierer.

2 *Teilen Sie die Meinung von Wolf Schneider? Nehmen Sie kritisch Stellung.*

3 *Notieren Sie sprachliche Erscheinungen aus Ihrer Umwelt (Werbung, Medien, Alltag, E-Mails, SMS etc.), die Sie kritikwürdig finden. Erklären Sie, was genau Sie stört.*

4 *Reagieren Sie auf einen der beiden Texte von Ulrike Buchmann (▷ S. 143–144) oder Wolf Schneider (▷ S. 144): Schreiben Sie einen kritischen Kommentar (▷ S. 359) oder eine Glosse (▷ S. 359).*

7 Europa, was ist das? – Wiederholungskurs Rechtschreibung, Grammatik, Stilistik

7.1 Was bedeutet Europa für uns? – Schreibung von Fremdwörtern, Groß- und Kleinschreibung, Getrennt- und Zusammenschreibung

Europäisches Parlament in Straßburg

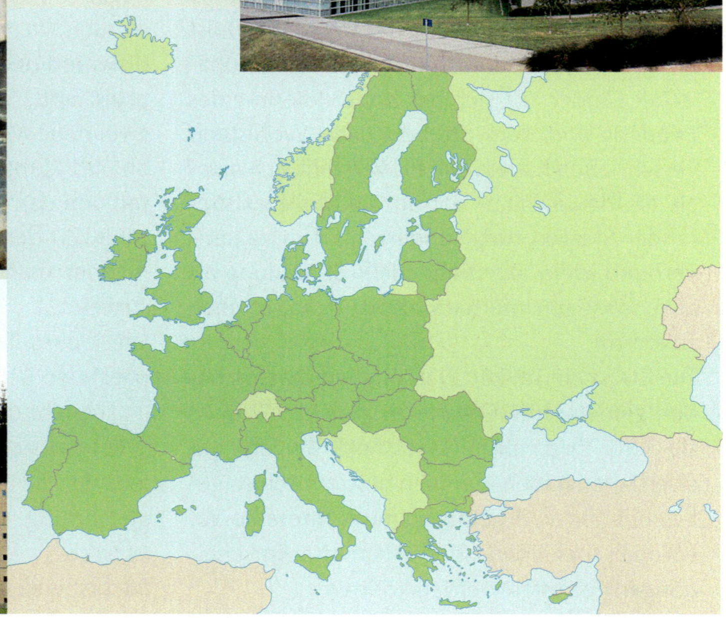

1 *a) Betrachten Sie die Abbildungen. Informieren Sie sich über die in dem Gemälde dargestellte Sage von der phönizischen Königstochter Europa, über das abgebildete Gebäude und die Bedeutung der europäischen Flagge. Überlegen Sie auch, warum auf der Karte einige Länder dunkelgrün, andere hellgrün oder hellbraun markiert sind.*
b) Tauschen Sie sich über Ihre Ergebnisse aus.

2 *a) Stellen Sie in einer Mind-Map zusammen, was Europa für Sie persönlich bedeutet.*
b) Vergleichen Sie Ihre Ideensammlungen. Welche Schwerpunkte lassen sich erkennen?

In Vielfalt geeint – Fremdwörter

Die Europäische Union

„Die Einigung Europas wird heute in vielen Teilen der Welt als exemplarisch angesehen. Sie wurde zum Modell für die Kooperation von mittleren und kleineren Staaten in verschiedenen Regionen unserer Welt. Europa ist zur Zukunftswerkstatt für eine neue Weltordnung geworden. Europa hat keinen Anlass zum Kleinmut. Die europäische Identität basiert auf Freiheit, Menschenwürde und Selbstbestimmung. Das machte die friedliche Überwindung der Teilung Deutschlands und Europas möglich."

So beurteilt der ehemalige deutsche Außenminister Hans-Dietrich Genscher Europa. Allgemein kann man die Europäische Union so definieren: Die Europäische Union (EU) ist ein Zusammenschluss demokratischer europäischer Länder, die sich der Konsolidierung des Friedens und dem Streben nach Wohlstand verschrieben haben. Die EU versteht sich nicht als ein neuer Staat, der an die Stelle existierender Staaten tritt, sondern als ein Staatenverbund, dem allerdings mehr Bedeutung als allen sonstigen internationalen Organisationen zukommt.

Die EU ist ein Unikat: Die Mitgliedsstaaten haben gemeinsame Organe eingerichtet, denen sie Teile ihrer einzelstaatlichen Souveränität übertragen haben, damit in bestimmten Angelegenheiten von gemeinsamem Interesse auf europäischer Ebene demokratische Entscheidungen getroffen werden können.

Historisch gesehen war die Entstehung der aktuellen Europäischen Union eine Konsequenz, die aus dem Zweiten Weltkrieg gezogen wurde. Das europäische Einigungswerk sollte die Garantie dafür sein, dass Europa niemals wieder von Krieg und Zerstörung heimgesucht wird. Heute steht die Europäische Union für eine Reihe von Werten. Sie sind die Leitlinien ihres Handelns – so etwa das Streben nach Chancengleichheit, fairem wirtschaftlichen Wettbewerb oder inner- und außereuropäischer Stabilität.

Natürlich ist Europa nicht nur ein Staatenbund mit gemeinsamen Werten wie Demokratie, Freiheit und soziale Gerechtigkeit. Es ist auch ein Kontinent mit vielen unterschiedlichen Traditionen und Sprachen. Deshalb haben viele neue Mitgliedsstaaten, aber auch manche Nationen, die schon lange diesem Bündnis angehören, Probleme, sich mit Europa zu identifizieren.

Neuen Mitgliedern begegnen manche mit Skepsis, da der Verlust der Werte und auch negative finanzielle Konsequenzen befürchtet werden, weshalb jeder neue Beitritt vehement diskutiert und auf seine Berechtigung hin überprüft wird. Seit dem 1. Januar 2007 gehören zwei neue Mitgliedsländer der EU an, Bulgarien und Rumänien, sodass die EU nun 27 Staaten und damit zirka 490 Millionen Einwohner zählt. Zu den zukünftigen Beitrittskandidaten rechnet man Kroatien, Mazedonien und die Türkei.

Wie beurteilen „neu hinzugekommene Europäer" den Beitritt ihres Landes? Eine junge Polin schreibt dazu:

„Was hat sich geändert nach dem Eintritt Polens in die EU? Eigentlich alles und nichts gleichzeitig. Das klingt wie ein Paradox, aber es ist so.

Nichts: weil wir – allen Skeptikern zum Trotz – noch in demselben Land leben. Wir haben unsere schöne Sprache nicht vergessen, unsere Traditionen nicht verloren und die Deutschen haben noch nicht unsere Grundstücke aufgekauft. Nichts: weil Polen weiterhin im Herzen Europas liegt, wo es schon früher lag.

Aber es ist doch vieles anders. Es geht nicht nur um Formalitäten, die man nicht mehr erledigen muss, um die Grenze zu überqueren. Es

geht auch nicht nur um neu gebaute Straßen und verschiedene Investitionen. Obwohl das alles wichtig ist. Für mich ist persönlich wichtig, dass sich in Europa langsam das Bild von einem Polen verändert. Er ist kein illegaler, ungebildeter Schwarzarbeiter mehr. Europa sieht endlich, dass wir viele gute Spezialisten aus verschiedenen Bereichen haben. Dank EU-Programmen, wie ‚Erasmus' oder ‚Socrates', kann ich jetzt auch ernsthaft an ein Studium in Deutschland oder Spanien denken. Das ist jetzt einfach erreichbar – im Gegensatz zu früher.
Und wahrscheinlich am wichtigsten: das Gefühl, dass wir alle wirklich eine ‚europäische Familie' bilden. Ich treffe mich mit Jugendlichen aus Spanien, Deutschland, Griechenland oder England und ich fühle mich einfach gut. Ich gehöre zu ihnen. Polen steht nicht mehr außerhalb." Joanna Reczek (Polen)
Aus diesem Statement einer jungen Europäerin wird klar, dass in unserer durch globale Verflechtungen gekennzeichneten Welt des 21. Jahrhunderts jeder europäische Bürger Interesse daran hat, mit Menschen aus anderen Ländern im Geist der Aufgeschlossenheit, Toleranz und Solidarität zusammenzuarbeiten.

1 *Fassen Sie die Informationen über die Europäische Union übersichtlich in einem Schaubild zusammen.*

2 *Vergleichen Sie die Auffassungen von Hans-Dietrich Genscher und Joanna Reczek, die der Text zitiert, mit der Bedeutung, die Europa für Sie hat.*

3 *Der Text enthält viele Fremdwörter, die man in einem Fremdwörterbuch nachschlagen kann.*
a) Erklären Sie, was man unter einem Fremdwort versteht.
b) Untersuchen Sie, welche Informationen Sie den folgenden Fremdwörterbucheinträgen entnehmen können. Berücksichtigen Sie dabei auch die Abkürzungen und Zeichen (Trennstriche, Klammern etc.).

De|mo|krat [*gr.-mlat.-fr.*] *der;* -en, -en: 1. Vertreter demokratischer Grundsätze; Mensch mit demokratischer Gesinnung; jmd., der den Willen der Mehrheit respektiert. 2. Mitglied einer bestimmten, sich auch im Namen als demokratisch bezeichnenden Partei.
De|mo|kra|tie [*gr.-mlat.;* „Volksherrschaft"] *die;* -, ...ien: 1. a) (ohne Plural) politisches Prinzip, nach dem das Volk durch freie Wahlen an der Machtausübung im Staat teilhat; b) Regierungssystem, in dem die vom Volk gewählten Vertreter die Herrschaft ausüben. 2. Staat mit demokratischer Verfassung, demokratisch regiertes Volkswesen. 3. (ohne Plural) Prinzip der freien u. gleichberechtigten Willensbildung u. Mitbestimmung in gesellschaftlichen Gruppen.
de|mo|kra|tisch: 1. in der Art einer Demokratie, die Demokratie betreffend, sich auf sie beziehend. 2. in einer Weise, die dem Volkswillen entspricht; den Interessen des Volkes gemäß.

c) Schlagen Sie die folgenden Fremdwörter aus dem Text „Die Europäische Union" (▷ S. 146 f.) in einem Fremdwörterbuch nach und informieren Sie sich über die Bedeutung und die Herkunft der Wörter.

historisch (Z. 33) | Konsolidierung (Z. 18) | fair (Z. 42) | Stabilität (Z. 44)
Interesse (Z. 30) | global (Z. 103) | Toleranz (Z. 107 f.) | Solidarität (Z. 108)

4 *Formulieren Sie in Partnerarbeit ein Statement zur Europäischen Union. Verwenden Sie dabei möglichst viele Fremdwörter. Sie können aus den folgenden auswählen:*
Beispiel: Zu den primären Zielen der Europäischen Union gehören ...

Aktion aktiv Aspirant Atmosphäre Blamage Debatte Definition
Delegation delegieren Delegierter Diskussion diskutieren Distanz Edition
egalitär Equipment euphorisch futuristisch Harmonie Hektik Hymne Idealismus
Idee Kapitalismus Kommission Konglomerat Kritik Legitimation lokal Message
Mythos Präsident Phase primär Publicity reagieren Reaktion Realismus
repräsentieren Rhythmus selektiv Skizze skizzieren Sozialismus Spektrum
Status Sympathie sympathisieren System Team Teamwork Theorie Update

5 *Um Fremdwörter leichter schreiben zu können, werden viele Fremdwörter eingedeutscht, d. h. sie wurden in ihrer Schreibweise dem Deutschen angepasst, z. B.:*
Résumé – Resümee
Portemonnaie – Portmonee

a) Prüfen Sie bei den folgenden Fremdwörtern, ob die eingedeutschten Schreibweisen erlaubt sind. Schreiben Sie dann die Fremdwortpaare, bei denen beide Schreibweisen möglich sind, in Ihr Heft. Nehmen Sie dazu gegebenenfalls ein Fremdwörterbuch zu Hilfe.

VORSICHT FEHLER!

Alphabet – Alfabet
Analyse – Analüse
Charme – Scharm
chic – schick
Cousine – Kusine
Creme – Kreme
Delphin – Delfin
Joghurt – Jogurt
Paragraph – Paragraf
Phantasie – Fantasie
Photograph – Fotograf
potentiell – potenziell
Recorder – Rekorder
recyclen – recyceln
Regie – Reschie
Revue – Revü

b) Unterstreichen Sie bei den Wörtern, die in beiden Schreibweisen zulässig sind, die Buchstaben, die sich jeweils geändert haben.
c) Teilen Sie die Wörter anhand ihrer Schreibweise in Gruppen auf.

ch/sch	c/k	...
Charme – Scharm	Cousine – Kusine	...
...	...	...

d) Suchen Sie weitere Beispiele für jede Gruppe.

!

Fremdwörter

Fremdwörter sind aus fremden Sprachen übernommene Wörter. Meist erkennt man sie bereits an der Aussprache und an der Schreibung, denn sie gehorchen dabei den Regeln ihrer Herkunftssprache, z. B.: „Snowboard", „Bulletin", „Amphitheater".

1. Schreibung von Fremdwörtern:

- **Kurzvokale: Kennzeichnung von Kürzen**
  Im Deutschen folgt einem kurz gesprochenen Vokal häufig die Verdoppelung des nachstehenden Konsonanten bzw. eine äquivalente Kombination wie **tz** oder **ck**. In Fremdwörtern fällt diese Schärfung meist weg, z. B.: „Arti**k**el", „Konta**k**t", „Se**k**t".
  aber: „Mo**kk**a", „Sa**kk**o", „A**kk**ord", „Pi**zz**a", „Ski**zz**e"
- **Langvokale: Kennzeichnung von Längen**
  Auch Langvokale sind in Fremdwörtern selten durch Längenkennzeichen wie **ie** oder Dehnungs-h gekennzeichnet, z. B.: „Kr**i**se", „Masch**i**ne", „St**i**l", „obsol**e**t", „Lekt**ü**re".
- **ph, rh, th**
  Fremdwörter aus dem Griechischen zeigen häufig die Buchstabenkombination **ph, rh** und **th,** z. B.: „**Ph**iloso**ph**ie", „**Rh**etorik", „**Rh**y**th**mus", „**Th**eorie", „**Th**ema".

2. Eingedeutschte Schreibweisen

- Manche Fremdwörter werden eingedeutscht, d. h. in ihrer Schreibweise dem Deutschen angepasst. Die fremdsprachliche Schreibung bleibt oft neben der eingedeutschten bestehen, z. B.: „Photographie" – „Fotografie", „Spaghetti" – „Spagetti", „Mayonnaise" – „Majonäse", „Charme" – „Scharm".
  - Entscheiden Sie sich innerhalb eines Textes für eine der beiden Schreibweisen und wechseln Sie nicht ab.
  - Verwenden Sie in der Regel für Wörter, die häufig im Deutschen gebraucht werden, die eingedeutschte Schreibweise, z. B.: „Fotografien".
- **Fremdwörter aus Fachsprachen** werden dagegen nicht eingedeutscht und behalten die typischen fremdsprachlichen Buchstabengruppen bei. Dies gilt z. B. auch für eine Reihe von **Fachbegriffen** im Deutschunterricht, die vorwiegend aus dem Griechischen und Lateinischen stammen, z. B.: „A**pp**osition", „Al**ph**abet", „Meta**ph**er", „Stro**ph**e", „**Ph**onetik", „Eu**ph**emismus", „**Rh**y**th**mus", „**Rh**etorik" etc.

3. Silbentrennung

- Bei Fremdwörtern kann man Zusammensetzungen und Wörter mit Präfix (wie bei deutschen Wörtern) nach ihren Wortbausteinen trennen, z. B.: „Blue-jeans", „Talk-show", „Pro-gramm".
- Eine Trennung nach Sprechsilben ist auch korrekt.

Trennung nach Wortbausteinen	Trennung nach Sprechsilben
„in-ter-es-sant"	„in-te-res-sant"
„Päd-ago-ge"	„Pä-da-go-ge"
„Hekt-ar"	„Hek-tar"

Werden zwei Konsonanten als ein Laut gesprochen, dürfen diese Buchstaben nicht getrennt werden, z. B.: „Sa-**ph**ir", „Apo-**th**e-ke".

Europa gelingt gemeinsam – Groß- und Kleinschreibung

VORSICHT FEHLER!

europa wird

großgeschrieben

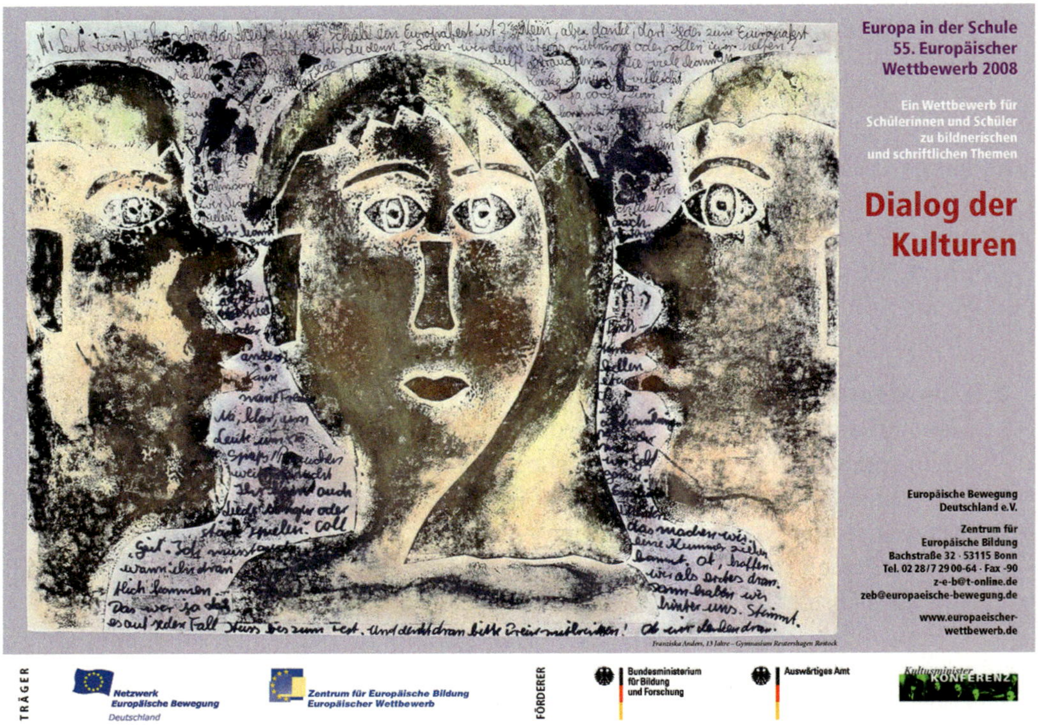

wir brauchen europa. wir leben in frieden mit allen unseren nachbarn. keinem mitglied der eu sollte vor den anderen ländern länger **bange sein,** trotz der negativen erfahrungen aus der geschichte, denn **dank** der langjährigen bemühungen können wir nun gemeinsam mit unseren europäischen partnern die globalisierung nach den vorstellungen **aller** gestalten. deutschland braucht die europäische union, um seines wohlstands, des klimaschutzes und der inneren sicherheit **willen** und auch **angesichts** der wirtschaftlichen entwicklung **im allgemeinen.** nicht **einer** allein ist verantwortlich für den schutz unseres lebensraumes, so wie nicht **einzelne** allein an seiner bedrohung **schuld sind.** sind diese vorteile auch im alltag erkennbar und ist es uns **ernst** mit dem thema europa? sind wir es nicht **leid,** einen teil unserer eigenständigkeit aufgegeben zu haben? ist die notwendigkeit der abstimmung unter den zahlreichen partnern gerechtfertigt und ist die unterstützung schwächerer mitglieder **rechtens?** gehört der **anfangs** empfundene enthusiasmus bereits der geschichte an? Sehen wir **im großen und ganzen** dem wachstum der europäischen union positiv entgegen? bedenken **sie,** statt nur zweifelnden stimmen **gehör zu schenken,** auch die offensichtlichen vorteile. auch **sie** brauchen die europäische union in ihrem alltag:

– die europäische union stärkt die deutsche wirtschaft: **zwei drittel** unserer exporte gehen in unsere europäischen partnerländer, wovon **millionen** deutscher arbeitsplätze profitieren.

- die europäische union stärkt **ihre** rechte als arbeitnehmerinnen und arbeitnehmer, indem sie die betriebliche mitbestimmung und den gesundheitsschutz am arbeitsplatz bestmöglich fördert.
- die europäische union schützt verbraucherinnen und verbraucher: **sie** können euweit problemlos und sicher einkaufen. **jedem beliebigen** werden **beim einkaufen und verkaufen** allgemein gültige rechte zugesichert, die sein eigentum schützen.
- die europäische union setzt sich für eine saubere umwelt ein: **das stärken des klimaschutzes, das fördern erneuerbarer energien und das verbessern der sauberkeit der strände und meere** dürften auch in **ihrem** interesse sein.
- die europäische union sorgt für **ihre** sicherheit: nur gemeinsam können wir **am besten** die herausforderungen von internationalem terrorismus und organisierter kriminalität meistern. dennoch wird **ohne langes hin und her** an den innereuropäischen grenzen **zügiges reisen** garantiert.

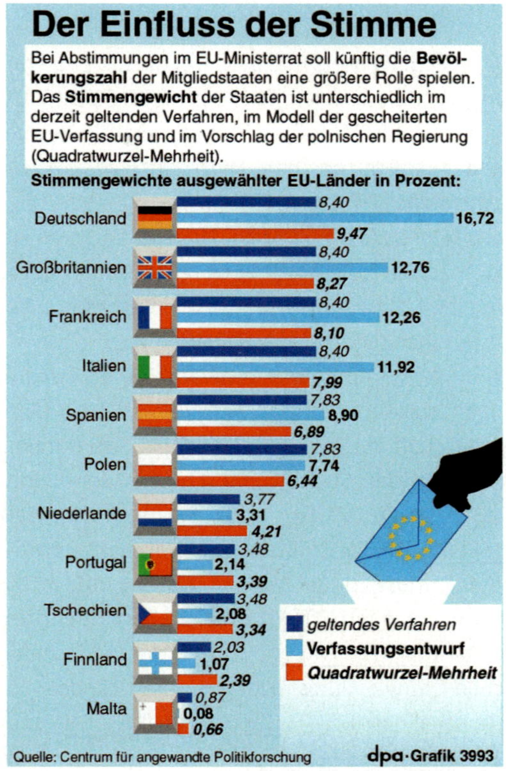

1 a) *„Europa wird großgeschrieben". Erläutern Sie die Aussage dieses Slogans.*
b) *Tragen Sie zusammen, welche Gründe im Text für die Zusammenarbeit innerhalb Europas genannt werden.*
c) *Informieren Sie sich in Gruppenarbeit im Internet über diese Ziele der Europäischen Union und suchen Sie konkrete Projekte, die diese Ziele umsetzen sollen (▷ Informationsrecherche S. 365).*
d) *Stellen Sie Ihre Ergebnisse vor.*

2 a) *Schreiben Sie die hervorgehobenen Wörter in der richtigen Groß- und Kleinschreibung in Ihr Heft und begründen Sie die jeweilige Schreibung.*
TIPP: *Achten Sie dabei auf den Satzzusammenhang, in dem die Wörter verwendet werden.*
b) *Vergleichen Sie Ihre Ergebnisse und schlagen Sie ggf. im Grundwissen (▷ S. 345–346) nach.*

3 a) *Wiederholen Sie, an welchen Signalwörtern sich Nomen und Nominalisierungen im Deutschen erkennen lassen. Legen Sie eine Liste mit Beispielen aus dem Text an.*
b) *Wiederholen Sie die Regeln zur Groß- und Kleinschreibung im Deutschen. Belegen Sie die Regeln anhand geeigneter Beispiele aus dem Text und berücksichtigen Sie die folgenden Fälle:*

- ☐ *Nominalisierungen*
- ☐ *Pronomen und Anredepronomen*
- ☐ *Zahlwörter*
- ☐ *feste Verbindungen*

Die Erweiterung Europas – Getrennt- und Zusammenschreibung

Wer gehört dazu?

AUF|GRUND der Diskussion um die *EU/Erweiterung* wenden sich viele *EU/Bürger* RAT|SUCHEND an die Politik: Was bedeutet „Europa"? Welche Länder sollen an der *Wirtschafts/und/Sozial/Gemeinschaft* TEIL|HABEN?
Seit dem *EU/Gipfel/Treffen* 1969 in La Haye ist klar, dass zwei GRUND|LEGENDE Forderungen an einen *Anwärter/Staat* gestellt werden, die untrennbar ZUSAMMEN|GEHÖREN.
Es muss sowohl eine *geografisch/begründbare* Zugehörigkeit zu Europa bestehen als auch eine Bereitschaft zur TIEF|GREIFENDEN Zusammenarbeit mit den Staaten, die schon in der Union DABEI|SIND. Wollen alle Staaten von der VIEL|GELOBTEN Staatengemeinschaft profitieren, muss diese Union jedoch mit ihren Mitteln MAß|HALTEN und weitere Beitritte genau ÜBER|DENKEN. Wegen der wirtschaftlichen Entwicklung werden die Länder in Europa einer DEUTLICH|VERÄNDERTEN und RASCH|ZUNEHMENDEN Konkurrenz aus dem asiatischen Raum ENTGEGEN|TRETEN müssen, wodurch schwierigere Zeiten BEVOR|STEHEN. Man wird die neuen Handelspartner zwar SCHÄTZEN|LERNEN, aber die Verbundenheit zu den bisherigen *Import/und/Export/Ländern* wird EBEN|SO|WENIG WEG|ZU|DENKEN|SEIN. IN|SOFERN müssen die *Mitglieds/Länder* die Entscheidungen GEMEINSAM|TREFFEN und auch die Folgen ZUSAMMEN|TRAGEN. Wegen der BEGRENZT|VERFÜGBAREN Mittel der europäischen *Staaten/Gemeinschaft* wird in Zukunft eine LANG|ANDAUERNDE Überprüfung der Eignung des Anwärters NOT|TUN. Sicher werden solche Entscheidungen SCHWER|FALLEN und stets UMSTRITTEN|BLEIBEN, doch lässt sich eine VOREILIG|GETROFFENE Entscheidung kaum mehr RICHTIG|STELLEN. Das harmonische ZUSAMMEN|SEIN der Länder unter europäischer Flagge kann jedoch den Erfolg der europäischen Idee nicht in ABREDE|STELLEN.

1 *Schreiben Sie die unterstrichenen Wortgruppen in der richtigen Getrennt- und Zusammenschreibung in Ihr Heft. In einigen Fällen ist Getrennt- und Zusammenschreibung möglich.*
TIPP: *Achten Sie auf den Satzzusammenhang, in dem die Wörter verwendet werden.*

2 *Wiederholen Sie die wichtigsten Regeln zur Getrennt- und Zusammenschreibung.*
a) Übertragen Sie dazu die folgende Tabelle in Ihr Heft und finden Sie für jede Spalte geeignete Beispiele. Sie können dazu auch auf den Text zurückgreifen.

Nomen + Verb	Verb + Verb	Adjektiv + Verb	Verbindungen mit „sein"	Adverb + Verb
…	…	…	…	…

b) Formulieren Sie für jede Spalte eine Regel zur Getrennt- und Zusammenschreibung. (Schlagen Sie gegebenenfalls im Grundwissen auf Seite 347 nach.)

3 *a) Zusammen – getrennt – mit Bindestrich? Entscheiden Sie bei jeder kursiv gedruckten Wortgruppe die Schreibweise. Untersuchen Sie bei den Bindestrich-Schreibungen auch, ob ein Bindestrich gesetzt werden muss oder kann.*
b) Wiederholen Sie anhand der Beispiele aus dem Text die Regeln zur Bindestrich-Schreibung. Schlagen Sie gegebenenfalls im Wörterbuch nach.

7.2 Der Weg ins europäische Haus – Texte überarbeiten, Formen der Redewiedergabe erproben

Von der Geburt zur Erweiterung Europas – Kohärente Texte untersuchen und verfassen

1 *Der folgende Sachtext befasst sich mit der Entstehungsgeschichte der Europäischen Union. Die Abschnitte des Artikels sind jedoch ungeordnet. Ebenso finden sich in dem Artikel Abschnitte, die nicht in den Textzusammenhang oder nicht zur Textsorte passen. Lesen Sie den folgenden Text und bemühen Sie sich schon beim ersten Lesen, diese Abschnitte zu erkennen.*

9. Mai 1950 – Geburtsstunde Europas

Am 1. Januar 2007 konnte die deutsche Bundeskanzlerin Angela Merkel bei ihrer Antrittsrede als EU-Ratspräsidentin zwei neue Mitglieder begrüßen. Rumänien und Bulgarien stellen die sechste Erweiterung der EU (zweiter Teil der EU-Osterweiterung) dar.

Nach der als Nächstes anstehenden Aufnahme Kroatiens, die das Land 2009 anstrebt, wird die EU nach Meinung der meisten Entscheidungsträger eine mehrjährige Phase der Konsolidierung brauchen. Die Frage, ob bald weitere Mitgliedschaften möglich bzw. erwünscht sind, entscheidet sich u. a. daran, ob dann die Vertiefung oder die Erweiterung Priorität haben soll. Davon hängt also auch die Entscheidung über den EU-Beitritt der Türkei ab. Die Türkei genießt den Status eines Beitrittskandidaten seit 1999 (Zollunion seit 1996). Seit 2005 laufen die Beitrittsverhandlungen mit der Türkei. Ein weiterer Beitrittskandidat ist seit Dezember 2005 Mazedonien. Wichtige Voraussetzung dafür waren die erfolgreichen Bemühungen der mazedonischen Gesellschaft, die ethnischen Spannungen im Lande abzubauen.

Der Vertrag über die Gründung der Europäischen Gemeinschaft für Kohle und Stahl (EGKS) und damit der ersten europäischen Gemeinschaft überhaupt wird im April 1951 unterzeichnet und legt den Grundstein für ein Europa der konkreten Fortschritte. Dieser Vertrag wurde von den späteren sechs EG-Gründungsstaaten einhellig begrüßt und weist schon in die Richtung eines geeinten Europas.

Im Frühjahr 1950 steht Europa am Rande des Abgrunds. Der Kalte Krieg birgt die Gefahr eines realen Konflikts zwischen dem östlichen und dem westlichen Teil des Kontinents. Fünf Jahre nach dem Ende des Zweiten Weltkriegs sind die ehemaligen Gegner von einer Versöhnung noch weit entfernt.

Die Namensgebung unseres Kontinents geht zurück auf eine antike Sage aus der griechischen Mythologie. In Phönizien wuchs Europa, die Tochter des Königs Agenor, in der Stille des väterlichen Palastes heran. Sie hatte einst einen seltsamen Traum. Es war ihr, als stritten zwei Erdteile in Frauengestalt um ihren Besitz. Die eine der Frauen, die das Aussehen einer Einheimischen hatte, war Asien; sie wollte ihre geliebte Tochter Europa nicht hergeben. Das andere, fremde Weib aber umfasste sie und zog sie mit sich fort. „Komm nur", sprach sie, „ich trage dich dem Zeus entgegen!" Tatsächlich wurde dieser Traum bereits am nächsten Tag Wirklichkeit, als Zeus in Gestalt eines herrlichen, schneeweißen Stieres Europa einlud, sich auf seinen Rücken zu setzen. Der in Liebe entbrannte, die Eifersucht seiner Frau Hera jedoch scheuende Zeus stürzte ins Meer und schwamm mit Europa durch die Fluten, bis sie endlich ein fernes Ufer erreichten, die Insel Kreta.

Die EU benennt zurzeit nur vier weitere potenzielle Beitrittskandidaten, allesamt Balkanländer: Die Staaten Albanien, Bosnien und Herzegowina, Montenegro und Serbien könnten der EU vor 2020 beitreten, wenn ihre ökonomische Situation sich verbessert und die ethnischen Spannungen abgebaut werden; in diesen Ländern befürworten viele Politiker den Beitritt.

Aus dem Wirtschaftsabkommen aus den beginnenden 50er Jahren erwächst Schritt für Schritt ein Staatenbund, wobei die teilhabenden Nationen sich von einer rein wirtschaftlichen Zusammenarbeit abkehren und ein Zusammenleben, das auf einer gemeinsamen Verfassung gründet, anstreben. Dies geht weit über Jean Monnets und Schumans Vertrag hinaus und setzt doch die Idee der Gründungsväter Europas in vollem Maße um. Immer mehr Staaten bekunden ihr Interesse an einem Beitritt, sodass aus einem ersten Zusammenschluss, der EG (Europäische Gemeinschaft) von 1957 mit ihren sechs Mitgliedern Italien, Frankreich, Belgien, Luxemburg, Niederlande und Bundesrepublik Deutschland, eine seit Januar 2007 27 Staaten zählende Gemeinschaft entstanden ist.

Hier stieg der Stier mit Europa ans Land, verwandelte sich in Menschengestalt und nahm Europa mit ihrer Einwilligung zur Frau. Der Erdteil aber, an den der Göttervater Europa getragen hatte, erhielt von nun an ihren Namen.

Eine engere Bindung beider Staaten soll den Anstoß zu einem Zusammenschluss aller freien Staaten Europas zu einer Schicksalsgemeinschaft geben. Wie ist das zu erreichen?

Für den Bürger jedoch wird die Verwirklichung der Wirtschafts- und Währungsunion mit der Einführung des Euro zu den spürbarsten Veränderungen zählen, die sich aus dem am 7. Februar 1992 unterzeichneten Maastrichter Vertrag ergeben. Seit dem 1. Januar 1999 können alle Mitgliedsstaaten an der Wirtschafts- und Währungsunion teilnehmen, sofern sie die für die Stabilität des Euro erforderlichen Konvergenzkriterien[1] erfüllen.

Europa steht vor der Frage, wie es die Irrtümer der Vergangenheit vermeiden und die Voraussetzungen für einen dauerhaften Frieden zwischen den ehemals feindlichen Lagern schaffen kann. Die Lösung dieses Kernproblems ist nur durch eine Neubestimmung des deutsch-französischen Verhältnisses zu erreichen.

Jean Monnet, ein Politiker mit außergewöhnlichem Verhandlungsgeschick, schlägt dem französischen Außenminister Robert Schuman und dem deutschen Bundeskanzler Konrad Adenauer vor, mit der Gründung eines gemeinsamen Kohle- und Stahlmarktes unter unabhängiger Verwaltung eine gemeinsame Interessensphäre beider Länder zu schaffen.

1 **Konvergenzkriterien:** Bei den an der Währungsunion teilnehmenden Staaten müssen grundlegende Wirtschaftsdaten wie Inflationsrate und Verschuldung annähernd übereinstimmen.

2 *a) Ordnen Sie die Abschnitte des Textes so, dass sie einen sinnvollen und zusammenhängenden Text ergeben.*
b) Vergleichen und diskutieren Sie Ihre Fassungen. Welche Abschnitte sind entfallen? Begründen Sie Ihre Entscheidung.

3 *Formulieren Sie allgemein, nach welchen Kriterien Sie bei der Ordnung der Abschnitte vorgegangen sind.*
- ☐ *Was hat Ihnen bei der richtigen Anordnung der Abschnitte geholfen?*
- ☐ *Woran ließen sich die fremden Textausschnitte erkennen?*

4 *Untersuchen Sie anhand des Textes „9. Mai 1950 – Geburtsstunde Europas“, den Sie zuvor geordnet haben, welche Möglichkeiten es gibt,*
- ☐ *Informationen geordnet zu präsentieren und damit logische Zusammenhänge deutlich zu machen und*
- ☐ *Satzstrukturen abwechslungsreich zu gestalten.*

Die Erweiterung der EU: eine Politik, viele Projekte!

Sechs Staaten brachten die Europäische Union auf den Weg. Sie trafen gemeinsam wirtschaftliche Absprachen. Die EU wuchs bis 2007 auf 27 Mitgliedsländer an. Die Erweiterungspolitik ist eines der mächtigsten politischen Instrumente der Europäischen Union. Sie hat mit dazu beigetragen, Mittel- und Osteuropa in moderne und funktionierende Demokratien zu verwandeln. Diese Politik hat weit reichende Reformen in den Kandidaten- und potenziellen Kandidatenländern begünstigt. Es ist im Interesse aller europäischen Bürger, Länder mit einer stabilen Demokratie und florierender Marktwirtschaft als Nachbarn zu haben. Die Erweiterung ist ein sorgfältig gesteuerter Prozess. Er unterstützt die Reformanstrengungen in den jeweiligen Ländern. Er bringt Frieden, Stabilität, Wohlstand und Demokratisierung mit sich. Er sichert die Wahrung der Menschenrechte und das Rechtswesen in ganz Europa.

Anfangs waren es sechs Staaten, die die Europäische Union auf den Weg brachten, indem sie gemeinsam wirtschaftliche Absprachen trafen. Inzwischen ist diese Gemeinschaft jedoch …

1 *Vergleichen Sie die Wirkung der beiden Textanfänge, die in ihrem Informationsgehalt völlig gleich sind. Beschreiben Sie die Unterschiede.*

2 *Überarbeiten Sie den Text in der linken Spalte, sodass die Gedanken erkennbar verknüpft und die Informationen präzise formuliert sind.*
Anregungen zur Textüberarbeitung können Sie dem folgenden Tippkasten entnehmen.

TIPP

nebenordnende Konjunktion	unterordnende Konjunktion	Adverbien mit satzverknüpfender Funktion
anreihend: und; oder; sowohl – als auch **ausschließend:** oder; entweder – oder **einschränkend:** aber; (je)doch; allein; sondern; hingegen **kausal:** denn	**temporal:** während; als; nachdem; bevor; wenn; bis; ehe; seit **modal:** indem; ohne dass; wie; als ob; insofern; insoweit; dadurch, dass **kausal:** weil; da **konditional:** wenn; falls; sofern **konzessiv:** obwohl; obgleich; obschon; auch wenn **final:** damit **konsekutiv:** sodass	**temporal:** anfangs; zunächst; inzwischen; vorher; schließlich; zuletzt **modal:** dadurch **kausal:** darum; deswegen; deshalb **konditional:** sonst; andernfalls; ansonsten **konzessiv:** trotzdem; dennoch; immerhin **final:** dazu; darum **konsekutiv:** so; also; folglich; demzufolge

Konstrukteure Europas – Porträts schreiben und überarbeiten

Javier Solana de Madariaga

Javier Solana de Madariaga, der offiziell den Titel „Hoher Vertreter für die Gemeinsame Außen- und Sicherheitspolitik" der Europäischen Union trägt, ist einer der ranghöchsten Vertreter der Europäischen Union und gilt als führender Kopf einer europäischen Krisenpräventionsstrategie.

Der 1942 in der spanischen Hauptstadt Madrid geborene Solana wächst inmitten des Franco-Faschismus in einem liberalen und demokratischen Elternhaus auf. Sein Vater ist Professor, seine Mutter eine Schriftstellerin, die über 20 Jahre lang in der Welternährungsorganisation tätig ist.

Bereits während seines Physikstudiums an der Universität von Madrid fällt Solana durch sein politisches Engagement auf. Er ist Mitglied in der sozialistischen Arbeiterpartei (PSOE), die als Oppositionsbewegung gegen die Franco-Diktatur verboten ist, weswegen er 1963 der Universität verwiesen wird. So führt er ab 1963 sein Studium im Ausland fort, zunächst in den Niederlanden, dann in England. Dank eines Stipendiums kann Solana 1966 bis 1968 ein Auslandsstudium in den USA absolvieren, das er mit der Promotion abschließt. Noch 1968 wird Solana als wissenschaftlicher Assistent an der University of Virginia tätig. 1971 kehrt er nach Spanien zurück, nimmt eine Stelle an der Universität von Madrid an und wird erneut aus politischen Gründen entlassen.

Doch der Tod Francos 1975 bedeutet auch eine politische Öffnung des Landes. Dank der Liberalisierung Spaniens eröffnen sich auch für Javier Solana neue Möglichkeiten: Er nimmt seine Arbeit als Physiker an der Universität wieder auf und intensiviert gleichzeitig sein Engagement für die PSOE, für die er 1977 als Abgeordneter ins spanische Parlament einzieht. Als die PSOE 1982 die Wahlen gewinnt, wird Solana als Regierungssprecher und Kulturminister in die neue PSOE-Regierung unter Felipe González berufen. 1988 wird ihm die Leitung des Ministeriums für Bildung und Wissenschaft übertragen, 1992 wechselt er in das Amt des Außenministers. In dieser Funktion macht sich Solana erstmals auch auf internationaler Ebene einen Namen als Politiker.

Im Dezember 1995 wird Solana zum NATO-Generalsekretär nach Brüssel berufen. Es ist die Zeit der Balkankrise. Er befehligt eine Friedensoffensive in Bosnien und entscheidet 1999, einen Krieg der NATO-Allianz gegen Serbien zu führen, um weitere Verbrechen gegen die Menschenrechte zu verhindern. Er bekommt dafür viel Kritik, denn es handelt sich um den ersten militärischen Angriff der NATO gegen einen souveränen Staat.

Noch vor Ablauf seiner Amtszeit als NATO-Generalsekretär wird ihm im Oktober 1999 das Amt des „Hohen Vertreters der Gemeinsamen Außen- und Sicherheitspolitik" der Europäischen Union übertragen, womit er einer der ranghöchsten Vertreter der EU wird. Als so genannter „EU-Chefdiplomat" verkörpert Solana mit diesem Amt die Bemühungen der EU, in zentralen Fragen der Außen- und Sicherheitspolitik mit einer Stimme zu sprechen. „Wenn es brennt irgendwo auf der Welt, eilt Solana auf die diplomatische Bühne und die Stimme Europas ist deutlich zu hören“, heißt es in der „Süddeutschen Zeitung“ vom 14. Juni 2001.

Nach den Terroranschlägen vom 11. September 2001 kann Solana jedoch eine Spaltung der EU-Staaten über die Kriegspolitik der US-Regierung unter George W. Bush nicht verhindern. Der Irak-Krieg führt zu einer vorübergehenden Polarisierung von Kriegsbefürwortern und -gegnern in Europa und schwächt die Position des spanischen EU-Diplomaten erheblich.

Noch bevor im Oktober 2004 die Amtszeit Solanas als EU-Beauftragter für die gemeinsame Außen- und Sicherheitspolitik ausläuft, wird er im Juli des Jahres für eine zweite fünfjährige Amtsperiode bestätigt.

Im Mai 2007 verleiht die Stadt Aachen den Karlspreis an Javier Solana, um sein lebenslanges Engagement in internationalen Friedensprozessen und seine Arbeit für Europa zu würdigen. Doch Javier Solana wird nicht von allen so rundum positiv gesehen: Parallel zu der Preisverleihungszeremonie findet eine Demonstration statt, die Solana als antreibende Kraft bei der Militarisierung der EU kritisiert.

1 a) *Kommentieren Sie dieses Porträt: Welche Schwerpunkte setzt es?*

b) *Überprüfen Sie, ob das Porträt über Javier Solana die Merkmale eines kohärenten Textes erfüllt. Orientieren Sie sich dabei an dem unten stehenden Merkkasten.*

Merkmale eines kohärenten Textes

1. Orientierung auf ein Thema hin
   - Angaben zu Javier Solana, zu seiner Biografie und politischen Karriere, zu seiner Bedeutung und Rolle in der nationalen und internationalen Politik
2. Berücksichtigung von Zweck und Adressaten des Textes
   - ...

!

Kohärente (zusammenhängende) Texte

Bei einem sachlich-informativen Text sind nicht nur die Informationen an sich wichtig. Der Text muss für einen Leser auch gut lesbar sein, d.h. er muss präzise formuliert und die Informationen müssen logisch geordnet sein. Neben dem Inhalt ist also auch die Art und Weise, wie die Informationen präsentiert und miteinander in Zusammenhang gebracht werden, wichtig.

Gut lesbare Texte sind kohärent, d. h. gedanklich logisch zusammenhängend, und weisen abwechslungsreiche und überschaubare Satzstrukturen auf.

Kohärente Texte haben folgende Merkmale:
- Orientierung auf ein Thema hin
- Berücksichtigung von Zweck und Adressaten des Textes
- erkennbare Verknüpfung von Gedanken
- Fortschreiten der Gedanken von Bekanntem zu neu zu Vermittelndem
- sofern nötig: Klärung der im Text verwendeten Begriffe oder Abkürzungen
- Einhaltung der Regeln der jeweiligen Textsorte und der Stilebene

2 *Besorgen Sie sich weiteres Informationsmaterial über Javier Solana und ergänzen Sie das Porträt um einen weiteren Gesichtspunkt, z. B. indem Sie kritische und anerkennende Stimmen einfließen lassen (▷ Tipps zur Informationsrecherche auf S. 365).*

3 *a) Schreiben Sie eigenständig Porträts über Männer und Frauen, die die Entwicklung der Europäischen Union entscheidend beeinflusst haben, z. B. über Alcide de Gasperi (1881–1954), Robert Schuman (1886–1963), Jean Monnet (1888–1979), Willy Brandt (1913–1992), Jacques Delors (*1925), Simone Veil (*1927), Jean-Claude Juncker (*1954) etc.*
(▷ Tipps zur Informationsrecherche auf S. 365)

b) Überprüfen Sie, ob Ihre Porträts die Merkmale eines kohärenten Textes erfüllen, und überarbeiten Sie Ihre Texte gegebenenfalls mit Hilfe des folgenden Tippkastens.
***TIPP:** Nutzen Sie für Ihre Überarbeitung auch die Liste der Satzverknüpfungen auf Seite 155.*

TIPP

Einen Text überarbeiten

- ☐ **Orientierung auf ein Thema hin:**
  Bei jedem Satz oder Abschnitt sollte klar erkennbar sein, was er zum Thema beiträgt.
- ☐ **Berücksichtigung von Zweck und Adressaten des Textes:**
  Ist der Text für die Leser verständlich und erfüllt er seinen Zweck, z. B. Information?
- ☐ **Abfolge der Gesichtspunkte:**
  Ist die Gliederung des Textes überzeugend? Wird z. B. die Chronologie eingehalten oder ist die Abfolge der Abschnitte nach anderen Kriterien geordnet, z. B. vom Allgemeinen zum Speziellen?
- ☐ **erkennbare Verknüpfung von Gedanken:**
  Sind die Sätze so miteinander verknüpft, dass der Zusammenhang erkennbar ist, z. B. Ursache und Folge, zeitliche Abfolgen etc.
- ☐ **Klarheit der Darstellung:**
  Ist der Text eindeutig und präzise formuliert oder könnten Ausdrucksweise oder Formulierungen verbessert werden?
- ☐ **Begriffe und Abkürzungen:**
  Werden die im Text verwendeten Begriffe oder Abkürzungen – falls nötig – erklärt?
- ☐ **Stil:**
  Wird dem Thema und der Textsorte angemessen formuliert?

Heute im europäischen Haus – Formen und Gestaltungsmöglichkeiten der Redewiedergabe

Rede von Javier Solana de Madariaga

Javier Solana, „Hoher Vertreter für die Gemeinsame Außen- und Sicherheitspolitik der Europäischen Union" – ein Titel der oft mit „EU-Chefdiplomat" abgekürzt wird –, wurde am 17. Mai 2007 der Internationale Karlspreis zu Aachen verliehen. Diese Auszeichnung ehrt Menschen, die sich für Europa und die europäische Einigung einsetzen. Im Folgenden finden Sie einen Auszug aus der Rede Solanas anlässlich der Karlspreis-Verleihung:

[...] Herr Oberbürgermeister, meine Damen und Herren,

der Aufbau Europas hat mit dem Willen begonnen, den Frieden zwischen Deutschland und Frankreich zu besiegeln. Vierzig Jahre später war das europäische Aufbauwerk der Schlüssel zur friedlichen Wiedervereinigung des Kontinents. Es ist uns in Europa gelungen, den alten und fruchtlosen Ansatz hinter uns zu lassen, die eigene Sicherheit auf der Schwäche des anderen aufzubauen. Wir wissen heute, dass wir nur stark und wohlhabend sein werden, wenn unsere Nachbarn es auch sind.

Wir müssen nun den nächsten Schritt tun, um zum Faktor des Friedens in der internationalen Gemeinschaft zu werden. Die Jugend Europas ist zur Hilfe bereit. Zahlreiche junge Menschen beteiligen sich an den verschiedensten Aktionen, mit denen die Lage von Menschen in tiefster Not verbessert werden soll.

Ich habe drei Kontinente bereist und die Krisenmanagementoperationen der Union besucht, in denen sich europäische Polizisten, Soldaten, Richter und junge Menschen jeglicher Herkunft für den Frieden einsetzen. Was als europäisches Friedensprojekt begonnen hat, muss im 21. Jahrhundert zu einem Faktor des Friedens in der Welt werden.

Unsere Jugend wird sich, ohne zu zögern, hinter ein Projekt dieser Art stellen. Denn gerade die jungen Menschen haben einen Traum, den Traum von einer friedlichen Welt.

Unsere Bürger fordern es. Man erhofft es außerhalb Europas von uns. Wir haben die Mittel: Wir sind 500 Millionen Menschen, wir erzeugen ein Viertel des weltweiten Bruttosozialprodukts, wir sind die erste Handelsmacht und leisten die Hälfte der Entwicklungshilfe. Mit solchen Bausteinen muss man viel und sehr hoch bauen.

Herr Oberbürgermeister, Europa – ein globaler Akteur, der mit einer einzigen Stimme spricht. Ein entscheidender Faktor für Frieden und Stabilität in der Welt. Ein unumgänglicher Pfeiler bei der Lösung internationaler Konflikte und Krisen. Ein Referenzpunkt für eine Welt, die sich auf solide und geachtete Normen und Institutionen stützt. Dies ist meine Überzeugung. Und ich glaube von ganzem Herzen, dass dies der nächste Erfolg des großen europäischen Projekts sein kann und muss. Fähig dazu sind wir. Es bedarf des politischen Willens. Dann werden wir dieses Ziel verwirklichen.

Noch einmal vielen Dank der Stadt Aachen und meinen deutschen Freunden.

1 *Es gibt unterschiedliche Möglichkeiten, die Aussagen eines anderen wiederzugeben.*
Beispielsatz: *„Herr Oberbürgermeister, Europa – ein globaler Akteur, der mit einer einzigen Stimme spricht. Ein entscheidender Faktor für Frieden und Stabilität in der Welt“ (▷ Z. 41–44).*
Möglichkeiten der Redewiedergabe:
- *Solana stellt fest, dass Europa ein entscheidender Faktor für Frieden und Stabilität in der Welt sei.*
- *Solana behauptet, Europa wäre ein entscheidender Faktor für Frieden und Stabilität in der Welt.*
- *Nach Solanas Auffassung ist Europa ein entscheidender Faktor für Frieden und Stabilität in der Welt.*

a) Bestimmen Sie jeweils die obigen Möglichkeiten der Redewiedergabe.
b) Vergleichen Sie die drei Varianten der Redewiedergabe und stellen Sie fest, welche unterschiedliche Aussagekraft und Intention sie jeweils haben.

2 *a) Suchen Sie sich sechs Sätze aus der Rede Solanas heraus und geben Sie diese wieder. Machen Sie bei der Wiedergabe der einzelnen Äußerungen deutlich, ob Sie mit dem Gesagten übereinstimmen, sich von dem Gesagten distanzieren möchten oder an diesem zweifeln. Nehmen Sie dazu den unten stehenden Merkkasten zu Hilfe.*
b) Lesen Sie sich Ihre Ergebnisse vor. Erläutern Sie die unterschiedlichen Wirkungen der Redewiedergaben und erklären Sie, durch welche Mittel diese Wirkung jeweils erzielt wurde.

3 *a) Fassen Sie nun den Auszug aus der Rede Solanas zusammen, ohne dass Sie sich der indirekten Redewiedergabe bedienen. (Die Paraphrase fremder Rede markiert man mit einem Hinweis auf den Sprecher bzw. die Sprecherin, z. B. durch: „nach seiner Auffassung“, „Javier Solana zufolge“ etc.)*
b) Stellen Sie Ihre Ergebnisse vor und vergleichen Sie diese mit dem Originaltext (▷ S. 159). Ist die Zusammenfassung neutral und informierend gestaltet oder gibt es Formulierungen, durch die die Intention einer Aussage verändert wurde? Überarbeiten Sie gegebenenfalls Ihre Zusammenfassungen.

!

Gestaltungsmöglichkeiten der Redewiedergabe
Mit der Gestaltung der Redeeinleitung und der Verwendung bestimmter Modusformen kann man eine Übereinstimmung mit dem Gesagten, eine Distanzierung vom Gesagten oder Zweifel bzw. Kritik an der Aussage deutlich machen.
- **Möglichkeiten der Redeeinleitung:**
  - Die **Redeeinleitung** kann **neutral** gestaltet werden, z. B. durch Verben und Wendungen wie „sprechen“, „sagen“, „berichten“, „zu Protokoll geben“.
  - Die **Redeeinleitung** kann **wertend** formuliert werden, z. B. durch Verben und Wendungen wie „hoffen“, „behaupten“, „meinen“, „nach seiner/ihrer Ansicht“.
- **Verwendung unterschiedlicher Modusformen in der Redewiedergabe:**
  - **Indikativ:** *Solana sagt, dass Europa ein entscheidender Faktor für Frieden und Stabilität in der Welt* ***ist.***
  - **Konjunktiv I:** Der Konjunktiv I in der Redewiedergabe signalisiert, dass die Aussage einer anderen Person wiedergegeben wird, z. B.: *Solana sagt, Europa* ***sei*** *ein entscheidender Faktor für Frieden und Stabilität in der Welt.*
  - **Konjunktiv II:** Der Konjunktiv II in der Redewiedergabe kann Zweifel am Gesagten oder Distanzierung von fremder Rede ausdrücken, z. B.: *Solana sagt, Europa* ***wäre*** *ein entscheidender Faktor für Frieden und Stabilität in der Welt.*

(▷ weiterführende Informationen zum Konjunktiv in der wörtlichen Rede auf S. 335)

7.3 Eine Rede untersuchen – Textbelege zitieren

Rede der Bundeskanzlerin Angela Merkel vor dem Europäischen Parlament

Das Europäische Parlament mit Sitz in Straßburg ist das größte multinationale Parlament der Welt.
Im Folgenden finden Sie einen Auszug aus der Antrittsrede der Bundeskanzlerin Angela Merkel als EU-Ratspräsidentin vor dem Europäischen Parlament vom 17. Januar 2007.

Sehr geehrter Herr Präsident, lieber Hans-Gert Pöttering, sehr geehrter Herr Präsident der Kommission, lieber José Manuel Barroso, sehr geehrte Abgeordnete, meine Damen und Herren,
ich freue mich, heute zum ersten Mal als Ratsvorsitzende hier in diesem Europäischen Parlament zu Ihnen zu sprechen, einem Parlament mit Abgeordneten aus nunmehr 27 Mitgliedsstaaten. Deshalb gestatten Sie mir, dass ich noch einmal zu den Abgeordneten aus Rumänien und Bulgarien ein ganz besonders herzliches Willkommen sage. [...]
Meine Damen und Herren, mein ganzes Leben habe ich in Europa verbracht. In der Europäischen Union aber bin ich noch eine Jugendliche. Denn aufgewachsen bin ich in der ehemaligen DDR und erst vor 17 Jahren, also nach der deutschen Wiedervereinigung, nach der Überwindung des Sozialismus, bin ich – gemeinsam mit inzwischen vielen Millionen anderen Menschen – in die Europäische Union aufgenommen worden. Ich kenne die Europäische Union bis zu meinem 35. Lebensjahr also nur von außen und ich kenne sie seit 1990 von innen.
Von innen – das wissen wir – sieht im Leben fast immer alles ein wenig anders aus als von außen. Das gilt für jedes Haus und das gilt auch für Europa. Von außen betrachtet ist die Europäische Union eine historische Erfolgsgeschichte ohne Beispiel. Die Europäische Union ist eines der beeindruckendsten Friedenswerke auf dem Planeten Erde. Mit der europäischen Einigung ist den Völkern Europas ein großes Glück gelungen. Es sichert ihre Freiheit und ermöglicht ihnen Wohlstand. Aber auch von innen ist die Europäische Union ein wunderbares Haus. [...]
Heute bauen wir es aus. Wir erweitern es. An manchen Stellen erneuern wir es. Manchmal denke ich dabei: Wenn wir so sehr damit beschäftigt sind, das Gebäude auszubauen und zu erneuern, damit darin heute fast eine halbe Milliarde Europäer ihr Zuhause finden, dann können wir vor lauter Bauarbeiten leicht das Große, das Einzigartige übersehen. Dann können wir manchmal kaum erfassen, was dieses Gebäude wirklich ausmacht, wo sein Kern steckt.
Meine Damen und Herren, vielen Menschen in Europa – das spüren Sie, wenn Sie zu Hause sind – geht es heute genauso. Sie fragen sich: Was soll Europa sein? Wozu brauchen wir Europa? Was hält Europa im Innersten zusammen? Was macht diese Europäische Union aus?
Manche denken, der Versuch, das Wesen Europas bestimmen zu wollen, bringe wenig. Ich sehe das, offen gesagt, völlig anders. Ich erinnere an Jacques Delors. Er hat den berühmten Satz gesagt: „Wir müssen Europa eine Seele geben." Ich darf mit meinen Worten hinzufügen: Wir müssen Europas Seele finden. Denn eigentlich brauchen wir sie Europa nicht zu geben, weil sie schon bei uns ist. [...]

1 *a) Beschreiben Sie das Thema der Rede mit eigenen Worten.*
b) Untersuchen Sie, mit welchen sprachlich-rhetorischen Gestaltungsmitteln Angela Merkel ihre Aussageabsicht unterstreicht. Suchen Sie entsprechende Textstellen und erläutern Sie, welche Funktion und Wirkung sie haben. Der unten stehende Merkkasten hilft Ihnen dabei.

!

Beispiele für sprachlich-rhetorische Gestaltungsmittel einer Rede
- **direkte Ansprache** der Zuhörerinnen und Zuhörer, z. B. durch Anredepronomen
- **Wecken des „Wir-Gefühls“,** z. B. durch das Personalpronomen „wir“
- **Appell** an alle für gemeinsames Ziel, z. B. durch Imperative
- **Wiederholung** von Schlüsselwörtern
- **bildhafte Sprache,** z. B. durch Metaphern, Symbole, Vergleiche

Auszug aus einem Aufsatz zum Thema:

Untersuchen Sie, mit welchen sprachlich-rhetorischen Gestaltungsmitteln die Rednerin das Thema entfaltet und ihre Aussageabsicht unterstreicht. Belegen Sie wichtige Aussagen am Text und achten Sie auf das richtige Zitieren.

VORSICHT FEHLER!

Angela Merkel möchte bei ihrer Antrittsrede als EU-Ratspräsidentin möglichst alle Zuhörer für Europa begeistern. Sie bringt rüber, was Europa für die europäischen Bürger bedeutet. Dies ist sicherlich, vor allem in Zeiten, in denen die Europapolitik oft herbe Kritik einstecken muss, auf die sie mit den Fragen in Z. 45–48 anspielt, nicht einfach. Trotzdem versucht Angela Merkel, Europa für ihre Zuhörer klar vorstellbar zu machen. Sie möchte Europa nicht zu abstrakt erscheinen lassen, dazu nimmt sie ein konkretes Bild her: Sie beschreibt Europa als ein Haus (vgl. Z. 24f.). Unter diesem Begriff können sich nun alle Zuhörer, die immer wieder durch die direkte Anreden „Sie" und „wir" (vgl. Z. 23, 34, 44f., 54f.) einbezogen werden, was vorstellen. Ein Haus ist der Ort, an dem man wohnt, wo man sich geborgen fühlen kann, wo man mit anderen zusammenlebt. Ein Haus ist überschaubar, man kennt sich darin aus. Mittels dieser Metapher lassen sich im Folgenden die Vorteile und Aufgaben schildern, die dieses Haus beinhaltet. Das Haus Europa stellt ein „großes Glück" (Z. 31) für seine Einwohner dar, denn es birgt zahlreiche Vorteile, so zum Beispiel Frieden (vgl. Z. 29), „Freiheit und […] Wohlstand" (Z. 31 f.). Deshalb zieht die EU-Ratspräsidentin folgendes Fazit: „Von außen betrachtet ist die Europäische Union eine historische Erfolgsgeschichte ohne Beispiel" (Z. 25 ff.). Die Bewohner selbst hegen jedoch manchmal Zweifel, ob die Europäische Union auch für sie persönlich noch diese Vorteile bereithält. Sie haben Probleme, sich zu Hause zu fühlen, da sie auf Grund der „Bauarbeiten" (Z. 39), womit Angela Merkel wohl auf die EU-Beitritte von neuen Mitgliedsstaaten anspielt, sich nicht mehr zu Hause fühlen. Die Dimensionen ändern sich; viele können sich daran nicht leicht gewöhnen, manche von ihnen sind total dagegen. Auf diese Unsicherheit in Bezug auf Europa spielt Angela Merkel mit ihren Fragen an. „Sie [viele Menschen in Europa] fragen sich: Was soll Europa sein? Wozu brauchen wir Europa?" (Z. 45 f.). Deshalb unternimmt die Rednerin den Versuch, dieses „wunderbare Haus" (Z. 33) aller Europäer zu beschreiben, das heißt, die Eigenschaften und Vorteile Europas zu definieren.

2 *Wenn man einen Text schriftlich untersucht, müssen die interpretierenden Aussagen anhand des Textes durch Zitate belegt werden.*

a) Unterscheiden Sie in dem vorliegenden Aufsatz, wo indirekte und wörtliche Zitate zu finden sind, und erklären Sie den Unterschied zwischen den beiden Zitierweisen.

b) Wiederholen Sie die Regeln zum Zitieren, indem Sie jeweils eine Regel für das indirekte und das wörtliche (direkte) Zitat formulieren und jeweils durch ein Beispiel veranschaulichen. Berücksichtigen Sie bei Ihrer Definition folgende Aspekte:

- *indirektes Zitat: Definition, Anführungszeichen, Zeilenangabe?*
- *wörtliches (direktes) Zitat: Definition, Anführungszeichen, Auslassungen/Ergänzungen/ Veränderungen, Schlusspunkt?*

c) Vergleichen Sie Ihre Regeln zum Zitieren mit den Regeln im Grundwissen auf Seite 325.

3 *Überarbeiten Sie den Aufsatz inhaltlich und sprachlich und verfassen Sie selbstständig eine Antwort auf den oben stehenden Arbeitsauftrag. Tipps zur Textüberarbeitung finden Sie auf Seite 363 f.*

8 Aufklärung – Die Emanzipation des Bürgertums im Zeitalter der Vernunft

8.1 „Habe Mut, dich deines eigenen Verstandes zu bedienen!" – Grundlagen, Kennzeichen und Ideen der Aufklärung

Annäherung an die Idee der Aufklärung

Georg Christoph Lichtenberg

Georg Christoph Lichtenberg (1742–1799) war Professor für Mathematik, Physik und Astronomie an der Universität Göttingen und einer der führenden deutschen Aufklärer im 18. Jahrhundert. Als Professor führte er die Experimentalphysik als anschaulichen Unterricht in die akademischen Lehrstunden ein. Anhand von fliegenden Drachen führte er Versuche zur Gewitterelektrizität vor, mit Gas gefüllten Schweinsblasen machte er das Prinzip des Heißluftballons deutlich. Lichtenberg spürte in seinen Experimentalvorlesungen der Natur nach, er verließ sich nicht auf Lehrbücher. Dieser Skeptizismus im Sinne des Selbstdenkens und der Selbsttätigkeit zeichnete ihn aus.

Lichtenberg war zudem ein bekannter Schriftsteller, Satiriker und ein exzellenter Briefliterat. Er gilt als „Erfinder" des Aphorismus. Dies verdankt sich vor allem seinen „Sudelbüchern" – Notizbücher, in denen er seine Einfälle, Beobachtungen und Erkenntnisse knapp und pointiert festhielt. Die folgenden Aphorismen und der etwas längere Text auf Seite 164 sind seinen „Sudelbüchern" entnommen.

Statue von Lichtenberg auf dem Marktplatz in Göttingen

1 Ich kann freilich nicht sagen, ob es besser werden wird, wenn es anders wird; aber so viel kann ich sagen, es muss anders werden, wenn es gut werden soll.

2 Es ist fast unmöglich, die Fackel der Wahrheit durch ein Gedränge zu tragen, ohne jemandem den Bart zu sengen.

3 Wenn er seinen Verstand gebrauchen sollte, so war es ihm, als wenn jemand, der beständig seine rechte Hand gebraucht hat, etwas mit der linken tun soll.

4 Dass die Menschen so oft falsche Urteile fällen, rührt gewiss nicht allein aus einem Mangel an Einsicht und Ideen her, sondern hauptsächlich davon, dass sie nicht jeden Punkt im Satz unter das Mikroskop bringen und bedenken.

5 Der Mann hatte so viel Verstand, dass er fast zu nichts mehr in der Welt zu gebrauchen war.

6 Kein Fürst wird jemals den Wert eines Mannes durch seine Gunst bestimmen, denn es ist ein Schluss, der nicht auf eine einzige Erfahrung etwa gegründet ist, dass ein Regent meistens ein schlechter Mann ist. Der in Frankreich backt Pasteten und betrügt ehrliche Mädgen, der König von Spanien haut unter Pauken und Trompeten Hasen in Stücke, der letzte König in Polen, der Kurfürst von Sachsen war, schoss seinem Hofnarren mit dem Blasrohr nach dem Arsch, der Fürst von Löwenstein beklagt bei einem großen Brand nichts als seinen Sattel, [...]; die meisten übrigen Beherrscher dieser Welt sind Tambours, Fouriers, Jäger. Und dieses sind die Obersten unter den Menschen; wie kann es denn in der Welt nur erträglich hergehen?

1 *Formulieren Sie in Zusammenarbeit mit einem Partner den Inhalt der Texte mit eigenen Worten.*

2 *Welcher Aphorismus spricht Sie am meisten an? Warum?*

3 *Versuchen Sie, von den Themen der Aphorismen ausgehend, Rückschlüsse auf die Grundgedanken der Aufklärung zu ziehen.*

Man spricht viel von Aufklärung und wünscht sich mehr Licht. Mein Gott, was hilft aber alles Licht, wenn die Leute entweder keine Augen haben oder die, die sie haben, vorsätzlich verschließen.
(Georg Christoph Lichtenberg)

Aufklären heißt [...] wegräumen wie mancherlei Hüllen und Decken vor den Augen, Platz machen dem Licht in Verstand und Herz, dass es jenen erleuchte, dieses erwärme, und eintreten in die Gebiete der Wahrheit und Ordnung, wo die Bestimmung des Menschen, die wahre Glückseligkeit thront.
(Christoph Martin Wieland)

4 *Beschreiben Sie das Bild „Aufklärung" und klären Sie dabei die Bedeutung des aufgehenden Lichts.*

5 *Versuchen Sie eine Definition des Begriffs „Aufklärung". Ziehen Sie dazu auch die oben stehenden Zitate von Lichtenberg und Wieland heran.*

Daniel Chodowiecki (1726–1801): Aufklärung (Kupferstich)

Horst Stuke

Zur Wortgeschichte von „Aufklärung"

Obwohl die Wortgeschichte noch nicht eingehend untersucht ist und vermutlich einige Zeit vor dem 18. Jahrhundert beginnt, kann das Wort in seiner hier interessierenden Bedeutung wie ein Neologismus betrachtet werden. In Kaspar Stielers „Der Teutschen Sprache Stammbaum und Fortwachs oder Teutscher Sprachschatz" (1691) erscheint es [...] als deutsche Bezeichnung für lat. „serenitas"[1]. Die hiermit gegebene vorwiegend meteorologische, d. h. auf einen naturhaften Vorgang bezogene Bedeutung behält das Wort, vor allem in seiner verbalen Form, neben anderen bis heute bei. [...] Begriffsgeschichtlich relevant wird das Wort erst, als sich mit ihm [...] die Vorstellung des Aufhellens, Aufdeckens und Klarmachens eines Sachverhaltes verbindet, der bisher im Dunkeln lag, ganz oder teilweise unbekannt und unerkannt war, und auf diese Weise das Bild vom heiteren Wetter, von Hell- und Klarwerden oder Hell- und Klarsein, vom Deutlichwerden und Deutlichmachen, kurzum vom „Aufklären", anfänglich auf das menschliche Gemüt ganz allgemein und dann speziell auf den Verstand und seine Begriffe übertragen wird und von nun an zur Charakterisierung einer bestimmten Gemütsbeschaffenheit oder Erkenntnisweise dient.

1 **serenitas:** *lat.* Aufhellung, Aufheiterung, heiteres Wetter

1 *Geben Sie die Geschichte des Wortes „Aufklärung" schriftlich mit eigenen Worten wieder.*

2 *Fertigen Sie zu dem Bild „Aufklärung" von Daniel Chodowiecki (▷ S. 164) eine Bildbeschreibung an und ordnen Sie es mit Hilfe der Informationen zum Begriff „Aufklärung" dem ideengeschichtlichen Hintergrund zu.*

3 *Diskutieren Sie darüber, warum das unten stehende Bild den Titel „Allegorie der Aufklärung" trägt. Berücksichtigen Sie hierbei die Informationen der Bildunterschrift.*

Leonard Defrance de Liege (1735–1805): Allegorie auf die Aufklärung (Vertreter der Religionen diskutieren miteinander, Bücher und Zeitschriften werden verbreitet.)
Allegorie: *Sonderform der Personifikation*
A l'égide de Minerve: *Unter der Schirmherrschaft der Minerva*
Minerva: *Göttin der Weisheit, der Künste und Wissenschaften und des Handwerks*

Adolph Freiherr Knigge

Über den Umgang mit sich selbst

Adolph Freiherr Knigge (1752–1796) studierte Jura in Göttingen und war von 1780–1784 führendes Mitglied des aufklärerischen Illuminatenordens. Er ist vor allem bekannt als Verfasser des immer wieder neu aufgelegten und bearbeiteten Bestsellers „Über den Umgang mit Menschen" (1788). Missverstanden als Benimmbuch (und entsprechend sinnwidrig „bearbeitet" und „ergänzt"), war dieses Werk eigentlich als Beitrag zur Emanzipation des Bürgertums gedacht. Knigge, aus altem Adel stammend, stand nämlich dem Bürgertum näher als seinen Standesgenossen und war ein mutiger Streiter für eine bessere, gerechtere und korruptionsfreie Gesellschaft sowie ein entschiedener Anhänger radikaler politischer Reformen.

Knigge, Kupferstich von W. Arndt (um 1796)

1. Die Pflichten gegen uns selbst sind die wichtigsten und ersten und also der Umgang mit unserer eigenen Person gewiss weder der unnützeste noch uninteressanteste. Es ist daher nicht zu verzeihen, wenn man sich immer unter anderen Menschen umhertreibt, über den Umgang mit Menschen seine eigene Gesellschaft vernachlässigt, gleichsam vor sich selber zu fliehen scheint, sein eigenes Ich nicht kultiviert und sich doch stets um fremde Händel bekümmert. Wer täglich herumrennt, wird fremd in seinem eigenen Hause; wer immer in Zerstreuung lebt, wird fremd in seinem eignen Herzen, muss im Gedränge müßiger Leute seine innere Langeweile zu töten trachten, büßt das Zutrauen zu sich selber ein und ist verlegen, wenn er sich einmal vis à vis de soimême[1] befindet. Wer nur solche Zirkel sucht, in welchen er geschmeichelt wird, verliert so sehr den Geschmack an der Stimme der Wahrheit, dass er diese Stimme zuletzt nicht einmal mehr aus sich selber hören mag; er rennt dann lieber, wenn das Gewissen ihm dennoch unangenehme Dinge sagt, fort, in das Getümmel hinein, wo diese wohltätige Stimme überschrien wird.
2. Hüte Dich also, Deinen treuesten Freund, Dich selber, so zu vernachlässigen, dass dieser treue Freund Dir den Rücken kehre, wenn Du seiner am nötigsten bedarfst. Ach, es kommen Augenblicke, in denen Du Dich selbst nicht verlassen darfst, wenn Dich auch jedermann verlässt; Augenblicke, in welchen der Umgang mit Deinem Ich der einzige tröstliche ist – was wird aber in solchen Augenblicken aus Dir werden, wenn Du mit Deinem eigenen Herzen nicht in Frieden lebst und auch von dieser Seite aller Trost, alle Hilfe Dir versagt wird?
3. Willst Du aber im Umgange mit Dir Trost, Glück und Ruhe finden, so musst Du ebenso vorsichtig, redlich, fein und gerecht mit Dir selber umgehen als mit anderen, also dass Du Dich weder durch Misshandlung erbitterst und niederdrückest noch durch Vernachlässigung zurücksetzest, noch durch Schmeichelei verderbest.

1 **vis à vis de soimême** (frz.): sich selbst gegenüberstehen, mit sich selbst konfrontiert sein

1 *a) Fassen Sie die Thesen des Textes schriftlich zusammen.*
b) Diskutieren Sie darüber, inwieweit Ihnen diese heute noch aktuell erscheinen.

2 *Welches aufklärerische Gedankengut können Sie dem Text entnehmen?*

Gesellschaftskritik in der Fabel

Wenn wir einen allgemeinen moralischen Satz auf einen besonderen Fall zurückführen, diesem besonderen Falle die Wirklichkeit erteilen und eine Geschichte daraus dichten, in welcher man den allgemeinen Satz anschauend erkennet, so heißt diese Erdichtung Fabel.

Gotthold Ephraim Lessing

1 *Versuchen Sie, Fabeln inhaltlich zusammenzufassen, an die Sie sich erinnern.*

2 *a) Tragen Sie Merkmale zusammen, die diese Gattung kennzeichnen.*
b) Vergleichen Sie Ihre Befunde mit der oben stehenden Definition Lessings.

3 *Die Gattung der Fabel war im Zeitalter der Aufklärung (18. Jh.) sehr beliebt. Diskutieren Sie darüber, welche Gründe es dafür gegeben haben könnte.*

Gotthold Ephraim Lessing

Gotthold Ephraim Lessing (1729–1781) gilt als einer der wichtigsten Vertreter der deutschen Aufklärung.
Er wurde als Sohn eines protestantischen Pfarrers in der Oberlausitz (Sachsen) geboren. Als Stipendiat besuchte er die Fürstenschule St. Afra in Meißen, ab 1746 studierte er in Leipzig Theologie, wechselte aber bald zum Studium der Philosophie über. Wegen finanzieller Schwierigkeiten verließ er jedoch Leipzig und ließ sich zeitweise in Berlin nieder, wo er als Schriftsteller arbeitete und als Journalist für die „Vossische Zeitung" Rezensionen schrieb. 1759 erschienen drei Bücher mit Fabeln und einer theoretischen Abhandlung über diese Textsorte.
Lessing gilt als erster freiberuflicher Schriftsteller in Deutschland. 1767 nahm er ein Angebot des deutschen Nationaltheaters in Hamburg an und wurde dort Dramaturg und Theaterkritiker. Unter dem Titel „Hamburger Dramaturgie" veröffentlichte er Theaterkritiken und seine Dramentheorie. Erneute finanzielle Sorgen veranlassten Lessing, die Leitung der Bibliothek in Wolffenbüttel zu übernehmen. Hier entstanden die Dramen „Emilia Galotti" (1772) und „Nathan der Weise" (1779). 1782 starb Lessing während eines Aufenthalts in Braunschweig.

Lithografie von Lessing, 19. Jahrhundert

Gotthold Ephraim Lessing

Der Besitzer des Bogens

Ein Mann hatte einen trefflichen Bogen von Ebenholz, mit dem er sehr weit und sehr sicher schoss und den er ungemein werthielt. Einst aber, als er ihn aufmerksam betrachtete, sprach er: Ein wenig zu plump bist du doch! Alle deine Zierde ist die Glätte. Schade! – Doch dem ist abzuhelfen, fiel ihm ein. Ich will hingehen und den besten Künstler Bilder in den Bogen schnitzen lassen. – Er ging hin und der Künstler schnitzte eine ganze Jagd auf den Bogen und was hätte sich besser auf einen Bogen geschickt als eine Jagd?
Der Mann war voller Freuden. „Du verdienest diese Zierraten, mein lieber Bogen!" – Indem will er ihn versuchen; er spannt und der Bogen – zerbricht.

1 *Formulieren Sie die Aussageabsicht dieser Fabel.*

2 *Nach Aussagen Lessings ist die Fabel „Der Besitzer des Bogens" auch als Fabel über die Fabel zu lesen. Deuten Sie die Fabel unter diesem Aspekt.*

3 *Weisen Sie schriftlich nach, dass es sich bei dem Text „Der Besitzer des Bogens" um eine Fabel handelt. Ziehen Sie dazu die Informationen zur Fabel auf Seite 171 heran.*

Auf den folgenden Seiten (▷ S. 168–170) finden Sie drei Versionen der Fabel „Der Tanzbär", und zwar von Gotthold Ephraim Lessing, Gottlieb Konrad Pfeffel und Christian Fürchtegott Gellert.

Gotthold Ephraim Lessing

Der Tanzbär

Ein Tanzbär war der Kett' entrissen,
Kam wieder in den Wald zurück,
Und tanzte seiner Schar ein Meisterstück
Auf den gewohnten Hinterfüßen.
„Seht", schrie er, „das ist Kunst; das lernt man in der Welt.
Tut mir es nach, wenn's euch gefällt,
Und wenn ihr könnt!" – „Geh", brummt ein alter Bär,
„Dergleichen Kunst, sie sei so schwer,
Sie sei so rar sie sei!
Zeigt deinen niedern Geist und deine Sklaverei."

Ein großer Hofmann sein,
Ein Mann, dem Schmeichelei und List
Statt Witz und Tugend ist;
Der durch Kabalen[1] steigt, des Fürsten Gunst erstiehlt,
Mit Wort und Schwur als Komplimenten spielt,
Ein solcher Mann, ein großer Hofmann sein,
Schließt das Lob oder Tadel ein?

1 **Kabale:** veraltet für Intrige, Ränke

Gottlieb Konrad Pfeffel

Gottlieb Konrad Pfeffel (1736–1809) studierte in Halle Jura, musste das Studium jedoch auf Grund eines schweren Augenleidens abbrechen. Er verdiente dann als Übersetzer, Pädagoge und Schriftsteller seinen Lebensunterhalt. Pfeffel war anfangs begeisterter Anhänger der Französischen Revolution, relativierte aber seine Haltung, als die Nachrichten von der Schreckensherrschaft in Europa die Runde machten.

Stahlstich von Pfeffel (1850)

Gottlieb Konrad Pfeffel

Der Tanzbär

Ein Gauner an dem Weichselstrand,
Wo man nichts kennet als Despoten
Mit ehrnen Zeptern und Heloten[1]
In Lumpen, zog mit kecker Hand
Ein Bärchen aus der Mutter Pfoten,
Die durch ihn fiel. Der Sieger hing
Flugs einen Korb dem armen Waisen
Ums raue Kinn; ein dichter Ring
Mit einem Gängelband von Eisen
Würgt ihm den Hals, und überdies
Stumpft er, um sich vor seinem Biss
Zu schützen, ihm die jungen Zähne.
Da half kein Heulen, keine Träne.
Noch mehr: Er zwang den armen Wicht,
Mit aufgerecktem Kopf und Ranzen,
Er mochte wollen oder nicht,
Nach seinem Dudelsack zu tanzen
Und seinen Affen Favorit[2],
Der, taub gleich ihm, bei Petzens[3] Klagen,
Wenn dieser seufzte, Fratzen schnitt,
Als Reitpferd durch die Welt zu tragen.
Wenn ihn der Unmut überwand,
So büßten seinen Widerstand
Bald seine Knochen, bald sein Magen.
So strich ihm unter tausend Plagen
Bereits das dritte Jahr vorbei,
Als einst, im Sturm der Schwelgerei,
Sein Herr vergaß, ihn anzuschließen.
Die Freiheit winkt; mit schnellen Füßen
Verlässt er seine faule Streu
Und fliehet, von den Finsternissen
Der Nacht bedeckt, durch Busch und Moor
Ins nahe Holz. Mit frohen Küssen
Empfängt ihn seiner Brüder Chor.
Der eine reicht ihm leckre Speisen,
Der andre hilft ihm von dem Eisen
An Hals und Schnauze sich befrein.
Der Hetmann[4] eilet voll Entzücken,
Den Gast mit Eichenlaub zu schmücken,
Und weihet ihn zum Bürger ein.
Kaum konnte Petz sein Glück ermessen,
Doch lernt er eher Honig fressen
Und nur sich selbst gehorsam sein
Als seines Henkers Wut vergessen.
Einst sah er ihn den dunkeln Hain
Durchwandeln; gleich dem Höllendrachen
Stürzt er mit aufgesperrtem Rachen
Sich über ihn. „Ha, Wüterich!",
Brüllt er. „Nun kommt der Tanz an dich."
Jetzt packt er ihn mit seinen Tatzen
Und presset ihn mit wilder Lust
So fest an seine Felsenbrust,
Dass alle Rippen ihm zerplatzen.

Ihr Zwingherrn, bebt! Es kömmt ein Tag,
An dem der Sklave seine Ketten
Zerbrechen wird, und dann vermag
Euch nichts vor seiner Wut zu retten.

1 **Heloten:** Staatssklaven im alten Sparta
2 **Favorit:** hier Günstling
3 **Petz:** Fabelname für den Bären
4 **Hetmann:** Oberbefehlshaber des Heeres im ehemaligen Königreich Polen (von Hauptmann)

Christian Fürchtegott Gellert

Christian Fürchtegott Gellert (1715–1769) besuchte wie Lessing die Fürstenschule in Meißen und studierte Theologie in Leipzig. 1751 erhielt er eine Professur. Er hielt Vorlesungen über Poetik, Rhetorik und Moral. Literarisch wurde er vor allem durch seine Fabeln und Erzählungen berühmt. Er verfasste aber auch Komödien und Kirchenlieder, die von Bach, Hiller, Haydn und Beethoven vertont wurden.

Gellert auf einem Gemälde von Anton Graff (1736–1813)

Christian Fürchtegott Gellert

Der Tanzbär

Ein Bär, der lange Zeit sein Brot ertanzen müssen,
Entrann und wählte sich den ersten Aufenthalt.
Die Bären grüßten ihn mit brüderlichen Küssen
Und brummten freudig durch den Wald.
Und wo ein Bär den andern sah,
So hieß es: Petz ist wieder da!
Der Bär erzählte drauf, was er in fremden Landen
Für Abenteuer ausgestanden,
Was er gesehn, gehört, getan!
Und fing, da er vom Tanzen red'te,
Als ging er noch an seiner Kette,
Auf Polnisch schön zu tanzen an.

Die Brüder, die ihn tanzen sahn,
Bewunderten die Wendung seiner Glieder,
Und gleich versuchten es die Brüder;
Allein anstatt, wie er, zu gehn,
So konnten sie kaum aufrecht stehn,
Und mancher fiel die Länge lang darnieder.
Um desto mehr ließ sich der Tänzer sehn;
Doch seine Kunst verdross den ganzen Haufen.
„Fort", schrien alle, „fort mit dir!
Du Narr, willst klüger sein als wir?"
Man zwang den Petz davonzulaufen.
Sei nicht geschickt, man wird dich wenig hassen,
Weil dir dann jeder ähnlich ist;
Doch je geschickter du vor vielen andern bist,
Je mehr nimm dich in Acht, dich prahlend sehn zu lassen.
Wahr ist's, man wird auf kurze Zeit
Von deinen Künsten rühmlich sprechen;
Doch traue nicht, bald folgt der Neid
Und macht aus der Geschicklichkeit
Ein unvergebliches Verbrechen.

Daniel Chodowiecki (1726–1801): Der Tanzbär (Kupferstich)

1 *Untersuchen Sie in Gruppen die drei motivgleichen Fabeln von Lessing, Pfeffel und Gellert. Ziehen Sie dazu auch die unten stehenden Informationen zur Fabel heran und berücksichtigen Sie jeweils folgende Aspekte:*
- *Darstellung des Inhalts der Fabel*
- *Untersuchung des Aufbaus*
- *Klärung der Lehre: Inhalt, Adressat(en), Diskussion der Frage, inwieweit die jeweilige Lehre einen praktizierbaren Vorschlag enthält*

2 *Vergleichen Sie die drei Fabeln nach ihrer Intention, aber auch nach ihrem Aufbau und ihrer Form. Beschreiben Sie dabei, welche gesellschaftlichen Leitbilder der Zeit abgelehnt und welche propagiert werden.*

3 *Führen Sie in der Klasse ein literarisches Gespräch über die Fabeln. Gegenstand des Gesprächs könnte sein,*
- *ob Sie die Lehren, die in der Fabel vermittelt werden, für befolgenswert halten.*
- *ob die Fabeln bzw. die Lehren der Fabel auf unsere heutigen Verhältnisse übertragbar sind.*
- *ob Sie die Gattung der Fabel heute noch als zeitgemäß empfinden.*
- ...

Die Fabel

Die Fabel (von lateinisch „fabula" = Erzählung, Rede) bezeichnet eine in Prosa- oder in Versform verfasste, **lehrhafte, kurze Erzählung,** die zumeist einen allgemeinen moralischen Lehrsatz in Form eines Gleichnisses darstellt.
Charakteristisch für die Fabel ist, dass die **handelnden Figuren meist Tiere** sind, die typische menschliche Eigenschaften und Handlungsmuster haben (z. B. der schlaue Fuchs, der gierige Wolf, der starke, aber dumme Bär).
Ihre knappe Form gewinnt die Fabel durch die **Konzentration auf einen dramatischen Kern:** Schilderung der Ausgangssituation, Dialogteil, pointenhafter Schluss.
Die durch die Fabel verbildlichte Lehre kann der Fabel vorangestellt (Promythion) oder nachgestellt (Epimythion) sein.

Die Geschichte der Fabel reicht weit zurück. Als Schöpfer der Fabel gilt der Grieche Äsop aus dem 6. Jh. v. Chr. Im Zeitalter der Aufklärung (18. Jahrhundert) entwickelte sich die Fabel zu einer außerordentlich beliebten Textsorte, da sie die Ideen der Aufklärung, die Kritik an der Gesellschaft und den Herrschern, veranschaulichen konnte und damit der „Enthüllung der Wahrheit" diente. Neue Fabelstoffe wurden erfunden und eigene Fabeltheorien verfasst.
Kontrovers wurde erörtert, ob der Rezipient einer Fabel deren moralische Botschaft sich selbst durch die Handlung erschließen oder durch einen Kommentarsatz des Autors vorgegeben erhalten soll. Es wird argumentiert, dass die Fabel den Leser erst dann bilde, wenn er selbst das konkrete Beispiel aus der Tierwelt auf sein eigenes Leben übertragen habe.
Fabeldichter der Aufklärung waren: Christian Fürchtegott Gellert (1715–1769), Friedrich von Hagedorn (1708–1754), Johann Wilhelm Ludwig Gleim (1719–1803), Gottlieb Konrad Pfeffel (1736–1809), Magnus Gottfried Lichtwer (1719–1783), Georg Christoph Lichtenberg (1742–1799), Johann Gottfried Herder (1744–1803) und Gotthold Ephraim Lessing (1729–1781).

Die politisch-gesellschaftlichen Leitideen der Aufklärung

Charles de Secondat, Baron de Montesquieu

Die Teilung der Gewalten

Porträt von Montesquieu auf einem Medaillon (1728)

Charles de Secondat, Baron de Montesquieu (1689–1755) war ein französischer Schriftsteller und Staatsphilosoph. In seinem Hauptwerk „De l'esprit des lois" (Vom Geist der Gesetze) versucht er einerseits, die Faktoren zu finden, die das Regierungs- und Rechtssystem einzelner Staaten jeweils bestimmten (z. B. Größe, Geografie, Klima, Wirtschafts- und Sozialstrukturen, Religion), andererseits formuliert er – nicht zuletzt in Opposition gegen den königlichen Absolutismus – die theoretischen Grundlagen einer universell möglichen Regierungsform. Zentrales Prinzip ist für Montesquieu hierbei die Trennung von Gesetzgebung (Legislative), Rechtsprechung (Judikative) und Verwaltung (Exekutive), die so genannte Gewaltenteilung – ein Begriff, der als solcher in dem Werk allerdings noch nicht vorkommt.

Politische Freiheit für jeden Bürger ist jene geistige Beruhigung, die aus der Überzeugung hervorgeht, die jedermann von seiner Sicherheit hat. Damit man diese Freiheit genieße, muss die Regierung so beschaffen sein, dass kein Bürger einen andern zu fürchten braucht.
Sobald in ein und derselben Person oder derselben Beamtenschaft die legislative Befugnis mit der exekutiven verbunden ist, gibt es keine Freiheit. [...]
Freiheit gibt es auch nicht, wenn richterliche Befugnis nicht von der legislativen und der exekutiven Befugnis geschieden wird.

(Vom Geist der Gesetze, 1748)

Jean-Jacques Rousseau

Menschenrechte

Rousseau auf einem Gemälde von Maurice Quentin de La Tour (1704–1788)

Jean-Jacques Rousseau (1712–1778), französisch-schweizerischer Kulturkritiker und Philosoph, einer der Wegbereiter der Französischen Revolution, sieht in einem „Gesellschaftsvertrag" (contrat social) ein Mittel gegen die herrschende Ungleichheit unter den Menschen.

Der Mensch wird frei geboren und überall ist er in Ketten. [...] Solange ein Volk gezwungen wird zu gehorchen und gehorcht, so tut es wohl; sobald es aber ein Joch abwerfen kann und es abwirft, so tut es besser. [...] Auf seine Freiheit verzichten, heißt auf seine Menschheit, die Menschenrechte, ja selbst auf seine Pflichten verzichten. Wer auf alles verzichtet, für den ist keine Entschädigung möglich. Eine solche Entsagung ist mit der Natur des Menschen unvereinbar.

(Der Gesellschaftsvertrag, 1762)

John Locke

Zwei Abhandlungen über die Regierung

John Locke (1632–1704) war ein englischer Philosoph und bahnbrechender Theoretiker der Aufklärung. Er gilt als Hauptvertreter des Empirismus, der alle Erkenntnis aus Sinneserfahrungen herleitet. Seine Grundthese lautet: Nihil est in intellectu, quod non ante fuerit in sensu (lat. „Nichts ist im Verstand, was nicht zuvor in den Sinnen gewesen wäre"). In seiner Staatslehre schränkt Locke die Bedeutung des Staates auf das Notwendigste ein und fordert eine konstitutionelle, d. h. auf eine Verfassung gestützte Regierung, die Freiheit und gleiches Recht für alle sowie eine Teilung der Gewalten verbürgt.

undatiertes Porträt von Locke

Das Naturrecht

Die Vernunft aber, welche dem Gesetz entspringt, lehrt alle Menschen, wenn sie nur um Rat fragen wollen, dass niemand einen anderen, da alle gleich und unabhängig sind, an seinem Leben, seiner Gesundheit, seiner Freiheit oder seinem Besitz Schaden zufügen soll. [...] Wenn wir betrachten, in welchem Zustand sich die Menschen von Natur befinden, so sehen wir: Dies ist ein Zustand völliger Freiheit.

Das Widerstandsrecht

Wann immer deshalb die Gesetzgeber danach trachten, dem Volk sein Eigentum zu nehmen oder zu zerstören oder es als Sklaven in ihre willkürliche Gewalt zu bringen, versetzen sie sich dem Volk gegenüber in den Kriegszustand. Dadurch ist es jeden weiteren Gehorsams entbunden und der gemeinsamen Zuflucht überlassen, die Gott für alle Menschen gegen Macht und Gewalt vorgesehen hat. Wann immer daher die Legislative dieses grundlegende Gesetz der Gesellschaft überschreiten und aus Ehrsucht, Furcht, Torheit oder Verderbtheit den Versuch unternehmen sollte, [...] verwirkt sie durch einen solchen Vertrauensbruch jene Macht, die das Volk mit weit anderen Zielen in ihre Hände gegeben hatte, und die Macht fällt zurück an das Volk, das dann ein Recht hat, zu seiner ursprünglichen Freiheit zurückzukehren und durch die Errichtung einer neuen Legislative (wie sie ihm selbst am geeignetsten erscheint) für seine eigene Sicherheit und seinen Schutz zu sorgen [...].

(Zwei Abhandlungen über die Regierung, 1689)

1 *Bilden Sie Gruppen und erfassen Sie anhand der Texte von Locke, Montesquieu und Rousseau (▷ S. 172–173) die zentralen gesellschaftlich-politischen Ideen und Zielsetzungen der Aufklärung. Halten Sie Ihre Ergebnisse in einer Übersicht fest.*

2 *Diskutieren Sie darüber,*
- ☐ *ob die Ideen und Zielsetzungen der Aufklärung auch heute noch eine Rolle spielen.*
- ☐ *ob wir in einem aufgeklärten Zeitalter leben.*

Christian Friedrich Daniel Schubart

Die Freiheit – ein Märchen (1774)

Die Göttin Freiheit hat im Olympe ihren eigenen Thron. „Warum", sagte sie einmal und stand von ihrem Throne auf, „steigen die Opferwolken von der Unterwelt so sparsam zu mir empor? Hab ich keine Altäre mehr, wie ehemals in Karthago, Griechenland, Rom und in den Eichenhainen der alten Germanen? – Ich will zur Erde hinab und meine Altäre selbst aussuchen. Begleite mich, Schwester Gerechtigkeit, und du, Schwester Tugend."
Sie flammten wie Morgenröten hinunter. Erst besuchten sie die Höfe der Großen, suchten Tempel und Altäre und fanden keinen. Der Pöbel wieherte zwar nach Freiheit; aber sie meinten nicht diese liebenswürdige Göttin, sondern Zügellosigkeit meinten sie, die mit zerstreuten Haaren und wilder Gebärde im Gefolge der Laster durch die Straßen lärmte. An den Höfen fanden sie meist Pagodenköpfe[1], die die Göttin kaum dem Namen nach kannten. Zwar hätte sie, wegen ihrer himmlischen Schöne, hier und da als Mätresse ihr Glück machen können, aber sie blieb ihrer unbefleckten Gottheit treu. Sie begab sich also in die so genannten freien Staaten[2]: Parteigeist – Ansehen einzelner Familien – niedergedrückte Rechte der Menschheit – Braminengeist[3]! Seitdem vernimmt man, dass sich die Göttin in Boston[4] niedergelassen habe.

1 **Pagodenköpfe:** Götterfiguren
2 Als freie Staaten galten damals die Schweiz und die Niederlande
3 **Braminen** (= Brahmanen): religiöse Oberhäupter Indiens
4 **Boston:** Gemeint sind die englischen Kolonien, die 1776 ihre Unabhängigkeit erklärten und diese im Krieg gegen das Mutterland dann auch herstellten und 1783 sicherten.

1 *Erzählen Sie das Märchen von der Freiheit nach.*

2 *a) Begründen Sie schriftlich, warum Schubart die Form eines Märchens wählt, um die Geschichte von der Freiheit zu erzählen.*
b) Diskutieren Sie über Ihre Ergebnisse.

3 *Sprechen Sie darüber, inwieweit es sich bei dem Text um ein wirkliches Märchen handelt.*

Was ist Aufklärung?

Immanuel Kant

Beantwortung der Frage: Was ist Aufklärung

Kant-Statue von Ch. D. Rauch vor der Universität Königsberg

Immanuel Kant (1724–1804) war ein deutscher Philosoph und einer der wichtigsten Denker der deutschen Aufklärung. Er stammte aus einer Königsberger Handwerkerfamilie, besuchte in seiner Heimatstadt das Gymnasium und studierte danach an der Universität in Königsberg. Besonderes Interesse hatte er an Logik (Wissenschaft von der Struktur, den Formen und Gesetzen des Denkens) und Metaphysik (philosophische Disziplin, die das hinter der sinnlich erfahrbaren, natürlichen Welt Liegende behandelt) und an den Naturwissenschaften. 1754 wurde ihm eine arbeitsintensive Lehrtätigkeit als Privatdozent an der Universität Königsberg übertragen. In der Königsberger Gesellschaft nahm er rasch einen wichtigen Platz ein. Es dauerte aber 15 Jahre, bis der bei den Studenten wegen seines Geistes und Humors beliebte Dozent in Königsberg eine Professur für Metaphysik und Logik übertragen bekam. Berufungen nach Erlangen, Jena und Halle lehnte er ab. Gefördert wurde er durch den aufgeklärten preußischen König Friedrich II. (1712–1786). 1794 geriet Kant in einen Konflikt mit der preußischen Regierung, die ihm jegliche Religionskritik verbat. Doch schon bald veröffentlichte Kant weitere Schriften. 1801 legte er seine akademischen Ämter nieder. Er starb 1804 kurz vor seinem 80. Geburtstag.

Aufklärung ist der Ausgang des Menschen aus seiner selbst verschuldeten Unmündigkeit. Unmündigkeit ist das Unvermögen, sich seines Verstandes ohne Leitung eines anderen zu bedienen. Selbst verschuldet ist diese Unmündigkeit, wenn die Ursache derselben nicht am Mangel des Verstandes, sondern der Entschließung und des Mutes liegt, sich seiner ohne Leitung eines andern zu bedienen. Sapere aude! Habe Mut, dich deines eigenen Verstandes zu bedienen!, ist also der Wahlspruch der Aufklärung.

Faulheit und Feigheit sind die Ursachen, warum ein so großer Teil der Menschen, nachdem sie die Natur längst von fremder Leitung freigesprochen (naturaliter maiorennes), dennoch gerne zeitlebens unmündig bleiben, und warum es anderen so leicht wird, sich zu deren Vormündern aufzuwerfen. Es ist so bequem, unmündig zu sein. Habe ich ein Buch, das für mich Verstand hat, einen Seelsorger, der für mich Gewissen hat, einen Arzt, der für mich die Diät beurteilt usw., so brauche ich mich ja nicht selbst zu bemühen. Ich habe nicht nötig zu denken, wenn ich nur bezahlen kann; andere werden das verdrießliche Geschäft schon für mich übernehmen. Dass der bei Weitem größte Teil der Menschen (darunter das ganze schöne Geschlecht) den Schritt zur Mündigkeit, außer dem, dass er beschwerlich ist, auch für sehr gefährlich halte, dafür sorgen schon jene Vormünder, die die Oberaufsicht über sie gütigst auf sich genommen haben. Nachdem sie ihr Hausvieh zuerst dumm gemacht haben und sorgfältig verhüteten, dass diese ruhigen Geschöpfe ja keinen Schritt außer dem Gängelwagen, darin sie sie einsperrten, wagen durften, so zeigen sie ihnen nachher die Gefahr, die ihnen drohet, wenn sie es versuchen, allein zu gehen. Nun ist diese Gefahr zwar eben so groß nicht, denn sie würden durch einige Mal Fallen wohl endlich gehen lernen; allein ein Beispiel von der Art macht doch schüchtern und schreckt gemeiniglich von allen ferneren Versuchen ab.

Es ist also für jeden einzelnen Menschen schwer, sich aus der ihm beinahe zur Natur gewordenen Unmündigkeit herauszuarbeiten. Er hat sie sogar lieb gewonnen und ist vorderhand wirklich unfähig, sich seines eigenen Verstandes zu bedienen, weil man ihn niemals den Versuch davon machen ließ. [...]

1 *Lesen Sie den Text aufmerksam und fassen Sie den Inhalt in Form von Thesen zusammen.*

2 *Kant stellt zu Beginn seines Textes eine These auf: „Aufklärung ist der Ausgang des Menschen aus seiner selbst verschuldeten Unmündigkeit" (▷ Z. 1 f.).*
Klären Sie die Begriffe „Unmündigkeit" und „selbst verschuldet" anhand des Textes.

3 *Stellen Sie die von Kant angeführten Ursachen der Unmündigkeit in einer Übersicht dar. Berücksichtigen Sie dabei auch die so genannten „Vormünder".*

4 *Beurteilen Sie in einem Kommentar (▷ S. 359), inwieweit die Kant'schen Forderungen heute noch aktuell sind.*

Das Zeitalter der Aufklärung (ca. 1700–1800)

Mit dem Begriff „Aufklärung" bezeichnet man zunächst allgemein geistesgeschichtliche Strömungen, die gegen die Bevormundung des Menschen, gegen Vorurteile und Autoritätsglauben kämpfen und mit vernunftgeleiteten Erkenntnissen die Selbstständigkeit des Menschen fördern.
Im Besonderen verbindet man mit dem Begriff „Aufklärung" **eine gesamteuropäische Bewegung des 18. Jh., die einen Umbruch im Denken und in allen politischen und gesellschaftlichen Bereichen bewirkt hat.**
Zwei **philosophische Strömungen** wirken in der Aufklärung zusammen: der aus England kommende **Empirismus,** nach dem die Erkenntnis auf dem durch die Sinneswahrnehmung Erfahrbaren beruht, und der aus Frankreich stammende **Rationalismus,** nach dem die Erkenntnis aus dem Gebrauch der „ratio", der Vernunft, resultiert. Ausgangspunkt der Welterkenntnis ist dabei immer der Mensch selbst. Damit ist die seit dem Mittelalter bestehende Vorherrschaft der kirchlich-theologischen Denkweise in allen Lebensbereichen gebrochen. Die selbstständige Entwicklung der **Vernunft** und die **Humanität** des Menschen sind zentrale Begriffe der Epoche.

Kennzeichen der Aufklärung:
Die Aufklärung zeigt trotz der unterschiedlichsten Ausprägungen gemeinsame Züge. Dazu gehören

- **Kampf gegen die Bevormundung** durch die Kirche und durch die absolutistischen Herrscher
  - Kritik an der Kirche und an dem starren Festhalten an Anschauungen und Lehrmeinungen (Dogmatismus), z. B. weil deswegen Kriege geführt wurden (Dreißigjähriger Krieg, Unterdrückung der Hugenotten in Frankreich)
  - Kritik an der Herrschaftsform des Absolutismus und den adeligen Privilegien
- **Betonung der Vernunft** und des kritischen Denkens, das sich auf die eigenen Erfahrungen und Sinneswahrnehmungen stützt
- Das **Individuum wird in den Mittelpunkt gestellt,** ihm sollen unveräußerliche Menschenrechte zugebilligt werden, die es vor staatlicher Willkür schützen.
- **Glaube an** die Allmacht der **Erziehung,** d. h., dass der Mensch durch die Erziehung zu einem vernünftigen und moralisch handelnden Wesen wird
- ein meist unkritischer **Glaube an Wissenschaft und Fortschritt**

Die konkreten Forderungen in den Bereichen des gesellschaftlichen, wirtschaftlichen und rechtlichen Zusammenlebens sind im Folgenden abgebildet.

	Zustand	Forderung
Regierungsform	– Absolutismus, unbeschränkte Gewalt des Königs	– Beschränkung der monarchischen Gewalt durch eine Verfassung: Gewaltenteilung, Beteiligung des Bürgers an der Regierungsgewalt
Stellung des Menschen in der Gesellschaft	– Untertan ist der Willkür des Fürsten ausgesetzt – grundhörige Bauern – Ständegesellschaft: Vorrechte von Adel und Klerus	– Recht auf Leben, Unverletzbarkeit der Person, Recht auf Freiheit, Besitz – Glaubensfreiheit, Gedankenfreiheit – Bauernbefreiung – Gleichheit vor dem Gesetz; Abbau von Privilegien; Berufsfreiheit
Wirtschaft	– zahlreiche Grenzen und hohe Zölle – königliche Steuerung der Wirtschaft – Bevorzugung der Luxusgütermanufakturen	– Reduzierung der Grenzen und Zölle – keine Steuerung der Wirtschaft durch den Staat – Förderung von Landwirtschaft und Handel
Konfession	– Bestimmung durch den Fürsten	– Freiheit der Konfession
Rechtsprechung	– zum Teil mittelalterlich und parteiisch	– Humanisierung des Strafrechts – Unabhängigkeit der Justiz

Wichtige Vertreter und bedeutende Werke der Aufklärung (eine Auswahl):

- **Gotthold Ephraim Lessing** (1729–1781): Minna von Barnhelm oder das Soldatenglück (Komödie), Emilia Galotti (bürgerliches Trauerspiel)
- **Georg Christoph Lichtenberg** (1742–1799): Aphorismen
- **Johann Christoph Gottsched** (1700–1766): Versuch einer kritischen Dichtkunst für die Deutschen
- **Sophie von La Roche** (1731–1807): Geschichte des Fräuleins von Sternheim (Roman)
- **Christoph Martin Wieland** (1733–1813): Geschichte des Agathon (Roman)
- **Lorenz von Westenrieder** (1748–1829): Centum Theses, das ist 100 Sätze über höchst wichtige Gegenstände aus der gesunden Vernunft und Erfahrung
- **Gottlieb Konrad Pfeffel** (1736–1809): Biografie eines Pudels und andere Satiren, Politische Fabeln in Erzählungen und Versen
- **Immanuel Kant** (1724–1804): Beantwortung der Frage: Was ist Aufklärung? (Aufsatz)

Vorbereiter der Aufklärung durch die Philosophie sind die Rationalisten: der französische Philosoph **René Descartes** (1596–1650) und in seiner Nachfolge der holländische Philosoph **Baruch de Spinoza** (1632–1677) und die deutschen Rationalisten **Gottfried Wilhelm Leibnitz** (1646–1716) und **Christian Wolff** (1679–1754).
Bedeutende französische Aufklärer sind außerdem **Charles de Secondat, Baron de Montesquieu** (1689–1755), **Jean-Jacques Rousseau** (1712–1778), **Voltaire** (1694–1778) und **Denis Diderot** (1713–1784). Diese verstehen sich gleichermaßen als Philosophen wie auch als Schriftsteller und haben das Ziel, ihre Erkenntnisse einem breiten Publikum – nicht nur einem kleineren Gelehrtenkreis – zugänglich zu machen.
Zu den wichtigsten Vertretern der Aufklärung in England gehören die Empiristen **Francis Bacon** (1561–1626), **John Locke** (1632–1704) und **David Hume** (1711–1776).

8.2 Die Forderung religiöser Toleranz – Dramatische Texte erschließen

Zur Vorgeschichte des Dramas „Nathan der Weise" von Lessing

Eine der berühmtesten Auseinandersetzungen der Literaturgeschichte ist die zwischen Lessing und dem Hauptpastor Goeze aus Hamburg, denn aus ihr ging letztendlich Lessings Drama „Nathan der Weise" hervor.

Lessing hatte 1772 eine Schrift seines Freundes Herrmann Samuel Reimarus als Fragment eines Unbekannten veröffentlicht. Darin wurde der Offenbarungscharakter der Bibel, aber auch die Göttlichkeit Christi in Zweifel gezogen. Der Hamburger Pastor Johann Melchior Goeze griff diese Fragmente heftig an, denn er erkannte als Erster die politische Bedeutung dieser Veröffentlichung. Dadurch hatte er die Mächtigen auf seiner Seite. Im Juli 1778 verbot der Herzog von Braunschweig Lessing per Erlass, den Streit fortzusetzen, und Lessing musste sich auf seine „alte Kanzel, das Theater" (Brief an Elise Reimarus vom 6.9.1778) zurückziehen, um sich von dort aus Gehör zu schaffen. So verfasste er das Drama „Nathan der Weise", um „dem Feinde auf einer anderen Seite damit in die Flanke [...] zu fallen" (Brief an Karl Lessing vom 7.11.1778).

1 *Geben Sie in eigenen Worten wieder, welcher Anlass Lessing zum Verfassen seines Dramas „Nathan der Weise" führte und welche Absicht er damit verfolgte.*

Gotthold Ephraim Lessing

Nathan der Weise (1)

„Nathan der Weise" ist Lessings bekanntestes Drama und spielt in Jerusalem, der Stadt der drei Weltreligionen Christentum, Judentum und Islam, zur Zeit der Kreuzzüge.

Saladin, der moslemische Herrscher des mittelalterlichen Jerusalem, befindet sich in Geldnöten und lässt den reichen jüdischen Kaufmann Nathan, dem man den Beinamen „der Weise" gegeben hat, zu sich rufen, um von ihm Geld zu leihen. Um Nathans Weisheit als bloßes Gerücht zu entlarven, stellt Saladin ihm die heikle Frage, welche Religion die wahre sei, Christentum, Judentum oder Islam. Sollte Nathan versagen, droht ihm auch Enteignung, ohne dass dies ausgesprochen wird. Nathans Antwort besteht aus einer Geschichte, der berühmten Ringparabel, die im 3. Akt und damit im Zentrum des fünfaktigen Dramas steht.

Szenenbild aus „Nathan der Weise", Kammerspiele München

SALADIN: (So ist das Feld hier rein!) – Ich komm dir doch
Nicht zu geschwind zurück? Du bist zu Rande
Mit deiner Überlegung. – Nun so rede!
Es hört uns keine Seele.
NATHAN: Möcht' auch doch
Die ganze Welt uns hören.
SALADIN: So gewiss
Ist Nathan seiner Sache? Ha! das nenn
Ich einen Weisen! Nie die Wahrheit zu
Verhehlen, für sie alles auf das Spiel
Zu setzen! Leib und Leben! Gut und Blut!
NATHAN: Ja! ja! wann's nötig ist und nutzt.
SALADIN: Von nun
An darf ich hoffen, einen meiner Titel,
Verbesserer der Welt und des Gesetzes,
Mit Recht zu führen.
NATHAN: Traun, ein schöner Titel!
Doch, Sultan, eh' ich mich dir ganz vertraue,
Erlaubst du wohl, dir ein Geschichtchen zu
Erzählen?
SALADIN: Warum das nicht? Ich bin stets
Ein Freund gewesen von Geschichtchen, gut
Erzählt.
NATHAN: Ja, *gut* erzählen, das ist nun
Wohl eben meine Sache nicht.
SALADIN: Schon wieder
So stolz bescheiden? – Mach! Erzähl', erzähle!
NATHAN: Vor grauen Jahren lebt' ein Mann in Osten,
Der einen Ring von unschätzbarem Wert'
Aus lieber Hand besaß. Der Stein war ein
Opal, der hundert schöne Farben spielte,
Und hatte die geheime Kraft, vor Gott
Und Menschen angenehm zu machen, wer
In dieser Zuversicht ihn trug. Was Wunder,
Dass ihn der Mann in Osten darum nie
Vom Finger ließ; und die Verfügung traf,
Auf ewig ihn bei seinem Hause zu
Erhalten? Nämlich so. Er ließ den Ring
Von seinen Söhnen dem geliebtesten;
Und setzte fest, dass dieser wiederum
Den Ring von seinen Söhnen dem vermache,
Der ihm der liebste sei; und stets der liebste,
Ohn' Ansehn der Geburt, in Kraft allein
Des Rings, das Haupt, der Fürst des Hauses werde. –
Versteh mich, Sultan.
SALADIN: Ich versteh dich. Weiter!
NATHAN: So kam nun dieser Ring, von Sohn zu Sohn,

Auf einen Vater endlich von drei Söhnen;
Die alle drei ihm gleich gehorsam waren,
Die alle drei er folglich gleich zu lieben
Sich nicht entbrechen konnte. Nur von Zeit
Zu Zeit schien ihm bald der, bald dieser, bald
Der Dritte – sowie jeder sich mit ihm
Allein befand und sein ergießend Herz
Die andern zwei nicht teilten, – würdiger
Des Ringes; den er denn auch einem jeden
Die fromme Schwachheit hatte zu versprechen.
Das ging nun so, solang es ging. – Allein
Es kam zum Sterben und der gute Vater
Kömmt in Verlegenheit. Es schmerzt ihn, zwei
Von seinen Söhnen, die sich auf sein Wort
Verlassen, so zu kränken. – Was zu tun? –
Er sendet insgeheim zu einem Künstler,
Bei dem er, nach dem Muster seines Ringes,
Zwei andere bestellt, und weder Kosten
Noch Mühe sparen heißt, sie jenem gleich,
Vollkommen gleich zu machen. Das gelingt
Dem Künstler. Da er ihm die Ringe bringt,
Kann selbst der Vater seinen Musterring
Nicht unterscheiden. Froh und freudig ruft
Er seine Söhne, jeden insbesondre;
Gibt jedem insbesondre seinen Segen –
Und seinen Ring – und stirbt. – Du hörst doch, Sultan?

SALADIN *(der sich betroffen von ihm gewandt):*
Ich hör, ich höre! – Komm mit deinem Märchen
Nur bald zu Ende. – Wird's?

NATHAN: Ich bin zu Ende.
Denn was noch folgt, versteht sich ja von selbst. –
Kaum war der Vater tot, so kömmt ein jeder
Mit seinem Ring und jeder will der Fürst
Des Hauses sein. Man untersucht, man zankt,
Man klagt. Umsonst; der rechte Ring war nicht
Erweislich; –
(Nach einer Pause, in welcher er des Sultans Antwort erwartet:)
Fast so unerweislich, als
Uns itzt – der rechte Glaube.

SALADIN: Wie? Das soll
Die Antwort sein auf meine Frage?

NATHAN: Soll
Mich bloß entschuldigen, wenn ich die Ringe,
Mir nicht getrau zu unterscheiden, die
Der Vater in der Absicht machen ließ,
Damit sie nicht zu unterscheiden wären.

SALADIN: Die Ringe! – Spiele nicht mit mir! –

Ich dächte,
Dass die Religionen, die ich dir
Genannt, doch wohl zu unterscheiden wären
Bis auf die Kleidung; bis auf Speis und Trank!
NATHAN: Und nur von Seiten ihrer Gründe nicht. –
Denn gründen alle sich nicht auf Geschichte?
Geschrieben oder überliefert! – Und
Geschichte muss doch wohl allein auf Treu
Und Glauben angenommen werden? – Nicht? –
Nun wessen Treu und Glauben zieht man denn
Am wenigsten in Zweifel? Doch der Seinen?
Doch deren Blut wir sind? Doch deren, die
Von Kindheit an uns Proben ihrer Liebe
Gegeben? Die uns nie getäuscht, als wo
Getäuscht zu werden uns heilsamer war? –
Wie kann ich meinen Vätern weniger,
Als du den deinen glauben? Oder umgekehrt. –
Kann ich von dir verlangen, dass du deine
Vorfahren Lügen strafst, um meinen nicht
Zu widersprechen? Oder umgekehrt.
Das Nämliche gilt von den Christen. Nicht? –
SALADIN: (Bei dem Lebendigen! Der Mann hat Recht.
Ich muss verstummen.)

1 *Tragen Sie den Szenenausschnitt mit verteilten Rollen vor. Überlegen Sie, welche Stimmung Ihres Erachtens bei Ihrem Vortrag vermittelt werden sollte.*

2 *Verdeutlichen Sie sich den Inhalt des Szenenausschnitts. Nutzen Sie dazu auch die Information aus dem Vorspann des Dramenauszugs (▷ S. 178).*
- ☐ *Handlungsart*
- ☐ *Situation der Figuren*
- ☐ *Inhalt des Gesprächs*
- ☐ *Ziele der Figuren*

3 *Untersuchen Sie die Sprache der einzelnen Sprecher. Mit welchen sprachlichen Mitteln wird gearbeitet und wie wirken diese Mittel?*

4 *a) Fassen Sie die bisherigen Antworten Nathans auf Saladins Frage nach der wahren Religion zusammen.*
b) Diskutieren Sie darüber, wie Sie Nathans Antwort interpretieren würden.

TIPP

In dem Drama „Nathan der Weise" wird der **Blankvers,** das klassische Versmaß des deutschen Theaters, verwendet. Er besteht aus fünfhebigen, jambischen Verszeilen, die sich nicht reimen. „Vor gráuen Jáhren lébt' ein Mánn im Ósten" (▷ S. 179, Z. 28)

Gotthold Ephraim Lessing

Nathan der Weise (2)

NATHAN: Lass auf unsre Ring'
Uns wieder kommen. Wie gesagt: Die Söhne
Verklagten sich; und jeder schwur dem Richter,
Unmittelbar aus seines Vaters Hand
Den Ring zu haben. – Wie auch wahr! – Nachdem
Er von ihm lange das Versprechen schon
Gehabt, des Ringes Vorrecht einmal zu
Genießen. – Wie nicht minder wahr! – Der Vater,
Beteu'rte jeder, könne gegen ihn
Nicht falsch gewesen sein; und eh' er dieses
Von ihm, von einem solchen lieben Vater,
Argwohnen lass': eh' müss' er seine Brüder,
So gern er sonst von ihnen nur das Beste
Bereit zu glauben sei, des falschen Spiels
Bezeihen; und er wolle die Verräter
Schon auszufinden wissen; sich schon rächen.
SALADIN: Und nun, der Richter? – Mich verlangt zu hören,
Was du den Richter sagen lässest. Sprich!
NATHAN: Der Richter sprach: Wenn ihr mir nun den Vater
Nicht bald zur Stelle schafft, so weis' ich euch
Von meinem Stuhle. Denkt ihr, dass ich Rätsel
Zu lösen da bin? Oder harret ihr,
Bis dass der rechte Ring den Mund eröffne? –
Doch halt! Ich höre ja, der rechte Ring
Besitzt die Wunderkraft, beliebt zu machen;
Vor Gott und Menschen angenehm. Das muss
Entscheiden! Denn die falschen Ringe werden
Doch das nicht können! – Nun; wen lieben zwei
Von euch am meisten? – Macht, sagt an! Ihr schweigt?
Die Ringe wirken nur zurück? und nicht
Nach außen? Jeder liebt sich selber nur
Am meisten? – Oh, so seid ihr alle drei
Betrogene Betrüger! Eure Ringe
Sind alle drei nicht echt. Der echte Ring
Vermutlich ging verloren. Den Verlust
Zu bergen, zu ersetzen, ließ der Vater
Die drei für einen machen.
SALADIN: Herrlich! Herrlich!
NATHAN: Und also; fuhr der Richter fort, wenn ihr
Nicht meinen Rat statt meines Spruches wollt:
Geht nur! – Mein Rat ist aber der: Ihr nehmt
Die Sache völlig, wie sie liegt. Hat von
Euch jeder seinen Ring von seinem Vater:
So glaube jeder sicher seinen Ring

Den echten. – Möglich; dass der Vater nun
Die Tyrannei des einen Rings nicht länger
In seinem Hause dulden wollen! – Und gewiss;
Dass er euch alle drei geliebt und gleich
Geliebt: indem er zwei nicht drücken mögen,
Um einen zu begünstigen. – Wohlan!
Es eifre jeder seiner unbestochnen
Von Vorurteilen freien Liebe nach!
Es strebe von euch jeder um die Wette,
Die Kraft des Steins in seinem Ring an Tag
Zu legen! komme dieser Kraft mit Sanftmut,
Mit herzlicher Verträglichkeit, mit Wohltun,
Mit innigster Ergebenheit in Gott
Zu Hülf'! Und wenn sich dann der Steine Kräfte
Bei euern Kindes-Kindeskindern äußern:
So lad' ich über tausend tausend Jahre,
Sie wiederum vor diesen Stuhl. Da wird
Ein weisrer Mann auf diesem Stuhle sitzen
Als ich; und sprechen. Geht! – So sagte der
Bescheidne Richter.

SALADIN: Gott! Gott!
NATHAN: Saladin,
Wenn du dich fühlest, dieser weisere
Versprochne Mann zu sein:
SALADIN *(der auf ihn zustürzt, und seine Hand ergreift, die er bis zu Ende nicht wieder fahren lässt)*: Ich Staub? Ich Nichts?
O Gott!
NATHAN: Was ist dir, Sultan?
SALADIN: Nathan, lieber Nathan! –
Die tausend tausend Jahre deines Richters
Sind noch nicht um. – Sein Richterstuhl ist nicht
Der meine. – Geh! – Geh! – Aber sei mein Freund.

Zeitgenössisiche Darstellung Nathans

5 *Untersuchen Sie in Partnerarbeit Dialoginhalt und Dialogführung in den beiden Szenenausschnitten „Nathan der Weise" (1) und „Nathan der Weise" (2) (▷ S. 179–183). Berücksichtigen Sie dabei den folgenden Merkkasten.*

!

Bei der Erschließung eines Dramas sind die **Dialoge der Figuren** von entscheidender Bedeutung. Folgende Leitfragen helfen Ihnen bei der Analyse:

- ☐ Welche Absichten verfolgen die Gesprächsteilnehmer?
- ☐ Wie gehen die Gesprächspartner miteinander um?
- ☐ Wie sind die Gesprächsanteile der Figuren verteilt?
- ☐ Verändert sich das Verhalten der Beteiligten im Laufe des Gesprächs?
- ☐ Wie ist die Sprache der einzelnen Sprecher zu beschreiben? Mit welchen sprachlichen Mitteln wird gearbeitet und wie wirken diese Mittel?

6 *Untersuchen Sie, welche Aussagen über die Frage nach der wahren Religion im zweiten Szenenausschnitt (▷ S. 182–183) zu finden sind. Notieren Sie Textstellen mit Zeilenangaben.*

7 *a) Die von Nathan erzählte Geschichte wird auch als Ringparabel bezeichnet. Interpretieren Sie diese Parabel auf Grundlage der beiden Szenenausschnitte (▷ S. 179–183), indem Sie die Bild- und die Sachebene der Parabel unterscheiden. Halten Sie Ihr Ergebnis übersichtlich in einem Schaubild fest (▷ Informationen zur Parabel im Grundwissen auf Seite 349).*
b) Diskutieren Sie darüber, wie Sie Nathans „Parabel" vor dem Hintergrund der Ideen der Aufklärung interpretieren.

8 *Verfassen Sie einen zusammenhängenden Aufsatz, indem Sie die beiden Szenenausschnitte (▷ S. 179–183) unter Beachtung von Gesprächsinhalt, Dialogführung und Sprache der Figuren erschließen und anschließend die von Nathan erzählte Parabel deuten.*

9 *Lessing schrieb das Stück „Nathan der Weise", nachdem ihm die Fortsetzung seiner Streitschriften gegen den Pastor Goeze verboten worden war (▷ vgl. Informationen auf S. 178). Schreiben Sie die vorliegenden Szenen (▷ S. 179–183) in ein Plädoyer um, dass Lessing gegen die christlichen Eiferer seiner Zeit hätte halten können.*

!

Dramatische Texte erschließen

Für ein Drama, das auf der Bühne aufgeführt wird, sind die **Dialoge und Monologe** der handelnden Figuren (Figurensprache) entscheidend. Der Verlauf der Handlung, der Inhalt, die Probleme des Stückes sind aus dieser Figurensprache zu erschließen.
Neben diesem Sprechtext sind auch die **Regieanweisungen** von Bedeutung, denn sie beschreiben, wie sich die Figuren bewegen, wie sie schauen und sprechen sollen.
Folgende Aspekte können bei der Erschließung dramatischer Texte eine Rolle spielen:

- **Stellung der Szene im Handlungsverlauf**
  - Wo steht die Szene im Handlungsverlauf (was ist ihr unmittelbar vorausgegangen, was folgt der Szene)?
- **Inhalt der Szene**
  - Wovon handelt die Szene (Thema)? Was sind wichtige Handlungsschritte?
- **Figuren und ihr Verhältnis zueinander**
  - Was lässt sich über Herkunft, Stand und Vorgeschichte der Figuren sagen?
  - Was sind ihre offensichtlichen und verborgenen Absichten und Handlungsmotive?
  - Welche Gedanken, Gefühle, Eigenschaften der Figuren (Zorn, Liebe, Hass etc.) werden deutlich?
  - Welche typische Gestik, Mimik und Verhaltensweise zeigt die Figur (Regieanweisungen) und was drücken sie aus?
  - Wie sind die Beziehungen zu anderen Figuren?
  - Welche sprachlichen Auffälligkeiten charakterisieren die Figuren?
- **Bedeutung/Funktion der Szene**
  - Welche Bedeutung hat die Szene für den weiteren Handlungsverlauf?
  - Wird das Thema/der Konflikt hier entfaltet? Gibt es eine Entscheidungssituation?

Lorenz von Westenrieder

Centum Theses, das ist 100 Sätze über höchst wichtige Gegenstände aus der gesunden Vernunft und Erfahrung.

Lorenz von Westenrieder (1748–1829) gilt als Anhänger und Vertreter einer gemäßigten, konservativen Aufklärung. Er war Jesuitenschüler und seit 1771 geweihter Priester. Später unterrichtete er als Rhetoriklehrer in Landshut und München und trat dem Illuminatenorden, einem aufklärerischen Geheimbund, bei.

Westenrieder verfasste Beiträge zur Volkskunde, zur Geschichte und zur Philosophie, aber er war auch Autor eines Romans, der in der Nachfolge von Goethes „Werther" steht und in dem er Aufklärung und eine religiöse, oft schwärmerische Weltsicht miteinander zu verbinden sucht.

Thes. N (2) Wenn alle europäischen Völker und ihre Häupter (alle und jede), mit dem ächten Geist des Christentums beseelt wären: so gäbe es keine Kriege, keine Kerker, und keine Kriminalrichter, und nur wenige Ärzte; und wenn gleich ein solcher Zustand noch niemals vorhanden gewesen, und auch kaum zu erwarten ist: so ist und bleibt es darum doch eine unerlässliche Pflicht, solche Anstalten zu treffen, welche die Absicht haben, sich dem Ziele jener Vollkommenheit zu nähern.

Thes. M (3) Die christliche Religion ist keine menschliche Erfindung, keine bloß aus einer klugen Politik errichtete Anstalt, sondern etwas Wirkliches, Wahres, Wesentliches und Unentbehrliches. Wer von dieser Wahrheit und Wirklichkeit nicht durchdrungen, nicht von ihr lebhaft beseelt ist, der ist so unglücklich, nur die Hälfte von einem menschlichen Wesen, nur ein belebter Körper zu sein.

Thes. VN (7) Die ächte Religions-Toleranz besteht darin, dass man verschiedene Religionsverwandten, eine vollkommene Freiheit ihrer Religion zugestehe, und dass man sie wider alle Verunglimpfungen und Kränkungen schütze. Alles Übrige, z. B. eine geflissentliche Ansiedlung verschiedener Religionsverwandten, ist etwas mehr als Religionstoleranz.

Thes. IX (9) Es ist schlechterdings ein nichtiger Wahn, wenn man wähnet, dass eine Vereinigung aller Religionen möglich, oder wenn man wohl gar behauptet, dass sie bereits in ihrer Annäherung sey. Sie ist (so lange man lehrt, wie man lehrt) unmöglich.

1 *Fassen Sie in einem kurzen Aufsatz das Religionskonzept von Westenrieder zusammen und nehmen Sie dazu Stellung.*

2 *Untersuchen Sie die Argumentation und die sprachliche Gestaltung des Textes.*
TIPP: Der Autor stellt Thesen auf, das sind zunächst nur Behauptungen. Werden diese auch bewiesen?

3 *Vergleichen Sie die Dramenausschnitte aus „Nathan der Weise" (▷ S. 179–183) und die Thesen Westenrieders hinsichtlich des Toleranzbegriffs und beurteilen Sie diesen.*
TIPP: Klären Sie zunächst den jeweils zu Grunde liegenden Toleranzbegriff: Was versteht Lessing unter Toleranz, was Westenrieder?

8.3 Grenzen des „aufgeklärten“ Zeitalters – Stellung nehmen, diskutieren, präsentieren

Jean-Jacques Rousseau

Emile oder über die Erziehung (1762)

„Emile oder über die Erziehung“ gilt als das Hauptwerk Jean-Jacques Rousseaus (1712–1778). In diesem Roman legt Rousseau seine Leitgedanken zur Erziehung dar.

Erstes Buch. Alles ist gut, wie es aus den Händen des Urhebers aller Dinge hervorgeht; alles entartet unter den Händen des Menschen. Er zwingt einen Fruchtboden, die Erzeugnisse eines anderen zu nähren, einen Baum, die Früchte eines anderen zu tragen. Er mischt und mengt Klimata, Elemente, Jahreszeiten untereinander; er verstümmelt seinen Hund, sein Pferd, seinen Sklaven. Alles kehrt er um, alles entstellt er; er liebt die Missgestalt, die Ungeheuer; er will nichts lassen, wie die Natur es geschaffen hat, selbst den Menschen nicht; man muss denselben für ihn abrichten wie ein Reitpferd; man muss ihn nach seiner Mode zustutzen wie den Baum seines Gartens.

Es würde jedoch ohne dies alles noch schlechter aussehen, denn unser Geschlecht verträgt nun einmal keine halbe Ausbildung. Auf dem Standpunkte, wo jetzt die Sachen stehen, würde ein Mensch, der von Geburt an sich selbst überlassen, aber unter den Übrigen bliebe, der Verbildeste von allen sein. Die Vorurteile, das Ansehn, die Notwendigkeit, das Beispiel, alle die gesellschaftlichen Einrichtungen, von denen wir uns überschwemmt finden, würden in ihm die Natürlichkeit ersticken und nichts an seine Stelle setzen. Es würde die Natürlichkeit wie ein Bäumchen sein, das der Zufall mitten auf dem Wege wachsen ließe und das die Vorübergehenden sehr bald vernichten würden, indem man es von allen Seiten stoßen und nach jedes Belieben beugen würde. [...]

Illustration aus „Emile“, Stich von Noel Eugene Sotain (1851)

Die Pflanzen bildet man heran durch Pflege, und die Menschen durch Erziehung. Käme der Mensch auch groß und stark auf die Welt, so würde seine Größe und Stärke ihm doch so lange unnütz sein, bis er sich derselben bedienen gelernt hätte; sie würden ihm sogar nachteilig sein, wenn sie andere an dem Gedanken verhinderten, ihm Beistand zu leisten, und, sich selbst überlassen, würde er vor Elend umkommen, ehe er seine Bedürfnisse kennen gelernt hätte. Man beklagt sich, dass es einen Zustand der Kindheit gibt; man sieht aber nicht ein, dass das Menschengeschlecht schon untergegangen wäre, wenn der Mensch damit begönne, ein Kind zu sein. Wir kommen schwächlich zur Welt und haben Kräfte nötig; wir werden von allem entblößt geboren und bedürfen des Beistandes; wir werden unverständig geboren und bedürfen des Verstandes. Alles nun, was wir bei unserer Geburt nicht haben und was wir brauchen, wenn wir erwachsen sind, dies wird uns durch die Erziehung gegeben. Diese Erziehung erhalten wir teils von der Natur, teils von den Menschen, teils von den Dingen. Die innere Entwicklung unserer Kräfte und Sinne ist die Erziehung der Natur; der Gebrauch, welchen man von dieser Entwickelung machen lehrt, ist die Erziehung der Menschen; und der Zuwachs unserer eigenen Erfahrungen über die Gegenstände, welche uns berühren, ist die Erziehung der Dinge.

Ein jeder von uns wird also von dreierlei Lehrern gebildet. Der Schüler, in welchem sich ihre Lehren widerstreiten, ist schlecht erzogen und wird niemals mit sich selbst einig werden.

1 *Die Erziehung ist für die Aufklärung stets von besonderem Interesse gewesen.*
a) Lesen Sie den Text aufmerksam und erschließen Sie den dargelegten Gedankengang:
- *Welche Thesen werden aufgestellt? Mit welchen Argumenten und Beispielen werden diese belegt?*
- *Zu welchen Schlussfolgerungen gelangt Rousseau?*

b) Fassen Sie das hier dargelegte Erziehungskonzept von Jean-Jacques Rousseau zusammen.

2 *Diskutieren Sie darüber, inwieweit Rousseaus Vorstellungen noch heute von Bedeutung sind.*

3 *Verfassen Sie in Gruppenarbeit einen Kommentar zum Thema „Rousseaus Glaube an die Erziehung und was daraus wurde"* (▷ *Informationen zum Kommentar auf Seite 359*).

Joachim Heinrich Campe

Joachim Heinrich Campe (1746–1818) war ein deutscher Schriftsteller, Sprachforscher, Pädagoge und Verleger. Nach seinem Studium der Theologie und Philosophie war er als Hauslehrer und Erzieher tätig und unterrichtete unter anderem auch die Geschwister Alexander und Wilhelm von Humboldt. Er arbeitete als Prediger, trat dann 1786 am Dessauer „Philanthropinum", der damals bekanntesten Reformschule Deutschlands, die Stelle eines „Educationsrathes" an und wurde im folgenden Jahr Leiter dieser Schule. Er gründete später eine eigene Erziehungsanstalt und engagierte sich als Schulrat in Braunschweig (1786–1805) für eine Reform des Schulwesens im Sinne der Aufklärung. Schon während seiner Zeit als Schulrat gründete Campe eine Schulbuchhandlung mit eigener Druckerei. Campe verfasste eine Vielzahl von pädagogischen Schriften, daneben auch Kinder- und Jugendliteratur. In der in direkter Anrede an seine Tochter verfassten Schrift „Väterlicher Rath für meine Tochter" entwickelte Campe eine spezifische Pädagogik für Mädchen bzw. junge Frauen.

Daniel Chodowiecki: Campe im Kreise seiner Familie (1779)

Joachim Heinrich Campe

Väterlicher Rath für meine Tochter. Ein Gegenstück zum Theophron; der erwachsneren weiblichen Jugend gewidmet. (1789)

Das Erste und Nötigste, was ich dir, wenn du selbst es nicht schon längst bemerkt haben solltest, zu melden habe, ist: dass das Geschlecht, wozu du gehörst, nach unserer dermaligen Weltverfassung in einem Zustande der Abhängigkeit und der Unterdrückung lebt und, solange jene Weltverfassung die nämliche bleibt, *notwendig leben muss* [Hervorhebung von Campe].

Das ist freilich keine angenehme, aber eine höchst nötige Nachricht, die ich, wenn ich zu deinem großen Schaden dich nicht täuschen wollte, dir nicht verhehlen dürfte.

[...]

Endlich muss ich hier noch ein Wort von der Erlernung fremder Sprachen hinzufügen. Weil deine Kindheit in einen Zeitraum fiel, wo in deinem väterlichen Hause das Französische um solcher Kinder willen, welchen die Erlernung dieser Sprache nötig war, einige Jahre lang zur täglichen Umgangssprache gemacht werden musste: So konnte und durfte ich, wenn ich deiner anderweitigen Ausbildung nicht hinderlich sein wollte, nicht verhüten, dass auch du eine leichte Kenntnis davon dir zu eigen machtest. Wäre jener Umstand nicht gewesen, so würde auch dieses aus eben den Gründen unterblieben sein, aus welchen ich dir den Wunsch, Englisch zu lernen, verweigern zu müssen geglaubt habe. Und was für Gründe waren das? Es waren ihrer viele, die aber in folgenden beiden zusammenlaufen: dass einem Frauenzimmer deines Standes und deines Berufs – des Berufs nicht zur Französin oder eben zur Hofdame, sondern zur bürgerlichen Hausmutter – die Erlernung fremder Sprachen nicht nur unnütz, sondern schädlich ist.

Unnütz; denn wozu könnte es dir in deinem Kreise wahrscheinlicherweise jemals wirklich nötig sein, Französisch verstehen, plaudern oder schreiben zu können? Um französische Bücher zu verstehen? Aber alles, was zu deiner zweckmäßigen und nützlichen Ausbildung gehört, das besitzen wir jetzt in unserer eigenen Muttersprache. Um auf Reisen in fremde Länder dich mit den Ausländern verständigen zu können? Aber zu solchen Reisen bist du nicht bestimmt und brächte dein Schicksal es dennoch mit sich, dass du dein Vaterland einst verlassen müsstest: Nun so lernt man eine fremde Sprache, sobald sie uns zum wirklichen Bedürfnisse geworden ist, an Ort und Stelle leicht; und was hätte man dir nicht alles lehren müssen, wenn ich nicht bloß auf wahrscheinliche, sondern auf mögliche Fälle hätte Rücksicht nehmen wollen! Da hättest du auch Grönländisch und Hottentottisch lernen müssen. – Um mit gebornen Franzosen, die ohne Kenntnis unserer Sprache zu uns kommen, reden zu können? Aber lass die Herren, wenn sie es der Mühe wert achten, uns zu beschauen und sich mit uns zu unterhalten, Deutsch lernen; wenigstens sehe ich auf unserer Seite gar keine Verbindlichkeit, um ihrentwillen Französisch zu lernen. Oder etwa, um in der großen Welt aufzutreten und mit dem deutschen Adel mitten in Deutschland Französisch sprechen zu können? Aber ich habe gute und triftige Gründe zu wünschen, dass du in der großen Welt nie auftreten mögest; und gefällt es je zuweilen Personen höheren Standes, sich zu dir herabzulassen – ich wünschte aber, dass dieses nicht zu oft und nicht zu sehr geschehe –, nun, so mögen sie das Maß ihrer Güte vollmachen und sich bis zum Gebrauch deiner verachteten, aber auf diese Verachtung stolzen Muttersprache, erniedrigen. Können oder wollen sie das nicht; nun so bleibe jeder in seinem Kreise, der Vornehme in seinem französelnden, du in deinem deutschen, und beiden wird geraten sein. Oder solltest du die fremde Sprache etwa deswegen lernen, um dermaleinst, in Ermangelung eines Versorgers und eines anderen Erwerbmittels, die Stelle einer französischen Erzieherin bekleiden zu können? Aber ich habe dich zu lieb, mein Kind, dich absichtlich zu einem Geschäft zu verdammen, welches bei den Sitten, den Vorurteilen und der ganzen Lebensart, die in den großen Häusern herrschend sind, 99 Mal unter 100 zu misslingen pflegt; und ich hoffe, du werdest einst selbst zu vernünftig, zu stolz und zu gewissenhaft sein, um nicht lieber von deinen Händen Arbeit als von einer Verrichtung leben zu wollen, die, wenn man sich aus Not und nicht aus Neigung und nach gehöriger Vorbereitung damit befasst, notwendig misslingen muss.

1 *Fassen Sie zusammen, welche „Ratschläge" Campe hinsichtlich der Erziehung junger Frauen entfaltet und mit welchen Argumenten er diese begründet.*
Welche Motivation steht hinter diesen Ratschlägen?

2 *a) Tauschen Sie sich darüber aus, welche Rolle der Frau im 18. Jahrhundert, dem Zeitalter der Aufklärung, zukam.*
b) Diskutieren Sie die Ratschläge Campes vor dem Hintergrund seiner Zeit.

3 *Erstellen Sie in Gruppenarbeit „Ratschläge für junge Frauen" aus unserer heutigen Sicht.*

Christian Friedrich Daniel Schubart

Christian Friedrich Daniel Schubart (1739–1791) war ein deutscher Schriftsteller, Organist und Komponist. 1758 begann er ein Theologiestudium in Erlangen, führte aber sehr bald ein so ungebundenes Studentenleben, dass ihn die Eltern 1760 nach Aalen zurückriefen. Gelegentlich arbeitete er als Hilfslehrer oder Hilfsprediger, bis er 1763 die Stelle eines Schulmeisters in Geislingen erhielt. 1769 wurde er Organist und Musikdirektor in Ludwigsburg. Wegen Ehebruchs und weil er mit scharfer Zunge die Geistlichkeit attackierte, wurde er im Mai 1773 auf Grund eines „in so mancherlei Betracht gestifteten Ärgernisses" aus dem Herzogtum Württemberg verwiesen. In Augsburg begann er 1774 die Herausgabe der Zeitschrift „Deutsche Chronik", in welcher er vor allem gegen die Jesuiten polemisierte. Diese journalistische Tätigkeit führte 1777 zu seiner Verhaftung. Ohne Gerichtsurteil ließ ihn der Herzog Karl Eugen von Württemberg zehn Jahre lang auf der Festung Hohenasperg bei Ludwigsburg gefangen halten. Als er 1787 freikam, ernannte der Herzog Schubart, der mittlerweile ein gebrochener Mann war, zum Theaterdirektor. Schubart erregte durch seinen ausschweifenden, unbürgerlichen Lebenswandel ebenso Aufsehen wie als kritischer Schriftsteller, Journalist und begabter Musiker. Außerdem schuf er eine Erzählung, die Schiller die Vorlage für sein Drama „Die Räuber" lieferte.

Schubart auf einem Gemälde von August Friedrich Oelenhainz (1745–1804)

Georg Melchior Kraus (1737–1806): Erziehung der Jungen

Georg Melchior Kraus (1737–1806): Erziehung der Mädchen

Friedrich Christian Daniel Schubart

Gelehrte Weiber

Bald werden sie unter sich eine Gelehrtenrepublik errichten, ob sie gleich Klopstock[1] davon ausschloss. Ganz Europa wimmelt derzeit von gelehrten Weibern ... In Frankreich ist's Hochton unter Damen, in den Versammlungen über Größenlehre, Metaphysik, Naturlehre, Staatskunst, Geschichte, schöne Wissenschaften zu sprechen; in England sind Weiber im Besitz des Romanschreibens; in Russland präsidiert eine Dame in der Akademie – und in Deutschland? – gibt's derzeit fünfzig Schriftstellerinnen und darunter zwanzig Dichterinnen. Was soll das alles werden? Will Deutschlands Riesengenius an der Kunkel[2], indes die deutschen Omphalen[3] mit seiner Keule spielen? Möchte wohl wissen, ob König Salomo[4], wenn er zurückkäme in diese Welt, sein Ideal eines trefflichen Weibes, so wie sie sein muss, wenn sie ihres Mannes Herrlichkeit ist, vertilgen und dagegen ein anderes aufstellen würde, wie ein Weib mit sieben Zungen reden, Verse machen, Romane schreiben, philosophieren, freigeisten, im Kathederton[5] sprechen, die Doktoren und Professoren belehren soll, indes – die Kinderstube, Küche und Keller, Haus und Hof, Garten und Feld vernachlässigt wird! [...] Wehe dem Land, wo Witz mehr gilt als Verstand! Allzu große Anhänglichkeit ans weibliche Geschlecht ist bei allen Nationen der Vorbote gewesen, dass der Geist der Nation von der Mannheit zur Weiblichkeit ausarte [...] Jetzt schreibt man in Frankreich Astronomien, Physiken, Philosophien, Geschichten, Enzyklopädien für das weibliche Geschlecht.

Ein heißer Vaterlandsgedanke glüht in meinem Herzen. Muss 'n raustürmen. Möchte doch dieser Geist der Kleinheit niemals von uns biderben[6] Deutschen nachgeäfft werden! Wenn Buben mit'm Ball spielen, müssen's dann die Männer gleich nachmachen? Leider haben wir schon Philosophien, Naturlehren, Enzyklopädien fürs schöne Geschlecht! Leider gibt's auch bei uns Gelehrte und Artisten, die so lang an Wissenschaften und Künsten schnitzeln, bis 's

1 **Friedrich Gottlieb Klopstock** (1724–1803): deutscher Dichter
2 **Kunkel:** südd. u. westd. für Spindel
3 **Omphale:** Königin
4 **König Salomo:** Herrscher des vereinigten Königreichs Israel (Regierungszeit: 965 v. Chr.–926 v. Chr.); berühmt für seine Weisheit
5 **Katheder:** (Lehrer-)Pult, Podium
6 **biderb:** altertümelnd für redlich

eine Porzellanfigur auf dem Putztisch wird. Gott weiß, ich liebe das Frauenzimmer mit der innigisten Zärtlichkeit. Aber wenn sie meine Richter in der Literatur und Kunst werden wollen, wenn sie meinen deutschen Geschmack mit ihrem Zuckerwerk, ihrem Brühen und Sulzen verderben wollen: Dann ruf ich mit edlem Unwillen des Archimedes[7]: Zerstört mir meine Zirkel nicht.

7 **Archimedes** (ca. 287 v. Chr. –212 v. Chr.): bedeutender Mathematiker und Physiker der Antike. Archimedes starb während der Eroberung von Syrakus durch die Römer. Der Legende nach soll der damals 75-Jährige, der gerade mit einem mathematischen Problem beschäftigt war und geometrische Figuren in den Sand malte, dem römischer Soldaten, der ihn festnehmen sollte, zugerufen haben „Noli turbare circulos meos!“ (lateinisch für: „Störe meine Kreise nicht!“), woraufhin der Soldat so in Wut geriet, dass er Archimedes erschlug.

1 *a) Untersuchen Sie den Text genauer:*
- *Was ist die Kernaussage des Textes und wie begründet der Autor seine Meinung?*
- *Untersuchen Sie die Stilmittel (Vergleiche, rhetorische Fragen etc.) und die sprachlichen Auffälligkeiten des Textes und hinterfragen Sie deren Wirkung.*
- *Mit welcher Intention wurde dieser Text veröffentlicht?*

b) Vergleichen und diskutieren Sie Ihre Ergebnisse.

2 *Finden Sie in einem Gespräch Gründe für die Angst vor der Bildung der Frauen.*

3 *Verfassen Sie eine Glosse, die Schubarts Frauenbild zum Thema hat. (▷ Ein Beispiel für eine Glosse finden Sie auf Seite 64.)*

TIPP

Eine Glosse schreiben

Die Glosse ist ein ironisch-witziger, oft auch polemischer Kurzkommentar zu einem aktuellen Ereignis, einer alltäglichen Begebenheit oder bestimmten Aspekten einer Zeiterscheinung. Eines der beliebtesten Stilmittel von Glossenschreibern ist die Ironie. Weitere Merkmale sind:
- zugespitzte Argumentation, die in einer Schlusspointe mündet,
- satirische Elemente,
- lockerer, lebhafter und z. T. bissiger Sprachstil,
- Spiel mit rhetorischen Mitteln.

Intention einer Glosse:
- unterhaltsam auf Probleme aufmerksam machen,
- Verhaltensweisen entlarven,
- Zweifel wecken,
- Verhaltensänderungen provozieren.

4 *Bereiten Sie in Gruppen eine Präsentation zu einem der folgenden Themen vor (▷ Hinweise zur Präsentation S. 26–28):*
- *Das Erziehungskonzept von Jean-Jacques Rousseau*
- *Erziehungswesen im Zeitalter der Aufklärung*
- *Erziehung der männlichen Jugend im Zeitalter der Aufklärung*
- *Erziehung der weiblichen Jugend im Zeitalter der Aufklärung*
- *Olympe de Gouges, Verfasserin der „Erklärung der Rechte der Frau und Bürgerin“ von 1791*

5 *Veranstalten Sie eine Debatte zum Thema „Erziehung als Bewegung zur Mündigkeit – Brauchen wir eine neue Aufklärung für das 21. Jahrhundert?“*

a) Bereiten Sie die Debatte vor:
- *Teilen Sie die Klasse in Pro- und Kontra-Gruppen auf. (Die von Ihnen eingenommene Rolle muss nicht unbedingt Ihrer persönlichen Meinung entsprechen.)*
- *Setzen Sie sich in den einzelnen Gruppen mit der Fragestellung auseinander und sammeln Sie Argumente für Ihre Position. Halten Sie diese auf Karteikarten fest.*
- *Überlegen Sie auch, welche Argumente die Gegenseite anführen könnte und wie Sie diesen begegnen können.*
- *Formulieren Sie ein Eingangsstatement für Ihre Position.*

b) Verteilen Sie die Rollen und Aufgaben:
- *Legen Sie die Anzahl der Diskutierenden, ggf. der Ghost-Speaker, und die Dauer der Debatte fest.*
- *Bestimmen Sie eine Moderatorin/einen Moderator.*
- *Die übrigen Schüler/-innen haben die Aufgabe, die Diskussion zu beobachten.*

TIPP

Die Debatte

Die Debatte ist eine besonders stark geregelte Form der Diskussion.
- Im Hinblick auf ein bestimmtes Problem stehen sich klar definierte, **unterschiedliche Positionen** gegenüber.
- Die Debatte wird von einer **Moderatorin**/einem **Moderator** geleitet.
- Die Diskussionsteilnehmer/-innen können durch so genannte **Ghost-Speaker** unterstützt werden.

Moderator/-in:
- eröffnet die Diskussion, nennt das Thema und bittet je einen Vertreter der Fraktionen um ein erstes Statement
- erteilt das Wort, greift lenkend ein, wenn jemand vom Thema abschweift, oder um neue Aspekte einzubringen, achtet auf Einhaltung der Gesprächsregeln
- schließt die Debatte mit einem Schlusswort

Diskussionsteilnehmer/-innen

Ghost-Speaker:
- sitzen während der Diskussion hinter den Diskutierenden und helfen ihnen gegebenenfalls mit Argumenten aus

9 Sturm und Drang – Junge Stimmen gegen Autoritäten

9.1 Wie man sich selbst inszenieren kann – Der Geniekult des Sturm und Drang

Johann Wolfgang Goethe (1749–1832)

Kein anderer Dichter wurde so zum Repräsentanten der deutschen Literatur wie Johann Wolfgang Goethe. Er wurde 1749 in Frankfurt am Main geboren, wo seine Eltern zur bürgerlichen Oberschicht der Stadt gehörten. Obwohl Goethe lieber Rhetorik und Poesie studiert hätte, unterwarf er sich dem väterlichen Wunsch und begann 1765 in Leipzig mit dem Jurastudium, das er nach einer langen Krankheit in Straßburg fortsetzte. Dort, in Straßburg, kam er mit jungen Literaten in Berührung, die sich dem Sturm und Drang zugehörig fühlten, z. B. Johann Gottfried Herder, Heinrich Leopold Wagner und Jakob Michael Reinhold Lenz. Ihre literarischen Vorbilder waren Homer und Shakespeare, in der Natur sahen die „Stürmer und Dränger" die göttliche Allmacht und in der Poesie die Muttersprache der Menschheit.
Bereits 1771 kehrte Goethe als Anwalt nach Frankfurt zurück, wo er – mit kurzen Unterbrechungen – bis Ende 1775 blieb, um dann nach Weimar zu ziehen. In diesen vier Jahren entstanden Goethes bedeutendste Werke des Sturm und Drang, darunter auch das Gedicht „Prometheus".

Johann Wolfgang Goethe, kolorierter Stich, 19. Jahrhundert

Johann Wolfgang Goethe

Prometheus (1774)

Bedecke deinen Himmel, Zeus,
Mit Wolkendunst!
Und übe, Knaben gleich,
Der Disteln köpft,
An Eichen dich und Bergeshöhn!
Musst mir meine Erde
Doch lassen stehn,
Und meine Hütte,
Die du nicht gebaut,
Und meinen Herd,
Um dessen Glut
Du mich beneidest.

Ich kenne nichts Ärmer's
Unter der Sonn' als euch Götter.
Ihr nähret kümmerlich
Von Opfersteuern
Und Gebetshauch
Eure Majestät
Und darbtet, wären
Nicht Kinder und Bettler
Hoffnungsvolle Toren.

Da ich ein Kind war,
Nicht wusste, wo aus, wo ein,
Kehrte mein verirrtes Aug'
Zur Sonne, als wenn drüber wär'
Ein Ohr, zu hören meine Klage,
Ein Herz wie meins,
Sich des Bedrängten zu erbarmen.

Wer half mir wider
Der Titanen Übermut?
Wer rettete vom Tode mich,
Von Sklaverei?
Hast du's nicht alles selbst vollendet,
Heilig glühend Herz?
Und glühtest, jung und gut,
Betrogen, Rettungsdank
Dem Schlafenden da droben?

Ich dich ehren? Wofür?
Hast du die Schmerzen gelindert
Je des Beladenen?
Hast du die Tränen gestillet
Je des Geängsteten?

Hat nicht mich zum Manne geschmiedet
Die allmächtige Zeit
Und das ewige Schicksal,
Meine Herrn und deine?

Wähntest du etwa,
Ich sollte das Leben hassen,
In Wüsten fliehn,
Weil nicht alle Knabenmorgen-
Blütenträume reiften?

Hier sitz' ich, forme Menschen
Nach meinem Bilde,
Ein Geschlecht, das mir gleich sei
Zu leiden, weinen,
Genießen und zu freuen sich,
Und dein nicht zu achten,
Wie ich.

Prometheus, Federzeichnung von Goethe (um 1810)

1 *a) Bereiten Sie das Gedicht zum Vortrag vor. Lesen Sie es hierzu mehrmals still und überlegen Sie dabei, wer im Gedicht spricht, wer angesprochen wird und welchen Sprechduktus Sie wählen würden, z. B. ernst und langsam, laut und zornig.*
b) Tragen Sie das Gedicht vor.

2 *Fassen Sie den Inhalt der einzelnen Strophen schriftlich zusammen.*

3 *Untersuchen Sie anhand des Textes, wie das lyrische Ich sich selbst sieht und wie es sein Gegenüber einschätzt. Charakterisieren Sie dabei auch das Verhältnis zwischen lyrischem Ich und Zeus. Belegen Sie Ihre Aussagen anhand des Textes.*

4 *Untersuchen Sie die formalen und sprachlichen Gestaltungsmittel des Gedichts und beschreiben Sie deren Wirkung im Hinblick auf den Inhalt.*

5 *a) Informieren Sie sich mit Hilfe des unten stehenden Textes über den Prometheus-Mythos.*
b) Stellen Sie Vermutungen an, was den jungen Goethe in seiner Sturm-und-Drang-Phase an der Figur Prometheus fasziniert haben könnte.
c) Erarbeiten Sie das Menschenbild, das Goethe in seinem Gedicht „Prometheus" entwirft.

6 *Beschreiben Sie die Prometheus-Darstellungen. Wie interpretiert die Darstellung Ihres Erachtens jeweils die Prometheus-Figur?*

Der Prometheus-Mythos

In der griechischen Mythologie gilt Prometheus (griech. Prometheós = der Vorausdenkende), der aus dem Göttergeschlecht der Titanen stammt, als Schöpfer und Wohltäter des Menschengeschlechts. Nachdem er die Menschen aus Ton geschaffen und die Göttin Athena ihnen den Lebensatem eingehaucht hatte, lehrte er sie alle lebensnotwenigen Fertigkeiten und Künste.
Zeus, der höchste Gott, verlangte von den Menschen Opfergaben und Anbetung. Zunächst sollte entschieden werden, welcher Teil der geschlachteten Tiere den Göttern zukäme und welcher den Menschen als Nahrung dienen sollte. Prometheus half den Menschen mit einer List: Er schlachtete im Namen der Menschen einen Stier und teilte ihn in zwei Haufen: einen kleineren, der in Rinderhaut eingenähtes Fleisch beinhaltete, und einen größeren, der nur wertlose Knochen enthielt, die von einer Fettschicht umhüllt waren.
Zeus durchschaute zwar den Betrug, entschied sich aber trotzdem – den Menschen anscheinend Verderben bringen wollend – für den größeren, wertlosen Haufen. Als Strafe versagte Zeus den Menschen das für die Zivilisation nötige Feuer. Erneut half Prometheus und stahl das himmlische Feuer, verbarg es im Stängel einer Pflanze und brachte es den Menschen auf die Erde.
Zeus rächte sich: Er schickte die Pandora zu den Menschen, die mit ihrer Büchse (▷ Büchse der Pandora) Übel und Leid über die Menschheit brachte. Prometheus selbst wurde in die Einöde des Kaukasus verschleppt und an einen Felsen über einem Abgrund angeschmiedet, wo ihm am Tage von einem Adler die ständig nachwachsende Leber aus dem Leib gefressen wurde. Erst nach vielen Jahren durfte Herkules ihn befreien.

Heinrich Friedrich Füger: Prometheus bringt der Menschheit das Feuer (1817)

Gustave Moreau: Prometheus (1868)

Christian Friedrich Daniel Schubart

Der Gefangene (1782)

Christian Friedrich Daniel Schubart (1739–1791) war Schriftsteller, Journalist, Organist und Komponist. Der württembergische Herzog Karl Eugen ließ Schubart 1777 auf Grund seiner offenen Kritik am Absolutismus und an der Geistlichkeit ohne Gerichtsverfahren zehn Jahre lang auf der Burg Hohenasperg inhaftieren. Nach der Entlassung war Schubarts Widerstandsgeist gebrochen und er starb wenige Jahre später an den Folgen der Gefangenschaft. *(▷ Weitere Informationen zu Schubart finden Sie auf S. 189.)*

Schiller besucht Schubart im Kerker (1866)

Gefangner Mann, ein armer Mann!
Durchs schwarze Eisengitter
Starr' ich den fernen Himmel an,
Und wein' und seufze bitter.

Die Sonne, sonst so hell und rund,
Schaut trüb' auf mich herunter;
Und kömmt die braune Abendstund',
So geht sie blutig unter.

Mir ist der Mond so gelb, so bleich,
Er wallt im Witwenschleier;
Die Sterne mir – sind Fackeln gleich
Bei einer Totenfeier.

Mag sehen nicht die Blümlein blühn,
Nicht fühlen Lenzeswehen;
Ach! lieber säh' ich Rosmarin
Im Duft der Gräber stehen.

Vergebens wiegt der Abendhauch
Für mich die goldnen Ähren;
Möcht' nur in meinem Felsenbauch
Die Stürme brausen hören.

Was hilft mir Tau und Sonnenschein
Im Busen einer Rose?
Denn nichts ist mein, ach! nichts ist mein,
Im Muttererdenschoße.

Kann nimmer an der Gattin Brust,
Nicht an der Kinder Wangen,
Mit Gattenwonne, Vaterlust
In Himmelstränen hangen.

Gefangner Mann, ein armer Mann!
Fern von den Lieben allen,
Muss ich des Lebens Dornenbahn
In Schauernächten wallen.

Es gähnt mich an die Einsamkeit,
Ich wälze mich auf Nesseln;
Und selbst mein Beten wird entweiht
Vom Klirren meiner Fesseln.

Mich drängt der hohen Freiheit Ruf;
Ich fühl's, dass Gott nur Sklaven
Und Teufel für die Ketten schuf,
Um sie damit zu strafen.

Was hab' ich, Brüder! euch getan?
Kommt doch, und seht mich Armen!
Gefangner Mann! ein armer Mann!
Ach! habt mit mir Erbarmen!

Eugène Delacroix (1798–1863): Der Gefangene von Chillon

1 *Lesen Sie das Gedicht und tauschen Sie sich dann über Ihre ersten Leseeindrücke aus. Berücksichtigen Sie dazu folgende Fragen:*
- *Wie wirkt das Gedicht auf Sie?*
  (Bewirkt das Gedicht eine Stimmun? Schafft es eine bestimmte Atmosphäre?)
- *Wodurch kommt diese Wirkung zu Stande?*

2 *Erschließen Sie das Gedicht. Berücksichtigen Sie dabei auch die biografischen Angaben zu Christian Friedrich Daniel Schubart auf Seite 189. Folgende Leitfragen können Ihnen dabei helfen:*
- *Wie charakterisiert das lyrische Ich seine Situation (Selbsteinschätzung, Wunschvorstellung)?*
- *Welche Schlüsselwörter, Metaphern, Vergleiche enthält das Gedicht? Aus welchen Bereichen stammen sie?*
- *Wie wirkt die Form des Gedichts?*

3 *Vergleichen Sie die Gedichte „Prometheus" von Goethe (▷ S. 193 f.) und „Der Gefangene" von Schubart miteinander. Halten Sie Gemeinsamkeiten und Unterschiede übersichtlich fest. Berücksichtigen Sie dabei folgende Aspekte:*
- *Charakterisierung des lyrischen Ich (Selbstdarstellung, Auftreten, Wertvorstellungen, Sprachduktus),*
- *sprachliche und formale Gestaltungsmittel.*

Johann Caspar Lavater

Physiognomische Fragmente

Der Schweizer Theologe und Schriftsteller Johann Caspar Lavater (1741–1801) gilt mit seinen fantasievollen und leidenschaftlichen Schriften gegen Tyrannei und Ungerechtigkeit als Wegbereiter des Sturm und Drang. Er wurde berühmt durch seine „Physiognomischen Fragmente zur Beförderung der Menschenkenntnis und Menschenliebe" (vier Bände, 1775–1778), in denen er den Versuch unternahm, vom Äußeren des Menschen, besonders von dem Gesicht, auf dessen Charakter zu schließen. Für die Literatur des Sturm und Drang waren vor allem seine Aussagen über das Genie von Bedeutung, die Bestandteil dieses Werkes sind.

Lavater auf einem Gemälde von Johann Heinrich Lips (1758–1817)

Was ist Genie? Wer's nicht ist, kann nicht; und wer's ist, wird nicht antworten. – Vielleicht kann's und darf's einigermaßen, wer dann und wann gleichsam in der Mitte schwebt und dem's wenigstens bisweilen gegeben ist, in die Höhe über sich – und in die Tiefe unter sich – hinzublicken.

Was ist Genie? was ist's nicht? Ist's bloß Gabe ausnehmender Deutlichkeit in seinen Vorstellungen und Begriffen? Ist's bloß anschauende Erkenntnis? Ist's bloß richtig sehen und urteilen? viel wirken? ordnen? geben? verbreiten? Ist's bloß – ungewöhnliche Leichtigkeit zu lernen? zu sehen? zu vergleichen? Ist's bloß Talent? – Genie ist Genius.

Wer bemerkt, wahrnimmt, schaut, empfindet, denkt, spricht, handelt, bildet, dichtet, singt, schafft, vergleicht, sondert, vereinigt, folgert, ahndet, gibt, nimmt – als wenn's ihm ein Genius, ein unsichtbares Wesen höherer Art diktiert oder angegeben hätte, der hat Genie; als wenn er selbst ein Wesen höherer Art wäre – ist Genie. [...]

Wo Wirkung, Kraft, Tat, Gedanke, Empfindung ist, die von Menschen nicht gelernt und nicht gelehrt werden kann, da ist Genie! Genie, das allererkennbarste und unbeschreiblichste Ding, fühlbar, wo es ist, und unaussprechlich wie die Liebe! [...]

So Werk und Wirkung des Genies. – Genie – propior Deus[1] ... [...]

Nenn's Fruchtbarkeit des Geistes, Unerschöpflichkeit, Quellgeist! Nenn's Kraft ohne ihresgleichen, Urkraft, kraftvolle Liebe! Nenn's Elastizität der Seele oder der Sinne und des Nervensystems, die leicht Eindrücke annimmt und mit einem schnell ingerierten Zusätze lebendiger Individualität zurückschnellt!

Nenn's unentlehnte, natürliche, innerliche Energie der Seele! Nenn's Schöpfungskraft; nenn's Menge in- und extensiver Seelenkräfte, Sammlung, Konzentrierung aller Naturkräfte; nenn's lebendige Darstellungskunst; nenn's Meisterschaft über sich selbst; nenn's Herrschaft über die Gemüter, nenn's Wirksamkeit, die immer trifft, nie fehlt in all ihrem Wirken, Leiden, Lassen, Schweigen, Sprechen; nenn's Innigkeit, Herzlichkeit, mit Kraft sie fühlbar zu machen! Nenn's Zentralgeist, Zentralfeuer, dem nichts widersteht; nenn's lebendigen und lebendig machenden Geist, der sein Leben füllt und leicht und vollkräftig mitteilt; sich in alles hineinwirft mit Lebensfülle, mit Blitzeskraft! [...]

Nenn's „Vernunft im schnellsten Flammenstro-

1 **propior Deus:** der zweite Gott

me der Empfindung und Tätigkeit"! Nenn's Glaube, Liebe, Hoffnung, die sich nicht geben, nicht nachäffen lässt; oder nenn's schlechtweg nur Erfindungsgabe oder Instinkt!
Nenn's und beschreib's, wie du willst und kannst – allemal bleibt das gewiss: das Ungelernte, Unentlehnte, Unlernbare, Unentlehnbare, innig Eigentümliche, Unnachahmliche, Göttliche – ist Genie – das Inspirationsmäßige ist Genie – hieß bei allen Nationen, zu allen Zeiten Genie und wird's heißen, solange Menschen denken und empfinden und reden.

1 *Lavater nennt zahlreiche Kennzeichen für das Genie.*
a) Erarbeiten Sie anhand des Textes eine Antwort auf Lavaters Eingangsfrage: „Was ist Genie?" Beachten Sie hierbei den Entwicklungscharakter der Definition. Halten Sie Ihr Ergebnis übersichtlich fest.
b) Tauschen Sie sich über Ihre Ergebnisse aus und umschreiben Sie mit eigenen Worten, was Lavater unter Genie versteht.

2 *Diskutieren Sie darüber, was wir heute unter Genie verstehen.*

3 *Untersuchen Sie die sprachliche Gestaltung des Textes und stellen Sie einen Zusammenhang zum Inhalt her.*

Gotthold Ephraim Lessing

Hamburgische Dramaturgie

Die „Hamburgische Dramaturgie" ist eine Sammlung von Theaterkritiken. In diesem Werk äußert sich Lessing auch über das Genie.

„Genie! Genie!", schreien sie. „Das Genie setzt sich über alle Regeln hinweg! Was das Genie macht, ist Regel!" So schmeicheln sie dem Genie; ich glaube, damit wir sie auch für Genies halten sollen. Doch sie verraten zu sehr, dass sie nicht einen Funken davon in sich spüren, wenn sie in einem und eben demselben Atem hinzusetzen: „Die Regeln unterdrücken das Genie!" – Als ob sich Genie durch etwas in der Welt unterdrücken ließe! Und noch dazu durch etwas, das, wie sie selbst gestehen, aus ihm hergeleitet ist. Nicht jeder Kunstrichter ist Genie, aber jedes Genie ist ein geborner Kunstrichter. Es hat die Probe aller Regeln in sich. Es begreift und behält und befolgt nur die, die ihm seine Empfindung in Worten ausdrücken. Und diese seine in Worten ausgedrückte Empfindung sollte seine Tätigkeit verringern können? Vernünftelt darüber mit ihm, soviel ihr wollt; es versteht euch nur, insofern es eure allgemeinen Sätze den Augenblick in einem einzeln Falle anschauend erkennet; und nur von diesem einzeln Falle bleibt Erinnerung in ihm zurück, die während der Arbeit auf seine Kräfte nicht mehr und nicht weniger wirken kann, als die Erinnerung eines glücklichen Beispiels, die Erinnerung einer eignen glücklichen Erfahrung auf sie zu wirken im Stande ist. Behaupten also, dass Regeln und Kritik das Genie unterdrücken können, heißt mit andern Worten behaupten, dass Beispiele und Übung eben dieses vermögen; heißt, das Genie nicht allein auf sich selbst, heißt es sogar lediglich auf seinen ersten Versuch einschränken.

4 *Überlegen Sie, wer in dem Textauszug aus der „Hamburgischen Dramaturgie" mit „sie" (▷ Z. 1–12) gemeint sein könnte.*

5 *a) Ergänzen Sie die in Aufgabe 1 (▷ S. 199) erstellte Übersicht zum Geniebegriff Lavaters um Lessings Aussagen zum Genie.*
b) Besprechen Sie Gemeinsamkeiten und Unterschiede der Genieauffassungen von Lavater und Lessing.

6 *Vergleichen Sie schriftlich die Genieauffassungen Lavaters und Lessings. Orientieren Sie sich dabei an folgendem Schreibplan:*

A. Genie als Zentralvorstellung des 18. Jh.

B. Vergleich der Genievorstellungen Lavaters und Lessings
   I. Lavaters Genievorstellung
   II. Lessings Genievorstellung
   III. Vergleich der beiden Auffassungen

C. Kritik der Moderne am Geniebegriff

Gotthold Friedrich Stäudlin

Gotthold Friedrich Stäudlin (1758–1796) gehört zu den heute unbekannten Autoren. Wie viele seiner Zeitgenossen sympathisierte der Stuttgarter Advokat mit der Französischen Revolution und bekannte sich öffentlich zu dieser.
Eine scharfe Kritik Schillers hatte seinen frühen Dichterruhm bereits 1782 beendet. 38-jährig beging er Selbstmord in Straßburg.
Es hatte anders begonnen: Erste Gedichte Stäudlins wurden veröffentlicht, als dieser sechzehn war, und selbst Christian Friedrich Daniel Schubart zeigte sich beeindruckt: Der Debütant sei „das beste dichterische Genie im Württembergischen". Im Herbst 1776 begann Stäudlin ein Jurastudium an der Tübinger Universität und schrieb nebenbei Oden und Lieder im hymnischen Ton. Mit nicht ganz 23 Jahren war er auf dem Höhepunkt seines Erfolges. Ein halbes Jahr später sprach Schiller Stäudlin in gleich zwei Rezensionen das wahre Genie ab: „Seine Lieder sind nicht Ausflüsse eines vollen, von einer Empfindung vollen Herzens", heißt es in der Besprechung. Stäudlin hatte sich, theoretisch arglos, an ältere Literaturtraditionen angelehnt. Die harsche Ausschließlichkeit, mit der die Stürmer und Dränger, Schiller voran, diese Traditionen verwüsteten, war ihm vollkommen fremd. Stäudlin reagierte mit polemischen Gedichten wie z. B. dem „Kraftgenie", aus dem Sie auf Seite 201 einen Auszug finden.

Gotthold Friedrich Städlin

Das Kraftgenie (1782)

Ich bin und heiße Kraftgenie,
Ein Lieblingssohn der Fantasie!
Seit Vater Lohenstein[1] erblich,
Ging nie ein Geist hervor wie ich.

Ich weile, Sklavenseelen gleich,
Nicht in des Staubes dunklem Reich;
Ich breche selbst mir eine Bahn
Und streb' und fliege himmelan.

Ich schwinge mich, ein Ritter groß,
Auf Shakespeares[2] rasches Flügelross
Und renne stolz wie Philipps Sohn[3]
Auf seinem Buzefal[4] davon.

Was kümmert mich die Krittlerzunft[5]?
Was alle Zäune der Vernunft?
Was deine Hecken, Aristot[6]!
Der kleinen Geister großer Gott?

Ich flieg' in meinem freien Sinn
Hoch über Berg' und Täler hin!
Wie schnaubt mein Ross! wie brennt mein Kopf,
Und siedet wie ein heißer Topf.

Da gafft mit staunendem Gesicht.
Das ganze Volk mich an und spricht:
Seht doch den blauen Wundersmann,
Seht Deutschlands neuen Shakespeare an!

[...]

1 **Daniel Caspar Lohenstein:** Dichter des Barock
2 Als Prototyp eines dichterischen Originalgenies galt der schwärmerisch verehrte Shakespeare.
3 **Philipps Sohn:** gemeint ist Alexander der Große, Sohn von Philipp II.
4 **Buzefal:** gemeint ist Bukephalos, legendäres Streitross Alexanders des Großen
5 **Krittler:** abwertend für Kritiker
6 **Aristot:** gemeint ist der griechische Philosoph Aristoteles (348–322 v. Chr.); gegen die aristotelische Poetik rebellierten die Dichter des Sturm und Drang

1 *Gotthold Friedrich Städlin attackiert in seinem Gedicht die Genievorstellung des Sturm und Drang.*
a) Schreiben Sie die Begriffe und Aussagen heraus, die als kennzeichnend für die Genievorstellung des Sturm und Drang genannt werden. Nehmen Sie dazu auch den Text von Lavater (▷ S. 198 f.) und Lessing (▷ S. 199) sowie den folgenden Lexikonartikel zum „Sturm und Drang" (▷ S. 202) zu Hilfe
b) Diskutieren Sie, inwiefern Städlin hier die Genievorstellung kritisiert.

2 *Untersuchen Sie die sprachliche Gestaltung des Gedichts und erläutern Sie deren Funktion.*

3 *Tragen Sie das Gedicht vor. Erproben Sie dabei unterschiedliche Varianten.*

4 *Schreiben Sie einen kurzen Kommentar, in dem Sie die Genievorstellung der Stürmer und Dränger kritisieren.*

Sturm und Drang

Begriff und zeitliche Einordnung

Die Sturm-und-Drang-Zeit war eine rein literarische Bewegung in Deutschland, die verhältnismäßig kurze Zeit Bestand hatte (ca. von 1767–1785), um dann in die Klassik zu münden. Benannt wurde diese Literaturepoche nach dem gleichnamigen Drama „Sturm und Drang" (1776) von Friedrich Maximilian Klinger.

Merkmale des Sturm und Drang

Ursprung dieser so genannten Geniezeit, die überwiegend von jungen Männern, meist Studenten, getragen wurde, war der **Protest gegen die zu ausschließlich verstandesmäßige, regelgläubige Haltung der Aufklärung.** Obwohl die Emanzipationsbestrebungen der Aufklärung nicht aufgegeben wurden, wollte man gegen die einseitige Vernunftherrschaft als notwendige Ergänzung gleichberechtigt Gefühl, Fantasie, Leidenschaft und Empfindsamkeit stellen. Gleichzeitig entstand ein neues, **innig umfassendes und sich einfühlendes Verhältnis zur Natur**, die im Gegensatz zur Aufklärung wieder vergöttlicht wurde. Begriffe wie Herz, Liebe Freundschaft, Natur, Einsamkeit, Mond, Abend und Nacht standen nun im Mittelpunkt.

Es entstand ein **neues Persönlichkeits- und Ich-Bewusstsein**, das den Menschen als unverwechselbares Individuum sah und nicht nur als das Ergebnis einer geplanten, vereinheitlichenden Erziehung. Die Vollendung des Individuums war für den Sturm und Drang das **Genie, der Inbegriff der schöpferischen Kraft:** Das Genie bedarf der Regeln nicht, es trägt alle Regeln in sich und erweist sich als gottähnlich. Als Prototyp eines dichterischen Originalgenies galten der schwärmerisch verehrte Shakespeare, aber auch Homer, Pindar, F. G. Klopstock und, aus den eigenen Reihen, der junge Goethe.

In Goethes Hymne *Prometheus* (1774) kommt die Idee des Originalgenies zum Ausdruck.

Den Werken gemeinsam ist der **Protest gegen die absolutistische Obrigkeit und die höfische Welt des Adels.** Im Mittelpunkt der Dichtungen, denen ein hohes Maß an Emotionalität gemeinsam ist, steht der Mensch, der auch um den Preis des Untergangs und gegen gesellschaftliche Normen seine Individualität auslebt.

Zu den oft radikalen Gedanken des Sturm und Drang passten die künstlerischen Regeln und Gesetze der Aufklärung sowie des Barock nicht mehr. Der überkommenden Regelpoetik setzten die jungen Autoren Originalität und **ausdrucksstarke Wiedergabe authentischer Erfahrung** entgegen.

Literarisches Programm

Zentrale Ideen des Sturm und Drang formulierte Johann Gottfried Herder – u. a. in *Fragmente über die neuere deutsche Literatur* (1767), im *Journal meiner Reise* (1769) und in *Blätter von deutscher Art und Kunst* (1773). Er betonte die Kraft der natürlichen Sprache der Volkskunst.

Drama

Für die Umsetzung der Ideen des Sturm und Drang war das Drama besonders geeignet. Es wurde nach Art des Shakespeare'schen Dramas, das die drei Einheiten nicht einhält, zur dominierenden Gattung dieser Epoche. Hauptthema ist der Konflikt des Naturgenies mit den Schranken der bestehenden Weltordnung und die Betonung des Rechts des Einzelnen auf Freiheit und Selbstbestimmung wie zum Beispiel Goethes *Götz von Berlichingen mit der eisernen Hand* (1773). Der Baltendeutsche Jakob Michael Reinhold Lenz schuf mit *Der Hofmeister* (1774) und *Die Soldaten* (1776) den Typ des sozialen Dramas. Heinrich Leopold Wagner erregte mit seinem sechsaktigen Drama *Die Kindermörderin* (1776) den Unmut Goethes, der diesen Stoff für sich beansprucht hatte. Schillers *Die Räuber* (1781) und Friedrich Maximilian Klingers *Die Zwillinge* (1776) thematisieren u. a. den Konflikt zwischen Vätern und Söhnen. Als Dramentheoretiker erlangten Lenz und Goethe Bedeutung.

Lyrik

Neuartige Erscheinungsformen gab es auch in der Lyrik. Um 1770 beginnt Goethe, Gedichte einer neuen Art zu schreiben, die als so genannte **Erlebnislyrik** bezeichnet wird (z. B. Goethes *Sesenheimer*

Lieder, in denen er seine Beziehung zur Pfarrerstochter Fredrike Brion thematisiert, die er in ihrem elsässischen Dorf Sesenheim besuchte. Zu den *Sesenheimer Liedern* gehören z. B. *Maifest* und *Willkommen und Abschied*).
Diese Erlebnislyrik thematisiert Liebe, Naturerfahrung und die Aussprache von Gefühlen.
Als kraftvolle Form der Volksdichtung wird die Ballade erneut gepflegt. Als Balladendichter traten Gottfried August Bürger und Ludwig Heinrich Christoph Hölty hervor (▷ Lyrik des Sturm und Drang auf S. 228-232).

Epik
Den geringsten Anteil an der Dichtung des Sturm und Drang hat die Epik, die vom autobiografisch geprägten Roman beherrscht wurde: Wie Goethes *Die Leiden des jungen Werthers* (1774) basierte Karl Philipp Moritz' psychologischer Roman *Anton Reiser* (1785–1790) auf autobiografischen Erlebnissen. Jung-Stilling schrieb mit *Heinrich Stillings Jugend. Eine wahrhafte Geschichte* (1777) eine literarische Autobiografie. In all diesen Romanen steht der Erzähler als Individuum im Mittelpunkt.

1 *Stellen Sie mit Hilfe des Lexikonartikels zum Sturm und Drang Informationen zu folgenden Bereichen zusammen:*
- *zentrale Ideen des Sturm und Drang,*
- *bedeutende Vertreter,*
- *Positionen zur Kunsttheorie und Verhältnis zur Natur.*

2 *Übertragen Sie das folgende Schaubild auf eine DIN-A4-Seite und tragen Sie ihre Ergebnisse auf der rechten Seite (Sturm und Drang) ein.*

Das Verhältnis von Aufklärung und Sturm und Drang

Positionen der Aufklärung		Positionen des Sturm und Drang
- Herrschaft der Vernunft - Wissenschafts- und Fortschrittsglaube - Kritik an Kirche und Absolutismus - Glaube an Humanität	zentrale Ideen	- …
- Johann Christoph Gottsched - Gotthold Ephraim Lessing - Immanuel Kant	Vertreter	- …
- folgt strengen Regeln (Regelpoetik von Gottsched) - Kunst soll erziehen	Kunsttheorie	- …
- Natur wird erklärbar und wissenschaftlich erforscht	Verhältnis zur Natur	- …

9.2 Schillers „Räuber“ – Figuren charakterisieren und literarische Themen erörtern

Literarische Figuren charakterisieren

Friedrich Schiller

Die Räuber (1)

Friedrich Schiller wurde 1759 in Marbach am Neckar geboren. Sein Vater war Verwalter im Dienst des württembergischen Herzogs Carl Eugen, der eine „Militär-Pflanzschule“ gegründet hatte, auf der die Schüler und später Studenten auf den Dienst für das Haus Württemberg vorbereitet werden sollten. Der Herzog forderte Schillers Vater auf, seinen Sohn auf diese Schule zu schicken, sodass Schiller von 1773 an fast acht Jahre lang auf dieser überaus strengen und militärisch geführten Anstalt verbrachte. Noch während dieser Zeit, nämlich zwischen 1777 und 1781, schrieb Friedrich Schiller das Drama „Die Räuber“, das er zunächst anonym im Selbstverlag veröffentlichte.

Das Drama handelt von einem Konflikt zwischen Brüdern um das Erbe des Vaters. Der alte Graf Maximilian von Moor hat zwei Söhne, Karl und Franz. Den erstgeborenen Sohn und damit den Erben Karl liebt der Vater über alle Maßen. Aber Karl ist schwärmerisch und leichtsinnig und anstatt in Leipzig zu studieren, führt er ein freies, zügelloses Leben, macht Schulden und muss schließlich mit seinen Kumpanen Leipzig fluchtartig verlassen. Reumütig bittet er seinen Vater in einem Brief um Verzeihung.

Der jüngere Bruder Franz, der beim Vater auf der Burg geblieben ist, wünscht sich nichts sehnlicher, als selbst Erbe zu werden und Amalia, die Verlobte von Karl, für sich zu gewinnen. Er unterschlägt Karls Brief und liest stattdessen einen gefälschten Bericht über die Schandtaten Karls vor: Karl stecke offenbar in großen Schwierigkeiten, habe angeblich 40 000 Dukaten Schulden, die Tochter eines reichen Bankiers entjungfert, deren Verlobten im Duell getötet und sich der Strafverfolgung entzogen. Der Vater ist verzweifelt.

Friedrich Schiller liest seinen Freunden im Bopserwald bei Stuttgart aus seinem Drama „Die Räuber“ vor. Holzstich von R. Freiherr von Oer (1859)

Erster Akt, Erste Szene

Franken. Saal im Moorischen Schloss.
Franz. Der alte Moor

[...]

DER ALTE MOOR: Ich will ihm schreiben, dass ich meine Hand von ihm wende.

FRANZ: Da tut Ihr recht und klug daran.

DER ALTE MOOR: Dass er nimmer vor meine Augen komme.

FRANZ: Das wird eine heilsame Wirkung tun.

DER ALTE MOOR *(zärtlich)*: Bis er anders worden!

FRANZ: Schon recht, schon recht. – Aber wenn er nun kommt mit der Larve[1] des Heuchlers, Euer Mitleid erweint, Eure Vergebung sich erschmeichelt und morgen hingeht und Eurer Schwachheit spottet im Arm seiner Huren? – Nein, Vater! Er wird freiwillig wiederkehren, wenn ihn sein Gewissen rein gesprochen hat.

DER ALTE MOOR: So will ich ihm das auf der Stelle schreiben.

FRANZ: Halt! noch ein Wort, Vater! Eure Entrüstung, fürchte ich, möchte Euch zu harte Worte in die Feder werfen, die ihm das Herz zerspalten würden. – Und dann – glaubt Ihr nicht, dass er das schon für Verzeihung nehmen werde, wenn Ihr ihn noch eines eigenhändigen Schreibens werthaltet? Darum wird's besser sein, Ihr überlasst das Schreiben mir.

DER ALTE MOOR: Tu das, mein Sohn. – Ach! es hätte mir doch das Herz gebrochen! – Schreib ihm – –

FRANZ *(schnell)*: Dabei bleibt's also?

DER ALTE MOOR: Schreib ihm, dass ich tausend blutige Tränen, tausend schlaflose Nächte – Aber bring' meinen Sohn nicht zur Verzweiflung!

FRANZ: Wollt Ihr Euch nicht zu Bette legen, Vater? Es griff Euch hart an.

DER ALTE MOOR: Schreib ihm, dass die väterliche Brust – Ich sage dir, bring' meinen Sohn nicht zur Verzweiflung. *(Geht traurig ab.)*

FRANZ *(mit Lachen ihm nachsehend)*: Tröste dich, Alter, du wirst ihn nimmer an diese Brust drücken; der Weg dazu ist ihm verrammelt wie der Himmel der Hölle. – Er war aus deinen Armen gerissen, eh' du wusstest, dass du es wollen könntest. – Da müsst' ich ein erbärmlicher Stümper sein, wenn ich's nicht einmal so weit gebracht hätte, einen Sohn vom Herzen des Vaters loszulösen, und wenn er mit ehernen Banden daran geklammert wäre. Ich hab' einen magischen Kreis von Flüchen um dich gezogen, den er nicht überspringen soll. – Glück zu, Franz! Weg ist das Schoßkind – Der Wald ist heller. Ich muss diese Papiere vollends aufheben, wie leicht könnte jemand meine Handschrift kennen? *(Er liest die zerrissenen Briefstücke zusammen.)* – Und Gram wird auch den Alten bald fortschaffen – und ihr[2] muss ich diesen Karl aus dem Herzen reißen, wenn auch ihr halbes Leben dran hängen bleiben sollte.
Ich habe große Rechte, über die Natur ungehalten zu sein, und, bei meiner Ehre! ich will sie geltend machen. – Warum bin ich nicht der Erste aus Mutterleib gekrochen? Warum nicht der Einzige? Warum musste sie mir diese Bürde von Hässlichkeit aufladen? gerade mir? Nicht anders, als ob sie bei meiner Geburt einen Rest gesetzt' hätte[3]. Warum gerade mir die Lappländersnase? Gerade mir dieses Mohrenmaul? Diese Hottentottenaugen? Wirklich, ich glaube, sie hat von allen Menschensorten das Scheußliche auf einen Haufen geworfen und mich daraus gebacken. Mord und Tod! Wer hat ihr die Vollmacht gegeben, jenem dieses zu verleihen und mir vorzuenthalten? Konnte ihr jemand darum hofieren, eh' er entstund? Oder sie beleidigen, eh' er selbst wurde? Warum ging sie so parteilich zu Werke?
Nein! nein! Ich tu' ihr Unrecht. Gab sie uns doch Erfindungsgeist mit, setzte uns nackt und armselig ans Ufer dieses großen Ozeans Welt. – Schwimme, wer schwimmen kann, und wer zu plump ist, geh' unter! Sie gab mir nichts mit; wozu ich mich machen will, das ist nun meine Sache. Jeder hat gleiches Recht zum Größten und Kleinsten, Anspruch wird an Anspruch, Trieb an Trieb und Kraft an Kraft zernichtet. Das Recht wohnet beim Überwältiger und die Schranken unserer Kraft sind unsere Gesetze. [...]
Also frisch drüber hinweg! Wer nichts fürchtet, ist nicht weniger mächtig als der, den alles fürchtet. Es ist itzo[4] die Mode,

1 **Larve:** Maske

2 gemeint ist Amalia, die Verlobte von Karl

3 **Rest gesetzt hätte:** (schwäbisch) sich verausgaben

4 **itzo:** veraltet für jetzt

Schnallen an den Beinkleidern zu tragen, womit man sie nach Belieben weiter und enger schnürt. Wir wollen uns ein Gewissen nach der neuesten Façon[5] anmessen lassen, um es hübsch weiter aufzuschnallen, wie wir zulegen. Was können wir dafür? Geht zum Schneider! Ich habe Langes und Breites von einer so genannten Blutliebe[6] schwatzen gehört, das einem ordentlichen Hausmann den Kopf heiß machen könnte. – Das ist dein Bruder! – das ist verdolmetscht: Er ist aus eben dem Ofen geschossen worden, aus dem du geschossen bist – also sei er dir heilig! – Merkt doch einmal diese verzwickte Konsequenz, diesen possierlichen Schluss von der Nachbarschaft der Leiber auf die Harmonie der Geister, von ebenderselben Heimat zu ebenderselben Empfindung, von einerlei Kost zu einerlei Neigung. Aber weiter – es ist dein Vater! Er hat dir das Leben gegeben, du bist sein Fleisch, sein Blut – also sei er dir heilig! Wiederum eine schlaue Konsequenz! Ich möchte doch fragen, warum hat er mich gemacht? Doch wohl nicht gar aus Liebe zu mir, der erst ein Ich werden sollte? Hat er mich gekannt, ehe er mich machte? Oder hat er mich gedacht, wie er mich machte? Oder hat er mich gewünscht, da er mich machte? Wusste er, was ich werden würde? Das wollt' ich ihm nicht raten, sonst möcht' ich ihn dafür strafen, dass er mich doch gemacht hat! Kann ich's ihm Dank wissen, dass ich ein Mann wurde? So wenig, als ich ihn verklagen könnte, wenn er ein Weib aus mir gemacht hätte. Kann ich eine Liebe erkennen, die sich nicht auf Achtung gegen mein Selbst gründet? Konnte Achtung gegen mein Selbst vorhanden sein, das erst dadurch entstehen sollte, davon es die Voraussetzung sein muss? Wo stickt dann nun das Heilige? Etwa im Aktus selber, durch den ich entstund? – Als wenn dieser etwas mehr wäre als viehischer Prozess zur Stillung viehischer Begierden! Oder stickt es vielleicht im Resultat dieses Aktus, der doch nichts ist als eiserne Notwendigkeit, die man so gern wegwünschte, wenn's nicht auf Unkosten von Fleisch und Blut geschehen müsste? Soll ich ihm etwa darum gute Worte geben, dass er mich liebt? Das ist eine Eitelkeit von ihm, die Schoßsünde[7] aller Künstler, die sich in ihrem Werk kokettieren, wär' es auch noch so hässlich. – Sehet also, das ist die ganze Hexerei, die ihr in einen heiligen Nebel verschleiert, unsre Furchtsamkeit zu missbrauchen. Soll auch ich mich dadurch gängeln lassen wie einen Knaben? Frisch also! mutig ans Werk! – Ich will alles um mich her ausrotten, was mich einschränkt, dass ich nicht Herr bin. Herr muss ich sein, dass ich das mit Gewalt ertrotze, wozu mir die Liebenswürdigkeit gebricht. *(Ab)*

5 **Façon** (frz.): Form, Muster
6 **Blutliebe:** Liebe unter Blutsverwandten
7 **Schoßsünde:** Lieblingssünde

1 *Versetzen Sie sich in die Lage eines Beobachters, der unfreiwillig zum Augenzeuge des Geschehens wird. Berichten Sie für einen Außenstehenden, was sich gerade auf der Bühne abspielt.*

2 *Klären Sie den Inhalt des vorliegenden Szenenausschnitts:*
- *In welcher Situation befinden sich die Figuren?*
- *Welche Ziele verfolgen die Figuren?*
- *Welche Konflikte und Interessengegensätze deuten sich in dieser ersten Szene des Dramas an?*

3 *Machen Sie Vorschläge, mit welchem Schauspieler Sie die Rolle des Franz Moor bei einer Theateraufführung oder einer Verfilmung besetzen und wie Sie ihn kostümieren würden. Begründen Sie Ihre Entscheidung.*

4 *Untersuchen Sie anhand des Monologs (▷ Z. 42–161) den Gedankengang und das Verhalten Franz Moors. Gliedern Sie hierfür den Monolog in Abschnitte, fassen Sie den Inhalt der einzelnen Abschnitte kurz zusammen und notieren Sie mit Textbelegen, welche Charakterzüge sich bei Franz Moor zeigen.*

Abschnitte	Inhalt	Charakterzüge/Verhalten (mit Textbelegen)
Z. 42-63	- fester Entschluss, an seiner Intrige festzuhalten und dafür zu sorgen, dass der Vater Karl nicht mehr wiedersehen wird - kühle Feststellung, dass der Vater dadurch bald aus Trauer sterben wird - fester Plan, Amalia, die Verlobte Karls, für sich zu gewinnen	- lacht über die Verzweiflung des Vaters, hat kein Mitleid (Z. 42: „mit Lachen ihm nachsehend") - ...
Z. 64-y	- ...	- ...

5 *Notieren Sie, in welcher Ausgangslage Franz Moor sich befindet und welches Ziel er verfolgt. Stellen Sie die Argumente, mit denen er sein Ziel rechtfertigt, zusammen und bewerten Sie diese.*

6 *Charakterisieren Sie die Figur Franz Moor. Belegen Sie Ihre Aussagen mit Hilfe von Zitaten. Berücksichtigen Sie folgende Aspekte:*
- *äußeres Erscheinungsbild*
- *Lebensumstände (Herkunft, familiäre Situation ...)*
- *sein Ziel*
- *seine Verhaltens- und Handlungsweisen*
- *seine Ansichten, Überzeugungen*
- *seine Sprache*

TIPP

Figurencharakteristik

In literarischen Texten werden Figuren durch eine Reihe von Merkmalen und Eigenschaften charakterisiert. Diese können im Text direkt ausgesprochen werden, sie können aber auch indirekt dargestellt werden, sodass der Leser/die Leserin sie selbst erschließen muss.

- **Direkt charakterisiert** wird eine Figur durch Textstellen, in denen sie Aussagen über sich selbst macht oder in denen andere Figuren ihre Ansichten über diese Figur zur Sprache bringen.
- **Indirekt charakterisiert** wird eine Figur z. B. durch die Art und Weise, wie sie spricht, fühlt, denkt und handelt. In einem Bühnenstück geben auch die Regieanweisungen, die beschreiben, wie sich eine Figur bewegen, wie sie schauen und sprechen soll, Hinweise auf eine Figur. Sagt eine Figur z. B.: „Ich komme morgen wieder!", so kann das ein Versprechen oder eine Drohung sein und zeigen, ob sie zufrieden, dankbar, verzweifelt oder wütend ist.

7 *a) Lesen Sie die gesamte erste Szene aus den „Räubern“.*
b) Tragen Sie alle Informationen, die Sie in dieser Szene über den alten Moor und Karl erhalten, zusammen.
c) Beschreiben Sie, was Sie in dieser Szene über das Verhältnis zwischen den Figuren erfahren. Übertragen Sie dazu das unten stehende Beziehungsdiagramm in Ihr Heft und beschriften Sie die Verbindungslinien mit aussagekräftigen Stichworten.

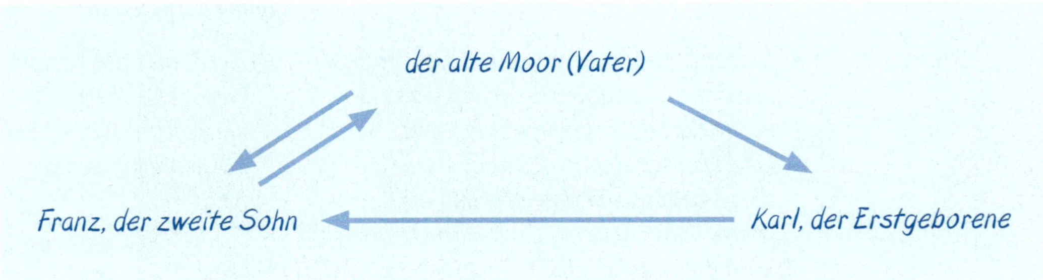

8 *Überlegen Sie, wie die Figuren Franz Moor und der alte Moor auf das Publikum wirken (z. B. abschreckend, zur Identifikation einladend, fremd- oder selbstbestimmt, statisch oder dynamisch, Typus oder Individuum etc.).*

Friedrich Schiller

Die Räuber (2)

Erster Akt, Zweite Szene

Schenke an den Grenzen von Sachsen. Karl von Moor in ein Buch vertieft. Spiegelberg trinkend am Tisch.

KARL MOOR *(legt das Buch weg)*: Mir ekelt vor diesem tintenklecksenden Säkulum[1], wenn ich in meinem Plutarch[2] lese von großen Menschen.

SPIEGELBERG *(stellt ihm ein Glas hin und trinkt)*: Den Josephus[3] musst du lesen.

MOOR: Der lohe Lichtfunke Prometheus'[4] ist ausgebrannt, dafür nimmt man itzt[5] die Flamme von Bärlappenmehl[6] – Theaterfeuer, das keine Pfeife Tabak anzündet. Da krabbeln sie nun wie die Ratten auf die Keule des Herkules[7], und studieren sich das Mark aus dem Schädel, was das für ein Ding sei, das er in seinen Hoden geführt hat? Ein französischer Abbé[8] doziert, Alexander[9] sei ein Hasenfuß gewesen, ein schwindsüchtiger Professor hält sich bei jedem Wort ein Fläschchen Salmiakgeist[10] vor die Nase und liest ein Kollegium[11] über die Kraft. Kerls,

1 **Säkulum:** Jahrhundert
2 **Plutarch:** griech. Schriftsteller (ca. 40–120 n. Chr), schrieb Kaiserbiografien
3 **Josephus:** griechisch-jüdischer Geschichtsschreiber (37–100 n. Chr.)
4 **Prometheus:** entstammt dem Göttergeschlecht der Titanen, erschuf die Menschen und brachte ihnen das Feuer
5 **itzt:** veraltet für jetzt
6 **Bärlappenmehl:** Mit den Samen des Bärlappen wurden im Theater Bühnenblitze erzeugt.
7 **Herkules:** Sohn des Gottes Zeus und der Alkmene; wurde häufig mit Keule und Löwenfell dargestellt
8 **Abbé:** (frz.) Titel der französischen Geistlichen
9 **Alexander:** Gemeint ist der makedonische Feldherr und Eroberer eines Weltreiches Alexander der Große.
10 **Salmiakgeist:** stark riechende Flüssigkeit, benutzt in Riechfläschchen
11 **Kollegium:** Vorlesung an der Hochschule

Karl Moor (Heinz Rippert) und Spiegelberg (Hans Simshäuser), Mannheim 1950

die in Ohnmacht fallen, wenn sie einen Buben gemacht haben, kritteln[12] über die Taktik des Hannibals[13] – feuchtohrige Buben fischen Phrases[14] aus der Schlacht bei Cannä[15], und greinen über die Siege des Scipio[16], weil sie sie exponieren[17] müssen.

SPIEGELBERG: Das ist ja recht alexandrinisch[18] geflennt.

MOOR: Schöner Preis für euren Schweiß in der Feldschlacht, dass ihr jetzt in Gymnasien lebet und eure Unsterblichkeit in einem Bücherriemen mühsam fortgeschleppt wird. Kostbarer Ersatz eures verprassten Blutes, von einem Nürnberger Krämer um Lebkuchen gewickelt – oder, wenn's glücklich geht, von einem französischen Tragödienschreiber auf Stelzen geschraubt und mit Drahtfäden gezogen zu werden! Hahaha!

SPIEGELBERG *(trinkt)*: Lies den Josephus, ich bitte dich drum.

MOOR: Pfui! Pfui über das schlappe Kastratenjahrhundert, zu nichts nütze, als die Taten der Vorzeit wiederzukäuen und die Helden des Altertums mit Kommentationen[19] zu schinden und zu verhunzen mit Trauerspielen. Die Kraft seiner Lenden ist versiegen gegangen und nun muss Bierhefe den Menschen fortpflanzen helfen.

SPIEGELBERG: Tee, Bruder, Tee!

MOOR: Da verrammeln sie sich die gesunde Natur mit abgeschmackten Konventionen[20], haben das Herz nicht, ein Glas zu leeren, weil sie Gesundheit dazu trinken müssen – belecken den Schuhputzer, dass er sie vertrete bei Ihro Gnaden, und hudeln[21] den armen Schelm, den sie nicht fürchten. – Vergöttern sich um ein Mittagessen und möchten einander vergiften um ein Unterbett, das ihnen beim Aufstreich[22] überboten wird. – Verdammen den Sadduzäer[23], der nicht fleißig genug in die Kirche kommt, und berechnen ihren Judenzins am Altare – fallen auf die Knie, damit sie ja ihren Schlamp[24] ausbreiten können – wenden

12 **kritteln:** kritisieren, nörgeln
13 **Hannibal:** bedeutender Feldherr der Katharger im Kampf gegen die Römer (247–183 v. Chr.)
14 **Phrases:** Textstellen
15 **Cannä:** 216 v. Chr. brachte Hannibal den Römern eine schwere Niederlage bei
16 **Scipio:** Publius Cornelius Scipio Africanus besiegte Hannibal in der Schlacht bei Zama (202 v. Chr.)
17 **exponieren:** grammatisch erklären und übersetzen
18 **alexandrinisch:** Der Alexandriner (= sechshebiger Jambus mit Mittelzäsur) war als gestelztes Versmaß seit Mitte des 18. Jahrhunderts in Verruf gekommen.
19 **Kommentation:** gelehrte Abhandlung
20 **Konventionen:** feste Verhaltensregeln, Sitten
21 **hudeln:** (schwäbisch) quälen, schikanieren
22 **Aufstreich:** (schwäbisch) öffentliche Versteigerung
23 **Sadduzäer:** (hebräisch) konservative, jüdische Glaubensrichtung
24 **Schlamp:** (schwäbisch) breite, prächtige Kleiderschleppe

kein Aug von dem Pfarrer, damit sie sehen, wie seine Perücke frisiert ist. – Fallen in Ohnmacht, wenn sie eine Gans bluten sehen, und klatschen in die Hände, wenn ihr Nebenbuhler bankerott von der Börse geht. – – So warm ich ihnen die Hand drückte: – „Nur noch einen Tag!" – Umsonst! – Ins Loch mit dem Hund! – Bitten! Schwüre! Tränen! *(Auf den Boden stampfend.)* Hölle und Teufel!

SPIEGELBERG: Und um so ein paar tausend lausige Dukaten –

MOOR: Nein, ich mag nicht daran denken. Ich soll meinen Leib pressen in eine Schnürbrust[25] und meinen Willen schnüren in Gesetze. Das Gesetz hat zum Schneckengang verdorben, was Adlerflug geworden wäre. Das Gesetz hat noch keinen großen Mann gebildet, aber die Freiheit brütet Kolosse und Extremitäten[26] aus. Sie verpalisadieren[27] sich ins Bauchfell eines Tyrannen, hofieren der Laune seines Magens und lassen sich klemmen von seinen Winden. – Ah! dass der Geist Hermanns[28] noch in der Asche glimmte! – Stelle mich vor ein Heer Kerls wie ich, und aus Deutschland soll eine Republik werden, gegen die Rom und Sparta[29] Nonnenklöster sein sollen.
(Er wirft den Degen auf den Tisch und steht auf.)

25 **Schnürbrust:** eng geschnürte Jacke, oft Teil einer Uniform
26 **Extremitäten,** hier: eindrucksvolle, überwältigende Persönlichkeiten
27 **verpalisadieren:** sich verschanzen (von Palisade: hölzerner Schutzwall)
28 **Herrmann:** Gemeint ist Arminius, der 9 n. Chr. im Teutoburger Wald die römischen Truppen unter Varus besiegte und im 17./18. Jahrhundert in Deutschland zum Nationalhelden gemacht wurde.
29 **Rom und Sparta:** Städte, die berühmt für ihre kriegstüchtigen, heldenhaften Bürger sind

1 a) *Lesen Sie den Anfang der zweiten Szene aus den „Räubern" still. Versuchen Sie dabei, für die „Rede" Karl Moors einen treffenden Tonfall zu finden.*
b) *Formulieren Sie, wie Karl Moor in dieser Szene auf Sie wirkt. Lesen Sie eine Äußerung Karl Moors so, dass Ihre Sicht der Figur zum Ausdruck kommt.*

2 a) *Fassen Sie die Handlung des Szenenausschnitts knapp zusammen, indem Sie formulieren, wogegen sich Karls Rede richtet.*
b) *Der oben abgedruckte Anfang aus der zweiten Szene der „Räuber" schließt sich direkt an die Eingangsszene (▷ Textauszug aus der ersten Szene, S. 204–206) an. Besprechen Sie die Funktion dieser zweiten Szene im Stück.*

3 a) *Untersuchen Sie in Partnerarbeit die Sprache Karl Moors. Achten Sie vor allem auf*
- ☐ *Satzform und Satzbau*
- ☐ *Wortwahl*
- ☐ *sprachliche Bilder und Vergleiche*
- ☐ *rhetorische Mittel der Nachdrücklichkeit und Steigerung*
- ☐ *den Einsatz der Gedankenstriche*

b) *Diskutieren Sie, inwieweit die Sprache Karl Moors das Bild, das er in dieser Szene beim Zuschauer bzw. Leser hinterlässt, beeinflusst.*

4 *Vergleichen Sie Karl Moor mit der Figur des „Prometheus" von Goethe (▷ S. 193 f.) vor dem Hintergrund der Sturm-und-Drang-Bewegung.*

5 *In der Eingangsszene (▷ S. 204–206) erhält der Zuschauer über den Bruder Franz und den Vater eine Vorstellung von Karl Moor. Vergleichen Sie dieses Bild mit demjenigen, das hier in der zweiten Szene von Karl Moor entworfen wird.*

Inhaltsübersicht „Die Räuber“

Karl Moor erhält den Brief, den sein Bruder Franz im Namen seines Vaters verfasst hat und der ihm die Rückkehr nach Hause verwehrt. Aus Enttäuschung und Wut stellt er sich an die Spitze einer studentischen Räuberbande. Zwar will er den Armen und Unterdrückten helfen, als bei der Befreiung seines Freundes Roller jedoch eine ganze Stadt niederbrennt, begeht er schweres Unrecht an unschuldigen Menschen. Franz wirbt inzwischen vergeblich um Karls Verlobte Amalia und sperrt seinen Vater in den Hungerturm. Karl sucht das väterliche Schloss in Verkleidung auf und rettet den Vater.
Von Gewissensbissen geplagt erdrosselt sich Franz, noch bevor Karl an ihm Rache nehmen kann. Der Vater stirbt vor Entsetzen, als er erfährt, dass sein Sohn Karl Räuberhauptmann ist. Nun glaubt Karl, er könne mit Amalia ein neues Leben beginnen, aber seine Gefährten wollen ihn nicht freigeben.

Friedrich Schiller

Die Räuber (3)

Fünfter Akt, Zweite Szene (Schluss)

EIN ALTER RÄUBER: Denk an die böhmischen Wälder! Hörst du? Zagst du? – an die böhmischen Wälder sollst du denken! Treuloser, wo sind deine Schwüre? Vergisst man Wunden so bald? da wir Glück, Ehre und Leben in die Schanze schlugen für dich? Da wir dir standen wie Mauren, auffingen wie Schilder die Hiebe, die deinem Leben galten – hubst du da nicht deine Hand zum eisernen Eid auf, schwurest, uns nie zu verlassen, wie wir dich nicht verlassen haben? – Ehrloser! Treuvergessener! Und du willst abfallen, wenn eine Metze[1] greint?

EIN DRITTER RÄUBER: Pfui über den Meineid! Der Geist des geopferten Rollers[2], den du zum Zeugen aus dem Totenreich zwangest, wird erröten über deine Feigheit und gewaffnet aus seinem Grabe steigen, dich zu züchtigen.

DIE RÄUBER *(durcheinander, reißen ihre Kleider auf)*: Schau her, schau! Kennst du diese Narben? Du bist unser! Mit unserem Herzblut haben wir dich zum Leibeigenen angekauft; unser bist du und wenn der Erzengel Michael mit dem Moloch ins Handgemeng kommen sollte! – Marsch mit uns! Opfer um Opfer! Amalia für die Bande!

RÄUBER MOOR *(lässt ihre [Amaliens] Hand fahren)*: Es ist aus! – Ich wollte umkehren und zu meinem Vater gehn, aber der im Himmel sprach, es soll nicht sein. *(Kalt)* Blöder Tor ich, warum wollt ich es auch? Kann denn ein großer Sünder noch umkehren? Ein großer Sünder kann nimmermehr umkehren, das hätt ich längst wissen können. – Sei ruhig, ich bitte dich, sei ruhig! So ist's ja auch recht. – Ich habe nicht gewollt, da er mich suchte; itzt, da ich ihn suche, will er nicht; was ist billiger? – Rolle doch deine Augen nicht so – er bedarf ja meiner nicht. Hat er nicht Geschöpfe in Fülle? Einen kann er so leicht missen und dieser eine bin nun ich. – Kommt, Kameraden!

[...]

Amalia will Karl zurück, da sie ohne ihn nicht leben kann. Auf ihr Flehen hin tötet Karl Amalia.

RÄUBER MOOR: O über mich Narren, der ich wähnete die Welt durch Gräuel zu verschönern, und die Gesetze durch Gesetzlosigkeit auf-

1 **Metze:** Bezeichnung für ein Mädchen oder eine unverheiratete Frau, gemeint ist Amalie
2 **Roller** ist ein Mitglied der Räuberbande, der bei einer Schlacht ums Leben kam.

rechtzuhalten. Ich nannte es Rache und Recht – Ich maßte mich an, o Vorsicht[3], die Scharten deines Schwerts auszuwetzen und deine Parteilichkeiten gutzumachen – aber – O eitle Kinderei – da steh ich am Rand eines entsetzlichen Lebens und erfahre nun mit Zähnklappern und Heulen, d a s s z w e i M e n s c h e n w i e i c h d e n g a n z e n B a u d e r s i t t l i c h e n W e l t z u G r u n d r i c h t e n w ü r d e n. Gnade – Gnade dem Knaben, der Dir vorgreifen wollte – D e i n eigen allein ist die Rache. Du bedarfst nicht des Menschen Hand. Freilich steht's nun in meiner Macht nicht mehr, die Vergangenheit einzuholen – schon bleibt verdorben, was verdorben ist – was ich gestürzt habe, steht ewig niemals mehr auf – Aber noch blieb mir etwas übrig, womit ich die beleidigten Gesetze versöhnen, und die misshandelte Ordnung wiederum heilen kann. Sie bedarf eines Opfers – eines Opfers, das ihre unverletzbare Majestät vor der ganzen Menschheit entfaltet – dieses Opfer bin ich selbst. Ich selbst muss für sie des Todes sterben.

RÄUBER: Nimmt ihm den Degen weg – Er will sich umbringen.

RÄUBER MOOR: Toren ihr! Zu ewiger Blindheit verdammt! Meinet ihr wohl gar, eine Todsünde werde das Äquivalent[4] gegen Todsünden sein, meinet ihr, die Harmonie der Welt werde durch diesen gottlosen Misslaut gewinnen? *(Wirft ihnen seine Waffen verächtlich vor die Füße.)* Er soll mich lebendig haben. Ich geh, mich selbst in die Hände der Justiz zu überliefern.

Karl (Norbert Stoess) und Amalia (Sonja Grüntzig), Berliner Ensemble 2004

RÄUBER: Legt ihn an Ketten! Er ist rasend worden.

RÄUBER MOOR: Nicht, als ob ich zweifelte, sie werde mich zeitig genug finden, wenn die oberen Mächte es so wollen. Aber sie möchte mich im Schlaf überrumpeln oder auf der Flucht ereilen oder mit Zwang und Schwert umarmen, und dann wäre mir auch das einige[5] Verdienst entwischt, dass ich mit Willen für sie gestorben bin. Was soll ich gleich einem Diebe ein Leben länger verheimlichen, das mir schon lang im Rat der himmlischen Wächter genommen ist?

RÄUBER: Lasst ihn hinfahren! Es ist die Großmannssucht. Er will sein Leben an eitle Bewunderung setzen.

RÄUBER MOOR: Man könnte mich darum bewundern. *(Nach einigem Nachsinnen:)* Ich erinnere mich, einen armen Schelm gesprochen zu haben, als ich herüberkam, der im Taglohn arbeitet und eilf lebendige[6] Kinder hat – Man hat tausend Louisdore geboten, wer den großen Räuber lebendig liefert – dem Mann kann geholfen werden. *(Er geht ab.)*

3 **Vorsicht:** Vorsehung
4 **Äquivalent:** Ausgleich
5 **einige:** einzige
6 **lebendige:** lebende

1 *a) Erarbeiten Sie aus dem Text, wie die Räuber ihren Hauptmann Karl dazu bringen wollen, bei der Bande zu bleiben.*
b) Klären Sie, weshalb Karl sich freiwillig der Justiz und damit dem sicheren Todesurteil ausliefert.

2 *a) Vergleichen Sie den Schluss mit Karl Moors früheren Aussagen (z. B. im 1. Akt, S. 208–210). Wie hat sich seine Einstellung verändert und wie beurteilt er nun selbst sein Handeln?*
b) Diskutieren Sie, zu welcher Einsicht Karl Moor in dieser Szene gelangt und was dies für das Ende des Dramas bedeutet.

3 *Bereiten Sie in Gruppen- oder Partnerarbeit eine Charakterisierung der Figur Karl Moors vor.*

a) Erstellen Sie auf Grundlage der Szenenausschnitte auf Seite 208–210 und 211–212 eine Stoffsammlung. Gehen Sie folgendermaßen vor:

- ☐ *Formulieren Sie Thesen zur Charakterisierung Karl Moors und notieren Sie eine Textstelle (mit Zeilenangabe), die Ihre These unterstützt. Orientieren Sie sich bei der Charakterisierung an folgenden Aspekten:*
  - *Lebensumstände (Herkunft, familiäre Situation etc.)*
  - *Lebenssituation*
  - *Verhaltens- und Handlungsweisen*
  - *Ansichten/Überzeugungen*
  - *Sprache*
- ☐ *Präsentieren Sie anschließend Ihre Stoffsammlung in der Klasse und überprüfen, verändern oder ergänzen Sie sie.*

b) Ordnen Sie nun Ihre Stoffsammlung nach Oberbegriffen und erstellen Sie daraus eine schlüssige Gliederung für die Charakterisierung der Figur Karl Moor.

4 *Bearbeiten Sie folgenden Arbeitsauftrag:*

> ***Franz und Karl Moor – zwei ungleiche Brüder?***
> *Charakterisieren Sie die Brüder Franz und Karl Moor und arbeiten Sie dabei Gegensätzlichkeiten, aber auch Gemeinsamkeiten heraus.*

a) Erstellen Sie eine Gliederung. Nutzen Sie dazu auch Ihre Ergebnisse aus Aufgabe 6 (▷ S. 207) und Ihre Gliederung für die Charakterisierung der Figur Karl Moor (Aufgabe 3).
Sie können den folgenden Gliederungsvorschlag als Anregung nutzen oder fortschreiben:

A. Verweis auf ähnliche Thematik in der Literatur oder Mythologie
z. B.: Kain und Abel

B. Franz und Karl Moor – Gemeinsamkeiten und Gegensätze
I. Herkunft und gesellschaftliche Position
1. Familie
2. ...
II. Verhältnis zu anderen Figuren (Figurenkonstellation)
1. Beziehung zum Vater
2. Verhältnis untereinander
3. ...
III. Weltbild, Ziele, Wertvorstellungen
1. Franz Moor als skrupelloser Intrigant
2. Karl Moor als ...
IV. Funktion der Figuren im Drama: Darstellung gegensätzlicher Positionen

C. ...

b) Schreiben Sie Ihren Aufsatz. Belegen Sie Ihre Aussagen anhand des Textes durch Zitate (▷ Hinweise zum Zitieren auf Seite 325).

Charakterisieren literarischer Figuren

In der Charakteristik wird der **Charakter einer Figur oder einer Figurengruppe** innerhalb eines literarischen Textes (z. B. Kurzgeschichte, Drama, Roman) **genau erschlossen.** Die Charakterisierung einer literarischen Figur erfordert eine genaue Kenntnis des Textes. Dabei geht man von **einschlägigen Textstellen** aus, **in denen die Figur direkt oder indirekt charakterisiert wird** (▷ direkte und indirekte Charakterisierung auf Seite 207).

Die Aufgabenstellung kann sich beziehen auf das Verhalten, auf die Einstellung einer Figur, auf ihre Bedeutung für den Gesamttext, auf die Darstellung und Entwicklung eines Charakters etc.

Aufbau:

- Die **Einleitung** führt den Leser in das Thema ein. Möglichkeiten sind:
  - Informationen zum Autor, zum Werk, zum historischen Hintergrund, zur Problemstellung des Textes
  - äußerst kurzer Überblick über die Handlung, ggf. Einordnung des Textauszuges in den Gesamtzusammenhang
  - Verweis auf ein Werk mit ähnlicher Figur/Figurenkonstellation
- Im **Hauptteil** werden die Ergebnisse der Erschließung dargelegt und mit Hilfe von indirekten oder wörtlichen Zitaten belegt (▷ Textbelege richtig zitieren auf S. 325). Überleitungen verbinden die einzelnen Aspekte. Im Hauptteil steht der Charakter einer Figur oder einer Figurengruppe im Mittelpunkt, nicht die Handlung. Handlungsabläufe werden nur dann einbezogen, wenn sie der Charakterisierung einer Figur dienen.
- Der **Schluss** rundet den Aufsatz ab. Möglichkeiten sind:
  - Rückbezug zum Einleitungsgedanken (Bestätigung oder Widerlegung)
  - abschließende Stellungnahme
  - Hinweise auf Zeitlosigkeit oder Zeitgebundenheit der zu charakterisierenden Figur(en)

Die Sprache einer Charakterisierung ist sachlich-nüchtern, Tempus ist das Präsens.

Das Mannheimer Theater, in dem am 13. Januar 1782 die Uraufführung von Schillers „Räubern“ stattfand

Literarische Themen erörtern

Sigrid Damm

Uraufführung der „Räuber" in Mannheim

Ende Mai/Mitte Juni 1781 publiziert der einundzwanzigjährige Schiller sein erstes Drama: „Die Räuber". Es erscheint anonym, wie es damals üblich ist. Schiller veröffentlicht es im Selbstverlag, auf eigene Kosten – mit geborgtem Geld –, 150 Gulden Schulden bürdet er sich auf. Er gibt einen fingierten Druckort an: Frankfurt und Leipzig. Lässt eine Auflage von 800 Exemplaren in Stuttgart drucken.
Es mag beim ersten in die Hand nehmen auffallen, dass dieses Schauspiel niemals das Bürgerrecht auf dem Schauplatz bekommen wird, heißt es in der Vorrede. Er hält sein Stück für ein Lesedrama, spricht ihm jede Theaterwirkung ab.

Die Buchausgabe vom Sommer 1781 findet wenig Beachtung. Aber ein wichtiger Mann bekommt sie in die Hand, der Mannheimer Theaterdirektor Wolfgang Heribert von Dalberg. Der Buchhändler Schwan empfiehlt ihm das Stück. Dalberg wendet sich an den völlig unbekannten Autor, bekundet, dass er sich auch für seine noch in *zukunft zu verfertigende Stücke* interessiere. Er will „Die Räuber" zur Aufführung bringen, fordert aber von vornherein Änderungen; Entschärfung der Kritik an Obrigkeit und Kirche.
Schiller arbeitet um. Zwischen August und Oktober 1781. Die geänderte Fassung, „Der verlorne Sohn oder die umgeschmolzenen Räuber", sendet er am 6. Oktober an Dalberg.
Diesem gehen die Änderungen nicht weit genug. Er legt selbst Hand an.
„Die Räuber" spielen in der Gegenwart, der Verweis auf den Siebenjährigen Krieg lässt keinen Zweifel daran. Der Theaterausschuss beschließt, das Stück in Zeitkostümen zu spielen. Dalberg aber verlangt die Verlegung der Handlung ins Spätmittelalter, *als Kayser Maximilian den ewigen Landfrieden für Deutschland stiftete*. [...] Gegen den Autor und das Votum der Schauspieler setzt sich der Theaterchef durch. [...]
Trotz alledem am 13. Januar 1782 eine Aufsehen erregende Uraufführung.
Nicht in Schillers Heimat, auf württembergischem Territorium, findet sie statt, sondern auf pfälzischem Boden.
Das Mannheimer Theater, 1779 eröffnet, ein neu gebautes, festes Haus, fasst über 1000 Zuschauer. Weitaus mehr sind am 13. Januar gekommen. Von Heidelberg, Worms, Speyer, Frankfurt am Main, Darmstadt und Mainz sind sie *zu Roß und zu Wagen* herbeigeströmt. Um fünf Uhr beginnt die Vorstellung, um ein Uhr nehmen die Ersten ihre Plätze ein, viele müssen draußen bleiben.
Die Vorstellung habe *das Menschenblut erfrieren und die Nerven sowohl beim Schauspieler als Zuschauer erstarren lassen*, berichtet ein Besucher, es ist der Mannheimer Arzt Franz Anton May. Ein weiterer Augenzeuge schreibt: *Das Theater glich einem Irrenhause, rollende Augen, geballte Fäuste, stampfende Füße, heisere Aufschreie im Zuschauerraum! Fremde Menschen fielen einander schluchzend in die Arme, Frauen wankten, einer Ohnmacht nahe, zur Türe. Es war eine allgemeine Auflösung wie im Chaos, aus dessen Nebel eine neue Schöpfung hervorbricht.*

1 *a) Exzerpieren Sie aus diesem Sachtext die wichtigsten Aussagen zur Druckausgabe des Dramas, zur zeitgenössischen Bühnenfassung und zur Uraufführung.*
b) Finden Sie Gründe für die enthusiastische Aufnahme des Stückes durch das Publikum.

2 *Überlegen Sie, warum der damals 31-jährige Theaterintendant Dalberg auf eine Umarbeitung des Stücks zur Bühnenaufführung bestand.*

Rüdiger Safranski **Schiller oder die Erfindung des deutschen Idealismus**

Der Räuber Karl ist Idealist, insofern er mit dem Enthusiasmus seines Herzens an eine gute, väterliche Weltordnung glaubt, und es bedarf nur einer einzigen narzisstischen[1] Kränkung, um in ihm die Raserei einer Rache an der zerrütteten Weltordnung zu wecken.
Franz ist Materialist, die Natur hat ihn schlecht behandelt, warum sollte er an ihre Güte glauben? Er fühlt sich in ein kaltes Universum geworfen, also wird er mit kaltem Verstand allein seinem Interesse folgen, das auf Herrschaft gerichtet ist: „Ich will alles um mich her ausrotten, was mich einschränkt, dass ich nicht Herr bin."
Der eine rächt sich an einer Welt, von der er zu viel erwartet hat; der andere wütet in einer Welt, von der er nichts hält und die ihn deshalb zu nichts verpflichtet. Zwei Extremisten: des entfesselten Idealismus der eine, des hemmungslosen Materialismus der andere. So sind die „Räuber" die grandiose Kopfgeburt eines Mediziners, der mit philosophischen Ideen literarisch experimentiert. Die „Räuber" sind aber auch ein Stück, mit dem der Autor sich und den anderen beweisen will, dass er beides vermag: Ideen in eine literarische Gestalt zu bannen und ein Publikum damit zu bezwingen. [...]
Der Unterschied zwischen Karl und Franz ist nur, dass jener in die Desillusionierung stürzt und dieser bei der Desillusionierung beginnt; der eine erleidet den Nihilismus[2], der andere macht ein moralisches Prinzip daraus. Am Ende erkennt und anerkennt Karl die fatale Nähe zum Bruder, wenn er mit großem Pathos erklärt, „dass zwei Menschen wie ich den ganzen Bau der sittlichen Welt zu Grund richten würden". Es gibt diese „zwei Menschen", denn wenn Karl der eine ist, so ist Franz der andere. Beide sind vom Furor der Rache getrieben, der eine, weil ihm der Glaube an die Weltordnung zerbrochen ist; der andere, weil er diesen Glauben nie geteilt hat. In einem sinnlosen Universum rast der eine mit heißer Verzweiflung, der andere mit kalter Wut. [...]
Was bedeutet in diesem Zusammenhang Freiheit? Es wäre keine Freiheit, wenn Karl, von Verzweiflung getrieben und vom Elend gezwungen, sich den Tod geben würde. Es wäre dies ebendarum kein Freitod. Freiheit ist nur im Triumph des Stolzes über die Qual. Das ist ein Triumph ohne transzendente[3] Beglaubigung. An dieser Stelle kommt Karl und mit ihm Schiller ganz ohne die göttliche Weltordnung aus. „Sei, wie du willst, namenloses Jenseits – bleibt mir nur dieses mein Selbst getreu". Freiheit ist, wenn sich ein Ich mit seinem Selbst zusammenschließt. Dieser Gedanke, der hier zum ersten Mal aufblitzt, wird Schiller noch ein Leben lang beschäftigen und er wird ihn grandios ausarbeiten.
Wer, wie Karl, seine Freiheit entdeckt, ist schließlich auch bereit, Verantwortung für das zu übernehmen, was er getan hat. Freiheit und Verantwortlichkeit gehören zusammen.

1 **narzisstisch:** selbstverliebt
2 **Nihilismus:** völlige Verneinung aller Normen und Werte
3 **transzendent:** jenseitig, göttlich

1 *Rüdiger Safranski sieht in Karl und Franz Moor „Zwei Extremisten: des entfesselten Idealismus der eine, des hemmungslosen Materialismus der andere" (▷ Z. 17–19).*
a) Erklären Sie mit Hilfe des Textes, was laut Safranski Karl als Idealist und Franz als Materialist auszeichnet.
b) Diskutieren Sie, ob Sie der These Safranskis zustimmen.

2 *Erläutern Sie die folgende Aussage: „Am Ende erkennt und anerkennt Karl die fatale Nähe zum Bruder [...]" (▷ Z. 32–34).*

3 *a) Erarbeiten Sie aus dem Text die zentralen Thesen zum Begriff der „Freiheit".*
b) Zeigen Sie anhand der Textauszüge aus Schillers „Die Räuber" (▷ S. 204–206, 208–210, 211–212), inwiefern Franz und Karl Moor frei bzw. unfrei handeln.

4 *Bearbeiten Sie folgenden Arbeitsauftrag:*

> *Erörtern Sie, wie sowohl Karl Moor als auch Franz Moor daran scheitern, individuelle Freiheit und verantwortungsvolles Handeln gegenüber anderen zu vereinbaren.*

a) Untersuchen Sie die Aufgabenstellung genau und halten Sie ihre Ideen schriftlich fest.
- *Welcher Sachverhalt soll untersucht werden?*
- *Welche Gesichtspunkte fallen Ihnen zu der Aufgabenstellung ein?*

b) Erstellen Sie eine Stoffsammlung: Schreiben Sie Textstellen heraus, die Sie für das zu erörternde Thema als aufschlussreich erachten.
c) Notieren Sie, welche persönlichen Wertungen und Einschätzungen Sie zum Thema einbringen können.
d) Erstellen Sie auf Grundlage Ihrer Stoffsammlung eine Gliederung, indem Sie Ihre Argumente und die dazugehörenden Textbelege ordnen. Orientieren Sie sich hierbei am Gliederungsschema auf Seite 35.
e) Verfassen Sie auf Grundlage Ihrer Gliederung die Erörterung. Stützen Sie Ihre Argumentation mit Textbelegen.

!

Die literarische Erörterung
Die literarische Erörterung ist eine Erörterung, der ein literarisches Thema zu Grunde liegt und die die Auseinandersetzung mit einem oder mehreren literarischen Texten verlangt.
Sie basiert auf der genauen Kenntnis und dem Verständnis der Textgrundlage.
Die Aufgabenstellungen können sich auf Themen und Motive beziehen, die im Werk eine zentrale Rolle spielen, z. B.: familiäre Konflikte, Figurenverhalten, Liebe, Macht, Gerechtigkeit usw, sowie auf Gattungsfragen und Epochenbezüge.

- Die **Einleitung** führt zum Thema hin und leitet mit der Themafrage zum Hauptteil über. Möglichkeiten sind:
  - Informationen zum Autor, zum Werk, zum historischen Hintergrund
  - Hinweis auf Bedeutung oder Aktualität des Themas
  - Definition des zentralen Themabegriffs, hier z. B. „Freiheit"
  - Verweis auf literarische Werke mit ähnlicher Thematik
- Der **Hauptteil** legt die Untersuchungsergebnisse schlüssig dar. Die Argumente werden mit Hilfe des Textes belegt (▷ Textbelege richtig zitieren auf S. 325).
- Der **Schluss** rundet die Erörterung ab. Möglichkeiten hierfür sind:
  - Rückbezug zum Einleitungsgedanken (Bestätigung oder Widerlegung)
  - Herstellen eines Gegenwartsbezugs
  - persönliche Auseinandersetzung mit dem Thema/der Problematik
  - Verweis auf Vergleichbares oder Kontrastierendes z. B. in dieser oder einer anderen Epoche, in anderen literarischen Werken usw.
  - Hinweise zur Intention des Autors in der Entstehungszeit des Textes, ggf. Unterschiede zur heutigen Sichtweise

9.3 Die Sprache des Herzen – „Die Leiden des jungen Werthers“ und seine Rezeption

Die Leiden des jungen Werthers: ein Bestseller des Sturm und Drang

Innerhalb von vier Wochen schrieb Goethe 1774 den Roman „Die Leiden des jungen Werthers“, der zum Bestseller wurde und Goethe als Schriftsteller in ganz Europa berühmt machte. In Briefen schildert der Romanheld Werther seinem Freund Wilhelm seine innersten Gefühle.
Persönliche Erlebnisse flossen in diesen Roman ein, in dem Werther bis zu seinem Freitod über seine unglückliche Verbindung mit der mit einem anderen verlobten „Lotte“ berichtet: Goethes unerfüllte Zuneigung zu Charlotte Buff (1753–1828), der Verlobten des Gesandtschaftssekretärs Johann Christian Kestner (1741–1800), der mit Goethe eng befreundet war, und der Selbstmord des Juristen Carl Wilhelm Jerusalem (1747–1772) aus unglücklicher Liebe zu einer verheirateten Frau.
Die Figur des Werther faszinierte die junge Generation und löste ein regelrechtes „Werther-Fieber“ aus: Junge Männer kleideten sich wie Werther (blauer Rock, gelbe Hose, braune Stiefel), Mädchen trugen wie Lotte ein weißes Kleid mit blassroten Streifen. Es erschienen Porzellantassen mit Werther- und Lotte-Porträts, ein Werther-Parfum wurde angeboten.

Arthur von Ramberg: Einladung zur Kahnfahrt (1866), junges Paar der Werther-Zeit

Johann Wolfgang Goethe

Die Leiden des jungen Werthers

Am 10. Mai.

Eine wunderbare Heiterkeit hat meine ganze Seele eingenommen, gleich den süßen Frühlingsmorgen, die ich mit ganzem Herzen genieße. Ich bin allein und freue mich meines Lebens in dieser Gegend, die für solche Seelen geschaffen ist wie die meine. Ich bin so glücklich, mein Bester, so ganz in dem Gefühle von ruhigem Dasein versunken, dass meine Kunst darunter leidet. Ich könnte jetzt nicht zeichnen, nicht einen Strich, und bin nie ein größerer Maler gewesen als in diesen Augenblicken. Wenn das liebe Tal um mich dampft und die hohe Sonne an der Oberfläche der undurchdringlichen Finsternis meines Waldes ruht, und nur einzelne Strahlen sich in das innere Heiligtum stehlen, ich dann im hohen Grase am fallenden Bache liege und näher an der Erde tausend mannigfaltige Gräschen mir merkwürdig werden; wenn ich das Wimmeln der kleinen Welt zwischen Halmen, die unzähligen, unergründlichen Gestalten der Würmchen, der Mückchen näher an meinem Herzen fühle und fühle die Gegenwart des Allmächtigen, der uns nach seinem Bilde schuf, das Wehen des Allliebenden, der uns in ewiger Wonne schwebend trägt und erhält; mein Freund! wenn's dann um meine Augen dämmert und die Welt um mich her und der Himmel ganz in meiner Seele ruhn wie die Gestalt einer Geliebten – dann sehne ich mich oft und denke: Ach, könntest du das wieder ausdrücken, könntest du dem Papiere da einhauchen, was so voll, so warm in dir lebt, dass es würde der Spiegel deiner Seele, wie deine Seele ist der Spiegel des unendlichen Gottes! – Mein Freund – Aber ich gehe darüber zu Grunde, ich erliege unter der Gewalt der Herrlichkeit dieser Erscheinungen.

1 *a) Werther beschreibt in diesem Brief vom 10. Mai dem Freund Wilhelm sein Lebensgefühl. Erstellen Sie eine Übersicht, in der Sie die Gedanken zusammentragen, die Werther beschäftigen.*
b) Beschreiben Sie, welche Eigenheiten der Natur Werthers Naturbegeisterung bewirken.
c) Erläutern Sie, warum es sich um eine typische Naturbeschreibung im Stil des Sturm und Drang handelt.

Am 16. Junius.

Warum ich dir nicht schreibe? – Fragst du das und bist doch auch der Gelehrten einer. Du solltest raten, dass ich mich wohl befinde, und zwar – Kurz und gut, ich habe eine Bekanntschaft gemacht, die mein Herz näher angeht. Ich habe – ich weiß nicht.

Dir in der Ordnung zu erzählen, wie's zugegangen ist, dass ich eins der liebenswürdigsten Geschöpfe habe kennen lernen, wird schwer haltens. Ich bin vergnügt und glücklich und also kein guter Historienschreiber.

Einen Engel! – Pfui! das sagt jeder von der Seinigen, nicht wahr? Und doch bin ich nicht im Stande, dir zu sagen, wie sie vollkommen ist, warum sie vollkommen ist; genug, sie hat allen meinen Sinn gefangen genommen.

So viel Einfalt bei so viel Verstand, so viel Güte bei so viel Festigkeit und die Ruhe der Seele bei dem wahren Leben und der Tätigkeit. –

Das ist alles garstiges Gewäsch, was ich da von ihr sage, leidige Abstraktionen, die nicht einen Zug ihres Selbst ausdrücken. Ein andermal – Nein, nicht ein andermal, jetzt gleich will ich dir's erzählen. Tu ich's jetzt nicht, so geschäh's niemals. Denn, unter uns, seit ich angefangen habe zu schreiben, war ich schon drei Mal im Begriffe, die Feder niederzulegen, mein Pferd satteln zu lassen und hinauszureiten. Und doch schwur ich mir heute früh, nicht hinauszureiten, und gehe doch alle Augenblicke ans Fenster, zu sehen, wie hoch die Sonne noch steht. – – –

Ich hab's nicht überwinden können, ich musste zu ihr hinaus. Da bin ich wieder, Wilhelm, will mein Butterbrot zu Nacht essen und dir schreiben. Welch eine Wonne das für meine Seele ist, sie in dem Kreise der lieben, muntern Kinder, ihrer acht Geschwister, zu sehen! – [...]

Wilhelm von Kaulbach: Lotte (1859), Werther will Lotte zum Ball abholen und überrascht sie beim Brotschneiden unter ihren Geschwistern

Am 13. Julius.

Nein, ich betrüge mich nicht! Ich lese in ihren schwarzen Augen wahre Teilnehmung an mir und meinem Schicksal. Ja, ich fühle, und darin darf ich meinem Herzen trauen, dass sie – o darf ich, kann ich den Himmel in diesen Worten aussprechen? – dass sie mich liebt!

Mich liebt! – Und wie wert ich mir selbst werde, wie ich – dir darf ich's wohl sagen, du hast Sinn für so etwas – wie ich mich selbst anbete, seitdem sie mich liebt!

Ob das Vermessenheit ist oder Gefühl des wahren Verhältnisses? – Ich kenne den Menschen nicht, von dem ich etwas in Lottens Herzen fürchtete. Und doch – wenn sie von ihrem Bräutigam spricht, mit solcher Wärme, solcher Liebe von ihm spricht – da ist mir's wie einem, der aller seiner Ehren und Würden entsetzt und dem der Degen genommen wird.

2 *a) Erläutern Sie, welches Bild Werther in diesen Briefen von Lotte entwirft.*
b) Erklären Sie anhand der Briefe vom 16. Juni und 13. Juli, wie die Sprache Werthers Seelenleben widerspiegelt.

Am 6. Dezember.

Wie mich die Gestalt verfolgt! Wachend und träumend füllt sie meine ganze Seele! Hier, wenn ich die Augen schließe, hier in meiner Stirne, wo die innere Sehkraft sich vereinigt, stehen ihre schwarzen Augen. Hier! ich kann dir es nicht ausdrücken. Mache ich meine Augen zu, so sind sie da; wie ein Meer, wie ein Abgrund ruhen sie vor mir, in mir, füllen die Sinne meiner Stirn.

Was ist der Mensch, der gepriesene Halbgott! Ermangeln ihm nicht ebenda die Kräfte, wo er sie am nötigsten braucht? Und wenn er in Freude sich aufschwingt oder im Leiden versinkt, wird er nicht in beiden ebenda aufgehalten, ebenda zu dem stumpfen, kalten Bewusstsein wieder zurückgebracht, da er sich in der Fülle des Unendlichen zu verlieren sehnte?

3 *Vergleichen Sie den Brief vom 6. Dezember mit den Briefen vom 16. Juni und 13. Juli (**▷ S. 219–200**) und zeigen Sie, wie Werthers Stimmung und Seelenzustand sprachlich ihren Ausdruck finden.*

Der folgende Brief ist ein Abschiedsbrief Werthers an Lotte.

Nach eilfe.

Alles ist so still um mich her und so ruhig meine Seele. Ich danke dir, Gott, der du diesen letzten Augenblicken diese Wärme, diese Kraft schenkest.

Ich trete an das Fenster, meine Beste, und sehe, und sehe noch durch die stürmenden, vorüberfliehenden Wolken einzelne Sterne des ewigen Himmels! Nein, ihr werdet nicht fallen! der Ewige trägt euch an seinem Herzen, und mich. Ich sehe die Deichselsterne des Wagens, des liebsten unter allen Gestirnen. Wenn ich nachts von dir ging, wie ich aus deinem Tore trat, stand er mir gegenüber. Mit welcher Trunkenheit habe ich ihn oft angesehen, oft mit aufgehabenen Händen ihn zum Zeichen, zum heiligen Merksteine meiner gegenwärtigen Seligkeit gemacht! und noch – O Lotte, was erinnert mich nicht an dich! umgibst du mich nicht! und habe ich nicht, gleich einem Kinde, ungenügsam allerlei Kleinigkeiten zu mir gerissen, die du Heilige berührt hattest!

Liebes Schattenbild! Ich vermache dir es zurück, Lotte, und bitte dich, es zu ehren. Tausend, tausend Küsse habe ich darauf gedrückt, tausend Grüße ihm zugewinkt, wenn ich ausging oder nach Hause kam.

Ich habe deinen Vater in einem Zettelchen gebeten, meine Leiche zu schützen. Auf dem Kirchhofe sind zwei Lindenbäume, hinten in der Ecke nach dem Felde zu; dort wünsche ich zu ruhen. Er kann, er wird das für seinen Freund tun. Bitte ihn auch. Ich will frommen Christen nicht zumuten, ihren Körper neben einen armen Unglücklichen zu legen. Ach, ich wollte, ihr begrübt mich am Wege oder im einsamen Tale, dass Priester und Levit[1] vor dem bezeichneten Steine sich segnend vorübergingen und der Samariter eine Träne weinte.

Hier, Lotte! Ich schaudre nicht, den kalten, schrecklichen Kelch zu fassen, aus dem ich den Taumel des Todes trinken soll! Du reichtest mir ihn und ich zage nicht. All! all! So sind alle die Wünsche und Hoffnungen meines Lebens erfüllt! So kalt, so starr an der ehernen Pforte des Todes anzuklopfen.

Dass ich des Glückes hätte teilhaftig werden können, für dich zu sterben! Lotte, für dich mich hinzugeben! Ich wollte mutig, ich wollte freudig sterben, wenn ich dir die Ruhe, die Wonne deines Lebens wieder schaffen könnte. Aber ach! das ward nur wenigen Edeln gegeben, ihr Blut für die Ihrigen zu vergießen und durch ihren Tod ein neues, hundertfältiges Leben ihren Freunden anzufachen.

In diesen Kleidern, Lotte, will ich begraben sein, du hast sie berührt, geheiligt; ich habe auch deinen Vater darum gebeten. Meine Seele schwebt über dem Sarge. Man soll meine Taschen nicht aussuchen. Diese blassrote Schleife, die du am Busen hattest, als ich dich zum ersten Male unter deinen Kindern fand – O küsse sie tausendmal und erzähle ihnen das Schicksal ihres unglücklichen Freundes. Die Lieben! sie wimmeln um mich. Ach, wie ich mich an dich schloss! seit dem ersten Augenblicke dich nicht lassen konnte! – Diese Schleife soll mit mir begraben werden. An meinem Geburtstage schenktest du sie mir! Wie ich das alles verschlang! – Ach, ich dachte nicht, dass mich der Weg hierher führen sollte! – – Sei ruhig! ich bitte dich, sei ruhig! –

Sie sind geladen – Es schlägt zwölfe! So sei es denn! – Lotte! Lotte, lebe wohl! lebe wohl!

1 **Leviten:** religiöse Gruppe im Judentum

4 *Untersuchen Sie anhand des Briefes „Nach eilfe“, in welcher Verfassung sich Werther befindet, als er diesen Abschiedsbrief schreibt.*

5 *a) Fassen Sie anhand der vorliegenden Briefe (▷ S. 218–222) zusammen, was Sie an äußerer Handlung erschließen können.*

b) Zeichnen Sie die innere, gefühlsmäßige Entwicklung Werthers nach. Berücksichtigen Sie dabei auch die sprachlich-stilistische Gestaltung der Briefe. Belegen Sie Ihre Aussagen anhand einschlägiger Textstellen.

6 *a) Sprechen Sie über Ihre Eindrücke von der Sprache Werthers. Wie würden Sie die Sprache charakterisieren? Welche Merkmale halten Sie für typisch? Führen Sie aus den Briefen Beispiele an, die Sie für sprachlich bemerkenswert, auffällig oder interessant halten.*

b) Weisen Sie anhand der Textauszüge aus Goethes „Die Leiden des jungen Werthers“ Kennzeichen der literarischen Strömung des Sturm und Drang nach.

7 *Informieren Sie sich in einem Literaturlexikon über die Handlung des Romans „Die Leiden des jungen Werthers“ von Goethe. Referieren Sie Ihre Ergebnisse.*

Die Werther-Rezeption

Johann Wolfgang Goethe

Gespräche mit Eckermann (2. Januar 1824)

Die viel besprochene Werther-Zeit gehört, wenn man es näher betrachtet, freilich nicht dem Gange der Weltkultur an, sondern dem Lebensgang jedes Einzelnen, der mit angeborenem freiem Natursinn sich in die beschränkenden Formen einer veralteten Welt finden und schicken lernen soll. Gehindertes Glück, gehemmte Tätigkeit, unbefriedigte Wünsche sind nicht Gebrechen einer besonderen Zeit, sondern jedes einzelnen Menschen und es müsste schlimm sein, wenn nicht jeder einmal in seinem Leben eine Epoche haben sollte, wo ihm der „Werther“ käme, als wäre er bloß für ihn geschrieben.

Illustration zu Goethes „Werther“ von Tony Johannot (1845)

Thomas Mann

Goethes „Werther“ (1941)

Das Büchlein „Werther“ oder mit seinem ganzen Titel „Die Leiden des jungen Werthers, ein Roman in Briefen“ war der größte, ausgedehnteste, sensationellste Erfolg, den Goethe, der Schriftsteller, je erlebt hat. Der Frankfurter Jurist war ganze vierundzwanzig Jahre alt, als er dies äußerlich wenig umfangreiche, auch als Welt- und Lebensbild jugendlich eingeschränkte, aber mit explosivem Gefühl unglaublich geladene Werkchen schrieb. Es war erst seine zweite größere Arbeit. Nur ein shakespearisierendes Drama aus der deutschritterlichen Vergangenheit, der „Götz von Berlichingen“, war vorangegangen und hatte dank seiner Kraft und Wärme, durch die Art, wie es die Historie mit Intimität und Leben erfüllte, schon die Augen der literarischen Welt auf den jungen Verfasser gelenkt. Der „Werther“ aber zeigte diesen von einer ganz anderen Seite und war nach Charakter und Wirkung ein von dem früheren völlig verschiedenes Werk.

Sein Erfolg hatte zum Teil sogar einen skandalösen Charakter. Die entnervende und zerrüttende Empfindsamkeit des kleinen Buches rief die Sittenwächter auf den Plan, war der Schrecken und Abscheu der Moralisten, die eine Verherrlichung des Selbstmordes und die Verführung dazu in diesen Blättern sahen; aber ebendiese Eigenschaften erregten auch einen Erfolgssturm, der alle Grenzen überschritt, und machten buchstäblich die Welt verrückt vor Sterbenswonne: Der Roman rief einen Rausch, ein Fieber, eine über die bewohnte Erde hinlaufende Ekstase hervor und wirkte wie der Funke, der ins Pulverfass fällt, wobei in plötzlicher Ausdehnung eine gefährliche Menge von Kräften frei wird. [...]

Die höchste und stärkste Form seelischer Expansion ist die Liebe – Werther sucht sie, ist in Bereitschaft für sie von Anfang an und es ist sein Todesinstinkt, der ihn auf eine aussichtslose, verderbliche Liebe verfallen lässt. Da in seiner Natur etwas liegt, wozu alle Menschen, besonders aber das Volk und die Kinder, Vertrauen haben, empfängt er die Geständnisse eines Bauernburschen, der eine inbrünstige Leidenschaft für seine Herrin, eine Witwe, hegt, die in ihrer Ehe schlechte Erfahrungen gemacht hat und nicht mehr heiraten will. Werther ist tief erschüttert von dem Gefühlsrausch, dessen er da ansichtig wird. Sein unbeschäftigtes Herz ist vom ersten Augenblick neidisch darauf. Er schreibt seinem Freunde: „Ich habe in meinem Leben die dringende Begierde und das heiße, sehnliche Verlangen nicht in dieser Reinheit gesehen, ja wohl kann ich sagen: in dieser Reinheit nicht gedacht und geträumt. Schelte mich nicht, wenn ich dir sage, dass bei der Erinnerung dieser Unschuld und Wahrheit mir die innerste Seele glüht und dass mich das Bild dieser Treue und Zärtlichkeit überall verfolgt und dass ich, wie selbst davon entzündet, lechze und schmachte." – Er ist in Liebe, bevor diese Liebe einen Gegenstand hat. Der nächste Brief berichtet von seiner ersten Begegnung mit Lotte.

Was nun einsetzt, ist ein Liebesroman, dessen psychologischer Reichtum sich vom Idyllischen, Humoristischen, Reizenden bis zu dem finstersten Abgrund seelischer Verführung erstreckt und über dem, auch in seinen glücklichsten Augenblicken, von Anfang an die Schatten des Todes liegen.

1 *a) Arbeiten Sie aus dem Text von Thomas Mann heraus, welche Wirkung der „Werther-Roman" nach seinem Erscheinen hatte.*
b) Finden Sie mit Hilfe der Texte von Goethe und Thomas Mann Gründe für den großen anhaltenden Erfolg und die weit reichende Wirkung des Romans.

2 *a) Formulieren Sie Thomas Manns These über das Konzept der Liebe in Goethes „Werther".*
*b) Belegen Sie Thomas Manns These an den Textauszügen aus dem Roman (**▷ S. 218–222**).*

Karl Philipp Moritz

Anton Reiser. Ein psychologischer Roman (1785–1790)

Karl Philipp Moritz (1756–1793) lernte Goethe auf seiner Italienreise (1786–1788) kennen. Das Herzstück seines Werkes bildet der erste autobiografisch gefärbte Roman „Anton Reiser". Dessen Hauptfigur, Anton Reiser, ist fasziniert von Goethes Romanfigur Werther.

Er bekam sie [„Die Leiden des jungen Werthers"] im Anfange des Sommers durch Philipp Reisern in die Hände und von der Zeit an blieben sie seine beständige Lektüre und kamen nicht aus seiner Tasche. – Alle die Empfindungen, die er an dem trüben Nachmittage auf seinem einsamen Spaziergange gehabt hatte und welche das Gedicht an Philipp Reisern veranlassten, wurden dadurch wieder lebhaft in seiner Seele. – Er fand hier seine Idee vom Nahen und Fernen wieder, die er in seinen Aufsatz über die Liebe zum Romanhaften bringen wollte – seine Betrachtungen über Leben und Dasein fand er hier fortgesetzt – *„Wer kann sagen, das ist, da alles mit Wetterschnelle vorbeifliehet?"* – Das war ebender Gedanke, der ihm schon so lange seine eigne Existenz wie Täuschung, Traum und Blendwerk vorgemalt hatte. –

Was aber nun die eigentlichen Leiden Werthers anbetraf, so hatte er dafür keinen rechten Sinn. – Die Teilnehmung an den Leiden der Liebe kostete ihm einigen Zwang – er musste sich mit Gewalt in diese Situation zu versetzen suchen, wenn sie ihn rühren sollte –, denn ein Mensch, der liebte und geliebt ward, schien ihm ein fremdes, ganz von ihm verschiedenes Wesen zu sein, weil es ihm unmöglich fiel, sich selbst jemals als einen Gegenstand der Liebe von einem Frauenzimmer zu denken. – Wenn Werther von seiner Liebe sprach, so war ihm nicht viel anders dabei, als wenn ihn Philipp Reiser von den allmählichen Fortschritten, die er in der Gunst seines Mädchens getan hatte, oft stundenlang unterhielt. –

Aber die allgemeinen Betrachtungen über Leben und Dasein, über das Gaukelspiel menschlicher Bestrebungen, über das zwecklose Gefühl auf Erden; die dem Papier lebendig eingehauchten echten Schilderungen einzelner Naturszenen und die Gedanken über Menschenschicksal und Menschenbestimmung waren es, welche vorzüglich Reisers Herz anzogen. –

Die Stelle, wo Werther das Leben mit einem Marionettenspiel vergleicht, wo die Puppen am Draht gezogen werden und er selbst auf die Art mitspielt oder vielmehr mitgespielt wird, seinen Nachbar bei der hölzernen Hand ergreift und zurückschaudert – erweckte bei Reisern die Erinnerung an ein ähnliches Gefühl, das er oft gehabt hatte, wenn er jemanden die Hand gab. Durch die tägliche Gewohnheit vergisst man am Ende, dass man einen Körper hat, der eben sowohl allen Gesetzen der Zerstörung in der Körperwelt unterworfen ist als ein Stück Holz, das wir zersägen oder zerschneiden, und dass er sich nach ebenden Gesetzen, wie jede andere von Menschen zusammengesetzte körperliche Maschine bewegt. – [...]

Nichts aber fühlte Reiser lebhafter, als wenn Werther erzählt, dass *„sein kaltes freudenloses Dasein neben Lotten in grässlicher Kälte ihn anpackte“*. – Dies war gerade, was Reiser empfand, da er einmal auf der Straße sich selbst zu entfliehen wünschte und nicht konnte und auf einmal die ganze Last seines Daseins fühlte, mit der man einen und alle Tage aufstehen und sich niederlegen muss. – Der Gedanke wurde ihm damals ebenfalls unerträglich und führte ihn mit schnellen Schritten an den Fluss, wo er die unerträgliche Bürde dieses elenden Daseins abwerfen wollte – und *„wo seine Uhr auch noch nicht ausgelaufen war“*.

Landschaft mit Wasserfall, Radierung von Goethe (1768)

1 *a) Stellen Sie zusammen, welche Vorstellungen und Empfindungen der Protagonist Anton Reiser mit Werther teilt und welche er nicht nachvollziehen kann.*
b) Überlegen Sie, wie Sie selbst den Ansichten und Gefühlen des jungen Werther gegenüberstehen.

2 *Charakterisieren Sie in Partnerarbeit anhand der hier abgedruckten Briefe Werthers (▷ S. 218–222) sowie des Auszugs aus Moritz' „Anton Reiser“ die Titelfigur Werther (▷ Informationen zur Charakteristik auf S. 214).*

3 *Informieren Sie sich über weitere Werke der Erzählliteratur aus der Zeit des Sturm und Drang. Verfassen Sie eine Übersicht und präsentieren Sie Ihre Ergebnisse.*

Ulrich Plenzdorf

Die neuen Leiden des jungen W. (1972)

1972 erschien der Roman „Die neuen Leiden des jungen W." von Ulrich Plenzdorf (1934–2007), der in der DDR lebte und schrieb. Das Buch wurde, da es sich kritisch mit der Gesellschaft in der DDR auseinandersetzte, in der DDR heftig diskutiert. Innerhalb kurzer Zeit wurde es vor allem in der BRD ein großer Erfolg.

Es handelt von dem 17-jährigen Edgar Wibeau, der seine Lehre abbricht, nach Berlin in eine Gartenlaube zieht, dann Charlotte, genannt „Charlie", kennen lernt und sich in sie verliebt, obwohl sie mit einem dem DDR-Regime angepassten jungen Mann verlobt ist. In der Gartenlaube, wo Edgar Wibeau mehr schlecht als recht lebt, liest er mit zunehmender Faszination Goethes „Werther".

Ich war fast gar nicht sauer! Der Kerl in dem Buch, dieser Werther, wie er hieß, macht am Schluss Selbstmord. Gibt einfach den Löffel ab. Schießt sich ein Loch in seine olle Birne, weil er die Frau nicht kriegen kann, die er haben will, und tut sich ungeheuer leid dabei. Wenn er nicht völlig verblödet war, musste er doch sehen, dass sie nur darauf wartete, dass er was *machte*, diese Charlotte. Ich meine, wenn ich mit einer Frau allein im Zimmer bin und wenn ich weiß, vor einer halben Stunde oder so kommt keiner da rein, Leute, dann versuch ich doch *alles*. Kann sein, ich handle mir ein paar Schellen ein, na und? Immer noch besser als eine verpasste Gelegenheit. Außerdem gibt es höchstens in zwei von zehn Fällen Schellen. Das ist Tatsache. Und dieser Werther war ...zigmal mit ihr allein. Schon in diesem Park. Und was macht er? Er sieht ruhig zu, wie sie heiratet. Und dann murkst er sich ab. Dem war nicht zu helfen. Wirklich leid tat mir bloß die Frau. Jetzt saß sie mit ihrem Mann da, diesem Kissenpuper. Wenigstens daran hätte Werther denken müssen. Und dann: Nehmen wir mal an, an die Frau wäre wirklich kein Rankommen gewesen. Das war noch lange kein Grund, sich zu durchlöchern. Er hatte doch ein Pferd! Da wär ich doch wie nichts in die Wälder. Davon gab's doch damals noch genug. Und Kumpels hätte er eins zu tausend massenweise gefunden. Zum Beispiel Thomas Müntzer[1] oder wen. Das war nichts Reelles. Reiner Mist. Außerdem dieser Stil. Das wimmelte nur so von Herz und Seele und Glück und Tränen. Ich kann mir nicht vorstellen, dass welche so geredet haben sollen, auch nicht vor drei Jahrhunderten. Der ganze Apparat bestand aus lauter Briefen, von diesem unmöglichen Werther an seinen Kumpel zu Hause. Das sollte wahrscheinlich ungeheuer originell wirken oder unausgedacht. Der das geschrieben hat, soll sich mal meinen Salinger[2] durchlesen. Das ist echt, Leute!

1 **Thomas Müntzer:** (1489–1525) evangelischer Theologe und Revolutionär in der Zeit des Bauernkrieges
2 **J. D. Salinger:** amerikanischer Schriftsteller (geb. 1919), sein Roman „Der Fänger im Roggen" (1951) wurde zu einem Jugend-Kultbuch.

1 *a) Fassen Sie sachlich zusammen, wie Edgar Werthers Verhalten und dessen Sprache einschätzt.*
b) Vergleichen Sie die Beurteilungen des Goethe-Romans von Thomas Mann (▷ S. 223 f.), von „Anton Reiser" in dem Roman von Karl Philipp Moritz (▷ S. 224 f.) und Edgar Wibeau in Plenzdorfs Roman. Erarbeiten Sie die unterschiedlichen Sichtweisen sowie Gemeinsamkeiten in der Bewertung.

2 *Entwerfen Sie einen Briefwechsel zwischen Goethes Werther und Edgar Wibeau aus Plenzdorfs Roman. Legen Sie dazu ein Thema oder ein Ereignis fest, zu dem beide Figuren Stellung nehmen.*

3 *Erörtern Sie, was an der Figur des Werther Leser, vor allem jugendliche Leser, heute noch faszinieren könnte (▷ literarische Erörterung auf S. 217).*

10 Lyrik – Liebe im Wandel der Zeit

10.1 Spielarten der Subjektivität – Lyrik des Sturm und Drang und der Moderne

Bertolt Brecht

Als ich nachher von dir ging (1953)

Als ich nachher von dir ging
An dem großen Heute
Sah ich, wie ich sehn anfing
Lauter lustige Leute.

Und seit jener Abendstund
Weißt schon, die ich meine
Hab ich einen schönern Mund
Und geschicktere Beine.

Grüner ist, seit ich so fühl
Baum und Strauch und Wiese
Und das Wasser schöner kühl
Wenn ich's auf mich gieße. R

1 *a) Lesen Sie das Gedicht und notieren Sie dann, welche Assoziationen es bei Ihnen weckt.*
b) Vergleichen Sie Ihre Assoziationen mit dem Gedicht und tauschen Sie sich darüber aus, inwieweit diese passen.

2 *Überlegen Sie, welche Verbindungen sich zwischen dem Bild und dem Gedicht von Brecht herstellen lassen.*

3 *Untersuchen Sie das Gedicht genauer:*
- *Welche Situation wird beschrieben?*
- *Wie wird die Beziehung des lyrischen Ich zu seiner Umwelt beschrieben?*
- *Wer steht im Zentrum des Gedichts? Das „Ich" oder das „Du"?*

4 *Sammeln Sie Redensarten, die die veränderte Wahrnehmung einer verliebten Person ausdrücken (z. B. „etwas durch die rosarote Brille sehen").*

Liebe und Natur – Die Lyrik des jungen Goethe

Johann Wolfgang Goethe

Willkommen und Abschied

Frühe Fassung (1771)

Es schlug mein Herz. Geschwind, zu Pferde!
Und fort, wild wie ein Held zur Schlacht.
Der Abend wiegte schon die Erde,
Und an den Bergen hing die Nacht;
Schon stund im Nebelkleid die Eiche,
Wie ein getürmter Riese da,
Wo Finsternis aus dem Gesträuche
Mit hundert schwarzen Augen sah.

Der Mond von einem Wolkenhügel
Sah schläfrig aus dem Duft hervor,
Die Winde schwangen leise Flügel,
Umsausten schauerlich mein Ohr.
Die Nacht schuf tausend Ungeheuer,
Doch tausendfacher war mein Mut,
Mein Geist war ein verzehrend Feuer,
Mein ganzes Herz zerfloss in Glut.

Ich sah dich, und die milde Freude
Floss aus dem süßen Blick auf mich.
Ganz war mein Herz an deiner Seite
Und jeder Atemzug für dich.
Ein rosenfarbes Frühlingswetter
Lag auf dem lieblichen Gesicht,
Und Zärtlichkeit für mich, ihr Götter,
Ich hofft' es, ich verdient' es nicht!

Der Abschied, wie bedrängt, wie trübe!
Aus deinen Blicken sprach dein Herz.
In deinen Küssen welche Liebe,
O welche Wonne, welcher Schmerz!
Du gingst, ich stund und sah zur Erden
Und sah dir nach mit nassem Blick.
Und doch, welch Glück, geliebt zu werden!
Und lieben, Götter, welch ein Glück!

Späte Fassung (1785)

Es schlug mein Herz, geschwind zu Pferde!
Es war getan fast eh gedacht.
Der Abend wiegte schon die Erde,
Und an den Bergen hing die Nacht;
Schon stand im Nebelkleid die Eiche,
Ein aufgetürmter Riese, da,
Wo Finsternis aus dem Gesträuche
Mit hundert schwarzen Augen sah.

Der Mond von einem Wolkenhügel
Sah kläglich aus dem Duft hervor,
Die Winde schwangen leise Flügel,
Umsausten schauerlich mein Ohr;
Die Nacht schuf tausend Ungeheuer,
Doch frisch und fröhlich war mein Mut:
In meinen Adern welches Feuer!
In meinem Herzen welche Glut!

Dich sah ich, und die milde Freude
Floss von dem süßen Blick auf mich;
Ganz war mein Herz an deiner Seite
Und jeder Atemzug für dich.
Ein rosenfarbnes Frühlingswetter
Umgab das liebliche Gesicht,
Und Zärtlichkeit für mich – ihr Götter!
Ich hofft' es, ich verdient' es nicht!

Doch ach, schon mit der Morgensonne
Verengt der Abschied mir das Herz:
In deinen Küssen welche Wonne!
In deinem Auge welcher Schmerz!
Ich ging, du standst und sahst zur Erden,
Und sahst mir nach mit nassem Blick:
Und doch, welch Glück, geliebt zu werden!
Und lieben, Götter, welch ein Glück!

1 *a) Vergleichen Sie die beiden Fassungen des Gedichts „Willkommen und Abschied" und untersuchen Sie im Detail, welche Veränderungen Goethe an seinem Text vorgenommen hat.*
- *Welche inhaltlichen und sprachlichen Veränderungen werden sichtbar?*
- *Welche Varianten sprechen Sie persönlich mehr an?*
- *Worin liegt der Hauptunterschied zwischen den beiden 4. Strophen?*

b) Tauschen Sie sich darüber aus, was den Verfasser veranlasst haben könnte, die Veränderungen vorzunehmen.

2 *Untersuchen Sie, wie welche Gefühle in dem Gedicht zum Ausdruck kommen und wie diese dem Leser/der Leserin vermittelt werden. Welche sprachlichen Gestaltungsmittel fallen Ihnen auf?*

3 *Goethes Gedicht „Willkommen und Abschied" ist ein Beispiel für die Lyrik des Sturm und Drang.*
a) Lesen Sie den folgenden Lexikonartikel und erläutern Sie mit eigenen Worten, welche Kennzeichen die Lyrik des Sturm und Drang trägt.

Lyrik des Sturm und Drang

Die Lyrik des Sturm und Drang bringt vor allem subjektives Erleben zum Ausdruck. Um 1770 beginnt Goethe, Gedichte einer neuen Art zu schreiben, die als so genannte „Erlebnislyrik" bezeichnet wird. Die Gedichte, in denen Liebe, Natur, das Göttliche und der Mensch eine Einheit bilden, brechen mit zeitgenössischen Konventionen zu Gunsten einer ausdrucksbetonten Sprache und vermitteln den Eindruck einer unmittelbaren Aussprache von Gefühlen.

Hintergrund: Von 1770 bis 1771 hielt sich Goethe in Straßburg auf, um sein zuvor unterbrochenes Jurastudium zu beenden. In dieser Zeit verliebte er sich in Friederike Brion, eine Pfarrerstochter aus Sesenheim. Goethes Gedichte dieser Zeit, zu denen „Willkommen und Abschied" und „Maifest" zählen, werden als „Sesenheimer Lieder" bezeichnet (▷ weitere Informationen zum Sturm und Drang S. 202 f.).

Goethe und Frederike Brion, Holzstich nach Eugen Kleinsch (um 1890)

b) Weisen Sie nach, dass das Gedicht „Willkommen und Abschied" der literarischen Strömung des Sturm und Drang zuzuordnen ist.

4 *Diskutieren Sie darüber, ob die spätere Überarbeitung eines Gedichts – so wie sie Goethe mit dem Gedicht „Willkommen und Abschied" vornahm – dem Ideal der so genannten Erlebnislyrik zuwiderläuft.*

5 *a) Überlegen Sie in Partner- oder Gruppenarbeit, welche Mittel Sie bei einer Vertonung des Gedichts „Willkommen und Abschied" einsetzen würden.*
b) Stellen Sie Ihre Ergebnisse vor und diskutieren Sie über die Vertonungsvorschläge.
c) Vergleichen Sie Ihre Ergebnisse mit vorliegenden Vertonungen des Gedichts, z. B. von Johann Friedrich Reichardt und Franz Schubert.

Johann Wolfgang Goethe

Maifest (1775)

Wie herrlich leuchtet
Mir die Natur!
Wie glänzt die Sonne!
Wie lacht die Flur!

Es dringen Blüten
Aus jedem Zweig
Und tausend Stimmen
Aus dem Gesträuch

Und Freud und Wonne
Aus jeder Brust.
O Erd', o Sonne,
O Glück, o Lust!

O Lieb, o Liebe!
So golden schön
Wie Morgenwolken
Auf jenen Höhn!

Du segnest herrlich
Das frische Feld –
Im Blütendampfe
Die volle Welt!

O Mädchen, Mädchen,
Wie lieb' ich dich!
Wie blinkt dein Auge!
Wie liebst du mich!

So liebt die Lerche
Gesang und Luft,
Und Morgenblumen
Den Himmelsduft!

Wie ich dich liebe
Mit warmem Blut,
Die du mir Jugend
Und Freud' und Mut

Zu neuen Liedern
Und Tänzen gibst.
Sei ewig glücklich,
Wie du mich liebst.

1 *Welchen Eindruck erhält der Leser von der Situation, in der das Gedicht entstanden ist?*

2 *a) Überlegen Sie, um welches Thema es in diesem Gedicht geht, und formulieren Sie eine Deutungshypothese, indem Sie die zentrale Aussage des Gedichts möglichst in einem Satz festhalten.*
b) Tauschen Sie sich über Ihre Deutungshypothesen aus. Ziehen Sie dabei auch den Text heran.

3 *a) Erläutern Sie, wie in dem vorliegenden Gedicht die Themen Liebe und Natur ineinandergreifen. Gehen Sie dabei Strophe für Strophe vor.*
b) Untersuchen Sie die sprachliche Gestaltung des Gedichts. Welche Auffälligkeiten können Sie feststellen und wie deuten Sie diese?

4 *Überprüfen Sie Ihre Deutungshypothese aus Aufgabe 2. Was müssen Sie an Ihrem ersten Verstehensentwurf korrigieren?*

5 *Vergleichen Sie Goethes Gedichte „Maifest" und „Willkommen und Abschied" (▷ S. 228). Berücksichtigen Sie dabei folgende Aspekte:*
- ☐ *Rolle und Verhältnis des lyrischen Ich (Sprecher)/Du (Adressat/-in)*
- ☐ *Thema*
- ☐ *Funktion der Natur*
- ☐ *sprachliche Gestaltung*

Johann Wolfgang Goethe

Ganymed (1774)

Wie im Morgenrot
Du rings mich anglühst,
Frühling, Geliebter!
Mit tausendfacher Liebeswonne
Sich an mein Herz drängt
Deiner ewigen Wärme
Heilig Gefühl,
Unendliche Schöne!

Dass ich dich fassen möcht'
In diesen Arm!

Ach, an deinem Busen
Lieg' ich, schmachte,
Und deine Blumen, dein Gras
Drängen sich an mein Herz.
Du kühlst den brennenden
Durst meines Busens,
Lieblicher Morgenwind,
Ruft drein die Nachtigall
Liebend nach mir aus dem Nebeltal.

Ich komme, ich komme!
Wohin? Ach, wohin?

Hinauf, hinauf strebt's,
Es schweben die Wolken
Abwärts, die Wolken
Neigen sich der sehnenden Liebe,
Mir! Mir!

In eurem Schoße
Aufwärts!
Umfangend umfangen!
Aufwärts
An deinem Busen,
Allliebender Vater!

1 *Beschreiben Sie, wie in dem vorliegenden Gedicht die Beziehung zwischen lyrischem Ich und Natur dargestellt wird. Wie verändert sich diese Beziehung im Laufe des Gedichts?*

2 *Charakterisieren Sie die Sprache des Gedichts. Gibt es Wörter oder Wortwiederholungen, die eine besondere Bedeutung haben? Welche weiteren Stilmittel prägen das Gedicht?*

3 *Lesen Sie den Lexikonartikel zur mythologischen Figur des Ganymed. Welche Beziehung zum Gedicht lässt sich herstellen? Welche Selbstdarstellung des Sprechers wird deutlich?*

4 *Überlegen Sie, welches reale Erlebnis der Anlass für die Entstehung dieses Gedichts gewesen sein könnte.*

5 *Würden Sie das Gedicht „Ganymed" eher als ein Naturgedicht oder eher als ein Liebesgedicht bezeichnen? Suchen Sie im Text Belege für beide Positionen.*

Ganymedes, dt. Ganymed, ist in der griechischen Mythologie Sohn des König Tros und der „Schönste aller Sterblichen". Zeus war von der Schönheit Ganymeds so angetan, dass er die Gestalt eines Adlers annahm und den Jüngling auf den Olymp, den Sitz der Götter, entführte. Er schenkte ihm die Unsterblichkeit und machte ihn zum Mundschenk der Götter.

Was ist ein Gedicht? – Theoretische Reflexionen

Johann Wolfgang Goethe: Dichtung und Wahrheit (1808–1831)

Die Ausübung dieser Dichtergabe konnte zwar durch Veranlassung erregt und bestimmt werden; aber am freudigsten und reichlichsten trat sie unwillkürlich, ja wider Willen hervor. […] Auch beim nächtlichen Erwachen trat derselbe Fall ein und ich hatte oft Lust, wie einer meiner Vorgänger[1], mir ein ledernes Wams machen zu lassen und mich zu gewöhnen, im Finstern, durchs Gefühl, das, was unvermutet hervorbrach, zu fixieren. Ich war gewohnt, mir ein Liedchen vorzusagen, ohne es wieder zusammenfinden zu können, dass ich einige Mal an den Pult rannte und mir nicht die Zeit nahm, einen quer liegenden Bogen zurechtzurücken, sondern das Gedicht von Anfang bis Ende, ohne mich von der Stelle zu rücken, in der Diagonale herunterschrieb. In eben diesem Sinne griff ich weit lieber zu dem Bleistift, welcher williger die Züge hergab: Denn es war mir einige Mal begegnet, dass das Schnarren und Spritzen der Feder mich aus meinem nachtwandlerischen Dichten aufweckte, mich zerstreute und ein kleines Produkt in der Geburt erstickte.

1 gemeint ist der italienische Humanist und Dichter Francesco Petrarca (1304–1374), dessen Gedichte erstmals persönliche Erfahrungen und Gefühle zum Ausdruck brachten

Gottfried Benn: Probleme der Lyrik (1951)

[…] [D]ie Öffentlichkeit lebt nämlich vielfach der Meinung: da ist eine Heidelandschaft oder ein Sonnenuntergang, und da steht ein junger Mann oder ein Fräulein, hat eine melancholische Stimmung, und nun entsteht ein Gedicht. Nein, so entsteht kein Gedicht. Ein Gedicht entsteht überhaupt sehr selten – ein Gedicht wird gemacht. Wenn Sie vom Gereimten das Stimmungsmäßige abziehen, was dann übrigbleibt, wenn dann noch etwas übrigbleibt, das ist dann vielleicht ein Gedicht. R

1 *Notieren Sie, welche Berührungspunkte zu den zentralen Positionen des Sturm und Drang Sie im Text von Goethe erkennen (▷ Grundpositionen des Sturm und Drang S. 202 f.).*

2 *In der Lyrik des Sturm und Drang, insbesondere beim jungen Goethe, spiegelt sich oft eine Dichtungsauffassung wider, die als Erlebnislyrik bezeichnet wird.*
Definieren Sie den Begriff der Erlebnislyrik anhand der Goethe-Gedichte „Willkommen und Abschied" (▷ S. 228) und „Maifest" (▷ S. 230). Ziehen Sie dazu auch die Äußerungen Goethes aus „Dichtung und Wahrheit" heran. Berücksichtigen Sie bei Ihrer Definition folgende Aspekte:
- *die Rolle des Autors*
- *die Darstellung des lyrischen Ich und der Sprechsituation*
- *Besonderheiten der sprachlichen Gestaltung*
- *Schlüsselwörter, z. B.: Herz, Natur, Gefühl, Liebe*

3 *Erläutern Sie, welche Dichtungsauffassung Benn in dem Vortrag „Probleme der Lyrik" vertritt bzw. gegen welche Auffassung von Lyrik er sich abgrenzt.*

4 *Arbeiten Sie vergleichend die Unterschiede zwischen den Positionen Goethes und Benns heraus.*

Eine Chance für die Liebe? – Lyrik der Moderne und der Gegenwart

Bertolt Brecht

Terzinen über die Liebe (1928)

Sieh jene Kraniche in großem Bogen!
Die Wolken, welche ihnen beigegeben
Zogen mit ihnen schon, als sie entflogen

Aus einem Leben in ein andres Leben
In gleicher Höhe und mit gleicher Eile
Scheinen sie alle beide nur daneben.

Daß also keines länger hier verweile
Daß so der Kranich mit der Wolke teile
Den schönen Himmel, den sie kurz befliegen

Und keines andres sehe als das Wiegen
Des andern in dem Wind, den beide spüren
Die jetzt im Fluge beieinanderliegen

So mag der Wind sie in das Nichts entführen
Wenn sie nur nicht vergehen und sich bleiben
Solange kann sie beide nichts berühren

Solange kann man sie von jedem Ort vertreiben
Wo Regen drohen oder Schüsse schallen.
So unter Sonn und Monds wenig verschiedenen Scheiben

Fliegen sie hin, einander ganz verfallen.
Wohin ihr?
        Nirgendhin.
Von wem entfernt?
                Von allen.
Ihr fragt, wie lange sind sie schon beisammen?
Seit kurzem.
        Und wann werden sie sich trennen?
            Bald.
So scheint die Liebe Liebenden ein Halt. R

1 *Erarbeiten Sie in Kleingruppen einen Vortrag des Gedichts, indem Sie das Sprechen auf mehrere Rollen verteilen.*

2 *Untersuchen Sie den formalen Aufbau des Gedichts. Wo lässt sich ein Bruch feststellen? Welche inhaltliche Entsprechung hat dieser Bruch?*

3 *Vergleichen Sie Brechts Gedicht „Terzinen über die Liebe" mit Goethes „Ganymed" (▷ S. 231). Suchen Sie nach Berührungspunkten und nach Unterschieden.*

4 *Zeigen Sie, wie sich die Darstellung und die Funktion der Natur seit Goethes Sturm-und-Drang-Gedichten (▷ S. 228, 230, 231) verändert haben.*

Gottfried Benn

D-Zug (1912)

Braun wie Kognak. Braun wie Laub. Rotbraun. Malaiengelb.
D-Zug Berlin-Trelleborg und die Ostseebäder.

Fleisch, das nackt ging.
Bis in den Mund gebräunt vom Meer.
Reif gesenkt, zu griechischem Glück.
In Sichel-Sehnsucht: wie weit der Sommer ist!
Vorletzter Tag des neunten Monats schon!

Stoppel und letzte Mandel lechzt in uns.
Entfaltungen, das Blut, die Müdigkeiten,
die Georginennähe[1] macht uns wirr.

Männerbraun stürzt sich auf Frauenbraun:

Eine Frau ist etwas für eine Nacht.
Und wenn es schön war, noch für die nächste!
Oh! Und dann wieder dies Bei-sich-selbst-Sein!
Diese Stummheiten! Dies Getriebenwerden!

Eine Frau ist etwas mit Geruch.
Unsägliches! Stirb hin! Resede[2].
Darin ist Süden, Hirt und Meer.
An jedem Abhang lehnt ein Glück.

Frauenhellbraun taumelt an Männerdunkelbraun:

Halte mich! Du, ich falle!
Ich bin im Nacken so müde.
Oh, dieser fiebernde süße
letzte Geruch aus den Gärten. R

Otto Dix: Studie zu Liebespaar in der Kneipe (1921)

1 **Georgine:** Ausdruck für Dahlie
2 **Resede:** stark duftende Blume

1 *a) Lesen Sie das Gedicht und notieren Sie dann Ihren ersten Leseeindruck. Konzentrieren Sie sich hierbei vor allem auf die Atmosphäre des Gedichts.*
b) Untersuchen Sie, welche sprachlich-stilistischen Gestaltungsmittel dazu beitragen, diese Stimmung zu erzeugen. Achten Sie dabei auf Bilder, Wortschatz und Farbsymbolik. Notieren Sie sprachliche Auffälligkeiten und erklären Sie ihre Wirkung im Textzusammenhang.

2 *Finden Sie geeignete Adjektive, um den Sprecher in Benns Gedicht zu charakterisieren.*

3 *Beschreiben Sie die Art von zwischenmenschlicher Begegnung, die in Benns Gedicht dargestellt wird. Versuchen Sie dabei auch, eine Beziehung zum Titel des Gedichts herzustellen.*

4 *Charakterisieren Sie die Rolle des Sprechers und die Rolle der Frau in den Gedichten Goethes (▷ S. 228, 230) und in dem Gedicht von Gottfried Benn. Worin liegt der Hauptunterschied? Welche Ursachen könnte dieser Wandel haben?*

Georg Heym (1887–1912)

Eifersucht

Die Straße wird zu einem breiten Strich,
die Häuser werden weiß wie eine Wand.
Die Sonne wird ein Mond. Und unbekannt,
Gleichgültig, fremd ein jedes Angesicht.

Sie sehen aus wie Blätter von Papier,
Weiß, unbeschrieben. Aber hinten winkt
Ein schlankes blaues Kleid, das fern versinkt
Und wieder auftaucht und sich fern verliert.

Auf seinem Nacken sitzt die Eifersucht.
Ein altes Weib, gestiefelt. Einen Dorn
Bohrt in das Hirn sie ihm und haut den Sporn
In ihres Reittiers weicher Flanken Bucht.

Edvard Munch: Eifersucht (1895)

1 *Formulieren Sie mit eigenen Worten, wie das Thema des Gedichts in den drei Strophen entfaltet wird.*

2 *Untersuchen Sie die sprachlich-stilistische Gestaltung des Gedichts.*
- ☐ *Entstammen mehrere Wörter einem bestimmten Wortfeld?*
- ☐ *Gibt es Wörter oder Wortwiederholungen, die eine besondere Bedeutung haben?*
- ☐ *Gibt es klangliche Hervorhebungen, z. B. durch helle oder dunkle Vokalreihen?*
- ☐ *Welche Bilder enthält das Gedicht? Wofür stehen sie und wie wirken sie?*

3 *Auch der Anlass für dieses Gedicht könnte ein konkretes Erlebnis gewesen sein. Diskutieren Sie, ob sich Heyms Gedicht unter dem Begriff „Erlebnislyrik" einordnen lässt.*

Traditionelle und moderne Lyrik
Erst Anfang des 20. Jahrhundert entwickelt die Lyrik ihre heute gewohnte Themen- und Formenfreiheit. Zwar werden die traditionellen Gestaltungsmittel wie Reim, Vers und Metrum auch weiterhin eingesetzt, unterliegen aber nicht mehr verbindlichen poetologischen Regeln. Neue Themen wurden verarbeitet und in intensiven Sprachexperimenten wurde häufig auf Reim und Formregeln bei der Versgestaltung verzichtet. Nicht selten wurden Äußerungen laut, nach denen im modernen Gedicht nur noch Verfallsformen der „klassischen" Lyrik zu sehen seien

4 *a) Erläutern Sie die oben stehende Aussage anhand der Gedichte auf den Seiten 227-235. Welche Gestaltungsmittel würden Sie als traditionell, welche als modern bezeichnen? Begründen Sie Ihre Einschätzung, indem Sie auch die Wirkung der jeweiligen Gestaltungsmittel berücksichtigen.*
b) Diskutieren Sie darüber, welche Gründe es für diese Loslösung von der traditionellen Formensprache des Gedichts gegeben haben könnte.

5 *Vergleichen Sie die Bildsprache der Gedichte „Eifersucht" von Heym und „D-Zug" von Benn (▷ S. 234) mit der Bildsprache zeitgenössischer Kunstwerke, z. B. denen auf den Seiten 234 und S. 235. Welche Gemeinsamkeiten können Sie feststellen?*

Karl Krolow

Gedicht für J. S. (1965)

Auf dem Dezemberbahnsteig in der ersten Stunde nach Mitternacht.
Dein Bild in die Kälte geschnitten,
Mit hellem Mantel, den Schal übers Haar getan,
Und einem im Abschied leuchtenden Gesicht!

Ich erfinde dich noch einmal im Augenblick der Trennung:
Dunkel vor Zärtlichkeit und dem Verlangen nach Glück,
Mit einer von Zuneigung leisen Stimme
In der winterlichen Frostluft.

Ich erfinde dich noch einmal: geschaffen nun,
Um mit mir zu gehen, einem anderen
Mann im hochgeschlagenen Mantelkragen,
Der das Fenster im Fernzugabteil herunterlässt und winkt.

Du bleibst zurück, auf Fluten grauen Windes treibend,
Zurück mit Umarmung und Kuss und dem Geruch deiner Haut.
Das schwarze und weiße Schachbrett der Schneenacht
Liegt über deinem Gesicht; und ich weiß,
Dass nichts an dir für mich bestimmt ist.

Ulla Hahn

Mit Haut und Haar (1981)

Ich zog dich aus der Senke deiner Jahre
und tauchte dich in meinen Sommer ein
ich leckte dir die Hand und Haut und Haare
und schwor dir ewig mein und dein zu sein.

Du wendetest mich um. Du branntest mir dein Zeichen
mit sanftem Feuer in das dünne Fell.
Da ließ ich von mir ab. Und schnell
begann ich vor mir selbst zurückzuweichen

und meinem Schwur. Anfangs blieb noch Erinnern
ein schöner Überrest der nach mir rief.
Da aber war ich schon in deinem Innern
vor mir verborgen. Du verbargst mich tief.

Bis ich ganz in dir aufgegangen war:
da spucktest du mich aus mit Haut und Haar.

1 *Lesen Sie die Gedichte mehrmals leise durch und überlegen Sie dabei, wie Sie die Gedichte vortragen könnten. Achten Sie besonders auf die Zeilen- und Strophensprünge (Enjambements).*

2 *Beschreiben und vergleichen Sie die Situationen, die in den beiden Gedichten dargestellt werden.*
- *Welche Rolle spielen Erinnerung und gegenwärtige Wahrnehmung der Sprecher?*
- *Wird ein äußeres Ereignis beschrieben oder eher Gefühle, Eindrücke, Erfahrungen, Gedanken, Stimmung?*

3 *a) Der Aufbau (Strophenbau, Reim) der beiden Gedichte ist unterschiedlich. Untersuchen Sie den formalen Aufbau der Gedichte.*
b) Welches Gedicht erscheint Ihnen „moderner"? Begründen Sie Ihre Meinung.

4 *Vergleichen Sie die beiden Gedichte mit dem Goethe-Gedicht „Willkommen und Abschied"* (▷ S. 228)*. Wenn man die Gedichte als jeweils zeittypisch betrachten würde: Was sagt das über das Menschen- und Gesellschaftsbild aus?*

Rolf Dieter Brinkmann

Die Orangensaftmaschine (1975 veröffentlicht)

dreht sich & Es ist gut, dass der Barmann
zuerst auf die nackten Stellen eines
Mädchens schaut, das ein Glas kalten

Tees trinkt. „Ist hier sehr heiß,
nicht?" sagt er, eine Frage, die
den Raum etwas dekoriert,

was sonst? Sie hat einen kräftigen
Körper, und als sie den Arm
ausstreckt, das Glas auf

die Glasplatte zurückstellt,
einen schwitzenden, haarigen
Fleck unterm Arm, was den Raum

einen Moment lang verändert, die
Gedanken nicht. Und jeder sieht, dass
ihr's Spaß macht, sich zu bewegen

auf diese Art, was den Barmann
auf Trab bringt nach einer langen
Pause, in der nur der Ventilator

zu hören gewesen ist wie
immer, oder meistens, um
diese Tageszeit.

Edward Hopper: Nachtschwärmer (1942)

1 *a) Fertigen Sie eine Paraphrase des Gedichts in Prosa an. Formulieren Sie in eigenen Worten.*
b) Vergleichen Sie Ihre Paraphrase mit den Formulierungen und der Zeilenanordnung, die der Autor gewählt hat, und diskutieren Sie darüber, ob Sie den Text von Brinkmann als Gedicht bezeichnen würden.

2 *Tauschen Sie sich darüber aus, ob in dem Gedicht ein lyrisches Ich greifbar ist. Aus welcher Sicht wird dieser Augenblick geschildert?*

3 *a) Stellen Sie sich vor, Sie sollten die in dem Gedicht beschriebene Szene filmisch darstellen (▷ Informationen zur Kameraeinstellung und -perspektive auf Seite 362).*

- *Welche filmischen Mittel (Kameraeinstellung, Schnitt usw.) würden Sie zur Umsetzung des Textes wählen?*
- *Bietet die äußere Form des Gedichts Anhaltspunkte für Ihre filmische Gestaltung?*

b) Verfassen Sie in Gruppenarbeit ein Drehbuch, indem Sie die filmischen Gestaltungsmittel zur Umsetzung des Brinkmann-Gedichts festhalten.

Bildausschnitt aus: Edward Hopper: Nachtschwärmer (1942)

Drehbuch zu: Rolf Dieter Brinkmann
Die Orangensaftmaschine

Sequenz	Dauer	Kamera	Text
1	5 Sek.	Zoom von Bar auf Detail Orangensaftmaschine	Die Orangensaftmaschine dreht sich …
…	…	…	…

c) Überlegen Sie, wo Sie Ihren Film drehen wollen und was Sie für den Dreh benötigen (Personen, Requisiten, Kostüme etc.), und setzen Sie dann Ihr Drehbuch um.

d) Stellen Sie Ihre Ergebnisse vor und werten Sie diese aus:

- *Wie ist die Gesamtwirkung des Films: Idee, Handlung, Spannungsbogen, Logik der Kameraführung, Abstimmung von Bild und Ton?*
- *Inwieweit verändert sich die Wirkung des Gedichts durch die filmische Umsetzung?*

4 *Suchen Sie in der Bibliothek nach „modernen" Gedichten (Gedichte aus dem 20./21. Jahrhundert) und stellen Sie diese im Unterricht kurz vor.*
Folgende Aspekte können Sie bei der Vorstellung der Gedichte berücksichtigen:

- ***Inhalt:** Überschrift, Thema/Motiv, Handlung, lyrisches Ich/Du*
- ***formaler Aufbau:** Gedichtform, Strophenbau, Reim, Metrum*
- ***sprachlich-stilistische Gestaltung:** Schlüsselwörter, Metaphern, Vergleiche etc.*
- ***Entstehungshintergrund:** zeitgeschichtliche Ereignisse, Biografie des Autors/der Autorin*

a) Tauschen Sie sich nach der Vorstellung der Gedichte darüber aus, ob sich bei diesen „modernen" Gedichten ein „kleinster gemeinsamer Nenner" an gemeinsamen Merkmalen herausarbeiten lässt.

b) Erstellen Sie eine Liste menschlicher Grundbedürfnisse und Stimmungen, die durch lyrische Texte bedient werden.

10.2 Vergänglichkeit – Gedichte erschließen und vergleichen

Bertolt Brecht

Entdeckung an einer jungen Frau (1925)

Des Morgens nüchterner Abschied, eine Frau
Kühl zwischen Tür und Angel, kühl besehn.
Da sah ich: eine Strähn in ihrem Haar war grau
Ich konnt mich nicht entschließen mehr zu gehn.

Stumm nahm ich ihre Brust, und als sie fragte
Warum ich, Nachtgast, nach Verlauf der Nacht
Nicht gehen wolle, denn so war's gedacht
Sah ich sie unumwunden an und sagte:

Ist's nur noch eine Nacht, will ich noch bleiben
Doch nütze deine Zeit; das ist das Schlimme
Daß du so zwischen Tür und Angel stehst.

Und laß uns die Gespräche rascher treiben
Denn wir vergaßen ganz, daß du vergehst
Und es verschlug Begierde mir die Stimme. R

Die folgenden Schritte zeigen Ihnen beispielhaft, welche Aspekte bei der Erschließung von Gedichten zu berücksichtigen sind und wie Sie ein Gedicht schrittweise analysieren können.

1. Schritt: Das Gedicht genau lesen und Verständnisfragen klären

1 *a) Lesen Sie das Gedicht mehrmals, und zwar sowohl leise als auch laut.*
b) Klären Sie eventuelle Verständnisfragen.

Gregory Crewdson: Untitled, aus der Fotoserie „Dreamhouse" (2002)

2. Schritt: Fragen an den Text stellen und eine Deutungshypothese entwickeln

2 a) *Nähern Sie sich dem Gedicht inhaltlich an. Untersuchen Sie den Text anhand des folgenden Fragenkatalogs und halten Sie Ihre Beobachtungen in Stichpunkten fest:*
- *Was wird dargestellt? Eine Situation, eine Szene, eine allgemeine Frage, eine Handlung?*
- *Wird ein äußeres Ereignis beschrieben oder stehen eher Gefühle, Eindrücke, Gedanken im Vordergrund? Wenn ja, welche?*
- *Kann man eine Entwicklung im Gedicht feststellen? Gibt es Brüche?*
- *Was bedeutet der Titel des Gedichts? Welchen Bezug hat er zum Thema?*
- *Lässt sich das Gedicht einer bestimmten Motivgruppe zuordnen? Liebes-, Natur-, Großstadt-, Erlebnis-, Gedankenlyrik oder politische Lyrik?*

b) *Diskutieren Sie über die folgenden Deutungshypothesen. Welche kommt Ihrem ersten Textverständnis am nächsten? Begründen Sie Ihre Auswahl.*

A Das Gedicht „Entdeckung an einer jungen Frau" von Bertolt Brecht beschäftigt sich mit dem Thema Vergänglichkeit.
Der Sprecher des Gedichts will nach einer Liebesnacht gehen, als er plötzlich eine graue Strähne im Haar der Geliebten sieht. Diese „Entdeckung" zeigt ihm, wie vergänglich das Leben und die Liebe sind, und er ändert seinen Entschluss und bleibt.

B Bertolt Brechts Gedicht „Entdeckung an einer jungen Frau" ist ein Liebesgedicht. Es stellt zuerst dar, wie kurz und unbedeutend eine Liebesnacht sein kann. Erst durch die Entdeckung eines grauen Haars an der Geliebten, Zeichen von Vergänglichkeit, wird der Wunsch nach einer dauerhaften Liebesbeziehung wach.

C In dem Gedicht „Entdeckung an einer jungen Frau" von Bertolt Brecht geht es um das Älterwerden. Ein Mann entdeckt im Haar der Frau, mit der er die Nacht verbracht hat, ein graues Haar. Dies konfrontiert ihn damit, dass die Frau „zwischen Tür und Angel" steht, das heißt zwischen Jugend und Alter. Ich denke, dass dieses Erlebnis die Frage aufwirft, was im Leben wichtig ist. Wichtig sind nicht die Schönheit und Jugend, die wie eine Liebesnacht vergehen, sondern wichtig ist, dass man sich wirklich nah ist, z. B. im Gespräch.

D „[Z]wischen Tür und Angel", die Doppeldeutigkeit dieser Wendung, die im Gedicht entfaltet wird, ist das eigentliche Thema. Es ist ein Mal wortwörtlich gemeint, denn die Frau steht bei der Verabschiedung tatsächlich kühl „zwischen Tür und Angel", d. h. auf der Türschwelle. Das andere Mal wird diese Wendung im übertragenen Sinn gebraucht, der Sprecher des Gedichts erkennt anhand eines grauen Haares, das er bei der Geliebten entdeckt, dass diese Frau in Ihrem Leben „zwischen Tür und Angel" steht. Die Erkenntnis, dass die Zeit vergeht und alle Augenblicke im Leben vergänglich und deshalb kostbar sind, bringt den Wechsel im Gedicht. Der Sprecher ist erfüllt von einem echten Gefühl für die Frau.

c) *Formulieren Sie nun selbst eine Deutungshypothese, indem Sie den Inhalt des Gedichts, das Thema und die mögliche Aussage benennen.*

3. Schritt: Genaue Textanalyse

3 *Untersuchen Sie das Gedicht „Entdeckung an einer jungen Frau" mit Hilfe der folgenden Checkliste.*
TIPP: Arbeiten Sie dazu am besten mit einer Kopie des Gedichts und kennzeichnen Sie Aspekte, die Ihnen auffallen.

Checkliste zur Erschließung eines Gedichts

Inhalt

+ **Thema:** Um welches Thema geht es in dem Gedicht? Wird eine Frage gestellt, eine Handlung beschrieben oder eine Situation/eine Szene dargestellt?
+ **Äußere und innere Handlung:** Wird ein äußeres Ereignis beschrieben oder eher Gefühle, Eindrücke und Erfahrungen, Gedanken, eine Stimmung?
+ **Titel:** Was bedeutet der Titel? Welchen Bezug hat der Titel zum Thema? Welche Erwartungen weckt der Titel und wie verhält er sich zum Gedichttext?

Sprecher/-in und Adressat/-in

+ **Sprecher/-in:** Wer spricht in dem Gedicht (lyrisches Ich/Wir, Sprecher/-in nicht direkt im Text greifbar)? Was erfährt man über den Sprecher/die Sprecherin?
+ **Adressat/-in:** Gibt es einen Adressaten/eine Adressatin? In welchem Verhältnis stehen Sprecher/-in und Adressat/-in?

Formaler Aufbau

+ **Strophen und Verse:** Wie viele Strophen hat das Gedicht? Sind die Strophen gleich gebaut? Werden einzelne Strophen oder Verse wiederholt? Gibt es Enjambements (Zeilen- oder Strophensprünge)?
+ **Reim:** Ist das Gedicht gereimt? Welches Reimschema liegt vor?
+ **Metrum (Versmaß):** Welches Versmaß hat das Gedicht? Wie wirkt dieses Versmaß? Gibt es Abweichungen?
+ **Gedichtform:** Lässt sich eine bestimmte Gedichtform erkennen (Sonett, Ballade, Lied etc.)? In welcher Beziehung steht die Form zum Inhalt des Gedichts?

Sprachlich-stilistische Gestaltung (▷ Informationen hierzu auch auf S. 328 f.)

+ **Lautmalerei/Klangeffekte:** Gibt es Alliterationen oder helle bzw. dunkle Vokalreihen? Welche Wörter werden klanglich wie hervorgehoben?
+ **Wortfelder und Wortwahl:** Entstammen mehrere Wörter einem bestimmten Wortfeld? Gibt es Wörter, die wiederholt werden? Wird eine bestimmte Wortart (z. B. Nomen, Adjektive) bevorzugt? Welche Wirkung wird durch die Verwendung bestimmter Wortarten bzw. durch die Wiederholung bestimmter Wörter erzeugt?
+ **Bilder (Metaphern, Vergleiche, Symbole, Personifikationen):** Welche sprachlichen Bilder werden verwendet? Was bedeuten sie? Aus welchen Bereichen stammen sie? Wie passen sie zum Inhalt?
+ **Satzarten:** Welche Satzarten (Aussage-, Frage- oder Aufforderungssatz) herrschen vor? Wie wirken sie? Was lässt sich über die Kürze oder die Länge der Sätze sagen?

Entstehungshintergrund

+ Gibt es einen Zusammenhang zwischen dem Gedicht und zeitgeschichtlichen Ereignissen?
+ Lässt sich das Gedicht einer bestimmten Epoche zuordnen?
+ Gibt es einen Zusammenhang zwischen dem Gedicht und der Biografie des Autors/der Autorin (bestimmtes Ereignis, Schaffensperiode, Gesamtwerk)?

4. Schritt: Kurzzusammenfassung der Analyseergebnisse

4 *Für das Erstellen einer Gedichtinterpretation ist es wichtig, die gewonnenen Ergebnisse nicht isoliert voneinander darzustellen, sondern sie zueinander in Beziehung zu setzen.*

a) Tauschen Sie sich mit Ihrem Banknachbarn oder Ihrer Banknachbarin über Ihre Analyseergebnisse aus.

b) Notieren Sie in aller Kürze Ihre Analyseergebnisse. Überlegen Sie dabei auch, wie Sie die einzelnen Beobachtungen deuten würden. Welche Wirkung haben z. B. die sprachlich-stilistischen Gestaltungsmittel?

Formaler Aufbau:
- Sonett, bestehend aus vier Strophen (zwei vierzeilige Quartette und zwei sich daran anschließende dreizeilige Terzette)
- Reim: ...

...

Detailanalyse:

Strophe Abschnitt	Inhalt	sprachlich-stilistische Gestaltungsmittel
Strophe 1	Abschied von einer Frau, am „Morgen danach" plötzliches Entdecken eines grauen Haares → Änderung des Entschlusses zu gehen	- Ellipsen → Darstellung der Nüchternheit - Wiederholung des Wortes „kühl" → Spiegelung der abgekühlten Leidenschaft - betonter Einschub, „grau" exponiert am Versende → Hervorhebung der Entdeckung
Strophe 2	...	...

5 *a) Tauschen Sie sich in der Klasse über die Ergebnisse der Gedichtanalyse aus. Klären Sie im Gespräch, welche gemeinsame Basis sich für einen Interpretationsansatz finden lässt. Überprüfen Sie dann nochmals am Text, ob sich hier auch wirklich geeignete Belege für Ihre Behauptungen finden.*

b) Überprüfen Sie, ob sich die Ergebnisse der Analyse mit Ihrer Deutungshypothese aus Aufgabe 2c (▷ S. 240) vereinbaren lassen. Korrigieren Sie eventuell Ihren ersten Verstehensentwurf.

5. Schritt: Schreiben der Gedichtinterpretation

6 *Erinnern Sie sich an andere Aufsätze, die Sie bisher geschrieben haben, und beantworten Sie dann in Partnerarbeit schriftlich folgende Fragen:*

- ☐ *Welche Angaben stehen in der* ***Einleitung*** *einer Gedichtinterpretation? Welche Funktionen haben sie? Welchen Umfang sollte eine Einleitung ungefähr haben?*
- ☐ *Worum geht es in dem* ***Hauptteil*** *einer Gedichtinterpretation? Womit sind Aussagen zu belegen?*
- ☐ *Welche Funktion hat der* ***Schlussteil*** *einer Gedichtinterpretation? Inwieweit kann er eine eigene Wertung enthalten?*

7 *Verfassen Sie nun auf Grundlage Ihrer Analyseergebnisse eine Gedichtinterpretation. Orientieren Sie sich an der folgenden Übersicht und belegen Sie Ihre Aussagen anhand des Textes.*

Aufbau	Inhalt	Beispiele
1. Einleitung	– Nennen Sie Autor/-in, Titel, Entstehungsdatum und Thema des Gedichts. – Formulieren Sie in ein oder zwei Sätzen Ihre Deutungshypothese. Die Deutungshypothese ist der Aspekt, unter dem Sie das Gedicht im Folgenden untersuchen.	*Das Gedicht „Entdeckung an einer jungen Frau" von Bertolt Brecht aus dem Jahr 1925 beschäftigt sich mit dem Thema Vergänglichkeit. Der Entschluss, nach einer Liebesnacht zu gehen, gerät beim Abschied ins Wanken, als der Liebhaber eine graue Strähne im Haar der Geliebten sieht. Diese „Entdeckung", die Erfahrung von Vergänglichkeit, rückt das Leben und auch die Liebe in eine neue Perspektive. Unerwartet brechen Gefühle in die Beziehung ein, der Liebhaber ändert seinen Entschluss und bleibt.*
2. Hauptteil	– Im Hauptteil werden die Analyseergebnisse miteinander verknüpft und gedeutet. – Ordnen Sie die Ergebnisse der Textanalyse, z. B. nach ihrer Wichtigkeit für die Deutungshypothese. – Vermeiden Sie bloße Inhaltswiedergaben (Prüffrage: Was hat das mit meiner Deutungshypothese zu tun?). – Belegen Sie Ihre Aussagen mit Zitaten (→ Textbelege richtig zitieren; ▷ S. 325).	*In Vers 3 wird zunächst durch den sehr knappen, fast wie ein Ausruf wirkenden Satz „Da sah ich:" ein Spannungsbogen aufgebaut. Dieser wird durch die Sprechpause, die nach dem Doppelpunkt entsteht, zusätzlich gestützt. Die eigentliche Entdeckung wird dann durch die exponierte Stellung des Adjektivs „grau" am Versende betont; hier erfolgt dann erst die Auflösung des Spannungsbogens.*
3. Schlussteil	– Fassen Sie Ihre Ergebnisse zusammen und stellen Sie einen Rückbezug zur Einleitung (Deutungshypothese) her. Oder: – Formulieren Sie eine Stellungnahme, in der Sie das Gedicht bewerten.	*Zusammenfassend lässt sich sagen, … Meiner Meinung nach wird in dem Gedicht die Erfahrung von Vergänglichkeit sehr anschaulich vermittelt. Dies geschieht dadurch, …*

Mascha Kaléko

Das graue Haar

Ein welkes Sommerblatt fiel mir zu Füßen.
– Dein erstes graues Haar. Es sprach zu mir:
Mai ist vorbei. Der erste Schnee lässt grüßen.
Es dunkelt schon. Die Nacht steht vor der Tür.

Bald wird der Sturmwind an die Scheiben klopfen.
Im Lindenbaum, der so voll Singen war,
Hockt stumm und düster eine Krähenschar
Hörst Du den Regen von den Dächern tropfen?

So sprach zu mir das erste graue Haar.
Da aber ward ich deinen Blick gewahr,
Da sah ich, Liebster, lächelnd dich im Spiegel.
Du nicktest wissend: Ja so wird es sein.

Und deine Augen fragten mich, im Spiegel,
lässt mich die Nachtigall im Herbst allein?
Und meine Augen sagten dir im Spiegel:
Kommt, Wind und Regen, kommt! Wir sind zu zwein.

Das graue Haar, ich suche es, im Spiegel.
Der erste Kuss darauf, das war mein Siegel.

1 *a) Klären Sie, wer in diesem Gedicht zu wem spricht.*
b) Charakterisieren Sie das lyrische Ich in diesem Gedicht.

2 *Stellen Sie sich vor, das lyrische Ich bei Brecht (▷ „Entdeckung an einer jungen Frau", S. 239) und das lyrische Ich in dem vorliegenden Gedicht von Kaléko würden sich unterhalten: Verfassen Sie in Partnerarbeit einen Dialog, in dem sich die beiden über ihre Gedanken und Erfahrungen austauschen.*

3 *Erschließen Sie das Gedicht „Das graue Haar" von Kaléko inhaltlich und formal. Nehmen Sie dazu die Checkliste von Seite 241 zu Hilfe.*

4 *Vergleichen Sie die Gedichte „Entdeckung an einer jungen Frau" von Brecht (▷ S. 239) und „Das graue Haar" von Kaléko. Welche Gemeinsamkeiten und Unterschiede stellen Sie fest?*

TIPP

Gedichte vergleichen
Bei einem Gedichtvergleich werden zwei Gedichte analysiert und die gewonnenen Ergebnisse zueinander in Beziehung gesetzt.
Hierbei bieten sich zwei Möglichkeiten an:
1. Beide Gedichte werden nacheinander abgehandelt, danach (in einem dritten Teil) wird ein Vergleich erstellt.
2. Beide Gedichte werden parallel, nach Vergleichspunkten geordnet, interpretiert.

10.3 Gedichte verfassen und zusammenstellen

Gedichte parodieren

Friedrich Gottlieb Klopstock

Der Zürchersee (1750)

Schön ist, Mutter Natur, deiner Erfindung Pracht
Auf die Fluren verstreut, schöner ein froh Gesicht,
Das den großen Gedanken
Deiner Schöpfung noch einmal denkt. [...]

Friedrich Torberg

Klopstock (1932)

Schön ist, Mutter Natur, deiner Erfindung Pracht.
Aber wenn sich des Sees, streng in horazischem Takt,
Ein Professor ermächtigt,
Dann vergeht dir die Lust zum Baden.

1 *a) Vergleichen Sie die beiden Gedichtstrophen von Klopstock und Torberg. Wie verändert Torberg den Text? Was behält er bei?*
b) Begründen Sie anhand der unten stehenden Informationen, dass es sich um eine Parodie handelt, und erklären Sie, was Torberg mit seiner Parodie beabsichtigt.

2 *Wählen Sie ein Gedicht aus diesem Buch aus und verfassen Sie selbst eine Parodie auf dieses Gedicht. Experimentieren Sie dabei mit verschiedenen Verfahren, z. B.:*
- *Beibehaltung der äußeren Form und Veränderung des Inhalts*
- *Beibehaltung des Inhalts und Veränderung der äußeren Form*
- *Nachahmung des Gedichtstils (z. B. Stil einer bestimmten Literaturepoche oder -bewegung, z. B. des Sturm und Drang)*
- *Veränderung der sprachlichen Stilebenen (z. B. altertümliche Sprache → moderne Ausdrucksform; Hochsprache → Umgangssprache etc.)*

Parodie
Unter einer Parodie versteht man die gezielte Umwandlung eines Textes (oder Bildes) in satirischer Absicht. Eine Parodie ahmt bestimmte Merkmale der Vorlage nach, übertreibt sie oder füllt sie mit einem neuen Inhalt.

Gedichte in freien Versen

3 *Wählen Sie ein Gefühl aus und schreiben Sie dazu ein Gedicht, das dieses Gefühl deutlich macht, ohne es direkt zu benennen. Folgende Schritte können den Schreibprozess erleichtern:*
a) Erstellen Sie eine Stoffsammlung zu Ihrem Gefühl. Sammeln Sie dazu in einem Cluster Wörter, die Ihr Gefühl ausdrücken.

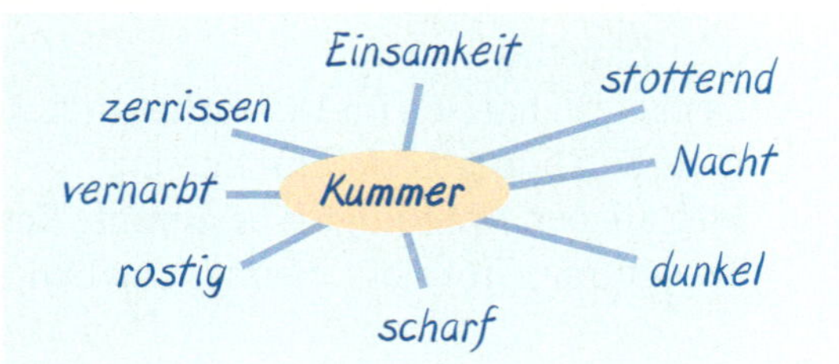

b) Wählen Sie aus Ihrem Cluster Wörter aus, die Sie zu Wortpaaren verbinden, z. B.:
vernarbte Nacht, ...

c) Suchen Sie sich ein Wortpaar aus, das Ihnen bedeutsam erscheint, und schreiben Sie Ihre Gedanken dazu auf, z. B.:
vernarbte Nacht – das fahle Licht, Gedanken schwirren, Schlaflosigkeit, du fehlst mir

d) Brechen Sie den Text in Zeilen um und gestalten Sie ein Gedicht in freien Versen, z. B.:

vernarbte Nacht,
das fahle Licht, Gedanken
schwirren, Schlaflosigkeit, du
fehlst mir

Motivgleiche Gedichte – eine Anthologie erstellen

4 *Erstellen Sie in Gruppen eine Gedichtanthologie:*

a) Sammeln Sie in Gruppen Themenvorschläge, Motive und Erlebnisse, die als Ausgangspunkte für Gedichte dienen können.
b) Wählen Sie einen Motivkreis oder ein Thema aus, mit dem Sie sich näher beschäftigen möchten.
c) Suchen Sie in der Schulbibliothek oder im Internet (z. B. unter www.gutenberg-spiegel.de) nach Gedichten zu Ihrem Thema bzw. Motivkreis (▷ Tipps zur Informationsrecherche S. 365).
d) Wählen Sie geeignete Gedichte aus und stellen Sie diese zu einer Anthologie zusammen. Bedenken Sie dabei Folgendes:
- *Wie wollen Sie die Gedichte anordnen?*
- *Welche Zusatzinformationen zu den einzelnen Autoren bzw. Autorinnen und zum zeitgeschichtlichen Hintergrund wollen Sie geben?*
- *Wollen Sie Ihre Anthologie durch selbst verfasste Gedichte und Gedichtinterpretationen ergänzen?*
- *Wollen Sie ein Vorwort entwerfen, in dem Sie die Auswahl der Gedichte und die Art der Präsentation begründen?*
- *Welches Bildmaterial soll in Ihre Anthologie aufgenommen werden?*
- *Wie wollen Sie das Layout gestalten?*

TIPP

Anthologie

Eine Anthologie (griech. anthología = Sammeln von Blumen) ist eine Sammlung ausgewählter literarischer, musikalischer oder grafischer Werke verschiedener Autoren oder Künstler.
Der Begriff hat sich im 18. Jahrhundert allgemein für Sammlungen von Lyrik, Aphorismen, Erzählungen etc. durchgesetzt.
Meist haben Anthologien bestimmte Themenschwerpunkte, z. B.: Liebe, Tod, Begegnung, Großstadt, Heimat und Exil, schwarzer Humor, Traum, Science-Fiction etc.

11 Prosa der Gegenwartsliteratur

11.1 Christoph Hein „Von allem Anfang an" – Einen Roman lesen und verstehen

Cover der einbändigen Ausgabe von Thomas Manns Debütroman „Buddenbrooks. Verfall einer Familie" aus dem Jahre 1903

Zwei Romane des schwedischen Autorenteams Sjöwall/Wahlöö in der Übersetzung von Carstensen u. Schultz (Ausgabe der Büchergilde 1990)

Originalcover der Erstausgabe von Ludwig Thomas drittem Roman „Der Ruepp" aus dem Jahre 1922

Taschenbuchausgabe des mehrfach preisgekrönten Romans „Midas" von Wolfgang Jeschke aus dem Jahre 1993

Cover der deutschen Erstausgabe von „Die Liebe in den Zeiten der Cholera" des kolumbianischen Erfolgsautors Gabriel García Márquez (1987)

Der Roman „Die Brüder Lautensack" erschien erstmals im Jahre 1944 – hier das Cover der Taschenbuchausgabe von 1991

E. T. A. Hoffmanns „Lebensansichten des Katers Murr" in einer illustrierten Ausgabe des Jahres 1968

1 a) *Ordnen Sie die abgebildeten Bücher den Romangattungen zu: Kriminalroman, Heimatroman, Künstlerroman, historischer Roman, Familienroman, Science-Fiction, Liebesroman.*
b) *Vergleichen Sie Ihre Ergebnisse und diskutieren Sie ggf. unterschiedliche Gattungszuordnungen.*
c) *Überprüfen Sie Ihre Ergebnisse mit Hilfe von Lexika, Handbüchern oder einer Internetrecherche.*

2 a) *Sammeln Sie weitere Titel, die Sie den oben aufgeführten Romangattungen zuordnen können. Begründen Sie Ihre Zuordnungen durch einen kurzen Handlungsabriss des jeweiligen Werks.*
b) *Bei welchen Romangattungen fiel es Ihnen leicht, weitere Titel zu finden, bei welchen weniger?*
c) *Kennen Sie Romane, die sich nicht in die vorgegebenen Gattungsraster einordnen lassen? Suchen Sie gemeinsam passende Gattungsbegriffe für diese Werke.*

Annäherung an den Roman – Handlung, Protagonisten und Erzählsituation kennen lernen

Aus dem Klappentext eines Romans erhalten wir erste Hinweise auf den Buchinhalt. Zu Christoph Heins Roman „Von allem Anfang an" findet man in der 1997 erschienenen Erstausgabe des Aufbau-Verlags folgenden Klappentext:

„Dem Leben muss man von allem Anfang an ins Gesicht sehen", lautet einer der Ratschläge, die Tante Magdalena Daniel gibt, wenn sie über alte Fotos reden, einen Kummer mit den Eltern oder die Schule. Daniel ist zwölf, dreizehn, mithin in einem Alter, in dem nichts selbstverständlich ist an diesem Leben: Plötzlich merkt er, dass die mitteldeutsche Kleinstadt, in die es die Familie aus Schlesien nach dem Krieg verschlagen hat, unendlich langweilig ist, ihm fällt auf, dass seine Mutter nicht mehr mit dem Vater redet, er muss erfahren, dass über die russischen Panzer in Budapest auf der Leuchttafel am Ku'damm anders berichtet wird als in den Zeitungen daheim, er lernt Wörter wie „schwul", sieht zum ersten Mal die Brüste eines Mädchens und er lernt, wie man küsst. Ein aufregendes Alter, verunsichernd und beunruhigend – Daniel ist nicht mehr Kind und noch lange nicht erwachsen –, ein Alter, in dem alles möglich ist: mit Artisten abzuhauen oder wenigstens nach Westberlin zu gehen, Schauspieler zu werden oder plötzlich im Schlamassel zu sitzen, weil man eben dem Leben ins Gesicht gesehen hat.

1 *Erstellen Sie eine Mind-Map, in der Sie mit Hilfe des Klappentextes zentrale Informationen über den Roman festhalten. Orientieren Sie sich dabei an dem folgenden Muster:*

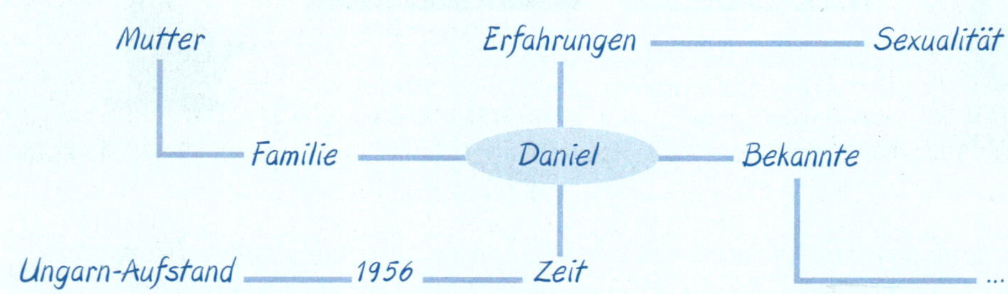

2 *Beschreiben Sie das zentrale Thema des Romans. Versuchen Sie dazu – ähnlich wie bei den Romanzuordnungen auf S. 247 – einen Gattungsbegriff für diesen Roman zu finden.*

a) Diskutieren Sie Ihr Ergebnis mit Ihrem Nachbarn oder Ihrer Nachbarin. Versuchen Sie, sich gegenseitig zu überzeugen, und einigen Sie sich schließlich auf einen gemeinsamen Begriff.

b) Stellen Sie Ihre Ergebnisse in der Klasse vor und vertreten Sie Ihren Standpunkt gegenüber möglichen anderen Positionen.

Christoph Hein

Von allem Anfang an (1)

Christoph Heins Roman „Von allem Anfang an“ führt den Leser in die 1950er Jahre der DDR, also in die Aufbauphase der DDR. Daniel, der Protagonist des Romans, lebt als Sohn eines Gemeindepfarrers mit fünf Geschwistern in einer ostdeutschen Kleinstadt in Sachsen-Anhalt, etwa 200 km von Berlin entfernt.
Der Roman, der gemäß seinem Titel die Geschichte von Daniel „Von allem Anfang an“ erzählen will, beginnt paradoxerweise mit dem Ende, dem Tag der Abreise des Protagonisten in den Westen. Es ist der Tag, an dem der Ich-Erzähler sein Ziel, ein Westberliner Gymnasium zu besuchen, erreicht hat, denn die Schulbehörden seiner Heimatstadt hatten ihm den Weg auf die Oberschule versperrt.

An dem Tag, an dem ich mich von Tante Magdalena verschieden musste, traf ich Lucie vor dem Tor in der Molkengasse. Sie hatte mich gesehen und war stehen geblieben, um auf mich zu warten. Sie trug ein dunkles Samtkleid, ihr Haar war mit einer schwarzen Schleife zusammengebunden, in der Hand hielt sie eine Rose. Anscheinend ging sie zur Frühmesse. Sie sah so schön aus, dass ich kein Wort herausbrachte. Ich lächelte verlegen.
„Was machst du denn hier?“, fragte sie.
„Ich muss jemanden besuchen. Meine Tante“, sagte ich.
„So früh?“
„Ja, ich fahre weg.“
Ich hätte ihr beinahe erzählt, dass ich mich bei der Tante verabschieden müsse, weil ich die Stadt verlasse und für immer nach Westberlin ziehe, aber dann erinnerte ich mich noch rechtzeitig daran, wie sie mich bei Fräulein Kaczmarek verraten hatte.

Christoph Hein

Von allem Anfang an (2)

Im Schlusskapitel des Romans wird die hier angedeutete Konfliktsituation – ein früherer Besuch Daniels in Westberlin und das Publikwerden dieser Fahrt durch Lucie – wieder aufgegriffen.

Lucie war nicht nur die Klassenbeste und eine fromme Katholikin, sie war auch bei den Thälmannpionieren[1], was Vater uns nie erlaubt hätte, und sie war dort so rührig und beliebt, dass die Klassenkameraden sie Jahr für Jahr zur Gruppenvorsitzenden wählten. [...]
Was immer sie sagte und tat, es wurde von den Lehrern wie von ihren Mitschülern anerkannt. Sie war eine Autorität in der Klasse, dabei war sie weder hochmütig noch herablassend, ihre guten Leistungen brachte sie anscheinend mühelos, sie war keine Streberin, sie wirkte nicht einmal ehrgeizig und auch zu den schlechteren Schülern hatte sie ein freundschaftliches Verhältnis.
Ich war überrascht, als Lucie mich aufforderte, von Westberlin zu erzählen. Ich ahnte sofort, dass es für mich Ärger geben würde, aber ich war ihr nicht böse. Ihr war nie jemand böse. [...]
In der Pause ging ich zu Lucie. Sie stand mit Kristin und drei Freundinnen aus der Parallelklasse zusammen. Ich sagte, dass ich sie sprechen müsse. Sie wandte sich zu mir und sagte freundlich: „Ja bitte.“
„Ich muss dich allein sprechen“, sagte ich.
„Was ich sage, kann jeder hören“, sagte sie, „und du musst dir angewöhnen, offen zu sprechen und keine Geheimnisse zu haben. Es gibt einen, der sowieso alles hört.“
Wenn es nicht Lucie gewesen wäre, hätte ich gefragt, ob sie den Schuldirektor meine oder

1 **Thälmannpioniere:** Mitglieder der „Pionierorganisation Ernst Thälmann“, eine Jugendorganisation in der DDR

Herrn Greschke, unseren Geschichtslehrer, aber so schluckte ich nur und sagte, ich fände es von ihr nicht richtig, dass sie das von Westberlin der Lehrerin erzählt habe.
„Und warum nicht?“, erkundigte sie sich erstaunt. Sie sah ihre Freundinnen an und schüttelte empört den Kopf. Ich war verwirrt und konnte nur wiederholen, dass ich es gemein von ihr fand.
„Aber warum denn, Daniel?“, fragte sie eindringlich. „Kannst du mir das erklären?“
„Weil ich, bei Gott im Himmel, Ärger kriege, verflucht noch mal.“
Ich drehte mich um und ging zu den Jungen. Das mit Gott im Himmel hatte ich gesagt, um sie zu reizen. Wie mein Vater konnte sie es nicht leiden, wenn man den Namen Gottes in einer Redewendung oder einem Fluch nannte.

3 *Diskutieren Sie in der Klasse die Frage, was den Autor bewegt haben könnte, seine Geschichte mit dem Ende beginnen zu lassen.*

4 *a) Untersuchen Sie, was Sie in diesen beiden Romanszenen (▷ S. 249–250) über das Verhältnis zwischen Daniel und Lucie erfahren.*
- □ *Charakterisieren Sie zunächst das Verhalten der beiden Figuren.*
- □ *Skizzieren Sie anhand der Dialogführung die Einflussmechanismen und die Abhängigkeitsstrukturen zwischen den beiden. Erstellen Sie hierzu ein Beziehungsdiagramm.*

b) Erläutern Sie, wie Sie sich Daniel, die Hauptfigur des Romans, vorstellen. Belegen Sie Ihre Aussagen am Text.

Christoph Hein

Von allem Anfang an (3)

Im ersten Kapitel des Romans führt der Erzähler den Leser nicht nur zum Zielpunkt seiner Geschichte, er reflektiert auch darüber, was ihn überhaupt dazu bewogen hat, diesen Text zu schreiben.

Sie war nicht unsere richtige Tante, sondern eine Nenntante, wie meine Mutter erklärte. Sie hatte keine Kinder, auch keinen Mann, sie war nie verheiratet gewesen. „Es gibt solche Frauen“, hatte Mutter gesagt, „dafür habt ihr Tante Magdalena ganz für euch.“
Von ihr und meiner Familie habe ich schon immer erzählen wollen, doch jedes Mal, wenn ich versuchte, darüber zu sprechen, musste ich feststellen, dass die Geschichten in meiner Erinnerung merkwürdige Lücken hatten, ein regelrechter Mottenfraß. Tante Magdalena kann ich nicht mehr fragen. Ich glaube auch nicht, dass sie meine Fragen beantwortet hätte. Ich weiß nicht einmal, ob ich es damals überhaupt gewagt hätte, sie über die Dinge zu befragen, über die man früher nicht gern sprach, jedenfalls nicht vor einem Kind. Doch wenn ich noch länger warte, stirbt noch der eine oder andere, der mir dies und das berichten kann. Deshalb habe ich einfach begonnen und werde versuchen, die Lücken zu füllen mit dem, was ich erlebt, und mit dem, was ich gesehen, aber nicht verstanden habe. Mit dem, was ich gehört habe, aber was mir nicht erzählt wurde. Und mit dem, was vor meinen Augen geschah und was ich dennoch nicht sah. Damals.
Ich versuche, die Geschichten zu vervollständigen, sie mit den Bruchstücken der Erinnerung aufzufüllen, mit Bildern, die sich mir einprägen, mit Sätzen, die aus dem dunkel schimmernden Meer des Vergessenseins dann und wann aufsteigen und ins Bewusstsein dringen. Manche dieser Bruchstücke haben schartige Kanten, die in mir etwas aufreißen. Kleine

Schnitte in der Haut, aus denen etwas hervorquillt. Oder wie Tante Magdalena damals sagte: „Wenn du mit dem nackten Hintern in einem Ameisenhaufen sitzt, kannst du keinen Faden in eine Nähnadel einfädeln. Probier das mal, mein Junge.“

5 a) *Arbeiten Sie heraus, was der Leser hier von dem Erzähler über das Romanvorhaben erfährt:*
- ☐ *Wie begründet der Erzähler seinen Entschluss, die Familiengeschichte aufzuschreiben?*
- ☐ *Welches Ziel verfolgt der Erzähler?*
- ☐ *Wie beschreibt er den Versuch, seine Geschichte zu erzählen? Mit welchen Bildern veranschaulicht er dieses Vorhaben?*

b) *Welche Konsequenzen muss die vom Erzähler beschriebene Vorgehensweise beim Erzählen der Familiengeschichte für die Darstellung der Ereignisse haben? Welchen Grad an Vollständigkeit in der Chronologie der Ereignisse darf der Leser erwarten?*

6 *Das Inhaltsverzeichnis des Romans führt folgende Kapitel auf:*
Begründen Sie, warum aus den Kapitelbezeichnungen keine Chronologie von Ereignissen ableitbar ist.

- **Krieg zur See**
- **Schöne Bescherung**
- **Flüssige Luft**
- **Großvater und die Bestimmer**
- **Am Russensee**
- **Der Evangelist Lukas**
- **Ende der Großen Ferien**
- **Die schlummernde Venus und die Hausordnung**
- **Glace surprise**

7 *Kennzeichnend für epische (erzählende) Texte ist, dass eine Geschichte von einem fiktionalen (erfundenen) Erzähler präsentiert wird, der nicht mit dem Autor oder der Autorin zu verwechseln ist.*

a) *Was erfahren Sie in dem Textauszug „Von allem Anfang an (3)“ über den Erzähler? Bestimmen Sie die Erzählform.*

b) *Übernehmen Sie die folgende Tabelle in Ihr Heft und ergänzen Sie in Partnerarbeit die Merkmale der jeweiligen Erzählform. Schlagen Sie gegebenenfalls im Grundwissen (▷ S. 351 f.) nach.*

Ich-Form	Er-/Sie-Form
– …	– …
– …	– …
– …	– …

Daniels Versuche der Selbstfindung – Merkmale des Erzählens untersuchen

Christoph Hein

Von allem Anfang an (4)

Im sechsten Kapitel lernt der 12-jährige Daniel, Held der Geschichte, den Artisten Kade kennen, der mit seiner Truppe direkt vor Daniels Elternhaus seine Kunststücke vorführt. Für Daniel bietet das Spektakel nicht nur eine willkommene Abwechslung in der eher ereignislosen Zeit der Sommerferien, sondern für ihn sind die Veltronis, wie sich die Künstler nennen, und insbesondere Kade der Inbegriff von Fernweh und Abenteuer. Entsprechend groß ist denn auch seine Enttäuschung, als sich am Ende des Gastspiels herausstellt, dass ihm Kade doch nicht die erhoffte Möglichkeit zur „Flucht" aus der Enge des Alltags eröffnet.
Der nachfolgende Auszug ist dem ersten Teil des Kapitels entnommen.

Der Evangelist Lukas

Sie waren am 24. August gekommen. Die bunten Plakate, die das Gastspiel der Veltronis ankündigten, hingen schon Wochen vorher in der Stadt. Für jedes ausgehängte Plakat erhielten die Besitzer der Schaufenster eine Freikarte. Auf dem kleineren Plakat wurde das Ereignis nur mit Schrift angekündigt, auf dem großen war ein gemaltes Bild, ein silberschimmerndes Hochseil, auf dem ein Mann in einem roten Paillettenkostüm Einrad fuhr und auf seinen Schultern zwei weitere Männer trug, die einen bunten Hahn und ein langohriges Kaninchen auf ihren Köpfen balancierten. In den gelben Scheinwerferstrahlen waren die Artisten zu sehen und am unteren Rand des Plakats konnte man die Köpfe von Zuschauern erkennen, die nach oben blickten. Auf dem linken Rand standen die Städtenamen, in denen die Veltronis bereits gastiert hatten, bekannte und berühmte Städte von drei Kontinenten. Auf der rechten Seite war ein längliches Viereck ausgespart, hier waren die Tage und die Uhrzeit der Vorstellungen in unserer Stadt hineingestempelt. Das Gastspiel sollte ursprünglich vier Tage dauern. Für den ersten Tag war nur eine Vorstellung um acht Uhr abends angekündigt, an den drei folgenden Tagen gab es zusätzliche Nachmittagsvorstellungen, bei denen Familien verbilligte Karten erhielten. Die für mich wichtigste Mitteilung stand ganz unten rechts. Ort der Vorführung, hieß es dort, ist die Bleicherwiese. Die Bleicherwiese ist unser Schulsportplatz, ein grasloses, staubiges Sandstück von der Größe eines Fußballfeldes, begrenzt von der Turnhalle, den Garagen der freiwilligen Feuerwehr und dem Turm für die Schläuche mit der Sirene auf dem Dach. Unser Garten lag direkt neben der Bleicherwiese und das bedeutete für mich freien Eintritt zu allen Vorstellungen. Freier Eintritt für mich und meine Kameraden, für Reinhard und die besonders guten Freunde. [...]

Nach dem Mittagessen rannte ich sofort auf den Sportplatz. Die beiden Türen des Anhängers standen weit offen, die Männer holten Gerüststangen und Drahtseile heraus. Kinder standen darum herum, ich sah zwei Jungen aus meiner Klasse und begrüßte sie. Wir schauten den Männern bei der Arbeit zu und unterhielten uns über die angekündigten Vorstellungen, über die bald beginnende Schule und über Mädchen. Als das Gerüst aufgebaut war und die Seile mehrmals gespannt worden waren, setzten die Männer die Scheinwerfer zusammen. Der junge Mann mit dem roten Tuch um den Hals rief etwas zu uns herüber, jedenfalls schien es uns so. Wir waren unschlüssig, ob er uns meinte, und blieben daher stehen. Als er nochmals rief, rannte ich zu ihm. Die beiden anderen liefen mir hinterher, aber ich war vor ihnen da.
„Hast du Zeit? Kannst du mir helfen?", fragte

der Mann. Ich nickte hastig und griff nach dem Stecker, den er mir reichte.

„Bring das rüber zu dem Haus.“ Er zeigte auf unsere Turnhalle. Und zu den anderen beiden sagte er: „Einer reicht. Euch brauche ich nicht, jedenfalls nicht im Moment.“

Ich zog das schwere Kabel von der Trommel und schleppte es zur Turnhalle hinüber. Dort musste ich es festhalten, während der Mann das Ende des Kabels abrollte und die Blechtrommel mit den Steckdosen neben die Scheinwerferständer stellte. Er hob die schwarzen Scheinwerfer hoch und steckte sie auf die Ständer und ich hatte die Schraubenschlüssel zu halten und ihm den jeweils gewünschten hochzureichen. Er fragte mich, in welche Klasse ich ginge, und dann sagte er: „Was ist das für eine Stadt? Kann man hier leben?“

Ich wusste nicht, was ich darauf antworten sollte. Ich fand seine Frage so seltsam, dass ich ihn mit offenem Mund anstarrte. Ich hatte nie darüber nachgedacht, was das für eine Stadt war, in der ich lebte, in der ich schon immer gelebt hatte. Aber warum sollte man nicht hier leben können? Meine Eltern wohnten hier, meine Freunde, die Nachbarn, die Lehrer, Tante Magdalena, fast alle, die ich kannte. Und ich glaubte nicht, dass sich je einer von ihnen eine solche Frage stellte. Ich hätte gern in Berlin gewohnt, weil da mehr passierte, und vielleicht würde ich ja in zwei Jahren nach Westberlin zur Schule gehen, aber ich hatte mir trotzdem noch nie die Frage gestellt, ob man in unserer Stadt leben könne.

„Nein“, sagte ich und war dabei von mir selbst überrascht, „nein, hier kann man nicht leben.“

„Das dachte ich mir. Und warum?“

„Die Stadt ist langweilig“, sagte ich leise.

Er nickte und strahlte mich an. Er sah mir zum ersten Mal ins Gesicht und ich sah, dass er grüne Augen hatte, meergrüne Augen, wie ich sie noch nie bei einem Menschen gesehen hatte. Der Evangelist Lukas hatte solche Augen. Auf dem großen Altarbild in unserer Marienkirche waren die vier Evangelisten abgebildet. Sie standen um das Kreuz mit dem angenagelten Christus. Jeder von ihnen hielt ein aufgeschlagenes Buch in der Hand, das wohl die Bibel sein sollte, und zeigte mit einem langen und eigenartig gebogenen Finger auf den Text, während er teilnahmslos und ohne Erregung oder erkennbares Mitleid auf den Gekreuzigten blickte oder zu dem Betrachter des Bildes. Alle hatten normale dunkelblaue oder graue Augen, nur Lukas hatte grüne, die aus dem Bild hervorstachen. [...]

Und nun sahen mich die gleichen meergrünen Augen an und lächelten mir ermunternd zu und ich war gebannt wie von den Augen des Evangelisten und starrte den Mann, den die anderen nur Kade riefen, ebenso bewundernd an wie die gemalte Figur auf dem Altarbild.

„Was hast du?“, fragte mich der Mann. „Irgendetwas nicht in Ordnung?“

„Ich werde hier weggehen“, sagte ich, „ich verschwinde hier, sobald ich kann.“

„Natürlich“, sagte er und schraubte die Muttern fest, „aber erst musst du erwachsen werden.“

„Ich verschwinde in zwei Jahren.“

„Soso. Und wohin? Nach Amerika?“

Ich spürte, dass er mir nicht glaubte, und weil es mir wichtig war, dass er, der Artist mit den grünen Augen, mir glaubte, sagte ich, was ich bisher noch nie zu jemandem gesagt hatte: „Ich geh nach Westberlin.“

Ich flüsterte es nur, ich hauchte es fast, aber er hatte mich verstanden. Er sah mich an, stieß einen anerkennenden Pfiff aus und lächelte. „Tatsächlich?“

„Mein Bruder ist in der vorigen Woche nach Westberlin gegangen. Und in zwei Jahren gehe ich.“

„Ganz allein?“

„Ja, allein. Aber mein Bruder ist ja dort.“

„Das würde ich aber an deiner Stelle nicht jedem erzählen. Du weißt doch, es ist verboten. Es wird bestraft.“

„Ich erzähle es keinem.“

„Mir hast du es gesagt.“

„Ja. Aber sonst keinem. Noch nie.“

„Das ist auch besser so. Und warum hast du es mir erzählt?“

„Ich weiß nicht.“

„Du vertraust mir?“

„Ja."
„Du vertraust mir, dabei kennst du mich gar nicht."
Ich wusste nichts zu erwidern. Ich konnte ihm nicht von dem Evangelisten Lukas erzählen, er hätte mich sicher ausgelacht.
„Na ja, man muss Menschen haben, denen man vertraut. Ich könnte nicht aufs Seil gehen, wenn ich mich nicht absolut auf die andern verlassen könnte. Und die verlassen sich darauf, dass ich alle Muttern fest anziehe. Also machen wir weiter."

1 *Die vorliegende Szene wird so erzählt, dass der Leser eine genaue Vorstellung von der Situation erhält. Arbeiten Sie heraus, mit welchen erzähltechnischen Mitteln dies geschieht (▷ Informationen zu erzähltechnischen Mitteln auf S. 350–353).*

2 *Erläutern Sie, warum Kades grüne Augen für Daniel ein so nachdrückliches Vertrauensverhältnis begründen.*

3 *Inwiefern belegt Daniels spontane Aussage, dass man in dieser Stadt nicht leben könne (▷ Z. 96 f.), seine gegenwärtige Orientierungslosigkeit als Heranwachsender?*

4 *Begründen Sie, welche gesellschaftlich-politische Brisanz der offen ausgesprochene Plan Daniels, nach Westberlin zu gehen, in der DDR der 1950er Jahre hatte. Lesen Sie dazu auch die folgenden Informationen aus einem Lexikonartikel:*

Republikflucht: Mit diesem Begriff bezeichnete die ▷DDR das Verlassen des Territoriums über die Grenze ohne staatliche Genehmigung.
Die ▷Volkskammer erließ am 15. September 1954 das so genannte ▷Passgesetz, in dem bis zu drei Jahre Haft oder eine Geldstrafe für denjenigen festgesetzt wurden, der „ohne erforderliche Genehmigung das Gebiet der DDR verlässt […] oder durch falsche Angaben eine Genehmigung zum Verlassen der DDR erschleicht".
DDR-Bürger konnten nur in andere sozialistische Länder reisen, z. B. in die Sowjetunion, nach Polen oder Bulgarien. Ins nichtsozialistische – also feindliche kapitalistische – Ausland konnte man meist nur im Rahmen von Dienstreisen gelangen.
Fluchtmotive: Gründe für eine Flucht in den Westen waren meist mangelnde Meinungs- und Reisefreiheit, die schlechte ▷Wirtschaftslage in der DDR, eingeschränkte berufliche Möglichkeiten, Benachteiligungen wegen beispielsweise kirchlicher oder politischer Aktivitäten.

Flüchtlinge überwinden eine Grenzanlage in Berlin (1961)

Geheimhaltung: Die Vorbereitung einer Flucht konnte Gewissenskonflikte auslösen. Wer von einer geplanten Flucht wusste und diese nicht der ▷Deutschen Volkspolizei meldete, machte sich strafbar. Deshalb mussten die Flüchtenden abwägen, wen sie in ihre Pläne einweihten. Die Flucht eines Familienmitglieds oder eines guten Freundes hatte für die Zurückgebliebenen oft Konsequenzen. Sie wurden hinsichtlich einer möglichen Mitwisserschaft befragt und überwacht und mussten auch befürchten, ihren Arbeitsplatz zu verlieren.

Christoph Hein

Von allem Anfang an (5)

Nachdem Daniels Traum von der großen Freiheit als Mitglied in der Künstlertruppe der Veltronis geplatzt ist, findet er eine gewisse Bestätigung als Mitspieler im „dramatischen Zirkel" der Schule. Als die Schulspielgruppe Monate später ihr Stück beim „Wettbewerb der Schülertheater" in Dresden aufführen darf, lernt er Mareike kennen, die mit einer anderen Schultheatergruppe an dem Festival teilnimmt. Im nachfolgenden Ausschnitt erzählt Daniel von seiner ersten Begegnung mit Mareike.

Die schlummernde Venus und die Herausforderung

In den Herbstferien fuhr ich mit dem Schülertheater nach Dresden. [...]

Wir traten am dritten Abend auf und ich bekam wieder den meisten Applaus, aber auch der Hauptdarsteller, der das Mädchen küssen musste, konnte sich drei Mal verbeugen. Nach unserem Auftritt wurde ich von allen nur noch „Johnny" gerufen und das war mir lieber als „Kussmaul".

Am Freitag nach dem Mittagessen, als wir zwei freie Stunden hatten und im Park hinter dem Schülerheim herumlungerten, kamen zwei Mädchen und fragten mich, wie alt ich sei.

„Vierzehn", log ich.

„Na, siehst du", sagte eins der Mädchen zu ihrer Freundin.

„Ich habe gehört, du bist erst dreizehn, Johnny", sagte das andere Mädchen.

Ich antwortete ihnen nicht, sondern tat, als wäre ich gelangweilt und würde lieber in meinem Buch weiterlesen.

„Kennst du Mareike?"

Ich nickte. Sie war mir aufgefallen, weil sie immer kurzärmlig herumlief, obwohl im Schülerheim noch nicht geheizt wurde. Und außerdem hatte ich bemerkt, dass sie bei den gemeinsamen Mahlzeiten zu mir herübersah.

„Sie will mit dir befreundet sein."

„Mit mir? Wer sagt das?"

„Na, Mareike natürlich."

„Hat sie euch geschickt?"

„Wir wollen nur mal fragen."

„Ach so", sagte ich, „und warum kommt sie nicht selber zu mir?"

„Sollen wir ihr das sagen?"

Ich räusperte mich verlegen. Ich spürte, dass meine Hände feucht wurden.

„Warum will sie denn mit mir befreundet sein?"

„Na, warum schon? Sie ist in dich verschossen."

Die beiden Mädchen kicherten laut und ich wurde rot.

„Soll sie zu dir kommen?"

Ich nickte. [...]

„Du wolltest mich sprechen, Johnny?"

Vor Verlegenheit erhob ich mich und gab ihr die Hand. Dann setzte ich mich rasch.

„Nein, ich wollte dich nicht sprechen", stotterte ich, „deine Freundinnen haben gesagt, na ja, sie haben gesagt, du willst mich sprechen."

Mareike setzte sich neben mich.

„Ich wollte dir nur sagen, du warst ganz toll, Johnny, vorgestern, als ihr gespielt habt."

„Du warst auch nicht schlecht. Ich meine, als ihr gespielt habt."

„Unser Stück war nicht so gut. Willst du Schauspieler werden?"

„Daran habe ich noch nie gedacht", sagte ich. Ich war sehr stolz, dass sie mich danach fragte.

„Und du? Willst du Schauspielerin werden?"

„Nein. Ich tanze. Ich werde Tänzerin."

„Eine richtige Tänzerin?"

Sie nickte. Ich war sehr beeindruckt.

„Glaubst du mir nicht?"

„Doch", sagte ich rasch. Ich überlegte, was ich noch sagen könnte, aber mir fiel nichts ein, nichts Richtiges.

Die Pause wurde endlos lang. Ich spürte, sie wartete darauf, dass ich endlich den Mund aufmachte. Mir war unbehaglich und ich schwitzte.

„Wollen wir spazieren gehen?", fragte sie.

„Ich habe Zeit", sagte ich.

Ich ärgerte mich, weil mir das nicht eingefallen war.

Wir liefen durch den Park, den Kiesweg entlang. Ich sah nur manchmal verstohlen zu ihr.

Wenn wir an ihren Freundinnen vorbeigingen, fragten die jedes Mal, ob Mareike nicht zu ihnen kommen wolle, und Mareike rief ihnen zu, sie sollten sich um sich selber kümmern.

[...]

Im Wald fragte sie mich, ob es mich störe, wenn sie mich „Johnny" nenne, und ich sagte, es sei mir gleichgültig. Sie erkundigte sich, ob ich fände, dass sie zu dicke Beine habe. Bevor ich antworten konnte, lief sie zwei Schritte vor, drehte sich zu mir um und zog ihr Kleid so hoch, dass ich ihre Beine bis zu dem weißen Schlüpfer sehen konnte.

„Nein, dick sind sie nicht", brachte ich endlich heraus und schluckte.

Sie hielt das Kleid noch immer hoch, drehte sich vor mir hin und her und betrachtete ihre Beine.

„Na schön, ich habe keine dünnen Beine. Sie sind vielleicht kräftig, aber nicht dick. Und sie sind ganz gerade, siehst du das, Johnny?"

Ich wusste nicht, ob ihre Beine dick oder dünn waren, mir war so heiß, dass ich überhaupt nicht denken konnte.

„Ich bin zufrieden mit meinen Beinen, die können sich sehen lassen. Und solche spindeldürren will ich nicht geschenkt haben. Ein bisschen Fleisch am Knochen muss schon sein, sagt meine Mutter. Und eine Tänzerin braucht kräftige Beine. Jede Tänzerin hat kräftige Beine. Das sind Muskeln. Da kannst du anfassen, das ist alles fest."

Ich starrte stumm auf die rosa Borte an ihrer Unterhose und hoffte, sie würde wiederholen, dass ich ihre Beine anfassen soll. Sie hatte zwar so etwas geäußert, aber wahrscheinlich war das keine richtige Aufforderung gewesen, sondern nur so dahingesagt. Ich wusste nicht, ob ich mich einfach bücken und eine ihrer Waden oder gar einen Oberschenkel anfassen sollte. Sie ließ ihr Kleid fallen und erzählte etwas über die Muskeln von Tänzerinnen. Ich konnte ihr nicht zuhören, weil mir das Blut in den Ohren rauschte. Während ich neben ihr herlief und sie weiterplapperte, beschimpfte ich mich im Stillen, weil ich nicht gleich zugegriffen hatte.

Auf dem Rückweg, noch bevor wir den Wald verließen, blieb sie plötzlich stehen und sagte: „Komm mal her, Johnny."

Ich ging einen Schritt auf sie zu und sah sie an, aber sie sagte nur: „Komm noch näher."

Ich machte noch einen Schritt und wartete. Sie sah mich an und schwieg und ich überlegte, was sie jetzt von mir erwartete.

„Ich mag dich, Johnny."

„Ich mag dich auch, Mareike. Ich mag dich sehr gern."

Ich spürte, dass nun etwas geschehen musste, aber Mareike sah mich nur an. Vielleicht sollte ich sie küssen, vielleicht wäre das aber auch ganz falsch und ich würde alles kaputt machen und sie wäre entsetzt über mich. So stand ich vor ihr und hoffte, sie würde sagen, was ich tun sollte.

„Wir müssen gehen", sagte sie, „wir kommen zu spät zur Probe." [...]

1 a) *Untersuchen Sie, mit welchen Mitteln die jeweilige Grundstimmung in den unterschiedlichen Situationen ausgedrückt wird. Achten Sie dabei vor allem auf die Formen der Figurenrede, z. B.: direkte und indirekte Rede, innerer Monolog (**▷ Formen der Figurenrede S. 352 f.**).*

b) *Analysieren Sie den Dialog zwischen Mareike und Daniel (▷ Z. 44–140) und arbeiten Sie das unterschiedliche Gesprächsverhalten der beiden Jugendlichen heraus.*

2 *Als Mareike „Johnny" auffordert, ihre Beine zu berühren, reagiert dieser mehr als verlegen. Versetzen Sie sich in Daniels Lage und besprechen Sie in der Klasse, wie ein Dreizehnjähriger mit einer solchen Erfahrung umgehen könnte.*

3 *Wie könnte die Beziehung zwischen „Johnny" und Mareike weitergehen? Schreiben Sie entweder aus der Perspektive Daniels oder Mareikes einen Tagebucheintrag, in dem er oder sie von einer weiteren Begegnung mit dem jeweils anderen berichtet.*

Was ist ein Roman? – Annäherung an eine Gattung

Roman

Großform der Erzähldichtung (▷Epik), die sich durch die Prosaform vom Epos oder dem Versroman, durch ihren Umfang und die komplexe Gestaltung der Handlung von epischen Kleinformen wie ▷Novelle, ▷Erzählung oder ▷Kurzgeschichte unterscheidet. Der Begriff kommt aus Frankreich, wo man im 12. Jh. den im gelehrten Latein verfassten Schriften („lingua latina“) die in der Volkssprache, der „lingua romana“, geschriebenen Texte entgegensetzte. Später bezeichnete das Wort „Roman“ jegliche Art von Prosaschriften im Gegensatz zu Versdichtungen. Heute ist der Roman als die verbreitetste unter allen Gattungen vielfach zum Synonym für Dichtung überhaupt geworden. Man kann den Roman als eine Weiterentwicklung des ▷Epos in Prosa bezeichnen. Allerdings gibt es im Roman keine mythische Verankerung des Geschehens mehr, auch fehlt die einseitige Typisierung des Helden. Kennzeichnend ist vielmehr, dass die handelnden Personen – vorzüglich natürlich der Held – individuelle Charakterzüge annehmen und die Möglichkeit zur Persönlichkeitsentwicklung haben. War der Held im Epos noch eingebunden in unverrückbare Ordnungsmuster und in eine überschaubare Welt, so sieht sich der Romanheld – vor allem in der ▷Moderne – mit einer komplexen und sich stetig wandelnden Wirklichkeit konfrontiert.

Roman

epische Großform in Prosa, deren Ziel die Darstellung eines umfassenden Weltausschnitts ist. Anders als im Epos stehen im R. das Schicksal von Einzelpersonen und die Schilderung von Subjektentfaltung und Weltdarstellung im Vordergrund. Als Gattung erscheint der R. spät (im Hellenismus und im 13. Jh. als Auflösung älterer Vers-R.e) und sein Gattungsrang bleibt (wegen der Unterschiedlichkeit der als R.e zu bezeichnenden Werke) umstritten. Einteilungen sind möglich nach der Erzählperspektive (Ich-R., Brief-R. etc), dem erzählenden Subjekt (▷Bildungs-R., ▷Picaro-R., Familienchronik etc.), nach dem Gegenstandsbereich (Staats-R., Heimat-R., aber auch moderner Universal-R.), der Stillage (satirischer R., realistischer R.) oder auch nach dem literarischen Anspruch (▷Kriminal-R., ▷Science-Fiction-R., Unterhaltungs-R. etc.). All diese Einteilungen bleiben jedoch relativ willkürlich, da mit Ausnahme bestimmter Formen der ▷Trivialliteratur (Kriminal-R., Heimat-R.) eine klare Rezeptionssteuerung nicht vorliegt. Zu Beginn des 20. Jh. stehen dem Romancier die Themenbereiche, Stillagen und Erzählweisen zur Verfügung, die auch noch das Romanschaffen der Gegenwart bestimmen.

1 a) *Arbeiten Sie aus den beiden Lexikonartikeln die zentralen Aspekte der Prosagattung „Roman“ heraus. Legen Sie dazu in Ihrem Heft eine Übersicht an, in der Sie folgende Aspekte berücksichtigen:*
- ☐ *Begriffsgeschichte*
- ☐ *Unterschiede zu anderen epischen Formen*
- ☐ *Merkmale des Romans*
- ☐ *Einteilungen*

b) *Ergänzen Sie gemeinsam mit Ihrem Nachbarn oder Ihrer Nachbarin Ihre Übersicht zum Thema „Roman“. Ziehen dazu auch Handbücher und Lexika zu Rate.*

c) *Überprüfen Sie Ihre Ergebnisse durch eine Übertragung auf den hier in Auszügen vorgestellten Roman „Von allem Anfang an“ von Christoph Hein (informieren Sie sich hierfür über den vollständigen Inhalt des Romans) oder einen anderen Ihnen bekannten Roman.*

Christoph Hein – Ein großer Erzähler der deutschen Gegenwartsliteratur

Christoph Hein

Christoph Hein wurde am 8.4.1944 in Heinzendorf/Schlesien geboren und wuchs in Bad Düben bei Leipzig auf. Da er als Sohn eines Pfarrers in der DDR die Oberschule nicht besuchen durfte, ging er ab 1958 in Westberlin auf das Gymnasium. Seit 1960 lebt er in Ostberlin. Nach dem Abitur arbeitete er als Montagearbeiter, Buchhändler, Kellner, Schauspieler usw. und auch als Regieassistent, u. a. an der Volksbühne Berlin bei Benno Besson, mit dem er 1979 dieses Theater wieder verließ. Von 1967 bis 1971 studierte er Philosophie und Logik in Leipzig und Berlin. Danach übernahm er eine Tätigkeit als Dramaturg an der Volksbühne und bekam dort 1974 einen Autorenvertrag. Seit 1979 befindet er sich, nach eigenem Bekunden, „auf dem freien Markt". 1989 erhielt Hein eine Dozentur für den Poetik-Lehrstuhl an der Essener Folkwang-Schule. Seit 1992 ist er Mitherausgeber der Zeitung „Freitag", 1998 wurde er zum Präsidenten des vereinigten deutschen P. E. N.-Zentrums[1] gewählt. Christoph Hein wurde vielfach ausgezeichnet, u. a. 1982 mit dem Heinrich-Mann-Preis der Ostberliner Akademie der Künste, 1983 mit dem Berliner Kritikerpreis, 1989 mit dem Lessingpreis der DDR, 1994 mit dem Peter-Huchel-Preis und dem Bundesverdienstkreuz, im Jahre 2000 mit dem Peter-Weiss-Preis der Stadt Bochum, 2002 mit dem Österreichischen Staatspreis für Europäische Literatur.

1 **P. E. N.-Zentrum:** internationale Schriftstellervereinigung; die drei Buchstaben stehen für die Wörter *Poets, Essayists, Novelists*

Christoph Hein
„Wir werden es lernen müssen, mit unserer Vergangenheit zu leben"
Gespräch mit Krzysztof Jachimczak (1986)

[...]

Jachimczak: Wie begreifen Sie Ihre Rolle als Schriftsteller, welche Aufgaben stellen Sie sich? Sie haben mehrmals hervorgehoben, auch hier in Krakau, dass Sie vor allem darüber berichten können, was Sie selbst erfahren haben. Begreifen Sie also das Schreiben als eine Art Erkenntnisprozess, in dem man sein eigenes Schicksal und den Standort in der Welt erkennt, oder vielleicht auch – Schreiben als Selbstheilungsprozess?

Hein: Selbstheilungsprozess würde ich nicht sagen. Ich glaube, dass die meisten Schriftsteller nur über das schreiben können, was durch ihre Erfahrung gegangen ist, was sie wirklich sinnlich erfahren haben. Dass ich das in einer Form tue, die vom bloßen Bericht, vom Journalistischen abgeht, hat etwas mit Metamorphose zu tun, es findet doch eine Art Verwandlung statt: Ich vermittele Erfahrungen mit Hilfe künstlerischer Genres, dem Stück, einem Roman, einer Komödie. Aber es sind immer Dinge – egal, um was für einen Stoff es sich handelt, und egal, aus welcher Zeit dieser Stoff ist –, es sind immer Dinge, die durch meine Erfahrungen gegangen sind, die mit meinen Erfahrungen und Erinnerungen zu tun haben. Insofern sagte ich einmal, dass ich eigentlich nur ein Chronist bin, sicherlich ein sehr subjektiver, sicherlich mit einer Weltsicht, die nur meinen Augen entspricht, aber im Grunde teile ich nur etwas über mich mit, über mein Verhältnis zur Welt, gebe also eine sehr subjektive Berichterstattung.

Jachimczak: In Krakau haben Sie gesagt, dass Sie kein Moralist, sondern ein Chronist sind, der ohne Hass und Eifer darüber berichtet, was er zu sehen bekommt. Diese Haltung ist in Ihrem ganzen Schaffen präsent. [...] In Ihrem Lande hat man Ihnen daraus einen Vorwurf gemacht, dass Sie dem Leser eigentlich nicht sagen, worauf Sie denn hinauswollen.

Hein: Was die Kritiker verlangen, ist doch allein die moralische Haltung, die moralische Instanz, die der Schriftsteller sein soll. Ich lehne das ab, weil hinter der moralischen Instanz, hinter dem Wegweiser, der ein Schriftsteller vielleicht sein kann, der Prophet lauert. Das ist eine Literatenrolle aus dem 19. Jahrhundert, wo der Autor die große, weise Figur ist, die dem Volk sagen kann, wo es langzugehen hat. Da bin ich, wie ich meine, bescheidener. Ich bin nicht klüger als mein Publikum, ich kann keine Richtung angeben. Ich bin so unberaten wie mein Publikum. Ich kann ihm nur etwas über den Weg sagen, den wir gegangen sind. Ich kann über die Richtung des künftigen Weges nichts sagen. Ich würde das für viel zu anmaßend halten. Und die moralische Instanz brächte mich in die Haltung des Propheten. Da ist mir, sagen wir, die Aufklärung lieber, die das Bestehende eindeutig und genau analysiert. In der Analyse des Bestehenden liegt, denke ich, genügend klärender Sprengstoff, um einen künftigen Weg zu finden. [...]

Jachimczak: Sie arbeiten immer mit Leerstellen, viele Gedanken führen Sie nicht zu Ende, manches lassen Sie ungesagt, sehr oft verwenden Sie so umfangreiche wie mehrdeutige Symbole. Manche Kritiker in der DDR nehmen es Ihnen sogar übel.

Hein: Ich denke, dass das mehr ein Problem der Kritiker und nicht der Schriftsteller ist. Die Literaten und die Bücher haben sich verändert – die Kritik ist da noch auf dem Wege, sie hat noch vieles zu lernen. Sie hat noch immer vertraute Muster, vertraute „patterns“, wie den positiven Helden. Sie meint, der Schriftsteller muss wirklich alles sagen und ist die große Instanz, während ich und andere schon darauf vertrauen, dass mein Leser auch mein Partner ist, der seine eigenen Erfahrungen einbringt. Und tatsächlich wird das ständig, seit es Leser gibt, seit es ein Publikum gibt, gemacht. Der Rezipient vergisst doch nicht, was er im Kopf hat, vergisst doch nicht seine Erfahrungen. Wenn ein Leser sagt, „Krieg und Frieden“ sei ein gutes Buch, dann nicht, weil er Literaturprofessor ist, sondern, weil ihm seine persönlichen Erfahrungen sagen, dass „Krieg und Frieden“ ein gutes, wichtiges Buch ist. Kein Leser, kein Theaterpublikum vergisst die eigenen Erfahrungen während des Zuhörens oder des Lesens, sondern sie arbeiten mit. Wenn ein Satz fällt, dann trifft er auf offene oder auf taube Ohren, je nach eigenen Erfahrungen des Lesers. Und insofern brauche ich einen aktiven Leser, der die Dinge, wo ich aufhöre zu sprechen oder nur wenig mitteile, um ihm einen Freiraum zu lassen für seine Erfahrungen, auch zu Ende führen kann. Das vermag ja auch jeder

Leser, egal, ob Literaturprofessor oder Arbeiter. Jeder Leser ist ein aktiver Mensch.

Jachimczak: Sie sind also programmatisch für das dialogische Prinzip in der Literatur?

Hein: Ich bin schon deswegen dafür, weil es ohnehin stattfindet. Und zwar nicht neuerdings, sondern seit Jahrhunderten. [...] Das Dialogische findet immer statt. [...] Als Kunstkonsument bin ich immerfort in einem Dialog begriffen. Tatsächlich werden die Bücher ja nicht so gelesen, wie sie geschrieben sind, jeder Leser liest sie anders auf Grund des Dialogs, der da stattfindet.

[...]

Jachimczak: Sie haben einmal gesagt, dass Geschichtsbewusstsein oder -verständnis egozentrisch ist – man will seine Väter kennen lernen, weil man auch erfahren will, wo man selbst ist.

Hein: Ohne eine Kenntnis der eigenen Geschichte oder der Geschichte meiner eigenen Gesellschaft kann ich ohnehin überhaupt keine Aussagen über meine Gegenwart und schon gar nicht über meine Zukunft machen. Sie kennen das Wort: Wer die Vergangenheit nicht wahrnimmt, ist genötigt, sie zu wiederholen. Das Begreifen der unmittelbaren wie auch der fernen Vergangenheit halte ich für absolut notwendig, wenn man die eigene Situation erkennen will. Insofern sind das Dinge, die ich zum Verständnis meiner eigenen Situation, zum Verständnis meiner gegenwärtigen Gesellschaft benötige.

1 *Beschreiben Sie mit eigenen Worten, wie Christoph Hein seine Rolle als Schriftsteller versteht. Wie charakterisiert er den Prozess des Schreibens? Was bedeutet es, wenn sich Christoph Hein als „Chronist“ im Gegensatz zum „Moralisten“ bezeichnet?*

2 *„Die Literaten und die Bücher haben sich verändert [...]“ (▷ Z. 72 f.). Was meint Christoph Hein damit? Welche Rolle spielt der Rezipient als „aktiver Leser“ (▷ vgl. Z. 96 f.) in diesem Prozess?*

3 *a) Erläutern Sie, was mit dem „dialogischen Prinzip in der Literatur“ (▷ Z. 104 f.) gemeint ist.*
b) Sprechen Sie darüber, was dies für die Rezeption und die Interpretation von literarischen Texten bedeutet.
c) Diskutieren Sie vor dem Hintergrund Ihrer eigenen Leseerfahrung darüber, ob Sie die Ansicht Christoph Heins, dass zwischen Literatur und Rezipient ein Dialog stattfinden muss, teilen.

4 *a) Teilen Sie sich in Arbeitsgruppen auf und recherchieren Sie jeweils über einen Roman von Christoph Hein. Nehmen sie dazu den Lexikonartikel auf Seite 261 zu Hilfe und berücksichtigen Sie bei Ihrer Recherche folgende Aspekte:*
- *Inhalt des Romans: Figuren, Zeit, Ort, Handlung*
- *Aufbau der Geschichte*
- *Erzählverhalten*
- *Entstehungshintergrund des Romans (Gibt es einen Zusammenhang mit dem zeitgeschichtlichen Kontext? Spielt die Biografie des Autors eine Rolle?)*

(▷ Tipps zur Informationsrecherche auf Seite 365)

b) Stellen Sie Ihre Ergebnisse in Kurzreferaten vor.
c) Diskutieren Sie, inwieweit der zeitgeschichtliche und/oder gesellschaftliche Kontext bei den jeweiligen Romanen eine Rolle spielt. Erfüllt Christoph Hein mit seinen Romanen seine Rolle als „Chronist“?

Die Romane Christoph Heins

In seinen Prosatexten schildert Christoph Hein alltägliche Konflikte, wobei die Leiden und Nöte von Durchschnittsfiguren einfühlsam verdeutlicht werden.

„Horns Ende" (1985) ist Heins erster Roman. Vier Erzähler, Bewohner der fiktiven DDR-Kleinstadt Guldenburg, rufen sich Ereignisse aus dem Jahr 1957 in Erinnerung. Heins Roman „Der Tangospieler" (1989) behandelt die Geschichte des ehemaligen Hochschulassistenten Dallow. In einem Studentenkabarett hatte Dallow einen Tango begleitet, dessen Text als ironischer Affront gegen „führende Persönlichkeiten des Staates" interpretiert wurde. Nach fast zweijähriger Haft versucht Dallow, ein neues Leben aufzubauen.

„Napoleon-Spiel" (1989) besteht fast vollständig aus dem Brief eines Untersuchungshäftlings an seinen Anwalt. Der Delinquent aus höchsten Berliner Kreisen hat im Wendejahr 1989 anscheinend völlig unmotiviert einen S-Bahn-Passagier getötet und wartet jetzt auf seinen Prozess. 1997 erscheint Heins Roman „Von allem Anfang an", den man als eine fiktiv verpackte Autobiografie aus den 1950er Jahren verstehen kann. In seinem 2001 erschienenen Roman „Willenbrock" thematisiert Christoph Hein den Bruch der Lebenslinien nach dem Mauerfall 1989 und die Neuorientierung im Westen. Der Roman „Landnahme" (2004), von der Kritik hoch gelobt, bietet eine Chronik, die sich über 50 Jahre deutscher Geschichte erstreckt. 2005 erschien der viel diskutierte Roman „In seiner frühen Kindheit ein Garten", in dem Christoph Hein von einem Vater erzählt, dessen Kind die Familie verriet, um sich in den Dienst der RAF zu stellen. 2007 erschien der Roman „Frau Paula Trousseau", in dem Hein konsequent die Perspektive der Malerin Paula Trousseau einnimmt.

Dem Autor, der sich selbst als „Chronist ohne Botschaft" bezeichnet, gelingt es in seinen Romanen, Gesellschaftsanalysen von großer Dichte zu zeichnen. In geradezu sprödem Ton, vermittels prägnanter Dialoge und virtuos eingesetzter Rollenprosa werden exemplarische Biografien erzählt. Dabei changieren seine Figuren zwischen Alltagswirklichkeit und Determiniertheit durch die konkreten historischen Umstände.

11.2 Die Erfindung der Welt – Eine Erzählung von Siegfried Lenz untersuchen

Eine Erzählung erschließen

Siegfried Lenz

Panik (1)

Der Literarurkritiker Marcel Reich-Ranicki bezeichnet den Schriftsteller Siegfried Lenz in seinem Vorwort zu dem großen Erzählband, der 2006 anlässlich des 80. Geburtstags des Dichters erschien, als „Künstler [...] und elementaren Fabulierer", der eine Gattung „ganz besonders liebt: die Geschichte, die Erzählung".
Die folgende Erzählung stammt aus: „Ludmilla", einem Sammelband mit sechs Geschichten, der 1996 erschien.

In drei Phasen, sagte der Feldwebel, müssen Sie die Bretterwand überwinden: anspringen, hinaufklimmen, abrollen; und nach dieser theoretischen Anweisung bat er um Aufmerksamkeit, lief selbst an, schnellte an dem Hindernis empor, ließ sich mühelos abrollen und kam lächelnd hinter der Bretterwand hervor. Soldat Berger hatte verstanden, worauf es ankam; er wußte von Anfang an, daß er den Stemmschritt in Schwung verwandeln mußte, seine Kameraden, die ausnahmslos hinübergekommen waren, hatten es ihm vorgemacht, einige sogar lässig und gut gelaunt. Also, Berger, sagte der Feldwebel, versuchen wir's noch mal, und in versöhnlicher Tonart fügte er hinzu: Nicht mir sollen Sie etwas beweisen, sondern sich selbst.

Berger blickte über das vernarbte Übungsgelände, das jetzt, nach Dienstschluß, verlassen dalag, eine sandige, kümmerlich bewachsene Ebene; dann faßte er die Bretterwand ins Auge, konzentrierte sich auf das schmutzige Oval, das hundert auftreffende Stiefel hinterlassen hatten, und lief zum dritten Mal auf das Hindernis zu. Der Kolben des Schnellfeuergewehrs schlug gegen seinen Rücken. Der Stahlhelm verrutschte, so daß er die Oberkante der Bretterwand nicht mehr sehen konnte. Schwer mahlten die Stiefel im lockeren Sand. Er keuchte, er hörte nicht die knappen, ermunternden Kommandos des Feldwebels, der hier mit ihm allein exerzierte, offenbar nur darauf aus, auch ihn, auch den Soldaten Berger, über das Hindernis triumphieren zu lassen. Das schmutzige Oval, der Punkt, den er anspringen mußte, kreiste oder schien doch zu kreisen, Schweiß biß in die Augen, und unmittelbar neben der Bretterwand wuchs der Körper des Feldwebels auf, Soldat Berger sprang die Wand an, riß die Arme hoch und packte nicht nur die Kante des Hindernisses, sondern nutzte auch den Schwung so glücklich aus, daß er fast mit dem Oberkörper auf der Kante der Wand lag. Geschafft, dachte er, jetzt hab ich's geschafft, und heftig atmend sammelte er Kraft für die letzte Anstrengung und war immer noch überzeugt, über das Hindernis zu kommen, als er langsam zurücksackte. Verbissen hielt er sich fest, er zerrte, er zog, krachend schlugen seine Stiefel gegen das Holz, und dann glaubte er, das Lob des Feldwebels zu hören, und klomm höher und höher; mit einer Schleuderbewegung wollte er sich endgültig hinaufbringen. In der Streckung hängend, setzte er zur Schleuderbewegung an, heftig, mit erbitterter Entschlossenheit, seine Beine schlugen zur Seite aus, und obwohl ihn nur noch das Verlangen beherrschte, das Hindernis zu überwinden, nahm er wahr, daß es plötzlich krachte, daß sein Stiefel mit voller Wucht auf irgend etwas auftraf. Er hatte nicht bemerkt, daß sich der Feldwebel in der Absicht, ihm zu helfen, unter ihn gestellt hatte, und er bekam auch nicht mit, daß sein ausschlagender Stiefel das Kinn des Feldwebels traf, mit solcher Gewalt, daß sein Vorgesetzter wie gefällt stürzte, sich im Sturz drehte und mit dem Hinterkopf auf die Verankerung der Bretterwand schlug.

Soldat Berger, erschöpft, schnell atmend, lag mit dem Oberkörper auf dem Hindernis, jetzt brauchte er sich nur noch abrollen oder fallen zu lassen auf den schmalen Sandstreifen, hinter dem das flach gespannte Stacheldrahthindernis begann. Er berechnete flüchtig seinen Fall und löste seinen Griff, und obwohl er sicher war, unmittelbar neben der Bretterwand zu landen, fand er keinen Stand und kippte gegen das Stacheldrahthindernis. Ein jäher Schmerz ließ ihn innehalten. Seine Hand blutete. Einen Augenblick betrachtete er das gleichmäßig hervorsickernde Blut, dann zog er sein Taschentuch heraus und schlang es fest um die Hand.

Der Feldwebel lag neben der Verankerung der Bretterwand, straffen Drahtseilen, die an eisernen Pflöcken angeschäkelt waren. Er lag gekrümmt da, mit dem Gesicht zur Erde, eine Hand zur Faust geschlossen. Berger starrte ihn erschrocken an, er wartete, er war gewiß, daß der Feldwebel von allein hochkommen würde, doch nach einer Weile mußte er sich eingestehen, daß er sich geirrt hatte. Hastig kniete er sich hin und rief den Feldwebel leise an und berührte ihn an der Schulter; da der Körper sich auch jetzt nicht regte, drehte er ihn behutsam auf den Rücken und blickte in ein Gesicht, auf dem ein Ausdruck von erstarrter Qual lag. Unwillkürlich streckte Berger eine Hand aus und strich leicht über die Stirn des Feldwebels, und er sah, daß seine Hand zitterte und eine schwache Blutspur auf der Stirn hinterließ. Ein schnürendes Gefühl zwang ihn aufzustehen, und während er auf den reglosen Mann hinabblickte, überfiel ihn aufsteigende Angst, und als müßte er der Angst antworten, dachte er: Es geschah nicht mit Absicht, ich hab's nicht gewollt, es ist nicht meine Schuld. Wieder kniete er sich hin, beugte sich über das Gesicht des Feldwebels und rief ihn an, nun in der Hoffnung, der Verletzte werde zu sich kommen und ihm bestätigen, daß er, Berger, nicht vorsätzlich gehandelt habe. Er wartete vergeblich. Von Atemnot gepeinigt, konnte er nur einen Gedanken denken: Es ist aus, es ist aus.

Soldat Berger legte sein Schnellfeuergewehr ab, dann den Stahlhelm und richtete sich an der Bretterwand auf. Dämmerung fiel über das Übungsgelände; soweit er sehen konnte, zeigte sich keine Gestalt. In der fernen Kaserne brannten bereits die Lichter, die zu einem Band ineinanderflossen, und über der Stadt lag eine rötliche Glocke, schwebend, doch beständig wie der Widerschein eines glimmenden Feuers. R

1 *Lesen Sie den Anfang der Erzählung „Panik" aufmerksam durch. Fassen Sie die Handlung mit eigenen Worten zusammen und sprechen Sie darüber, wie der Anfang dieser Erzählung auf Sie wirkt.*

2 *Sammeln Sie im Text Hinweise zu den Figuren. In welcher Situation befinden Sie sich, in welcher Beziehung zueinander stehen sie?*

3 *Achten Sie bei einer eingehenden zweiten Lektüre des Abschnitts besonders auf die Merkmale des Erzählens.*
a) Bestimmen Sie die hier vorliegende Erzählform. Belegen Sie Ihre Zuordnung durch treffende Zitate aus dem Text.
b) Verfolgen Sie die Erzählperspektive (▷ Erzählperspektive S. 351 f.) und ermitteln Sie, an welchen Stellen eine neutrale Erzählerinstanz erkennbar wird. Begründen Sie diesen Wechsel.
c) Beschreiben Sie, wie das Geschehen präsentiert wird. Achten Sie hier vor allem auf die Formen der Figurenrede (▷ Formen der Figurenrede S. 352 f.) und zeigen Sie Textstellen auf, wo der Erzähler zum Stilmittel der erlebten Rede greift.

4 *Untersuchen Sie die Sprache (insbesondere Stil und Satzbau) des vorliegenden Erzählanfangs und erklären Sie, welche Wirkung diese auf den Leser hat (▷ sprachliche Gestaltungsmittel S. 353).*

5 *a) Schreiben Sie in einem Exposé (= kurze vorausschauende Inhaltsangabe, z. B. als Ideenskizze) auf, wie Sie sich die Fortsetzung der Geschichte bis zu ihrem Ende vorstellen.*
b) Vergleichen Sie Ihre Exposés vor dem Hintergrund der Ausgangssituation: Welche Fortsetzungen und Schlüsse erscheinen Ihnen wahrscheinlich, welche nicht?

TIPP

Durch die Gestaltung der Ausgangssitituation werden im Leser bestimmte Erwartungen im Hinblick auf den weiteren Verlauf der Geschichte geweckt. Aus dem Wechselspiel zwischen den Bestätigungen dieser Erwartungen und den unerwarteten Wendungen im Verlauf der Geschichte baut sich Spannung auf.

Siegfried Lenz

Panik (2)

Zuerst hastete er über den erlaufenen, sandigen Pfad, der an Gebüsch und aufgeworfenen Erdwällen vorbeiführte, er passierte die Hausattrappe und den eingegrabenen Panzer, und danach verließ er den Pfad, zwängte sich durch eine magere Schonung von Krüppelkiefern und hielt auf den Drahtzaun zu, der das Übungsgelände umschloß. Dort lag die Gartenkolonie. Bevor er den Zaun erreichte und ihn überkletterte, ließ er sich in ein Schützenloch fallen und kauerte sich zusammen, schmiegte sich so fest an die Erde, daß er das Pochen seines Herzens zu hören glaubte. Nein, nein, ich hab es nicht mit Absicht getan, es war ein Unglück, er hat nicht achtgegeben, hat nicht mit meinem Tritt gerechnet, der ihn im Gesicht traf, das wird er aussagen, bestätigen, zu Protokoll geben, er muß es, muß es, wenn er ...

Soldat Berger hob den Kopf und lauschte, kroch dann aus dem Loch und bewegte sich auf den Drahtzaun zu. Seine Hand schmerzte nicht, nur als er fest in die Maschen griff, verspürte er einen Stich und ein leichtes Brennen. Schon beim ersten Versuch erklomm er das Hindernis, ließ sich abkippen und lief geduckt auf die Gartenkolonie zu. Die kleinen, hölzernen Häuser lagen fast ausnahmslos im Dunkeln, er streifte an ihnen vorbei und erwog bereits, in eines der Häuser einzudringen, als er plötzlich angerufen wurde; eine freundliche Stimme lud ihn ein, näher zu kommen, sich auf die Bank zu setzen – anscheinend wurde er für einen Nachbarn gehalten. Zögernd öffnete er ein nur kniehohes Pförtchen, da saß ein Mann auf einer Bank, ein alter Mann, wie er in dem armen Lichtschein erkannte, der aus einem lukenartigen

Fenster herausfiel. Berger trat auf den Mann zu, der ihn nur kurz musterte und dann, ohne seine Pfeife aus dem Mund zu nehmen, sagte: Na, Soldat, hast dich verirrt? Suchst du wen? Ich hab mich verletzt, sagte Berger, an der Hand, und um das Gesagte zu beweisen, hielt er die mit dem Taschentuch umwickelte Hand in den Lichtschein. Bei euch passiert immer was, sagte der alte Mann, auch wenn es nicht ernst ist, passiert was. Berger wurde bewußt, daß er jetzt nicht einfach fortgehen konnte, er mußte sein Erscheinen begründen, er fragte: Haben Sie vielleicht einen Notverband oder ein Stück Pflaster? Der Mann überlegte, dann sagte er: So was müßt ihr doch immer bei euch haben, oder? Ein Verbandspäckchen, meine ich. Wir mußten das damals bei uns tragen, in der linken oberen Tasche. Schade, sagte Berger und wollte sich schon abwenden, als der alte Mann aufstand und ihn aufforderte, ins Haus zu kommen.

Sie betraten einen notdürftig möblierten Raum, nur zwei Betten, zwei Stühle, ein roher Holztisch, auf dem eine blaue Kaffeekanne als Vase für einen Strauß aus wilden Gräsern diente. Vor einem Elektrokocher stand eine gedrungene Frau, die den Inhalt einer Konservendose in einen Topf plumpsen ließ. Karin, sagte der alte Mann, hier ist ein armer Soldat von nebenan, hat sich die Wunde beigebracht, du hast doch wohl ein Stück Verband? Die Frau wandte sich um, hatte als Gruß lediglich ein Nicken übrig und winkte Berger, sich auf einen der Stühle zu setzen. Aus einer Blechschachtel, die sie von einem Bord herunterangelte, holte sie eine Verbandsrolle und eine Schere hervor und nahm schweigend die verletzte Hand und entfernte das Taschentuch. Glas? fragte sie. Stacheldraht, sagte Berger und fügte hinzu: Auf dem Übungsgelände, der Stacheldrahtverhau. Er hatte das Gefühl, daß sie ihn argwöhnisch musterte, und einmal war es ihm, als verständigte sie sich blickweise mit ihrem Mann. Während sie ihm den Verband anlegte – wortlos, eilig und geschickt –, wich sie, wie er glaubte, konsequent seinem Blick aus und wollte sich auch danach nicht lange danken lassen, sondern kehrte, Dringlichkeit vorschützend, zu ihrem Elektrokocher zurück. Der alte Mann begutachtete die verbundene Hand, er schien zufrieden, gut gelaunt fragte er die Frau: Was meinst du, Karin, langt das Essen für drei? Sie antwortete nicht, und Berger glaubte in ihrem Schweigen nichts als Zurückweisung zu erkennen. Er dankte dem Mann und ging hinaus, überzeugt davon, daß die Frau sich sogleich auf den Alten stürzte, ihm Vorwürfe machte und ihm vielleicht auch schon die Gründe ihres Mißtrauens aufzählte.

Soldat Berger durchwanderte die Gartenkolonie, mitunter wurde er von Vorübergehenden gegrüßt und grüßte leise zurück, einmal verbellte ihn ein Hund, der erst still wurde, nachdem ein Kind ihn gerufen hatte. Sein Weg führte auf einen asphaltierten Platz, an dem die Endhaltestelle einer Buslinie lag. Unter dem Tarnanzug klebte sein Hemd an der Haut; obwohl es ein warmer Abend war und ein sanfter, warmer Wind ging, fröstelte Berger. Nachdem er sich versichert hatte, daß das Wartehäuschen leer war, ging er über den Platz und setzte sich auf die verkerbte Bank. Nicht verlassen, ich hätte ihn nicht verlassen dürfen; warten oder wegbringen oder Hilfe holen: Warum hast du das nicht getan, werden sie fragen, werden alle fragen, und weil ich unterlassen habe, was sie für selbstverständlich halten, werden sie mir ihren Verdacht entgegenhalten, auch Viktor wird mich verdächtigen, vorsätzlich gehandelt zu haben, aus Rache oder Haß, Viktor, der mir noch im Korridor zuflüsterte: Zeig's mal der Mehltüte, laß dich nicht unterkriegen, und zeig's ihr mal – aber jetzt ist es wohl zu spät, jetzt werden sie wohl festgestellt haben, daß wir fehlen, und eine Suchaktion eingeleitet haben, wenn er nicht zu sich gekommen ist ...

Der Soldat sprang auf, zog sein Portemonnaie aus der Gesäßtasche und zählte sein Geld, das heißt: Er wußte, daß er noch zwei Zehner hatte, und wollte nur sichergehen, daß er sie immer noch besaß, zwei Zehnerscheine und ein paar Markstücke. Jetzt wünschte er, daß er den Fünfziger nicht Viktor gegeben hätte, Viktor, der über ihm im Bett schlief und der sein bester Kamerad war. Er versuchte, sich vorzustellen, wie

Viktor, der immer für Heiterkeit in ihrer Stube sorgte und dessen Leistungen als vorbildlich galten, den Unfall auslegen und kommentieren würde – nicht zuletzt, weil der Feldwebel ihn offen bevorzugte. Würde Viktor ihm eine Absicht unterstellen, ihn verurteilen? Er mußte daran denken, daß es aber auch Viktor war, der dem Feldwebel den Spitznamen Mehltüte gegeben hatte, als sie erfuhren, daß ihr Vorgesetzter gelernter Bäcker war. Auch wenn Viktor und einige andere ihn verdächtigen sollten, daß er absichtlich und aus Haß gehandelt hatte – er selbst glaubte in diesem Augenblick sicher zu sein, daß er den Feldwebel nie gehaßt hatte, verwünscht vielleicht, doch nie gehaßt. Dies würde er nach bestem Gewissen behaupten und unbeirrt zu Protokoll geben, falls sie ihn eines Tages anklagen sollten.

Als er im Bus saß – er war der einzige Fahrgast, der an der Endhaltestelle eingestiegen war –, entschloß er sich endgültig, Viktors Schwester aufzusuchen, Anja; sie und ihre Eltern waren die einzigen Menschen, die er in der Stadt kannte. Viktor hatte ihn oft an dienstfreien Wochenenden zu sich eingeladen, und manchmal waren sie zu dritt an die Küste gefahren oder in die Heide, Anja war bei jeder Fahrt dabei. Noch wußte er nicht, worum er sie bitten sollte; er beschloß lediglich, ihr zu erzählen, was ihm zugestoßen war – allein davon versprach er sich Erleichterung.

Je mehr sie sich der Innenstadt näherten, desto voller wurde der Bus; Berger blieb auf seinem Rücksitz hocken, für den er sich gleich entschieden hatte, legte die Stirn an die Scheibe und starrte hinaus. Er tat es so angestrengt, so dauerhaft, als wollte er zu verstehen geben, daß er nicht wünschte, angesprochen zu werden. Aus den Augenwinkeln nahm er wahr, daß plötzlich zwei Frauen vor ihm standen; statt einer von ihnen seinen Platz anzubieten, duckte er sich noch tiefer und hob seine verbundene Hand ans Gesicht. Aufmerksam zählte er die Namen der Haltestellen mit, die der Busfahrer über sein Mikrophon bekanntgab, und obwohl er wußte, wo er aussteigen mußte, stieg er zu früh aus, sprang so hastig ab, daß er fast gestürzt wäre. Aufblickend starrte er in ein Gesicht, das ihn erschrecken ließ; der Mann, der schon einen Arm ausgestreckt hatte, um ihn abzufangen, glich mit seinen ruhigen, abfragenden Augen seinem Feldwebel. R

1 *Arbeiten Sie heraus, wie es dem Erzähler gelingt, die Situation in der Gartenlaube (äußeres Ambiente und Begegnung des Soldaten mit den Bewohnern) so detailgetreu zu beschreiben, dass ein realistisches, beinahe fotografisches Bild von der Szene entsteht.*

2 *Soldat Berger beobachtet sehr genau, wie sich Karin, die Frau des Laubenbesitzers, ihm gegenüber verhält.*
- *a) Beschreiben Sie die Interaktion zwischen Berger und Karin und erläutern Sie, wie Berger das Verhalten Karins interpretiert.*
- *b) Welche Wirkung hat diese Szene im Hinblick auf die Erwartungen des Lesers und den Spannungsverlauf?*

3 *Erläutern Sie, wie Bergers Freund Viktor in dem vorliegenden Textauszug charakterisiert wird. Was erfahren wir darüber, wie die Beziehung der Soldaten untereinander aussieht und wie vermutlich die Stimmung in der Truppe ist?*

4 *Der Text gliedert sich in verschiedene Teile: das, was die Figur Berger gerade erlebt oder beobachtet, und das, woran sie sich erinnert (Rückblenden).*
- *a) Gliedern Sie den vorliegenden Abschnitt aus der Erzählung in diese Bereiche.*
- *b) Sprechen Sie darüber, welche Funktion die Rückblenden im Handlungszusammenhang haben.*

Siegfried Lenz

Panik (3)

Soldat Berger blieb nicht wie einige andere auf der Brücke stehen, um auf das durchziehende, mit Lampions geschmückte Motorboot hinabzublicken; er beeilte sich, aus dem Lichtschein der hohen Peitschenlampen zu kommen, und verlangsamte seinen Schritt erst auf der stillen Straße, die neben dem Kanal hinführte. Die Häuser hier, großräumig, Hintergärten, lagen in absichtsvoller Zurückgezogenheit, auch das Haus, in das Viktor ihn eingeladen hatte. Er fand es ohne Mühe wieder, betrat den Vorgarten und zwängte sich in die übermannshohen Rhododendren; wenn er das Geäst nur ein wenig auseinanderbog, konnte er in das hell erleuchtete Wohnzimmer sehen. Anja war nicht da, sie schien auch nicht in ihrem Zimmer zu sein, denn das Fenster war dunkel. Ein schwarzgekleideter, hochgewachsener Mann, ein Glas in der Hand, ging im Wohnzimmer auf und ab und sprach pausenreich auf eine Frau ein, die in einem Lehnsessel saß und offenbar gelassen zuhörte. Anjas Eltern. Unwillkürlich erinnerte Berger sich an die erste Begegnung, es gab Käsefondue zum Abendbrot, und während sie um den Tisch herumsaßen, erkundigte sich Anjas Vater mit freimütiger Wißbegier nach seinem Leben, fragte nach Herkunft, Schule, nach Plänen für die Zukunft; er tat es so ungeniert, bis Viktor spöttisch bemerkte: Du hast die Krankheiten vergessen, Vater. Da mußte Viktors Vater lächeln und trank Berger zu, wollte später aber doch erklärt haben, was ein junger Mensch sich heute vom Studium der Vogelkunde verspricht. Wie ungläubig er guckte, als Berger bekannte, was er sich vom Studium der Ornithologie erhoffte! In einige Geheimnisse der Welt eingeweiht zu werden und ihre verborgenen Schönheiten aufzudecken; das, meinte Viktors Vater, ließe sich ertragreicher wohl auf anderen Feldern erzielen. Anja widersprach ihm, sie nahm Bergers Partei, sie sagte: Die kostbarsten Geheimnisse lassen sich nicht verwerten.

Der Erschöpfung nachgebend, ließ Berger sich zwischen den Rhododendren auf die Erde nieder. Er zog die Beine an, legte den Kopf auf die Knie. Vom Kanal her, von einem vorbeiziehenden Motorboot, drang klassischer Jazz herüber. Zum ersten Mal seit seiner Flucht hatte er Hunger, und er nahm sich vor, später zum Bootsverleih neben der Brücke hinabzugehen, dort war ein Kiosk, der bis Mitternacht geöffnet hatte. – Jetzt werden sie ihn gefunden haben, oder er wird von selbst in die Kaserne zurückgekehrt sein, es wußten ja mehrere, nicht nur Viktor, was er mit mir vorhatte, Übung am Hindernis, ein Privatunterricht, um melden zu können, daß ausnahmslos jeder Angehörige seines Zuges die Bretterwand überwunden hatte, denn er ist ehrgeizig für uns und hat sich nie geschont, wenn es galt, ein Beispiel zu geben, hat uns allen vorgemacht, auch wie man überlebt im Verborgenen hinter den feindlichen Linien – los, Männer, die Blätter der Weide sind bekömmlich wie Salat, und diesem gewöhnlichen Gras werdet ihr noch manches abgewinnen, und die Käfer in morschen Stubben[1], die Larven besonders, alles, was Eiweiß enthält; nun knacken Sie schon diese Schnecke, Berger, ich befehle es Ihnen, diesen lebenden Leckerbissen, denn wenn Sie Feuer machen, sind Sie

1 **Stubben:** norddt. für Baumstumpf

in wenigen Minuten im Arsch, und ich kaute mit geschlossenen Augen, erbrach mich und hatte nichts dagegen, daß er mich während des fortgesetzten Trainings übersah; erst im Hochmoor, wo wir Zielansprache übten, wandte er sich an mich und fragte nach dem Namen der großen Vögel, die bei Luftkämpfen aufeinander einhackten, und ich konnte ihm sagen, daß es Reiher waren, Reiher bei ihren Hochzeitsvorbereitungen.
Berger hatte Verlangen nach einer Zigarette, doch er wagte nicht, sie anzuzünden, aus Furcht, die kleine Flamme oder der Glutklumpen könnten ihn verraten. Von Zeit zu Zeit blickte er in das Wohnzimmer, in dem Anjas Vater immer noch, anscheinend dozierend, auf und ab ging; nur einmal unterbrach er sich für ein unwillig geführtes Telefonat. Als Anja kam, schaltete sie an der Gartentür das Außenlicht an, eine scharfe Helligkeit verlieh den Büschen Kontur und genaue Schatten, und der glatte Plattenweg warf einen weißlichen Schimmer. Mit ihrem leicht hinkenden Gang kam Anja heran, sie setzte ihren linken Fuß, an dem sie einen großen, gewölbten Schuh trug, hart auf, es hörte sich an, als wollte sie ihr Nähern ankündigen. Auf Bergers Anruf blieb sie sofort stehen und sah ihm überrascht entgegen und fragte: Frank, was machst du hier? Was ist mit deiner Hand? Ich muß dich sprechen, sagte er, nur einen Augenblick. Komm rein, sagte sie, und er darauf, hastig: Du mußt mir helfen, mir ist etwas passiert – ich hab keine Schuld. Komm rein, wiederholte Anja, sie warten schon auf mich. Auf ihrem klugen Gesicht erschien ein Ausdruck vor Besorgnis. Bitte, sagte er und nahm ihre Hand, bitte, Anja, du kannst mir helfen, doch es muß unter uns bleiben, ich brauch nur Gewißheit. Sie sah ihn bestürzt an, sie fragte: Gewißheit? Welche Gewißheit? Ruf Viktor an, sagte er, ruf ihn in der Kaserne an, wenn du es dringend darstellst, wird man ihn an den Apparat in der Wachstube holen; die Schreibstube ist nicht mehr besetzt. Was hast du nur, Frank? fragte sie und versuchte, ihn ins Haus zu ziehen, und gab es auf, als sie merkte, wie energisch er sich widersetzte. Du brauchst Viktor nur zu fragen, ob er den Feldwebel gesehen oder etwas von ihm gehört hat, sagte Berger, weiter nichts. Den Feldwebel? Ja, sagte Berger und fügte hinzu: Bitte, ruf Viktor an, es hängt einiges für mich ab von seiner Nachricht, ich werde hier draußen auf dich warten. Anja schwieg eine Weile, dann sagte sie: Gut, ich werde anrufen, aber danach kommst du rein, versprochen? Versprochen, sagte er.
Soldat Berger suchte sein Versteck in den Rhododendren auf und beobachtete, wie Anja das Wohnzimmer betrat, wie sie ihre Mutter an der Schulter berührte, wie sie ihrem Vater in den Weg trat und, während sie sein Glas nachfüllte, unaufhörlich sprach, beiläufig zunächst, so als begründete sie ihre verspätete Heimkehr. Nachdem sie die Flasche zurückgestellt hatte, schien sie sich zu sammeln, einfach durch ihre Haltung um Aufmerksamkeit zu bitten, wobei Berger ihr die Not des Anfangs anzusehen glaubte. Und dann, als sie sprach, war er fast sicher, daß sie von ihrer unvermuteten Begegnung berichtete und daß sie es übernommen habe, für ihn in der Kaserne anzurufen, um Viktor eine einzige Frage zu stellen. Daß sie es vermied, in den Garten hinauszublicken, nahm er als Zeichen dafür, daß sie seine unmittelbare Nähe verschwieg und wohl auch unerwähnt ließ, daß er hier auf ihre Nachricht wartete. Plötzlich unterbrach sie sich und ging auf den Tisch zu, auf dem das Telefon stand, doch bevor sie es erreichte, hob ihr Vater bereits den Hörer ab, schlug ein Verzeichnis auf und wählte. Berger zweifelte nicht, daß es die Nummer der Kaserne war. Wie lange es dauerte, bis ein Partner sich meldete; anscheinend machte Anjas Vater eine bissige Bemerkung, wobei er die Muschel mit der Hand verdeckte. Endlich sprach er, wenige Sätze nur, knapp und bestimmt, und danach mußte er wiederum warten, und Berger stellte sich vor, daß sie Viktor an den Apparat holten, und sah ihn durch den gefliesten Korridor laufen. Berger umfaßte einen Ast, drückte zu und bog ihn langsam zur Seite, so als dürfe ihm nun nichts entgehen, keine Regung, kein Ausdruck. Auch Anja zeigte eine gesteigerte Spannung, sie trat dicht an ihren Vater heran,

vielleicht hoffte sie, mithören zu können. Das Gespräch dauerte kaum eine Minute, Anjas Vater fragte nur selten zurück, er stand mit gesenktem Gesicht da, und unerwartet ließ er den Hörer sinken, langsam, mit einer so resignierten Geste, als habe er etwas Unabänderliches erfahren.

Berger entging diese Geste nicht, er schauerte zusammen, er spürte einen jähen Druck in der Brust und ließ den Ast zurückschnellen und taumelte aus dem Gebüsch, fing sich aber gleich wieder auf den Steinplatten und stieß die Gartentür auf. Er lief. Einmal glaubte er, seinen Namen gehört zu haben, doch er blieb nicht stehen, er lief, er lief auf die Lichter der Brücke zu, die ihm verschliert vorkamen, wie durch Tränen getrübt. Auf der Brücke blieb er stehen, bis sein Atem sich beruhigt hatte. Regungslos starrte er auf den Kiosk hinab, der immer noch geöffnet hatte, empfand aber nicht den Wunsch, etwas zu essen. Sie haben ihn gefunden, sie haben ihn gesucht und an der Bretterwand gefunden, Anjas Vater konnte nichts mehr sagen, als er es erfuhr, er war so fassungslos, daß er kaum sprach, fast wäre ihm der Hörer aus der Hand geglitten, und nun wird auch er glauben, daß es mit Absicht geschehen ist, daß ich mich rächen wollte für alle Demütigungen; doch Anja wird es nicht glauben, sie hat mich immer verteidigt, hat sich sogar mit mir gegen Viktor verbündet und ihn zur Rede gestellt, als er in seinem Scherz zu weit ging – Anja wird zu mir halten, selbst wenn sich herausstellen sollte, daß ... Ein Ruderboot, in dem drei Soldaten saßen, rammte den Anlegesteg; der Bootsverleiher fing die zugeworfene Leine auf und rügte die Soldaten, die übermütig auf den Steg sprangen und untergehakt zum Kiosk gingen. Obwohl Berger sie nicht kannte, hielt er es für ratsam, ihnen auszuweichen; er verließ die Brücke und bog in die öffentlichen Grünanlagen ein, und hier, beim Denkmal für einen General vergessener Verdienste, hörte er auf einmal Anjas Stimme. Sie rief ihn, zumindest glaubte er, daß ihr verhaltenes Rufen ihm galt, und nach einigem Zögern blieb er stehen und wandte sich um; Anja war nicht zu sehen. Er mußte daran denken, daß Anja ihn geküßt hatte, ein einziges Mal; es war ein Belohnungskuß, den er bekam, nachdem er sie quer über einen glitschigen, zerfahrenen Waldweg getragen hatte, der bedeckt war mit knöcheltiefen Pfützen – getragen zur Belustigung von Viktor, der nur grinsend sagte: Anja liebt Barzahlung.

1 *Arbeiten Sie heraus, wie der Erzähler die Situation um den Anruf in der Kaserne gestaltet.*
  a) *Wie werden die Annäherung an das Haus und die kurze Unterhaltung mit Anja beschrieben? Wie nimmt Berger seine Umwelt wahr, wie verhält er sich? Welche Atmosphäre wird entfaltet? Belegen Sie Ihre Aussagen anhand des Textes.*
  b) *Erläutern Sie, wie der Soldat Berger die Gesten von Anja und ihrem Vater deutet und wie er damit umgeht. Was bedeutet die eingeschränkte Sichtweise Bergers für den Informationsstand des Lesers?*

2 *Deuten Sie die Gedankenpassagen Bergers vor dem Hintergrund seines Versuches, den Unfall in der Kaserne zu bewältigen.*

3 *Welche Rolle spielt Anja, die Schwester von Viktor, in der vorliegenden Szene?*

4 *Verfassen Sie eine erste Charakteristik des Soldaten Berger (▷ Figuren charakterisieren S. 207, S. 214).*
- *Beziehen Sie dazu alle wichtigen Informationen und Ereignisse (Verhalten auf dem Truppenübungsplatz, bei der Flucht aus der Kaserne und Bergers Verhalten im Garten von Viktors Eltern) aus den bisherigen Auszügen der Erzählung „Panik“ (▷ S. 262–269) ein.*
- *Berücksichtigen Sie dabei auch die Gedanken und Erinnerungen Bergers.*

Siegfried Lenz

Panik (4)

Ohne festes Ziel und dennoch eilig verließ er die Grünanlagen und strebte der erleuchteten Geschäftsstraße zu; hier ging er langsamer. Hin und wieder blieb er vor einem Schaufenster stehen, blickte auf Möbel, Textilien, auf getürmte Eßwaren – interesselos und so, als ginge ihm nicht auf, worauf er blickte. Auf einmal geriet er in einen warmen Luftstrom, Qualm wehte ihn an, er kam aus einem offenen Ecklokal, über dessen Tür in grün erleuchteten Lettern der Name „Zur Schleiereule" stand. Der Soldat ging hinein. Zufrieden stellte er fest, daß nur wenige Gäste anwesend waren. Er setzte sich auf einen Hocker an der Theke, bestellte eine Cola und sah zu der ausgestopften Schleiereule auf, die, auf einem Birkenast befestigt, das Lokal auszuspähen schien. Mit einer verstohlenen Bewegung zog er den Teller mit Salzstangen zu sich heran, steckte sich einige in den Mund und griff sich gleich danach ein paar Mandeln. Der Wirt, der das bemerkt hatte, fragte ihn, ob er etwas essen möchte, die kalte Küche sei noch geöffnet. Berger schüttelte den Kopf und dankte für die Cola.

Ein magerer Mann – fliehendes Kinn, dünnes, verklebtes Haar – setzte sich neben ihn und trank ihm aus einem großen Bierglas zu, er trank den Rest auf das Wohl des Soldaten, und nachdem er ihn eine Weile aus glasigen Augen betrachtet hatte, sagte er: Soldaten wissen, was der Mensch braucht; ein Soldat tritt für den anderen ein, nicht wahr? Wenn jemand spendabel ist, dann ein Soldat, nicht wahr? Der Wirt wandte sich ruhig dem Mann zu, und mit einer Stimme, in der freundliche Warnung lag, sagte er: Geh an deinen Tisch, Alfons, sei friedlich und schieb ab. Sei nicht so streng, Joseph, sagte der Mann, der Soldat wollte mich gerade einladen; nicht wahr, Soldat, das wolltest du doch? Berger blickte hilflos den Wirt an und sagte: Es geht nicht, und setzte gleich hinzu: Ich möchte zahlen. Das höre sich einer an, sagte der Mann, so redet ein Soldat, der nicht weiß, was er einem Mitmenschen schuldig ist. Zahlen und sich dann verdrücken, nicht wahr? Zurück in die Kaserne, eine Minute vor dem Zapfenstreich[1], was? Der Wirt legte ihm eine Hand auf die Schulter und wiederholte: Geh an deinen Tisch, Alfons, und mach hier keinen Heckmeck. Während Berger zahlte, starrte der Mann auf seine Uhr, es fiel ihm anscheinend nicht leicht, die Zeit abzulesen, und er lachte verlegen über sich selbst, doch dann sagte er: Vorbei, dein Zapfenstreich ist längst vorbei, Soldat. Müßtest seit einer guten Stunde an deiner Matratze horchen. Morgen werden sie dich dafür am Kanthaken kriegen, und dann ab zum Rapport. Geschieht dir recht, Soldat. Obwohl Berger noch nicht ausgetrunken hatte, rutschte er von seinem Hocker und ging zum Ausgang. Ihre Mütze, rief der Wirt ihm nach, hatten Sie keine Mütze?

Berger hörte es nicht; von plötzlicher Furcht getrieben, hastete er auf die Straße und bewegte sich schnell an den Schaufenstern vorbei, schnaufend, ohne allzu große Rücksicht gegenüber den Passanten. Mitunter wandte er sich

1 **Zapfenstreich** (militär. Begriff): Abendsignal zur Rückkehr in die Unterkunft

um und blickte zurück. Ein leichtes Zittern überfiel seinen Körper, er spürte, daß er ihn nicht mehr trug, daß er sich hinsetzen mußte, und als eine Frau, die ein kleines Mädchen an der Hand hielt, in ein mächtiges Wohnhaus trat, schloß er sich ihnen an. Das kleine Mädchen sah ihn ernst an, er zwinkerte ihm zu und hielt sich zurück, und nachdem die Schritte über ihm verhallt waren, setzte er sich auf eine Stufe und lehnte den Kopf gegen die Wand. Das Ende des Verbandes hatte sich gelockert, er verknotete es fest, indem er den Mund zu Hilfe nahm. Nach Hause, vielleicht sollte ich nach Hause fahren, es geht bestimmt noch ein Zug nach Hannover, ohne Fahrkarte, vor der Kontrolle in der Toilette einschließen, aber was werden sie sagen, wenn ich sie nachts aus dem Schlaf hole, hier bin ich, mir ist ein Unglück passiert, bei einer Übung, es geschah ohne Absicht, und ihr könnt bezeugen, daß ich niemals ein einziges feindseliges Wort gegen ihn ... – ich respektierte ihn, ich wünsche nichts mehr, als daß er durchkommt, ihr müßt es mir glauben.

Ein kleiner, struppiger Hund bellte ihn an, näherte sich ihm aber zugleich zutraulich, als eine Frau den Hund rief. Berger stand auf, bereit, Platz zu machen, doch die Frau verharrte vor ihm, deutete auf seine verbundene Hand und fragte, ob er gestürzt sei, ob er Hilfe brauche, ob sie etwas für ihn tun könne; und da Berger schwieg, fragte sie, zu wem er wolle, sie übernehme es gern, für ihn zu klingeln und Bescheid zu sagen. Der Soldat dankte ihr. Eine Hand stützend gegen die Wand gelegt, begann er, die Stufen hinabzugehen, so staksend und unsicher, daß die Frau ihm unwillkürlich nachging in der Befürchtung, er könnte fallen. Wenn Sie wollen, sagte sie, rufe ich den Notarzt. Sie können bei mir auf ihn warten, ich wohne nur einen Stock höher. Danke, sagte Berger, danke, es geht schon wieder; er beugte sich herab und streichelte flüchtig den Hund.

Draußen war es vollkommen windstill, die Geschäfte waren immer noch erleuchtet, doch zu dieser Stunde interessierte sich niemand mehr für die Auslagen; wer unterwegs war, hatte nur sein Ziel im Sinn. Ohne Sirene, nur mit eingeschaltetem Blaulicht fuhr ein Unfallwagen vorbei, die Verkehrsampel sprang von Rot auf Grün um, als er sich näherte. Berger überquerte rasch die Kreuzung und blieb vor einem Fotogeschäft stehen. Es wurde für Paßfotos geworben, für Familienfotos; leere Rahmen, die ein Drittel der Ausstellungsfläche besetzt hielten, warteten auf Gesichter.

Auf einmal mußte er an den Morgen denken, als sie zum Scharfschießen ausrückten, es war ein klarer, kalter Morgen, auf dem Plan stand Einzel- und Dauerfeuer. Keiner schoß besser als Viktor und Niels, ein wortkarger Soldat von einer Nordseeinsel, aber fast so gut wie die beiden schnitt Berger ab – zur Überraschung des Feldwebels, der ihn vor seinen Kameraden belobigte. Bei der zweiten Serie indes – und er selbst fand keine Erklärung dafür – rutschte er tief ab, man rechnete ihm das schlechteste Ergebnis des ganzen Zuges an, was den Feldwebel veranlaßte, ihn zur Seite zu nehmen und ihm sein offenes Mißtrauen zu zeigen. Das war Absicht, Berger, sagte er, Sie können mir nichts vormachen. Und er sagte auch: So etwas geht nicht, solch ein Unterschied in den Treffern; ich weiß nicht, was Sie mit Ihrer Aktion bezwecken, aber ich möchte Ihnen raten, mich nicht herauszufordern. Es half Berger nichts zu beteuern, daß er keineswegs mit Absicht schlecht geschossen hätte; das Mißtrauen des Feldwebels konnte er nicht zerstreuen.

Die Erinnerung an diesen Vorfall beunruhigte ihn; auch wenn er nicht genau sagen konnte, welch eine Bedeutung der Verdacht des Feldwebels einmal gewinnen konnte, er witterte, daß damals etwas geschah, das nun womöglich gegen ihn sprechen würde. Beim Abwenden erblickte er in einem schmalen Spiegel sein Gesicht; er beließ es bei dieser schnellen Kenntnisnahme und ging weiter und hörte in der ausgestorbenen Straße den Fall seiner Schritte. Unwillkürlich hatte er den Wunsch, geräuschlos aufzutreten. Einmal kam ihm eine Frau entgegen, lange bevor sie auf seiner Höhe war, scherte sie aus, und als sie ihn passierte, war sie krampfhaft bemüht wegzusehen.

In einem Aushang, erblickte er ein Plakat, das ihn sogleich anzog, ein Kinoplakat, das für einen mehrfach ausgezeichneten Film warb. Nur eine einsame Holzhütte war zu sehen, ein buckliger Pfad lief auf sie zu und führte hinter der Hütte in einen gezausten Bergwald; ein Eindruck von Verlassenheit ergab sich wie von selbst. Der Film hieß „Die Bitte“. Das Mädchen an der Kasse wies Berger darauf hin, daß die Nachtvorstellung bereits begonnen hatte, dennoch bat er um eine Eintrittskarte und kaufte nach kurzem Überschlag einen Schokoladenriegel. Da die Vorstellung schlecht besucht war, durfte er sich einen Platz aussuchen, er wählte eine Reihe, in der er allein für sich saß. Es gelang ihm nicht, sich auf die Handlung zu konzentrieren und kombinierend zu ergänzen, was er versäumt hatte, und nach kurzer Zeit blickte er nur unbeteiligt auf das arme Leben der Hüttenbewohner und hörte von der seltsamen Aufgabe, die sie übernommen hatten. Vater und Sohn brachen da – anscheinend zum wiederholten Mal – in den Wald auf, um einen Baum zu fällen, keinen beliebigen, sondern eine bestimmte Kiefer, bizarr und verzweigt, die alle anderen Bäume überragte. Die Frau auf dem schlichten Sterbelager hatte sie darum gebeten, sie hatte sich einen Sarg aus dem Holz dieser Kiefer gewünscht, und die Männer, die ihren Wunsch ohne Erstaunen oder gar Befremden anhörten, versprachen es ihr und schulterten Axt und Säge. Zu ihrer Verwunderung sprang schon nach den ersten Hieben die Axt ab, offenbar war da etwas Metallenes in den Stamm eingewachsen, eine Kette, ein eiserner Ring, jedenfalls drangen weder Axt noch Säge in das Holz ein, und erschöpft von ihrer Arbeit, kehrten die Männer zur Hütte zurück. Berger duckte sich, machte sich klein, denn den Mittelgang des Filmtheaters kam ein Mann herab, der suchend die Reihen entlangspähte, ein großer, uniformierter Mann, der eine Taschenlampe trug, den Schein aber nur auf den Boden richtete. Die Meldung, nun haben sie die Meldung herausgegeben und werden mich suchen, überall, wo sie mich vermuten, bestimmt auch zu Hause, sie werden in einem Auto sitzen vor unserem Haus und warten; Soldat Berger, ausgeschrieben zur Fahndung, tätlicher Angriff auf einen Vorgesetzten, sie werden lange warten und dann klingeln, nein, nicht nach Hause, am besten in ein anderes Land, nach Holland, nach Dänemark, schwarz über die Grenze, aber nicht in Uniform, wieviel Zeit der sich nimmt bei seiner Suche, ja, er trägt Uniform, eine Art Uniform, Leder mit Silberbeschlägen vielleicht, und vielleicht wird auch der Richter Uniform tragen, er wird den Prozeß eröffnen, Angriff auf einen Vorgesetzten mit tödlichem Ausgang, nein, nein. R

1 *a) Stellen Sie auf Grundlage der bisherigen Auszüge aus der Erzählung „Panik“ (*▷ *S. 262–272**) alle Stationen der Flucht des Soldaten Berger nach dem Unfall in der Kaserne zusammen. Berücksichtigen Sie dabei die Orte seiner Flucht, die Personen, denen er begegnet, und Bergers Verhalten bzw. Reaktion auf die Personen. Arbeiten Sie gemeinsam mit einer Partnerin/einem Partner.*

Stationen der Flucht des Soldaten Berger

Orte	Personen	Verhalten/Reaktion Bergers
...	...	...

b) Versuchen Sie aus der Abfolge der Begegnungen und Situationen eine Entwicklung der Figur Berger zu beschreiben.

2 *Vergleichen Sie die hier beschriebene Filmszene mit der „Geschichte“ des Soldaten Berger. Wo liegen die Parallelen, wo die Unterschiede?*

Siegfried Lenz

Panik (5)

Der Uniformierte schlenderte ruhig an der ersten Sitzreihe vorbei und kam dann den Seitengang herauf, stetig, wachsam, mit eingeschalteter Taschenlampe. Berger auf seinem Außensitz ließ ihn nicht aus den Augen, und als der Uniformierte unmittelbar vor ihm stand, schnellte er hoch und sprang ihn an. Mit einem einzigen Stoß schleuderte er ihn gegen die Wand, wurde nahezu mitgerissen, fing sich jedoch wieder und hastete, von einzelnen Rufen verfolgt, zum Ausgang. Ohne zu überlegen, wohin er sich wenden sollte, lief er die Geschäftsstraße hinab, schöpfte Atem in einer Torfahrt, lauschte zurück und lief weiter. Seine Lippen sprangen auf, das Hämmern im Kopf wurde stärker. Ein Taxi fuhr an ihm vorbei, verlangsamte überraschend die Fahrt und hielt vor dem erleuchteten Eingang eines Hotels. Als Berger herankam – eilig zwar, doch nicht mehr laufend –, stieg ein Paar aus, das sich in lockerer Umklammerung dem Hotel zuwandte und übermütig mehrmals den Knopf der Nachtglocke drückte. Berger klopfte an die Scheibe des Taxis; der Fahrer ließ ihn erst einsteigen, nachdem er das Ziel erfahren hatte. Kaserne? Gut, steigen Sie ein, liegt auf meinem Weg. Schweigend fuhren sie durchs Zentrum, am Hauptbahnhof vorbei, über dem eine fleckige Dunkelheit lag. Von fern her glaubte der Soldat Eisenbahnräder zu hören, Stimmen, schwache Kommandos. Er wischte sich mit der Hand über das schweißnasse Gesicht. Das Geräusch der Räder wollte nicht verstummen, es marterte ihn, und als er einmal aufseufzte, fragte der Fahrer: Ist was? Es geht schon, sagte Berger. Er wußte, daß er den Fahrer nicht würde bezahlen können; er würde ihm den geringen Rest seines verbliebenen Geldes geben und ihn dann um seine Adresse und Geduld bitten bis zum nächsten Soldempfang. Wenn sie vor einer Verkehrsampel standen und Licht in den Wagen fiel, suchte er im Rückspiegel das Gesicht des Fahrers; alles jedoch, was er gelegentlich und nur für einen Moment zu sehen bekam, waren die Augen, aufmerksame, schnell wandernde Augen, die ihm mitunter zuzublinzeln schienen. Vermutlich spürte er Bergers Erregung.

Noch bevor sie die Einfahrt zur Kaserne erreichten, auf der Höhe der Gartenkolonie, bat Berger anzuhalten. Hier? Hier! Es gab für ihn nichts zu erklären, er sammelte sein letztes Geld, gab es dem Fahrer und sagte: Mehr hab ich nicht, doch wenn Sie wollen ... Der Fahrer ließ ihn nicht zu Ende sprechen, er starrte auf die wenigen Münzen und murmelte: Nicht diese Tour, mein Junge, nicht diese Tour, bei mir zieht das nicht. Bitte, sagte Berger, Sie müssen mir glauben, und wenn Sie wollen ... jetzt hob der Taxifahrer den Blick und sah prüfend in das Gesicht des Soldaten, und mit einer abrupten Bewegung reichte er ihm das Geld zurück und fuhr davon, ohne ein weiteres Wort.

Nirgends in der Gartenkolonie brannte ein Licht, der Soldat suchte und fand den Weg, den er gekommen war, und als er den Zaun erreichte – fast an der Stelle, an der er hinübergeklettert war –, war es ihm, als stiege tief im Übungsgelände, gegen den Streifen zaghafter Helligkeit, eine Leuchtkugel empor, die einen Augenblick zitternd in der Luft stand, ehe sie zerbarst. Kreis, dachte er, jeder ist gefangen in seinem Kreis. Er überstieg den Zaun, ließ sich fallen und lauschte, und dann bewegte er sich in kurzen Etappen – laufen, hinwerfen, laufen – durch das Übungsgelände, so lange, bis er die Bretterwand vor sich aufwachsen sah. Jetzt sprang er auf, jetzt sicherte er nicht mehr, mit wenigen Sätzen erreichte er das Hindernis und trat vor die Verankerung: Er war weg, der Körper des Feldwebels war weg. Sie haben ihn vermißt, spätestens in der Messe haben sie ihn vermißt und brachen gemeinsam auf und fanden ihn hier und trugen ihn fort, von der Gewißheit erfüllt, daß er nicht aus Unachtsamkeit so gestürzt sein konnte, es muß Gewaltanwendung vorliegen, Angriff mit tödlichem Ausgang, denn da ist ja auch Blut auf seinem Gesicht.

Berger betastete die Stelle, an der der Feldwebel gelegen hatte, blickte zu den verschwommenen Lichtern, den hochhängenden Lichtern der Kaserne hinüber und stieß einen wimmernden Laut aus. Gewißheit, nur sie kann helfen: Gewißheit. Er strebte der Kaserne zu, nicht mehr sichernd und bereit, sich hinzuwerfen, sondern aufrecht und ohne Furcht, entdeckt zu werden. Immer wieder sammelte er Speichel in seinem Mund und spuckte aus. Sein Blick verschleierte sich. Abermals löste sich der Knoten seines Verbandes; er nahm sich nicht die Zeit, ihn festzuziehen. Und er blieb auch nicht stehen, als Nachtvögel sich vor ihm erhoben und mit schwirrendem Flug abstrichen. Unbemerkt gelangte er in die Nähe der Kaserne, und hier sicherte er eine Weile, ehe er sich geduckt dem flachen, abseits liegenden Lazarettgebäude zuwandte. Er wagte es nicht, in das Gebäude hineinzugehen, er schlich sich an die Fensterfront an, hob sich vorsichtig und linste noch einmal in die von einer Notbeleuchtung erhellten Krankenzimmer hinein. Einige Zimmer lagen im Dunkeln, waren nicht belegt – an ihnen schlüpfte er vorbei. Auf einmal richtete er sich hoch auf, er vergaß jede Vorsicht, er war nahe daran, an die Scheibe zu klopfen; denn jetzt sah er den Feldwebel, sah, wie er sich auf die Seite drehte, ein Wasserglas an die Lippen hob und trank und sich beherrscht zurücklegte.

Soldat Berger fühlte, wie er zu zittern begann, eine jähe Freude durchströmte ihn, die Starre löste sich und wich einer heftigen Erregung, die ihn fortzwang. Es hielt ihn nicht mehr vor dem Fenster; was er wußte, überwältigte ihn, befreite ihn und weckte das Bedürfnis, zu den anderen zurückzukehren, zu den Kameraden. Wie ausdauernd und entschlossen er lief, am Rand des Sportplatzes entlang und dann im Schatten der Garagen, die Gewißheit trug ihn, verlieh ihm Kraft, und um an das Fenster zu gelangen, das zu seiner Stube gehörte – er wollte seine Kameraden wecken und sie veranlassen, das Fenster zu öffnen –, lief er ein Stück am Zaun entlang und weiter zwischen bewachsenen Erdbunkern, in denen Waffen und Munition lagerten. Plötzlich wurde er angerufen, ein schroffer Befehl forderte ihn auf stehenzubleiben; Berger folgte ihm nicht. Wieder erreichte ihn der Befehl, klar und knapp, und da er glaubte, die Stimme seines Kameraden Niels erkannt zu haben, verlangsamte er seinen Lauf, blieb aber nicht stehen. In diesem Augenblick traf ihn der Feuerstoß. Wie es sich zeigte, lagen die Einschüsse so dicht beieinander, daß es aussah, als habe ihn ein einziges großkalibriges Geschoß getroffen. R

1 *a) Wie wirkt das Ende der Geschichte auf Sie? Teilen Sie Ihre ersten Eindrücke mit.*
b) Rufen Sie sich den Handlungsverlauf der Erzählung in Erinnerung. Welche Erwartungshaltung wurde im Verlauf der Geschichte beim Leser aufgebaut und in welcher Beziehung steht dazu das Ende der Geschichte?

2 *Zeigen Sie, dass der Erzähler am Ende der Geschichte die Perspektive und damit die Erzählform wechselt. Erläutern Sie die Wirkung dieses Wechsels (**▷ Erzählperspektive und -form S. 351 f.**).*

3 *Der Literaturwissenschaftler Johann Lachinger (**▷ Text auf Seite 275**) stellt die These auf, dass die Geschichten von Siegfried Lenz nach einem festen Schema aufgebaut sind.*
a) Lesen Sie den Text „Über Siegfried Lenz" auf Seite 275 aufmerksam durch, arbeiten Sie die Kernthesen heraus und überprüfen Sie diese anhand der Erzählung „Panik".
b) In der Analyse Johann Lachingers ist auch vom Spannungsverhältnis zwischen Titel und Pointe der Geschichte die Rede. Übertragen Sie diese These auf die Erzählung „Panik". Wie deuten Sie vor dem Hintergrund dieses Titels den Ausgang der Geschichte?

Johann Lachinger

Über Siegfried Lenz

Sosehr sich die Geschichten untereinander hinsichtlich der Stoffe und Motive unterscheiden, so sehr ähneln sie einander in der Art und Weise, wie die Fabel[1] angelegt und durchgeführt ist. Lenz beschwört das [...] Wechsel- und Widerspiel des Schicksals, das den Geschichten zu Grunde gelegt ist, fast regelmäßig nach demselben Schema. Es ist das Schema der paradoxen Erwartungsenttäuschung: Entweder tritt gerade das ein, was nach Kräften zu vermeiden war, oder umgekehrt – das erwartungsvoll Angestrebte bleibt aus. Immer wieder muss der Held erfahren, wie er als Getäuschter und Verlierer auf sich selbst zurückgeworfen ist.
Diesem Konzept entspricht auch das [...] Spannungsverhältnis zwischen Titel und auflösender Pointe. Die im Titel ausgesprochene These, der als Vorausdeutung ein bestimmter Spannungsgrad innewohnt, wird durch den Verlauf der Geschichte widerlegt und erscheint am Ende radikal in ihr Gegenteil verkehrt. So entpuppt sich zum Beispiel die im Titel als freundlich und gutartig vorgestellte Hauptfigur von *Lukas, sanftmütiger Knecht* am Schluss als brandschatzender Rebellenführer; der als unzugänglicher Direktor eines Industrieunternehmens eingeführte Wildenberg in *Der große Wildenberg* erscheint als hilfsbedürftige Repräsentationsfigur, *Der seelische Ratgeber* selbst des Rates am meisten bedürftig usw.
Der grotesk-ironische Effekt, der sich aus einer solchen Umkehrung der Verhältnisse ergibt, steht in den zeitkritischen Erzählungen im Dienst der Satire, im Übrigen aber bildet er einen spannungsreichen Kontrast zu dem grausamen und oft sinnlos anmutenden Geschehen, das für so viele von Lenz' Erzählungen charakteristisch ist.
Ähnlich wie die Romane sind auch die Erzählungen auf einen definitiven, schicksalhaften Wendepunkt hin komponiert. Dieser wird vom ersten Satz an zielstrebig angesteuert. Um den Vorgang, in den sich der Leser voraussetzungslos hineinversetzt sieht, rasch voranzutreiben, verzichtet der Autor auf die weitläufige Schilderung des Milieus zu Gunsten der anschaulichen Bezeichnung konkreter Einzelheiten. Auch der für die Orientierung des Lesers wichtige Anfang und frühere Verlauf wird, wenn überhaupt, nur andeutungsweise nachgetragen. So bleibt die Erzählung, die meist selbst ein verwirrendes Paradoxon enthält, auch in ihrem Verlauf bis zu ihrem auflösenden Schluss weitgehend verrätselt und undurchsichtig.

1 **Fabel:** hier Erzählung

4 a) *Entwickeln Sie in Partner- oder Gruppenarbeit ein Schaubild, das den Aufbau der Erzählung „Panik" von Siegfried Lenz skizziert. Berücksichtigen Sie dabei stichpunktartig die Stationen bzw. Orte (zwischen Unfall/Flucht aus der Kaserne und Rückkehr/Tod), die Zeiten, die Personen und die Geschehnisse.*
b) *Stellen Sie Ihre Schaubilder in der Klasse vor und diskutieren Sie über die Ergebnisse.*
c) *Erstellen Sie ein gemeinsames Schaubild zu der Erzählung „Panik".*

Stationen/Orte	Kaserne/ Übungsgelände	Gartenkolonie	...
Zeiten	ca. nachmittags	...	...
Personen	Berger, Feldwebel	...	...
Geschehnisse	Unfall	...	...

Was ist eine Erzählung? – Eine Gattung untersuchen

Erzählung heißt im weiteren Sinne jede Form von mündlicher (▷ Oral Poetry) oder schriftlicher Darstellung zurückliegender Geschehnisse. Dabei kann es sich um tatsächliche oder auch fiktive Ereignisse handeln. Mit dieser Art direkter oder vermittelter Weitergabe von Erfahrenem steckt im „Erzählen" eine uralte Grunderfahrung des Menschen.

Im engeren Sinne bezeichnet Erzählung eine epische Kurzform (▷ Epik), deren Merkmale sich vornehmlich durch Abgrenzung von anderen Untergattungen erschließen. Vom ▷ Epos und vom ▷ Roman unterscheidet sich die Erzählung durch den geringeren Umfang, die knappere Ausstattung mit Personen, den nicht so weit gespannten Handlungsrahmen und das Fehlen komplexer Ideengebäude. Umgekehrt entwickelt sie deutlich ausführlicher als die Skizze und ▷ Anekdote die geschilderten Handlungsabläufe. Auch zu den insgesamt poetologisch näher liegenden Untergattungen ▷ Novelle und ▷ Kurzgeschichte gibt es merkliche Unterschiede: Die Erzählung kommt ohne deren strenge Komposition aus, ist also freier in der Anlage und der Umsetzung des Erzählten. Von ▷ Märchen, ▷ Legende und ▷ Sage hebt sich die Erzählung dadurch ab, dass sie meist einen realen Hintergrund hat und so auf fantastische (▷ fantastische Literatur) oder wirklichkeitsferne Bezüge verzichten kann.

1 *Grenzen Sie mit Hilfe des Lexikonartikels zur Erzählung die Geschichte „Panik" von Siegfried Lenz gegenüber verwandten Gattungen wie Novelle, Kurzgeschichte, Märchen, Legende und Sage ab.*

Siegfried Lenz – Ein bedeutender Gegenwartsautor

Siegfried Lenz

Siegfried Lenz wurde 1926 im ostpreußischen Lyck geboren, legte 1943 das Notabitur ab und wurde bereits mit 17 Jahren zur Kriegsmarine eingezogen. Kurz vor Kriegsende desertierte er, 1945 kam er nach kurzer Gefangenschaft nach Hamburg, wo er Philosophie, Anglistik und Literaturwissenschaft studierte, das Studium jedoch vorzeitig abbrach, um als Journalist zu arbeiten.

Seit dem Erscheinen seines ersten Romans „Es waren Habichte in der Luft" 1951 lebt er als freier Schriftsteller. Sein literarisches Schaffen ist vielseitig (Erzählungen, Kurzgeschichten, Romane, Hörspiele und Dramen) und wurde mit zahlreichen Preisen ausgezeichnet, unter anderem mit dem Friedenspreis des Deutschen Buchhandels (1998) und dem Goethe-Preis der Stadt Frankfurt (1999).

„Ich bekenne, ich brauche Geschichten, um die Welt zu verstehen."

Siegfried Lenz

Der Künstler als Mitwisser

Über die Aufgabe des Schriftstellers in unserer Gesellschaft führt Siegfried Lenz in seiner Rede „Der Künstler als Mitwisser“ aus dem Jahre 1962 u. a. Folgendes aus:

Mein Anspruch an den Schriftsteller besteht nicht darin, daß er verschont von der Welt, mit einer Schere schöne Dinge aus Silberpapier schneidet; vielmehr hoffe ich, daß er mit dem Mittel der Sprache den Augenblicken unserer Verzweiflung und den Augenblicken eines schwierigen Glücks Widerhall verschafft. In unserer Welt wird auch der Künstler zum Mitwisser – zum Mitwisser von Rechtlosigkeit, von Hunger, von Verfolgung und riskanten Träumen –, und darum fällt es mir schwer einzusehen, warum ausgerechnet er den „Luxus der Unschuld“ für sich fordern sollte. Es scheint mir, daß seine Arbeit ihn erst dann rechtfertigt, wenn er seine Mitwisserschaft zu erkennen gibt, wenn er das Schweigen nicht übergeht, zu dem andere verurteilt sind. R

1 *„Ich bekenne, ich brauche Geschichten, um die Welt zu verstehen.“ (Siegfried Lenz) – Diskutieren Sie in der Klasse über die Bedeutung dieser Aussage.*

2 *Lesen Sie den Ausschnitt aus der Rede „Der Künstler als Mitwisser“ aufmerksam durch und erklären Sie dann, wie Siegfried Lenz seine Rolle als Schriftsteller versteht. Wie begründet es Lenz, dass der Schriftsteller in unserer Welt für sich den „Luxus der Unschuld“ nicht einfordern kann?*

3 *a) Recherchieren Sie in Lexika oder im Internet über das Werk von Siegfried Lenz. Wählen Sie ein Prosawerk (Roman oder Erzählung) von Lenz aus und fassen Sie den Inhalt dieses Werkes knapp zusammen.*
b) Stellen Sie Ihre Ergebnisse in Kurzreferaten vor.
c) Diskutieren Sie, ob bzw. inwieweit in den Werken Lenz' die Rolle des Schriftstellers als „Mitwisser“ zu erkennen ist.

4 *Lenz versteht sich als politisch engagierter Autor und mischt sich immer wieder in öffentliche Dinge und Diskussionen ein.*
a) Diskutieren Sie die Frage, ob sich ein Schriftsteller auch in tagespolitische oder aktuelle gesellschaftliche Kontroversen aktiv einmischen sollte.
b) Halten Sie die wichtigsten Argumente Ihrer Diskussion in einem Protokoll fest (*▷ Protokolle schreiben S. 320*).

11.3 Projekt „Lesen“ – Über Literatur informieren und diskutieren

Johannes Wilms

Das Beste aus dem Literarischen Quartett

Am 25. März 1988 hatte das „Literarische Quartett“ Premiere. Marcel Reich-Ranicki eröffnete die Sendung mit den denkwürdigen, programmatischen Worten: „Meine Damen und Herren, dies ist keine Talkshow. Was wir Ihnen zu bieten haben, ist nichts anderes als Worte, Worte, Worte. 75 Minuten lang Worte und, wenn's gut geht – es ist ein Ziel, aufs Innigste zu wünschen –, vielleicht auch Gedanken. Wir werden über Bücher sprechen und über Schriftsteller. Also nichts als Literatur.“ Dieses schmucklos karge Konzept, das allein auf die Kraft des Wortes und auf die Sachautorität der vier Kritiker baute, war bis zum Sendeschluss des „Literarischen Quartetts“ im Jahr 2001 in Geltung, und es ist zu vermuten, dass sich darin die Faszination und der Erfolg dieser Sendung verbarg.

Das Literarische Quartett

Marcel Reich-Ranicki, Sigrid Löffler, Helmuth Karasek (1998)

In der Jubiläumssendung – 10 Jahre Literarisches Quartett – nahm neben der Stammbesetzung Marcel Reich-Ranicki, Sigrid Löffler und Helmuth Karasek als Gast der Schweizer Literaturwissenschaftler Peter von Matt teil. Die Sendung wurde am 6. Februar 1998 ausgestrahlt. Außer Christoph Heins Roman „Von allem Anfang an“ besprachen die Kritiker ferner ein Werk des Spaniers Javier Marías („Morgen in der Schlacht denk an mich“) und den „Weiberroman“ des deutschen Nachwuchsautors Matthias Politycki.

Reich-Ranicki: Erlauben Sie anders als sonst einige einleitende Worte in diesem Quartett aus Anlass der zehn Jahre, die wir das nun machen. Als wir damit begonnen haben, hat ein prominenter und angesehener Kritiker erklärt, dieses Quartett sei eine Totgeburt. Wir leben immer noch und ich hoffe, dass Anzeichen der Erschöpfung und Ermüdung nicht bemerkbar sind. Was will dieses „Literarische Quartett“? Es will, was die Literaturkritik immer will und die Literaturkritik will vor allem vermitteln zwischen den Autoren und den Lesern. Wir wollen den guten Büchern zu möglichst vielen Lesern verhelfen und den Lesern zu jenen Büchern, nach denen sie sich – vielleicht insgeheim – sehnen, die sie brauchen. Wenn wir dazu verhelfen wollen, warum reden wir dann auch über schlechte Bücher und warnen gelegentlich vor gewissen Büchern? Wir möchten eigentlich alles loben und rühmen, aber die Verhältnisse, die sind nicht so. Friedrich Schlegel hat einmal gesagt, dass zu den wichtigsten Aufgaben der Kritik die Wegräumung des Elenden gehöre. Und so müssen auch wir ab und zu über Bücher negativ reden. [...] Wir richten uns nicht nach den Büchern, die gerade im Gespräch sind. Aber wir hoffen, dass die Bücher, über die wir hier reden, ins Gespräch kommen. Wir kümmern uns nicht um die Bestsellerlisten, aber sind froh, wenn die Bücher, die wir behandeln, auf den Bestsellerlisten landen. Wir haben zwei ganz verschiedene Zuschauergruppen. Die eine, das sind die Enthusiasten der Literatur. Aber es gibt noch eine andere Gruppe: Leute, denen die ganze Literatur gleichgültig ist, die uns aber zuschauen, weil sie Spaß am Gespräch oder Streit haben. Ich will nicht verheimlichen, dass ich für diese zweite Gruppe sehr viel Sympathie habe. Es gibt Millionen von Menschen, die noch nie auch nur einige Takte von Mozart oder Schubert gehört haben. Angeblich kann man sehr schön ohne Schubert oder Mozart leben. Es gibt auch sehr viele Menschen, die ohne Literatur leben – und das angeblich ganz gut. Wir aber sind der Ansicht, dass das Leben mit Mozart und Schubert, dass das Leben mit der Literatur schöner und tiefer und reicher ist und denjenigen, der zu lesen versteht, beglücken kann. Was wir im Quartett wollen, ist sehr einfach: Wir wollen an dem Glück, das wir bei manchen Büchern empfinden, andere teilnehmen lassen. Und in diesem Sinne werden wir das „Literarische Quartett" fortsetzen. [...]

[Der Roman „Von allem Anfang an" von Christoph Hein wird besprochen.]

von Matt: Hein schreibt ein kleines, einfaches Buch, er schreibt nichts als die Jugendgeschichte eines jungen Mannes in der DDR der 50er Jahre. Er schreibt es nach allen alten Regeln einer autobiografischen Jugendgeschichte: Da kommt die Familie vor, die Schule, erste Entwicklung der eigenen Sexualität. Aber was im Buch so außerordentlich berührt, das ist die Kunst, mit der dieser Autor es versteht, die ganze Welt aus der Perspektive dieses Jungen zu rekonstruieren, den Blick des Buben auf die Dinge der Welt so genau wiederzugeben, wie Kinderblicke tatsächlich sind, ohne Wissen dessen, was das in der Welt der Erwachsenen jeweils bedeutet. Und dadurch gewinnen diese Sätze eine Klarheit und Doppeldeutigkeit, wie sie mir in der letzten Zeit kaum begegnet ist.

Reich-Ranicki: Wir wissen es längst: Alle Schriftsteller auf dieser Erde schreiben schlechte Bücher, die guten schreiben nur zwischendurch auch mal ein gutes Buch. Und das ist dem Christoph Hein hier gelungen. Wir besprechen das Buch sehr spät. Es ist vor sechs Monaten erschienen und wir machen es heute. Sehr gut. Dann wird vielleicht mal wieder gezeigt, dass es Blödsinn ist zu meinen, dass Bücher, die im September erscheinen, Weihnachten gestorben sind. Dieses Buch ist heute so aktuell wie vor einem halben Jahr. Der politische, zeitgeschichtliche Hintergrund wird hier sehr dezent dargestellt. Aber was ist das Hauptmotiv? Es ist in erster Linie kein erotisches Buch, sondern ein Sexualbuch. Ein großer Teil des Buches befasst sich mit der Sexualität der Halbwüchsigen. Da gibt es zwei Kapitel: Das eine beschäftigt sich damit, wie der Ich-Erzähler mit einem Kollegen und einem Mädchen an einen Baggersee geht. Der Junge kann nur beobachten, was sich da abspielt, er ist nicht verstrickt in die eigentliche Handlung. Was hier aus der Sicht des Jungen erzählt wird, das gibt es in der deutschen zeitgenössischen Literatur selten. Für den Höhepunkt des Buches halte ich aber die Szene zwischen dem Jungen und einem Mädchen namens Mareike. Das ist eine reine Sexualszene. Nur, die Leute glauben immer, in Sexualszenen werde der Koitus geschildert. Darum geht es nicht. Es geht um das Erwachen der Sexualität der beiden, um die Angst der beiden und die Sehnsucht nach dieser geheimnisvollen Sache. Das hat Hein in einem ganz gelösten Deutsch mit fabelhaft natürlichen Dialogen erzählt und das ist eine imponierende literarische Leistung. Und gerade ein solches leises Buch muss von uns mit Nachdruck empfohlen werden, weil es leicht unterschätzt wird. Noch jemand zu dem Buch?

(Die drei anderen schauen etwas ratlos.)

Löffler: Was soll man da noch hinzufügen?

Reich-Ranicki: Ja.

Löffler: Lauter letzte Worte.

Reich-Ranicki: Ja, dann gehen wir weiter.

1 *a) Fassen Sie mit eigenen Worten zusammen, welche Ziele laut Marcel Reich-Ranicki das „Literarische Quartett" verfolgt.*

b) Diskutieren Sie darüber, ob eine Literatursendung im Fernsehen Zuschauer zum Lesen von Büchern bewegen kann.

2 *a) Fassen Sie die Ausführungen von Peter von Matt zu Heins Roman „Von allem Anfang an" mit eigenen Worten zusammen.*
- *Was führt von Matt über den Inhalt des Romans aus?*
- *Wie begründet der Literaturwissenschaftler seine positive Kritik?*

b) Marcel Reich-Ranicki legt bei seiner Stellungnahme den Schwerpunkt auf das Thema „Sexualität". Wie bewertet Reich-Ranicki die Darstellung dieser Thematik in diesem Roman?

c) Sprechen Sie über die beiden Stellungnahmen zum Roman „Von allem Anfang an" (▷ Auszüge aus dem Roman S. 249–256). Können Sie die Ansicht Peter von Matts und/oder Marcel Reich-Ranickis nachvollziehen?

3 *Wie beurteilen Sie die anschließende Reaktion der Teilnehmer in der Gesprächsrunde auf Ranickis Ausführungen?*

4 *Neben der Sendung „Das Literarische Quartett", die von 1988 bis 2001 im Fernsehen ausgestrahlt wurde und in der insgesamt 385 Buchtitel besprochen wurden, gibt es natürlich auch heute noch Sendungen, in denen Bücher vorgestellt werden und über Literatur informiert wird.*

a) Recherchieren Sie in einer Programmzeitschrift oder im Internet, welche Literatursendungen es aktuell im Radio oder im Fernsehen gibt.

b) Klären Sie über den Internetauftritt des jeweiligen Senders, welche Formate (Konzepte) die von Ihnen recherchierten Literatursendungen besitzen.

c) Stellen Sie Ihre Ergebnisse in der Klasse vor.

5 *Führen Sie ein Literaturprojekt durch, in dem Sie – ähnlich wie in einer Literatursendung – in einem Gesprächskreis (Dreier- oder Vierergruppen) Bücher vorstellen und über Literatur informieren und diskutieren. Die restlichen Schüler/-innen der Klasse fungieren als Zuschauer.*
Gehen Sie dabei folgendermaßen vor:

+ Vereinbaren Sie, in welchem Turnus Ihr literarischer Gesprächskreis stattfinden soll, z. B. ein Mal pro Monat.
+ Erarbeiten Sie in der Klasse Regeln, nach denen die Teilnehmer/-innen des Gesprächskreises agieren müssen, z. B.: Alle Gesprächsteilnehmer sind verpflichtet, die Bücher, über die gesprochen werden soll, zu lesen; ein Gruppenmitglied fungiert als Gesprächsleiter/-in; die Gruppenmitglieder vereinbaren im Vorfeld, auf welche Aspekte des Buches sie besonders eingehen wollen, etc.
+ Die Teilnehmer/-innen der Gesprächsrunde bereiten sich im Vorfeld vor:
  - Sie wählen ein Buch oder einen Text aus, den Sie besprechen wollen.
  - Sie stellen Informationen zum Werk, zum Autor, evtl. zum Entstehungshintergrund etc. zusammen.
+ Während der Durchführung der Gesprächsrunde notieren sich die Zuschauer alle wichtigen Informationen über das jeweils vorgestellte Werk, seinen Autor oder seine Autorin, wichtige Diskussionsbeiträge etc.
  Werten Sie diese Informationen im Anschluss an die Gesprächsrunde aus und halten Sie die wichtigsten Aspekte fest, z. B. auf einem Informationsplakat.
+ Sprechen Sie am Ende des Projekts in der Klasse über das, was Sie bei der Durchführung als besonders gelungen empfunden haben, und auch über das, was Sie für verbesserungswürdig erachten.

12 Tom Tykwers „Lola rennt" – Filmsprache untersuchen

12.1 Inhalt und Gestaltungselemente des Films analysieren

1 *Tauschen Sie sich über Ihre Filmerlebnisse aus. Welches sind Ihre aktuellen Lieblingsfilme? Welche älteren Filme schätzen Sie?*

2 *Welche Merkmale hat Ihrer Meinung nach ein guter Kinofilm? Begründen Sie Ihre Meinung.*

3 *Beschreiben Sie das Filmplakat und erläutern Sie, welche Botschaft Ihrer Meinung nach mit diesem Plakat transportiert werden soll.*
- □ *Was wird dargstellt?*
- □ *Welche Farben herrschen vor?*
- □ *Welche Besonderheiten fallen auf?*

Lolas Läufe – Filmisches Erzählen

1 *a) Sehen Sie sich den Film gemeinsam an und notieren Sie dabei Ihre spontanen Eindrücke:*
- *Was finden Sie beeindruckend und fesselnd, was stört Sie oder was missfällt Ihnen?*
- *Welche Figuren laden zur Identifikation ein, welche nicht?*
- *Welche filmtechnischen Mittel fallen Ihnen auf?*

b) Diskutieren Sie anschließend über Ihre Wahrnehmung und Einschätzung des Films.

Kurzfassung des Films „Lola rennt“

Berlin: 23. Mai 1998, ein Frühlingstag, 11:40 Uhr. Lola (Franka Potente) steht vor einer scheinbar unauflösbaren Aufgabe: Sie muss innerhalb von 20 Minuten 100 000 Mark für ihren Freund Manni (Moritz Bleibtreu) auftreiben. Der verdient sein Geld nämlich durch kleine kriminelle Machenschaften und auf dem Weg zu einer Geldübergabe hat er eine Plastiktüte mit 100 000 Mark in der U-Bahn liegen gelassen, wo sie von einem Penner (Joachim Król) gefunden wurde. Manni befürchtet nun, dass ihn sein Boss Ronnie (Heino Ferch) umbringen wird, wenn er ihm das Geld nicht pünktlich um 12:00 Uhr aushändigt. Aus einer Telefonzelle ruft er völlig verzweifelt Lola an und berichtet ihr, was passiert ist. Dabei fällt sein Blick auf den gegenüberliegenden Supermarkt. In seiner Panik plant er einen Überfall. Doch Lola fleht ihn an zu warten. Sie will das Geld in 20 Minuten auftreiben.
Im Folgenden visualisiert der Film in drei Variationen die gleiche Geschichte: Lola stürzt aus dem Haus und rennt durch die Straßen Berlins zu ihrem Vater (Herbert Knaup), dem Direktor der „Deutschen Transfer Bank“, der ein Verhältnis mit seiner Mitarbeiterin Frau Hansen (Nina Petri) hat. Der Vater weigert sich, seiner Tochter die 100 000 Mark zu geben.

Variante 1: Lola kommt zu spät und ohne Geld zum Treffpunkt. Manni steht bereits mit gezogener Waffe im Supermarkt. Auf der Flucht werden beide von der Polizei gestellt. Aus der Waffe eines Polizisten löst sich versehentlich ein Schuss. Lola stirbt.

Variante 2: Lola entwendet dem Bankwachmann Schuster (Armin Rohde) die Dienstpistole und erzwingt die Herausgabe der 100 000 Mark. Sie kommt noch rechtzeitig am Treffpunkt an, doch Manni achtet nicht auf den Verkehr und wird versehentlich von einem Rettungswagen überfahren. Manni stirbt.

Variante 3: Als Lola die Bank erreicht, ist ihr Vater bereits mit Herrn Meier (Ludger Pistor) dienstlich unterwegs. Vor der Telefonzelle sieht Manni den Penner mit der Geldtüte. Er verfolgt ihn und holt sich das Geld zurück. Währenddessen setzt Lola in einem Spielkasino beim Roulette zwei Mal alles auf die Zahl 20 und gewinnt 100 000 Mark. Am Treffpunkt angekommen sieht sie, wie Manni vergnügt aus dem Wagen von Ronnie steigt. Alles hat sich auf wundersame Weise zum Positiven gewendet.

Der Regisseur Tom Tykwer über …

Frauen: „Frauen traue ich prinzipiell den größeren Mut und die größere Kraft zur Veränderung zu.“
Film: „Ein Film muss es schaffen, den Bogen zu spannen zu mir, selbst wenn der Film im 17. Jahrhundert in Südafrika spielt.“

Das Fallen: „Film ist wie ein kleines Leben. Filme drängen ja oftmals 50 Jahre oder 80 Jahre eines ganzen Lebens in 90 Minuten zusammen. Insofern funktioniert Kino für mich auch wie fallen: Ich setzte mich hin und falle in die Leinwand: Die Bilder rasen an mir vorbei und

beschleunigen die Zeit um ein Tausendfaches und trotzdem hat es etwas Genussvolles."
Liebe: „Wenn man über Paare spricht – und ich glaube, das werde ich immer tun – dann geht es natürlich auch immer um die Sehnsucht nach Rettung vor der Endlichkeit. Deswegen gehen wir auch so gerne in Liebesfilme, weil uns dort demonstriert wird, dass es möglich ist. Oder solche kurze Momente: Man umarmt sich, nachdem man sich länger nicht mehr gesehen hat, und begreift in diesem kurzen Moment der Umarmung, dass man sich gefunden hat und dass man für einen Moment vom Diesseits entrückt ist. Dieser Moment schafft für einen Augenblick Ewigkeit."
Lola rennt: „,Lola rennt' bedeutet, Zeit zu besiegen und gleichzeitig reine Physis sowie Emotionalität zu erleben, als Formel ausgedrückt: ‚Lola rennt', das sind Körperlichkeit + Zeit + Gefühl."

2 *a) Diskutieren Sie über die Aussagen des Regisseurs Tom Tykwer. Welchen stimmen Sie zu, welchen nicht?*
b) Finden Sie für jedes Zitat von Tom Tykwer eine Beispielsituation aus „Lola rennt".

3 *Der Film visualisiert drei Variationen der gleichen Geschichte. Drei Mal rennt Lola los, um in 20 Minuten 100 000 Mark für Ihren Freund Manni aufzutreiben.*
a) Sehen Sie sich den Film ein zweites Mal an und bearbeiten Sie arbeitsteilig in Kleingruppen folgende Beobachtungsaufgaben:
- ☐ *Vergleichen Sie die **drei Läufe Lolas** und halten Sie fest, was an den jeweiligen Stationen passiert. Untersuchen Sie dann die auffälligsten Abweichungen zwischen den Läufen. Nehmen Sie dazu die folgende Übersicht zu Hilfe:*

Stationen	Lauf I	Lauf II	Lauf III
Treppenhaus/Hund	Hund knurrt Lola an	...	...
Auto/Herr Meyer	Lola fällt auf die Motorhaube des Herrn Meyer	...	...
Straßenecke/ Norbert von Au	Lola rennt an Norbert von Au vorbei	...	...
Gespräch Vater – Frau Hansen	„Ich bin schwanger."	...	...
Begegnung Lola – Frau Hansen	Vater und Frau Hansen sind höflich zu Lola	...	...
Gespräch Vater – Lola	Vater wirft Lola raus	...	...
Unfall/Glasscheibe	Notarzt stoppt	...	...
Supermarkt	Lola ist zu spät, Überfall	...	...
Farbe der Geldtüte	rot	...	...
Schluss	Lola stirbt	...	...

- ☐ *Achten Sie auf **Leitmotive,** d. h. wiederkehrende Elemente (Gegenstände, Farben etc.), mit symbolischer Bedeutung. An welchen Stellen und in welchen Variationen tauchen Sie auf?*
- ☐ *Untersuchen Sie, durch welche **filmtechnischen Mittel** sich die einzelnen Szenen unterscheiden (Video, Zeichentrick, Foto, Schwarz-Weiß/Farbe, Zeitlupe, Zeitraffer, Unschärfe etc.).*
- ☐ *Notieren Sie, welche **Musik** das Geschehen jeweils begleitet.*

b) Präsentieren Sie Ihre Ergebnisse. Diskutieren Sie darüber, was Ihrer Meinung nach das Besondere an diesem Film ist.

Filmisches Erzählen
Beim filmischen Erzählen übernehmen technische Mittel die Funktion des Erzählers. Kameraführung, Licht, Schnitttechnik und Musik vermitteln und kommentieren das Geschehen.
Was die Erzählverhalten (Erzählperspektive) anbelangt, so verhält es sich beim Film ähnlich wie in der Literatur. Am geläufigsten ist der auktoriale Erzähler, wobei die Handlung häufig für kurze Momente aus der personalen Perspektive einer Figur geschildert wird und dann wieder in das auktoriale Erzählen wechselt.

Figuren und Charaktere

Für die Figur in einem Film entwirft der/die Drehbuchautor/-in oft einen Steckbrief, der auch zu einem ganzen Lebenslauf oder Porträt ausgeweitet werden kann. Dies hilft dem/der Schauspieler/-in, sich auf die Rolle vorzubereiten. Je größer das Hintergrundwissen über die Figur ist, desto besser kann er oder sie den Charakter darstellen.

Porträt Lola

Lola macht sich nicht wirklich Sorgen um ihre Zukunft. Sie hat gerade ihr Abitur geschafft, verdient momentan ihr Geld durch ein paar Gelegenheitsjobs und wird sich bald an der Uni einschreiben. Durch ihre Eltern, ihr Vater ist der Direktor einer Bank, steht sie ein bisschen unter Leistungsdruck, doch sie hat ein stabiles Selbstbewusstsein. Sie weiß, dass sie irgendwann einen Job haben wird, der interessant genug ist; sie weiß, dass sie niemals drogensüchtig oder alkoholabhängig sein wird. Sie wird, aber das kann noch ein halbes Leben dauern, ein paar Kinder kriegen, vielleicht auch nur eins, und wenn es sein muss, zieht sie es alleine auf. Das Einzige was Lola bei all den Gewissheiten nicht so genau weiß: Was wird aus der Liebe. Die ist schwer in den Griff zu bekommen. Wenn ihr eine Situation über den Kopf wächst, was selten ist, bricht sich die Hysterie Bahn. Ansonsten ist ihr Selbstbild bestimmt von der Maxime: Ich habe mein Leben im Griff, auch wenn alles noch offen und möglich ist. Gerade das gefällt ihr. Das Leben ist noch nicht entschieden und voller Abenteuer, die auf sie warten.
In Lolas Vorstellung von der Welt ist nicht viel Platz für Zweifel. Gut und Böse, Richtig und Falsch sind bei ihr klar und sauber getrennt und so spielt Lola nicht selten den Gerechtigkeitsapostel.

1 *Lesen Sie das Porträt von Lola und charakterisieren Sie den Stil dieses Textes. Welche Fragen beantwortet dieses Porträt?*

2 *Diskutieren Sie,*
- ☐ *ob Lola der Rolle einer typisch weiblichen Filmheldin entspricht und*
- ☐ *inwieweit sie als Verkörperung eines aktuellen Lebensgefühls oder Frauenbildes zu verstehen ist.*

Manni

- sturer Traumtänzer
- chaotisch, orientierungslos, labil
- unberechenbar, emotional, leidenschaftlich
- Dickkopf
- war in einer Diskothek beschäftigt
- das sechste von sieben Kindern
- war 16 Jahre alt, als die Eltern sich scheiden ließen
- arbeitslos, auf dem besten Weg, das auch zu bleiben

- Hobbys: Taekwondo, Tanzen, Kochen, Mafia-Filme, Basketball, Tarot, Autoklassiker
- Motto: Alles will probiert sein.

3 *a) Verfassen Sie mit Hilfe der obigen Steckbriefdaten ein pointiertes, aussagekräftiges Porträt für die Figur Manni. Schreiben Sie anschaulich und übertreiben Sie eher in Ihrer Darstellungsweise, sodass man sich die Figur genau vorstellen kann.*

b) Lesen Sie sich gegenseitig Ihre Porträts vor. Welche Unterschiede und Gemeinsamkeiten können Sie feststellen?

Die Exposition – Die Kamera als Erzählerin

Drehbuchauszug aus „Lola rennt“

Berlin, Frühling, irgendwann. Wir fliegen schnell an die Stadt heran, immer näher an ein Haus, durch das Fenster hindurch in eine Wohnung, durch einen Flurgang bis zu einem kleinen Tisch in der Mitte des Zimmers mit zugezogenen Vorhängen. Zum Telefon, das auf dem Tisch steht. Endlich steht das Bild still. Das riesige Telefon, eine lange Sekunde – und dann schellt es, brüllend laut.

Lola hebt ab. Sie sieht erschöpft aus, nervös, gehetzt.

„Manni?“

„Lola ...“

„Endlich. Gott sei Dank.“

„Lola, Lola ...“ *Er fängt plötzlich an zu weinen. Die Stimme bleibt ihm weg.*

„Was ist denn? Wo bist du?“

Wir rasen durch die seltsam unbelebten Straßen von Lolas Haus zu Mannis Aufenthaltsort.

Eine Telefonzelle. Drin steht Manni. Er hat den Hörer in der Hand und lehnt an der Scheibe, brüllt heulend los.

„Wo *ich* bin? Wo warst *du* denn, verdammt?“

„Du warst schon weg, ich ... ich kam zu spät.“

Stammelnd rutscht Manni langsam runter auf den Boden der Zelle.

[...]

„Warum hast du mich nicht abgeholt, Lola, die ganze Kacke, wäre nicht passiert, ich war so daneben ... du kommst doch sonst immer, immer ...!“

„Hast du nicht anrufen lassen bei der nächsten Station?“

„Na sicher! Aber zu spät, die war weg, diese Scheißtasche, sofort, und ich weiß auch, wer sie hat, der Penner hat sie, dieser Plastiktütenfreak ..."

Der Penner steigt aus, die Geldtasche in der Linken an die Brust gedrückt, in der rechten den Haufen anderer Tüten. Er eilt die Treppe hinauf zum Ausgang.

„... und der sitzt jetzt schon im nächsten Flieger ..."

Mit Boeing-Getöse sausen wir hinter dem Penner her: hinauf zur Straße, überholen ihn und jagen mit der Kamera ins Sonnenlicht. In schnellem Rhythmus tauchen Postkartenbilder verschiedenster Strände und Urlaubsorte auf.

„... nach Hawaii oder Florida oder Kanada oder Hongkong oder Sydney oder sonst wohin!"

In die zuckenden Flashs schiebt sich eine Sekunde lang in Einzelbildern stakkatohaft das Bild von Ronnie: ein stämmiger Typ, harter, ernster Blick.

„Und Ronnie?"

„Der bringt mich um, Lola."

„Du musst es ihm erzählen ..."

„Nein! Nein, nein, vergiss es, vergiss es!"

„Aber warum denn?"

„Der glaubt mir kein Wort. Niemals!"

1 *Lesen Sie die Szene des Drehbuchs mit verteilten Rollen. Versuchen Sie dabei, einen passenden Tonfall für Lola und Manni zu finden.*

2 *Untersuchen Sie, welche Informationen in dem vorliegenden Drehbuchauszug außer den Dialogen skizziert sind.*

3 *Diskutieren Sie, welche Atmosphäre diese Szene vermittelt und welche Funktion diese Szene innerhalb der Filmhandlung hat.*

Lola erfährt in dieser Szene (▷ vgl. S. 285–286, Min 00:04:25 – 00:11:34) per Telefon, dass Manni die Tasche in der U-Bahn vergessen hat. In nur sechs Sekunden werden zehn verschiedene Bilder gezeigt.

1

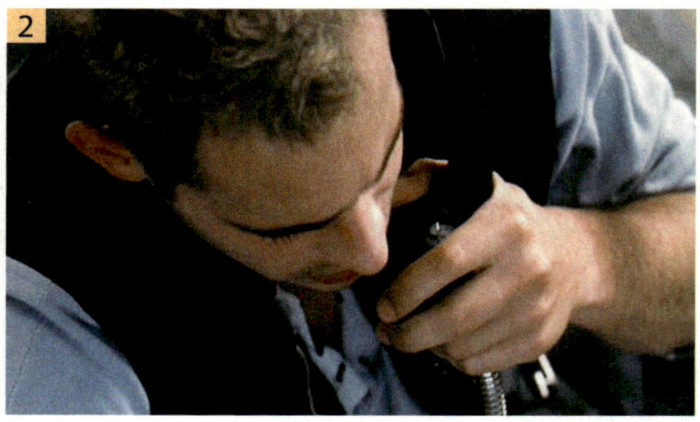

2

3

4

5

6

7

8

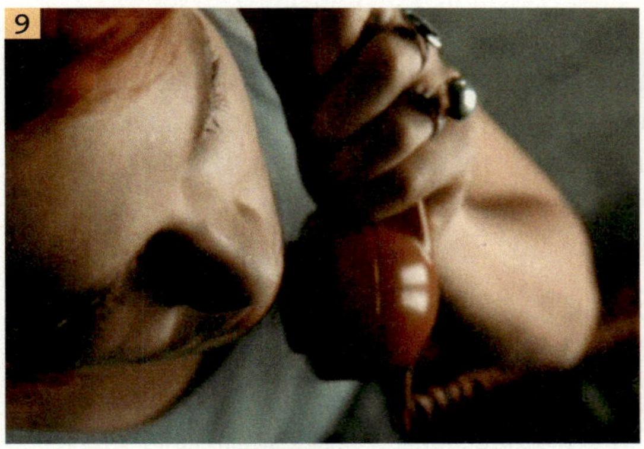
9

10

4 *Bestimmen Sie für jedes einzelne Bild die Kameraeinstellung und -perspektive (Aufsicht, Untersicht, Normalsicht).*
Nehmen Sie dazu den Merkkasten auf Seite 288 zu Hilfe.

5 *a) Notieren Sie für jedes Bild ein Adjektiv, das den Tonfall der sprechenden Personen beschreibt.*
b) Vergleichen Sie Ihre Ergebnisse und diskutieren Sie, wenn Sie zu unterschiedlichen Einschätzungen gekommen sind.

6 *Diskutieren Sie folgende Fragen:*
- ☐ *Was sagen die Bilder 4 und 8 über Lola und Manni aus?*
- ☐ *Welche Wirkung erzeugen die einzelnen Bilder?*
- ☐ *Wie begründen Sie die Häufung bestimmter Einstellungsgrößen?*

Die Kamera

Kameraeinstellung

Die Kameraeinstellung legt die Größe des Bildausschnitts fest; je kleiner der Bildausschnitt ist, desto näher scheint der Betrachter am Geschehen zu sein.

Weit/Panorama

Totale

Halbtotale

Halbnah

Amerikanisch

Nah

Groß

Detail

- **Weit/Panorama:** eine extreme Total-Einstellung, bei der aus großer Entfernung eine ganze Landschaft eingefangen wird
- **Totale** (Long Shot): Einstellung, die eine gesamte Szenerie im Bild zeigt
- **Halbtotale** (Full Shot): eine Einstellung, die etwa eine Person oder Gruppe in ihrem Umfeld erfasst
- **Halbnah** (Medium Shot): Einstellung, die eine Person in voller Größe oder leicht angeschnitten darstellt
- **Amerikanisch:** Diese Einstellung zeigt die Person im Mittelgrund vom Scheitel bis zum Gürtel (bzw. zum Colt).
- **Nah:** Einstellung, bei der Personen mit einem Teil ihres Körpers zu sehen sind
- **Groß** (Close up): sehr nahe Einstellung, die nur den Kopf eines Schauspielers wiedergibt
- **Detail:** Einstellung, die nur einzelne Dinge wie eine Hand oder ein Auge zeigt

Zoom: „Heranholen" oder „Wegschieben" eines Bildes; stufenlose Veränderung zwischen den Kameraeinstellungen, z. B.: von „Weit/Panorama" zu „Nah" oder umgekehrt

Kameraperspektive

Der Standpunkt der Kamera – und damit verbunden – ihr Blickwinkel wird als Kameraperspektive bezeichnet. Man unterscheidet:

- **Normalsicht:** Kamera auf Augenhöhe
- **Vogelperspektive** (Aufsicht): Kamera von oben
- **Froschperspektive** (Untersicht): Kamera von unten

Kamerabewegung

Ein ganz wesentliches Merkmal, des Films ist die Bewegung:

- **Schwenk:** Bewegung der Kamera, ohne den Standort zu verlassen
- **Reißschwenk:** ein schneller Schwenk von einem Punkt zum anderen, sodass das dazwischenliegende Bild unscharf bleibt, auch Wischer genannt
- **Fahrt:** Fortbewegung der Kamera von einem Ort zum anderen. Bei der Parallelfahrt (aus dem Auto oder von einem Kamerawagen aus) begleitet z. B. die Kamera das Objekt.

Zeit, Zeitgestaltung, Schnitt und Montage

1 *Der Film beginnt mit dem Telefongespräch zwischen Lola und Manni. Sehen Sie sich den Beginn des Filmes noch einmal an (Min 00:04:25 – 00:11:34) und achten Sie dabei besonders auf die Rückblenden. Wodurch erkennt man sofort, dass es sich hier um eine andere Zeitebene handelt?*

2 *Während Lola läuft, trifft Sie bei jedem Ihrer Läufe auf verschiedene Nebenfiguren, deren mögliche Lebensläufe erzählt werden:*
- *Doris, die Frau mit dem Kinderwagen,*
- *Mike, der Fahrradkurier,*
- *Frau Jäger, die Bankangestellte.*

a) Schauen Sie sich diese Vorblenden (Flashforwards) an. Wie werden die Zukunftsvarianten filmisch umgesetzt und welche Wirkung haben sie?
b) Arbeiten Sie heraus, was diesen Episoden inhaltlich gemeinsam ist.
c) Diskutieren Sie, welche Absicht der Regisseur mit diesen „Bildergeschichten" verfolgt.

3 *In dem Film „Lola rennt" allerdings entspricht die* ***Erzählzeit*** *ziemlich genau der* ***erzählten Zeit:*** *Lola hat 20 Minuten Zeit, um ihren geliebten Manni zu retten, 20 Minuten, die der Film in dreimaliger Variation der gleichen Geschichte fast minutengetreu wiedergibt. Überlegen Sie, welche Wirkung die annähernde Korrespondenz von Erzählzeit und erzählter Zeit in dem Film auf die Zuschauer hat.*

4 *Obwohl Filmzeit und Realzeit in „Lola rennt" fast identisch sind, erscheint die Zeit aus Lolas Perspektive dicht gedrängt. Der Zeitpunkt der Geldübergabe – 12:00 Uhr mittags – rückt bedrohlich schnell heran.*
a) Untersuchen Sie, durch welche filmischen Mittel in dem Film der Eindruck von Schnelligkeit und Dynamik erzeugt wird. Achten Sie auf Bewegung, Schnittfolge und -schnelligkeit sowie die Musik und die Motive, die in „Lola rennt" die Phänomene Zeit und Geschwindigkeit versinnbildlichen. Nehmen Sie auch den unten stehenden Merkkasten zu Hilfe.
b) Diskutieren Sie, inwiefern die Dynamisierung und die Schnelligkeit in dem Film unsere Realität widerspiegeln.

!

Montage/Schnitt

Der Begriff „Montage" beschreibt die Schnittfolge der Filmbilder. Je nachdem, wie die einzelnen Filmbilder oder -sequenzen durch entsprechende Schnitte zusammengefügt (montiert) werden, werden Zusammenhänge erzeugt, Assoziationen gelenkt und es wird ein Rhythmus vorgegeben.
- **Schnitt:** harter Schnitt (verbreitetste Schnitttechnik), weicher Schnitt (Bilder werden überblendet, d. h. das alte Bild wird aus- und das neue gleichzeitig eingeblendet)
- **Rückblende (Flashback)** und **Vorausblende (Flashforward):** Visualisierung einer zurückliegenden oder zukünftigen Begebenheit. Flashforwards sind im Film eher selten.
- **Split Screen** (geteilter Bildschirm): Aufteilung des Bildes in zwei (oder mehr) Bereiche, um zwei Handlungen gleichzeitig zu zeigen
- **Parallelmontage:** aufeinanderfolgende Einstellungen zwischen zwei oder mehr getrennt laufenden Handlungen (Kamera „springt" hin und her)
- **Schuss-Gegenschuss-Technik:** schnell wechselnder Schnitt, insbesondere in Dialogsituationen gebräuchlich (Darsteller werden abwechselnd gezeigt)

Drehbuchauszug aus „Lola rennt“

Lolas Augen wandern zur Seite: Manni liegt neben ihr. Beide rauchen. Sie sprechen ganz, ganz leise.
„Manni?“
„Mhm.“
„Liebst du mich?“
„Na sicher.“
„Wie kannst du sicher sein?“
„Weiß nicht. Bin's halt.“
„Aber ich könnte auch irgendeine andere sein.“
„Nee.“
„Wieso nicht?“
„Weil du die Beste bist.“
„Die beste was?“
„Na, die beste Frau.“
„Von allen, allen Frauen?“
„Klar.“
„Woher willst du das wissen?“
„Ich weiß es halt.“
„Du glaubst es.“
„Na gut, ich glaub's.“
„Siehste.“
„Was?“
„Du bist dir nicht sicher.“
„Sag mal, spinnst du jetzt, oder was?“
„Und wenn du mich nie getroffen hättest?“
„Was wär dann?“
„Dann würdest du jetzt dasselbe einer anderen erzählen.“
„Was erzähl ich denn?“
„Dass ich die Beste bin und so.“
„Ich brauch's ja nicht zu sagen, wenn du's nicht hören willst.“
„Ich will überhaupt nichts hören, ich will wissen, was du fühlst.“

„Okay, ich fühle, dass du die Beste bist.“
„Dein Gefühl. *(Pause)* Wer ist das, dein Gefühl?“
„Wie meinst du das?“
„Na, wer ist das, der zu dir spricht?“
„Na, ich. *(überlegt)* Mein Herz.“
„Dein Herz sagt: ‚Guten Tag Manni, die da, die ist es‘?“
„Genau.“
„Und du sagst dann: ‚Ach ja, herzlichen Dank für diese Information, auf Wiederhören bis zum nächsten Mal‘?“
„Genau.“
„Und du machst alles, was dein Herz dir sagt?“
„Na ja, das sagt ja nichts ... es fühlt halt.“
„Und was fühlt es jetzt?“
„Es fühlt, dass da jemand gerade zu viele blöde Fragen stellt.“
„Ach, Mann, du nimmst mich überhaupt nicht ernst.“
„Ey, Lola, was ist los?“
„Ich weiß nicht.“
„Was ist denn?“
„Ich weiß nicht.“
„Willst du weg ... von mir?“
„Ich weiß nicht. Ich muss mich grad entscheiden ... glaub ich.“

1 *Analysieren Sie diesen Dialog zwischen Lola und Manni.*
a) Geben Sie in eigenen Worten wieder, worin der Kern des Konflikts besteht.
b) Zeigen Sie, wie sich dieser Konflikt zwischen Lola und Manni aufbaut.
c) Bestimmen Sie, welche Funktion diese Szene in der Filmhandlung hat.

2 *Schauen Sie sich diese Szene an (Min. 00:30:37 – 0:33:08). Wie wird diese Szene – im Unterschied zu den anderen Sequenzen – filmisch inszeniert (Kameraeinstellung und -perspektive, Farben, Musik)?*

3 *„Die große Liebe – alles reiner Zufall?“ Nehmen Sie Stellung zu dieser Aussage.*

„Lola rennt" in der Kritik

Lola rennt Peter Hasenberg

Ein rennender Mensch bringt alles zusammen: explosive Dynamik und Emotionen. Diese Dynamik hat etwas Ur-Kinohaftes, meint Regisseur Tom Tykwer. Das Bild einer rennenden Frau war für ihn die Ausgangsidee zu seinem neuen Film, der im wahrsten Sinne des Titels Tempo macht. Franka Potente, mit feuerrot gefärbten Haaren, verkörpert die Titelfigur und läuft in der Tat um ihr Leben und das ihres Freundes, das Leitmotiv in einem ungewöhnlichen Filmexperiment, das formal wie inhaltlich ein Spiel mit Zeit und Zufall betreibt.
Aus der Vogelperspektive schießt die Kamera auf die Erde, um dort eine wahllos zusammengewürfelte Gruppe von Menschen zu erfassen. Wie zufällig ausgewählt aus all den potenziell erzählbaren Biografien erscheint die Geschichte von Lola. [...]
„Lola rennt" ist in gewissem Sinn eine Übersetzung von Kieslowskis Film „Der Zufall", möglicherweise eine Version für die Techno-Generation. Tykwer brennt ein beispielloses Feuerwerk ab und nutzt dabei das ganze Arsenal formaler Techniken: rasante Kamerabewegungen, schnelle Schnittfolgen, Jump Cuts[1], Split-Screen-Techniken, wechselnde Darstellungsebenen (Realfilm, Animationsfilm, Video). Sein Einfallsreichtum ist bestechend. Fünf Minuten seines Films enthalten mehr kreative Ideen als andere deutsche Filme in 90 Minuten Laufzeit! Der Zuschauer wird förmlich mitgerissen und kommt nicht zur Ruhe. Der Reiz der Geschichte, die im Grunde sehr einfach ist, liegt in der Wahrnehmung der Variationen, der Spiegelungen, Umkehrungen, Verschiebungen, die jede Variation im Vergleich zu der/den vorhergehenden einbringt.
Tykwer will aber mehr als reine Unterhaltung. Der Film soll eine wilde Jagd mit Nachwirkungen sein. Über die spielerische Ebene hinaus will er hin zu einer Reflexion über Zeit und Zufall, wobei die ernste Ebene nie ungebrochen zur Geltung kommt. Das zweifache Motto deutet dies an: Neben T. S. Eliots aphoristischer Bemerkung, dass alles menschliche Suchen letztlich zum Ausgangspunkt hinführt, steht die Einsicht von Sepp Herberger: „Nach dem Spiel ist vor dem Spiel." Und in ironischer Zitierung der alten Kultfilmtradition unterlegt Tykwer seine Anfangsbilder, die eine scheinbar wahllos herausgesuchte Menschengruppe zeigen, mit der feierlich-sonoren Stimme eines Off-Erzählers, der über den Menschen – „ein Mysterium offener Fragen" – nachdenkt. Die Tendenz zur Verallgemeinerung der eigentlichen Geschichte von Lola und Manni ist daran zu erkennen, dass sich um sie ein Kranz von möglichen anderen Geschichten legt: Die Schicksale der Menschen, denen Lola zufällig begegnet, werden in Form blitzartig ablaufender Fotoserien gezeigt. Der inhaltliche Tiefgang ist insgesamt dennoch stark begrenzt. Das wird vor allem im Vergleich mit Kieslowskis Film deutlich. Kieslowski entwickelte für seine Hauptfigur drei alternative Biografien, die sich von der gleichen Grundsituation aus entfalten. Tykwer jedoch behält nicht nur die Grundkonstellation, sondern auch wesentliche Elemente des Handlungsverlaufs bei. Es geht in allen drei Episoden darum, in 20 Minuten 100000 DM zu besorgen, und das gelingt entweder mit Gewalt oder mit Glück. Auch die Übererfüllung des Happy-Ends – nicht nur Mannis Problem ist gelöst, sondern es bleibt dem Paar auch noch Lolas Gewinn – trägt nicht unbedingt dazu bei, die möglichen Denkanstöße zu unterstreichen. Da sich vieles wiederholt, treten trotz aller Rasanz gewisse Abnutzungserscheinungen auf. Man hat das Gefühl, dass Tykwer zuletzt doch etwas die Luft ausgegangen ist bei seinem Experiment, das höchst spannend, wenn auch nicht in jeder Hinsicht völlig geglückt ist.

1 **Jump Cut:** Filmschnitt, bei dem die Bildübergänge als „Sprung" wahrgenommen werden

1 *Ist die obige Kritik eher ein Lob oder ein Verriss des Films? Suchen Sie Textstellen, aus denen positive bzw. negative Beurteilungen herauszulesen sind, und beziehen Sie dann Stellung.*

2 *Untersuchen Sie die Filmkritik von Peter Hasenberg genauer:*
- *Wie ist die Einleitung der Kritik gestaltet? Wie führt Peter Hasenberg in die Filmkritik ein?*
- *Mit welchen Argumenten begründet Hasenberg seine Empfehlung bzw. seine Kritik?*
- *Ist die Filmkritik ohne Kenntnis des Films „Der Zufall“ von Kieslowski verständlich?*
- *Beschreiben Sie den Aufbau der Filmkritik.*

3 *Verfassen Sie eine eigene Filmkritik zu „Lola rennt“ für die Schülerzeitung oder für eine Jugendzeitschrift. Greifen Sie dazu auch auf Ihre Ergebnisse aus diesem Teilkapitel zurück.*

a) Planen Sie, was Sie in Ihre Kritik aufnehmen wollen:
- *Sammeln Sie zunächst Argumente, mit denen Sie den Film ablehnen oder empfehlen wollen.*
- *Notieren Sie wichtige Informationen über den Film, die in der Kritik genannt werden sollten (Regisseur, Hauptdarsteller, Länge ...).*
- *Verfassen Sie eine kurze Inhaltsangabe.*

b) Entwerfen Sie eine Gliederung für Ihre Kritik: Wollen Sie dem üblichen Schema folgen (zuerst Grundinformationen zum Film, dann Inhaltsangabe, zuletzt Beurteilung) oder wollen Sie die Teile anders anordnen oder gewichten?

c) Überlegen Sie sich einen interessanten Einstieg für die Leserinnen und Leser.

d) Schreiben Sie Ihre Kritiken.

4 *Überarbeiten Sie Ihre Filmkritiken in einer Schreibkonferenz. Achten Sie auf folgende Punkte:*
- *Ist der Text sinnvoll gegliedert?*
- *Sind die wichtigsten Aspekte genannt?*
- *Kommt Ihre Meinung überzeugend zum Ausdruck?*
- *Gibt es Wiederholungen? Müssen Ausdrücke ersetzt oder verbessert werden?*
- *Sind die Zeichensetzung und die Rechtschreibung korrekt?*

TIPP

Eine Filmkritik schreiben

Eine Filmkritik informiert über einen Film, beurteilt und kommentiert ihn aber auch. Dabei soll auch die subjektive Meinung des Autors/der Autorin zum Ausdruck kommen.

Eine Filmkritik kann folgendermaßen aufgebaut sein:
- **Informationen über den Film:**
  - Regisseur/Regisseurin, Drehbuchautor/Drehbuchautorin, Hauptdarsteller, Länge des Films, Erscheinungsjahr des Films
  - Inhalt, Thema und Motive
- **Beschreiben und Bewerten des Films** (dabei können folgende Gesichtspunkte berücksichtigt werden):
  - die Umsetzung und Gestaltung des Themas bzw. des Problems
  - die Spielweise der Schauspieler
  - besondere filmische Mittel (Kameraeinstellungen, -perspektiven und -bewegungen, Schnitte, Montagen, Farbgestaltung) und ihre Funktion und Wirkung
  - Wechselspiel und Zusammenwirken von Bild und Musik

12.2 „Wir sind doch im Kino!“ – Wirklichkeit inszenieren

Tom Tykwer

Schicksal und Zufall (1997)

„Lola rennt“ ist ein Film über die Möglichkeiten der Welt, des Lebens und des Kinos. Kein Film über die totale Determinierung[1] oder die totale Beliebigkeit, sondern ein Film in der schmalen Lücke dazwischen: im Niemandsland der Wünsche und Sehnsüchte, über die winzige Chance, die es im Leben gibt, etwas zu beeinflussen, dem Lauf der Dinge eine andere Richtung zu geben. Drei Reisen, drei Showdowns. Und wir müssen dem Publikum deutlich machen, dass jede Version ihr eigenes Geheimnis hat. Jede Version ist gleich wichtig, auf gleiche Weise extrem erlebt und gelöst. Dem Zuschauer muss nach wenigen Sekunden die Enttäuschung über die Wiederholung verfliegen und die Verstrickung neu aufbrechen: Hoffentlich klappt's diesmal besser! Was macht sie jetzt mit dem Vater? Welche Personen werde ich wiedersehen? Was macht Manni jetzt? Und diese Vorausschau muss schließlich komplett in den Hintergrund treten gegenüber der Angst um Lola, dass sie beim Überfall verhaftet wird, der Panik um Manni, dass er den Penner nicht einholt, und all den anderen neuen Varianten, die sich im weiteren Verlauf jeder Version entwickeln.

Die Welt ist ein Haufen Dominosteine und wir sind einer davon, sagt der Film einerseits. Andererseits ist das wichtigste Statement am Ende: Nicht alles determiniert. Es gibt einen Platz für die Realisierung unserer Wünsche. Man muss es eben nur versuchen. Das ist so ähnlich wie beim Filmemachen, das ja auch manchmal wie ein Hindernislauf erscheint. Aber manchmal kommen dabei Filme raus, die trotzen den angeblichen Gesetzen des Erzählens und des Marktes und des Geldes und die sind trotzdem mitreißend klug, emotional und intelligent. Machen wir doch so einen.

1 **Determinierung:** das Festgelegtsein, Vorherbestimmung

1 *a) Was versteht der Regisseur Tom Tykwer wohl unter den „Gesetzen des Erzählens“ (▷ Z. 36)?*
b) Erörtern Sie, inwiefern ein Film oder auch ein literarisches Werk gegen die „Gesetze des Erzählens“ verstoßen darf.

2 *a) Das Leben – ein Dominoeffekt oder ein selbstbestimmter Hindernislauf? Von welchen Faktoren sind Lolas jeweiliges Verhalten und der jeweilige Ausgang der Handlung abhängig? Belegen Sie Ihre Meinung mit Beispielen aus dem Film und aus Ihrer eigenen Erfahrung.*

b) Untersuchen Sie, welche Rolle die folgenden Determinanten für das Schicksal der Figuren in „Lola rennt" spielen: Herkunft und Erziehung, Persönlichkeit/Charakter, aktuelle gesellschaftliche Einflüsse, Umstände der Zeit und des Raums, Zufall.

3 *Beurteilen Sie, inwiefern Tom Tykwer sein 1997 geäußertes Vorhaben in dem Film „Lola rennt" realisiert hat.*

Ein romantisch-philosophischer ActionLiebesExperimentalThriller

Tom Tykwer im Gespräch mit Michael Töteberg

Der Film arbeitet mit den verschiedenen Ästhetiken und Techniken – warum?

Ein Film über die Möglichkeiten des Lebens, das war mir völlig klar, muss auch ein Film über die Möglichkeiten des Kinos sein. Deswegen gibt es in „Lola rennt" verschiedene Formate, es gibt Farbe und Schwarz-Weiß, Zeitlupe und Zeitraffer, also alle elementaren Bausteine, die in der Filmgeschichte schon immer benutzt wurden. Georges Melies hat mit diesen Effekten schon arbeiten können, speziell mit Doppelbelichtungen und Tricks.

Zeichentrick, auch das seit Stummfilmtagen Repertoire, maximiert noch mal die Möglichkeiten, denn damit kann man einfach alles machen, ohne Rücksicht auf das Budget.

Wenn man so eine Welt explodieren lässt, kostet das genauso viel wie jede andere Zeichnung. Zeichentrick signalisiert: Es kann jetzt gleich alles passieren, und das gibt dem Film zusätzlich Kraft.

Die Lust an der Freiheit der Mittel spielte auch eine Rolle. Man kann heute mit allen Mitteln jonglieren, wobei ich natürlich auch die modernen digitalen Technologien benutzt habe. Sie ermöglichen Übergänge von sehr abstrakten zu sehr konkreten Bildern, ohne dass noch zu überprüfen wäre, an welcher Stelle genau dieser Übergang stattfindet. Andererseits kann man keine vollkommen überzeugenden digitalen Bilder im Computer selbst herstellen, sondern braucht immer Referenzen[1] aus real gedrehtem Material. Die Titelsequenz, die genauso gestoryboardet[2] war, haben wir zum Beispiel mit echten Menschen gedreht, die sich zu Buchstaben formierten. Ein Buchstabe besteht aus 300 Menschen, deshalb haben wir jeden Buchstaben einzeln gemacht und die wurden dann digital zum Schriftzug „Lola rennt" zusammengesetzt.

Aus welcher Höhe ist das gedreht?

Aus 60 Metern. Frank Griebe, der Kameramann, saß oben in einem Riesenkran und ich habe unten versucht, die Leute zu Buchstaben zusammenzutreiben.

Die Kamera saust durch die Menschenmenge, mischt sich ins Getümmel, springt in eine Aufsicht, stürzt von oben in eine Straße, ein Haus, hüpft durch den Flur …

Ein starker Fluss der Bilder war gefragt, schließlich heißt der Film „Lola rennt". Wir haben uns mit allen denkbaren Arten von Fahrzeugen bewegt, mit Jeeps, mit Kränen, sogar mit Dreirädern und Schubkarren – eigentlich haben wir alles ausprobiert, was Räder hatte. […]

Die einzigen ruhigen Einstellungen sind die roten Szenen, wo die Kamera zur Beobachterin wird. Es ist unheimlich still; wir haben ver-

1 **Referenzen,** hier: Bezugspunkte
2 **Storyboard:** visuelle Umsetzung des Drehbuchs oder einzelner Filmszenen durch Skizzene (▷ s. Abb. auf S. 295)

sucht, sämtliche atmosphärischen Töne herauszufiltern, sodass man das Gefühl hat, sich in einem Vakuum zu befinden. Die beiden sind in einer Art Kokon, einer Zwischenzone zwischen Leben und Tod, die eine große Intimität erzeugt. In den Bankszenen dagegen haben wir die Handkamera benutzt, um die da herrschende Nervosität zu verstärken.

Zum visuellen Konzept gehört auch der Wechsel vom klassischen Kinobild zum Videobild.

Alles, was nicht in Gegenwart von Manni und Lola passiert, ist auf Video gedreht; es wird also behauptet, die Welt außerhalb dieser beiden sei künstlich und unwirklich. Läuft Lola durchs Bild, ist es Film – dann sind, ganz kinomäßig, auch Wunder wahr. Sobald Lola um die Ecke gerannt und nicht mehr am Ort des Geschehens ist, beispielsweise beim Unfall von Herrn Meier, wechselt das Bild von 35 mm zu Video. Das muss man nicht erkennen, während man den Film sieht, nimmt es aber unbewusst wahr. […]

Ihr habt nicht im Studio gedreht, sondern an Originalschauplätzen.

Die dann allerdings im strengen Sinne nicht original sind: Die Bank ist keine Bank …

Nein, da haben wir lange und vergeblich gesucht. Banken sind hierzulande völlig unattraktive Motive, haben wirklich gar nichts … Ich wollte eine Bank, die sich eingliedert ins Stadtbild: groß, leer, Stein, ein bisschen hallig, wo man sich verlaufen kann, wo es dunkle Ecken und Nischen gibt. Normale Bankfilialen sind dagegen übersichtlich, ohne irgendein Geheimnis. Irgendwann haben wir die Oberfinanzdirektion

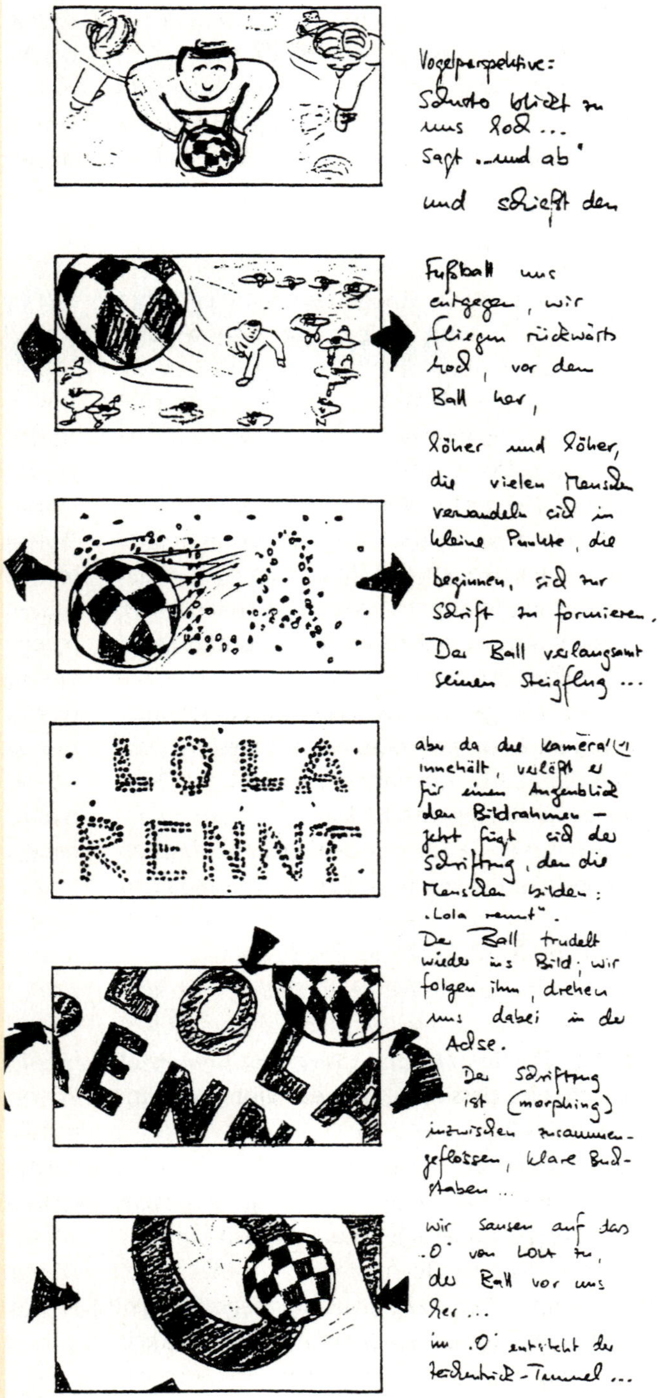

Ausschnitt aus dem Storyboard für die Titelsequenz von „Lola rennt"

von Berlin gefunden, die große Eingangshalle – ein recht museal wirkender Raum –, in der wir dann die Bank eingerichtet haben. Wir haben eigentlich alle Räume umfunktioniert. […] So ist der ganze Film. Das entspricht der Haltung von Lola, nämlich: Ich mache mir die Welt, wie sie mir gefällt.

Vor einer künstlichen Kulisse wirken Figuren umso lebendiger.

Das Modell des Films ist derart synthetisch, dass ich dachte: Je stringenter[3] wir in einer bestimmten Ästhetik bleiben und nicht ausbrechen, desto authentischer kann man sich auf die Menschen beziehen. Der Kontrast zwischen der betonten Künstlichkeit und der Emotionalität der Personen gibt dem Film seine besondere Lebendigkeit. Ich wollte den Zuschauer in eine künstliche Welt ziehen, die er aber in kürzester Zeit vergisst, weil die Konflikte so authentisch, die Menschen so vital sind, dass ihm nicht mehr auffällt, wie vollkommen absurd die Konstruktion eigentlich ist. […]

Die quasimathematische Konstruktion erinnert an Experimentalfilme, aber die Übergänge von einer Runde zur nächsten sind so suggestiv, dass man nicht aussteigt und denkt, nun geht alles wieder von vorne los. Der Film geht nahtlos weiter und hat eine erzählerische Kontinuität.

Das war die Herausforderung. Am Ende sollte der Zuschauer das Gefühl haben, dass Lola all das, was wir gesehen haben, wirklich durchgemacht hat (und nicht nur einen Teil, ein Drittel davon). Sie hat alles durchlaufen, sie ist schon ein Mal gestorben und eigentlich ist alles schiefgegangen, was nur hat schiefgehen können. Sie hat das alles hinter sich und wird am Ende dafür belohnt.

Es gibt kleine Details, die darauf hinweisen. Im zweiten Durchgang zum Beispiel weiß Lola etwas, was sie in der ersten Runde gelernt hat.

Logisch gesehen ist das natürlich unmöglich – solche Elemente heimlich unterzujubeln, das ist ja das Schöne am Film. Das Raum-Zeit-Kontinuum wird aus den Angeln gehoben, na und? Wir sind doch im Kino!

Film manipuliert stets Zeit: eine Geschichte, die in drei Wochen oder einem Jahr spielt, die ein ganzes Leben oder ein Jahrhundert umfasst, in neunzig Minuten.

Normalerweise komprimiert Film ganz viel in wenig Zeit. Wir haben wenig Zeit in viel Film komprimiert, nämlich 20 Minuten Realzeit in 80 Minuten Filmzeit. Gleichzeitig haben wir das Prinzip umgedreht und in den Flashforwards ein ganzes Leben in 5 Sekunden erzählt. Ich denke, viel extremer, als es in diesem Film passiert, kann man es gar nicht machen.

3 **stringent:** bündig, streng, zwingend

1 *a) Stellen Sie anhand des Textes zusammen, welche filmischen Mittel und Inszenierungsmöglichkeiten Tom Tykwer in „Lola rennt“ verwendet hat. Notieren Sie auch, mit welcher Absicht er die jeweilige Technik eingesetzt hat.*

b) Diskutieren Sie, ob sich die von Tom Tykwer beschriebene Wirkung der einzelnen Filmtechniken – bewusst oder unbewusst – auf den Zuschauer überträgt. Welchen Eindruck hatten Sie beim Anschauen des Films?

2 *Erläutern Sie die folgende Aussage von Tom Tykwer: „Das Raum-Zeit-Kontinuum wird aus den Angeln gehoben, na und? Wir sind doch im Kino!“ (**▷ Z. 146 ff.**)*

3 *Tragen Sie in Gruppenarbeit zusammen, welche gestalterischen Mittel und Ausdrucksmöglichkeiten für die Medien Film und Literatur jeweils charakteristisch sind. Was leistet das eine Medium, was das andere nicht kann? Präsentieren Sie Ihre Ergebnisse übersichtlich, z. B. in einem Schaubild.*

12.3 Eine Kurzgeschichte verfilmen

Angelika Mechtel

Netter Nachmittag

Ich gehe hin und er steht schon an der Tür, nachmittags um fünf zum Tee.
Gnädige Frau, sagt er und küsst mir mit feuchten Lippen die Hand. Ich habe Ihren Artikel gelesen, sagt er. Er findet ihn exzellent. Ich mach eine Handbewegung und stimme ihm zu.
Dann hilft er mir aus dem Mantel, hängt ihn auf und geht voraus zu Torte und Tee, dickbäuchig, aber in guter Position. Alt, aber noch frisch wie ein Junger, meint er und setzt sich neben mich auf die Couch. Er könne was für mich tun, sagt er und legt mir die Hand auf die Schulter. So hingelehnt ans Sofa, den Oberkörper schräg zum Unterkörper, lächelt er mir zu. Er schätzt mich, sagt er.
Mit seiner Vergangenheit ist er zufrieden, auch mit seiner Zukunft. Zwei Weltkriege hat er überstanden und eine Ehe, sagt er. Er serviert immer den gleichen Kuchen, wenn er einlädt. Er hat drei Wohnungen, eine in der Stadt, eine auf dem Land und eine am Lago Maggiore. Er hat das Leben gemeistert.
Artig trinke ich Tee und nehme die Zigarette, die er mir anbietet, gehe auf das Gespräch ein, das er führen will. So ist er eben, einer, der groß geworden ist. Unverbraucht, denkt er, anders als unser Jahrhundert.
Er vergisst nicht, höflich zu sein. Das gehört dazu. Beim Abschied der Griff zum Mantel und zu den Haaren: Die gehören doch heraus aus dem Mantelkragen, sagt er. Und zur Hand, um die feuchten Lippen zu postieren. Das tut er alles mit der Selbstverständlichkeit derer, die besitzen. Du sollst nicht diese Handbewegung machen, wenn er sagt, er fände ihn exzellent. An Stelle der Hand zum Handkuss gibst du ihm einen Schlag, nicht übertrieben scharf, nur ganz leicht und dann dein Gelächter. Den Artikel findest du schlecht. Torte, sagst du, isst du grundsätzlich nicht, und statt Tee verlangst du Kaffee. Er stellt dir heißes Wasser und Nescafé zur Verfügung. Du nimmst nicht nur einen Löffel Kaffeepulver in die Tasse, du nimmst zwei, schraubst das Glas wieder fest zu und stellst es mitten auf den Tisch, sodass er sich aufrichten muss, wenn er es mit seinen Händen erreichen will.
Noch hockt er schräg auf der Couch, den Oberkörper schräg abgewinkelt. Du lässt ihn fallen, wenn er deine Schulter fassen will. Du machst ihm Platz. Weiche Landung, sagst du, Glück auf, und greifst nach der vollen Packung Zigaretten mit der Sicherheit jener, die nichts besitzen.
Er besitzt Einfluss, das weißt du.
Ich könnte was für Sie tun, sagt er und du lachst. Du hörst nicht mehr auf zu lachen. Vor Vergnügen schlägst du mit der flachen Hand auf den Tisch; die Füße könntest du drauflegen. Oder ihn durchs Dachfenster auf die Straße transportieren; sieben Etagen abwärts ohne Lift; unten die Feldherrnhalle. Von der entgegengesetzten Seite marschierte Hitler mal an. Glück ab. Den kannte er und nachher war er auch gleich wieder da.
Zwei Weltkriege, fragst du ihn.
Kein Schrapnell[1] hat ihn erwischt. Glück muss der Mensch haben.
Ich bin Augenzeuge unseres Jahrhunderts, sagt er.
Unser?, sagst du, nimmst deinen Mantel, gehst und denkst: Den habe ich fertiggemacht, dem habe ich seine Heuchelei vor den Latz geknallt, der ist erledigt.
Aber er steht frisch an der Tür und hat ein verbindliches Lächeln im Gesicht.
Jetzt beklatscht er noch deinen Abgang. Bravo, sagt er, ein ganz neuer Stil.

1 **Schrapnell:** Granate, die mit Metallkugeln gefüllt ist

Du bist verblüfft, weil du kein Kraut mehr weißt, das gegen ihn wächst, nimmst den Aufzug ins Parterre, gehst Richtung Feldherrnhalle, du fragst dich, warum du Angst hast. Du hast dir in den Mantel helfen lassen, hast ihm das Glas Nescafé zugeschoben, das heiße Wasser gereicht, hast um eine Zigarette gebeten und dir Feuer geben lassen. Du hast dich angepasst, warst empfänglich.

Du fragst dich, warum du Angst hast?

Abends rufe ich ihn an und danke für den netten Nachmittag.

1 *Formulieren Sie nach dem Lesen Ihren ersten Eindruck von der Geschichte. Worum geht es Ihrer Meinung nach? Beziehen Sie in Ihre Überlegungen auch die Überschrift mit ein.*

2 *Untersuchen Sie den Handlungsverlauf und die Figurenkonstellation.*
- *Wie ist die Handlung aufgebaut? Unterscheiden Sie dabei auch zwischen äußerer und innerer Handlung. Gibt es eine Entwicklung oder Spannungsmomente?*
- *Charakterisieren Sie die Figuren (äußere Erscheinung, aber auch Eigenschaften, Verhaltensweisen und ihr Verhältnis zu anderen Figuren).*

3 *a) Bilden Sie Gruppen und überlegen Sie, wie Sie die Geschichte „Netter Nachmittag“ verfilmen könnten. Gehen Sie folgendermaßen vor:*
- *Lesen Sie den Text noch einmal und halten Sie dabei Ihre spontanen Ideen für eine filmische Umsetzung fest.*
- *Tauschen Sie sich über die Ideen aus und entwickeln Sie Ihre Ideen weiter. Überlegen Sie, was Ihnen am Text besonders interessant und wichtig erscheint und wie dies filmisch umgesetzt werden könnte.*

b) Entwickeln Sie ein Drehbuch.
- *Untersuchen Sie, welche Textpassagen Sie für verfilmbar halten und wie Sie mit den schwer verfilmbaren Passagen (z. B. innere Handlung) umgehen wollen, z. B. Umsetzung durch Filmhandlung oder als Off-Kommentar etc.*
- *Gliedern Sie den Text in einzelne Szenen und halten Sie fest, was in jeder Szene passieren soll.*
- *Erarbeiten Sie ein Drehbuch, indem Sie für jede Szene Folgendes notieren: Ort, Zeit, Handlung, Personen (Was sagen Sie → Dialog- und Monologtexte? Was tun sie → Gestik und Mimik?), Kameraeinstellungen (▷ Überblick auf S. 288), Musik/Geräusche.*

4 *Verfilmen Sie Ihr Drehbuch.*

TIPP

Tipps zur Verfilmung
- Arbeiten Sie nach einem Zeitplan. Beginnen Sie frühzeitig mit dem Drehbeginn und probieren Sie Ihre Verfilmungsideen aus.
- Halten Sie die Kamera möglichst ruhig (Stativ benutzen), falls Sie nicht bewusst eine subjektive Kameraführung (Handkamera) wünschen.
- Schauen Sie sich dann einzelne Szenen an und planen Sie, wie Sie die Aufnahmen verbessern können.
  - Sind Kamerapositionen und -ausschnitte gut gewählt?
  - Sind die Dialoge verständlich?
  - Wie wirken Beleuchtung, Farben, Requisiten etc.?

13 Wege in die Philosophie – Ein Thema erkunden

13.1 Was ist Philosophie? – Ein Portfolio anlegen

1 *Was verstehen Sie unter Philosophie? Formulieren Sie schriftlich eine kurze Antwort.*

2 *Oben finden Sie einige Antworten auf die Frage, was Philosophie sei. Versuchen Sie, diese knappen Definitionen etwas zu konkretisieren.*

3 *Der hier abgebildete Holzschnitt, der den Ausbruch aus dem mittelalterlichen Weltbild darstellt, hat den Untertitel: „Der Mensch durchbricht das Himmelsgewölbe und sieht staunend in das All.“ Diskutieren Sie darüber, was die Vor- und Nachteile eines solchen staunenden Ausbruchs für den Einzelnen und für die Menschheit sein könnten.*

Ein Portfolio erstellen – Dokumentieren und reflektieren

1 *In diesem Kapitel beschäftigen Sie sich mit dem Thema „Philosophie". Dokumentieren Sie mit Hilfe eines Prozessportfolios Ihren Weg in die Philosophie. Gehen Sie folgendermaßen vor:*

Ein Prozessportfolio erstellen

In einem Prozessportfolio dokumentieren Sie Ihre Auseinandersetzung mit dem Thema „Philosophie" innerhalb dieser Unterrichtseinheit, z. B. in Form einer Sammlung wichtiger und interessanter Materialien sowie eigener Überlegungen zum Thema.

1. Sie können Ihr Portfolio elektronisch am Computer oder handschriftlich in einer Mappe anlegen. Grundsätzlich sollten Sie nach jeder Arbeitsphase (also auch, wenn Sie zu Hause arbeiten) einen Eintrag in Ihrem Portfolio festhalten.
2. Ihr Prozessportfolio sollte Folgendes dokumentieren:

+ Welche Erkenntnisse Sie nach und nach gewonnen haben,
+ welche Zwischen- und Endergebnisse erreicht wurden,
+ Texte, in denen Sie selbst über Ihren Erkenntnisstand reflektieren bzw. Ihre weitere Arbeit planen.

3. Die folgende Übersicht enthält Elemente, die Sie beim Anlegen Ihres Portfolios berücksichtigen sollten (je nach Thema/Aufgabenstellung können die einzelnen Elemente auch variieren).

Datum:	…
Aufgabe/Themenstellung:	…
Textgrundlage:	Falls Sie sich mit einem Text auseinandersetzen, halten Sie Titel des Textes sowie den Namen der Autorin/des Autors fest.
Produkt/Ergebnis:	z. B. eigene Texte/Überlegungen, fremde Texte (z. B. als Kopie) etc.
offene Fragen/Notizen:	…

kurze Reflexion des Arbeitsprozesses:

+ Was genau ist mir schwer-, was leichtgefallen? Was war besonders interessant?
+ Habe ich die Aufgabe ganz oder nur teilweise erfüllt? Welche Gründe gab es hierfür?
+ Hat sich die Zeitplanung/die Organisation bewährt? Was lief gut, was könnte ich beim nächsten Mal besser machen? Führen Sie detaillierte Punkte auf.
+ Wie bewerte ich meine Arbeit? Begründen Sie Ihre Bewertung.

!

Portfolio

Ein Portfolio (von frz. portefeuille = Brieftasche) ist eine geordnete Sammlung von Dokumenten und Materialien unterschiedlicher Art. Mittlerweile wird dieser Begriff in den verschiedensten Bereichen verwendet. Je nachdem, für welchen Zweck und nach welchen Kriterien gesammelt wird, unterscheidet man verschiedene Arten des Portfolios, z. B.:

- **Leistungsportfolio:** Zusammenstellung der besten und wichtigsten Arbeiten (z. B. für die Bewerbung oder zur Bewertung)
- **Prozessportfolio:** Dokumentation einer Auseinandersetzung mit einem Thema, z. B. in Form einer Sammlung wichtiger und interessanter Materialien sowie Überlegungen zum Thema

Annäherung an das Thema – Informationen auswerten und recherchieren

1 *Führen Sie in Kleingruppen ein erstes Brainstorming (▷ S. 366) zum Thema „Was ist Philosophie?" durch.*

- *Tauschen Sie sich in Kleingruppen über die Frage aus, was Ihrer Meinung nach Philosophie ist.*
- *Erweitern Sie Ihre Überlegungen: Auch im Deutschunterricht wird in einigen Bereichen das Thema „Philosophie" gestreift. Tragen Sie zusammen, welche philosophischen Themen, Begriffe und zentralen Persönlichkeiten Ihnen in welchen Zusammenhängen begegnet sind.*
- *Überlegen Sie, welche Themen Sie vertiefen oder welchen Fragen Sie nachgehen wollen.*

2 ***Portfolio:*** *Halten Sie Ihre Ergebnisse und/oder Überlegungen übersichtlich fest, z. B. in einer Mind-Map oder in einem Schaubild, und eröffnen Sie damit Ihr Portfolio.*

Wenn Sie sich mit einem Thema, z. B. der Frage „Was ist Philosophie?", näher beschäftigen wollen, liegt es nahe, sich zuerst einen Überblick zu verschaffen, indem Sie **Informationen zum Thema recherchieren.**
Der folgende Artikel zum Stichwort Philosophie stammt aus einem philosophischen Lexikon.

3 *Lesen Sie den folgenden Text bewusst langsam, Satz für Satz.*

Philosophie (griech. „Weisheitsliebe"), Liebe zur Wahrheit; in diesem Sinne wohl zuerst in der → sokratischen Schule gebraucht. Das Wort „philosophos" zuerst bei → Heraklit in der Bedeutung: ein nach der Natur der Dinge Forschender.

„Was P. sei und was sie wert sei, ist umstritten. Man erwartet von ihr außerordentliche Aufschlüsse oder lässt sie als gegenstandsloses Denken gleichgültig beiseite. Man sieht sie mit Scheu als das bedeutende Bemühen ungewöhnlicher Menschen oder verachtet sie als überflüssiges Grübeln von Träumern. Man hält sie für eine Sache, die jedermann angeht und daher im Grunde einfach und verstehbar sein müsse, oder man hält sie für so schwierig, dass es hoffnungslos sei, sich mit ihr zu beschäftigen. Was unter dem Namen der P. auftritt, liefert in der Tat Beispiele für so entgegengesetzte Beurteilungen. Für einen wissenschaftsgläubigen Menschen ist das Schlimmste, dass die P. gar keine allgemein gültigen Ergebnisse hat, etwas, das man wissen und damit besitzen kann. Während die Wissenschaften auf ihren Gebieten meist sichere und allgemein anerkannte Erkenntnisse gewonnen haben, hat die P. dies trotz der Bemühungen der Jahrtausende nicht erreicht. Es ist nicht zu leugnen: In der P. gibt es keine Einmütigkeit des endgültig Erkannten. Was aus zwingenden Gründen von jedermann anerkannt wird, das ist damit eine wissenschaftliche Erkenntnis geworden, ist nicht mehr P., sondern bezieht sich auf ein besonderes Gebiet des Erkennbaren. Das philosophische Denken hat auch nicht, wie die Wissenschaften, den Charakter eines Fortschrittsprozesses. Wir sind gewiss weiter als → Hippokrates, der griechische Arzt. Wir dürfen kaum sagen, dass wir weiter seien als → Platon. Nur im Material wissenschaftlicher Erkenntnisse, die er benutzt, sind wir weiter. Im Philosophieren selbst sind wir vielleicht noch kaum wieder bei ihm angelangt. → Skandal der Philosophie. […]

Während wissenschaftliche Erkenntnisse auf je einzelne Gegenstände gehen, von denen zu wissen keineswegs für jedermann notwendig ist, handelt es sich in der P. um das Ganze des Seins, das den Menschen als Menschen angeht, um Wahrheit, die, wo sie aufleuchtet, tiefer ergreift als jede wissenschaftliche Erkenntnis.

Ausgearbeitete P. ist zwar an die Wissenschaften gebunden, sie setzt die Wissenschaften in dem fortgeschrittensten Zustand voraus, den sie in dem jeweiligen Zeitalter erreicht haben. Aber der Sinn der P. hat einen anderen Ursprung. Vor aller Wissenschaft tritt sie auf, wo Menschen wach werden" (K. Jaspers, Einführung in die Philosophie, 1957). Kennzeichnend für philos. Fragen ist oft ihre Radikalität: Nicht dieser oder jener Kausalzusammenhang wird erforscht, sondern der Sinn, der dem Ganzen überhaupt beigelegt werden kann; da die Sinngebung für den philosophierenden Menschen jeweils entscheidend ist, ist alles Philosophieren insofern „existenziell".

4 *Arbeiten Sie am besten mit einer Kopie des Textes und lesen Sie den Text mit dem Stift in der Hand.*
- ☐ *Markieren Sie Schlüsselwörter und Textstellen, die Sie besonders wichtig finden und kennzeichnen Sie diese am Rand mit einem Ausrufezeichen (!).*
- ☐ *Markieren Sie Begriffe und Textstellen, die Ihnen unklar sind, und versehen Sie diese am Rand mit einem Fragezeichen (?).*

5 *Klären Sie die Begriffe und Textstellen, die Ihnen unverständlich sind. Versuchen Sie zuerst, aus dem Kontext heraus zu erschließen, was diese Begriffe bzw. Textstellen bedeuten könnten. Schlagen Sie gegebenenfalls in einem Lexikon nach.*

6 *a) Werten Sie den Text aus, indem Sie die zentralen Kernaussagen übersichtlich festhalten. Gliedern Sie dazu den Text in thematische Abschnitte, finden Sie für jeden Abschnitt eine Überschrift und halten Sie die Kerninformationen der einzelnen Abschnitte fest.*
b) Vergleichen Sie Ihre Ergebnisse. Wenn Sie zu unterschiedlichen Ergebnissen gekommen sind, ziehen Sie zur Klärung den Text heran.

7 *a) Fassen Sie den Text in eigenen Worten zusammen, indem Sie knapp umreißen, was Philosophie ist. Berücksichtigen Sie dabei auch die Abgrenzung zu den anderen Wissenschaften.*
b) Diskutieren Sie Ihre Ergebnisse.

8 *a) Ziehen Sie ein Resümee und formulieren Sie Fragen und Überlegungen, die sich aus dem Text ergeben, sowie Begriffe, Namen von Personen etc., über die Sie Informationen recherchieren wollen.*
*b) Recherchieren Sie weitere Informationen zu Ihren Fragestellungen, z. B. in Lexika oder im Internet (**▷ Informationsrecherche S. 365**). Halten Sie Ihre Ergebnisse übersichtlich fest, z. B. auf einzelnen Karteikarten. Oder erstellen Sie mit Hilfe des Computers einzelne Informationsseiten, die Sie unter einem treffenden Dateinamen abspeichern und in einem elektronischen Ordner auf Ihrem Computer sammeln.*

Stichwort/Dateiname: → *__Skandal der Philosophie__*

Quelle: → *Philosophisches Wörterbuch, Hrsg. von Georgi Schischkoff, Alfred Kröner Verlag, Stuttgart, 1991, S. 669 f.*

Erklärung: → *__Skandal der Philosophie__ nennt man den Umstand, dass die P. im Laufe ihrer jahrtausendelangen Bemühungen noch keine Erkenntnis zu Tage gefördert hat, der eine von allen Philosophen anerkannte Evidenz (Gewissheit) zukommt. Der Begriff „Skandal der Philosophie" wird als Vorwurf von wissenschaftsorientierten Denkenden und Laien gebraucht, die damit jedoch das Wesen der Philosophie (Betrachtung neuer Fragestellungen und Gesichtspunkte) verkennen.*

9 ***Portfolio:*** *Halten Sie Ihre (Zwischen-)Ergebnisse in einer übersichtlichen Form fest und ergänzen Sie Ihr Portfolio.*

Robert Spaemann

Die kontroverse[1] Natur der Philosophie

Wenn ich von der Natur der Philosophie spreche, dann muss ich mich nun freilich gleich selbst in die Lage begeben, etwas Kontroverses zu sagen. Ich bemühe mich, das hinauszuschieben, indem ich eine unphilosophische Definition der Philosophie gebe, und die lautet etwa so: „Philosophie ist ein kontinuierlicher Diskurs[2] über letzte Fragen." Was sind letzte Fragen? Letzte Fragen sind solche, die am Ende der normalen Diskurse offenbleiben und auf deren Nichtaufwerfen das Funktionieren unseres Alltags beruht, z. B. also etwa die Frage, was wir meinen, wenn wir von „Wirklichkeit" reden oder wenn wir etwas „gut" nennen, oder die Frage, wie wir wissen können, dass wir etwas wissen. Zu solchen Fragen nehmen auch religiöse Lehrer, Propheten oder politische Führer Stellung. Die Philosophie unterscheidet sich von diesen dadurch, dass sie ein *Diskurs* über solche Fragen ist. Der Philosoph ist kein ermächtigter Lehrer, sondern jemand, der argumentiert und an Argumenten interessiert ist. Wenn ein Philosoph Autorität besitzt, dann kann sie nur darin bestehen, dass man ihm den Kredit[3] einräumt, seinen Argumenten Aufmerksamkeit zu schenken und über sie nachzudenken.

Schließlich gehört zur Philosophie die Kontinuität des Diskurses. Gespräche über letzte Fragen werden täglich überall geführt. Es gibt hierfür keine wie immer gearteten Spielregeln. Es gibt höchstens eine Anzahl typischer Situationen, in denen solche Gespräche entstehen: angesichts von wichtigen Lebensentscheidungen, generell in der Orientierungsphase der Jugendzeit, angesichts so genannter „Lebenskrisen", angesichts des Todes nahestehender Menschen, angesichts gesellschaftlicher Normkrisen[4] oder politischer Umbrüche oder aber ohne dies alles, z. B. bei Partys nachts zwischen 1 und 4 Uhr, nach dem Konsum eines gewissen Quantums Alkohol. Ferner tauchen so genannte letzte Fragen auf innerhalb des Wissenschaftsprozesses, und zwar in revolutionären Phasen der Wissenschaft[5], so genannten Grundlagenkrisen, wo eine Theorie ihre normative[6] Kraft einzubüßen beginnt und Selbstverständlichkeiten aufhören, selbstverständlich zu sein. Was die Philosophie von solchen Ad-hoc-Diskursen[7] unterscheidet, ist ihre Kontinuität. In einer durch mehrere Faktoren bedingten geistigen Krise Griechenlands im 6. und 5. Jahrhundert v. Chr. entstand ein Nachdenken über letzte Fragen von solchem Rang, dass es dazu ausreichte, ein kontinuierliches Gespräch anzustoßen, das bis heute nicht abgerissen ist.

1 **kontrovers:** widersprüchlich
2 **Diskurs:** argumentatives Gespräch, Diskussion
3 **Kredit,** hier: Vertrauen
4 **Normkrisen:** Werte, Weltanschauungen, die fraglich geworden sind
5 z. B. die Änderung des Weltbildes nach Nikolaus Kopernikus (1473–1543) → kopernikanische Wende, nach Galileo Galilei (1564–1642) oder Albert Einstein (1879–1955)
6 **normativ:** maßgebend, als Richtschnur dienend
7 **ad hoc:** spontan

1 *Lesen Sie auch diesen Text aufmerksam, Satz für Satz.*
Arbeiten Sie am besten mit einer Kopie des Textes und markieren Sie Wichtiges oder Unverständliches und notieren Sie am Textrand Ihre Bemerkungen, Fragen etc.

2 *Nach Spaemann gibt es einen Übergang vom Alltagsgespräch (Ad-hoc-Diskursen) zum philosophischen Gespräch, aber auch einen deutlichen Unterschied.*
Beschreiben Sie diese beiden Aspekte als Kennzeichen der Philosophie überhaupt.

3 *Konkretisieren Sie noch deutlicher, als es im Text geschieht, die These, dass philosophische Fragen als so genannte „letzte Fragen" sich besonders in Krisensituationen stellen. Welcher Art sind diese so genannten „letzten Fragen" und welche Arten von Krisen werden genannt?*

4 *Untersuchen Sie in Partnerarbeit den argumentativen Aufbau des Textes. Wie werden der Gedankengang und die begrifflichen Zusammenhänge im Text entfaltet? Halten Sie Ihr Ergebnis in einem Schaubild fest, in dem die gedanklichen Bezüge durch Pfeile kenntlich gemacht sind.*

5 ***Portfolio:*** *„Philosophie ist ein kontinuierlicher Diskurs über letzte Fragen." (▷ Z. 7 f.) Erläutern Sie in einem Abschlusstext diese Aussage Spaemanns und fassen Sie dann abschließend Ihre Erkenntnisse, Überlegungen und Fragen zusammen.*

Texte erschließen

Wenn man den Gedankengang eines Textes verstehen will, ist es hilfreich, sich Schritt für Schritt dem Text zu nähern. Folgende Aspekte sollten Sie sich hierbei vergegenwärtigen:

1. Schritt: Genaues Lesen

+ Lesen Sie den Text (gegebenenfalls mehrmals) mit dem Bleistift in der Hand, markieren Sie zentrale (oder auch unverständliche) Stellen und versehen Sie gegebenenfalls den Text mit Randbemerkungen. Entwickeln Sie hierfür selbst ein Zeichensystem, z. B.: *Th* = These, *Z* = Zusammenfassung, *V* = Veranschaulichung, *?* = Unklarheiten, *!* = bemerkenswert, *??* = kann ich nicht nachvollziehen etc.

2. Schritt: Das Textverständnis vertiefen

+ Strukturieren und gliedern Sie den Text nach inhaltlichen Gesichtspunkten (z. B. Überschriften für einzelne Sinnabschnitte finden).
+ Formulieren Sie Fragen und Überlegungen, die sich aus dem Text ergeben.

3. Schritt: Kritisches Analysieren anhand eines Fragenkatalogs

+ Was genau ist das Thema des Textes?
+ Wie argumentiert der Verfasser/die Verfasserin? Eher abstrakt oder mit Beispielen? Ist die Argumentation nachvollziehbar?
+ Welcher Sprachstil ist erkennbar?

4. Schritt: Aktives Aneignen

+ Um sicher zu sein, dass Sie den Text verstanden haben, sollten Sie den Text paraphrasieren (in eigenen Worten wiedergeben). Fassen Sie das Wesentliche in Form eines Kurzreferats für sich selbst zusammen. Eine solche Zusammenfassung zwingt, das Zentrale auf den Punkt zu bringen.

5. Schritt: Textübergreifende Erschließung

+ Klären Sie, in welchem Zusammenhang der Text stehen könnte (zeit- und sozialgeschichtliches sowie epochengeschichtliches Umfeld des Textes).
+ Verstehen Sie den Text auch als Beitrag innerhalb einer übergreifenden Diskussion. Gibt es andere Beiträge zu diesem Thema/Problem? Welche Gemeinsamkeiten und Unterschiede können Sie feststellen?

6. Schritt: Eigene Stellungnahme zum Text

+ (Philosophische) Texte fordern den/die Leser/-in zur Stellungnahme heraus: Tua res agitur (lat. Deine Sache wird (hier) verhandelt). Nehmen Sie – wenn auch nur gedanklich – Stellung zu dem Text.

13.2 Sein und Schein – Gedankengänge visualisieren und diskutieren

René Magritte: Die Beschaffenheit des Menschen (1933)
„Und so sehen wir die Welt: Wir sehen sie als etwas außerhalb von uns Befindliches, obwohl sie nur eine geistige Darstellung dessen ist, was wir in uns erleben." (Kommentar des Malers Magritte zu dem obigen Bild)

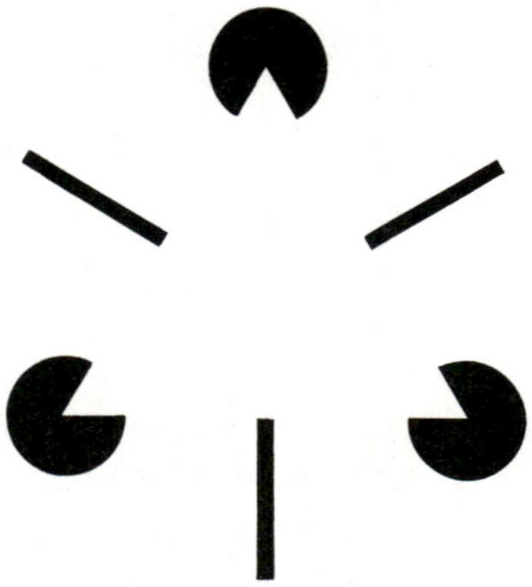

Das Gemälde von Magritte irritiert – wie die meisten seiner Bilder. Mit einer solchen Irritation – mit dem „Staunen", wie Aristoteles sagt – beginnt die Philosophie.

1 *Was ist auf dem Gemälde von Magritte draußen, was ist auf der Leinwand? Schaut man durchs Fenster in die Welt oder schaut man auf das Bild im Bild?*

2 *Betrachten Sie die beiden kleinen Schwarz-Weiß-Bilder: Was sehen Sie?*
TIPP: *Wenn Sie bei dem oberen Bild ein Dreieck gesehen haben, überlegen Sie: Was haben Sie wirklich gesehen?*

3 *Diskutieren Sie über folgende Fragen:*
- *Sieht jeder die Welt anders, also nur sein eigenes Bild? Und sind all diese Bilder gleich gut oder gibt es richtige und falsche?*
- *Was ergibt sich aus der Selektivität der Wahrnehmung (der persönlichen Auswahl von Wahrnehmbarem) für unsere Vorstellung von Wahrnehmung und Erkenntnis?*

Platon

Das Höhlengleichnis (1)

Das Höhlengleichnis ist eines der bekanntesten Gleichnisse des antiken griechischen Philosophen Platon (427–347 v. Chr.). Es stammt aus dem siebten Buch seines Hauptwerkes „Politeia“ (griech. Staat, Staatswesen), dessen Abfassung auf das Jahr 370 v. Chr. geschätzt wird.
Platon hat seine Philosophie in Form von Dialogen dargestellt. Als Hauptgesprächspartner tritt in der Regel Sokrates (Platons Lehrer) auf, dem Platons Auffassungen in den Mund gelegt werden. In dem folgenden Text ist Glaukon, ein Bruder Platons, der Ansprechpartner Sokrates'.

„Und nun“, fuhr ich[1] fort, „mache dir den Unterschied zwischen Bildung und Unbildung in unserer Natur an dem folgenden Erleben gleichnishaft klar. Stelle dir die Menschen vor in einem unterirdischen, höhlenartigen Raum, der gegen das Licht zu einen weiten Ausgang hat über die ganze Höhlenbreite; in dieser Höhle leben sie von Kindheit, gefesselt an Schenkeln und Nacken, sodass sie dortbleiben müssen und nur gegen vorwärts schauen, den Kopf aber wegen der Fesseln nicht herumdrehen können; aus weiter Ferne leuchtet von oben her hinter ihrem Rücken das Licht eines Feuers, zwischen diesem Licht und den Gefesselten führt ein Weg in die Höhe; ihm entlang stelle dir eine niedrige Wand vor, ähnlich wie bei den Gauklern ein Verschlag vor den Zuschauern errichtet ist, über dem sie ihre Künste zeigen.“

1 gemeint ist Sokrates

„Ich kann mir das vorstellen“, sagte Glaukon.
„An dieser Wand, so stell dir noch vor, tragen Menschen mannigfache Geräte vorbei, die über die Mauer hinausragen, dazu auch Statuen aus Holz und Stein von Menschen und anderen Lebewesen, kurz: alles Mögliche, alles künstlich hergestellt, wobei die Vorbeitragenden teils sprechen, teils schweigen.“
„Merkwürdig sind Gleichnis und Gefesselte, von denen du sprichst.“
„Sie gleichen uns! Denn sie sehen zunächst von sich und den anderen nichts außer den Schatten, die von dem Feuer auf die gegenüberliegende Mauer geworfen werden, verstehst du?“
„Natürlich, wenn sie gezwungen sind, ihre Köpfe unbeweglich zu halten ihr Leben lang.“
Dasselbe gilt auch von den vorübergetragenen Geräten, nicht?“
„Wenn sie sich untereinander unterhalten könnten, da würden sie wohl glauben, die wahren Dinge zu benennen, wenn sie von den Schatten sprechen, die sie sehen.“
„Notwendigerweise!“
„Wenn nun weiter das Gefängnis ein Echo hätte von der Wand gegenüber, und wenn einer der Vorübergehenden etwas spräche, dann käme – so würden sie glauben – der Ton von nichts anderem als von den vorübergehenden Schatten, nicht?“
„Ganz so, bei Zeus!“
„Alles in allem: Diese Leute würden nichts anderes für wahr halten als die Schatten der Geräte.“
„Notwendigerweise!“

1 *a) Veranschaulichen Sie sich den Inhalt des Textes. Zeichnen Sie dazu die Höhle so, wie jeder von Ihnen die Schilderungen von Platon interpretiert. Belegen Sie Ihre Visualisierung mit Textzitaten.*
b) Vergleichen und diskutieren Sie dann die verschiedenen Darstellungen. Prüfen Sie, ob Ihre Skizze von der Höhle mit Platons Beschreibung vereinbar ist. Berücksichtigen Sie dabei folgende Aspekte:
- ☐ *Wo genau befindet sich das Feuer?*
- ☐ *In welche Richtung schauen die Höhlenbewohner?*

2 *Überlegen Sie, wie sich die Gefesselten selbst wahrnehmen.*

TIPP

Visualisierungstechniken
Wenn man den Gedankengang eines Textes verstehen, seine eigenen Gedanken genau klären oder sie anderen verständlich machen will, ist es häufig nützlich, diese Gedanken in irgendeiner Form zu veranschaulichen. Bei der Visualisierung können wir sehr unterschiedliche Formen wählen, dazu gehören u. a.:

- **Mind-Maps oder Begriffsnetze/Begriffsbäume,** in denen man die Beziehung zwischen verschiedenen Begriffen durch Verbindungslinien oder Pfeile darstellt.
- **Schaubilder oder Strukturdiagramme,** in denen man den Gedankengang eines Textes grafisch darstellt und dabei gedankliche Bezüge durch Pfeile kennzeichnet.
- **Skizzen,** mit denen wir unsere Vorstellung von einem Sachverhalt verbildlichen.

Platon

Das Höhlengleichnis (2)

„Überlege nun Lösung und Heilung aus Ketten und Unverstand, wie immer das vor sich gehen mag – ob da wohl Folgendes eintritt. Wenn etwa einer gelöst und gezwungen würde, sofort aufzustehen und den Kopf umzuwenden, auszuschreiten und zum Licht zu blicken, wenn er bei alledem Schmerz empfände und wegen des Strahlenfunkelns jene Gegenstände nicht anschauen könnte, deren Schatten er vorher gesehen – was, glaubst du, würde er da wohl antworten, wenn man ihm sagte, er habe vorher nur eitlen Tand gesehen, jetzt aber sehe er schon richtiger, da er näher dem Seienden sei und sich zu wirklichen Dingen hingewendet habe; wenn man ihn auf jeden der Vorbeigehenden hinwiese und zur Antwort auf die Frage zwänge, was das denn sei? Würde er da nicht in Verlegenheit sein und glauben, was er vorher erblickt, sei wirklicher als das, was man ihm jetzt zeige?“

„Gewiss!“

„Und wenn man ihn zwänge, ins Licht selbst zu blicken, dann würden ihn seine Augen schmerzen und fluchtartig würde er sich dem zuwenden, was er anzublicken vermag; dies würde er dann für klarer halten als das zuletzt Gezeigte, nicht?“

„So ist es!“

„Wenn man ihn“, fragte ich weiter, „von dort wegzöge, mit Gewalt, den schwierigen und steilen Anstieg hinan, und nicht früher losließe, bis man ihn ans Licht der Sonne gebracht hätte, würde er da nicht voll Schmerz und Unwillen sein über die Verschleppung? Und wenn er ans Sonnenlicht käme, da könnte er wohl – die Augen voll des Glanzes – nicht ein einziges der Dinge erkennen, die man ihm nunmehr als wahr hinstellte.“

„Nicht sofort wenigstens!“

„Er brauchte Gewöhnung, denke ich, wenn er die Oberwelt betrachten sollte; zuerst würde er am leichtesten die Schatten erkennen, dann die Spiegelbilder der Menschen und der anderen Dinge im Wasser, später sie selbst; hierauf könnte er die Dinge am Himmel und diesen selbst leichter bei Nacht betrachten, aufblickend zum Licht der Sterne und des Mondes, als bei Tag die Sonne und ihr Licht.“

„Natürlich!“

„Zuletzt aber könnte er die Sonne, nicht ihr Abbild im Wasser oder auf einem fremden Körper, sondern sie selbst für sich an ihrem Platz anblicken und ihr Wesen erkennen.“

„Notwendigerweise!“

„Und dann würde er durch Schlussfolgerung erkennen, dass sie es ist, die die Jahreszeiten und Jahre schafft und alles in der sichtbaren Welt verwaltet und irgendwie Urheberin ist an allem, was sie gesehen haben."

„Klar, so weit würde er allmählich kommen!"

„Nun weiter! Wenn man ihn dann an seine erste Wohnung, an sein damaliges Wissen und die Mitgefangenen dort erinnerte, würde er sich dann nicht glücklich preisen wegen seines Ortswechsels und die andern bedauern?"

„Gar sehr!"

„Wenn sie damals Ehrenstellen und Preise untereinander ausgesetzt haben und Auszeichnungen für den Menschen, der die vorbeiziehenden Gegenstände am schärfsten erkannt und sich am besten gemerkt hat, welche vorher und welche nachher und welche zugleich vorbeizogen, und daher am besten auf das Kommende schließen könne, wird da nun dieser Mann besondere Sehnsucht nach ihnen haben und jene beneiden, die bei ihnen in Ehre und Macht sind? Oder wird es ihm gehen, wie Homer sagt, er begehre heftig, Arbeit um Lohn zu verrichten bei einem ärmlichen Mann auf dem Lande und alles eher zu erdulden, als wieder nur jene bloßen Meinungen zu besitzen und auf jene Art zu leben?"

„Lieber wird er alles über sich ergehen lassen, als dort zu leben!"

„Und dann überlege noch dies! Wenn ein solcher wieder hinabstiege und sich auf seinen Sitz setzte, hätte er da nicht die Augen voll Dunkelheit, da er soeben aus der Sonne gekommen ist?"

„Und wie!"

„Und wenn er dort wieder im Unterscheiden der Schatten mit jenen immer Gefesselten wetteifern müsste, zur Zeit, da seine Augen noch geblendet sind und sich noch nicht umgestellt haben – und diese Zeit der Gewöhnung wird nicht kurz sein! –, würde er da nicht ausgelacht werden und bespöttelt, er sei von seinem Aufstieg mit verdorbenen Augen zurückgekehrt; daher sei es nicht wert, den Aufstieg auch nur zu versuchen. Und wenn er sie dann lösen und hinaufführen wollte, würden sie ihn töten, wenn sie ihn in die Hände bekommen und töten könnten!"

„Sicherlich!"

3 *Tragen Sie anhand des Textes zusammen, welche physischen, psychischen und kognitiven Reaktionen Platon bei den aus den Fesseln Befreiten beschreibt. Wie kann man diese Reaktionen begründen?*

4 *Überlegen Sie, warum der Weg aus der Höhle so mühsam und mit solch großen Widerständen behaftet ist.*

5 *Diskutieren Sie folgende Fragen:*
- ☐ *Warum besitzt die Höhle einen Ausgang? Würde nicht das unterirdische „Schattenspiel" genügen, um den Unterschied von Schein und Wirklichkeit klarzumachen?*
- ☐ *Warum gibt es die Rückkehr in die Höhle? Wie deuten Sie die Tötung desjenigen, der die Fesseln löst und die Menschen aus der Höhle herausführen will?*

6 *a) Legen Sie in Partnerarbeit eine zweispaltige Tabelle an. Tragen Sie in die linke Spalte die wesentlichen Elemente und Aspekte des Gleichnisses ein, wie z. B.: Bereich der Höhle, die Gefesselten, das Feuer, Lösen der Fesseln etc. Daneben notieren Sie deren Bedeutung.*
b) Vergleichen und diskutieren Sie Ihre Ergebnisse.
c) Tauschen Sie sich darüber aus, wie Sie das Höhlengleichnis interpretieren würden.

7 ***Portfolio:*** *Wählen Sie aus den folgenden Aufgaben aus:*
- ☐ *Schreiben Sie einen Text zu Platons Höhlengleichnis, in dem Sie dieses erläutern und/oder kommentieren. Lassen Sie hierbei Ihre eigenen Überlegungen, Deutungen und Fragen einfließen.*
- ☐ *Entwerfen Sie einen Comic, der das Höhlengleichnis veranschaulicht.*

Robert Spaemann

Lustprinzip und Realitätsprinzip

Machen wir folgendes Gedankenexperiment: Stellen wir uns einen Menschen vor, der in einem Operationssaal auf einem Tisch festgeschnallt ist. Er steht unter Narkose. In seine Schädeldecke sind einige Drähte eingeführt. Durch diese Drähte werden genau dosierte Stromstöße in bestimmte Gehirnzentren geleitet, die dazu führen, dass dieser Mensch sich in einer Dauereuphorie befindet. Sein Gesicht spiegelt den Zustand äußersten Wohlbehagens. Der Arzt, der das Experiment leitet, erklärt uns, dass dieser Mensch mindestens weitere zehn Jahre in diesem Zustand bleiben wird. Wenn es nicht mehr möglich sein wird, den Zustand zu verlängern, werde man ihn mit dem Abschalten der Maschine unverzüglich schmerzlos sterben lassen. Der Arzt bietet uns an, uns sofort in die gleiche Lage zu versetzen. Und nun frage sich jeder, ob er freudig bereit wäre, sich in diese Art von Seligkeit versetzen zu lassen? Was folgt aus unserer Abneigung, uns auf ein solches Angebot einzulassen? Es folgt, dass das, was wir eigentlich und im Grunde wollen, gar nicht Lustgewinn ist. Denn der Mann auf dem Tisch genießt offensichtlich die höchsten Lustgefühle. Und doch wollen wir nicht mit ihm tauschen. Wir wollen lieber unser mittelmäßiges Leben fortsetzen. Warum wollen wir nicht tauschen? Weil der Mann sich außerhalb des wirklichen Lebens, außerhalb der Realität befindet. Er merkt es zwar gar nicht; sein Traum ist vielleicht bevölkert mit den liebenswürdigsten Menschen. Aber die mittelmäßigen und dafür realen Menschen sind uns doch lieber. Es stimmt gar nicht, dass Realität für uns in erster Linie das Widrige, das Widerständige ist, dem wir uns notgedrungen anpassen müssen. Sie ist nämlich gleichzeitig das, was wir um keinen Preis missen möchten.

1 *Geben Sie den Gedankengang dieses Textes mit eigenen Worten wieder.*

2 *Auch für diesen Text lässt sich – wie bei dem Höhlengleichnis von Platon (▷ S. 306 ff.) – eine Teilung in zwei Welten formulieren. Beschreiben Sie die beiden „Welten" bzw. Ebenen dieses Gleichnisses und stellen Sie für jede dieser Ebenen eine Merkmalliste zusammen.*

3 *Formulieren Sie die zentrale These, die Spaemann in diesem Text aufstellt, in abstrakter Form und in einem Satz.*

4 *Üben Sie sich in der Methode des kontrastierenden Vergleichs: Halten Sie die Unterschiede und Gemeinsamkeiten des platonischen Höhlengleichnisses (▷ S. 306 ff.) und des Gedankengangs Spaemanns fest.*

5 ***Portfolio:*** *Reflektieren Sie in einem kurzen Text, welche Bedeutung die These Spaemanns für unser Leben hat.*

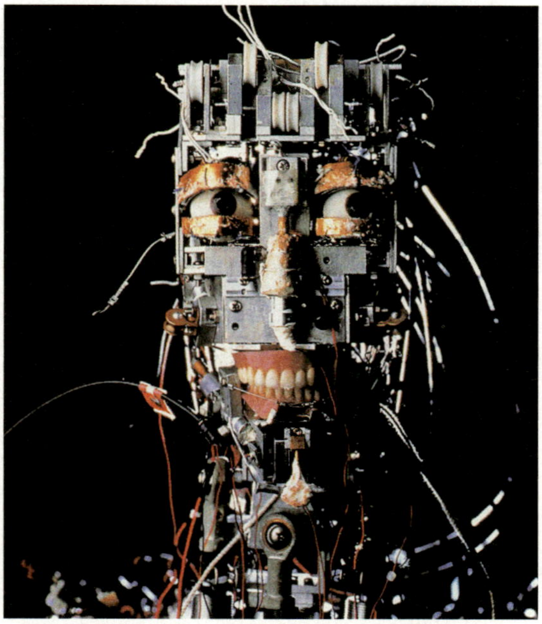

Gesichtsroboter der Science University in Tokio, mit dessen Hilfe erforscht wird, wie Menschen Gefühle ausdrücken können

Ein philosophisches Gespräch führen – Argumente austauschen

Sapere aude – wage, dich deines eigenen Verstandes zu bedienen. Diese Maxime der Aufklärung nach Kant beschreibt auch das, was Philosophieren sein soll: eigenes, von der Vernunft geleitetes Denken. Ausgehend von den Texten in diesem Teilkapitel (▷ Platon „Höhlengleichnis“, S. 306 ff., und Robert Spaemann „Lustprinzip und Realitätsprinzip“, S. 309) sollen Sie nun selbst philosophieren.

Robert Spaemann

Dialog als Methode

Sokrates wurde oft entgegengehalten, dies oder jenes – z. B. dass Unrecht leiden besser sei als Unrecht tun – könne man nicht sagen, ohne ins Abseits zu geraten. Er pflegte darauf zu antworten: „Was *man* sagen kann, kann ich nicht beurteilen. Wer ist *man?* Was alle sagen, ist nicht wichtig, denn alle haben ja nicht nachgedacht. Lass uns lieber zusehen, ob wir beide, du und ich, es einsehen.“ Die Philosophie steht und fällt mit diesem Du und Ich.

1 *Überlegen Sie, warum Philosophen wie Sokrates von dem, was man sagt bzw. was alle sagen, nicht sonderlich beeindruckt sind und als Alternative den „philosophischen Dialog“ vorziehen.*
Ziehen Sie dazu auch Ihre Kenntnisse aus dem ersten Teilkapitel heran (▷ zum Beispiel den Text „Die kontroverse Natur der Philosophie“ von Robert Spaemann auf Seite 303).

2 *Trainieren Sie Ihre Dialogfähigkeit, die Grundlage des Philosophierens ist.*
Teilen Sie sich in Kleingruppen auf und diskutieren Sie folgende Fragestellung: Gehen Sie hierbei wie in dem Tippkasten „Dialogfähigkeit trainieren“ vor.

Ist die Wirklichkeit wirklich so, wie ich sie wahrnehme? Oder ist sie am Ende ganz anders? Was bedeutet das für uns?

TIPP

Dialogfähigkeit trainieren

In den philosophischen Hochschulen des Mittelalters gab es besondere Spielregeln und eigene Trainingseinheiten für das Einüben präzisen Denkens und Argumentierens:

- Dialogteilnehmer A bekommt ein Thema bzw. eine These und entwickelt eine Begründung.
- Dialogteilnehmer B muss, bevor er seinen Gegenstandpunkt vertritt, zuerst den Gesprächsteil des Vorredners A so lange wiederholen, bis dieser sagen kann, der Teilnehmer B habe seine eigenen Gedanken gut oder sogar besser als er selbst vertreten.
- Erst danach kann Dialogteilnehmer B seinen Gegenstandpunkt entwickeln. Für Dialogteilnehmer C beginnt sein Beitrag in entsprechender Weise zuerst mit der Darlegung des Standpunktes von B.

3 *Üben Sie sich in der Methode des* ***philosophischen Gesprächs.*** *Gehen Sie folgendermaßen vor:*

- *Bilden Sie kleine Gesprächsgruppen und diskutieren Sie über die folgende Fragestellung: Ist das, was ich als Glück empfinde, wirklich Glück oder nur der Schein davon? Ist sich glücklich fühlen schon glücklich sein?*
- *Halten Sie am Ende das, was an Argumenten ausgetauscht wurde, fest bzw. versuchen Sie sogar, ein Ergebnis auf abstrakter Ebene zu formulieren.*
- *Jede Gruppe trägt am Ende des Durchlaufs ihre Ergebnisse bzw. die Argumente, Fragestellungen, Überlegungen etc. dem Plenum vor.*
- *Diskutieren Sie nun im Plenum über die Fragestellung: Ist sich glücklich fühlen schon glücklich sein?*

Fragestellung:

Ist das, was ich als Glück empfinde, wirklich Glück oder nur der Schein davon? Ist sich glücklich fühlen schon glücklich sein?

Beispiele:

A Deine Mitschülerin Julia ist überaus glücklich verliebt. Du jedoch weißt, dass ihr Romeo ein Casanova ist, ein Angeber, der außerdem noch schlecht von Julia spricht. Welche Julia ist wohl glücklicher, die, die sich glücklich fühlt, aber nicht Bescheid weiß, oder eine Julia, die weiß, was Sache ist?

B Eine Theatergruppe an einer Schule feiert einen grandiosen Erfolg. Was sie allerdings nicht weiß, ist, dass das Publikum die eigentlichen Schauspieler sind, die der Theatergruppe zur Freude eine große Bewunderung vorgespielt haben. Sollen die Spieler über dieses „Theater" aufgeklärt werden?

C Stellen Sie sich folgendes Bild vor: Ein kleines Kind hat alles um sich herum vergessen und spielt in sich versunken in seiner eigenen, offensichtlich überaus glücklichen Welt. Es fühlt sich glücklich, weiß dieses freilich nicht. Kann man glücklich sein, ohne es zu wissen? Oder ist am Ende der glücklicher, der sein Glück unmittelbar empfindet?

4 ***Portfolio:*** *Halten Sie die Ergebnisse Ihres philosophischen Gesprächs fest oder bewerten Sie in einem kurzen Kommentar, wie dieses Gespräch verlaufen ist: Was ist Ihnen klar geworden? Was war aufwändig, eher schwierig oder besonders gut?*

TIPP

Das philosophische Gespräch als Methode

Da Philosophieren sich nicht im einsamen Nachdenken erschöpft, sondern dialogisch ausgerichtet ist, erfordert es, die Sichtweisen anderer, deren Situation und Argumente erfassen und verstehen zu können, um einen offenen Gedankenaustausch zu erzielen. Wichtiger als Erkenntnisse oder Ergebnisse ist es hierbei, Fragen zu stellen.
Das Gespräch als Methode der Philosophie lässt sich beschreiben als gemeinsames Nachdenken im Interesse an der Wahrheit einer Sache. Das ist auch der Unterschied zum Beispiel zu einem Streitgespräch in der Politik. In der Politik geht es um Durchsetzung, um Macht. Der Philosophie geht es um Wahrheit. Deshalb gibt es auch keinen Verlierer im philosophischen Streit. Das philosophische Gespräch ist gekennzeichnet allein durch die Stärke des Arguments, nicht durch die Autorität einer Person. Es herrscht daher eine symmetrische, herrschaftsfreie Kommunikationssituation.

13.3 Ein fächerübergreifendes Projekt planen und durchführen

Philosophische Fragen werden auch in anderen Medien, z. B. in der Literatur, der bildenden Kunst, im Film etc., thematisiert. Jede Kunstrichtung hat dabei ihre eigene Sprache und Ausdrucksmöglichkeiten, um über Fragen nach der Wirklichkeit, der Wahrheit, nach Zeit und Raum etc. zu reflektieren.
In diesem Teilkapitel sollen Sie das Motiv von „Sein und Schein" in den unterschiedlichen Medien verfolgen, vergleichen und deuten. Bereiten Sie Ihre Ergebnisse anschließend für eine Präsentation auf.

Aristoteles (384–322 v. Chr.)
„Durch das Staunen haben die Menschen sowohl jetzt wie zu Anfang philosophiert."

1. Schritt: Planung

A Bildung der Gruppen

Um dem Motiv „Sein und Schein" in den unterschiedlichen Medien auf die Spur zu kommen, sollten Sie vier Projektgruppen bilden:

Die Cineasten:	Sie untersuchen das Motiv von „Sein und Schein" in Filmen.
Die Literaten:	Sie beschäftigen sich mit dem Motiv von „Sein und Schein" in der Literatur.
Die bildenden Künstler:	Sie verfolgen die Thematisierung von „Sein und Schein" im Medium Bild (u. U. auch im Bereich der Fotografie).
Die Philosophen:	Sie beschäftigen sich mit philosophischen Variationen des platonischen Höhlengleichnisses, das die Frage nach „Sein und Schein" thematisiert.

B Festlegung des Themas

– Die **Ausgangsfrage** für das Projekt ist die nach „Sein und Schein". Lesen bzw. betrachten Sie das jeweilige Text- oder Bildmaterial philosophisch.
– Die **Teilfragen,** die sich aus dieser Ausgangsfrage in philosophischer Hinsicht ableiten lassen und das Projekt begleiten können, könnten folgendermaßen formuliert werden:
  - Ist die Wirklichkeit wirklich so, wie ich sie wahrnehme oder ist sie am Ende ganz anders? Ist alles nur geträumt?
  - Ist das, was ich als Glück empfinde, wirklich Glück oder nur der Schein davon? Ist sich glücklich fühlen schon glücklich sein?
  - Will ich wirklich, was ich will? Was will ich eigentlich und im Grunde?

2. Schritt: Die Durchführung des Projekts

Im Folgenden finden Sie Material und Arbeitsanregungen für die vier Projektgruppen, die Cineasten, die Literaten, die bildenden Künstler und die Philosophen. Recherchieren Sie gegebenenfalls – je nach Projektgruppe – nach weiteren Filmen, Texten, Bildern etc., die das Motiv „Sein und Schein" thematisieren, z. B. im Internet (▷ Tipps zur Internetrecherche auf S. 365). Überlegen Sie auch, wie Sie Ihre Ergebnisse für eine Präsentation aufbereiten könnten.

Projektgruppe: Die Cineasten

Die Truman Show *103 Min., USA, 1998, Spielfilm, Regie: Peter Weir*

Truman Burbank steht von Geburt an im Mittelpunkt einer Fernsehshow. Alle wissen Bescheid, nur er weiß nicht, dass seine idyllische Heimatstadt ein gigantisches Studio ist, das von einem visionären Produzenten entwickelt wurde, dass die Leute, die dort leben und arbeiten, Hollywood-Schauspieler sind und dass auch seine unaufhörlich plappernde Ehefrau eine vertraglich gebundene Mitspielerin ist. Nach und nach kommt Truman dahinter. Auf der Suche nach sich selbst und der Wirklichkeit verlässt er durch eine Tür am künstlichen Horizont seine Show.

Aufgabe:
Analysieren und deuten Sie den Film im Hinblick auf das Motiv von „Sein und Schein", „Realität und Virtualität" und die sich daraus ergebenen Fragestellungen. Berücksichtigen Sie auch die Informationen auf Seite 312 (▷ Festlegung des Themas).

Weiterführendes Material:

Matrix *130 Min., USA, 1999, Spielfilm, Regie: Andy Wachowski und Larry Wachowski*

Thomas Anderson arbeitet als Programmierer für einen Software-Multi. Abends ist er jedoch Neo, ein Hacker, der mit illegalen Cyberspace-CDs handelt. Während seiner nächtlichen Surftouren hat er auch von einem geheimnisvollen Programm namens Matrix und einem gewissen Morpheus gehört, der ihm diese Matrix erklären kann. Er sagt, dass die gesamte Welt, die wir kennen, eine Illusion ist, ein Computerprogramm, das den Menschen ihre Realität nur vorgaukelt. Die Menschen seien somit in der Matrix gefangen, willenlose Sklaven einer fremden Macht intelligenter Maschinen.

Von Morpheus erfährt Neo, dass er der „Auserwählte" ist, der die Matrix bekämpfen kann, wenn er nur will. Er muss die Entscheidung treffen: Eine blaue Pille bringt ihn zurück in sein bisheriges Leben und alles bleibt, wie es bisher für ihn verlaufen ist, oder er nimmt die rote Pille. Damit wird er die Wahrheit erfahren und in neue Welten vordringen. Auch sein Körper wird nicht mehr so sein, wie er bis jetzt noch ist. Neo wird die rote Pille schlucken.

Projektgruppe: Die Literaten

Günther Eich: Träume (erster Traum)

„Träume" ist ein Hörspiel aus dem Jahr 1951, das insgesamt aus fünf Szenen besteht, in denen fünf Träume wiedergegeben werden. Der folgende Textauszug beinhaltet den ersten Traum:

(Ein langsam fahrender Zug. Die Stimmen im Waggon.)

URALTER: Es war vier Uhr nachts, als sie uns aus den Betten holten. Die Standuhr schlug vier.

ENKEL: Du erzählst immer dasselbe. Das ist langweilig, Großvater.

URALTER: Aber wer war es, der uns holte?

ENKEL: Vier Männer mit undurchdringlichen Gesichtern, nicht wahr? So wärmst du uns deine Vergangenheit jeden Tag auf. Sei still und schlaf!

URALTER: Aber wer waren die Männer? Gehörten sie zur Polizei?
Sie trugen eine Uniform, die ich nicht kannte. Es war eigentlich keine Uniform, aber sie hatten alle vier die gleichen Anzüge.

URALTE: Ich glaube bestimmt, dass es die Feuerwehr war.

URALTER: Das sagst du immer. Aber warum sollte einen die Feuerwehr nachts aus dem Bett holen und in einen Güterwagen sperren?

URALTE: Es ist nicht merkwürdiger, als wenn es die Polizei gewesen wäre.

URALTER: Mit der Zeit gewöhnt man sich daran. Das Leben, das wir bis zu jenem Tag geführt hatten, war eigentlich viel merkwürdiger.

FRAU: Weiß Gott, es muss ziemlich merkwürdig gewesen sein.

URALTER: Am Ende ist das Dasein im Güterwagen das gewöhnliche?

URALTE: Still, das darfst du nicht sagen.

FRAU: Ja, seid still da! Dieses dumme Geschwätz! *(Leiser)* Komm näher, Gustav, wärme mich.

ENKEL: Ja.

URALTER: Es ist kalt. Rück auch näher, Alte!

URALTE: Ich tauge nicht mehr viel zum Wärmen.

URALTER: Wie lange ist es her, dass wir unser Haus verlassen mussten? Wie lange ist es her, dass wir in diesem Wagen fahren?

URALTE: Keine Uhr, kein Kalender, – aber die Kinder sind inzwischen groß geworden und die Enkel sind groß geworden und wenn es etwas heller ist –

URALTER: Du meinst, wenn Tag draußen ist.

URALTE: Wenn es etwas heller ist und ich dein Gesicht sehen kann, lese ich aus den Falten, dass du ein alter Mann bist und ich eine alte Frau.

URALTER: Es sind sicher an die vierzig Jahre her.

URALTE: Ja, so lange ungefähr. Leg deinen Kopf auf meinen Arm. Du liegst so hart.

URALTER: Ja, danke.

URALTE: Kannst du dich erinnern: Es gab etwas, was wir Himmel nannten und Bäume.

URALTER: Hinter unserem Haus stieg der Weg etwas an bis zum Waldrand. Auf den Wiesen blühte im April der Löwenzahn.

URALTE: Löwenzahn, – was du für merkwürdige Wörter gebrauchst!

URALTER: Löwenzahn, erinnere dich doch, eine gelbe Blume, die Wiesen waren gelb davon, in den Stängelwänden war ein milchiger weißer Saft. Und wenn er abgeblüht war, saßen wollige weiße Kugeln auf den Stängeln und der gefiederte Samen flog davon, wenn man hineinblies.

URALTE: Ich hatte das ganz vergessen, aber jetzt erinnere ich mich.

URALTER: Und erinnerst du dich an die Ziege, die wir im Stall hatten?

URALTE: Die weiß ich noch. Ich molk sie jeden Morgen.

URALTER: Im Schlafzimmer stand der Kleiderschrank und ich hatte einen dunkelblauen, guten Anzug darin. Warum denke ich daran? Als ob der dunkelblaue Anzug das Wichtigste, das Beste gewesen wäre!

URALTE: Was war das Beste?

URALTER: Alles war gut, die Akazie vorm Haus und die Himbeeren am Zaun.

URALTE: Das Beste war, dass wir glücklich waren.

URALTER: Aber wir wussten es nicht.

URALTE: Wie hieß die Blume, von der du vorhin sprachst, die gelbe?

URALTER: Löwenzahn.

URALTE: Löwenzahn, ja, ich erinnere mich.

Ein Kind beginnt zu weinen.

URALTE: Was hat die Kleine?

FRAU: Was hast du, Frieda?

KIND: Sie sprechen immer von gelben Blumen.

ENKEL: Sie sprechen immer von Sachen, die es nicht gibt.

KIND: Ich möchte eine gelbe Blume haben.

ENKEL: Das kommt von deinem Gerede, Großvater. Das Kind will eine gelbe Blume haben. Niemand von uns weiß, was das ist.

FRAU: Es gibt keine gelben Blumen, mein Kind.

KIND: Aber sie erzählen es immer.

FRAU: Das sind Märchen, mein Kind.

KIND: Märchen?

FRAU: Märchen sind nicht wahr.

URALTER: Das solltest du dem Kind nicht sagen. Es ist doch wahr.

ENKEL: Dann zeig sie her, die gelbe Blume!

URALTER: Ich kann sie nicht zeigen, das weißt du.

ENKEL: Es ist also Lüge.

URALTER: Muss es deswegen Lüge sein?

ENKEL: Nicht nur die Kinder, uns alle machst du verrückt mit deinen Erzählungen. Wir wollen diese Märchen nicht kennen, wollen nicht wissen, was du dir Tag und Nacht zusammenträumst.

URALTER: Es ist nicht geträumt. Es ist das Leben, das ich früher geführt habe. Stimmt das nicht, Alte?

URALTE: Ja, es stimmt.

ENKEL: Gleichgültig, ob es stimmt oder nicht, meinst du, wir werden glücklicher davon, wenn du uns erzählst, dass es einmal schöner war und dass es irgendwo schöner ist als bei uns? Dass es etwas geben soll, was du gelbe Blume nennst, und irgendwelche Wesen, die du Tiere nennst, und dass du auf etwas geschlafen hast, was du Bett nennst, und dass du etwas getrunken hast, was du Wein nennst? Alles Wörter, Wörter, – was sollen wir damit?

URALTER: Man muss es wissen, man kann nicht aufwachsen ohne eine Ahnung von der wirklichen Welt.

ENKEL: Es gibt keine andere Welt außer dieser hier.

URALTER: Außer diesem Käfig, in dem wir leben? Außer diesem ewig rollenden Eisenbahnwagen?

ENKEL: Einen schwachen Wechsel von Hell und Dunkel, sonst nichts.

URALTE: Und dieser schwache Lichtschein, woher kommt er?

ENKEL: Durch die Klappe, durch die man uns das Brot hereinschiebt.

URALTER: Das schimmelige Brot.

ENKEL: Brot ist immer schimmelig.

URALTER: Weil du kein anderes kennst.

URALTE: Nun hör zu, mein Enkel: Wer aber schiebt das Brot herein?

ENKEL: Ich weiß es nicht.

URALTE: Also gibt es doch etwas außer diesem Raum, wo wir sind.

ENKEL: Gewiss, aber es wird nicht besser sein als hier.

URALTER: Es ist besser.

ENKEL: Wir wissen nichts davon und wollen keine Fantasien darüber hören. Das hier ist unsere Welt, in der leben wir. Sie besteht aus vier Winden und Dunkelheit und rollt irgendwohin. Ich bin sicher, dass draußen nichts anderes ist als die gleichen dunklen Räume, die sich durch die Finsternis bewegen.

FRAU: Er hat Recht.

STIMMEN: Ja, er hat Recht.

FRAU: Wir glauben nicht an die Welt, von der ihr immer redet. Ihr habt sie nur geträumt.

Aufgabe:

Erschließen und deuten Sie den Text im Hinblick auf das Motiv von „Sein und Schein" und die sich daraus ergebenen Fragestellungen. Berücksichtigen Sie auch die Informationen auf Seite 312 (▷ Festlegung des Themas).

Weiterführendes Material:

Edwin A. Abbott: Flächenland

Im Folgenden finden Sie eine Inhaltsangabe des 1884 erschienenen Romans „Flächenland" (Originaltitel: Flatland).

Ein Quadrat, Bewohner der fiktiven 2-D-Welt „Flächenland", erzählt von seinem zweidimensionalen Land, in dem Dreiecke, Vierecke und Kreise leben, die bestimmte, genau definierte und geordnete Funktionen und Kompetenzen haben und einem strengen Kastensystem unterliegen.
Im ersten Teil des Buches beschreibt das Quadrat ausführlich die gesellschaftlichen Besonderheiten von Flächenland, insbesondere die komplizierten Methoden, mit denen die Bewohner erkennen, welche Form ihr Gegenüber hat und wie mit ihm umzugehen ist. Im zweiten Teil besucht das Quadrat in einem Traum das eindimensionale Linienland, eine Welt, deren Bewohner nur unterschiedlich lange Strecken auf einer Geraden sind. Vergeblich versucht das Quadrat, den König von Linienland davon zu überzeugen, dass es noch eine weitere Dimension gibt. Zurück in seiner zweidimensionalen Welt erscheint dem Quadrat eine Kugel, ein Gast aus (unserer) dreidimensionalen Welt. Erst nach langer Mühe gelingt es ihr, das Quadrat von der Existenz der dritten Dimension zu überzeugen, und sie nimmt es zu einem „Rundflug" über seine dreidimensionale Heimat, das Raumland, mit. Das nun zur vollen Erkenntnis der Dimensionalität gelangte Quadrat beschreibt daraufhin der Kugel, die Denkbarkeit vier- und n-dimensionaler Welten.
Zurück in Flächenland versucht das Quadrat, seine Erkenntnis einer höheren Dimension unter den Bewohnern von Flächenland zu verbreiten, stößt hier allerdings nur auf Irritationen und wird schließlich als Aufrührer angeklagt und ins Gefängnis gebracht.

Projektgruppe: Die Philosophen

Aristoteles: Das Höhlengleichnis

Der griechische Philosoph Aristoteles (384–322 v. Chr.) war ein Schüler Platons (▷ Platons Höhlengleichnis auf Seite 306ff.).

Wenn es Menschen gäbe, die ihr ganzes Leben unter der Erde gewohnt hätten, und zwar in zweckmäßig eingerichteten und prachtvollen Wohnungen, die mit Bildern und Gemälden geschmückt sowie mit all jenen Dingen ausgestattet sind, an denen alle diejenigen Überfluss haben, die man für wirklich glücklich hält; wenn diese Menschen aber niemals an die Oberfläche der Erde gekommen wären und nur vom Hörensagen Kunde erhalten hätten von der Existenz eines göttlichen Wesens und von der Macht der Götter; wenn sie, da sich der Schlund der Erde mit einem Mal aufgetan hätte, aus jenen verborgenen Wohnungen entwischen und zu den Gegenden hätten gelangen können, die wir bewohnen dürfen; wenn sie nun plötzlich Land, Meere und Himmel gesehen, die Größe der Wolken und die Macht der Winde erkannt hätten; wenn sie die Sonne erblickt und deren Größe und Schönheit wie auch ganz besonders ihre Wirkkraft erkannt hätten – schließlich ist es ja die Sonne, die den Tag schafft, indem sie ihr Licht am ganzen Himmel verbreitet – wenn sie dann auch bei Nacht, wo die Erde mit Finsternis bedeckt wurde, den Himmel in seiner Gesamtheit sehen könnten, wie er mit Sternen ausgezeichnet und geschmückt ist; und wenn sie die verschiedenen Lichter des Mondes sehen könnten, der zuzeiten zunimmt und zuzeiten abnimmt; und wenn sie schließlich Aufgang und Untergang aller dieser Himmelskörper sowie deren in alle Ewigkeit festgelegte und unwandelbare Bahnen kennen gelernt hätten; wenn sie das alles sehen könnten, dann müssten sie zwingend zu der Schlussfolgerung kommen, dass die Götter existieren und dass alle diese grandiosen Dinge ein Werk der Götter sind.

Aufgabe:
Erschließen und deuten Sie das Höhlengleichnis von Aristoteles und vergleichen Sie es mit dem Höhlengleichnis von Platon (▷ S. 306 ff.). Berücksichtigen Sie auch die Informationen auf Seite 312 (▷ Festlegung des Themas).

Weiterführendes Material:
Weitere Höhlengleichnisse finden Sie in dem Buch:
Wilhelm Blum: Höhlengleichnisse. Thema mit Variationen. Aisthesis Verlag, Bielefeld 2004

Projektgruppe: Die bildenden Künstler

M. C. Escher: Relativity (1953)

René Magritte: Die Blankovollmacht (1965)

Aufgabe:
Auf welche Weise lassen diese Bilder unsere Alltagswahrnehmungen brüchig erscheinen oder machen Nichtsichtbares sichtbar? Suchen oder entwickeln Sie selbst (Ideen für) Bilder, die Alltagswahrnehmungen in Frage stellen oder Nichtsichtbares sichtbar machen. Berücksichtigen Sie auch die Informationen auf Seite 312 (▷ Festlegung des Themas).

Weiterführendes Material:
- René Magritte: Der Schlüssel der Träume
- Arbeiten des amerikanischen Videokünstlers Bill Viola
- Malerei des Kubismus, z. B.: Georges Braque, Pablo Picasso

3. Schritt: Präsentation und Reflexion

Am Ende des Projekts sollten Sie die Ergebnisse der Projektgruppen wieder zusammenführen. Für die Präsentation gibt es verschiedene Möglichkeiten, die mehr oder weniger aufwändig sind. Sie reichen von der Präsentation in Form eines Vortrags bis zur Konzeption einer Ausstellung. Egal, für welche Präsentationsform Sie sich entscheiden, Sie sollten folgende Schritte im Auge behalten:

A Präsentationsform festlegen

Tauschen Sie sich über Ihre Ergebnisse, die Sie in den Projektgruppen erarbeitet haben, aus. Legen Sie fest, wie Ihre Präsentation aussehen soll (z. B. Vortrag mit Anschauungsmaterial oder Ausstellung).

B Ergebnisse gliedern

Legen Sie fest, in welcher Reihenfolge (Vortrag) oder nach welchen Bereichen (Ausstellung) Sie Ihre Ergebnisse präsentieren wollen.
Sollte jede Projektgruppe Ihr Thema selbstständig strukturieren oder können alle Ergebnisse der Projektgruppen zusammenfließen und nach übergeordneten Begriffen (Themenbereichen) gegliedert werden? Zum Beispiel:
- vom Allgemeinen zum Speziellen
- Gegenüberstellungen
- von Gemeinsamkeiten zu Unterschieden
- chronologisch
- …

C Geeignete Medien festlegen

TIPP: Sie können den „Ersten Traum" aus Günther Eichs „Träume" auch szenisch darstellen.

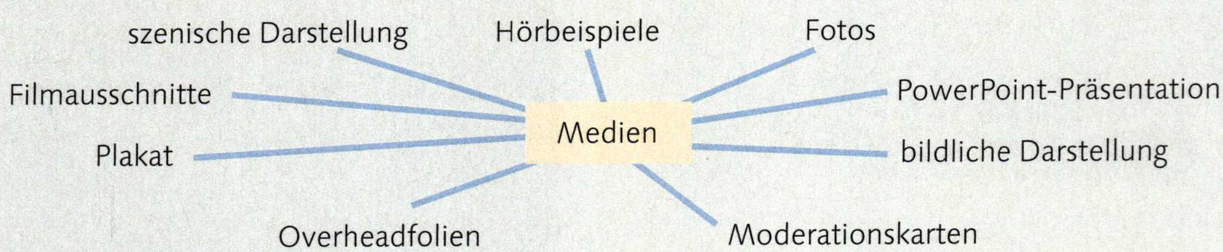

D Zeitplan erstellen und Aufgaben verteilen

Arbeiten Sie in Arbeitsteilung und planen Sie, wer was besorgt oder für welche Tätigkeit zuständig ist.

E Präsentieren und Reflektieren

Holen Sie während oder nach Ihrer Präsentation ein Feedback ein, z. B. indem Sie Ihre Zielgruppe (Zuhörer/-innen des Vortrags oder Besucher/-innen der Ausstellung) fragen, was ihnr besonders gut gefallen hat und was man noch verbessern könnte. Sie können hierzu auch Fragebögen anfertigen und verteilen.

Grundwissen Klasse 5–10

Das Grundwissen der Klasse 10 ist mit dem Piktogramm Grundwissen 10 gekennzeichnet.

1 Sprechen und Schreiben

1.1 Diskutieren

▷ S. 9–15

Grundwissen 10

Wer erfolgreich an Diskussionen und Gesprächen teilnehmen möchte, sollte folgende Ratschläge beachten:

1. **Konzentriert zuhören,** um die Positionen der anderen Teilnehmer sowie deren zentrale Argumente und mögliche Angriffspunkte zu erkennen.
2. Eigene **Diskussionsbeiträge überzeugend** und wirkungsvoll **gestalten** durch:
   - überlegten Zeitpunkt des Eingreifens,
   - Bezug zum Vorredner bzw. zu den bisherigen Standpunkten,
   - klare Gedankenführung,
   - Beachtung der Redezeit durch möglichst knappe und pointierte Formulierungen.
3. Beachten der **Diskussionsregeln:**
   - unfaire Strategien vermeiden (z. B. persönliche Angriffe, Unterstellungen etc.),
   - sachlich formulieren und argumentieren,
   - auf Thema- und Problembezug achten.

1.2 Sachliche Briefe schreiben

Bei **sachlichen Briefen** hält man sich strenger als im persönlichen Brief an bestimmte Regeln.

- Man bringt sein Anliegen genau, aber **knapp** und **sachlich** vor.
- Man verwendet die **Anredepronomen** der Höflichkeitsform („Sie", „Ihnen" usw.). Sie werden **großgeschrieben.**
- Wenn man nicht weiß, wer den Brief bearbeitet, verwendet man die Anrede „Sehr geehrte Damen und Herren".
- Das Schriftbild ist ordentlich, die Seitenaufteilung **übersichtlich.** Meistens werden sachliche Briefe mit dem PC oder der Schreibmaschine geschrieben.
- Der Brief wird handschriftlich unterschrieben.
- Für die äußere Form gibt es die nebenstehenden Vorgaben.

Name des Absenders — Ort, Datum
Straße und Hausnummer
PLZ und Ort

Name des Empfängers
Straße und Hausnummer
PLZ und Ort

Betreff (in möglichst wenigen Stichworten, worum es geht)

Sehr geehrte Frau …, /
Sehr geehrter Herr …,

Text

Mit freundlichen Grüßen

Unterschrift

1.3 Protokolle schreiben

Das Protokoll ist eine Sonderform des Berichts. Es gibt **knapp und sachlich** das Wesentliche einer Diskussion, einer Sitzung, eines Versuchs oder einer Unterrichtsstunde wieder. Protokolle haben eine feste äußere Form.

1 Die äußere Form eines Protokolls:

- **Protokollkopf:** Der Kopf des Protokolls enthält genaue Angaben, und zwar: **Anlass** (Titel der Veranstaltung), **Datum, Zeit, Ort, Anwesende, Abwesende, Protokollführer/-in,** evtl. **Thema** (z. B. der Unterrichtsstunde), Auflistung der **Tagesordnungspunkte** (TOPs); beim Protokollieren von Unterrichtsstunden werden die Stundeninhalte als TOPs aufgeführt.
- **Hauptteil:** die eigentliche Niederschrift
- **Schluss** des Protokolls: **Ort, Datum, Unterschrift** der Protokollführerin oder des Protokollführers

2 Verschiedene Protokollarten:

- **Das Ergebnisprotokoll** ist kürzer als das Verlaufsprotokoll, da es nur die Endergebnisse einer Veranstaltung, einer Diskussion oder eines Vortrags knapp und übersichtlich zusammenfasst. Dabei wird das Ergebnisprotokoll nach thematischen Gesichtspunkten (z. B. den Tagesordnungspunkten) gegliedert, d. h., man fasst verschiedene Aussagen zu einem Themenaspekt zusammen, auch wenn sie im Verlauf des Gesprächs zeitlich getrennt voneinander geäußert wurden.
  Das **Tempus** des Ergebnisprotokolls ist das **Präsens** (bei Vorzeitigkeit Perfekt).
- Das **Verlaufsprotokoll** hält den genauen Ablauf und die Ergebnisse einer Diskussion oder Veranstaltung fest. Dabei wird der Ablauf z. B. einer Veranstaltung nicht wortwörtlich wiedergegeben, sondern es wird kurz und sachlich in der richtigen Reihenfolge der Gesprächsbeiträge zusammengefasst, was gesagt oder beschlossen wurde.
  Das **Tempus** des Verlaufsprotokolls ist grundsätzlich das Präsens.
  Wichtige **Gesprächsbeiträge** einzelner Teilnehmer/-innen werden in der **indirekten Rede** (Konjunktiv I mit Angabe der Sprecherin oder des Sprechers) wiedergegeben.
- Das **Unterrichtsprotokoll** ist meist eine Mischung aus Verlaufs- und Ergebnisprotokoll. Es hält nicht nur die Ergebnisse einer Stunde fest, sondern berichtet auch, wie man zu den Ergebnissen gekommen ist (Festhalten der wichtigsten Erarbeitungsschritte).
  Das **Tempus** des Unterrichtsprotokolls ist das Präsens (ggf. auch das Präteritum).
  Wichtige **Gesprächsbeiträge** einzelner Teilnehmer/-innen werden in der **indirekten Rede** (Konjunktiv I mit Angabe der Sprecherin oder des Sprechers) wiedergegeben.

1.4 Erörtern

▷ S. 29–64

Steigernde (lineare) und antithetische (Pro-und-Kontra-)Erörterung

rund- issen 10

Steigernde oder antithetische Erörterung?

Aus der Formulierung des Themas ist zu erkennen, um welche Art der Erörterung (steigernde oder antithetische Erörterung) es sich handelt:

- Der **steigernden Erörterung** liegt eine **Sachfrage** zu Grunde. Sie verlangt die Darlegung der verschiedenen Aspekte, Ursachen und Folgen eines Problems, der möglichen Maßnahmen, die ergriffen werden können, in steigernder (linearer) Anordnung.
  Beispiel: Lege die Risiken des Boxsportes dar. → *Sachfrage:* Welche Risiken birgt der Boxsport?
- Der **antithetischen Erörterung** liegt eine **Entscheidungsfrage** zu Grunde. Sie verlangt eine Stellungnahme zu einem Problem, die aus einem Erwägen des Für und Wider **(Pro und Kontra)** hervorgeht. Dabei muss sich der Verfasser auch in die Position eines möglichen Kontrahenten versetzen, der Einwände hervorbringen könnte.
  Beispiel: Sieg um jeden Preis? Sollten Boxwettkämpfe nach schweren Verletzungen der Sportler generell abgebrochen werden? → *Entscheidungsfrage:* Sollten Boxwettkämpfe nach schweren Verletzungen der Sportler generell abgebrochen werden oder nicht?

Die steigernde (lineare) Erörterung

▷ S. 29–40

rund- issen 10

Bei der steigernden Erörterung geht es nicht um die Gegenüberstellung von Pro- und Kontra-Argumenten, sondern darum, **einen Standpunkt** zu begründen.

- Die **Einleitung** soll das Interesse des Lesers für das Thema wecken und gezielt zum Thema hinführen, jedoch keine Argumente aus dem Hauptteil vorwegnehmen.
  Eine Einleitung beginnt mit dem **Einleitungsgedanken** und leitet **(Überleitung)** dann zur **Themafrage** über, die die Einleitung abschließt.
  Für die Einleitung gibt es verschiedene Möglichkeiten: ein aktuelles Ereignis, ein persönliches Erlebnis, eine allgemeine Feststellung, die Annäherung über ein verwandtes Thema, die Annäherung über das Gegenteil, ein historischer Rückblick.
- Im **Hauptteil** wird zur Themafrage **eine These** aufgestellt und die **Argumente** werden **steigernd angeordnet,** d. h.: das weniger wichtige Argument zuerst, das wichtigste am Schluss.
  Durch die Steigerung der Argumente wird das Interesse des Lesers wachgehalten und der eigenen Position Nachdruck verliehen. Gegenargumente werden nur am Rande eingebracht, um mögliche Bedenken gleich auszuräumen.
  Am **Ende des Hauptteils** fasst man das **Ergebnis der Erörterung** als **Fazit** zusammen. Bei der steigernden Erörterung muss dieses Ergebnis der These vom Anfang des Hauptteils entsprechen und sich aus dem gedanklichen Aufbau ergeben. Hierbei kann man wichtige Argumente des Hauptteils zwar wieder aufgreifen, sollte sie aber nicht wörtlich wiederholen.

- Der **Schluss** soll das Thema abrunden, indem die dargelegten Gedanken in einen größeren zeitlichen oder thematischen Zusammenhang eingeordnet werden. Auch der Schluss muss sich auf das Thema beziehen, darf aber keine neuen Argumente beinhalten. Einleitung und Schluss sollten sich vom Umfang her ungefähr entsprechen. Zur Gestaltung des Schlusses gibt es z. B. folgende Möglichkeiten: ein persönlicher Wunsch oder eine Forderung, ein Ausblick auf künftige Entwicklungen oder ein weiterführender Gedanke, ein Hinweis auf ein verwandtes Thema, das Aufgreifen des Einleitungsgedankens, sodass Einleitung und Schluss einen Rahmen bilden, die eigene Stellungnahme zum Thema.

Aufbau einer steigernden (linearen) Erörterung:

1. Einleitung:
- Aktualität/Bedeutsamkeit der Problematik
- Themafrage

2. Hauptteil:
- Formulierung der These
- Argumentation für die These:

Argument 1
Argument 2 → zunehmende Wichtigkeit, Stützung durch Beispiele
Argument 3
...
Fazit: Ergebnis der Erörterung (muss der These entsprechen)

3. Schluss:
- abschließende Stellungnahme oder Ausblick

Die antithetische (Pro-und-Kontra-)Erörterung

▷ S. 42–54

Grundwissen 10

Bei der antithetischen Erörterung werden **Pro- und Kontra-Argumente gegenübergestellt.** Auch die antithetische Erörterung besteht aus **Einleitung, Hauptteil** und **Schluss.**

- **Hauptteil:** Anders als bei der steigernden Erörterung gliedert sich die Darlegung der Argumente im Hauptteil in **zwei Blöcke:** einen **Pro- und einen Kontra-Teil.** Bevor man die Gliederung erstellt, muss man sich für Pro oder Kontra entscheiden, denn die Argumente für die eigene Position stellt man ans Ende des Hauptteils, weil die zuletzt genannten Begründungen dem Leser besser im Gedächtnis bleiben. Innerhalb der Pro- und Kontra-Blöcke geht man in der Regel folgendermaßen vor:
- Bei der Darstellung der Gegenposition (Gegenthese) beginnt man mit dem stärksten Argument und geht Schritt für Schritt zu den schwächeren über.
  Bei der Darlegung der eigenen Position fängt man mit dem schwächsten Argument an und lässt dann immer stärkere folgen.

Aufbau einer antithetischen Erörterung:

1. Einleitung:
- Aktualität/Bedeutsamkeit der Problematik
- Überleitung zur Themafrage
- Themafrage (Verdeutlichung von These und Gegenthese)

2. Hauptteil:

Gegenthese — Argument 1, Argument 2, Argument 3 ↙ abnehmende Wichtigkeit

Überleitung

These — Argument 1, Argument 2, Argument 3 ↘ zunehmende Wichtigkeit

Fazit: Entscheidung für die Pro- oder Kontra-Position

3. Schluss

- Ausblick, Wunsch etc.

Erörtern im Anschluss an einen Text (textgebundenes Erörtern)

▷ S. 56–63

rund-
issen 10

Die **Erörterung im Anschluss an einen Text** (textgebundene Erörterung) entsteht in Anlehnung an eine Textvorlage (z. B. einen Zeitungstext), in der eine strittige Frage behandelt oder ein Problem angesprochen und evtl. bewertet wird. In der Regel erfolgt die Erörterung im Anschluss an einen Text in zwei Schritten: A Textanalyse; B kritische Stellungnahme.

Der Aufbau einer textgebundenen Erörterung:

1. Einleitung:

- Hinweis auf die Textvorlage (Titel des Textes, Autor/-in, ggf. Textsorte und -quelle)
- Einleitungsgedanke, der zum Thema hinführt. Man kann z. B. einen aktuellen Bezug zum Thema herstellen. Grundsätzlich gibt es hier die gleichen Möglichkeiten wie bei den anderen Erörterungsarten.

2. Hauptteil:

- A) Analyse der Textvorlage:
  - Klare Darstellung und Analyse der zentralen Thesen und der Argumentation des Autors/der Autorin
  - Analyse der sprachlich-stilistischen Mittel des Textes und seiner Intention.

  Bei der Textwiedergabe wird das **Präsens** verwendet. Bei der Darstellung der im Text vertretenen Meinung wird der **Konjunktiv** der indirekten Rede verwendet; wichtige Aussagen des Textes sollte man **zitieren** (▷ Informationen zum Zitieren auf S. 325).
- B) Kritische Stellungnahme:
  - Zu den Hauptargumenten des Textes kritisch Stellung nehmen und (teilweise) Zustimmung oder Widerspruch begründet darlegen, d. h. eigene Argumente und Beispiele für oder wider die Argumente im Text formulieren.
  - Fazit: Ergebnis der kritischen Auseinandersetzung mit dem Text zusammenfassen.

  Die kritische Auseinandersetzung mit der Textvorlage im Hauptteil der Erörterung kann nach folgenden Gliederungsmustern verlaufen: Textanalyse und eigene Stellungnahme nacheinander im Block oder Textanalyse und eigene Stellungnahme im Wechsel.

3. Schluss:

- Eigene Schlussfolgerung, Empfehlung, weiterführende Fragen zum Thema etc.

Freiere Formen des Erörterns

▷ S. 40, 55, 64

Grundwissen 10

Die Erörterung als Aufsatzform ist eine Textart, die in ihrer Reinform nur selten im Alltag vorkommt. Die freieren Formen des Erörterns sind der Alltagskommunikation näher. Von dem Meinungsbeitrag für eine Schülerzeitung über den Leserbrief bis hin zu Zeitungskommentaren, Glossen, Aufrufen und anderen meinungsbildenden Schreibformen gibt es viele Formen des freieren Erörterns. Auch diese freieren Formen des Erörterns setzen die Fähigkeit voraus, klar zu gliedern, Thesen zu formulieren und eine überzeugende Argumentation aufzubauen, in der Beispiele angeführt und Gegenargumente berücksichtigt werden.

1.5 Einen literarischen Text erschließen

▷ S. 65–75

Grundwissen 10

Die Erschließung eines literarischen Textes ist eine Aufsatzform, die Inhalt, Aufbau, Sprache des Textes und seine Zugehörigkeit zu einer bestimmten Textsorte untersucht sowie die Aussageabsicht des Textes erläutert. Bei erzählenden Texten ist auch die Erzähltechnik (Merkmale des Erählens) zu erschließen. Dieser schriftlichen Form der Texterschließung liegt immer eine literarische Textvorlage zu Grunde, z. B. eine Erzählung, eine Kurzgeschichte, ein Roman- oder Dramenauszug, ein Gedicht.

Aufbau:

Beim Aufbau des Aufsatzes orientiert man sich grundsätzlich an der Dreiteilung „Einleitung, Hauptteil und Schluss". Die genaue Gliederung des Hauptteils variiert je nach der zu Grunde liegenden Aufgabenstellung.

- Die **Einleitung** macht Angaben über den Autor/die Autorin, den Titel, die Textsorte und benennt die Kernaussage des Textes bzw. führt zum Thema- bzw. zur Problemstellung des Textes hin (ggf. enthält die Einleitung eine knappe Inhaltszusammenfassung).
- Im **Hauptteil** werden die Ergebnisse der Texterschließung dargelegt und mit Textbeispielen (Zitaten) belegt (▷ Hinweise zum Zitieren auf S. 325). Je nach Aufgabenstellung werden hier folgende Aspekte entfaltet:
  - **Inhalt,** z. B.: Thematik, Situation, Motive
  - **Aufbau,** z. B. Verlauf der Handlung (Rahmenhandlung, Rückblenden, Vorausdeutungen, Spannungsaufbau, Pointe)
  - **Textsorte,** z. B.: Kurzgeschichte, Erzählung, Novelle, Parabel (▷ Textsorten S. 348 f.)
  - **Sprache,** z. B.: Satzbau, rhetorische Figuren, Bildlichkeit (▷ sprachliche Gestaltungsmittel S. 353)
  - **Erzähltechnik** (nur bei epischen Texten, ▷ Merkmale des Erzählens S. 351–353)
  - **Figuren und Figurenkonstellation,** z. B.: Charakteristik, Konflikte (▷ Figurencharakteristik S. 207)
  - **Thema und Aussageabsicht**
- Der **Schluss** kann unterschiedlich gestaltet sein, z. B.: abschließende persönliche Bewertung des Textes oder Einordnung der Ergebnisse in einen textübergreifenden Zusammenhang etc.

Der Aufsatz wird als zusammenhängender Text verfasst. Die einzelnen Untersuchungsergebnisse und interpretierenden Aussagen werden gedanklich so miteinander verknüpft, dass der Leser sie Schritt für Schritt nachvollziehen kann.

1.6 Eine Sachtextanalyse verfassen

▷ S. 89–100

Grundwissen 10

Die Sachtextanalyse ist eine **schriftliche Form der Textanalyse,** die Inhalt und Aufbau eines Textes, seine Sprache, seine Zugehörigkeit zu einer bestimmten Textsorte sowie die in ihm zum Ausdruck kommende Autorenabsicht untersucht.
Dieser Aufsatzform liegt immer ein Sachtext zu Grunde (z. B. eine Reportage, ein Bericht, ein Kommentar oder ein Text aus einem Sachbuch oder einer Fachzeitschrift).
Aufbau:
Beim Aufbau des Aufsatzes orientiert man sich grundsätzlich an der Dreiteilung „Einleitung, Hauptteil und Schluss". Die genaue Gliederung des Hauptteils variiert je nach der zu Grunde liegenden Aufgabenstellung.

- Die **Einleitung** macht Angaben über den Autor, den Titel, die Textsorte, ggf. Herkunft und Erscheinungsdatum des Textes und benennt das Thema des Textes.
- Im **Hauptteil** werden die Ergebnisse der Textanalyse dargelegt und mit Textbeispielen (Zitaten) belegt. Je nach Aufgabenstellung werden hier folgende Aspekte entfaltet:
  - Inhalt und Textaufbau
  - Textsorte
  - sprachliche Besonderheiten
  - Absicht und Zielgruppe
  - weiterführende Aufgabe, z. B.: Stellungnahme, Erörterungsauftrag
- Der **Schluss** kann unterschiedlich gestaltet sein, z. B.: ein weiterführender Gedanke, eine abschließende subjektive Bewertung des Gesamttextes oder der Position, die der Autor einnimmt etc.

Der Aufsatz der Textanalyse wird als zusammenhängender Text verfasst. Die einzelnen Untersuchungsaspekte und -ergebnisse werden gedanklich so miteinander verknüpft, dass der Leser die Analyse Schritt für Schritt nachvollziehen kann.
Die Ergebnisse der Textanalyse im Hauptteil werden mit Textbeispielen (Zitaten) belegt.

Textbelege richtig zitieren

Grundwissen 10

Wenn Sie eine Erschließungsfrage zum Text bearbeiten, müssen Sie Ihre interpretierenden Aussagen anhand des Textes durch Zitate belegen.
Es gibt zwei Möglichkeiten des Zitierens:

- Das **indirekte Zitat,** das den Inhalt einer Textstelle mit eigenen Worten wiedergibt. Hier werden keine Anführungszeichen gesetzt, sondern nur die Textstelle genannt, auf die man sich bezieht, z. B.: *Zuletzt aber ist er dann doch von Frau und Kind verlassen worden (vgl. Z. 13–15).*
- Das **wörtliche (direkte) Zitat** übernimmt ein Wort, eine Textstelle oder einen ganzen Satz wörtlich aus dem Text. Das Zitat steht in Anführungszeichen, Auslassungen, Ergänzungen oder Veränderungen werden mit eckigen Klammern markiert, z. B.: *Der Autor beurteilt den Mann ausdrücklich als „braven, bescheidenen Angeklagten" (Z. 82). „Es stellte sich heraus, dass der Malermeister auch andere Personen [...] hineingelegt hatte" (Z. 30–33).*
- Der Schlusspunkt steht – wie in den obigen Beispielen – erst nach der Zeilenangabe.

2 Nachdenken über Sprache

2.1 Sprachgeschichte

Die Zusammensetzung unseres Wortschatzes

Erbwort – Lehnwort – Fremdwort
Der Wortschatz des Deutschen besteht aus
- Wörtern, die **in der deutschen Sprache selbst geprägt** worden sind. Diese Wörter hat das Deutsche aus dem Germanischen oder Indogermanischen geerbt, man nennt sie **Erbwörter.**
- Wörtern, die **aus fremden Sprachen übernommen** worden sind. Man unterscheidet bei diesen Wörtern zwischen **Lehnwörtern** und **Fremdwörtern.**
  - Als **Lehnwörter** bezeichnet man Wörter, die zwar aus fremden Sprachen stammen, sich aber in der Aussprache und Schreibweise so **stark an die deutsche Sprache angepasst** haben, dass sie als deutsche Wörter betrachtet werden können, z. B.: „Fenster" (aus lat. *fenestra*) oder „Maske" (aus frz. *masque*).
  - **Fremdwörter** hingegen haben ihre **fremde Gestalt beibehalten.** Sie haben sich in der **Aussprache,** der **Betonung** oder der **Schreibweise** nicht der deutschen Sprache angeglichen. Bei dem Fremdwort „Computer" weicht z. B. die Aussprache vom Deutschen ab und bei Wörtern wie „Di**ä**t" oder „reform**ie**ren" liegt die Betonung nicht auf der ersten Silbe oder der Stammsilbe.

Bedeutungswandel

Im Lauf der Zeit haben sich nicht nur die Schreibweise und die Aussprache der Wörter verändert, sondern auch deren Bedeutung. Verändert ein Wort im Laufe seiner Geschichte seine Bedeutung, nennt man dies Bedeutungswandel. Dabei kann sich die Bedeutung in unterschiedlicher Weise verändern, sodass wir **verschiedene Arten des Bedeutungswandels** unterscheiden:
- **Bedeutungsverengung:** Das Wort „muos" bezeichnete im Mittelhochdeutschen alle Arten von Speisen. Heute versteht man darunter nur noch eine breiartige Speise.
- **Bedeutungserweiterung:** Das mhd. Wort „horn" bezeichnete nur das Horn des Tieres. Heute gebrauchen wir das Wort zur Bezeichnung vieler Gegenstände, z. B. Horn des Tieres, Horn als Blasinstrument, Horn als Trinkgefäß.
- **Bedeutungsverbesserung:** Das mhd. Wort „marschalc" (Marschall) bedeutete Pferdeknecht. Heute bezeichnet dieses Wort einen sehr hohen militärischen Rang.
- **Bedeutungsverschlechterung:** Das mhd. Wort „merhe" (Mähre) bedeutete ursprünglich Pferd. Heute verstehen wir unter einer „Mähre" ein altes, abgemagertes Pferd.
- **Bedeutungsverschiebung:** Die eigentliche Bedeutung des Wortes ist kaum mehr feststellbar. Es sind z. B. Wörter, die durch ihren metaphorischen Sprachgebrauch ihre Bedeutung geändert haben. Ein Beispiel hierfür ist das Wort „Flaschenhals": Die Bezeichnung für den Körperteil „Hals" wird hier auch auf nicht menschliche Objekte (den „Flaschenhals") übertragen.

2.2 Sprache, Stil und Wortbedeutung

Sprachvarianten

Alterstypische **Gruppensprachen** (Jugend-, Szenesprachen), **Dialekte** und **Fachsprachen** sowie die **Standardsprache** (auch: Hochsprache) und die **Umgangssprache** sind verschiedene **Sprachvarianten** (auch: Sprachvarietäten), die sich beim aktuellen Sprechen unterschiedlich überlagern und mischen.

Verschiedene sprachliche Stilebenen

Man unterscheidet verschiedene sprachliche Stilebenen:
- gehobene (dichterische oder poetische) Sprache, z. B.: „Antlitz" für Gesicht und „hinscheiden" für sterben
- normalsprachliche Ebene, z. B.: „Gesicht" und „sterben"
- Umgangssprache, z. B.: „kriegen" für bekommen
- Vulgärsprache, z. B.: „Fresse" für Gesicht und „verrecken" für sterben

Stereotype Formulierungen

Stereotype Formulierungen sind **abgegriffene, verschlissene Bilder und Ausdrucksweisen,** die einer differenzierten Ausdrucksweise im Weg stehen. Beispiele für stereotype Formulierungen:
- abgegriffene Redensarten und Wendungen, z. B.: „arm, aber glücklich"
- schematische Bilder und Wortgruppen, z. B.: „Perle des Mittelmeers"
- Adjektive (oft als Superlativ), z. B.: „toll"
- leere Phrasen, z. B.: „nichts für ungut"

Konnotation

Konnotation (lat. con = mit; notatio = Anmerkung) bezeichnet die **Nebenbedeutung eines Wortes,** die die Hauptbedeutung eines Wortes (Denotation) begleitet, z. B.
Palmen → Insel, weißer Sand, Sonne, baden ...
Konnotationen sind mit dem Wort zugleich mit erinnerte Erfahrungen, Empfindungen und Assoziationen. Sie schwingen bei der Verwendung des Begriffs unterbewusst mit. Dadurch können Wörter in ihrer Bedeutung positiv oder negativ aufgeladen werden. Die konnotative Bedeutung eines Wortes kann allen Sprecherinnen und Sprechern einer Sprache geläufig sein oder auch nur einzelnen Menschen.

Umgang mit Begriffen

▷ S. 133–138

Grundwissen 10

Begriffe definieren: Zum Gelingen der Kommunikation ist es notwendig, Einverständnis über Begriffe und deren Bedeutung herzustellen. Um die Bedeutung eines Begriffs zu erklären, kann man den Begriff mit anderen Worten umschreiben **(paraphrasieren). Paraphrasen** erlauben es, sich über die Bedeutung von Begriffen in konkreten Verwendungssituationen zu verständigen. Eine Paraphrase ist eine **Begriffsdefinition,** die die Grenzen der Bedeutung eines Begriffs festlegt.

Begriffe existieren nicht isoliert, sondern sie sind eingebettet in den Zusammenhang eines Textes und sie stehen in Beziehung zu anderen Begriffen, von denen sie sich durch ihre Merkmale unterscheiden. Zur genauen Begriffsdefinition oder Begriffsordnung stehen uns folgende Prinzipien zur Verfügung:

- **Synonyme (inhaltsähnliche Begriffe) haben gemeinsame Bedeutungsmerkmale.** Ganz selten handelt es sich um Wörter mit völlig gleicher Bedeutung. Viel häufiger sind Synonyme, die kleine Bedeutungsunterschiede aufweisen, z. B.: Die Begriffe „Freiraum“, „Möglichkeit“, „Spielraum“ haben das gemeinsame Merkmal „Freiheit“.
- **Antonyme (Gegenbegriffe)** sind entsprechend Gegenbegriffe zu einem Begriff. Die Bedeutungsmerkmale sind ins Gegenteil verkehrt, z. B.: Freiheit – Gefangenschaft (vom Kontext abhängig). Begriffe lassen sich durch **Begriffsoppositionen** (Begriff und jeweiliger Gegenbegriff) genauer bestimmen.
- **Unterordnung von Begriffen:** Oberbegriffe (z. B. Freiheit) dienen als Sammel- und Ordnungsbegriffe; Unterbegriffe verhalten sich zu ihnen wie konkrete Beispiele (z. B. Pressefreiheit, Gedankenfreiheit etc.).

2.3 Rhetorische Figuren

Grundwissen 10

Eine **rhetorische Figur** (Stilfigur) ist ein **sprachliches Gestaltungsmittel,** das vom üblichen Sprachgebrauch abweicht. Es wird vom Autor/Redner gezielt eingesetzt, um die Aufmerksamkeit der Leser/Zuhörer auf eine bestimmte Textstelle oder Aussage zu lenken. Die rhetorischen Figuren nur zu benennen, reicht allerdings bei der Analyse bzw. der Erschließung einer Textvorlage nicht aus. Auch die Wirkung bzw. die Funktion, die von diesen Stilmitteln ausgeht, muss berücksichtigt werden. Im Folgenden finden Sie Beispiele für einige rhetorische Figuren.

Rhetorische Figur	Definition	Beispiel
Akkumulation, die	Reihung von Begriffen zu einem – genannten oder nicht genannten – Oberbegriff	Nennt's Glück! Herz! Liebe! Gott!
Alliteration, die	Wiederholung der Anfangsbuchstaben bei Wörtern	dunkle Dinge

Rhetorische Figur	Definition	Beispiel
Anapher, die	Wiederholung eines oder mehrerer Wörter an Satz- oder Versanfängen	Er schaut nicht die Felsenriffe/ Er schaut nur hinauf ...
Anrede, die		Willst du ...
Antithese, die	Gegenüberstellung gegensätzlicher Begriffe	heiß und kalt
Chiasmus, der	symmetrische Überkreuzstellung von gedanklichen oder syntaktischen Elementen	Ich schlafe am Tag, in der Nacht wache ich.
Ellipse, die	grammatisch unvollständiger Satz, Auslassung eines Satzgliedes/Wortes, das leicht ergänzbar ist	Je früher der Abschied, desto kürzer die Qual.
Euphemismus, der	Beschönigung	„sanft entschlafen" für sterben
Exklamation, die	Ausruf als Affektausdruck	„Oh!"; „Ach!"
Hyperbel, die	starke Übertreibung	ein Meer von Tränen
Inversion, die	Umkehrung der geläufigen Wortstellung im Satz	Der Schultern warmer Schnee wird werden kalter Sand.
Metapher, die	bildhafte Bedeutungsübertragung	Mauer des Schweigens
Neologismus, der	Wortneuschöpfung	Berufsjugendlicher
Parallelismus, der	Wiederholung gleicher syntaktischer Fügungen	Das Schiffchen fliegt, der Webstuhl kracht.
Personifikation, die	Vermenschlichung	Vater Staat; Mutter Natur
rhetorische Frage, die	Scheinfrage, die nur eine Antwort zulässt	Wer ist schon perfekt?

2.4 Wortarten

Wortarten im Überblick

Wortarten

flektierbar
(durch Beugung veränderbar)

deklinierbar
- Nomen („Gabel“, „Lamm“)
- Artikel („eine“, „das“)
- Pronomen („ich“, „unser“)
- Adjektiv („schnell“, „gut“)

konjugierbar
- Verb („essen“, „üben“)

nicht flektierbar
(unveränderbar)
- Adverb („morgen“, „stets“)
- Präposition („auf“, „nach“)
- Konjunktion („und“, „weil“)

Nomen

Die meisten Wörter in unserer Sprache sind **Nomen** (Substantive, Hauptwörter).
Sie bezeichnen
- Personen und Eigennamen, z. B.: „Mitschüler“, „Lehrerin“, „Jan“,
- andere Lebewesen, z. B.: „Delfin“, „Baum“,
- Gegenstände, z. B.: „Schreibtisch“, „Kassettenrekorder“,
- gedachte oder vorgestellte Dinge, Begriffe, z. B.: „Traum“, „Freundschaft“, „Schönheit“.

Nomen werden immer **großgeschrieben.**

Flexion der Nomen
- **Genus**
  Jedes Nomen hat ein Genus (grammatisches Geschlecht), das man an seinem Artikel (Begleiter) erkennen kann: Ein Nomen ist entweder
  - **Maskulinum** (männlich), z. B. „*der* Löffel“, oder
  - **Femininum** (weiblich), z. B. „*die* Gabel“, oder
  - **Neutrum** (sächlich), z. B. „*das* Messer“.

  Das grammatische Geschlecht muss mit dem natürlichen Geschlecht nicht übereinstimmen; so kann „*das* Kind“ sowohl einen Jungen als auch ein Mädchen bezeichnen.

- **Numerus**
  Nomen haben einen Numerus (Anzahl):
  - **Singular** (Einzahl), z. B. „*das* Kind",
  - **Plural** (Mehrzahl), z. B. „*die* Kinder".

- **Kasus**
  In Sätzen erscheinen Nomen immer in einem bestimmten Kasus (grammatischer Fall). Der Kasus ist meist am Artikel des Nomens zu erkennen und manchmal auch an der Endung des Nomens. Im Deutschen gibt es **vier Kasus.**

  Man kann den Kasus eines Nomens und seines Begleiters durch Fragen ermitteln:
  - Der **Nominativ** antwortet auf die Fragen **„Wer ...?" oder „Was ...?":**
    „*Wer* rettete den Jungen? – *Die Feuerwehrleute* retteten den Jungen." – „*Was* hat zuerst nicht funktioniert? – *Eine Drehleiter* ..."
  - Nach dem **Genitiv** fragt man mit **„Wessen ...?":**
    „*Wessen* Drehleiter funktionierte nicht? – Die Drehleiter *der Feuerwehrleute* ..."
  - Mit der Frage **„Wem ...?"** ermittelt man den **Dativ:**
    „*Wem* dankten die Eltern für die Rettung? – Die Eltern dankten *den Feuerwehrleuten* ..."
  - Den **Akkusativ** erhält man auf die Fragen **„Wen ...?" oder „Was ...?":**
    „*Wen* haben die Anwohner benachrichtigt? – Die Anwohner haben *die Feuerwehrleute* ..." – „*Was* haben die Feuerwehrleute repariert? – Die Feuerwehrleute haben *die Drehleiter* ..."

Wenn man ein Nomen und seinen Artikel in einen Kasus setzt, nennt man das **deklinieren** (beugen).

Kasus	Singular	Plural
1. Fall **Nominativ** „Wer?" oder „Was?"	*der Löffel* *die Gabel* *das Messer*	*die Löffel* *die Gabeln* *die Messer*
2. Fall **Genitiv** „Wessen?"	*des Löffels* *der Gabel* *des Messers*	*der Löffel* *der Gabeln* *der Messer*
3. Fall **Dativ** „Wem?"	*dem Löffel* *der Gabel* *dem Messer*	*den Löffeln* *den Gabeln* *den Messern*
4. Fall **Akkusativ** „Wen?" oder „Was?"	*den Löffel* *die Gabel* *das Messer*	*die Löffel* *die Gabeln* *die Messer*

Adjektive

Adjektive (Eigenschaftswörter) benennen die Merkmale von Personen, Gegenständen und Vorgängen.
Sie lassen sich wie Nomen **deklinieren** (beugen): „ein ***neues*** Bett", „eine ***neue*** Lampe".
Bis auf Ausnahmen wie „einzig" und „tot" kann man sie **steigern:** „Pferde sind *groß* (= Positiv), Elefanten sind *größer* (= Komparativ), Giraffen sind *am größten* (= Superlativ)."
Adjektive können im Satz als **Attribute** verwendet werden. Sie stimmen dann in Kasus, Numerus und Genus mit ihrem Bezugswort, meist einem Nomen, überein: „das *schnelle* Pferd".
Als **adverbiale Bestimmungen** können Adjektive zwar gesteigert werden, bleiben ansonsten aber endungslos: „Das Pferd läuft *schnell.*"
Auch als **Prädikative** sind Adjektive steigerbar, aber ansonsten unveränderlich: „Das Pferd ist *schnell.*"

Pronomen

- **Personalpronomen** (persönliche Fürwörter) sind Stellvertreter von Personen und Gegenständen und ersetzen sie im Satz: „ich", „du", „er/sie/es", „wir", „ihr", „sie" ...
- **Possessivpronomen** (besitzanzeigende Fürwörter) drücken die Zugehörigkeit zu einer Person oder Sache aus. Sie begleiten Nomen: „*mein* Freund", „*deine* Mutter", „*sein* Fahrrad", „*unsere* Lehrerin", „*euer* Album", „*ihr* Andenken".
- **Reflexivpronomen** (rückbezügliche Fürwörter) beziehen sich meist auf das Subjekt des Satzes: „Sie beeilt *sich.*"
- **Demonstrativpronomen** (hinweisende Fürwörter) sind Pronomen, mit denen man auf etwas zeigen bzw. hinweisen kann: „dies"/„dieses", „jene", „der"/„die"/„das" ...
- **Indefinitpronomen** (unbestimmte Fürwörter) drücken ungefähre Mengenangaben aus: „etwas", „einige", „manche", „andere", „kein" ...
- **Interrogativpronomen** (Fragepronomen) leiten Frage- und Ausrufesätze ein: „wer", „was", „welche/-r" ...
- **Relativpronomen** leiten Nebensätze (Relativsätze) ein und beziehen sich auf ein Nomen oder Pronomen zurück:

  „Das Haus, *das* am Kanal lag, wurde verkauft."

Präpositionen

Wörter wie „in", „auf", „nach", „vor" nennt man **Präpositionen** (Verhältniswörter).
Sie bezeichnen oft **räumliche Verhältnisse:** „*vor* der Kiste". Präpositionen können aber auch **zeitliche Beziehungen** ausdrücken („*in* drei Stunden"), einen **Grund** angeben („*wegen* der Hausaufgaben") oder die **Art und Weise** bezeichnen („*mit* Tomatensoße").
Präpositionen bestimmen den Kasus des nachfolgenden Worts oder der Wortgruppe: „in das Haus", „neben dem Haus", „wegen des Hauses".

Verben

Verben bezeichnen eine Tätigkeit *(Mein Roboter **rechnet.**)*, einen Zustand *(Mein Roboter **funktioniert.**)*, einen Vorgang *(Mein Roboter **fällt aus.**)*.
Verben werden **gebeugt** (konjugiert). Dabei bildet man aus der Grundform, dem **Infinitiv,** die **Personalform:** *Du **rechnest** schnell. Ich **rechne** schnell. Ein Roboter **rechnet** schneller. Zwei Roboter **rechnen** am schnellsten.*
Ungebeugte Formen des Verbs sind der **Infinitiv,** z. B. *gehen*, das **Partizip I,** z. B. *gehend*, und das **Partizip II,** z. B. *gegangen*. Das **Partizip Präsens** (Partizip I) wird aus dem Verbstamm und der Endung **-(e)nd** gebildet, z. B.: *brems**end**, trag**end**, zitter**nd**.*
Das **Partizip Perfekt** (Partizip II) wird aus der Vorsilbe **ge-,** dem Verbstamm und der Endung **-(e)t** oder **-en** gebildet, z. B.: ***ge**bau**t**, **ge**schwomm**en**.*
Die Befehlsform des Verbs ist der **Imperativ.** Er kann an einzelne oder an mehrere Personen gerichtet sein: *Geh(e)! – Geht!*
Achten Sie auf den richtigen Imperativ: *geben → gib, sehen → sieh, essen → iss.*

Die Tempora
Verben lassen sich in verschiedene **Tempora** (Zeitformen) setzen. Sie sagen uns, wann das im Satz Mitgeteilte passiert.

- **Präsens** ist das Tempus der Gegenwart und allgemein gültiger Aussagen: *Ich **lese** gerade.*
  Bildung des Präsens: Verbstamm + Personalendung, z. B.:
  *Ich **les-e** gerade.*

- **Perfekt** drückt in mündlichen Erzählungen Vergangenes aus: *Ich **habe** ihn **gesehen.***
  Bildung des Perfekts: Personalform von „haben" oder „sein" im Präsens + Partizip II des Verbs, z. B.:
  *Ich **habe** mir die Schürze **umgebunden.***

- **Präteritum** wird bei schriftlichen Erzählungen und Berichten für die Wiedergabe von Vergangenem genutzt: *ich **ging,** ich **sah.*** Bildung des Präteritums:
  - Bei schwachen Verben ändert sich der Stammvokal nicht. Sie werden durch die Endung **-te** konjugiert, z. B.:
    *wandern → **wanderte**, reden → **redete**, spielen → **spielte**.*
  - Bei starken Verben ändert sich der Stammvokal beim Konjugieren, z. B.:
    *helfen → **half**, binden → **band**, reiten → **ritt**.*
  - Bei unregelmäßigen Verben ändert sich nicht nur der Stammvokal, sondern sie weisen auch die **te**-Endung der schwachen Verben auf, z. B.:
    *bringen → **brachte**, denken → **dachte**, mögen → **mochte**.*

- **Plusquamperfekt** verwendet man für den Ausdruck der Vorzeitigkeit: *Nachdem ich alles **erledigt hatte,** ging ich los.*
  Bildung des Plusquamperfekts: Personalform von „haben" oder „sein" im Präteritum + Partizip II des Verbs, z. B.:
  *Davor **hatte** Jesper Zeitungen **ausgetragen.***

- Das **Futur** dient der Wiedergabe von zukünftigem Geschehen: *Ich **werde** ans Meer **fahren.***
  Bildung des Futurs: Personalform von „werden" im Präsens + Infinitiv des Verbs, z. B.:
  *Nach dem Sprung **wird** er auf einem Luftkissen **landen.***

Die Handlungsrichtungen: Aktiv und Passiv

Aktiv und Passiv sind zwei Verbformen, die man bei der Darstellung von Handlungen und Vorgängen unterscheidet.

- Sätze, in denen die Handlungsträger als Subjekt erscheinen, stehen in der Verbform **Aktiv,** z. B.: *Sonja* ***sucht*** *das Heft.*
- Sätze, in denen mit dem Subjekt des Satzes etwas geschieht, stehen in der Verbform **Passiv,** z. B.: *Das Heft* ***wird*** *(von Sonja)* ***gesucht.*** In Passiv-Sätzen kann der Handlungsträger mit „von“ oder „durch“ genannt werden.

Bildung	**Aktiv** Handlungsverb *(suchen)* in der entsprechenden Tempusform	**Passiv** *werden* in der entsprechenden Tempusform + Partizip II des Handlungsverbs *(suchen)*
Präsens	*Sonja* ***sucht*** *das Heft.*	*Das Heft* ***wird*** *(von Sonja)* ***gesucht.***
Perfekt	*Sonja* ***hat*** *das Heft* ***gesucht.***	*Das Heft* ***ist*** *(von Sonja)* ***gesucht worden.***
Präteritum	*Sonja* ***suchte*** *das Heft.*	*Das Heft* ***wurde*** *(von Sonja)* ***gesucht.***
Funktion	Das Subjekt des Satzes handelt. Der Sprecher richtet den Blick auf den Handlungsträger.	Das Subjekt des Satzes verhält sich passiv. Der Blick wird auf die Handlung gerichtet.

Der Modus: Indikativ und Konjunktiv

Man unterscheidet in der Sprache verschiedene Aussageweisen des Verbs, die so genannten Modi (Sg.: der Modus). Indikativ und Konjunktiv sind zwei Aussageweisen des Verbs. Sie ermöglichen es uns auszudrücken, ob ein Geschehen wirklich (Indikativ) oder möglich (Konjunktiv) ist.

- **Indikativ (Wirklichkeitsform)**
  Wenn man ausdrücken möchte, dass etwas wirklich geschieht oder eine Aussage uneingeschränkt gültig ist, steht das Verb im Indikativ, z. B.:
  Weil die Sonne ***scheint, fahren*** *wir ins Freibad.*
  Ich ***heiße*** *Anja.*
- **Konjunktiv (Möglichkeitsform)**
  Wenn man ausdrücken möchte, dass etwas möglich, wünschenswert oder unwahrscheinlich ist, steht das Verb im Konjunktiv II, z. B.:
  Wenn die Sonne ***schiene, führen*** *wir ins Freibad.*
  Ach, ***wäre*** *ich doch schon 15 Jahre alt.*
  Hätte *ich Flügel,* ***flöge*** *ich auf und davon.*
- **Bildung des Konjunktivs II**
  Der Konjunktiv II wird vom Indikativ Präteritum des Verbs abgeleitet (oft mit Umlaut, d. h. Wechsel von *a, o, u, au* zu *ä, ö, ü, äu).*
  Beispiele:
  sie ging → *sie ginge,*
  wir fuhren → *wir führen,*
  sie waren → *sie wären.*

Indikativ Präteritum	Konjunktiv II
ich gab	ich gäb-e
du gabst	du gäb-est
er/sie/es gab	er/sie/es gäb-e
wir gaben	wir gäb-en
ihr gabt	ihr gäb-et
sie gaben	sie gäb-en

- **Umschreibung mit „würde"**
  Wenn der Konjunktiv II (im Textzusammenhang) nicht vom Indikativ Präteritum zu unterscheiden ist, wählt man die Umschreibung mit „würde".
  Beispiel: *Wenn ich viel Geld hätte,* ***machte*** *ich eine große Reise.* (Konjunktiv II)
  Wenn ich viel Geld hätte, ***würde*** *ich eine große Reise* ***machen.*** (Umschreibung mit „würde")
  Die Umschreibung mit „würde" wählt man auch, wenn die Konjunktiv-II-Form ungebräuchlich ist oder als „geziert" empfunden wird, z. B.:
  ich empfähle → ich würde empfehlen, er höbe → er würde heben.

Der Konjunktiv in der indirekten Rede
Wenn man wiedergeben möchte, was jemand gesagt hat, verwendet man die indirekte Rede. Das Verb steht im Konjunktiv I.
Anja sagt: „Ich ***komme*** *heute etwas später zu euch."* (wörtliche Rede im Indikativ)
↘
Anja hat gesagt, sie ***komme*** *heute etwas später zu uns.* (indirekte Rede im Konjunktiv I)
Bei dem Wechsel von der direkten Rede zur indirekten Rede verändert sich oft das Personalpronomen.

Bildung des Konjunktivs I
Der Konjunktiv I wird durch den Stamm des Verbs (Infinitiv ohne „-en") und die entsprechende Personalendung gebildet, z. B.: kommen → er komme, haben → sie habe, gehen → sie gehen.

Indikativ Präsens	Konjunktiv I
ich komm-e	ich komm-e
du komm-st	du komm-est
er/sie/es komm-t	er/sie/es komm-e
wir komm-en	wir komm-en
ihr komm-t	ihr komm-et
sie komm-en	sie komm-en

Ersatzformen
Wenn der Konjunktiv I (im Textzusammenhang) nicht vom Indikativ Präsens zu unterscheiden ist, wählt man den Konjunktiv II als Ersatzform oder die Umschreibung mit „würde".
Die Politiker sagen: „Wir ***denken*** *nicht an eine Beschwerde."* (wörtliche Rede im Indikativ)
↓
Die Politiker sagten, sie ~~denken~~ nicht an eine Beschwerde. (Konjunktiv I geht nicht)
↓
Die Politiker sagten, sie ***dächten*** *nicht an eine Beschwerde.* (Konjunktiv II als Ersatzform)
Die Politiker sagten, sie ***würden*** *nicht an eine Beschwerde* ***denken.*** (Umschreibung mit „würde" als Ersatzform)

Konjunktionen

Konjunktionen (Bindewörter) wie „und", „aber", „oder", „weil", „sondern" verbinden Wörter, Satzglieder und ganze Sätze miteinander. Konjunktionen sind nicht flektierbar (durch Beugung nicht veränderbar). Man unterscheidet:

- **nebenordnende Konjunktionen,** z. B. „und", „aber", „oder", „denn". Sie verbinden Wörter, Wortgruppen und Sätze, die grammatisch gleichrangig nebeneinanderstehen, z. B.: „Hund *und* Katze spielen im Garten."
- **unterordnende Konjunktionen,** z. B. „weil", „da", „obwohl", „wenn", „als", „nachdem", „dass". Sie leiten Nebensätze ein und binden diese Nebensätze an einen übergeordneten Hauptsatz, z. B.: „*Weil* ich müde bin, gehe ich ins Bett."

Adverbien

Wörter, die nähere Angaben zu einem Geschehen machen, bezeichnet man als **Adverbien** (Umstandswörter, Singular: das Adverb). Sie **erklären** genauer, **wo, wann, wie** oder **warum etwas geschieht,** und sind nicht flektierbar (veränderbar). Wir unterscheiden:
- **Lokaladverbien** (Adverbien des Ortes), z. B.: „hier", „dort" ...
- **Temporaladverbien** (Adverbien der Zeit), z. B.: „heute", „abends", „erst" ...
- **Modaladverbien** (Adverbien der Art und Weise), z. B.: „genauso", „einigermaßen" ...
- **Kausaladverbien** (Adverbien des Grundes), z. B.: „folglich", „daher" ...

Adverbien werden im Satz oft als adverbiale Bestimmungen verwendet. Der Begriff „Adverb" bezeichnet also eine Wortart, der Begriff „adverbiale Bestimmung" ein Satzglied.

2.5 Satzglieder

Satzglieder im Überblick

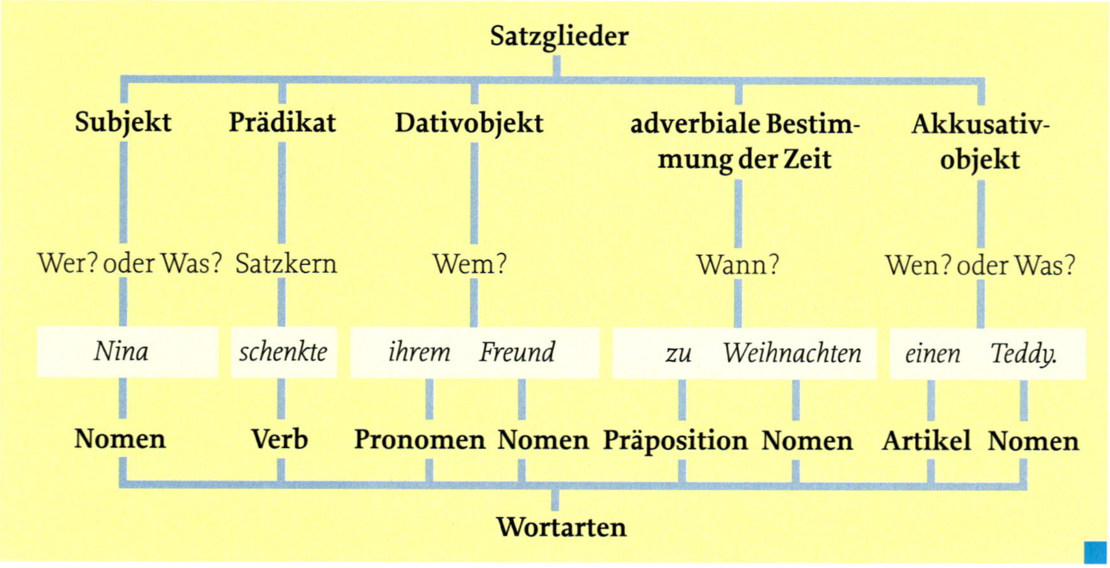

Satzglieder: Umstellprobe – Satzgliedfrage

Ein Satz setzt sich aus verschiedenen **Satzgliedern** zusammen. Ob ein einzelnes Wort oder eine Wortgruppe ein Satzglied bildet, erkennt man durch die **Umstellprobe:**
Satzglieder lassen sich umstellen, ohne dass sich der Sinn des Satzes ändert. Zu den Satzgliedern gehören:

- Das **Prädikat;** es stellt den Kern des Satzes dar. Prädikate werden durch Verben gebildet. Es gibt einteilige Prädikate (z. B. „Sie *baut* einen Drachen.") und mehrteilige Prädikate (z. B. „Sie *hat* einen Drachen *gebaut.*"). Die Personalform des Verbs („*hat*") steht im Aussagesatz immer nach dem ersten Satzglied an zweiter Stelle.

Um die weiteren Satzglieder zu bestimmen, stellen wir vom Prädikat ausgehend Fragen.

- Das **Subjekt;** es ist die wichtigste Ergänzung zum Prädikat. Es steht im Nominativ. Wir ermitteln es durch die Frage **„Wer ...?" oder „Was ...?":**
  „*Wer* hat einen Drachen gebaut? – *Sie* hat ihn gebaut."
- Das **Akkusativobjekt;** wir erfragen es mit **„Wen ...?" oder „Was ...?".**
- Das **Dativobjekt;** wir erfragen es mit **„Wem ...?".**
- Das **Präpositionalobjekt;** wir erfragen es mit **„Worüber ...?", „Worauf ...?"** usw.
- Das **Genitivobjekt;** es wird nur noch selten gebraucht. Wir erfragen es mit **„Wessen ...?".**

Adverbiale Bestimmungen

Adverbiale Bestimmungen (Umstandsbestimmungen) sind Satzglieder, die man mit den Fragen **„Wann ...?", „Wo ...?", „Warum ...?", „Wie ...?"** ermittelt. Sie geben die näheren Umstände eines Geschehens oder einer Handlung an. Man unterscheidet:

- **adverbiale Bestimmungen der Zeit:** „Wann ...? – Wir treffen uns *am Montag.*"
- **adverbiale Bestimmungen des Ortes:** „Wo ...? – Wir sehen uns *in der Schule.*"
- **adverbiale Bestimmungen des Grundes:** „Warum ...? – *Wegen des Regens* kam er nicht."
- **adverbiale Bestimmungen der Art und Weise:** „Wie ...? – Er folgte uns *neugierig.*"

Attribute (Teil des Satzglieds)

Attribute machen nähere Angaben über ihr **Bezugswort** (z. B. Nomen). Ein Attribut kann vor oder nach seinem Bezugswort stehen. Das Attribut ist nur **Teil eines Satzglieds** und bleibt bei der Umstellprobe mit seinem Bezugswort verbunden.
Bis auf das Prädikat kann jedes Satzglied durch ein Attribut erweitert werden.
Es gibt verschiedene **Formen des Attributs,** z. B.:

- Adjektive: „*spannende* Bücher", „*große* Freude"
- Nomen im Genitiv (Genitivattribut): „die Abfahrt *des Zuges*"
- Nomen mit Präposition (Präpositionalattribut): „das Spiel *ohne Grenzen*"
- Adverb: „das Mädchen *dort*", „der Tag *danach*"
- Pronomen: „*unsere* Schule", „*dein* Geburtstag"
- Zahlwörter: „*drei* Äpfel", „*viele* Menschen"
- Apposition (in Kommas eingeschlossen): „Ruth, *meine Freundin,* ..."

2.6 Der zusammengesetzte Satz

Satzreihe

Eine **Satzreihe** besteht aus **aneinandergereihten Hauptsätzen.** Sie werden durch **Komma** voneinander getrennt, z. B.: „Er war ein gütiger Herrscher, das Volk liebte ihn." Hauptsätze werden oft durch nebenordnende Konjunktionen verbunden, z. B.: „Arthur war noch sehr jung, aber er war ein guter König."
Das **Komma kann entfallen,** wenn die Hauptsätze durch Konjunktionen wie „und", „oder", „entweder ... oder" oder „weder ... noch" verbunden sind, z. B.: „Das Volk liebte ihn und während seiner Regierungszeit herrschte Frieden."

Satzgefüge

Satzgefüge sind Sätze, die aus mindestens einem **Hauptsatz und einem Nebensatz** zusammengesetzt sind. Der Nebensatz ist dem Hauptsatz untergeordnet und wird durch **Komma** vom Hauptsatz getrennt. Nebensätze werden oft mit unterordnenden Konjunktionen wie „dass", „weil", „wenn", „als", „bevor" eingeleitet, z. B.: „Als Igraine ihren Sohn gebar, erschien Merlin am Hof."

2.7 Nebensätze

Adverbialsätze

Nebensätze nehmen oft die Stelle eines Satzglieds ein; man nennt sie dann Gliedsätze. Wenn ein Gliedsatz die Stelle einer adverbialen Bestimmung einnimmt, heißt er Adverbialsatz. Adverbialsätze lassen sich genau wie adverbiale Bestimmungen nach ihrer Zusatzinformation näher bestimmen. **Adverbialsätze** werden mit einer Konjunktion eingeleitet. Sie werden vom Hauptsatz durch ein **Komma** getrennt.

- **Temporalsätze** geben Zeitverhältnisse an. Einleitende Konjunktionen sind z. B.: „als", „während", „nachdem", „seitdem". Beispiel: „*Als beide Ritter nicht mehr kämpfen konnten*, brachte Merlin den verwundeten König zu einem Einsiedler."
- **Kausalsätze** geben den Grund oder die Ursache an. Einleitende Konjunktionen sind z. B.: „weil", „da". Beispiel: „Merlin blieb sehr lange bei Arthur, *weil der junge König mit dem Tod kämpfte.*"
- **Konditionalsätze** geben eine Bedingung an. Einleitende Konjunktionen sind z. B.: „wenn", „falls", „sofern". Beispiel: „*Wenn Arthur bei diesem Kampf gestorben wäre*, hätte England seinen König verloren."
- **Finalsätze** geben einen Zweck an. Einleitende Konjunktion ist z. B.: „damit". Beispiel: „*Damit der Schwarze Ritter dem König nicht mehr gefährlich werden konnte*, ließ Merlin ihn durch einen Zauberspruch in einen tiefen Schlaf sinken."
- **Konsekutivsätze** geben die Folge oder Wirkung an. Einleitende Konjunktion ist z. B.: „sodass" (auch: „so ..., dass"). Beispiel: „Arthur war krank und schwach, *sodass er die unbekannte Dame nur verschwommen erkennen konnte.*"

- **Modalsätze** geben die Art und Weise an. Einleitende Konjunktionen sind z. B.: „indem“, „wie“, „als“. Beispiel: „Die schöne Gwinever trug viel zu seiner Genesung bei, *indem sie Tag und Nacht an seinem Lager wachte.*“
- **Konzessivsätze** geben eine Einräumung an. Einleitende Konjunktionen sind z. B.: „obwohl“, „obgleich“, „wenn auch“. Beispiel: „*Obwohl Arthur die schöne Dame nur undeutlich erkennen konnte,* beeindruckte ihn deren Schönheit sehr.“
- **Adversativsätze** geben einen Gegensatz an. Einleitende Konjunktion ist z. B.: „während“. Beispiel: „*Während Arthur den Kampf so bald wie möglich fortsetzen wollte,* war Merlin ganz und gar gegen eine erneute Gefährdung des Königs von England.“

Subjektsätze und Objektsätze

Subjektsätze und Objektsätze sind **Gliedsätze,** weil sie die Stelle eines Satzgliedes einnehmen. Sie übernehmen die Rolle des Subjekts bzw. des Objekts für den Hauptsatz und lassen sich genauso wie Subjekt oder Objekt durch Satzgliedfragen ermitteln.
Subjekt- und Objektsatz werden durch ein **Komma** vom Hauptsatz abgetrennt.
Beispiel: „Wer dieses Schwert aus dem Amboss zieht, ist der König von England.“
Frageprobe: „Wer oder was (= Subjekt) ist der König von England?“
Beispiel: „Sich zu verstellen, hatte er nie gelernt.“
Frageprobe: „Wen oder was (= Objekt) hatte er nie gelernt?“
Subjekt- und Objektsätze können unterschiedliche Gestalt annehmen:

Satzform	**Subjektsatz**	**Objektsatz**
indirekter Fragesatz	*Wer diesen Ritter schlägt,* ist ein Held.	Niemand wusste, *wie er hieß.* Er wusste nicht, *ob er überleben würde.*
dass-Satz	*Dass er kämpfen wollte,* erstaunte Gwinever.	Er erkannte, *dass er kämpfen musste.*
Infinitivsatz	*Auf einem Pferd zu reiten,* machte ihm Freude.	Er erklärte, *nichts zu wissen.*

Relativsätze

Nebensätze, die mit einem Relativpronomen (z. B. „der“/„die“/„das“ oder „welcher“/„welche“/„welches“) eingeleitet werden, heißen **Relativsätze.**
Ein Relativsatz wird durch **Komma(s)** vom übergeordneten Satz, der das Bezugswort enthält, abgetrennt. Beispiele:
„Die Mädchen schliefen in einem Turm, ***der** sehr streng bewacht wurde.*“

2.8 Zeichensetzung

Kommaregeln im Überblick

Satzreihe

Eine **Satzreihe** besteht aus **aneinandergereihten Hauptsätzen.** Sie werden durch **Komma** voneinander getrennt,
z. B.: „Er war ein gütiger Herrscher, das Volk liebte ihn."
Hauptsätze werden oft durch nebenordnende Konjunktionen verbunden,
z. B.: „Arthur war noch sehr jung, aber er war ein guter König."
Das **Komma kann entfallen,** wenn die Hauptsätze durch Konjunktionen wie „und", „oder", „entweder ... oder" oder „weder ... noch" verbunden sind,
z. B.: „Das Volk liebte ihn und während seiner Regierungszeit herrschte Frieden."

Satzgefüge

Satzgefüge sind Sätze, die aus mindestens einem **Hauptsatz und einem Nebensatz** zusammengesetzt sind. Der Nebensatz ist dem Hauptsatz untergeordnet und wird durch **Komma** vom Hauptsatz getrennt. Nebensätze werden oft mit unterordnenden Konjunktionen wie „dass", „weil", „wenn", „als", „bevor" eingeleitet,
z. B.: „Als Igraine ihren Sohn gebar, erschien Merlin am Hof."

Infinitivsätze

Ein Infinitivsatz, der aus einem Infinitiv mit *zu* und mindestens einem weiteren Wort besteht, muss häufig durch Kommas abgetrennt werden, und zwar immer dann,

- wenn der Infinitivsatz durch ein *um, ohne, statt, anstatt, außer, als* eingeleitet wird, z. B.: „Ich möchte das Buch lesen, *um* mehr über Haie zu erfahren."
- wenn der Infinitivsatz von einem Nomen abhängt, z. B.: „Wir hatten *den Plan, uns gründlich über Haie zu informieren.*"
- wenn durch ein hinweisendes Wort wie *daran, darauf, dazu* oder *es* auf den Infinitivsatz Bezug genommen wird, z. B.: „Wir hatten uns *darauf* gefreut, den Film über Haie anzusehen."

In allen anderen Fällen ist das Komma freigestellt. **Es empfiehlt sich, die Kommas immer zu setzen,** weil sie die Gliederung des Satzes verdeutlichen und niemals falsch sind.

Partizipialsätze

Ein Partizipialsatz muss normalerweise nicht durch ein Komma vom übergeordneten Satz getrennt werden. Ein Komma kann gesetzt werden, wenn der Partizipialsatz als Zusatz gekennzeichnet werden soll. **Ein Komma muss stehen,**

- wenn durch ein **hinweisendes Wort** auf den Partizipialsatz Bezug genommen wird, z. B. mit „so". Beispiel: „Um Worte ringend, *so* stellte sich Arthur der Lady vor."
- wenn der Partizipialsatz als **Einschub** die gewöhnliche Satzstellung unterbricht. Beispiel: „Der König, *vor Freude lächelnd,* lief auf sie zu."
- wenn der Partizipialsatz einen **Nachtrag** darstellt. Beispiel: „Er verweilte im Garten, *nach ihren Blicken heischend.*"

Aufzählungen

Aufzählungen können aus Wörtern oder aus Wortgruppen bestehen. Sie werden durch ein **Komma** getrennt. Beispiel: „Sie wollte um sechs Uhr nach Hause kommen, Aufgaben machen, dann schwimmen gehen."

Wenn die Wörter oder Wortgruppen in Aufzählungen durch nebenordnende Konjunktionen wie „und", „oder", „entweder ... oder", „sowohl ... als auch" oder „weder ... noch" verbunden sind, entfällt das Komma. Beispiel: „Wir fahren bei sonnigem *oder* trübem Wetter los."

Wörtliche Rede

Die wörtliche Rede steht in **Anführungszeichen.** Der Redebegleitsatz kann der wörtlichen Rede vorangestellt, nachgestellt oder in die wörtliche Rede eingeschoben sein.

Nach einem **vorangestellten Redebegleitsatz** weist ein **Doppelpunkt** auf die folgende wörtliche Rede hin. Beispiel: *Sie sagte:* „Ich besuche dich bald."

Der **nachgestellte Redebegleitsatz** wird durch **ein Komma** von der wörtlichen Rede abgetrennt. Beispiel: „Halt! Stehen bleiben!", *riefen die Polizisten.*

Der **eingeschobene Redebegleitsatz** wird durch **zwei Kommas** von der wörtlichen Rede abgetrennt. Beispiel: „Ich suche das Buch", *sagte sie,* „weißt du, wo es sein könnte?"

Das Komma bei Zusätzen und Nachträgen

Zusätze oder Nachträge grenzt man mit Komma ab; sind sie eingeschoben, so schließt man sie in Kommas ein.
Durch Kommas abgetrennt werden:

- **Appositionen** sind im Kern nachgestellte Nomen und stehen im gleichen Kasus wie ihr Bezugswort, z. B.: „Wen Jiabo, *der Regierungschef,* lebt in Peking."
- **Nachgestellte Erläuterungen** werden oft mit Wörtern wie „nämlich", „das heißt", „und zwar", „vor allem", „besonders", „insbesondere", „genauer", „zum Beispiel", „beispielsweise", „also" eingeleitet, z. B.: „In China leben weltweit die meisten Menschen, *nämlich 1,3 Milliarden.*"
- **Nachgestellte Partizipien, Partizip- oder Adjektivgruppen** und entsprechende Wortgruppen, z. B.: „Der Glaubensausübung, *buddhistisch, taoistisch, islamisch, christlich oder konfuzianisch,* sind in China noch immer strenge Grenzen gesetzt."
- **Parenthesen** sind Einfügungen in einen Satz, die auch alleine stehen könnten und damit vom Gesamtsatz unabhängig sind, z. B.: „Eines Tages, *es war mitten im Sommer,* hagelte es."

Das Komma bei Anreden und Ausrufen

Anreden, Ausrufe oder Ausdrücke einer Stellungnahme, die besonders hervorgehoben werden sollen, grenzt man mit Komma ab; sind sie eingeschoben, so schließt man sie in Kommas ein. Durch Kommas abgetrennt werden:

- **Anreden,** z. B.: „Leute, hört doch mal zu." „Für heute sende ich dir, lieber Christoph, die herzlichsten Grüße."
- **Ausrufe oder Ausdrücke einer Stellungnahme,** z. B.: „Oh, ganz schön viel los hier!" „Tatsächlich, das ist es!" „Leider, das hat er gesagt."

Das Komma bei mehrteiligen Orts-, Zeit- und Literaturangaben

Mehrteilige Orts-, Zeit- und Literaturangaben gliedert man durch Kommas.
Das abschließende Komma kann entfallen, z. B.:
„Das Vorbereitungstreffen findet am Mittwoch, dem 25. Juli, um 14 Uhr(,) in der Bibliothek statt." „Der Artikel ist im ‚Spiegel', Heft 48, 2005, S. 25(,) erschienen."

3 Rechtschreiben

3.1 Silbentrennung

Grundregel: Mehrsilbige Wörter trennt man nach **Sprechsilben,** die man bei langsamem, betontem Sprechen hören kann, z. B.: „Spa-zier-gang", „Rei-he", „heu-te". Ein einzelner Vokalbuchstabe am Wortanfang oder -ende wird nicht abgetrennt, z. B.: „Igel", „Abend". Von mehreren Konsonanten trennt man nur den letzten ab, z. B.: „Damp-fer", „Kat-ze".
Achtung: Die Buchstabenverbindung „ck" steht für einen Laut und wird nicht getrennt, z. B.: „ba-cken", „De-ckel", „Zu-cker".

3.2 Laute und Buchstaben

Die Schärfung: Schreibung nach kurzen Vokalen

Nach betontem kurzem Vokal stehen meist **zwei Konsonanten;** entweder zwei gleiche Konsonanten (Konsonantenverdoppelung) oder zwei verschiedene Konsonanten (Konsonantenhäufung).

- In den meisten Fällen kann man die zwei verschiedenen Konsonanten beim Hören gut voneinander unterscheiden, z. B.: *Hu**nd**, To**pf**, Ka**rt**e, de**nk**en.*
- Hört man beim Sprechen nur einen Konsonanten, so wird er verdoppelt, z. B.: *kna**bb**ern, Pu**dd**ing, Ko**ff**er, Ba**gg**er, schwi**mm**en, Bru**nn**en, Su**pp**e, i**rr**en, verge**ss**en, schü**tt**eln.*

Achtung:
Statt verdoppeltem **k** schreibt man **ck,** z. B.: *Glü**ck**, He**ck**e, wa**ck**eln, zwi**ck**en, A**ck**er, ho**ck**en.*
Statt verdoppeltem **z** schreibt man **tz,** z. B.: *Ka**tz**e, Schu**tz**, Hi**tz**e, ä**tz**end, tro**tz**, plö**tz**lich.*
Ausnahme: Bei manchen Fremdwörtern folgt nach einem kurzen Vokal nur ein Konsonant, z. B.: *April, Praxis.* Bei vielen Fremdwörtern schreibt man nach kurzem Vokal nur ein einfaches **k,** manchmal auch **kk,** z. B.: *Anora**k**, Lyri**k**, dire**k**t, he**k**tisch, A**kk**usativ, A**kk**ordeon, Mo**kk**a.*

Die Dehnung: Schreibung nach langen Vokalen

Lang gesprochene Vokale **(a, e, i, o, u)** oder Umlaute **(ä, ö, ü)** können mit einfachem Buchstaben geschrieben werden wie in *Spur, wär, Tor.* Oder sie werden mit einem **Dehnungs-h** verbunden wie in *Sa**h**ne, fe**h**len* oder *bo**h**ren.*
Folgende Tipps können helfen, Wörter mit langen Vokalen richtig zu schreiben.

- **Verwandte Wörter bilden**
  Wenn man sich bei der Schreibung eines Wortes unsicher ist, ob es mit oder ohne Dehnungs-h geschrieben wird, kann einem die Schreibung eines verwandten Wortes aus der Wortfamilie helfen. Das Dehnungs-h im Wortstamm bleibt erhalten, z. B.:
  ***wohn**en: die **Wohn**ung, **wohn**lich, be**wohn**en, **Wohn**ungsbau, Miet**wohn**ung, Ein**wohn**er*
- Den lang gesprochenen Vokal **u** im Präfix **ur-** und das lang gesprochene **a** und **u** in den Suffixen **-bar, -sal, -sam, -tum** schreibt man ohne Dehnungs-h, z. B.: *sonder**bar**, grau**sam**.*

- Nur wenige Wörter werden mit **Doppelvokal** geschrieben, z. B.: *Haar, Paar, Saal.*
  - Wenn sich von diesen Wörtern Ableitungen mit Umlaut bilden lassen, entstehen **einfache Umlaute,** z. B.: *Paar – Pärchen; Saal – Säle; Boot – Bötchen.*

Für das **lang gesprochene i** gilt:

- Die meisten Wörter mit lang gesprochenem **i** werden mit **ie** geschrieben, z. B.: *Kies, Wiese, kriechen, Tier, lieb, hier, viel, vielleicht, ziemlich.*
- Nur in den Pronomen **ihm/ihn/ihr** wird das lang gesprochene **i** als **ih** geschrieben, z. B.: *Wir schenken **ihm** ein Buch und **ihr** eine CD.*
- Sehr selten sind Wörter mit **ieh,** z. B.: *ziehen, fliehen, geliehen, Vieh.*
- In **Fremdwörtern** wird das lang gesprochene **i** oft mit einfachem **i** geschrieben, z. B.: *Maschine, Bleistiftmine, Apfelsine, Ski, Rosine, Klima, Motiv, Stil.*

Schreibung der s-Laute

Der s-Laut im Wortinneren

- Der **stimmhafte s-Laut** wird im Wortinneren immer mit einfachem **s** geschrieben, z. B.: *Rasen, leise, losen.*
- Beim **stimmlosen s-Laut** muss man auf den vorangehenden Vokal achten.
  Nach kurzem Vokal schreibt man **ss,** z. B.: *er hasst, Wasser, er frisst.*
  Nach langem Vokal oder **Diphthong** schreibt man **ß,** z. B.: *Klöße, spaßen, draußen.*

Der s-Laut am Wortende

Die Schreibung des s-Lautes am Wortende richtet sich danach, ob dem s-Laut ein kurzer Vokal oder ein langer Vokal oder ein Diphthong vorangeht.
Nach kurzem Vokal steht fast immer **ss,** z. B.: *der Biss – die Bisse.*
Nach einem langen Vokal oder **Diphthong** stehen die Buchstaben **s** oder **ß.**
Die Verlängerungsprobe hilft bei der Schreibung:
Wenn der **s-Laut** in der Wortverlängerung **stimmlos** ist, schreibt man **ß,** z. B.: *sie heißt – heißen, der Spaß – die Späße.*
Wenn der **s-Laut** in der Wortverlängerung **stimmhaft** ist, schreibt man **s,** z. B.: *das Haus – die Häuser, er niest – niesen.*

„dass" oder „das"?

„das" wird mit **s** geschrieben, wenn es sich

- um den **bestimmten Artikel** „das" handelt, z. B.: „*das* Äffchen".
- um das **Demonstrativpronomen** „das" handelt, z. B.: „*Das* ist das Äffchen von vorhin." Das Demonstrativpronomen „das" kann durch „dieses" ersetzt werden.
- um das **Relativpronomen** „das" handelt, z. B.: „Das Äffchen, *das* ich vorhin gesehen habe, klammert sich gerade am Gitter fest." Das Relativpronomen „das" kann durch „welches" ersetzt werden.

„dass" wird mit **ss** geschrieben, wenn es sich

- um die **Konjunktion** „dass" handelt. Durch „dass" wird immer ein Nebensatz eingeleitet, z. B.: „Ich glaube, *dass* ich jetzt im Zoo genug erlebt habe."

3.3 Fremdwörter

▷ S. 146–149

Fremdwörter sind aus fremden Sprachen übernommene Wörter. Meist erkennt man sie bereits an der Aussprache und an der Schreibung, denn sie gehorchen dabei den Regeln ihrer Herkunftssprache, z. B.: „Snowboard“, „Bulletin“, „Amphitheater“.

1. Schreibung von Fremdwörtern:

- **Kurzvokale: Kennzeichnung von Kürzen**
  Im Deutschen folgt einem kurz gesprochenen Vokal häufig die Verdoppelung des nachstehenden Konsonanten bzw. eine äquivalente Kombination wie **tz** oder **ck**. In Fremdwörtern fällt diese Schärfung meist weg, z. B.: „Arti**k**el“, „Konta**k**t“, „Se**k**t“, „Ta**k**t“.
  aber: „Mo**kk**a“, „Sa**kk**o“, „A**kk**ord“, „Pi**zz**a“, „Ski**zz**e“.
- **Langvokale: Kennzeichnung von Längen**
  Auch Langvokale sind in Fremdwörtern selten durch Längenkennzeichen wie **ie** oder Dehnungs-h gekennzeichnet, z. B.: „Kr**i**se“, „Masch**i**ne“, „St**i**l“, „obsol**e**t“, „Lekt**ü**re“
- **ph, rh, th**
  Fremdwörter aus dem Griechischen zeigen häufig die Buchstabenkombination **ph, rh** und **th**, z. B. „**Ph**ilosop**h**ie“, „Atmos**ph**äre“, „**Rh**etorik“, „**Rh**y**th**mus“.

2. Eingedeutschte Schreibweisen

- Manche Fremdwörter werden eingedeutscht, d. h. in ihrer Schreibweise dem Deutschen angepasst. Die fremdsprachliche Schreibung bleibt oft neben der eingedeutschten bestehen, z. B.: „Photographie“ – „Fotografie“, „Spaghetti“ – „Spagetti“, „Mayonnaise“ – „Majonäse“, „Charme“ – „Scharm“.
  - Entscheiden Sie sich innerhalb eines Textes für eine der beiden Schreibweisen und wechseln Sie nicht ab.
  - Verwenden Sie in der Regel für Wörter, die häufig im Deutschen gebraucht werden, die eingedeutschte Schreibweise, z. B.: „Fotografien“.
- **Fremdwörter aus Fachsprachen** werden dagegen nicht eingedeutscht und behalten die typischen fremdsprachlichen Buchstabengruppen bei. Dies gilt z. B. auch für eine Reihe von **Fachbegriffen** im Deutschunterricht, die vorwiegend aus dem Griechischen und Lateinischen stammen, z. B.: „A**pp**osition“, „Al**ph**abet“, „Meta**ph**er“, „Stro**ph**e“, „**Ph**onetik“, „Eu**ph**emismus“, „**Rh**y**th**mus“, „**Rh**etorik“ etc.

3. Silbentrennung

- Bei Fremdwörtern kann man Zusammensetzungen und Wörter mit Präfix (wie bei deutschen Wörtern) nach ihren Wortbausteinen trennen, z. B.: „Blue-jeans“, „Talk-show“, „Pro-gramm“.
- Eine Trennung nach Sprechsilben ist auch korrekt.

Trennung nach Wortbausteinen	Trennung nach Sprechsilben
„in-ter-es-sant“	„in-te-res-sant“
„Päd-ago-ge“	„Pä-da-go-ge“
„Hekt-ar“	„Hek-tar“

- Werden zwei Konsonanten als ein Laut gesprochen, dürfen diese Buchstaben nicht getrennt werden, z. B.: „Sa-**ph**ir“, „Apo-**th**e-ke“.

3.4 Groß- und Kleinschreibung

▷ S. 150–151

Nominalisierungen

Verben, Adjektive, Partizipien und andere Wörter können als Nomen gebraucht werden. Man schreibt sie dann groß. Man kann solche nominalisierten Wörter häufig an denselben **Signalwörtern** erkennen wie Nomen, z. B.:

- an einem vorausgehenden **Artikel:**
  „gehen", „gähnen", „13-jährig" – „*das* Gehen", „*ein* Gähnen", „*die* 13-Jährige"
- an einer vorausgehenden **Präposition** (die auch mit einem Artikel verschmolzen sein kann): „gut", „böse" – „*im* (in dem) Guten", „*im* (in dem) Bösen"
- an einem vorangestellten **Pronomen:**
  „lachen", „arbeiten", „jammern" – „*mein* Lachen", „*dieses* Arbeiten", „*kein* Jammern"
  „schön", „neu", „alt" – „*viel* Schönes", „*wenig* Neues", „*nichts* Altes"
  - In Verbindung mit den **Indefinitpronomen** „etwas", „alles", „nichts", „einige", „kein", „viel", „wenig", „allerlei", „ein paar", „genug", „manches" werden Verben und Adjektive großgeschrieben. Weil solche Wortgruppen häufig vorkommen, ist es am einfachsten, man lernt diese Pronomen als Signalwörter auswendig.

Nicht immer wird ein nominalisiertes Wort durch ein Signalwort angekündigt. Hier hilft die Probe: Wenn man ein Signalwort ergänzen kann, schreibt man groß, z. B.: „Wenn man *(das)* Gelb mit *(einem)* Blau mischt, entsteht *(ein)* Grün."

Achtung:
Nominalisierungen, die aus zwei Wörtern zusammengesetzt sind, schreibt man zusammen, z. B.:
„das Radfahren", „das Schlangestehen".

Schreibung von Zahlwörtern

- Zahlwörter (Numeralia) verteilen sich auf die Wortarten Nomen („die *Million*"; „der *Zehnte*"), Adjektiv („*zwei* Gruppen"; „der *zweite* Platz") und Adverb („*fünfmal*"; „*erstens*"). Man unterscheidet unter anderem:
  Kardinalzahlen; sie legen eine Anzahl fest, z. B.: „*eins*", „*hundert*", „zwei *Millionen*".
  Ordinalzahlen; sie legen eine Reihenfolge fest, z. B.: „der/die/das *Erste*", „der *achte* Tag".
- **Zahlwörter,** die **Nomen** sind oder als Nomen verwendet werden (Nominalisierung), schreibt man groß, z. B:
  „die *Million*" (Nomen), „der *Zehnte*" (Nomen), „am *Zehnten*" (Nominalisierung), „zum *Zweiten*" (Nominalisierung).
- **Zahlwörter,** die **Adjektive** oder **Adverbien** sind, schreibt man klein, z. B.:
  „*sechs* Monate" (Adjektiv), „Sie hat *zweimal* angerufen." (Adverb).
- Die Zahlwörter „hundert", „tausend" oder „Dutzend" können groß- oder kleingeschrieben werden, wenn mit ihnen unbestimmte, nicht in Ziffern auszudrückende Mengen angegeben werden, z. B.: „Es gab *Dutzende/dutzende* von Verletzungen."; „Viele *Hundert/hundert* mussten auf halber Strecke aufgeben."; „Einige *Tausend/tausend* Zuschauer kamen."

Schreibung von Zeitangaben

- **Zeitangaben,** die **Nomen** sind, werden großgeschrieben. Man kann sie häufig an den Signalwörtern erkennen:
  - an einem vorausgehenden Artikel: „*der* Mittwoch", „*ein* Sonntag"
  - an einer vorausgehenden Präposition (mit Artikel): „*am* Abend"
  - an einem vorangestellten Adjektiv (oft mit Artikel) oder Partizip: „an einem *schönen* Morgen", „*kommenden* Freitag"
  - an einem vorangestellten Pronomen oder einer Mengenangabe: „*jeden* Morgen", „*dieser* Abend", „*drei* Sonntage"
- **Zeitangaben,** die **Adverbien** oder **Adjektive** sind, werden kleingeschrieben, z. B.: „früher", „später", „stündlich", „gestern", „übermorgen", „heute", „sonntags", „mittags", „abends". ***TIPP:*** Adverbien, die Tageszeiten oder Wochentage bezeichnen, erkennt man an der Endung -s.
- Bei kombinierten Zeitangaben schreibt man entsprechend der Regel die Adverbien oder Adjektive klein und die Nomen groß, z. B.: „gestern Abend", „heute Nachmittag".

Eigennamen

Eigennamen werden **großgeschrieben,** z. B.: „Thomas", „Indien", „München".
Bei mehrteiligen Eigennamen werden die Adjektive, Partizipien, Pronomen und Zahlwörter großgeschrieben, wenn sie Bestandteile des Eigennamens sind, z. B.: „Peter der Große", „die Chinesische Mauer", „der Siebenjährige Krieg".
Eigennamen sind:

- Personennamen, z. B.: „Friedrich der Zweite", „der Alte Fritz", „Alexander der Große"
- geografische Begriffe (Namen), z. B.: „der Bayerische Wald", „das Tote Meer"
- Namen von Institutionen und Einrichtungen, z. B.: „das Rote Kreuz", „die Schweizerischen Bundesbahnen", „das Europäische Parlament"
- geschichtliche Ereignisse, z. B.: „der Zweite Weltkrieg", „der Westfälische Friede"
- Titel und Ehrenbezeichnungen, z. B.: „der Heilige Vater", „der Regierende Bürgermeister"
- besondere Kalendertage, z. B.: „der Heilige Abend", „der Erste Mai"
- feste fachsprachliche Begriffe, z. B.: „der Rote Milan" (Vogel), „das Fleißige Lieschen" (Pflanze)

Herkunftsbezeichnungen

- Die von geografischen Namen abgeleiteten Herkunftsbezeichnungen mit dem Suffix **„-er"** schreibt man groß, z. B.: *Hamburg**er** Hafen, Schwarzwäld**er** Rauchschinken, München**er** Olympiastadion.*
- Die von geografischen Namen und Personennamen abgeleiteten Adjektive auf **„-(i)sch"** werden kleingeschrieben, z. B.: *ind**isch**er Tee, bay(e)r**isch**es Bier, platon**isch**e Liebe.*
  Ausnahme: Wenn die Adjektive auf „-(i)sch" Teil eines Eigennamens sind, werden sie großgeschrieben, z. B.: „der Bay(e)rische Wald", „der Indische Ozean".

3.5 Getrennt- und Zusammenschreibung

▷ S. 151–152

Wortgruppen

Wortgruppen aus Nomen und Verb
Wortgruppen aus Nomen und Verb werden in der Regel getrennt geschrieben, z. B.: „Rad fahren", „Angst haben", „Eis essen".
Achtung: Werden diese Verbindungen wie Nomen gebraucht (nominalisiert), schreibt man sie zusammen, z. B.: „Soll ich dich *zum Fußballspielen* abholen?"

Wortgruppen aus Verb und Verb
Wortgruppen aus Verb und Verb können immer getrennt geschrieben werden, z. B.: „laufen lernen", „liegen lassen", „lesen üben".

Wortgruppen mit „sein"
Wortgruppen mit ***sein*** werden immer getrennt geschrieben, z. B.: „da sein", „glücklich sein", „gesund sein".

Wortgruppen aus Adjektiv und Verb
Wortgruppen aus Adjektiv und Verb werden meist getrennt geschrieben, z. B.: „besser verdienen", „richtig machen", „klar denken".
Bei der Schreibung von **Adjektiv und Verb** kann man eine **Probe** machen:
- Wenn Adjektiv und Verb wörtlich genommen einen Sinn ergeben, schreibt man sie getrennt, z. B.: „schwarz anstreichen" → „Er möchte die Wand schwarz anstreichen."
- Wenn durch das Zusammentreten von Adjektiv und Verb eine neue Gesamtbedeutung entsteht, schreibt man sie **zusammen,** z. B.: „richtigstellen (= berichtigen)", „schwarzfahren (= ohne Fahrkarte fahren)", „schwerfallen (= Probleme bereiten)".

Wortgruppen aus Adverb und Verb oder Präposition und Verb
- Wortgruppen aus Adverb und Verb oder Präposition und Verb werden **zusammengeschrieben,** wenn die Hauptbetonung auf dem Adverb bzw. der Präposition liegt, z. B:
„abwarten", „hereinkommen", „weitersagen", „zurückkommen", „auseinandersetzen", „wiedersehen", „dabeisitzen". Das betrifft auch Wortbausteine wie „kund-", „fehl-", „heim-", „preis-".
- **Getrennt geschrieben** wird dagegen in der Regel, wenn die Hauptbetonung auch auf dem Verb liegen kann, z. B.: „Nach der OP konnte er wieder sehen." „Sie wollte dabei sitzen (= diese Arbeit im Sitzen verrichten)."
Man erkennt diese Fälle auch daran, dass zwischen den ersten Wortbaustein und das Verb ein Satzglied geschoben werden kann, z. B.: „Sie wollte dabei *nicht immer* sitzen."

Zusammengeschrieben werden:

Wortkombinationen aus Nomen und Adjektiv wie „butterweich", „eiskalt".
Wortkombinationen aus zwei Adjektiven wie „lauwarm", „superbequem".

4 Umgehen mit Texten und Medien

4.1 Erzählende Literatur

Die Erzählung

▷ S. 262–277

Grundwissen 10

Die Erzählung ist eine epische Kurzform, deren Merkmale sich vornehmlich durch die Abgrenzung von anderen Untergattungen erschließen. Vom Epos und vom Roman unterscheidet sich die Erzählung durch den geringeren Umfang, die knappere Ausstattung mit Personen, den nicht so weit gespannten Handlungsrahmen und das Fehlen komplexer Ideengebäude. Umgekehrt entwickelt sie deutlich ausführlicher als die Skizze und die Anekdote die geschilderten Handlungsabläufe. Auch zu den insgesamt poetologisch näher liegenden Untergattungen Novelle und Kurzgeschichte gibt es merkliche Unterschiede: Die Erzählung kommt ohne deren strenge Komposition aus, ist also freier in der Anlage und der Umsetzung des Erzählten. Von Märchen, Legende und Sage hebt sich die Erzählung dadurch ab, dass sie meist einen realen Hintergrund hat und so auf fantastische oder wirklichkeitsferne Bezüge verzichten kann.

Die Kurzgeschichte

Die **Kurzgeschichte** ist eine **knappe, moderne Erzählung,** die sich ab Mitte des 20. Jhdt. als Erzählform durchsetzt. Sie zeigt eine Momentaufnahme, einen krisenhaften Ausschnitt oder eine wichtige Episode aus dem Alltagsleben einer oder mehrerer Menschen. Kurzgeschichten haben meist folgende **Merkmale:**
- **geringer Umfang**
- Ausschnitt aus einem **alltäglichen Geschehen,** der für die dargestellten Figuren von besonderer Bedeutung ist
- **unmittelbarer Einstieg** in das Geschehen, der schlagartig eine Situation aufreißt
- **zielstrebiger Handlungsverlauf** hin zu einem Höhe- oder Wendepunkt
- **offener Schluss,** der viele Deutungsmöglichkeiten zulässt
- **meist Alltagssprache** mit einfachem Satzbau und umgangssprachlichen Elementen in der direkten Rede (passend zur alltäglichen Thematik der Kurzgeschichte)

Die Novelle

Die Novelle (von ital. *novella* = Neuigkeit) gehört zu den Kleinformen des Erzählens im Gegensatz zum Roman. Die Novelle, die im 19. Jh. ihre Blütezeit hatte, ist eine relativ kurze, in straffer Form erzählte, dramatische Begebenheit.

Novellen haben meist folgende Merkmale:
- Sie erzählen von einer tatsächlichen oder möglichen **Einzelbegebenheit** (im Gegensatz zum Märchen).
- Im Zentrum der Handlung steht ein **Konflikt.**

- Sie weisen eine **strenge Bauform** auf, die **dem Drama verwandt** ist: knappe Exposition, zeitraffende, zielgerichtete Hinführung zum Höhe- bzw. Wendepunkt, Verzögerung, Lösung/Katastrophe.
- Oft wird ein Gegenstand zum **Bedeutungsträger** (Dingsymbol, Leitmotiv).
- Sie haben eine **geschlossene Form** (im Gegensatz zur offenen Form der Kurzgeschichte).

Die Parabel

▷ S. 178–184

Die Parabel (von griech. *parabole* = Gleichnis) ist eine gleichnishafte Erzählung mit Modellcharakter. Sie wird häufig zur didaktischen Literatur beziehungsweise zur so genannten Lehrdichtung gezählt.
Eine Parabel besteht aus einer Bildebene (das, was erzählt wird), die auf eine so genannte Sachebene (das, was gemeint ist) verweist.

Die Fabel

▷ S. 168–171

Die Fabel
Die Fabel (von lateinisch *fabula* = Erzählung, Rede) bezeichnet eine in Prosa- oder in Versform verfasste, **lehrhafte, kurze Erzählung,** die zumeist einen allgemeinen moralischen Lehrsatz in Form eines Gleichnisses darstellt.
Charakteristisch für die Fabel ist, dass die **handelnden Figuren meist Tiere** sind, die typische menschliche Eigenschaften und Handlungsmuster haben (z. B. der schlaue Fuchs, der gierige Wolf, der starke, aber dumme Bär).
Ihre knappe Form gewinnt die Fabel durch die **Konzentration auf einen dramatischen Kern:** Schilderung der Ausgangssituation, Dialogteil, pointenhafter Schluss. Die durch die Fabel verbildlichte Lehre kann der Fabel vorangestellt (Promythion) oder nachgestellt (Epimythion) sein.
Die Geschichte der Fabel reicht weit zurück. Als Schöpfer der Fabel gilt der Grieche Äsop aus dem 6. Jh. v. Chr. Im Zeitalter der Aufklärung (18. Jahrhundert) entwickelte sich die Fabel zu einer außerordentlich beliebten Textsorte, da sie die Ideen der Aufklärung, die Kritik an der Gesellschaft und den Herrschern, veranschaulichen konnte und damit der „Enthüllung der Wahrheit" diente. Neue Fabelstoffe wurden erfunden und eigene Fabeltheorien verfasst.

Der Roman

▷ S. 247–261

Grundwissen 10

Der Roman gehört zu den Großformen der Epik. Man kann den Roman als eine Weiterentwicklung des Epos bezeichnen. Durch seinen Umfang und die komplexe Gestaltung der Handlung unterscheidet er sich von epischen Kleinformen wie Erzählung, Novelle oder Kurzgeschichte.

Erzählende Texte untersuchen

▷ S. 65–88, 247–277

Grundwissen 10

Um einen Text besser verstehen zu können, muss man ihn erschließen. Dazu untersucht man, wovon er handelt und wie er erzählt wird. Folgende Analyseaspekte können dabei in den Blick genommen werden:

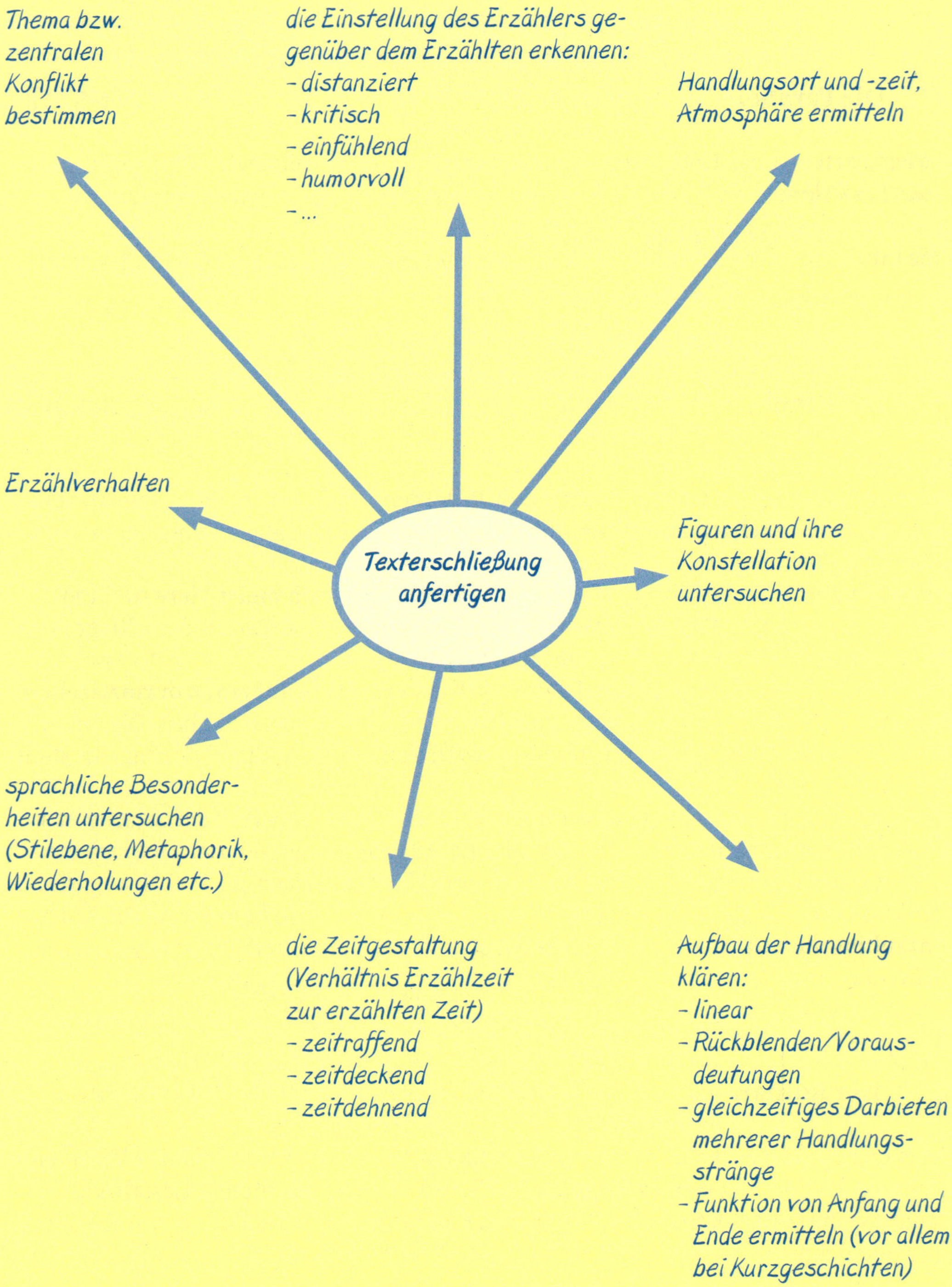

Merkmale des Erzählens untersuchen

▷ S. 65–88, 247–277

Grundwissen 10

Das wesentliche Merkmal für einen epischen (erzählenden) Text ist der **Erzähler**/die **Erzählerin,** der/die nicht mit dem Autor/der Autorin gleichgesetzt werden darf. Ein erwachsener Autor kann zum Beispiel eine Geschichte von einem Kind, ein männlicher Autor die von einer Frau erzählen lassen oder umgekehrt. Immer ist der Erzähler/die Erzählerin eine vom Autor erfundene Figur und gehört zur Welt der erzählten Geschichte. Der Erzähler/die Erzählerin und seine/ihre Erzählweise lassen sich nach den folgenden Aspekten genauer bestimmen:

Merkmale des Erzählens	**Erklärung**	**Beispiel**
Erzählform		
a) Er-/Sie-Form	Der Erzähler tritt als Person ganz in den Hintergrund, sodass die Leser und Leserinnen nichts oder kaum etwas über seinen Charakter und sein Leben erfahren. Der Erzähler ist Vermittler der Geschichte und erscheint hauptsächlich in Kommentaren zum Erzählten.	Peter S. betrat den Gerichtssaal. Er fühlte sich ungemütlich, denn ... Das war auch verständlich, weil ... *(Friedrich Dürrenmatt: Der Verdacht)*
b) Ich-Form	Der Erzähler erscheint gleichzeitig als erlebende und erzählende Person. Dabei kann zwischen dem erlebenden und dem erzählenden Ich ein großer oder ein kleiner Abstand bestehen, je nachdem, ob der Ich-Erzähler unmittelbar aus der dargestellten Situation heraus erzählt oder später mit zeitlichem Abstand auf die Situation zurückblickt.	Als ich Jenö kennen lernte, war ich neun ... *(Wolfdietrich Schnurre: Jenö war mein Freund)*
Erzählverhalten (Erzählperspektive)		
a) auktorial	Der Er-/Sie-Erzähler greift in den Erzählvorgang ein, er leitet den Leser mehr oder weniger sanft mit Hilfe von Kommentaren, Vorausdeutungen, Urteilen über die Personen und Ansprachen an den Leser. Er kennt die Gedanken und Gefühle aller Personen, weil er außerhalb der Handlung steht.	Die Hitze war unmäßig, soll ich das anführen? Sie war afrikanisch; die Schreckensherrschaft der Sonne ... Mögen Sie das? *(Thomas Mann: Mario und der Zauberer)*

Merkmale des Erzählens	Erklärung	Beispiel
b) personal	Der Erzähler erzählt aus der Sicht (Perspektive) einer Person oder wechselnd aus der Sicht mehrerer Personen. Hierbei tritt der Erzähler nicht unmittelbar auf, kommentiert nicht, sondern bleibt in der Sichtweise einer Figur verhaftet. Er kennt also nur die Gedanken und Gefühle einer Person.	Sie sind da. Pille kann das sehen. Was draußen ist, sieht er sowieso besser als das, was hier drin geschieht. Auch wenn die Rollläden fast ganz heruntergelassen sind. Alles nur wegen dieser öden Dias ... *(Peter Grosz: Unerlaubter Weitschuss)*
c) neutral	Fakten und Vorgänge werden sachlich beschrieben bzw. berichtet. Oder der Erzählvorgang besteht darin, dass Gespräche ohne Zwischenbemerkungen wie protokolliert wiedergegeben werden (szenisches Erzählen).	10.53 Uhr Ein kanariengelber Fiat tastete sich vorsichtig in die Kurve, schlitterte trotzdem, die junge Frau am Steuer hatte Mühe, das Fahrzeug in der Gewalt zu behalten. *(Max von der Grün: Das Stenogramm)*
Formen der Darbietung a) Erzählbericht	Der Erzähler vermittelt den Erzählgegenstand. Er wendet sich der Handlung und den Figuren zu, streut als auktorialer Erzähler Kommentare, Überlegungen, Betrachtungen ein.	(s. Beispiel zum auktorialen Erzählen)
b) Figurenrede	Der Erzähler lässt die Figuren zu Wort kommen. Dazu hat er verschiedene Möglichkeiten:	(alle folgenden Beispiele aus: *Renate Welsh: Was geht's dich an?*)
□ direkte Rede	Gespräche werden wie bei kleinen Dramenszenen in direkter Dialogform wiedergegeben und stehen meistens in Anführungszeichen.	„So wie die sich anmalen, ist es kein Wunder, wenn der Eine oder Andere ...“; „Hör auf, du siehst doch, es sind Kinder im Wagen ...“

□ indirekte Rede	Wiedergabe im Konjunktiv bzw. durch redeeinleitende Sätze; hier kann der Erzähler wieder etwas stärker in den Vordergrund treten.	Hemma [...] erklärte mit lauter Stimme, [...] ich solle doch dran denken, dass der arme Mann wahrscheinlich eine ganz schreckliche Kindheit gehabt habe.
□ innerer Monolog	Wie die erlebte Rede (s. u.) eine im modernen Erzählen häufig angewandte Technik der Wiedergabe von Gedanken, Gefühlen usw. in der 1. Person (Ich-Form).	Wer würde auf uns hören? Trotzdem müssten wir etwas sagen.
□ erlebte Rede	Wiedergabe von Gedanken, Gefühlen in der 3. Person.	Es war nicht möglich, dass Hemma resignierte. Nicht Hemma, sie doch nicht.

Sprachliche Gestaltungsmittel untersuchen

Grundwissen 10

Um einen Text vollständig verstehen und deuten zu können, muss man die sprachliche Gestaltung des Textes untersuchen. Es reicht allerdings nicht aus, diese sprachlichen Auffälligkeiten nur zu benennen. Sie müssen vor allem die **Wirkung,** die diese sprachlichen Gestaltungsmittel haben, erläutern. Im Folgenden finden Sie einige sprachliche Gestaltungsmittel.

- **Textebene:**
  - Wiederholung von Sätzen, Wortgruppen oder Wörtern
- **Satzbau:**
  - auffällige Häufung bestimmter Satzarten, z. B. Fragesätze
  - Parataxe (aneinandergereihte Hauptsätze)
  - Hypotaxe (Satzgefüge aus Haupt- und Nebensätzen)
  - Inversion (Umstellung der geläufigen Wortstellung im Satz)
  - Ellipse (unvollständiger Satz, Auslassung eines Satzgliedes/Wortes, das leicht ergänzt werden kann)
- **Aussageweisen des Verbs,** z. B. Konjunktiv oder Imperativ
- **Wortwahl,** z. B.:
  - auffällige Häufung bestimmter Wortarten, z. B. Adjektive
  - Verwendung von Jugendsprache oder Dialekt
- **Bildlichkeit der Sprache,** z. B.:
  - Metapher (Bedeutungsübertragung)
  - Personifikation (Vermenschlichung)
  - Hyperbel (Übertreibung)

(▷ mehr Informationen zu sprachlichen Gestaltungsmitteln auf den S. 328–329)

Leitfragen zur Erschließung eines erzählenden Textes

▷ S. 65–75

Fragen zu den Figuren
- ☐ Welche Figuren kommen vor?
- ☐ In welcher Beziehung stehen sie zueinander?
- ☐ Wie gehen sie miteinander um? In welcher Beziehung stehen sie zueinander?
- ☐ Welche äußeren und inneren Merkmale (Erscheinungsbild, Lebensumstände, typische Verhaltensweisen, Gedanken, Gefühle) haben die Figuren?

Fragen zur Zeit und zum Ort
- ☐ Wann spielt das Geschehen (Vergangenheit – Gegenwart – Zukunft)?
- ☐ Welchen Zeitraum umfasst es?
- ☐ Gibt es Lücken im zeitlichen Ablauf oder wird lückenlos erzählt?
- ☐ Gibt es Rückblenden oder Vorrausdeutungen?
- ☐ An welchem Ort oder an welchen Orten spielt die Handlung?
- ☐ Wie wird der Ort beschrieben, welche Atmosphäre hat er?
- ☐ Welche Bedeutung hat er für die Handlung?

Fragen zum Aufbau der Handlung
- ☐ Wie sind Ausgangssituation und Schluss gestaltet?
- ☐ Wie wird Spannung erzeugt?
- ☐ Wird linear erzählt oder gibt es Rückblenden bzw. Vorausdeutungen?
- ☐ Gibt es mehrere Handlungsstränge?

Fragen zum Erzähler/zur Erzählerin
- ☐ Wer ist der Erzähler/die Erzählerin (Ich-Erzähler/-in, Er/Sie-Erzähler/-in)?
- ☐ Welches Erzählverhalten liegt vor (auktorial – personal – neutral)?
- ☐ Wie lässt er/sie die Figuren zu Wort kommen?
- ☐ Wie intensiv ist sein/ihr Einblick in die Figuren?

Fragen zum Erzählstil
- ☐ Gibt es ein Leitmotiv, das sich durch den Text zieht?
- ☐ Werden sprachliche Bilder (z. B. Metaphern, Personifikationen) verwendet?
- ☐ Welche Funktion haben Wiederholungen oder Abweichungen vom gewöhnlichen Sprachgebrauch?
- ☐ Wird eine besondere Stilebene (Jugendsprache, Umgangssprache) verwendet?
- ☐ Gibt es Auffälligkeiten im Satzbau (parataktischer, hypotaktischer Satzbau, Häufung bestimmter Satzarten etc.)?

Fragen zum Entstehungshintergrund
- ☐ Gibt es einen Zusammenhang zum zeitgeschichtlichen Kontext?

Hinweis:
- ☐ Beschreiben Sie nicht nur, sondern erklären Sie auch die Wirkung und Funktion der erfassten Merkmale.
- ☐ Markieren oder notieren Sie Textstellen, die Sie als Zitate verwenden möchten.

4.2 Gedichte

▷ S. 227–246

Merkmale von Gedichten

Gedichte bezeichnet man auch als lyrische Texte oder Lyrik. Der Begriff „Lyrik" geht auf ein altes Saiteninstrument, die Lyra (Leier), zurück. Das bestimmende Merkmal lyrischer Texte ist die gebundene, rhythmische Sprache in **Versen.** Die deutsche Bezeichnung „Gedicht" verweist auf das „verdichtete" Sprechen in Bildern.

Folgende Merkmale kennzeichnen die Lyrik:

- **Strophe:**
  Die meisten Gedichte sind in Strophen gegliedert. Häufig bestehen Gedichte aus mehreren gleich langen Strophen.
- **Vers:**
  Besonders in älteren Gedichten haben alle Verse eines Gedichts oft annähernd dieselbe Länge, d. h., die Anzahl der Silben bleibt in jeder Zeile nahezu gleich.
- **Reim:**
  In vielen Gedichten werden die Verse durch einen Endreim miteinander verbunden. Die regelmäßige Abfolge von Endreimen ergibt verschiedene Reimschemata: Paarreim *(aabb)*, Kreuzreim *(abab)* und umarmender Reim *(abba)*.
- **Metrum (Versmaß):**
  Je nachdem, wie betonte und unbetonte Silben wechseln, unterscheidet man verschiedene Metren, z. B.
  Jambus („Am gráuen Stránd, am gráuen Méer"),
  Trochäus („Méine Glócken láuten")
  und Daktylus („Gótische Fénster und máurisch verzíertes Portál").
- **Rhythmus:**
  Betonungen, Sprechpausen und Sprechtempo geben beim Vortrag den Rhythmus eines Gedichts wieder.
- **Lyrisches Ich:**
  Zu jedem Gedicht gehört eine Sprecherin oder ein Sprecher, der nicht mit der Autorin oder dem Autor gleichzusetzen ist. Oft stellt sich dieser Sprecher als ein Ich vor, das seine Gefühle, Beobachtungen und Gedanken so mitteilt, dass die Leserinnen und Leser sie mitempfinden können.
- **Sprache des Gedichts:**
  Die Sprache von Gedichten ist oft durch Vergleiche und Bilder (Metaphern) geprägt. Sie sind besonders dazu geeignet, Gefühle und Stimmungen auszudrücken oder eine bestimmte Atmosphäre entstehen zu lassen.
  So werden zur Darstellung von Liebe, Freude, Angst oder Einsamkeit z. B. oft Bilder aus dem Bereich der Natur verwendet (▷ mehr Informationen zu sprachlichen Gestaltungsmitteln auf den S.328–329).

Leitfragen zur Erschließung eines Gedichts

▷ S. 239–244

Inhalt

- **Thema:** Um welches Thema geht es in dem Gedicht? Wird eine Frage gestellt, eine Handlung beschrieben oder eine Situation/eine Szene dargestellt?
- **Äußere und innere Handlung:** Wird ein äußeres Ereignis beschrieben oder eher Gefühle, Eindrücke und Erfahrungen, Gedanken, eine Stimmung?
- **Titel:** Was bedeutet der Titel? Welchen Bezug hat der Titel zum Thema? Welche Erwartungen weckt der Titel und wie verhält er sich zum Gedichttext?

Sprecher/-in und Adressat/-in

- **Sprecher/-in:** Wer spricht in dem Gedicht (lyrisches Ich/Wir, Sprecher/-in nicht direkt im Text greifbar)? Was erfährt man über den Sprecher/die Sprecherin?
- **Adressat/-in:** Gibt es einen Adressaten/eine Adressatin?
- In welchem Verhältnis stehen Sprecher/-in und Adressat/-in?

Formaler Aufbau

- **Strophen und Verse:** Wie viele Strophen hat das Gedicht? Sind die Strophen gleich gebaut? Werden einzelne Strophen oder Verse wiederholt? Gibt es Enjabements (Zeilen- oder -Strophensprünge)?
- **Reim:** Ist das Gedicht gereimt? Welches Reimschema liegt vor?
- **Metrum (Versmaß):** Welches Versmaß hat das Gedicht? Gibt es Abweichungen?
- **Gedichtform:** Lässt sich eine bestimmte Gedichtform erkennen (Sonett, Ballade, Lied etc.)?
- In welcher Beziehung steht die Form zum Inhalt des Gedichts?

Sprachlich-stilistische Gestaltung

- **Lautmalerei/Klangeffekte:** Gibt es Alliterationen oder helle bzw. dunkle Vokalreihen? Welche Wörter werden klanglich wie hervorgehoben?
- **Wortfelder und Wortwahl:** Entstammen mehrere Wörter einem bestimmten Wortfeld? Gibt es Wörter, die wiederholt werden? Wird eine bestimmte Wortart (z. B. Nomen, Adjektive) bevorzugt?
- **Bilder (Metaphern, Vergleiche, Symbole, Personifikationen):** Welche sprachlichen Bilder werden verwendet? Was bedeuten sie? Aus welchen Bereichen stammen sie? Wie passen sie zum Inhalt?
- **Satzarten:** Welche Satzarten (Aussage-, Frage- oder Aufforderungssatz) liegen vor? Wie wirken sie? Was lässt sich über die Kürze oder die Länge der Sätze sagen?

Entstehungshintergrund

- Gibt es einen Zusammenhang zwischen dem Gedicht und zeitgeschichtlichen Ereignissen?
- Lässt sich das Gedicht einer bestimmten Epoche zuordnen?
- Gibt es einen Zusammenhang zwischen dem Gedicht und der Biografie des Autors/der Autorin (bestimmtes Ereignis, Schaffensperiode, Gesamtwerk)?

Die Ballade

Die **Ballade** ist ein Gedicht, das eine **handlungsreiche Geschichte erzählt** und damit epischen Texten nähersteht, als es Gedichte sonst tun.
Charakteristisch für die Ballade ist, dass die **Handlung zeitlich gerafft** ist und in einer **dramatisch zugespitzten Form** dargestellt wird. Durch **spannungssteigernde Momente** und wörtliche Rede werden die Leser wie bei einer **szenischen Darstellung** in das Geschehen hineinversetzt.

Wie andere Gedichte kennzeichnet auch die Ballade eine gebundene Form: Sie hat in der Regel ein festes **Metrum,** ist in **Strophen** gegliedert und besitzt einen **Reim,** oft auch einen Refrain.

Das Sonett

Das **Sonett** (von ital. *sonetto* = Tönchen, kleiner Tonsatz) ist eine Gedichtform, die vor allem im Barock häufig verwendet wurde. Es besteht aus 14 Zeilen, die in **zwei Quartette** (zwei vierzeilige Strophen) und **zwei Terzette** (zwei dreizeilige Strophen) gegliedert sind. Während für die Quartette der umarmende **Reim** (abba) vorherrschend ist, variiert in den Terzetten das Reimschema (z. B.: ccd/eed; cdc/ded; cde/cde).

Die gängigste Versform der Sonette ist der **Alexandriner,** ein sechshebiger Jambenvers, der eine Zäsur nach der dritten Hebung aufweist. Beispiel:
x x́ x x́ x x́ x x́x x́ x x́ x
Du siehst, wohin du siehst, nur Eitelkeit auf Erden. (Gryphius: Es ist alles eitel)

Die innere Struktur des Sonetts ist die **Antithese:** These (Behauptung) und Antithese (Gegenbehauptung) in den Quartetten und eine Synthese (Vereinigung von These und Antithese) in den Terzetten. Der **letzte Vers** enthält oft eine **Schlussfolgerung** oder eine **Pointe.**

4.3 Drama/Theater

▷ S. 178–184, 204–214

Das Drama gehört neben der erzählenden Literatur (Epik) und der Lyrik zu den drei literarischen Großgattungen.
Dramentexte sind in Dialogform verfasst und bilden damit die Gespräche der auftretenden Figuren ab.

Für das Verstehen eines Dramas sind folgende Aspekte wichtig:
- **Exposition:** Eingangsszene eines Stückes. In ihr werden die Hauptpersonen, der Ort, die Zeit und häufig auch die Vorgeschichte der Handlung vorgestellt.
- **Konflikt:** Auseinandersetzung oder Streit, der den Kern der Handlung auf der Bühne bildet.

- **Akt:** auch Aufzug genannt; Hauptabschnitt eines Dramas; geschlossene Handlungseinheit, die meist aus mehreren Szenen besteht.
- **Szene:** Kurzer abgeschlossener Teil eines Theaterstücks. Eine Szene endet, wenn Schauspieler auf- oder abtreten oder wenn das Licht ausgeht.
- **Rolle:** Gestalt oder Figur, die ein Schauspieler auf der Bühne verkörpert.
- **Dialog:** Gespräch zwischen den Personen auf der Bühne. Ein Selbstgespräch auf der Bühne nennt man **Monolog.**
- **Regieanweisung:** Anweisung an Regisseure und Schauspieler, wie eine bestimmte Szene gespielt werden soll. Regieanweisungen helfen außerdem dem Leser, sich die Personen und das Geschehen vorzustellen.

Leitfragen zur Erschließung dramatischer Texte

▷ S. 178–184

Für ein Drama, das auf der Bühne aufgeführt wird, sind die **Dialoge und Monologe** der handelnden Figuren (Figurensprache) entscheidend. Der Verlauf der Handlung, der Inhalt, die Probleme des Stückes sind aus dieser Figurensprache zu erschließen.

Neben diesem Sprechtext sind auch die **Regieanweisungen** von Bedeutung, denn sie beschreiben, wie sich die Figuren bewegen, wie sie schauen und sprechen sollen.

Folgende Aspekte können bei der Erschließung dramatischer Texte eine Rolle spielen:

Stellung der Szene im Handlungsverlauf
- Wo steht die Szene im Handlungsverlauf (was ist ihr unmittelbar vorausgegangen, was folgt der Szene)?

Inhalt der Szene
- Wovon handelt die Szene? Was ist das Thema?
- Was sind wichtige Handlungsschritte?

Figuren und ihr Verhältnis zueinander
- Was lässt sich über Herkunft, Stand und Vorgeschichte der Figuren sagen?
- Was sind ihre offensichtlichen und verborgenen Absichten und Handlungsmotive?
- Welche Gedanken, Gefühle, Eigenschaften der Figuren (Zorn, Liebe, Hass etc.) werden deutlich?
- Welche typische Gestik, Mimik und Verhaltensweise zeigt die Figur (Regieanweisungen) und was drücken sie aus?
- Wie sind die Beziehungen zu anderen Figuren?
- Welche sprachlichen Auffälligkeiten charakterisieren die Figuren?

Bedeutung/Funktion der Szene
- Welche Bedeutung hat die Szene für den weiteren Handlungsverlauf?
- Wird das Thema/der Konflikt hier entfaltet? Gibt es eine Entscheidungssituation?

4.4 Sachtexte/Zeitungstexte

▷ S. 40–41, 64, 90–100

Sachtexte unterscheiden sich von literarischen Texten in erster Linie durch ihren inhaltlichen Auftrag: Sie sollen nicht erzählen, sondern vor allem informieren, kommentieren, aufrufen und die Meinung des Lesers beeinflussen und bilden. In ihrer äußeren Form sind sie zumeist übersichtlich gestaltet, häufig wird der Text durch Grafiken oder Bilder ergänzt. Informierende Sachtexte sind in den unterschiedlichen Zeitungen und Zeitschriften in großer Vielfalt anzutreffen. Aber auch Texte in Nachschlagewerken, Lexika und Sachbüchern gehören zu den Sachtexten.

Journalistische Textsorten/Textsorten in einer Zeitung

▷ S. 90–100

Die Nachricht

Die Nachricht **informiert knapp und sachlich über ein aktuelles Ereignis.** Der Nachrichtenstil ist geprägt durch die Beschränkung auf Tatsachen sowie das Bemühen um Objektivität, mit dem man den Tatsachen unvoreingenommen und unparteiisch gerecht werden will. Nachrichten sind meist im **Lead-Stil** (engl. lead = führen) aufgebaut, d. h.: Die **wichtigsten Informationen** stehen **am Textanfang** (Vorspann oder Lead), dann folgen weitere Detailinformationen.

Der Kommentar

▷ S. 40–41

Ein Kommentar ist **ein subjektiv wertender Text,** in dem ein namentlich genannter **Autor** zu einem aktuellen Thema **Stellung nimmt.**
Kommentare ordnen Nachrichtenmeldungen in Zusammenhänge ein, erhellen die Hintergründe und führen Argumente für die eigene Meinung (argumentative Sprache) an. Häufig wird die Meinungsäußerung auch in Form von Aufforderungen oder Wünschen (appellative Sprache) zum Ausdruck gebracht.
Ziel des Kommentars ist es, die **Meinung des Lesers zu beeinflussen.**
Eine Sonderform des Kommentars ist der Leitartikel.

Die Glosse

▷ S. 64

Die Glosse (von griech. „glossa" = Zunge, Sprache) ist ein **ironisch-witziger, oft auch polemischer Kurzkommentar** zu einem Thema. In erster Linie unterscheidet sich eine Glosse vom Kommentar also nicht in der Themenwahl, sondern in ihrer sprachlichen Form. Eines der beliebtesten Stilmittel von Glossenschreibern ist die Ironie.
Eine bekannte Glossenrubrik ist z. B. das „Streiflicht" in der „Süddeutschen Zeitung".

Die Reportage

▷ S. 90–93

Eine Reportage **informiert in besonders lebendiger und anschaulicher Weise** über ein Ereignis oder eine Person. Dabei kann auch das persönliche Erleben der Reporterin oder des Reporters deutlich werden. Reportagen führen mitten in ein Geschehen ein; die Leserinnen und Leser sollen gedanklich und emotional in das Geschilderte hineingezogen werden. In der Themenwahl ist der Journalist bei der Reportage frei: Alles kann zum Gegenstand seiner Schilderungen werden.

Die Merkmale einer Reportage sind:
- Recherche am Ort des Geschehens, Befragung von Beteiligten oder Fachleuten,
- Hintergrundinformationen und Zusammenhänge werden aufgezeigt,
- Wechsel zwischen sachlich informierenden und persönlich schildernden Textteilen,
- subjektive Meinung der Verfasserin oder des Verfassers,
- Zeitform: Präsens,
- wörtliche Rede,
- Angabe des Verfassernamens.

Das Interview ▷ S. 57–59

Bei einem Interview handelt es sich um eine **Befragung durch einen oder mehrere Fragesteller** (so genannte Interviewer) mit dem Ziel, persönliche Informationen oder Sachverhalte zu ermitteln. Es gibt verschiedene Formen des Interviews, z. B.:
- **Das Interview zur Person:** dient dazu, ein möglichst klares Bild des Gesprächspartners zu zeichnen, z. B. durch Erfragen der persönlichen Lebensumstände, Meinungen etc.
- **Das Interview zur Sache:** Experten werden zu einem bestimmten Thema (z. B. aktuelles Tagesgeschehen, Entscheidungen, Ereignisse) befragt.

Nur die wenigsten Interviews erscheinen wortwörtlich in den Medien. Die meisten Interviews führen die Journalisten zu Recherchezwecken, z. B. um Zitate zu bekommen oder sich komplizierte Sachverhalte von Experten erklären zu lassen.

Zeitschriften

Zeitschriften sind **Printmedien** oder **elektronische Medien** (Online-Zeitschriften), die in regelmäßigen Abständen, z. B. wöchentlich oder monatlich, erscheinen und sich mit ihren Beiträgen an bestimmte Lesergruppen wenden. Oft wird auch der Begriff „Magazin“ verwendet. Im Gegensatz zu Zeitungen sind sie weniger auf Nachrichten, sondern mehr auf Hintergrundberichterstattung zu aktuellen Themen ausgelegt. Auf dem Zeitschriftenmarkt unterscheidet man in der Regel zwei große Zeitschriftentypen:

- **Publikumszeitschriften** richten sich an ein sehr breites Publikum und setzen kein bestimmtes fachliches Interesse voraus. Typische Publikumszeitschriften sind Jugendmagazine, Fernsehzeitschriften, Frauen- und Männerzeitschriften und Illustrierte.

- **Fachzeitschriften** informieren über ein spezielles Fachgebiet und wenden sich an einen kleinen Leserkreis von Fachleuten, z. B. bestimmte Berufsgruppen.

Leitfragen zur Sachtextanalyse

▷ S. 90–100

Eine Sachtextanalyse verlangt eine gründliche Auseinandersetzung mit der Textgrundlage. Neben den reinen Sachinformationen beinhalten Sachtexte auch oft Teile, in denen der Verfasser/die Verfasserin kommentiert, argumentiert oder kritisiert. An diesen Passagen kann man den Standpunkt des Verfassers/der Verfasserin gegenüber dem Problem oder Sachverhalt erkennen.
Folgende Leitfragen helfen Ihnen bei der Sachtextanalyse:

Thema und Argumentation des Textes
- □ Um welches Thema geht es in dem Text?
- □ Welche Thesen werden aufgestellt, welche Standpunkte vertreten?
- □ Wie ist die Argumentation aufgebaut?
- □ Mit welchen Beispielen werden die Argumente veranschaulicht?
- □ Ist die Argumentation überzeugend?
- □ Werden Gegenargumente genannt oder angedeutet?
- □ Zu welcher Schlussfolgerung/Empfehlung wird die Argumentation geführt?

Aussageabsicht und Zielgruppe
- □ Welche Absicht verfolgt der Text? Welche Wirkung hat er auf die Leser? Welche Zielgruppe spricht der Verfasser/die Verfasserin an?

Sprachlich-stilistische Gestaltung
Die sprachlich-stilistische Gestaltung eines Textes lässt Rückschlüsse auf die Textsorte, aber auch auf die Intention des Autors/der Autorin zu. An der Verwendung von Aufwertungen, Abwertungen, Klischees, Ironie usw. lassen sich erkennbare Tendenzen ablesen. (▷ weitere Informationen zu sprachlich-stilistischen Gestaltungsmitteln auf Seite 328 f. und 353).

Sprach- und Stilebene	Beispiele
Wortwahl/Wortschatz	□ Fremdwörter, Fachbegriffe, Umgangssprache, Anglizismen, Jugendsprache, schildernde Elemente
rhetorische Stilmittel	□ Metaphern, rhetorische Fragen, Hyperbeln (starke Übertreibungen) etc.
Satzbau	□ auffallende Häufung bestimmter Satzarten □ komplizierte Satzgefüge (Hypotaxe) oder Reihung einfacher Hauptsätze (Parataxe)
Stilebene/Schreibweise	□ sachliche, emotionale, ironische, polemische, erzählende, schildernde, argumentierende, wertende Textpassagen
Formen der Redewiedergabe	□ Zitate □ indirekte Redewiedergabe im Konjunktiv

Die Kamera

▷ S. 281–292

Kameraeinstellung

Die Kameraeinstellung legt die Größe des Bildausschnitts fest; je kleiner der Bildausschnitt ist, desto näher scheint der Betrachter am Geschehen zu sein.

Weit/Panorama

Totale

Halbtotale

Halbnah

Amerikanisch

Nah

Groß

Detail

- **Weit/Panorama:** eine extreme Total-Einstellung, bei der aus großer Entfernung eine ganze Landschaft eingefangen wird
- **Totale** (Long Shot): Einstellung, die eine gesamte Szenerie im Bild zeigt
- **Halbtotale** (Full Shot): eine Einstellung, die etwa eine Person oder Gruppe in ihrem Umfeld erfasst
- **Halbnah** (Medium Shot): Einstellung, die eine Person in voller Größe oder leicht angeschnitten darstellt
- **Amerikanisch:** Diese Einstellung zeigt die Person im Mittelgrund vom Scheitel bis zum Gürtel (bzw. zum Colt).
- **Nah:** Einstellung, bei der Personen mit einem Teil ihres Körpers zu sehen sind
- **Groß** (Close up): sehr nahe Einstellung, die nur den Kopf eines Schauspielers wiedergibt
- **Detail:** Einstellung, die nur einzelne Dinge wie eine Hand oder ein Auge zeigt

Zoom: „Heranholen" oder „Wegschieben" eines Bildes; stufenlose Veränderung zwischen den Kameraeinstellungen, z. B.: von „Weit/Panorama" zu „Nah" oder umgekehrt.

Kameraperspektive

Der Standpunkt der Kamera – und damit verbunden – ihr Blickwinkel wird als Kameraperspektive bezeichnet. Man unterscheidet:

- **Normalsicht:** Kamera auf Augenhöhe
- **Vogelperspektive** (Aufsicht): Kamera von oben
- **Froschperspektive** (Untersicht): Kamera von unten

Kamerabewegung

Ein ganz wesentliches Merkmal des Films ist die Bewegung:

- **Schwenk:** Bewegung der Kamera, ohne den Standort zu verlassen
- **Reißschwenk:** ein schneller Schwenk von einem Punkt zum anderen, sodass das dazwischenliegende Bild unscharf bleibt, auch Wischer genannt
- **Fahrt:** Fortbewegung der Kamera von einem Ort zum anderen. Bei der Parallelfahrt (aus dem Auto oder von einem Kamerawagen aus) begleitet z. B. die Kamera das Objekt.

5 Arbeitstechniken und Methoden

5.1 Texte überarbeiten

Texte gezielt überarbeiten

Das Verfassen von Texten ist immer ein Prozess, der in mehreren Phasen abläuft: Planung, Niederschrift und Überarbeitung. Die Überarbeitung erfolgt am besten in mehreren Schritten. Wenn man den Text mit Abstand liest oder ihn anderen zum Gegenlesen gibt, zeigt sich meistens, dass eine weitere Überarbeitung nötig ist, um das angestrebte Schreibziel zu erreichen.
Bei der Überarbeitung sind mehrere Bereiche zu berücksichtigen, in denen Schwächen eines Textes liegen können und Verbesserungen nötig sind.

Inhalt	☐ **Stimmen alle Aussagen** des eigenen Textes mit denen der Vorlage überein? ☐ Ist dem Leser oder der Leserin ohne besondere Mühe **verständlich,** worum es in dem Text geht?
Aufbau/ Logik	☐ Ist der Text **übersichtlich gegliedert,** z. B. nach Einleitung, Hauptteil, Schluss? ☐ Sind alle wichtigen **Informationen an der richtigen Textstelle platziert** oder wird etwas vorweggenommen oder nachgeschoben (Gedankensprünge)? ☐ Sind die einzelnen **Teile** (Aussagen/Informationen) richtig miteinander **verknüpft** (Ursache – Folge; Anlass – Ergebnis; Täter – Opfer) oder gibt es Widersprüche in der Gedankenführung? ☐ Wird ein wichtiger Gedanke zu knapp oder ein unwichtiger zu ausführlich dargestellt? ☐ Ist der **Gedankengang schlüssig** und für den Leser nachvollziehbar?
Zitate	☐ Werden interpretierende Aussagen anhand des Textes belegt? ☐ Sind die Zitate sinnvoll gewählt und an der richtigen Stelle verwendet, d. h.: Passen die Zitate zu der jeweiligen Textaussage? ☐ Wird das Zitat korrekt angeführt (Anführungszeichen, Zeilenangaben, Kenntlichmachen von Auslassungen)?
Ausdruck/ Satzbau/ Stil	☐ Ist die **Wortwahl** abwechslungsreich, genau, anschaulich, angemessen? ☐ Gibt es missverständliche oder **unpassende Wörter?** ☐ Ist der **Satzbau** klar und abwechslungsreich? ☐ Können die **Sätze stilistisch** noch verbessert werden (z. B. aus einem „Bandwurm“ zwei Sätze machen)? ☐ Werden unnötige **Wiederholungen vermieden?**

Grammatik	◻ Sind die **Sätze grammatisch korrekt** in Hinblick auf Tempus, Modus (Indikativ oder Konjunktiv), grammatische Beziehungen, Wortstellung usw.?
Recht-schreibung	◻ Sind **Rechtschreibung** und **Zeichensetzung** einwandfrei?

Bei einem Text, der Schwächen im Aufbau und in der Genauigkeit der gedanklichen Verknüpfung aufweist, ist ein Vorgehen, bei dem die Fehler Zeile für Zeile bearbeitet werden, nicht sinnvoll. Denn oft muss man ganze Abschnitte umstellen, Teile weglassen, Sätze neu formulieren, andere Ausdrücke wählen usw., sodass manche Einzelfehler aus der ursprünglichen Fassung „von selbst" wegfallen. Darum sollte man zunächst den Text ganz lesen und dann die Textüberarbeitung planen.

Schreibkonferenz

1. Eigene Textproduktion
Vor Beginn der Schreibkonferenz verfassen Sie selbst Texte. Die können ganz unterschiedlich aussehen, z. B.: Beschreibungen, Berichte, Textzusammenfassungen, Gedichte etc. Wichtig: Damit genügend Platz für die Korrekturen bleibt, kleben Sie Ihren Text auf ein DIN-A3-Blatt oder Sie lassen beim Schreiben rechts und links einen breiten Rand für Anmerkungen frei.

2. Gruppenbildung
Teilen Sie sich in Arbeitsgruppen zu höchstens vier Personen auf. Die Gruppenbildung kann durch Los- bzw. Auszählverfahren oder durch freie Einteilung erfolgen.

3. Konferenzrunde
Lesen Sie in der Arbeitsgruppe Ihre Texte vor. Die anderen hören aufmerksam zu und können anschließend Fragen zum Textverständnis stellen.
Durch Markierungen und Notizen am Textrand werden dann Verbesserungsvorschläge gemacht. Sie können Korrekturzeichen verwenden, z. B.
I (Inhalt/Aufbau/Logik), A (Ausdruck), T (Tempus), Sb (Satzbau/Satzverknüpfungen), R (Rechtschreibung), Z (Zeichensetzung).
Wichtig: Vergessen Sie nicht zu sagen, was Ihnen an den Texten gefällt.

4. Textüberarbeitung
Der Text geht an die Verfasserin oder an den Verfasser zurück. Diese/r schreibt den Text noch einmal ab und berücksichtigt dabei die Verbesserungsvorschläge aus der Konferenzrunde. Sie können Ihre Texte auch mit Hilfe des Computers überarbeiten (▷ S. 365).
Wichtig: Verbesserungsvorschläge können von der Verfasserin oder vom Verfasser auch abgelehnt werden, wenn es Gründe dafür gibt.

5.2 Informationsmaterial recherchieren und auswerten

Tipps zur Informationsrecherche

- **Bibliothek:**
  Der OPAC (Online Public Access Catalogue) gibt Auskunft über den gesamten Medienbestand der betreffenden Bibliothek und funktioniert ähnlich wie eine Suchmaschine im Internet. Auf dem Bildschirm erscheinen Suchmasken, hier können Sie verschiedene Suchbegriffe eingeben, z. B. ein bestimmtes Schlagwort, den Namen eines Autors oder einen Buchtitel.
- **Bücher/Zeitschriften:**
  Das Inhaltsverzeichnis und/oder das Register zeigen Ihnen, ob das Informationsmaterial für Ihre Zwecke brauchbar ist. Schreiben Sie wichtige Informationen heraus und notieren Sie die Textquelle. Wichtige Beiträge können Sie auch für Ihre Materialsammlung kopieren.
- **Lexika/Enzyklopädien:**
  In einem gedruckten Nachschlagewerk führen Sie so genannte Querverweise (→) zu anderen Artikeln, in denen Sie weiterführende Informationen finden. In einem elektronischen Lexikon nennt man diese Querverweise Links.
- **Internet:**
  Um im Internet gezielt nach Informationen zu suchen, braucht man die Hilfe von Suchmaschinen, z. B. www.google.de. Um tatsächlich fündig zu werden, muss man sich geeignete Suchbegriffe überlegen. Die Suchmaschinen ordnen die gefundenen Links nach Wichtigkeit. Oft kann man an den Adressen und den mitgelieferten Kurzbeschreibungen erkennen, ob eine Seite brauchbar ist.

Informationsmaterial auswerten

Beim Auswerten Ihres Informationsmaterials wenden Sie die üblichen Textbearbeitungsmethoden an.

- Markieren Sie auf einer Kopie oder auf einem Ausdruck der Texte die wichtigsten Informationen.
- Notieren Sie am Rand Stichworte, sodass Sie den Inhalt der Texte überblickartig erfassen können.
- Versehen Sie unbekannte Wörter und unverständliche Textstellen mit einem Fragezeichen und klären Sie ihren Sinn. Schlagen Sie z. B. in einem Wörterbuch oder in einem Lexikon nach.
- Fassen Sie die wesentlichen Informationen mit Ihren eigenen Worten zusammen.
- Schreiben Sie Sätze, die Sie zitieren wollen, wörtlich heraus und notieren Sie die Quelle.
- Wichtige Texte oder Statistiken sollten Sie für Ihre Stoffsammlung kopieren oder ausdrucken.

ALJINOVIC, BORIS (*1967)
55 Wenn man Minderheiten ...
aus: http://www.fair-feels-good.de/fairer-handel.php/cat/13/pid/43/title/Boris_Aljinovic (24. 10. 2007)

ALMSICK, FRANZISKA VAN (*1978)
55 Ich bevorzuge Kaffee aus ...
aus: http://www.fair-feels-good.de/fairer-handel.php/cat/13/pid/3/title/Schirmherrin+Franziska+van+Almsick (24. 10. 2007)

ANDRES, STEFAN (1906–1970)
107 Der Fleck an der Zellendecke
aus: Wir sind Utopia. Piper & Co. Verlag, München/Zürich 1985, S. 36–40

ARISTOTELES (384 v. Chr.–322 v. Chr.)
316 Das Höhlengleichnis
aus: Wilhelm Blum, Höhlengleichnisse. Thema mit Variationen. Aisthesis Verlag, Bielefeld 2004

BACHMANN, INGEBORG (1926–1973)
131 Lieder auf der Flucht I
aus: Werke, Bd. 1. Piper Verlag, München, 1978

BENN, GOTTFRIED (1886–1956)
232 Probleme der Lyrik (Auszug)
aus: Probleme der Lyrik: Vortrag in der Universität Marburg am 21. August 1951. 5. Aufl. Limes Verlag, Wiesbaden 1958, S. 6
234 D-Zug
aus: Sämtliche Werke. Gedichte 1. Hrsg. von Ilse Benn und Gerhard Schuster. Klett-Cotta, Stuttgart 1986, S. 24

BERNHARD, THOMAS (1931–1989)
123 Ein Kind (Auszug)
aus: Ein Kind. Residenz Verlag, Salzburg/Wien 1982

BRECHT, BERTOLT (1898–1956)
127 1940, VI
aus: Museum der modernen Poesie. Hrsg. von Hans Magnus Enzensberger. Suhrkamp Verlag, Frankfurt a. M. 1960, S. 329
227 Als ich nachher von dir ging
aus: Werke. Bd. 15. Gedichte. 5. Gedichte und Gedichtfragmente 1940–1956. Hrsg. von Werner Hecht u. a. Bearbeitet von Jan Knopf und Gabriele Knopf. Aufbau-Verlag [u. a.], Berlin [u. a.]; Suhrkamp Verlag, Frankfurt a. M. 1988, S. 92
233 Terzinen über die Liebe
aus: Werke. Bd. 2. Gedichte. 1. Sammlungen 1918–1938. Hrsg. von Werner Hecht u. a. Bearbeitet von Jan Knopf und Gabriele Knopf. Aufbau-Verlag [u. a.], Berlin [u. a.]; Suhrkamp Verlag, Frankfurt a. M. 1988, S. 14 ff.
239 Entdeckung an einer jungen Frau
aus: Werke. Bd. 13. Gedichte. 3. Gedichte und Gedichtfragmente 1913–1927. Hrsg. von Werner Hecht u. a. Bearbeitet von Jan Knopf und Gabriele Knopf. Aufbau-Verlag [u. a.], Berlin [u. a.]; Suhrkamp Verlag, Frankfurt a. M. 1988, S. 312

BRINKMANN, ROLF DIETER (1940–1975)
123 Rom, Blicke (Auszug)
aus: Rom, Blicke. Rowohlt, Reinbek bei Hamburg 1997, S. 34 f.
237 Die Orangensaftmaschine
aus: Korte, Hermann: Lyrik von 1945 bis zur Gegenwart. Oldenbourg Verlag, München, 2000, S. 96.

BUCHMANN, ULRIKE
143 Steigerung von super
aus: Neubrandenburger Zeitung vom 13. 05. 2005, S. 17

BUEB, BERNHARD (* 1938)
139 Freiheit erwirbt man durch Disziplin
aus: Lob der Disziplin: Eine Streitschrift. List, Berlin 2006, S. 33–36

BUSTA, CHRISTINE (1915–1987)
130 Holzapfelbaum in der Ebene
aus: Salzgärten, Gedichte. Müller Verlag, Salzburg 1975

CAMPE, JOACHIM HEINRICH (1746–1818)
188 Väterlicher Rath für meine Tochter (Auszug)
aus: Väterlicher Rath für meine Tochter. Ein Gegenstück zum Theophron. Der erwachsenern weibliche Jugend gewidmet. 6. Aufl. Schulbuchhandlung, Braunschweig 1802, S. 107 f.

CHOEB, ALEXANDER
24 Mobbing in der Schule
aus: http://wiki.mobbing-gegner.de/Mobbing/ Mobbing-_in_der_Schule (07. 09. 2007)

DAMM, SIGRID (*1940)
215 Uraufführung der „Räuber“ in Mannheim
aus: Das Leben des Friedrich Schiller. Eine Wanderung. Insel-Verlag, Frankfurt a. M. 2004, S. 20–22

DISCHE, IRENE (*1952)
82 Mr. Lustgarten verliebt sich
aus: Fromme Lügen: sieben Erzählungen. Aus d. Amerikan. von Otto Bayer und Monika Elwenspock. Greno, Nördlingen 1989

ECKERMANN, JOHANN PETER (1792–1854)
223 Gespräch mit Eckermann, 2. Januar 1824
aus: „Gedenkausgabe der Werke, Briefe und Gespräche“ Johann Wolfgang Goethes. 24. Bd. Artemis-Verlag, Zürich 1976.

EICH, GÜNTHER (1907–1972)
314 Träume, erster Traum
aus: Träume. Verlag Kiepenheuer & Witsch, Köln 1980

ENZENSBERGER, HANS MAGNUS (*1929)
128 Ins Lesebuch für die Oberstufe
aus: Verteidigung der Wölfe. Suhrkamp, Frankfurt a. M. 1963, S. 85

GELLERT, CHRISTIAN FÜRCHTEGOTT (1715–1769)
170 Der Tanzbär
aus: Therese Poser, Fabeln. Für die Sekundarstufe. Reclam, Stuttgart 1979, S. 23

GERNHARDT, ROBERT (1937–2006)
132 Auf den Lateinlehrer Otto Kampe
aus: Gernhardt, Robert: Gesammelte Gedichte 1954-2004. S. Fischer Verlag, Frankfurt a. M, 3. Aufl. 2006, S. 11.

GLOOR, BEAT
141 Die Grundlage jeder Kommunikation ...
aus: staat sex amen. 81 Sprachbeobachtungen. 4. Aufl. Kontrast Verlag, Zürich 2004, S. 8

GOCKEL, CORNELIA
99 Utopie unter der Käseglocke
aus: Süddeutsche Zeitung vom 29. 10. 2006

GOETHE, JOHANN WOLFGANG (1749–1832)
193 Prometheus
aus: Sämtliche Werke. Bd. 2: Die Gedichte 1800-1832. Hrsg. von Karl Eibl. Deutscher Klassiker Verlag, Frankfurt a. M., S. 298–300
218 Die Leiden des jungen Werthers (Am 10. Mai)
219 Die Leiden des jungen Werthers (Am 16. Junius)

220 Die Leiden des jungen Werthers (Am 13. Julius)
221 Die Leiden des jungen Werthers (Nach eilfe)
aus: Johann Wolfgang Goethe, Die Leiden des jungen Werthers. In: Goethes Werke, Kommentare und Register. Hamburger Ausgabe. Hrsg. von Erich Trunz. Bd. 6. C.H. Beck, München 1973, S. 9, 19, 38, 92, 122 f.
228 Willkommen und Abschied (Frühe und Späte Fassung)
aus: Hamburger Ausgabe. Hg. von Erich Trunz. Beck, München, Bd. 1, S. 28 ff.
230 Maifest
aus: Sämtliche Werke. Bd. 2: Die Gedichte 1800–1832. Hrsg. von Karl Eibl. Deutscher Klassiker Verlag, Frankfurt a. M., S. 47 f.
232 Dichtung und Wahrheit (Auszug)
aus: Goethe, Johann Wolfgang: Gesammelte Werke, Bd. 13. Aufbau Verlag, Berlin 1976, S. 724
231 Ganymed
aus: Sämtliche Werke. Bd. 2: Die Gedichte 1800–1832. Hrsg. von Karl Eibl. Deutscher Klassiker Verlag, Frankfurt a. M., S. 300 f.

Hahn, Ulla (*1946)
236 Mit Haut und Haar
aus: Herz über Kopf. Deutsche Verlagsanstalt, Stuttgart 1981

Hasenberg, Peter
291 Lola rennt
aus: Film Dienst 16/1998

Hein, Christoph (*1944)
249 Von allem Anfang an (1)
249 Von allem Anfang an (2)
250 Von allem Anfang an (3)
252 Von allem Anfang an (4)
255 Von allem Anfang an (5)
Auszüge aus: Von allem Anfang an. Aufbau-Verlag, Berlin 2000
258 Gespräch mit Krzysztof Jachimczak
aus: Christoph Hein: Texte, Daten, Bilder. Hrsg. von Lothar Baier. Luchterhand Verlag, Frankfurt am Main, 1990, S. 51–57

Heym, Georg (1887–1912)
235 Eifersucht
aus: Dichtungen und Schriften. Gesamtausgabe. Lyrik. Bd. 1. Hrsg. von Karl Ludwig Schneider. Ellermann, Hamburg [u. a.] 1964, S. 144

Hickmann, Christoph
9 Horrorhandys – Brutalität macht Schule
aus: Süddeutsche Zeitung vom 15.03.2006

Holzach, Michael (1947–1983)
110 Das vergessene Volk. Ein Jahr bei den deutschen Hutterern in Kanada
117 ebd.
aus: Das vergessene Volk. Ein Jahr bei den deutschen Huttern in Kanada. Hoffmann und Campe, Hamburg 1980, S. 9–13

Husmann, Wenke
40 Wir bleiben unlocker
aus: http://www.zeit.de/online/2006/15/kiffen_contra (24.10.2007) © ZEIT online, 7.4.2006

Kaléko, Mascha (1907–1975)
244 Das graue Haar
aus: Der Stern, auf dem wir leben. Verse für Zeitgenossen. Rowohlt, Reinbek bei Hamburg 1984, S. 41

Kant, Immanuel (1724–1804)
175 Beantwortung der Frage: Was ist Aufklärung
aus: Philosophie von Platon bis Nietzsche. Hrsg. von Frank-Peter Hansen. Directmedia Publ., Berlin 1998

Kirbach, Roland
16 Zum Abschuss freigegeben
aus: DIE ZEIT vom 09.06.2005 Nr. 24 (gekürzt)

Klopstock, Friedrich Gottlieb (1724–1803)
245 Der Zürchersee (Auszug)
aus: Ausgewählte Werke. Hrsg. von Karl August Schleiden. Carl Hanser, München 1962

Knigge, Adolph Freiherr (1752–1796)
166 Über den Umgang mit sich selbst
aus: Über den Umgang mit Menschen. Hrsg. von Gert Ueding. 2.Aufl. Insel-Verlag, Frankfurt a. M. 1979, S. 82 f.

Krolow, Karl (1915–1999)
236 Gedicht für J. S.
aus: Krolow, Karl: Gesammelte Gedichte, Bd. 1. Suhrkamp Verlag, Frankfurt a. M., 1965

Kronauer, Brigitte (*1940)
78 Porträt Nr. 5. Ehepaar Dortwang
aus: Die Wiese. Reclam Verlag, Stuttgart 1993, S. 102–103

Lachinger, Johann
275 Siegfried Lenz
aus: Der Schriftsteller Siegfried Lenz: Urteile und Standpunkte. Hrsg. von Colin Russ. Hoffmann & Campe, Hamburg 1973, S. 246

Lavater, Johann Caspar (1741–1801)
198 Physiognomische Fragmente (Auszug)
aus: Sturm und Drang. Dichtungen und theoretische Texte. Hrsg. von Heinz Nicolai. Bd. 1. München: Winkler 1971, S. 343–346

Lenz, Siegfried (*1926)
262 Panik (1)
264 Panik (2)
267 Panik (3)
270 Panik (4)
273 Panik (5)
aus: Ludmilla, Erzählungen. Hoffmann & Campe, Hamburg 1996, S. 89–117
277 Der Künstler als Mitwisser. Eine Rede in Bremen 1962 (Auszug)
aus: Siegfried. Lenz: Beziehungen. Ansichten und Bekenntnisse zur Literatur. Hoffmann und Campe, Hamburg 1970, S. 278–286.

Lessing, Gotthold Ephraim (1729–1781)
168 Der Besitzer des Bogens
aus: Gesammelte Werke in 10 Bänden. Hrsg. von Paul Rilla. Bd.1. Aufbau Verlag, Berlin 1954, S. 28
168 Der Tanzbär
aus: Therese Poser, Fabeln. Für die Sekundarstufe. Reclam, Stuttgart 1979, S.28
179 Nathan der Weise
aus: Gotthold Ephraim Lessing: Werke in 8 Bänden. Hrsg. von Herbert G. Göpfert. Bd. 4. Carl Hanser Verlag, München, 1973, S. 273 ff.
199 Hamburgische Dramaturgie
aus: Gotthold Ephraim Lessing: Werke in 8 Bänden. Hrsg. von Herbert G. Göpfert. Bd. 4. Carl Hanser Verlag, München, 1973, S. 673

Lessmöllmann, Annette
97 Geplatzte Ökoblase
aus: Die Zeit Nr. 3 vom 08.01.2004

LEWIN, ROGER

90 Biosphäre 2
aus: Projekt Erde II. In: Geo Nr. 2, 1991, S. 8–26

LICHTENBERG, GEORG CHRISTOPH (1742–1799)

163 Aphorismen
aus: Gesammelte Werke. Schriften und Briefe. Hrsg. von Wolfgang Promies. Bd.1–3. Hanser, München 1967. Bd.1: S. 35, S. 49, S. 301, S. 584; Bd. 2: S.135, S.450

LOCKE, JOHN (1632–1704)

173 Zwei Abhandlungen über die Regierung
aus: Über die Regierung. The Second Treatise of Government. In der Übersetzung von Dorothee Tidow. Mit einem Nachwort. Hrsg. von Peter Cornelius Mayer-Tasch. Reclam, Stuttgart 1974, S.6

MANN, THOMAS (1875–1955)

120 Bekenntnisse des Hochstaplers Felix Krull (Auszug)
aus: Bekenntnisse des Hochstaplers Felix Krull. Der Memoiren erster Teil. S. Fischer Verlag, Frankfurt a. M. 1990, S. 265

223 Goethes „Werther“
aus: Gesammelte Werke in 13 Bänden, Bd. 9: Reden und Aufsätze. S. Fischer Verlag, Frankfurt a. M 1974, S. 640 ff.

MECHTEL, ANGELIKA

297 Netter Nachmittag
aus: Mechtel, Angelika: Die feinen Totengräber. Erzählungen. R. Piper & Co. Verlag, München 1968

MERKEL, ANGELA (*1954)

161 Rede von Bundeskanzlerin Angela Merkel im Europäischen Parlament am 17.01.2007
aus: http://walentowski.de/Bundesregierung-RedeMerkel-EP.pdf (18.10.2007)

MONTESQUIEU, CHARLES DE SECONDAT, BARON DE (1689–1755)

172 Die Teilung der Gewalten
aus: Vom Geist der Gesetze. Eingeleitet, ausgewählt und übersetzt von Kurt Weigand. Reclam, Stuttgart 1976, S. 212 f.

MORITZ, KARL PHILIPP (1756–1793)

224 Anton Reiser. Ein psychologischer Roman (Auszug)
aus: Ein psychologischer Roman. Reclam Verlag, Stuttgart 1986, S. 292–294

MORUS, THOMAS (1478–1535)

101 Utopia (Auszug)
aus: Utopia. Übersetzt von Alfred Hartmann. Diogenes-Verlag, Zürich 1981, S. 88–93, 94, 96–97

MOSER, MILENA (*1963)

65 Der junge Mann von gegenüber
aus: Das Schlampenbuch, Rowohlt Taschenbuchverlag, Reinbek bei Hamburg 1993

NOVAK, HELGA M. (*1935)

119 Schlittenfahren
aus: Geselliges Beisammensein. Luchterhand Literaturverlag, Hamburg 1968

NUSS, JOHANNES

64 Rettet die Erde! – Eine Glosse
aus: www.readers-edition.de/2007/03/09/rettet-die-erde-eine-glosse/print (15.04.2007)

PLATON (427 v.Chr.-347 v.Chr.)

306 Das Höhlengleichnis (1) und (2)
aus: Platon, Der Staat. Übers. und hrsg. von Karl Vretska. Siebentes Buch. Reclam Verlag, Stuttgart 1989, S. 327–330

PFEFFEL, GOTTLIEB KONRAD (1736–1809)

169 Der Tanzbär
aus: Therese Poser, Fabeln. Für die Sekundarstufe. Reclam, Stuttgart 1979, S.32–33

PLENZDORF, ULRICH (1937–2007)

226 Die neuen Leiden des jungen W. (Auszug)
aus: Die neuen Leiden des jungen W. Hinstorff Verlag, Rostock

RARISCH, KLAUS M. (*1936)

126 hvt – alliterationssonett
aus: Die Geigerzähler hören auf zu ticken. Wohlleben Verlag, Hamburg 1990

REICH-RANICKI, MARCEL (*1920); LÖFFLER, SIGRID (*1942); KARASEK, HELLMUTH (*1934)

278 Das Literarische Quartett – Auszug aus der Sendung vom 06.02.1998
aus: Marcel Reich-Ranicki/Siegrid Löffler/Hellmuth Karasek, ... und alle Fragen offen. Das Beste aus dem Literarischen Quartett. Hg. Stephan Reichenberger. Heyne Verlag, München 2000, S. 606 ff.

REITER, JOHANNES

19 Menschenwürde als Maßstab
aus: Aus Politik und Zeitgeschichte (B 23 – 24/2004). Hrsg. von der Bundeszentrale für politische Bildung, Bonn

ROTTENBERG, SILKE

55 Gerade der Sport steht für ...
aus: http://www.fair-feels-good.de/fairer-handel.php/cat/13/pid/22/title/Silke_Rottenberg (24.10.2007)

ROUSSEAU, JEAN-JACQUES (1712–1778)

172 Menschenrechte (Der Gesellschaftsvertrag, 1762)
aus: Der Gesellschaftsvertrag oder die Grundsätze des Staatsrechtes. In der verbes. Übersetzung von H. Denhardt. Hrsg. von Heinrich Weinstock. Reclam, Stuttgart 1974, S. 5–6; S. 11

186 Emile oder über die Erziehung (Auszug)
aus: Emile oder über die Erziehung. Übersetzt von K .Große. Leipzig 1875, S. 7 ff.

SAFRANSKI, RÜDIGER (*1945)

216 Schiller oder die Erfindung des deutschen Idealismus (Auszug)
aus: Schiller oder Die Erfindung des Deutschen Idealismus. Carl Hanser Verlag, München / Wien 2004. Zitiert nach der Lizenzausgabe für die Bundeszentrale für politische Bildung, Bonn 2004, S. 109–115

SARTRE, JEAN-PAUL (1905–1980)

137 Die Freiheit des Menschen
aus: Der Existentialismus ist ein Humanismus und andere philosophische Essays 1943–1948. 3. Aufl. Rowohlt Taschenbuch, Hamburg 2000, S. 145–176

SCHÄDLICH, HANS JOACHIM (*1935)

76 Apfel auf silberner Schale
aus: Versuchte Nähe: Prosa. Rowohlt, Reinbek bei Hamburg 1977

SCHILLER, FRIEDRICH (1759–1805)

204 Die Räuber (Erster Akt, Erste Szene)

208 Die Räuber (Erster Akt, Zweite Szene)

211 Die Räuber (Fünfter Akt, Zweite Szene, Schluss)
aus: Sämtliche Werke in 5 Bänden. Bd. 1, Carl Hanser Verlag, München 1980 S. 499–501, S. 502–504, S. 614–618

SCHLACHTA, ASTRID VON

114 Auf der Flucht
aus: National Geographic Deutschland, September 2006, S. 92 f.

SCHORLEMMER, FRIEDRICH (*1944)

141 Entlassungsreden
aus: Eisige Zeiten. Ein Pamphlet. Karl Blessing, München 1998, S. 158 ff.

SCHNEIDER, WOLF (*1925)

133 Ein Wort für alle Gelegenheiten
aus: Wörter waschen. 26 gute Gründe, politischen Begriffen zu misstrauen. Rowohlt Taschenbuchverlag, Hamburg 2006, S. 25–28

144 Mode und Verfall. Von Sprachschablonen und den Folgen der Freiheit.
aus: Wörter machen Leute. 32. Mode und Verfall. Von Sprachschablonen und den Folgen der Freiheit. 12. Aufl. Rowohlt Taschenbuchverlag, Hamburg 2006, S. 312, 314

SCHUBART, CHRISTIAN FRIEDRICH DANIEL (1739–1791)

174 Die Freiheit – ein Märchen
aus: Konrad Gaiser: Christi an Friedrich Daniel Schubart. Schicksal, Zeitbild ausgewählte Schriften. Verlag Silberburg, Stuttgart 1929, S. 221

190 Gelehrte Weiber
aus: ebd., S. 212 ff.

196 Der Gefangene
aus: ebd., S. 247 f.

SCHWITTERS, KURT (1887–1948)

132 Frühe rundet Regen blau
aus: Das literarische Werk. Bd. I: Lyrik. Hrsg. v. F. Lach. DuMont Schauberg, Köln 1973, S. 52

SOLANA DE MADARIAGA, JAVIER (*1942)

159 Dankesrede zur Verleihung des Internationalen Karlspreises zu Aachen am 17.05.2007
aus: http://www.karlspreis.de/index.php?id=13&doc=50&r=4 (21.01.2008)

SPAEMANN, ROBERT

303 Die kontroverse Natur der Philosophie
aus: Philosophische Essays. Reclam Verlag, Stuttgart 1983

309 Lustprinzip und Realitätsprinzip
aus: Moralische Grundbegriffe. Beck'sche Reihe, München 1991

310 Dialog als Methode
aus: Philosophische Essays. Reclam Verlag, Stuttgart 1983

STÄUDLIN, GOTTHOLD FRIEDRICH (1758–1796)

201 Das Kraftgenie
aus: Epochen der deutschen Lyrik. Band 6. Gedichte 1770–1800. Hrsg. von Walter Killy. Deutscher Taschenbuch Verlag, München 1970, S. 158 f.

STRAUSS, BOTHO (*1944)

73 Der Schmelzling
aus: Mikado, Hanser Verlag, München/Wien 2006, S. 68–70

STUKE, HORST

165 Zur Wortgeschichte von „Aufklärung"
aus: Geschichtliche Grundbegriffe. Historisches Lexikon zur politisch-sozialen Sprache in Deutschland. Bd. 1-8. Hrsg. von: Otto Brunner, Werner Conze und Reinhart Kosselleck. Klett-Cotta, Stuttgart 1972, S. 247–248.

TORBERG, FRIEDRICH

245 Klopstock
aus: Deutsche Lyrik-Parodien aus drei Jahrhunderten. Hrsg. von Theodor Verweyen und Gunther Witting. Reclam Verlag, Stuttgart 1983, S. 130

TYKWER, TOM (*1965)

282 Der Regisseur Tom Tykwer über ...
aus: Larissa Trüby: Im freien Fall D. 2004

293 Schicksal und Zufall
aus: Tom Tykwer „Lola rennt". Hrsg. von Michael Töteberg. Rowohlt Taschenbuch Verlag, Reinbek bei Hamburg 1998

294 Ein romantisch-philosophischerActionLiebesExperimentalThriller – Tom Tykwer im Gespräch mit Michael Töteberg
aus: ebd., S. 129–137 (gekürzt)

VALENTIN, KARL (1882–1948)

124 Ein komischer Liebesbrief
aus: Valentin, Karl: Sämtliche Werke in acht Bänden. Band 1. Hrsg. Von Helmut Bachmaier und Manfred Faust. Piper Verlag, München 1992

WESTENRIEDER, LORENZ VON (1748–1829)

185 Centum Theses
aus: Centum Theses. 100 Sätze über höchst wichtige Gegenstände aus der gesunden Vernunft und Erfahrung. Neue Ausgabe. J. Lindauer, München 1825

WILDE, OSCAR (1854–1900)

89 Aphorismus aus dem Essay „Die Seele des Menschen unter dem Sozialismus."
aus: Der Traum vom besten Staat. Texte aus Utopien von Platon bis Morris. Hrsg. von Helmut Swoboda. dtv-Verlag, München 1972, S. 7

WILMS, JOHANNES

278 Vorwort aus dem Buch: ... und alle Fragen offen. Das Beste aus dem Literarischen Quartett.
aus: Marcel Reich-Ranicki/Siegrid Löffler/Hellmuth Karasek, ... und alle Fragen offen. Das Beste aus dem Literarischen Quartett. Hrsg. von Stephan Reichenberger. Heyne, München 2000, S. 18 f.

WOLF, NOTKER (*1940)

136 Worauf warten wir? (Auszug)
aus: Worauf warten wir? Ketzerische Gedanken zu Deutschland. 14. Aufl. Rowohlt, Reinbek bei Hamburg 2007, S. 88

Unbekannte/unbenannte Autorinnen und Autoren

142 Aktion „Unwort des Jahres"
aus: http://www.unwortdesjahres.org/ (22.01.08) (gekürzt)

13 Bayerisches Gesetz über das Erziehungs- und Unterrichtswesen, Art. 56, § 5
aus: http://www.servicestelle.bayern.de/bayern_recht/recht_db.html?http://by.juris.de/by/gesamt/EUG_BY_2000.htm#EUG_BY_2000_G21 (07.09.2007)

29 Cannabis: Geschichte, Wirkung, Gefahren
aus: Trevor Grice/Tom Scott, Die schönen Blödmacher. Was man über Drogen wissen muss. Ein Lese- und Arbeitsbuch für Jugendliche und Erwachsene. Verlag an der Ruhr, Mühlheim an der Ruhr 2007, S. 47, 134–136

248 Dem Leben muss man ...
aus: Klappentext zu: Christoph Hein, Von allem Anfang an. Aufbau-Verlag, Berlin 1997

147 „Demokrat", „Demokratie", „demokratisch" – Auszüge aus einem Fremdwörterbuch
aus: Duden. Das Fremdwörterbuch. Bd. 5. Dudenverlag, Mannheim u. a. 2001, S. 206

285, 290 Drehbuchauszüge aus „Lola rennt"
aus: Tom Tykwer „Lola rennt". Hrsg. von Michael Töteberg. Rowohlt Taschenbuch Verlag, Reinbek bei Hamburg 2003, S. 9–19, 58–60

276 Erzählung
aus: Literaturlexikon. Daten, Fakten, Zusammenhänge. Hrsg. v. Wieland Zirbs. Cornelsen Scriptor Verlag, Berlin 1998, S. 124 f.

135 „frei" – Eintrag in einem Synonymwörterbuch
aus: Duden. Das Synonymwörterbuch. Bd. 8. Dudenverlag, Mannheim u. a. 2007

135 Freiheit
aus: Duden. Das Bedeutungswörterbuch. Bd. 10. Dudenverlag, Mannheim u. a. 2002; S. 381

23 Gewalt in der Schule – Zwei Mobbingopfer in jeder Klasse
aus: Süddeutsche Zeitung vom 15. 03. 2006

19 Grundgesetz für die Bundesrepublik Deutschland (Auszug), Art. 1 und 2
aus: http://www.datenschutz-berlin.de/recht/de/gg/gg1_de.htm (07. 09. 2007)

31 Konsum illegaler Drogen (Alter 14–24)
aus: Sechstes Bayerisches Forum Suchtprävention der Landeszentrale für Gesundheit in Bayern e. V., Prävention von Alkohol- und Cannabiskonsum bei jungen Menschen, 2005, S. 48 (= Berichte und Materialien 5, Landeszentrale für Gesundheit in Bayern e. V.)

31 Kriterien für Missbrauch und Abhängigkeit
aus: ebd., S. 47

282 Kurzfassung des Films "Lola rennt"
aus: Rund um „Lola rennt". Kopiervorlagen für den Deutschunterricht. Cornelsen Verlag Berlin 2006, S. 3

18 Medien und Menschenwürde
aus: http://www.ekd.de/medien/kock5.html (22. 01. 2008) (Auszug)

31 Motive für den Einstieg und Anlässe für den Cannabiskonsum
aus: Sechstes Bayerisches Forum Suchtprävention der Landeszentrale für Gesundheit in Bayern e.V., Prävention von Alkohol- und Cannabiskonsum bei jungen Menschen, 2005, S. 46 (= Berichte und Materialien 5, Landeszentrale für Gesundheit in Bayern e. V.)

301 Philosophie – Lexikoneintrag
aus: Philosophisches Wörterbuch. hrsg. von Georgi Schischkoff. Alfred Kröner Verlag, Stuttgart 1991, S. 559 f.

284 Porträt „Lola"
aus: Tom Tykwer „Lola rennt". Hrsg. von Michael Töteberg. Rowohlt Taschenbuch Verlag, Reinbek bei Hamburg 2003, S. 118 f.

285 Porträt „Manni"
aus: ebd., S. 121 f.

104 recht und schlecht
aus: http://de.wikipedia.org/wiki/Recht_und_schlecht (22. 01. 2008)

257 Roman – Großform der Erzähldichtung
aus: Literaturlexikon. Daten, Fakten, Zusammenhänge. Hg. Wieland Zirbs. Cornelsen Scriptor Verlag, Berlin 1998, S. 306

257 Roman – epische Großform in Prosa
aus: Metzler Lexikon Kultur der Gegenwart. Themen und Theorien, Formen und Institutionen seit 1945. Hg. Ralf Schnell. Stuttgart / Metzler 2000, S. 450

42 Was ist „Fairer Handel"?
aus: „Fair gehandelt – gut gehandelt!", Fair Trade Verein, 9/1999 (Faltblatt)

151 Wer gehört dazu?
aus: http://ec.europa.eu/enlargement/index_de.htm (18. 10. 2007) (verändert)

57 Wir sind Kinder der Tropen – Interview mit Josef Reichholf, von Olaf Stampe und Gerhard Traufetter (SPIEGEL)
aus: DER SPIEGEL 19/2007, S. 156 f. (gekürzt)

BILDQUELLENVERZEICHNIS

S. 9: Joerg Lantelme, Kassel
S. 12: © WILL MEDIA GmbH
S. 15: Thomas Schulz, Berlin
S. 16, 55 oben links, 158 rechts, 159: picture-alliance/dpa © dpa
S. 23: ullstein bild – Grabowsky
S. 24: © Bildagentur-online
S. 29: ullstein bild – Brecher-Schulz (L)
S. 30: © Tom Scott, aus: Trevor Grice/Tom Scott, Die schönen Blödmacher. Was man über Drogen wissen muss. Verlag an der Ruhr, Mühlheim an der Ruhr 2007, S. 47
S. 46: ullstein bild – Keith
S. 50: TransFair e.V.
S. 51, 258: picture-alliance/ZB © ZB – Fotoreport
S. 55 oben rechts, 56 rechts, 156, 158 2. v. l.: picture-alliance/dpa © dpa – Report
S. 55 unten: picture-alliance/SCHROEWIG/Eva Oertwig © picture-alliance/schroewig
S. 56 links, 172 oben, 172 unten: picture-alliance/MAXPPP
S. 57, 60: © WWF Deutschland
S. 89, 169, 170 oben, 170 unten, 187, 196, 204, 218, 220, 223, 229: akg-images
S. 90, 158 2. v. r.: picture-alliance/dpa © dpa – Bildarchiv
S. 92: © Roger Ressmeyer/CORBIS
S. 101: bpk/Alfredo Dagli Orti
S. 107: picture-alliance/akg-images
S. 111: © Kevin Fleming/CORBIS
S. 114: privat
S. 115: © Ted Streshinsky/CORBIS
S. 122: Henri Cartier-Bresson/Magnum Photos/Agentur Focus
S. 123: © Franco Vogt/CORBIS

S. 132: akg-images/VG Bild-Kunst, Bonn 2008
S. 137: picture-alliance/dpa/dpaweb © dpa
S. 143: Gerhard Medoch, Berlin
S. 145 oben links: Pinacoteka Nazionale, Bologna; **oben rechts**: Bildarchiv Monheim, Meerbusch; **unten links:** Hartwig Lohmeyer/JOKER; **unten rechts:** Dr. Volkhard Binder, Berlin
S. 150: Europäische Bewegung Deutschland e.V. – Zentrum für Europäische Bildung, Europäischer Wettbewerb/German Committee of Europe of School, Bonn 2006
S. 151: © Globus Infografik, dpa-Grafik 3993
S. 158 links, 173: ullstein bild
S. 163, 293: picture-alliance/dpa © dpa – Fotoreport
S. 164: D. Chodowiecki: Bürgerliches Leben im 18. Jh., Katalog Städelsches Kunstinstitut und städt. Galerie, Frankfurt/M. 1974, S. 145/155. Der Stich „Aufklärung" taucht unter dem Titel „Sechs grosse Begebenheiten des vorletzten Decenniums 1791" im Göttinger Taschenkalender für das Jahr 1792 auf.
S. 165: akg-images/Erich Lessing
S. 166, 189, 299: Bildarchiv Preußischer Kulturbesitz
S. 167, 193: ullstein bild – Granger Collection
S. 174: Anja Murke, Köln
S. 175: ullstein bild – KPA
S. 178: Szenenbild aus „Nathan der Weise", Kammerspiele München, Deutsches Theatermuseum München
S. 183: Payne nach Storck, Archiv für Kunst und Geschichte, Berlin
S. 186, 195 oben: www.bridgemanart.com
S. 190 links, 190 rechts: Ursula Edelmann – ARTOTHEK/Frankfurter Goethe-Museum
S. 194: Prometheus. Federzeichnung von Johann Wolfgang von Goethe, um 1810. Stiftung Weimarer Klassik/Foto: Sigrid Geske
S. 195 unten: bpk/RMN/René-Gabriel Ojéda
S. 197: © Peter Willi – ARTOTHEK
S. 198: bpk/Lutz Braun
S. 200: Deutsches Literaturarchiv Marbach
S. 209, 214: entnommen aus: Doris Maurer, Friedrich Schiller: Die Räuber. Eine Bild-Dokumentation der Entstehungs- und Wirkungsgeschichte. Dortmund, Harenberg 1983, S. 126 f., 185
S. 212: Holger Foullois/DRAMA
S. 225: Johann Wolfgang von Goethe, Landschaft mit Wasserfall. Stiftung Weimarer Klassik/Foto: Sigrid Geske
S. 227: © Ted Streshinsky/CORBIS
S. 234: akg-images/© The Munch Museum/The Munch Ellingsen Group/VG Bild-Kunst, Bonn 2008
S. 235: akg-images/© VG Bild-Kunst, Bonn 2008
S. 237, 238: The Art Institute of Chicago, Friends of American Art, Chicago, USA
S. 239: Untitled (from the Dreamhouse Portfolio), Gregory Crewdson 2002, 40x25 inches, Digital Chromogenic Print
S. 247 oben links: Thomas Mann „Buddenbrooks" (1903), Deutsches Literaturarchiv Marbach; **oben Mitte:** Sjöwall/Wahlöö „Der Mann, der sich in Luft auflöste / Endstation für neun". Erschienen bei der Büchergilde Gutenberg, Franfurt am Main und Wien 1990; **oben rechts:** Ludwig Thoma „Der Ruepp" (1922), Deutsches Literaturarchiv Marbach; **unten links:** Lion Feuchtwanger „Die Brüder Lautensack", Aufbau Taschenbuch Verlag 1991; 2. v. l.: Wolfgang Jeschke „Midas" © 1993 by Wilhelm Heyne Verlag GmbH & Co. KG, München, **Umschlagbild:** Jim Burns, London; 2. v. r.: Gabriel Garciá Márquez „Die Liebe in den Zeiten der Cholera", Kiepenheuer & Witsch 1987; **unten rechts**: E.T.A. Hoffmann „Lebensansichten des Katers Murr" (1968), Deutsches Literaturarchiv Marbach;
S. 248: Christoph Hein „Von allem Anfang an", Suhrkamp Verlag, Frankfurt am Main 2004
S. 254: ullstein bild – Männling
S. 261: alle Cover © Suhrkamp Verlag GmbH & Co. KG, 2001-2007
S. 276: ullstein bild – Teutopress
S. 277: Hoffmann & Campe Verlag GmbH, 2006
S. 278: © ZDF / Renate Schäfer
S. 281: © defd-pwe Verlag GmbH
S. 284-290: Screenshots: Tom Tykwer, Lola rennt. Mit freundlicher Genehmigung © X Filme Creative Pool GmbH, Berlin
S. 295: Storyboard aus: Tom Tykwer, Lola rennt. Mit Bildern von Frank Griebe. Hrsg. von Michael Töteberg. Rowohlt Taschenbuch Verlag, Reinbek bei Hamburg 1998; mit freundlicher Genehmigung von Tom Tykwer
S. 305 links: © VG Bild-Kunst, Bonn 2008
305 rechts oben; rechts unten: Klaus Becker, Frankfurt
S. 309: Spektrum der Wissenschaft. Spezial: Forschung im 21. Jahrhundert, Peter Menzel
S. 313: Cinetext Bildarchiv
S. 317 links: picture-alliance/KPA/Top-Foto © KPA ; **rechts:** akg-images/© VG Bild-Kunst, Bonn 2008

Nicht in allen Fällen war es möglich, die Rechteinhaber der Abbildungen ausfindig zu machen. Berechtigte Ansprüche werden im Rahmen der üblichen Vereinbarungen abgegolten.

TEXTARTENVERZEICHNIS

Aphorismen
Lichtenberg, Georg Christoph 163, 164
Wilde, Oscar 89

Comic
Scott, Tom 30

Dramenauszüge
Lessing, Gotthold Ephraim: Nathan der Weise 178
Schiller, Friedrich: Die Räuber 204, 208, 211

Drehbuchauszüge
Lola rennt 285, 290

Essays
Bueb, Bernhard: Freiheit erwirbt man durch Disziplin 139
Sartre, Jean-Paul: Die Freiheit des Menschen 137
Schneider, Wolf: Ein Wort für alle Gelegenheiten 133
Wolf, Notker: Worauf warten wir? 136

Erzählungen und Kurzprosa
Andres, Stefan: Der Fleck an der Zellendecke 107
Bernhard, Thomas: Ein Kind 123
Brinkmann, Rolf Dieter: Rom, Blicke 123

Dische, Irene: Mr. Lustgarten verliebt sich 82
Kronauer, Brigitte: Porträt Nr. 5. Ehepaar Dortwang 78
Lenz, Siegfried: Panik 262
Mechtel, Angelika: Netter Nachmittag 297
Moser, Milena: Der junge Mann von gegenüber 65
Novak, Helga M.: Schlittenfahren 119
Schädlich, Hans-Joachim: Apfel auf silberner Schale 76
Strauß, Botho: Der Schmelzling 73

Fabeln

Gellert, Christian Fürchtegott: Der Tanzbär 170
Lessing, Gotthold Ephraim: Der Besitzer des Bogens 168
Lessing, Gotthold Ephraim: Der Tanzbär 168
Pfeffel, Gottlieb Konrad: Der Tanzbär 169

Fernsehbeitrag

Jubiläumssendung des Literarischen Quartetts vom 6. Februar 1998 278

Filmkritik

Hasenberg, Peter: Lola rennt 291

Gedichte

Bachmann, Ingeborg: Lieder auf der Flucht I 131
Benn, Gottfried: D-Zug 234
Brecht, Bertolt: Als ich nachher von dir ging 227
Brecht, Bertolt: Entdeckung an einer jungen Frau 239
Brecht, Bertolt: 1940 127
Brecht, Bertolt: Terzinen über die Liebe 233
Brinkmann, Rolf Dieter: Die Orangensaftmaschine 237
Busta, Christine: Holzapfelbaum in der Ebene 130
Enzensberger, Hans Magnus: Ins Lesebuch für die Oberstufe 128
Gernhardt, Robert: Auf den Lateinlehrer Otto Kampe 132
Goethe, Johann Wolfgang: Ganymed 231
Goethe, Johann Wolfgang: Maifest 230
Goethe, Johann Wolfgang: Prometheus 193
Goethe, Johann Wolfgang: Willkommen und Abschied – Frühe Fassung 228
Goethe, Johann Wolfgang: Willkommen und Abschied – Späte Fassung 228
Hahn, Ulla: Mit Haut und Haar 236
Heym, Georg: Eifersucht 235
Kaléko, Mascha: Das graue Haar 244
Klopstock, Friedrich Gottlieb: Der Zürchersee 245
Krolow, Karl: Gedicht für J. S. 236
Rarisch, Klaus M.: alliterationssonett 126
Schubart, Christian Friedrich: Der Gefangene 196
Schwitters, Kurt: Frühe rundet Regen blau 132
Stäudlin, Gotthold Friedrich: Das Kraftgenie 201
Torberg, Friedrich: Klopstock 245

Gesetzestexte

Bayerisches Gesetz über das Erziehungs- und Unterrichtswesen (Auszug) 13
Grundgesetz für die Bundesrepublik Deutschland (Auszug) 19

Gleichnisse

Aritoteles: Das Höhlengleichnis 316
Platon: Das Höhlengleichnis 306

Glosse

Nuß, Johannes: Rettet die Erde! – Eine Glosse 64

Grafiken/Statistiken

Motive für den Einstieg und Anlässe für den Cannabiskonsum 31
Konsum illegaler Drogen bei Jugendlichen und jungen Erwachsenen 31
Zusammensetzung des Verkaufspreises bei konventionell gehandeltem Kaffee 43

Hörspiel

Eich, Günther: Träume 314

Interviews

Christoph Hein im Gespräch mit Krzysztof Jachimczak 258
Josef Reichholf im Interview mit dem SPIEGEL 57
Tom Tykwer im Gespräch mit Michael Töteberg 294

Kommentare

Buchmann, Ulrike: Steigerung von super 143
Husmann, Wenke: Wir bleiben unlocker 40
Schneider, Wolf: Mode und Verfall. Von Sprachschablonen und den Folgen der Freiheit 144

Lexikonartikel

Der Prometheus-Mythos 195
Die Romane Christoph Heins 261
Erzählung 276
Fluchtmotive 254
Freie Verse 129
Ganymedes 231
Geheimhaltung 254
Metrum (Versmaß) 129
Philosophie 301
Republikflucht 254
Rhythmus 129
Roman 257
Stuke, Horst: Zur Wortgeschichte von „Aufklärung“ 165
Wirtschaft und Gesellschaft Englands zur Zeit des Thomas Morus 106
Zum Begriff „Utopie“ 105

Literaturtheoretische Texte

Benn, Gottfried: Probleme der Lyrik 232
Damm, Siegrid: Uraufführung der „Räuber“ in Mannheim 215
Das Zeitalter der Aufklärung (ca. 1700–1800) 176
Erzählung 276
Goethe, Johann Wolfgang: Dichtung und Wahrheit 232
Lachinger, Johann: Über Siegfried Lenz 275
Lavater, Johann Caspar: Physiognomische Fragmente 198
Lenz, Siegfried: Der Künstler als Mitwisser 277
Lessing, Gotthold Ephraim: Hamburgische Dramaturgie 199
Roman 257
Safranski, Rüdiger: Schiller oder die Erfindung des deutschen Idealismus 216

Stuke, Horst: Zur Wortgeschichte von „Aufklärung“ 165
Sturm und Drang 202

Parabel
Lessing, Gotthold Ephraim: Die Ringparabel 178
Schubart, Christian Friedrich: Die Freiheit – ein Märchen 174

Philosophische Texte
Aristoteles: Das Höhlengleichnis 316
Kant, Immanuel: Beantwortung der Frage: Was ist Aufklärung 175
Locke, John: Zwei Abhandlungen über die Regierung 173
Platon: Das Höhlengleichnis 306
Reiter, Johannes: Menschenwürde als Maßstab 19
Rousseau, Jean-Jacques: Menschenrechte 172
Secondat, Charles de, Baron de Montesquieu: Die Teilung der Gewalten 172
Spaemann, Robert: Die kontroverse Natur der Philosophie 303
Spaemann, Robert: Lustprinzip und Realitätsprinzip 309
Spaemann, Robert: Dialog als Methode 310
Westenrieder, Lorenz von: Centum Theses 185

Porträts
Javier Solana de Madariaga 156
Porträt Lola 284

Reden
Rede von Bundeskanzlerin Angela Merkel vor dem Europäischen Parlament am 17. Januar 2007 161
Rede von Javier Solana anlässlich der Verleihung des Karlspreises in Aachen am 17. Mai 2007 159
Tykwer, Tom: Schicksal und Zufall 293

Reportagen
Holzach, Michael: Das vergessene Volk. Ein Jahr bei den deutschen Hutterern in Kanada 110, 117
Lewin, Roger: Biosphäre 2 90

Romanauszüge
Goethe, Johann Wolfgang: Die Leiden des jungen Werthers 218
Hein, Christoph: Von allem Anfang an 249, 252, 255
Mann, Thomas: Bekenntnisse des Hochstaplers Felix Krull 120
Moritz, Karl Philipp: Anton Reiser 224
Morus, Thomas: Utopia 101
Plenzdorf, Ulrich: Die neuen Leiden des jungen W. 226
Rousseau, Jean-Jacques: Emile oder über die Erziehung 186

Sach- und Informationstexte (siehe auch Glossen, Kommentare, Lexikonartikel, Reportagen, Zeitungs-/Zeitschriftenartikel)
Aktion „Unwort des Jahres“ 142
Campe, Joachim Heinrich: Väterlicher Rath für meine Tochter
Cannabis: Geschichte, Wirkung, Gefahren 29
Choeb, Alexander: Mobbing in der Schule 24
Die Europäische Union 146
Damm, Siegrid: Uraufführung der „Räuber“ in Mannheim 215
Gloor, Beat: staat sex amen 141
Ice Age: Jetzt taut's wirklich! – Zeit, etwas zu tun oder es zu genießen? 56
Klappentext zu Christoph Heins Roman „Von allem Anfang an“ 248
Knigge, Adolph Freiherr: Über den Umgang mit sich selbst 166
Kurzfassung des Films „Lola rennt“ 282
Lachinger, Johann: Über Siegfried Lenz 275
Mann, Thomas: Goethe's „Werther“ 223
Medien und Menschenwürde 18
Reiter, Johannes: Menschenwürde als Maßstab 19
Safranski, Rüdiger: Schiller oder die Erfindung des deutschen Idealismus 216
Schlachta, Astrid von: Auf der Flucht 114
Schubart, Friedrich Christian: Gelehrte Weiber 190
Was ist „fairer Handel“? 42

Satirische Texte
Buchmann, Ulrike: Steigerung von super 143
Nuß, Johannes: Rettet die Erde! – Eine Glosse 64
Schorlemmer, Friedrich: Entlassungsreden 141
Valentin, Karl: Der Liebesbrief 124

Wörterbucheinträge
Demokrat 147
Demokratie 147
demokratisch 147
frei 135
Freiheit 135
recht und schlecht 104

Zeitungs-/Zeitschriftenartikel
Buchmann, Ulrike: Steigerung von super 143
Gewalt in der Schule – Zwei Mobbingopfer in jeder Klasse 23
Gockel, Cornelia: Utopie unter der Käseglocke 99
Hickmann, Christoph: Horrorhandys – Brutalität macht Schule 9
Husmann, Wenke: Wir bleiben unlocker 40
Josef Reichholf im Interview mit dem SPIEGEL 57
Kirbach, Roland: Zum Abschuss freigegeben 16
Lessmöllmann, Annette: Geplatzte Ökoblase 97
Lewin, Roger: Biosphäre 2 90
Nuß, Johannes: Rettet die Erde! – Eine Glosse 64
Schlachta, Astrid von: Auf der Flucht 114
Tom Tykwer im Gespräch mit Michael Töteberg 294

Zitate
Aristoteles 312
Lessing, Gotthold Ephraim 167
Lichtenberg, Georg Christoph 164
Tykwer, Tom 282, 283
Wieland, Christoph Martin 164

A
Adjektiv 332
Adverb 155, 336
Adverbiale ▷ adverbiale Bestimmung
adverbiale Bestimmung 337
Adverbialsatz 338 f.
Akkumulation 328
Akkusativobjekt 337
Akt 358
Aktiv und Passiv 334
Alliteration 328
Anapher 329
Anschauungsmaterial einsetzen 26–28
Antithese 329
Apposition 341
Arbeitstechniken
– Aktives Zuhören 11
– Baumdiagramm 44, 126
– biografischer Kompass 78
– Brainstorming 33, 46, 366
– Cluster 366
– Debatte 192
– Diagramme/Statistiken auswerten 31, 368
– Diskutieren 9–15, 310 f.
– Gliederung erstellen 34 f., 48, 95 f.
– Identifikationskreis 80 f.
– Informationsmaterial auswerten 19–21, 301 f., 366
– Informationsrecherche 365 f.
– Internetrecherche 366
– Lesetechniken 304
– Mind-Map 47, 366
– Moderieren 12 f.
– Podiumsdiskussion 21 f.
– Portfolio 300–304
– Präsentieren 26–28, 318
– Referat 369
– Schreibkonferenz 364
– Stoffsammlung anlegen und ordnen 33, 46 f.
– Techniken des Mitschreibens 367
– Texte erschließen 75, 90–95, 303 f., 354, 356, 361
– Textinformationen visualisieren 306 f.
– Textüberarbeitung (am Computer) 155–158, 162, 363–365
– Visualisierungstechniken 306 f.
– Vortragen 368
Argumentieren ▷ Diskutieren, Erörtern
Attribut 337
Attributsatz ▷ Relativsatz
Aufklärung 163–192

B
Ballade 357
Bedeutungswandel 326
Begriffe 104, 133–138, 328
– Antonyme 138
– Bedeutung ▷ Denotation/Konnotation
– Bedeutungsfeld 136
– Begriffe definieren 138
– Begriffsbaum 44
– Synonyme 138
Brainstorming 33, 46, 366
Brief ▷ sachlicher Brief

C
Charakteristik 70, 193–214
Chiasmus 329
Cluster 366
Computer 365, 366

D
Dativobjekt 337
Debatte 192
Dehnung 342
Demonstrativpronomen 332
Denotation 327
Diagramme/Grafiken/Statistiken 31, 368
Diskussionsregeln 11, 319
Diskutieren 9–15, 310 f.
Drama 164–184, 204–214, 357 f.
– Dialogführung 183 f.
– dramatische Texte erschließen 178–184, 204–217, 358

E
Eigennamen 346
Ellipse 329
Erbwort 326
Ergebnisprotokoll 320
Erörtern 321–324
– antithetische Erörterung 42–54, 322 f.
– Erörtern im Anschluss an einen Text 56–63, 139 f., 323
– freiere Formen des Erörterns 40–41, 55, 64, 324
– literarische Themen erörtern 214–217
– steigernde Erörterung 29–40, 321 f.
erzählende Texte untersuchen 65–88, 266–275, 350–354
Erzähler/-in 70, 251, 351–353
– auktorial 70, 351
– personal 70, 352
– neutral 70, 352
Erzählform 70, 351
– Er-/Sie-Form 70, 251, 351
– Ich-Form 70, 251, 351
Erzählung 65–88, 266–275, 280, 348
Erzählverhalten (Erzählperspektive) 70, 351 f.
Euphemismus 329
Exklamation 329
Exposition 357

F
Fabel 167–171, 349
Figurenrede 352
Film 281–298
– filmisches Erzählen 284
– Filmkritik 292
– Kamerabewegung 288, 362
– Kameraeinstellung 286–288, 362
– Kameraperspektive 286–288, 362
- Montage/Schnitt 289
Finalsatz 338
Freie Verse 129
Fremdwort 146-149, 344
Futur 333

G
Gedichte 127–132, 193–197, 227–246, 355–357
– Gedichte erschließen 239–243, 356
– Gedichte verfassen und zusammenstellen 245 f.
– Gedichte vergleichen 129, 197, 244
Genitivobjekt 337
gestalterisches Schreiben 76–81, 245 f.
Getrennt-/Zusammenschreibung 152, 347
Gliederung erstellen 34 f., 48, 95 f.
Gliedsätze 338 f.
Glosse 64, 359
Grafiken auswerten ▷ Diagramme auswerten
Groß-/Kleinschreibung 150 f., 345 f.

H
Herkunftsbezeichnungen 346
Hyperbel 329
Hypotaxe 121, 329

I
Imperativ 333
Indefinitpronomen 332
indirekte Rede 159 f., 335
Infinitiv 333
Infinitivsatz 340
Informationsrecherche ▷ Arbeitstechniken
innerer Monolog 353
Interrogativpronomen 332
Interview 57, 258, 294, 369
Inversion 121, 329

J
journalistische Textsorten 94, 359 f.

K
Kamera
– Kamerabewegung 288, 362
– Kameraeinstellung 286–288, 362
– Kameraperspektive 286–288, 362
Kasus 331
Kausalsatz 338
Komma 340 f.
Kommentar 40, 143, 144, 359
Komparativ 332
Konditionalsatz 338
Konjunktion 155, 336
Konnotation 327
Konsekutivsatz 338
Kurzgeschichte 348

L
Lehnwort 326
literarische Texte erschließen 65–75, 324
lyrisches Ich 241, 355
Lyrik ▷ Gedichte

M
Medien ▷ Computer, Film, Internet, Zeitschriften, Zeitungen
Metapher 329
Methoden ▷ Arbeitstechniken
Metrum 129, 355
Mind-Map 47, 366
Modalsatz 339
Moderieren 12 f.
Modusformen 160, 334 f.
Monolog 207, 353, 358
Montage/Schnitt 289

N
Nachricht 359
Nebensätze 338 f.
Neologismus 329
Nominalisierung 151, 345
Novelle 348
Numerale ▷ Zahlwörter

O
Objekt 337
Objektsatz 339

P
Parabel 174–183, 349
Parallelismus 121, 329
Parataxe 121
Parenthese 121, 329
Partizip 333
Partizipialsatz 340
Perfekt 333
Personalpronomen 332
Personifikation 329
Plusquamperfekt 333
Podiumsdiskussion 21 f.
Portfolio 300–304
Possessivpronomen 332
Prädikat 337
Präposition 332
Präpositionalobjekt 337
Präsens 333
Präsentieren 26–28, 318
Präteritum 333
Projekte
– eine kurze Geschichte verfilmen 82–88, 297 f.
– fächerübergreifendes Projekt 312–318
– Projekt „Lesen“ 278–280
Pronomen 332
Protokoll 320

R
Rechtschreiben 145–152, 342–347
– „dass“ oder „das“ 343
– Dehnung 342 f.
– Eigennamen 346
– Fremdwörter 146–149, 344
– Getrennt-/Zusammenschreibung 152, 347
– Groß-/Kleinschreibung 150 f., 345 f.
– Herkunftsbezeichnungen 346
– Nominalisierung 151, 345
– Schärfung 342
– Silbentrennung 342
– s-Laute 343
– Zahlwörter 345
– Zeitangaben 346
Rede 159 f., 161 f.
Redewiedergabe 159 f. 335
Referat 369
Regieanweisung 358
Reim 335
rhetorische Figuren 125, 328 f.
rhetorische Frage 329
Relativpronomen 322
Relativsatz 339
Reportage 90, 110, 117, 359 f.
Rezension schreiben 110–113
Roman 247–261, 349

S
sachlicher Brief 319
Sachtexte 359 f.
– Sachtextanalyse 90–100, 325, 361
– Sachtexte selbst entwerfen 116 f.
Satzarten 338 f.
Satzgefüge 338
Satzglieder 336 f.
Satzreihe 338
Schärfung 342
Schreibkonferenz 364
Silbentrennung 342
s-Laute 343
Sonett 357
sprachliche Gestaltungsmittel 92 f., 161, 241, 328 f., 353
Sprachvarianten 327
Stereotype 327
Stilebene 327
Stoffsammlung ▷ Arbeitstechnik
Strophe 355
Sturm und Drang 193–225
Subjekt 337
Subjektsatz 339
Szene 358

T
Temporalsatz 338
Tempus 333
Textüberarbeitung ▷ Arbeitstechniken
Theater ▷ Drama

Ü
Überarbeiten von Texten ▷ Arbeitstechniken und Methoden
Umstellprobe 337
Unterrichtsprotokoll 320

V
Verb 333–335
Versmaß ▷ Metrum
Vortrag 368

W
Wortarten 330–336
Wortbildung 125
Wortschatz 326

Z

Zahlwort 345
Zeichensetzung ▷ Komma
Zeitangaben 346
Zeitschriften 360
Zeitung 359 f.
Zitieren 325
Zusammen-/Getrenntschreibung – ▷ Getrennt-/Zusammenschreibung

Zu diesem Buch gibt es ein passendes Arbeitsheft (ISBN 978-3-464-60362-8).

Redaktion: Kirsten Krause
Bildrecherche: Cathérine Lau
Illustrationen:
Roland Beier (S. 28)
Amelie Glienke (S. 18, 42, 133)
Sylvia Graupner (S. 65, 67)
Maja Bohn (S. 82, 85, 119)
Dorina Teßmann (S. 262, 267, 271)
Mone Schliephack (S. 288)
Umschlaggestaltung und Layoutkonzept: Katharina Wolff
(Umschlagfoto: Thomas Schulz; Illustration: Mone Schliephack)
Layout und technische Umsetzung: werkstatt für gebrauchsgrafik, Berlin

www.cornelsen.de

Dieses Werk berücksichtigt die Regeln der reformierten Rechtschreibung und Zeichensetzung. Bei den mit [R] gekennzeichneten Texten haben die Rechteinhaber einer Anpassung widersprochen.

1. Auflage, 1. Druck 2008

Alle Drucke dieser Auflage sind inhaltlich unverändert und können im Unterricht nebeneinander verwendet werden.

Druck: CS-Druck CornelsenStürtz, Berlin

ISBN 978-3-464-60356-7

Inhalt gedruckt auf säurefreiem Papier aus nachhaltiger Forstwirtschaft.

ohne